KB199423

대승기신론 공부

大乘起信論

대승기신론 공부

야청 황정원 지음

고려원북스

일러두기

1. 2020년 6월 17일부터 2021년 3월 31일까지, 10개월간 진행된 대승기신론 강의를 묶은 것이다.
2. 이 책에서 고딕 글자로 표시된 부분의 출처는 황정원의 『신역 대승기신론』마명론자 저, 실차난타 한역, 운주사, 2016이다. 강의는 『신역 대승기신론』의 순서에 따라 진행되었는데, 일부는 순서를 달리했고 중요한 부분은 반복했다.
3. 대승기신론 원문은 각주로 처리했다. 원문 출처도 위의 책과 같다.
4. 이 책은 독자의 이해를 돕기 위해 대승기신론과 능엄경을 상호 보완적 관점에서 설명하는데, 필요한 분은 황정원의 『우리말 능엄경』운주사, 2015 또는 능엄경 해설서인 『불교와 마음』산지니, 2011을 참고하길 바란다.
5. 불교 용어에 익숙하지 않은 독자들을 위해 편집 과정에서 별도로 각주를 삽입하였다. 강의의 일부 내용도 각주로 처리했음을 밝혀둔다.

우리는 이런 바람을 가질 때가 있다. '내가 잘 알고 싶은 분야를 나보다 훨씬 총명하고 지혜로운 분이 더 집요하게 오래 공부해서 내게 자상하게 알려준다면 얼마나 좋을까? 더구나 내가 공부하고 싶은 책을 강의해 준다면 더할 나위 없을 텐데….'

이 강의록은 우리 불자들의 이런 바람을 채워주는 바로 그 책이다.

대승기신론 강의녹취록을 펴내게 된 이유는

첫째로 국내 최고 수준 강의자의 전문적인 강의내용과 뛰어난 전달력에 있다. 대승기신론을 강의한 야청 황정원 선생은 서울법대를 나와 능엄경, 원각경, 대승기신론 등 관련 번역서와 해설서를 펴냈다. 또한 유불선 주역까지 통달한 탄허스님, 한국의 유마라고 불리며 거사선을 대표하는 백봉 김기추 거사, 교학의 최고봉인 대강백 각성스님 등 당대의 유명한 스승들로부터 가르침을 받았다. 황정원 선생은 의문점이 하나라도 있으면 해답을 찾기 위해 온갖 경전과 책들을 집요하게 공부한다. 한국해양대학교 불교학생회 지도교수 시절의 능엄경 강의를 시작으로 지금까지 수십 년째 제자들을 위해 헌신적으로 열강하고 있다. 따라서 수준에 맞춰 쉽게, 법대 교수답게 체계적으로 잘 정리한다.

둘째, 많은 불자들이 공부하고 싶어하는 책이기 때문이다. 대승기신론은 "불교이론이 아주 많지만 그 모든 이론의 핵심을 여기 대승기신론에서 다 정리했다. 대승경전 100권을 집대성했다"는 찬사를 듣는 책이다. 그리고 이 강의는 대승기신론 신역의 강의로 희소성이 뛰어나다. 기존의 거의 모든 대승기신론 책들은 진제스님의 구역을 번역하고 해설을 했지만 황정원 선생은 구역과 신역과의 차이를 비교하며 다른 부분을 상세히 설명하였다.

셋째, 능엄경과의 상보적 통합 강의이기 때문이다. 능엄경을 강의하며 여러 권의 해설서를 낸 해박함을 대승기신론 강의에 접목시켰다. 대승기신론에서 설명이 부족한 부분에는 능엄경의 내용을 적절히 끌어와 보충하며 전체적인 이해를 도와준다. 예를 들면, 능엄경의 "성각필명 망위명각"으로 무명이 시작됨을, 그리고 대승기신론의 진여문 생멸문으로 유식과 세상이 전개됨을 조화롭게 한 흐름으로 설명하여 전체를 보는 안목을 키우게 하였다.

마지막으로 황정원 선생은 중요부분을 반복하며 자상한 강의로 수강생들이 철저히 이해하게 도와준다. 특히 거사로서 세상을 살아가는 제자들의 과학적 이성적 사고 습관에 맞춰 현대 첨단 과학의 적절한 사례와 일상의 사례를 들며 체계적으로 설명하여 쉽게 이해할 수 있게 한다.

국내에 제대로 된 대승기신론 해설서가 귀하다. 내용이 방대하고 어렵기 때문이리라. 그렇다고 우리 불자들이 대승경전 100권을 요약했다는 이 대승기신론을 읽지 않을 수는 없다. 그러니 이 강의록이 나오게 된 것이 한국불교계의 엄청난 축복이고 행운이라고 확신한다.

차례

차례

차례

불교의 심오한 이치는 삼장三藏[01]에 있다. 그중에서 이치를 논리적으로 설명한 글을 논장論藏이라고 부른다. 우리나라 절에서 스님들이 교학을 공부할 때 제일 먼저 사집四集을 배운다. 경經도 아니고 논論도 아니지만 수행에 꼭 필요하다고 배우는 것이 사집이다. 사집 과정에서는 중국의 규봉圭峰 선사가 쓴 〈도서都序〉, 규봉 선사의 법집별행록法集別行錄에 우리나라 보조普照 스님이 해설을 붙인 〈절요節要〉, 중국의 고봉高峰 선사가 화두 참선의 주의사항을 적어 놓은 〈선요禪要〉, 그리고 중국 송나라 때 사람인 대혜大慧 선사의 〈서장書狀〉이 교재로 사용된다. 사집 과정을 마치면 사교四教 과정에 들어간다. 사교 과정에선 원래 『능엄경』, 『원각경』, 『금강경』, 『법화경』을 배웠는데, 언제부터인가 법화경 대신 『대승기신론』을 배우게 됐다. 그런데 능엄경과 기신론이 불교 경론 중에 가장 어렵다고 한다. 경장經藏 중에는 능엄경, 논장論藏 중에는 대승기신론이 가장 어렵다는 말이다. 지금도 강원에 가면 '차돌능엄'이니, '깐깐기

---

01 경을 모은 경장(經藏), 율을 모은 율장(律藏), 논을 모은 논장(論藏)을 합해서 삼장(三藏)이라고 한다.

신'이니 하는 말을 한다.

이 대승기신론은 부피가 작고 문체文體가 간략하지만, 불법의 광대한 내용을 요약한 조감도鳥瞰圖와 같다. 그래서 먼저 기본 교과서인 『능엄경』을 숙독한 후에 이글을 읽어야만 비로소 그 내용들을 제대로 이해할 수가 있다. 우리나라 승가에서는 예부터 『능엄경』을 먼저 배우고, 그 다음에 『대승기신론』을 익히도록 하는 전통을 고수하고 있다. 이 두 권의 경론은 비록 어렵고 복잡하지만 불교의 핵심을 빠짐없이 설명하고 있기 때문에, 불교 공부를 제대로 하려고 하는 사람이라면 반드시숙지해야만 한다.

능엄경에는 유식唯識 이론이 들어 있다. 그러나 제8식이란 단어는 없다. 그런데 『대승기신론』에는 제8 아라야식 설명이 제법 나온다. 그러니까 『대승기신론』을 봐야 제8식에 대해 좀 알게 된다. 또 『능엄경』에서는 '성각필명性覺必明 망위명각妄爲明覺'[02]이라 해서 무명無明에서 세계가 벌어지는 것을 설명하는데, 『기신론』을 보면 삼세육추三細六麤가 나와서 무명에서 시작하는 망위명각妄爲明覺을 이해하기가 쉽다. 그래서 『능엄경』과 『대승기신론』을 합치면 알기쉬운 불교이론이 된다.

불교 공부를 하다 보면 결국 유식론唯識論도 배워야 하는데, 이 『능엄경』과『대승기신론』은 유식학설이 생기기 전의 경론經論이라서 유식唯識 이야기가없다.

---

02 능엄경 4권. 性覺必明 妄爲明覺 覺非所明 因明立所 所旣妄立 生汝妄能.
   번역은, 각(覺)은 원래 밝으니 새삼스레 밝힐 대상이 아니건만, 밝히자는 것으로 인하여 대상이
   되었고, 대상이 허망하게 성립하니 너의 허망한 주체인 망능(妄能)이 생겼다. 번역과 해설은, 황
   정원, 「우리말 능엄경」, 2013, 운주사 참조.

왜 유식론을 배워야 하는가? 불교에서 얘기하는 진여眞如나 진심眞心의 내용을 이해하기 쉬워진다. 유식론에서는 현실이라는 망상세계妄想世界가 공空이라는 이치를 만법유식萬法唯識이라는 각도에서 실감나게 설명한다.

『대승기신론大乘起信論』의 저자는 인도의 마명존자馬鳴尊者로 알려져 있는데, 그는 불멸 후 600년경에 중인도의 마갈타국에서 살았다고 전해오고 있다. 그는 중국 선종禪宗에서는 서천西天 제12대 조사祖師로 존숭尊崇받고 있는데, 유명한 용수龍樹보살[03]이 서천 제14대 조사이니, 대강 그 생존 시기를 짐작할 수 있다.

우리가 공부할 대승기신론의 한역漢譯에는 두 가지가 있다. 하나는 진제眞諦, 499~569 스님[04]이 중국 양梁나라 무제武帝 때 번역한 것이고, 둘은 실차난타實叉難

---

03 용수(龍樹, Nagarjuna, 150?-250?): 원래의 이름은 나가르주나(Nagarjuna)이며, 용수(龍樹)는 산스크리트어로 용(龍)을 뜻하는 나가(naga)와 나무[樹]를 뜻하는 아가르주나(agarjuna)를 한자로 옮겨 표기한 것이다. 공(空)과 중도(中道) 이론을 체계화하여 대승불교의 발전에 큰 영향을 끼쳤다.
  연기설(緣起說)을 바탕으로 대승불교의 기반이 된 ≪반야경≫에서 강조된 '공(空)'을 논증하였다. 모든 현상은 인과관계로 나타나는 것이므로 스스로 독립해 존재하는 불변의 실체는 없다고 보고, 모든 존재는 무자성(無自性)이며 공(空)이라고 하였다. 그래서 용수의 공은 무자성공(無自性空)이라고 나타내기도 한다. 또한, 진속이제설(眞俗二諦說)을 기초로 공(空)과 연기(緣起)가 대립하지 않음을 밝히며 중도(中道)에 대해서도 논증하였다. 그는 인간의 인식을 초월한 진리의 세계를 진제(眞諦)인 제일의제(第一義諦)라고 하였고, 언어나 개념으로 인식된 상대적인 현상의 세계를 세속제(世俗諦)라고 구분하였다. 그리고 진제(眞諦)에서는 모든 법이 공(空)하지만 세속제(世俗諦)의 현상적인 차원에서는 연기(緣起)에 의한 상대적인 세계가 이루어지며, 진제와 세속제는 서로 의존하고 있는 진속불이(眞俗不二)의 관계에 있다고 보았다. 곧 공(空)은 '없음[無]'이 아니라 모든 것이 서로 관계를 맺고 있다는 연기(緣起)이며, 있음과 없음을 초월한 중도(中道)야말로 불교의 가장 핵심적인 가르침이라는 것이다. ≪중론(中論)≫에서 "연기법이 곧 공이며 가명이며 중도(中道)의 뜻이다(衆因緣生法 我說卽是無 亦爲是假名 亦是中道義)"라고 하였고, 중도(中道)에 대해서는 "생하지도 않고 멸하지도 않으며, 상주하지도 않고 단멸하지도 않으며, 동일하지도 않고 다르지도 않으며, 오지도 않고 가지도 않는다(不生亦不滅 不常亦不斷 不一亦不異 不來亦不出)"라고 설하였다.

04 진제(眞諦,499~569): 인도 출신의 승려로서 구마라습, 현장, 불공과 함께 중국 4대 역경승의 한

陀, 652~710 스님[05]이 중국 당唐나라 때 번역한 것이다. 흔히 진제 스님의 번역을 양본梁本 또는 구역舊譯이라 하고, 실차난타 스님의 번역을 당본唐本 또는 신역新譯이라고 부른다. 두 가지 한역의 내용은 그야말로 대동소이大同小異하지만, 실차난타 스님의 신역이 단어가 평이하고 문맥이 순리적이며 논리가 정연하여서, 초학자가 처음 읽고 공부하기에 좀 더 편하다.

　그러나 구역이 신역보다 150년 정도 먼저 유포되었기 때문에 일찍부터 세상에 널리 알려졌고, 대부분의 해설서가 구역을 저본底本으로 하고 있다. 우리가 잘 아는 원효元曉 대사의『해동소海東疏』도 이 구역을 교재로 한 것이다. 따라서 실차난타 스님의 신역을 소개하는 책자는 매우 희귀하여, 중국에도 명말明末의 지욱智旭, 1596~1655 대사가 남긴『대승기신론열망소大乘起信論裂網疏』가 하나 있을 뿐이다.

　본 강의에서는 실차난타 스님의 신역을 중심으로 설명하며, 필요시 구역과 신역의 차이를 비교 설명하며 이해를 돕도록 한다.

　명으로 꼽힌다. 금강반야바라밀경(金剛般若波羅密經)· 대승기신론(大乘起信論)· 섭대승론(攝大乘論)· 섭대승론석(攝大乘論釋)· 중변분별론(中邊分別論)· 대승유식론(大乘唯識論)· 불성론(佛性論)· 전식론(轉識論)· 아비달마구사석론(阿毘達磨俱舍釋論) 등 76부 315권에 달하는 불경을 번역했다.

05　실차난타(實叉難陀, 652~710): Śikṣānanda의 음사. 한문 의역으로는 학희(學喜). 695년에 범본 화엄경을 가지고 와서 중국의 낙양(洛陽) 불수기사(佛授記寺)에서 번역하여 699년에 80권으로 완성함. 화엄경 한역본은 불타발타라가 번역한 60권본과 실차난타가 번역한 80권본을 대표적인 것으로 본다.

　구마라습, 진제로 대표되는 초기의 불경 한역을 구역(舊譯)이라고 하는데, 이때는 기존 중국사회에 널리 퍼져 있는 도교의 개념과 용어를 빌어 불교의 개념을 설명하려는 소위 격의불교(格義佛敎)의 시대였다. 따라서 불교의 중요한 개념들이 모호하게 한역된 경우가 많았다. 이후 당나라 시대에 이르러 인도에 유학한 중국인 천재 현장(玄奘)이 산스크리트어 원본 불경의 의미를 좀 더 정확히 전달하겠다는 목표를 가지고 번역하게 되는데, 이것이 신역(新譯)이다. 실차난타는 현장에 이어 신역의 대표 주자 중 한 명이다.

大乘起信論

제1편

귀경술의

歸敬述意

귀경歸敬은 부처님께 귀의해서[歸] 공경한다[敬]는 뜻이고,
술의述意는 이 책을 쓰는 뜻이 무엇인지 밝히는 것이다.

제1분
귀경삼보 歸敬三寶

歸命盡十方귀명진시방 普作大饒益보작대요익

智無限自在지무한자재 救護世間尊구호세간존

及彼體相海급피체상해 無我句義法무아구의법

無邊德藏僧무변덕장승 勤求正覺者근구정각자

시방세계에서 널리 크게 요익饒益하는 교화를 펴시고

지혜가 무한하고 자재하시며,

세간을 널리 구호하시는 세존께 귀의합니다.

세존의 바탕과 상호相好의 바다에 귀의합니다.

무아無我를 설명하는 법보法寶에 귀의합니다.

무변無邊 공덕장功德藏인 스님과

정각正覺을 힘써 구하는 자에게 귀의합니다.

세존을 어떤 분이라고 표현했는가? '널리 크게 요익饒益하는 교화를 펴시고'
는 중생을 제도한다는 말이다. 원문 '及彼體相海급피체상해'에서 피彼는 세존
이고, 체體는 바탕, 상相은 모양이다. 세존의 체와 상의 바다에 귀의한다는 말
이다. 불보佛寶에 귀의하는 것이다. 부처님 말씀 중에는 내가 없다는 무아無我
를 설명한 것이 핵심核心이다. 그 무아의 뜻이 중심이 되는 법보法寶에 귀의한
다는 말이다.

그 앞의 체상해體相海는, 바탕[體]과 상호[相]가 바다처럼 허공에 가득하다는
말인데, 이것을 잘 이해해야 한다. 여기서 체體는 무엇일까? 상相은 또 무엇일
까? 체는 여래장如來藏이다. 상相은 여래장에 갖춰진 묘진여상妙眞如相이다. '여
래장如來藏 묘진여상妙眞如相'을 여기서는 체상해라고 지칭한 것이다.

끝없는 덕을 가지고 있는 스님[無邊德藏僧]은 부처님 제자들 중 아라한을 가
리키고, 부지런히 바른 깨달음을 구하는 사람들[勤求正覺者]은 아라한은 안 됐
지만, 공부를 열심히 하는 거사, 보살들까지를 포함한다.

제2분
저술한 목적

爲欲令衆生위욕령중생 除疑去邪執제의거사집
起信紹佛種기신소불종 故我造此論고아조차론

중생들이 가진 모든 의심과 잘못된 고집을 제거하고,
믿음을 일으켜서 불종佛種을 잇고자 내가 지금 이 논을 짓는다.

　논論에서 말한다. 대승에 대한 정신淨信을 일으켜서, 모든 중생들의 의심과
어둠과 잘못된 집착을 끊어서 불종성佛種性이 상속相續되고 끊어지지 않게 하
고자 이 논을 짓는다.[06]

06　원문은, 論日논왈 爲欲發起위욕발기 大乘淨信대승정신 斷諸衆生疑暗邪執단제중생의암사집

저술하는 의도가 무엇인가? 믿음을 일으켜서 부처의 종자를 계속 이어가고자 한다. 어떻게 믿음을 일으키고 불종을 잇는가? 의심과 잘못된 고집[邪執]을 제거함으로써 잇는다. 바로 이것, 제의除疑와 거사집去邪執하는 것이 불교 공부의 핵심이다.

사집邪執은 정견 아닌 사견邪見을 옳다고 고집하는 것이다. 의심 없애기보다 사집 제거하기가 더 어렵다. 어째서인가? 의심나는 것은 모른다고 생각하는 것이니 질문할 생각도 난다. 그러나 잘못된 견해를 잘못인 줄 모르고 고집할 때는 아예 물을 생각조차 없다. 애초에 묻지를 않는다. 예컨대 진심眞心인 청정각명淸淨覺明에 대해서도 사람마다 다 자기 나름대로 해석하고는 제대로 안다고 여긴다. 청정淸淨을 깨끗함이라고 해석하고, 더러운 것과 그 반대라고 이해한다면, 잘못된 견해이지만, 그렇게 해석하고 믿는 당사자는 자신의 견해見解가 그릇된 것인 줄 알지 못한다. 청정은 허공처럼 아무것도 없다는 말이다. 즉 더러운 것도 없지만, 깨끗한 것도 없다.

거사집去邪執도 아주 어려운 문제다. 오십년 전에 백봉선생님을 모시고 같이 공부한 도반이 있었다. 그는 항상 말하기를 "깨달으면 바로 부처이지, 삼아승지겁三阿僧祇劫을 닦을 일이 없다." "알면 그대로 부처다"와 같은 선생님 말씀을 들을 때마다 "간이 철렁 내려앉곤 한다"는 것이었다. "아니 감히 내가 부처라니?" 그 전에 자기 선생에게서 배운 것과 다르니 자신이 죄를 짓는 것 같고, 그래서 더 못 오겠다 하고 선원을 떠났다. 그렇게 갔다가 선생님이 돌아가시고 나서 보림선원에 다시 찾아 왔다. 그래서 어쩐 일인가를 물었더니 답은 이랬다. "내가 선지식을 찾아서 전국을 다 돌아다녀 봤지만, 백봉선생님 같은 분

令佛種性相續不斷영불종성상속부단 故造此論고조차론

이 없더라. 그래서 반성하고 돌아왔는데, 선생님이 떠나시고 안 계신다." 그 도반道伴은 종전에 점교漸教를 배웠기에 백봉선생님 돈교법문頓教法門[07]에 겁이 났던 것이다, 이처럼 거사집去邪執은 매우 중요하고 어렵다. 그 밑의 풀이도 읽어보자.

대승기신론을 집필한 목적을 노래한 구절이다. 마명존자가 제경諸經의 핵심을 종합하여 간략하게 정리하여 후배들의 의심과 사견邪見을 없애고자 집필한 뜻이 들어 있다. 예로부터 동아시아 불가佛家에서는 마명존자를 제8지地에 이른 지상地上보살이라고 높이고 있고, 제2의 석가라고 존경받는 용수龍樹보살은 이 마명의 기신론을 해설하는 「석마하연론釋摩訶衍論」을 저술했다. 즉 지상보살인 마명존자 당신은 이미 불법을 통달通達했다는 뜻이 은근히 담겨 있는 구절이다.

'의심도 풀어주고 사집邪執도 제거해주겠다'고 했다. 누가 해준다는 말인가? 마명馬鳴존자가 한다. 마명존자 자신은 모두 다 안다는 말이다.

논에서 말하기를, 대승의 깨끗한 믿음을 일으키기 위해서[爲欲發起 大乘淨信], 모든 중생의 의심과 캄캄한 것과 삿된 고집을 끊어내서[斷諸衆生疑暗邪執], 불종의 성품이 계속 이어져 끊어지지 않게 하고자[令佛種性相續不斷], 이 논論을 짓는다[故造此論]. 앞에 한 것과 같은 말이다. 여기서는 대승의 정신을 말한다.

'대승의 깨끗한 믿음[淨信]'은 어디서 생기는가? 의심疑心과 잘못된 고집[疑暗

---

07   보림선원 예불송에 다음과 같은 내용이 있다.
     "해말쑥한 성품중에 산하대지 이루우고 또한 몸도 나투어서 울고웃고 가노매라.
     당장의 마음이라 하늘땅의 임자인걸 멍청한 사람들은 몸밖에서 찾는고야."
     "부처님 거울속의 제자의 몸은 제자의 거울속의 부처님에게
     되돌아 귀의하는 이치를 알면 부처가 부처이름 밝히심이네."

邪執을 끊으면 대승大乘의 정신淨信이 일어난다. 불교에서 쓰는 믿을 신信 자는, 무조건 부처님이나 보살님을 믿는다는 뜻이 아니다. 이 신信은 부처님 말씀이 진짜라고 긍정하는 것이다. 그럼 대승에서 긍정하는 부처님 말씀의 골자는 무엇인가? "중생이 깨치면 바로 부처다"라는 것이다. 그러면 소승의 정신淨信은 무엇일까? 탐진치貪瞋痴를 없애는 것이다. 탐진치가 없는 사람은 번뇌煩惱가 없다. 번뇌가 없는 사람은 열반涅槃을 얻었으니 아라한이다. 그렇게 소승은 아라한阿羅漢을 목표로 한다. 대승의 정신淨信은 아공我空·법공法空을 깨달아 바로 부처가 되는 것이다. 그것이 대승의 보살정신菩薩淨信이다. 그러니까 소승小乘의 목표는 아라한阿羅漢, 대승의 목표는 부처다. 부처를 목표로 공부하는 보살菩薩은 다시 성종性宗과 상종相宗으로 구별된다. 곧 돈교頓敎와 점교漸敎다. 성종性宗은 본래 부처임을 강조하고, 상종相宗은 점차 업식業識을 수습修習함을 중요시한다고 한다.

제3분
과목科目

유법有法이 능히 대승의 신근信根을 생기게 한다. 그러므로 마땅히 설명한다.[08]

유법有法은 법이 있다는 말이다. 어떤 법이 있는가? 대승의 신근을 능히 일으키게 하는 진리가 있다. 그 진리가 무엇인가? 앞으로 설명할 것이다. 지욱대사에 따르면, "대승의 신근信根"이란, 문사수聞思修[09]인 삼혜三慧를 일으켜 공부하면 누구든지 반드시 성불한다는 부처님의 가르침에 대한 믿음이다. 그러니까 누구든지 문사수 공부를 하면 부처가 된다. 다른 말로 하자면, "알고 보면

---

08 원문은, 有法能生大乘信根유법능생대승신근 是故應說시고응설

09 가르침을 듣고 얻은 문혜(聞慧)와 이치를 사유하여 얻은 사혜(思慧)와 수행으로 얻은 수혜(修慧), 세가지 지혜를 말함

중생이 본래 부처"인 줄 알게 된다는 말이다. '문사수를 통해서 뭔가 특별한 하나를 얻어 열심히 빛이 나게 닦았더니 부처가 되더라'가 아니다. 본래 우리가 부처인데, 무명無明으로 인한 착각錯覺에 빠져 이렇게 윤회하는 중생이 됐다는 말이다. 그럼 그 착각이 무엇인가? '나'라는 것에 대한 착각이다. 내가 무엇인 줄 몰라서 착각하게 된다. 그러니 '나'라고 하는 것이 무엇인가를 확실히 알아야 한다. 즉 견성見性해야 한다. 그래야 성불이 된다.

견성성불見性成佛은, "견성해 보니 본래로 이미 부처더라"는 말이다. 견성을 하고 나서 다시 열심히 닦아서 부처가 된다는 말이 아니다. 곧 '견성見性하면 바로 성불成佛'이라는 말이다.

해설解說은 다섯 부분으로 나눈다. 하나는 작인作因이요, 둘은 입의立義요, 셋은 해석解釋이요, 넷은 수신修信이요, 다섯은 이익利益이다.[10]

『대승기신론』 전체의 내용을 분류해보면 이렇다는 말이다. 첫째, 작인作因은 논을 저작하는 원인, 즉 『기신론』을 쓰는 이유에 대한 설명이다. 앞서 말하기를, 중생들의 의혹을 없애고 잘못된 고집을 제거해 준다고 했다. 그렇다면 기존의 경經이 다 그런 것 아니냐는 반론이 있을 수 있다. 부처님이 설하신 팔만대장경이 전부 다 불법에 대한 중생의 의혹을 풀고 잘못된 고집을 제거하는 것 아닌가? 『대승기신론』 같은 것을 또 쓸 필요가 있는가? 그런 의문에 대한 답이 작인作因이다.

둘째는 입의立義다. 입의란 뜻을 세운다는 말이다. 『대승기신론』의 골자를

---

10 원문은, 說有五分설유오분 一일 作因작인 二이 立義입의 三삼 解釋해석 四사 修信수신 五오 利益이익

제시하는 것이 입의다. 셋째는 해석解釋이다. 골자를 중심으로 하여 자세히 분석한다. 넷째, 수신修信은, 부처가 본래 중생과 다를 바 없다는 진리를 믿고[信] 실제로 수행한다[修]는 말이다. 그 다음이 다섯째, 이익利益이다. 이 공부를 하면 어떤 이익이 있는가를 밝힌다. 그런데 지욱智旭대사는, "전체의 핵심을 이야기한 입의立義만 들어도 상근기上根機는 다 알아차린다. 해석解釋을 들어서 아는 것은 중근기中根機다. 다시 사마타, 비파사나를 닦는 등의 수행修行을 거쳐야 아는 사람은 하근기下根機"라고 한다.

大乘起信論

제2편

해설오분
解說五分

대승기신론을 해설하는 다섯가지 측면을 의미한다.

제1분
작인분 作因分

제1절 팔인 八因

이 논을 저작하는 원인이 여덟 개가 있다.[11]

하나는 총상總相이니, 중생들로 하여금 괴로움을 여의고 즐거움을 얻게 함이요, 결코 명리와 재물 등을 탐내거나 구하려고 이 논을 지은 것이 아니다.[12]

총상은 총론이란 말이다. 먼저 총론을 제시하고 그다음에 각론各論을 말하

---

11 원문은, 此中作因차중인 有八유팔

12 원문은, 一일 總相총상 爲令衆生위령중생 離苦得樂이고득락 不爲貪求利養等故불위탐구이양등고

게 되는데, 옛날 불교에선 논論을 상相이라 했다. 그래서 총론, 각론을 총상, 각상各相이라 했다. 각상은 별상別相이라고도 한다. '중생들로 하여금 괴로움을 여의고 즐거움을 얻게 함'은 요새 말로 하면 '중생을 행복하게 한다'는 것이다. 이양利養의 이利는 이익, 양養은 편안함을 일컫는다.

둘은 여래의 근본 진실한 뜻을 드러내어 모든 중생들로 하여금 정해正解를 내도록 함이다.[13]

불경佛經은 설법할 당시 청중들의 근기根機에 따라 방편方便 법문을 하신 것이 대부분인지라, 일반인들이 몇 권의 불경만을 보고 바른 견해를 얻기는 어렵다. 그런 만큼, 많은 경전의 내용을 종합 정리하여 정견正見을 가르치겠다는 말씀이다.

셋은 선근善根이 성숙한 중생들로 하여금 신심信心이 퇴보하지 않고 대승법을 감당하도록 하기 위함이다.[14]

소승법小乘法은 쉽다. 상식만 있으면 누가 읽어도 막히는 부분이 별로 없다. 그런데 대승大乘이론은 좀 어렵다. 그래서 대승법을 공부하다가 그만두는 사람들이 많으니, 그런 사람들이 퇴보하지 않게 하려고 이 논을 쓴다. 대승법의 어려운 부분을 마명존자 당신이 다 설명하겠다는 말씀이다.

---

13 원문은, 二이 爲顯如來根本實義위현여래근본실의 令諸衆生영제중생 生來正解故생래정해고

14 원문은, 三삼 爲令善根成熟衆生위령선근성숙중생 不退信心불퇴신심 於大乘法有堪任故어대승법유감임고

넷은 선근善根이 적은 중생들로 하여금 신심信心을 일으키고 물러나지 않게 함이다.[15]

선근이 적은 중생, 즉 하근기下根機들은 공부하는 법을 잘 모르니, 공부하는 법을 자세히 설명해 주겠다는 말씀이다.

다섯은 중생들로 하여금 업장業障을 소제消除하고 자심自心을 조복하여 삼독三毒을 여의게 함이다.[16]

생업에 끄달려서 공부하기가 힘들거나, 망상妄想이 많아서 좀처럼 공부에 진전이 없는 사람들을 위해서 방법을 자세히 써놓았다는 말씀이다.

여섯은 중생으로 하여금 바른 지관止觀을 닦아 범부凡夫와 소승小乘의 허물 있는 마음을 대치對治하게 함이다.[17]

지관법止觀法을 뒤에 설명한다는 말씀이다. 넷째부터 여섯째까지는 모두가 제4분 수신분修信分, 즉 수행신심분에 공부하는 방법 써 놓은 것을 자세히 보라는 말이다. 티베트 불교에는 이 『대승기신론』이 없다. 티베트에서는 『대승기신론』 대신에 『발보리심론發菩提心論』과 『보리도차제론菩提道次第論』을 읽는다. 그 책들에는 공부하는 방법인 육바라밀六波羅蜜이나 지관법止觀法에 대한

---

15 원문은, 四사 爲令善根微少衆生위령선근미소중생 發起信心발기신심 至不退故지불퇴고

16 원문은, 五오 爲令衆生위령중생 消除業障소제업장 調伏自心조복자심 離三毒故이삼독고

17 원문은, 六육 爲令衆生위령중생 修正止觀수정지관 對治凡小過失心故대치범소과실심고

내용이 많다. 『대승기신론』에서는 그런 공부방법 관련 내용은 뒤쪽에 나온다. 전체를 5분分으로 나누었는데, 1분分에서 3분分까지는 주로 진여眞如와 생멸生滅, 즉 진심과 망심의 구별을 설명하고, 공부 방법은 제4분에서 설명한다.

일곱은 중생들로 하여금 대승법을 올바르게 생각하고, 불전佛前에 태어나서 대승법에 대한 신심信心이 끝내 물러나지 않게 함이다.[18]

지욱智旭대사의 설명에 따르면 "불전佛前에 태어나서"는 수신분修信分에 나오는 정토법문淨土法門을 가리킨다. 수신분에 염불念佛해서 극락極樂에 가는 법을 설명한 부분이 있다. 불전佛前이라 함은 부처님께 직접 가르침을 받는다는 뜻이니, 부처님과 동시대에 태어나 부처님 앞에서 직접 배운다는 말이다. 극락極樂에선 아미타불阿彌陀佛이 직접 가르치시고, 조교助敎는 관세음보살觀世音菩薩과 대세지보살大勢至菩薩이시다. 이 『대승기신론』에는 극락極樂에 가는 이야기도 있다.

여덟은 대승을 믿고 즐기는 이익을 드러내어 모든 중생들이 귀향歸向하게 함이다.[19]

소승이 아니고 대승을 하면 어떤 이익이 있느냐는 것이다. 다섯째 이익분利益分에 나오는 법문을 가리킨다.

이상 여덟 가지 이유 때문에 『대승기신론』을 쓴다는 말씀이다.

---

18 원문은, 七칠 爲令衆生위령중생 於大乘法어대승법 如理思惟여리사유 得生佛前득생불전 究竟不退大乘信故구경불퇴대승신고

19 원문은, 八팔 爲顯信樂大乘利益위현신락대승이익 勸諸含識令歸向故권제함식령귀향고

제2절 석의釋疑

　이러한 모든 법문에 대한 뜻은 대승경 중에 비록 이미 갖추어져 있으나, 교화할 중생들의 근기와 욕구가 각각 다르고, 깨닫게 하는 시절인연이 다르기 때문에 이 논을 짓는다.[20]

　석의釋疑란 의심을 푼다는 말이다. 무슨 의심인가? "마명존자 당신이 하려는 이야기는 이미 불경에 다 있는데, 『대승기신론』을 또 쓸 필요가 있겠는가? 굳이 쓰는 이유가 무엇인가?"와 같은 의문이다. 불경에 이미 다 있기는 하지만, 중생들의 근기와 욕구가 다르고 소원하는 바가 다르다. 그러한 중생들의 근기와 소원에 맞추기 위해 논을 짓는다. 이하에서 그 구체적인 이유를 제시한다.

　어떤 이유인가 하면, 여래께서 살아 계실 때는 교화되는 중생들의 근기가 영리하고 부처님의 몸매와 마음이 수승하여 일음一音으로 무변無邊한 의미를 개연開演하셨으므로 이런 논서가 필요 없었다.[21]

　그러나 부처님이 열반하신 뒤에는, 어떤 학인은 능히 자력自力으로 불경을 몇 권만 보고도 다의多義를 능히 이해하고,[22]

20　원문은, 此諸句義차제구의 大乘經中雖已具대승경중수이구유 然由所化연유소화 根欲不同근욕부동 待悟緣別대오연별 是故造論시고조론

21　원문은, 此復云何차부운하 爲如來在世위여래재세 所化利根소화이근 佛色心勝불색심승 一音開演無邊義味일음개연무변의미 故不須論고불수론

22　원문은, 佛涅槃後불열반후 或有能以自力혹유능이자력 少見於經而解多義소견어경이해다의

또 어떤 학인은 능히 자력으로 많은 불경을 널리 보고서야 정해正解가 생기기도 하고,[23]

또 어떤 학인은 스스로 지력智力이 없어서 타인의 광대한 논서를 보고서야 그 뜻을 이해하고,[24]

또 어떤 학인은 스스로 지력智力이 없으면서, 광대한 설명은 두려워하고 간략한 논설을 즐겨 듣고서 광대한 뜻을 포섭하고 바르게 수행하기도 한다.[25]

공부하는 이의 근기가 이렇게 다양하다. 상근기上根機는 경을 조금만 보고도 금방 안다. 육조대사六祖大師 같은 분이 이 부류다. 그 다음으로, 많은 불경을 보고서야 바른 이해에 이르는 사람이 있다. 다시 그 다음으로 누군가의 개별적인 지도를 받지 않으면 공부하기 어려운 사람들도 있다. 또 어떤 사람은 지도를 받아야 하는데, 너무 길어지면 잘 못 알아들으니, 간단하게 핵심核心만 찔러줘야 그나마 이해한다.

나는 저 최후의 사람을 위하여 여래의 가장 수승殊勝하고 심히 깊고 끝없는 뜻을 약론略論으로 종합 정리하여 이 논을 짓는 바이다.[26]

결론적으로, 많은 설명을 싫어하고 핵심核心만 지적해 주길 바라는 그런 사

---

23 원문은, 復有能以自力부유능이자력 廣見諸經광견제경 乃生正解내생정해

24 원문은, 惑有自無智力혹유자무지력 因他廣論而得解義인타광론이득해의

25 원문은, 亦有自無智力역유자무지력 怖於廣說포어광설 樂聞略論요문약론 攝廣大義섭광대의 而正修行이정수행

26 원문은, 我今爲彼最後人故아금위피최후인고 略攝如來最勝甚深無邊之義약섭여래최승심심무변지의 而造此論이조차론

람들을 위해 이 『대승기신론』을 짓는다는 말이다. 불교이론佛敎理論이 아주 많지만, 그 모든 이론의 핵심核心을 여기 『기신론』에 다 정리했다는 뜻이다. 결국 마명馬鳴존자는 자기가 모든 불교이론을 잘 안다고 자부한다. 존자 당신은 불교를 제대로 이해하니, 그렇지 못한 사람들을 위해 설명해주겠다, 그것도 핵심만 요약해서. 마명존자는 아주 자신만만하시다.

용수보살이 쓴 「석마하연론釋摩訶衍論」을 보면, 마명존자를 8지보살八地菩薩[27]이라 했다. 한편 사람들이 제2의 석가釋迦라고 하는 용수龍樹는 초지보살初地菩薩이라 한다. 그러니 마명존자는 용수보살보다 훨씬 경지가 높은 선지식善知識이라는 얘기다.

마명존자는 『대승기신론』에서, 중생심衆生心을 일심一心으로 보고, 한마음을 이문二門, 곧 진여문眞如門과 생멸문生滅門으로 나누어서 설명한다. 진여眞如는 불변하는 진짜이고, 생멸生滅은 생겼다 없어졌다 하니 가짜란 얘기다. 그러니 진여문眞如門에는 불생불멸不生不滅하는 진심眞心만 등장하고, 생멸문生滅門에는 은하계銀河系가 출몰出沒하는 망심妄心이 주인공이다. 즉 진심眞心과 망심妄心으로 나눠서 중생들의 한마음을 자세히 설명한다.

중국에서 60권짜리 『화엄경華嚴經』이 처음 번역된 때가 서기 421년이다. 불타발타라佛陀跋陀羅삼장이 이 60권 『화엄경』을 번역했는데, 이 경에 "일체유심조一切唯心造"라는 유명한 구절句節이 나온다. 그러니 『대승기신론』이 처음 번역된 서기 550년 즈음에는, 이러한 『화엄경』의 종지宗旨가 이미 세상에 널리

---

27 8지보살은 구생아집(俱生我執)을 끊어서 불퇴전(不退轉)에 이르니, 부동지(不動地), 혹은 무공용지(無功用地)의 높은 경지다. 여기 대승기신론에서는 8지를 색자재지(色自在地)라고 한다.

퍼져 있었을 것이다. 60권 『화엄경』이 번역되고 130년이 지난 뒤 진제眞諦삼장의 『대승기신론』 번역이 처음 나왔으니 말이다.

그렇다면, 우주의 근본인 마음은 구체적으로 어떤 것인가? 『화엄경』에는 그에 대한 체계적 설명이 없다. 이 『대승기신론』이 소개되면서 비로소 마음의 진망眞妄과 그 구체적인 내용이 중국 사람들에게 알려지게 된 셈이다. 그러기 때문에 중국과 우리나라에서 불교 공부 하는 사람들은 이 『대승기신론』을 정말 열심히 공부했고, 그때부터 『대승기신론』은 동아시아 불교계를 석권했다.

그러다가 서기 705년, 마음을 자세하게 설명하는 『능엄경』이 중국에서 번역되고, 아라야식을 설명하는 과정에서 여래장如來藏 사상이 대두되면서, 『능엄경』이 『대승기신론』과 어깨를 나란히 하게 됐다. 그 분량分量을 비교하면, 『능엄경』은 열 권, 『대승기신론』은 두 권이니 차이가 크다. 그러나 이 『기신론』에는 『능엄경』에 없는 생멸문生滅門의 삼세육추三細六麤 설명이 들어 있다. 필수불가결한 내용이 『대승기신론』에 많이 들어 있는 것이다. 따라서 동東아시아에서는 모든 경經을 풀이할 때 『능엄경』과 『대승기신론』을 기본으로 삼았다. 그것이 전통이 되었고, 지금도 원효대사가 쓴 『해동소海東疏』는 여전히 유명하다. 열 권인 『능엄경』의 설명이 더 자세하므로, 송宋나라 이후에는 마음을 설명하는 『능엄경』이 불교 공부의 우선적인 기본교재로 자리매김하게 되었고, 특히 인심人心을 직지直指하는 법문이 많으므로 선종禪宗에서 교과서로 사용했다고 한다.

제2분
입의분立義分

제1절 마하연의 뜻

어떤 것이 입의분立義分인가? '마하연摩訶衍'은 대략 두 가지가 있으니, 유법有法과 법法이다.[28]

입의立義는 뜻을 세운다, 즉 종지宗旨를 설명한다는 말이다. 입의분立義分은 이 논의 대강大綱을 서두序頭에서 간단히 설명한 것이다. '마하연摩訶衍'은 범어를 그대로 음역音譯한 것으로, 의역意譯하면 대승大乘, 즉 큰 수레라는 뜻이

---

[28] 원문은, 云何立義分운하입의분 爲摩訶衍위마하연 略有二種약유이종 有法及法유법급법

다.[29] 그러면 이 대승은 소승小乘과는 어떻게 구분되는 것일까?

우리가 소승小乘이라고 칭하는 것은 오늘날의 남방불교南方佛教다. 부처님께서 열반하신 후 한동안은 부처님을 직접 모시고 설법을 들은 제자들이 살아 있었다. 그러니 부처님 말씀에 의문이 생기면 그 제자들에게 물었고, 의견 대립과 교착의 소지가 적었다. 그러나 부처님 열반 후 100년쯤이 지나자 직계 제자들이 한 사람도 남지 않게 되었다. 물어볼 곳이 없게 된 것이다. 그러자 공부하는 사람들 사이에 교법에 대해 의견이 갈리기 시작했다. 대표적인 것이 계율戒律 문제였다.

인도는 더운 지방이라 소금이 많이 필요하다. 그런데 부처님께선 소금도 소지하면 안 된다고 하셨다. 율장에 그리돼 있다. 소금이 화폐 대용으로 쓰였기 때문이다. 그런데 소금은 더운 지방에서, 특히 길 위에서 자고 이동하는 스님들에겐 필수품이었다. 쉽게 구할 수 있는 것도 아니었다. 그러니 스님들은 기회가 되면 소금을 소지품으로 보관하려 했다. 소금은 생사를 가를 수도 있는 물건이었으니 말이다.

부처님 돌아가시고 100년 후에 소금을 두고 논쟁이 붙었다. 부처님 생전에 교화를 받은 북인도의 동쪽 지역에서는, '소금을 구할 수 있을 때, 구해 놓아야 한다, 그러니 보관해도 괜찮다'는 입장이었다. 다음으로 돈, 즉 금과 은의 문제가 있었다. 원래 중들은 돈을 소지하면 안 된다는 것이 부처님이 정하신 계율이다. 수행자는 돈을 가지면 안 되고, 먹을 것은 탁발托鉢해서 먹어야 하

---

29 마하야나(mahayāna): 마하연 · 마하연나 · 마하야나 등으로 음역. 상연 · 상승 · 대승 등으로 의역.

고 공부만 해야 한다. 금金과 은銀을 소지하는 것은 안 될 일이었다.

부처님 당시에는 걸식乞食을 했고, 기수급고독원祇樹給孤獨園이나 죽림정사竹林精舍에서는 돈 많은 장자와 왕족들이 승원의 살림을 맡아서 관리/유지하였다. 필요한 물품은 신도들이 알아서 조달해주는 방식이었다. 부처님이 돌아가시자, 승단에 대한 스폰서들의 관심이 시들해졌다. 그에 따라 절에서 수행자들이 돈을 보관하고 관리할 필요가 생겼다. 동東인도에선 절에 필요한 돈은 절에서 보관하고 관리하자는 생각이었다. 그러나 서西인도에서는 부처님 재세시在世時에 정한 율법을 고수했다. 즉 소금도 보관하면 안 되고, 돈도 보관하면 안 된다는 원칙原則을 지키고자 했다.

부처님은 생전에 주로 인도 동쪽에서 교화를 펼쳤고, 돌아가신 후에도 부처님의 정통성正統性을 이은 불교의 중심中心은 동쪽 지역이었다. 상대적으로 늦게 불교를 접한 서쪽은 불교 세력 판도로 보아 변방邊方이었으므로 엄격한 원칙주의原則主義를 고수했다. 이렇게 되니 자연히 동서東西 간에 논쟁과 대립이 일어났고, 그 결과 교단이 분열했다.

처음에는 보수적인 상좌부上座部와 진보적인 대중부大衆部로 나뉘었다가, 계속 분열하여 20여 개 부파部派가 성립됐으나, 제일 세력이 강한 것은 설일체유부說一切有部[30]였다. '일체는 있다'고 주장하는 부파다. 무엇이 있는가? "지수화풍地水火風은 있다. 지수화풍이 화합해서 삼라만상森羅萬象이 이루어진다. 그러므로 일체一切는 본래 그 바탕이 있다." 그렇게 믿는 것이 설일체유부다. 그

---

30 설일체유부(說一切有部, sarvâsti-vāda 사르바스티바다)): 부처님 열반 후 300년 초에 상좌부(上座部)에서 갈려져 나온, 부파불교 시대의 가장 유력한 부파. 줄여서 유부(有部)라고도 한다. 부처님 열반 후 400년 초까지 설일체유부에서 다시 독자부(犢子部)·화지부(化地部)·음광부(飮光部)·경량부(經量部)가 나오고, 독자부(犢子部)에서 법상부(法上部)·현주부(賢冑部)·정량부(正量部)·밀림산부(密林山部)가 나오고, 화지부에서 법장부(法藏部)가 나와 9부로 분열되었다.

설일체유부를 중심으로 여러 부파가 생겼고, 경량부經量部란 부파도 생겨났다. 경經은 불경佛經이라 할 때의 경이고, 량量[31]은 사량분별思量分別이라 할 때의 량이다. "경經에 있는 것만 생각해야지, 경에 없는 말은 하지 말아야 한다"고 주장했다. 따라서 경량부는 설일체유부에 대해 비판적이었다. 부처님 말씀 가운데 어디에 지수화풍이 존재한다는 말씀이 있는가? 지수화풍地水火風 사대四大는 색수상행식色受想行識의 오온五蘊 중 색色에 속하는 것인데, 부처님은 색色도 무상無常하여 변한다고 하셨다. 변하니 무상無常하고, 무상하니 주체主體가 없어서 무아無我라고 부처님은 말씀하셨는데, 어째서 설일체유부는 지수화풍이 있다고 하는가? 이렇게 주장하는 것이 경량부였다.

그런 식으로 파派가 많이 갈라졌는데, 그 가운데 분별설부分別說部가 있다. 분별설부는 부처님 말씀이라고 전해오는 것 중에는 바로 전해진 것도 있고, 잘못 전해진 것도 있으니, 정사正邪를 분별해서 받아들여야 한다고 주장했다.

설일체유부와 경량부는 세월이 흐름에 따라 소멸했다. 대승불교大乘佛教가 일어나는 서력기원 전후 100년 사이에, 소승의 다른 부파들은 모두 사라지고, 분별설부分別說部라는 부파가 남쪽의 실론, 지금의 스리랑카로 내려간다. 그런 과정에 일부는 미얀마, 라오스로 본거지를 옮겼다. 따라서 지금의 남방불교南方佛教라는 것은 이 분별설부分別說部를 지칭하는 것이다. 이 남방불교는 자기네가 불교의 정통正統이라 주장하고 있다. 그러나 실은 대세이던 상좌부와 대중부의 부파部派불교는 모두 사라졌고, 이 분별설부分別說部만이 스리랑카와 동남아시아로 이동하여 유지됐던 것이다.

기원전 100년부터 서기 100년 사이에 대승불교大乘佛教가 일어났다고 하는

---

31 헤아린다, 추측한다는 뜻이다.

데, 대승불교는 어떻게 생겨났는가? 그 기원起源에 대해서는 아직 정설이 없다. 일부 주장에 의하면, 부처님의 사리舍利를 봉안한 탑묘塔廟를 지키던 재가신도在家信徒를 중심으로 대승불교가 시작됐다고 한다. 『금강경』에 보면 "여불탑묘如佛塔廟~약존중제자若尊重弟子"라는 구절이 있다.[32] 여기서 탑묘塔廟는 무엇을 지칭하는 말인가? 부처님께서 열반하신 뒤에 사리舍利[33]를 봉안하면서 불탑을 세웠다. 탑마다 부처님 사리가 들어 있는 것이다. 부처님께서는 '내 장례는 신도信徒들이 알아서 처리하게 하라'고 유언하셨다. 그래서 사리탑舍利塔도 재가신도들이 관리한 듯하다. 이 사리舍利에는 신비한 이야기가 따라다닌다. 제일 흔한 것이 유골遺骨이 새끼를 치는 것이다. 당나라 현장 삼장이 쓴 『대당서역기大唐西域記』에는 사리 분과 이야기가 여러 차례 나온다.[34] 우리나라에도 이런 기적이 있다. 국내 최고最古사찰인 도리사桃李寺의 사리도 오대산 월

---

32 금강경 제12 존중정교분(尊重正教分). "復次 須菩提 隨說是經 乃至四句偈等 當知 此處 一切世間天人阿修羅 皆應供養 如佛塔廟 何況有人 盡能受持讀誦 須菩提 當知 是人 成就最上第一稀有之法 若是經典 所在之處 即爲有佛 若尊重弟子 다시 「수보리야, 이 경을 설하되 이에 사구게 등이라도 따르면, 마땅히 알지어다 이곳은 온갖 세간의 하늘과 사람과 아수라가 다 응당 공양하기를 마치 부처님의 탑묘와 같이 하거든 어찌 하물며 사람이 있어서 다 능히 받아 가지고 읽고 외움이리요. 수보리야, 마땅히 알지어다 이 사람은 가장 위로 제일가는 드문 법을 성취함이니 만약 이 경전이 있는 곳에는 곧 부처가 계시어 제자들이 존중히 함 같으니라.」

33 사리(舍利): 산스크리트어 (Śarīra). 특히 부처나 성자의 유골. 현재는 불교 수행자의 시신을 화장하고 난 후 유골에서 추려낸 구슬 모양의 작은 결정체를 가리킨다. 전기에 의하면 석가모니가 입멸하자 그 유골을 8등분하여 각지에 탑을 세워 그 속에 안치했다고 하는데, 이것이 불탑의 시초이다. 흔히 사리의 양과 수행의 정도가 비례한다는 믿음이 있는데, 〈금광명경〉에서는 사리가 '한량없는 육바라밀의 공덕에서 생기며 매우 얻기 어렵고 으뜸인 복전'이라고 설한다.

34 당나라 사람으로 인도 나란다 대학에 유학해서 유식학(唯識學)을 배워왔던 현장(玄奘) 스님에게, 당(唐) 태종이 인도를 왕복한 여행기(旅行記)를 쓰라 했다. 그래서 현장법사가 자신의 일기를 토대로 쓴 긴 여행기가 『대당서역기(大唐西域記)』다. 현장법사가 어느 절을 찾아가 탑에 예배하니, 탑을 지키던 사람이 사리 분과(分顆)이야기를 했다. 사리가 원래 다섯 개 있었는데, 몇 년 전 열 개로 불어나서 불어난 다섯 개를 가져가서 다른 곳에 또 불탑을 세웠다는 것이다. 비슷한 이야기가 『대당서역기』 여기저기서 발견된다. 인도를 통일한 아소카 왕은 각지에 흩어져 있던 부처님 사리를 전부 수거해서 다시 인도 전역에 골고루 분배하면서, 사리 하나 넣고 탑 하나 세우는 식으로 했다고 한다. 그렇게 세운 탑이 8만 4천 개라고도 한다.

정사月精寺에 있던 사리가 새끼를 친 것이다.[35]

　지금 왜 사리 이야기를 하는가? 사리 때문에 탑을 세웠는데, 그 사리탑 안에서 사리가 분과分顆하여 늘어나는 신비한 일이 생기곤 했다는 얘기가 있다. 대중들이 사리舍利를 존중尊重하는 의식이 싹텄을 것은 당연하고, 그 탑을 유지 보수하려는 재가신도들이 많았을 것이다. 사리탑의 유지 보수는 전통적으로 재가신도들이 했다. 스님들은 절에서 수행만 하고, 불탑은 신도단체에서 관리했다는 말이다. 신도단체에서 탑을 관리하다 보면 사리가 분과分顆하는 이적異蹟도 이야깃거리가 되고, 부처님에 얽힌 설화說話도 입에서 입으로 전해질 것이다. 그리고 그러다 보니 불탑佛塔을 중심으로 불교를 공부하는 재가불자들이 팀을 형성했으리라는 추리가 가능하다.

　인도 전역에 걸쳐 8만4천 개의 탑이 있었다고 하니,[36] 탑을 중심으로 모여서 공부하는 신도단체도 아주 많았을 것이다. 당연히 그중에 똑똑한 사람도 있고, 공부가 익은 사람도 있었을 것이다. 그런 사람들의 대중성을 띤 보살菩薩 정신이 대승불교大乘佛敎의 기반基盤 내지 모체가 아닌가 하는 생각은 자연스럽다. 승려들은 부파불교로서, 설일체유부니, 경량부니, 분별설부니 하는 부류로 분열되어 이어졌고, 재가신도들은 불탑을 중심으로 대승운동을 전개한

35　오대산 월정사의 적멸보궁(寂滅寶宮)에 부처님 진신사리가 일과(一顆) 있었고, 일제강점기 말 금강산에서 온 어느 스님이 적멸보궁에서 기도를 했다고 한다. 기도가 통해 사리가 새끼를 치면, 그 사리를 가지고 금강산으로 돌아가 탑을 세우겠다는 원(願)을 세운 것이다. 그러던 어느 날 밤. 월정사 스님들은 적멸보궁 터에서 방광(放光)하는 것을 보게 된다. 사리탑을 해체하니 삼과(三顆)의 사리가 있었다. 원래 1과였는데 2과가 늘어난 것이다. 도리사(桃李寺) 주지 하정광(河淨光) 스님이 그 사리 1과를 들고 도리사로 돌아가 사리탑을 세웠다. 그때 탄허(呑虛) 스님을 모시고 사리를 친견하러 갔었다. 친견한 사리 중에 가장 크고 투명(透明)한 사리였다.

36　불교 관련해서 흔히 쓰이는 표현인 '팔만 사천'은 셈할 수 있는 분명한 숫자의 개념이 아니라 헤아리기 어려울 정도로 많음을 주장하는 상투적 비유다. 팔만 사천 법문, 팔만 사천 번뇌, 팔만 사천 방편, 팔만 사천 국토/보살/중생/지옥/겁/유순/광명/삼매... 등등

것이라는 주장이다. 증거는 무엇인가? 『금강경』에도 나오는 불탑묘佛塔廟란 구절을 증거로 볼 수 있다. 불탑佛塔이란 부처님 사리舍利를 봉안奉安하기 위해 세운 것이니, 부처님 재세시在世時에는 탑이 있었을 리가 없다. 그런데 『금강경』에서 부처님이 설하시는 법문 중에 불탑묘佛塔廟라는 단어가 등장한다. 그러니 불탑묘佛塔廟란 구절은 불탑을 지키던 사람들이 넣었을 것이라고 추측하는 것이다.[37] 그렇게 보면 대승불교는 불탑佛塔을 관리하던 재가불자들을 중심으로 일어난 새로운 불교 운동이라는 추측이 가능하다. 대승불교大乘佛敎의 핵심 수행자는 보살菩薩이다. 보살菩薩이란 승려와 재가불자를 모두 포함하는 개념이다.

---

37 『법화경』에도 "다보불(多寶佛)이 다보탑(多寶塔)을 나투고" 라는 구절이 있다. 다보불(多寶佛)과 다보탑(多寶塔)이 나온다. 불국사의 다보탑(多寶塔)이 바로 그 다보불의 불탑이다.

제2절 유법有法

    유법有法이란 것은 일체의 중생심衆生心을 말하는데, 이 마음이 일체의 세간법世間法과 출세간법出世間法을 포섭한다. 이에 의하여 '마하연'의 뜻을 드러내 보인다.[38]

    유법有法은 인도 인명론因明論에서 사용하는 용어다. 인명론에서는 언어에 의한 주장을 주사主辭와 빈사賓辭로 표현하는데, 주사를 전진前陣 또는 유법有法이라 부르고, 빈사를 후진後陣 또는 법法이라고 한다. 여기의 유법有法은 있는 법法이라는 의미로, 보이는 경계를 가리키는데, 『대승기신론』에서는 지금 유법有法을 중생심衆生心, 즉 중생의 마음이라고 설정한다. 진제眞諦의 구역舊譯에는 유법有法을 법法으로, 법法을 의義로 각각 번역하였다.

    신역과 구역의 용어를 비교해보자. 입의분立義分을 보면 신역은, '云何 立義分/ 謂摩訶衍 略有二種. 有法及法. 言有法者 謂一切衆生心. 是心則攝一切世間出世法'이라 하였다. 같은 부분의 구역舊譯은, '次說 立義分/ 摩訶衍者 總說有二種 云何爲二. 一者法. 二者義.'이다. 용어用語가 좀 다르다. 신역新譯의 유법有法이 구역舊譯에는 법法으로, 신역의 법法이 구역에선 의義로 번역돼 있다.

    이는 다만 번역 용어用語의 차이일 뿐이다. 진제眞諦는 중국 사람처럼 한자漢字를 생각해서 법法은 명제命題이고, 의義는 그 풀이라고 생각했다. 그런데 실

---

38 원문은, 言有法者언유법자 謂一切衆生心위일체중생심 是心시심 則攝一切世間出世間法즉섭일체세간출세간법 依此顯示의차현시 摩訶衍義마하연의

차난타는 인도식의 용어를 그대로 직역直譯했다. 인도 논리학에서처럼 유법有
法과 법法이라고 사용한 것이다.

이 마음의 진여상眞如相이 곧 대승大乘의 체體를 보이고, 이 마음의 생멸인연
상生滅因緣相이 능히 대승의 체體·상相·용用을 나타낸다.[39]

우리가 마음, 마음 하는데 그 마음이 도대체 어떤 것인가 따져보자. 이 마음,
일체중생심에는 두 가지 상相이 있다. 진여상眞如相이 있고 생멸인연상生滅因緣
相이 있다. 진여상과 생멸인연상의 두 가지 개념으로 마음을 설명하겠다는 말
이다. 진여상이란 무슨 뜻이고 생멸인연상은 무슨 뜻인가? 이것들을 구별하
는 것은 불교 공부에서 매우 중요하다. 『대승기신론』은 처음부터 끝까지 마음
을 설명하는데, 진여문眞如門과 생멸문生滅門의 두 가지 측면으로 설명한다.

유법有法 구절에서 진여상眞如相과 생멸인연상生滅因緣相이란 단어가 처음 등장
한다. 중생들의 마음에는 불변不變하는 심진여상心眞如相과 수연隨緣하는 심생멸
인연상心生滅因緣相이 있다고 『대승기신론』은 설명하고 있다. 하나인 마음을 분석
하여 진여상眞如相과 생멸상生滅相이라는 두 가지 모습으로 설명하는데, 이 구절을
흔히 '일심一心에 이문二門을 세웠다'고 말한다. 그래서 입의분立義分에서 중생심을
유법으로 서술하면서, 심진여상은 대승大乘의 체體라고 하고, 심생멸인연상은 대
승의 체體와 상相과 용用을 나타낸다고 간단하게 이야기하고 있다. 따라서 심진여
상은 바탕인 체體만 설명하고 상과 용에 대한 언급이 없다는 점을 주의해야 한다.

---

39 원문은, 以此心眞如相이차심진여상 卽示大乘體故즉시대승체고 此心生滅因緣相이차심생멸인연
   상 能顯示大乘體相用故능현시대승체상용고

마명존자는 사상事相을 체·상·용으로 설명한다. 체體는 바탕을 가리키고, 상相은 그 모습과 성질性質을 가리키고, 용用은 쓰임새를 말한다. 이렇게 체·상·용으로 모든 대상對象을 설명한다. 대승불교에서 흔히 법신法身은 체體, 보신報身은 상相, 화신化身은 용用이라고 설명하는 방식이 그것이다. 구체적으로 체·상·용이란 무슨 내용인가?

액체인 물을 예로 들어 체·상·용을 설명해 보자. 물의 체는 축축함, 즉 습성濕性이다. 즉 모든 물은 다 축축하다. 물의 상相을 보자면, 수돗물도 물이고 빗물도 물이고, 강물도 물이고, 생수병에 들어 있는 물도 물이다. 더운물도 있고 찬물도 있다. 그런 식으로 모습은 여러 가지다. 용用, 즉 쓰임새는 우선 음용수飲用水가 있다. 빨래할 때도 물이 필요하다. 식물 재배에도 쓰인다. 그것들이 물의 용用이다. 이와 같이 체·상·용으로 사물事物을 설명할 수 있다. 그런데 여기서 생멸인연生滅因緣에만 체·상·용을 모두 쓰는 이유는 무엇인가?

우리가 인식할 수 있는 물이 수돗물, 강물, 생수 등 여러 가지 있는데, 그런 물을 보고 물의 상相과 용用을 안다고 이야기할 수 있다. 그런데 물이라는 존재가 수소와 산소가 결합하면 나타났다가, 전기분해하면 다시 수소와 산소로 돌아가는 것을 보면, 물이 참으로 있는 것은 아닌 것 같다. 일정 조건條件이 되면 나타났다가, 조건이 변하거나 흩어지면 사라진다. 그럼 우리가 보고 사용하는 물이라는 액체는 무엇이 그 실체實體인가?

우리에게 보이는 물, 우리가 사용하는 물은 생멸生滅하는 인연因緣 따라 생겼다 없어졌다 한다.[40] 그러면 물의 실체實體, 혹은 본질本質은 무엇인가? 원래

---

40 이렇게 생멸(生滅)이라고만 해도 인연(因緣)의 뜻이 이미 포함되는데, 여기 『기신론』 본문에서는 처음에는 생멸에다 인연이란 말을 붙여놓았다.

본질이란 것이 눈에 보이는 것은 아니지만, 그렇다 해도 뭔가 있을 것이다. 본질本質이 아무것도 없는데 현상現象이 출현하지는 않을 것이니까. 그 본질은 불변不變하는 것이고, 불교에서는 진여眞如라고 부른다. 그 밖에도 불교에는 본질을 지칭하는 단어가 많다. 여기서는 진여라 했지만, 법신法身, 진심眞心, 불성佛性, 여래장如來藏 등 여러 가지가 있다.

"중생의 마음에는 절대불변絕對不變하는 측면인 진여眞如와 수연변화隨緣變化하는 측면인 생멸生滅이 병존한다"는 것이 『대승기신론』의 설명방식이다. 원래 진여라는 용어는 진실여상眞實如常의 약자로 모든 존재의 '진실眞實한 본성本性이 항상 여여如如하다'는 뜻을 가진 단어이다. 대승大乘의 불경佛經에서 이 진여眞如라는 단어와 법신法身이라는 단어가 진리眞理를 가리키는 용어로 자주 등장한다. 예를 들면 『능엄경』에서는 "진여眞如 · 불성佛性 · 보리菩提 · 열반涅槃 · 암마라식菴摩羅識 · 공여래장空如來藏 · 대원경지大圓鏡智"를 이른바 칠상주과七常住果라고 부르고, 『대반야경』에는 진리라는 뜻을 가진 용어로 "진여眞如 · 법계法界 · 법성法性 · 불허망성不虛妄性 · 불변이성不變異性 · 평등성平等性 · 이생성離生性 · 법정法定 · 법주法住 · 실제實際 · 허공계虛空界 · 부사의계不思議界"라는 열두 개의 명칭이 등장한다. 요컨대 진여상眞如相은 기멸起滅하는 모습인 상相을 제거하고 그 이치인 성性을 강조하는 용어로, 대승大乘에서 불변不變하는 성리性理이며 바탕인 체體를 보인다고 말하고 있다.

반대로 심생멸인연心生滅因緣이란 용어는 마음이 주위의 인연因緣에 따라서 생멸하는 모습인 상相을 가리키므로, 당연히 생멸하는 작용을 포함한다. 또 생멸하는 상相은 이치인 성性을 당연히 품고 있으니, 심생멸인연상은 결국은 대승의 체와 상과 용을 모두 나타낸다고 말한다.

앞에서는 물을 예로 들어 설명했는데, 그러면 마음은 어떤 것인가? 내 마음을 내가 알면 나의 본질을 파악한 것이라고 말할 수 있겠다. 하지만 사람마다 다 마음이 있는데, 있는 줄은 알지만 그것이 어디 있는지 찾아보면 모호하다. 그러면 옛날 사람들은 마음이 어디 있다고 생각했을까? 중국에서는 마음 심心 자에서 보이듯, 심장에 마음이 있다고 여겼다. 요즘에는 뇌과학腦科學이 발달하다 보니, '두뇌頭腦에서 일어나는 전기작용電氣作用을 총칭해서 마음이라 부른다'는 식으로 정의定意한다. 정신이상精神異常이 있는 사람은 뇌腦에 이상이 생겨서 그렇다는 식으로 설명한다. 우리 마음의 작용을 알아보려면 뇌를 열심히 관찰해야 한다는 것이 소위 뇌과학腦科學의 주장이다. 그런데 사실은 뇌에 내 마음이 있는 것이 아니다. 생각하는 것이 뇌라는 기관에 나타날 뿐이지 뇌가 생각하는 것이 아니다.[41] 어쨌거나 우리 마음은 찾으려 해도 잘 찾아지지 않는다.

친구 중에 외과의사가 있었다. 하루에도 수술을 여러 건씩 했다. 20여 년 전 내가 50대 때의 이야기다. 가톨릭 신자였던 이 친구가 하루는 나를 보자고 했다. 술을 한잔하면서 진지하게 내게 물었다.

"여보게, 사람의 마음이란 것이 어디에 있는가? 마음이 있기는 한가?"

"있기는 있지. 우리가 견문각지見聞覺知하고 사니까!"

그러자, 친구가 말했다.

"수술하면서 아무리 찾아봐도, 알 수가 없다네. 오장육부五臟六腑 그 어디에도 그 사람의 마음이라 할 것이 없더군."

피皮 · 혈血 · 육肉 · 근筋 · 골骨로 이루어진 것이 몸인데, 그 몸 어디에도 마

---

41 뇌가 없는 무뇌증의 아기가 3년을 살면서 동화를 읽어주면 귀를 기울이고, 무뇌증의 성인인데 IQ가 126이라는 다큐멘터리 보도도 있다.

음이라 할 것은 보이지 않더라는 이야기다. 그런데 수술 끝나고 마취에서 깨어나면 마음이 작동하면서 말도 하고 웃기도 하니, 마음이 어디에 있는지 몹시 궁금하다고 했다.

그렇게 단도직입적으로 물어보니 뭐라고 해야 할지 난감했다. 『능엄경』식으로, '마음은 원래는 청정각명인데~ 운운' 해봤자 못 알아들을 것이 뻔했다. 그래서 "불교佛敎에서는 마음이 있다고 하는데. 진짜 마음도 있고, 우리가 일상 쓰는 가짜 마음도 있다고 한다."고 말해주니, 이 친구가 몹시 헷갈려 했다. 그리고 몇 번 더 만난 후 연락이 끊겼다. 뒤에 알아보니 이미 세상을 떠났다. 후회스러웠다. '그 친구가 그렇게 물을 때 다잡아서 제대로 가르쳐 주었어야 했는데!' 하는 후회였다.

어쨌거나 이 마음이란 것을 어떻게 설명할 것인가? 불교 공부에서 가장 큰 숙제다.

소승불교小乘佛敎에서는 이런 마음을 실체로 취급하지 않는다. 이런 변덕스런 마음은 허망한 마음이라고 한다. 뇌腦에서 전기반응電氣反應을 일으키는 생각 덩어리, 그것이 있을 뿐, 마음이라 할 것은 없다고 설명한다. 그러나 대승불교大乘佛敎에서는 진짜 마음인 진심眞心을 설명한다. 마음이 있기는 있는데 이 진짜 마음을 모습으로 찾을 수가 없다. 이것이 큰 숙제다. 말이나 글로 가리켜 보이기가 어렵다. 그러니까 부처님도 애초에는 그 문제에 대해서 말씀을 잘 안 하셨던 것이다. 그래서 제법무아諸法無我다, 부처님은 모든 것에 주인공主人公이라 할 것은 없다고 말씀하시고 넘어갔다. 작용作用은 있으나 주체主體는 없다는 여운을 남기셨다.

그런데 세월이 많이 지나면서 이런 의문疑問이 생겼다. '아무것도 없는데, 어떻게 이 몸을 끌고 다니고, 독자적獨自인 '나'라는 의식意識을 유지하고 있는가?' 분명 무엇인가 모르지만 주인공主人公이 있다. 그렇게 해서 등장하는 것이 진심眞心이다. 그러면 진심眞心이 어떤 것인지 알기 쉽게 설명할 수 있겠는가?

대승불교大乘佛敎에서는 그 진심을 설명하기 위해 애를 쓴다. 진심眞心 설명에 가장 많은 시간을 할애한 경전經典이 『능엄경』이다. 논서論書 중에서는 단연 『대승기신론大乘起信論』이 대표적이다.

그러면 『대승기신론』에서는 어떻게 이 '마음'을 설명하는가? 상식적으로 보더라도 마음의 특징에는 영원히 변變하지 않는 진짜배기가 있다. 그리고 '내 마음 나도 몰라' 하듯이 변화무쌍變化無雙한 마음의 측면이 있다. 이런 두 가지 측면은 쉽게 구분된다. 그래서 마명보살은 전자는 진여상眞如相, 후자는 생멸인연상生滅因緣相이라 지칭한다. 여기서 주의할 것은 진여상과 생멸인연상은 서로 다른 마음이 아니고, 하나인 마음의 미묘한 실상實相을 설명하고자 설정한 방편方便이라는 점이다.

원래 진여眞如와 생멸生滅은 상대적인 용어다. 진여眞如는 불변不變이 특징이고, 생멸生滅은 변화變化가 특징이다. 따라서 진여상眞如相이란 무상無相하여서 불변不變하는 마음의 특징을 설명한 것이다. 반대로 생멸인연상生滅因緣相이란 마음을 바탕과 성능과 작용 등으로 세분細分하여 이른바 체體·상相·용用으로 자세히 설명한 것이다.

기본 입장이 이렇다는 이야긴데, 그런데 세상에 변화變化하지 않는 것이 어디에 있는가? 모양이 있는 것은 전부 변한다. 그러니 진여상眞如相이라 하는 것은 결국 무상無相인 마음의 측면을 설명하고, 따라서 추상적인 단어만 등장한다. 그래서 진여眞如를 이해理解하는 것은 지극히 어려운 일이다. 한편 마음의 작용을 설명하는 생멸生滅인연因緣상은 알기가 쉽다.

대승大乘경전經典에는 진여眞如를 설명하는 법문이 많이 등장하지만, 추상적인 단어만 나열하고 있는 경우가 대부분이다. 그런데 『능엄경』에서는 진심眞心을 볼 줄 아는 성품인 견성見性과 견정見精을 예例를 들어서 중점적으로 설명하고 있다. 즉 '상주진심常住眞心은 성정명체性淨明體이다'라고 설명한다. 상주常住한다는 말은 영원하다는 뜻이니 상주진심常住眞心은 진여眞如를 가리킨다. 그리고 그 성질이 '청정각명淸淨覺明'한 바탕이라고 설명한다. 즉 변하지 않는 영원한 진심은 청정淸淨하면서 각명覺明하다는 말이다. 청정淸淨은 해말쑥해서 허공처럼 아무것도 없다는 뜻이고, 각명覺明이란 분명分明하게 신해神解한다는 뜻이다. 마음은 아무리 찾아도 찾을 수가 없고, 주소조차 어딘지 모르겠지만, 성자신해性自神解하여 저절로 견문각지見聞覺知를 잘 한다는 의미다.

한편 중국 선종禪宗에서는 이 진심眞心을 공적영지空寂靈知라고 한다. 빌 공空 자에 고요할 적寂 자의 공적空寂이다. 진심은 찾아보면 찾을 수가 없어서, 그저 공적하다. 뭐라도 모습이 있으면 공적이 아니다. 그러면서도 영지靈知하여 신령스럽게 저절로 안다. 보이면 보이는 줄 알고, 들리면 들리는 줄 알고, 차가우면 차가운 줄 알고, 뜨거우면 뜨거운 줄 안다. 이 공적과 영지가 마음의 진여상眞如相이다.

이렇게 마음은 청정한 공적空寂과 각명한 영지靈知, 두 가지를 다 가지고 있다는 설명이다. 공적과 영지는 전혀 어울리지 않는 이질적異質的인 의미가 강하다. 이런 이질성을 가진 마음을 설명하자니, 논리적論理的으로는 불가능에 가깝다. 그래서 불변하는 마음이라는 진여상眞如相은 이해하기도 어렵고, 설명하기도 어려웠다. 그래서 마명馬鳴존자는 앞에서 "심진여상은 대승大乘의 체體라고 하고, 심생멸인연상은 대승의 체體와 상相과 용用을 나타낸다"고 이 문二門을 세워서 설명하였다.

그런데 원효대사는 『대승기신론별기大乘起信論別記』에서 섭의攝義와 시의示義를 구별하면서, 진여문眞如門에도 사상事相을 마땅히 보여야 한다고 주장한다.

"총론적으로 설명하자면 두 가지 뜻이 가지런하다. 그러니 진여문眞如門 가운데, 사상事相을 마땅히 보여줘야 한다. 간략하게 말하다 보니 이야기하지 않겠다."[42]

'총론적으로 설명하자면 두 가지 뜻이 가지런하다.' 두 가지 뜻이란 마음을 설명하는 진여상眞如相과 생멸인연상生滅因緣相을 가리킨다. 두 가지 모두 같은 마음을 이야기하는 것이니, 전혀 다른 것이 아니라는 말이다. 그래서 '변하지 않는, 아무것도 없는 진여문 가운데 체·상·용을 마땅히 보여줘야 한다.'고 했다. 사상事相이란 체·상·용을 가리킨다. 진여상과 생멸인연상이 같이 마음을 설명하는 것이니, 생멸인연상에 체·상·용이 있으면, 진여문에도 당연히 체·상·용이 있어야 하지 않겠느냐는 말이다. 그리고는 '간략하게 하다 보니 이야기하지 않겠다.'고 했다. 그 유명한 『해동소』에 이렇게 적혀 있다. 이런 원효대사의 주장을 어떻게 생각해야 할 것인가?

마음은 원래 이중성二重性을 갖는다. 청정淸淨하고 공적空寂하면서, 각명覺明하고 영지靈知하다. 이렇게 마음이 이중성을 띄고 있으니 설명하기 어려운 것

---

42 "통이론지通而論之 이의역제二義亦齊 시고진여문중是故眞如門中 역응시어사상亦應示於事相 약고불설이略故不說耳"『한국불교전서』제1책, 동국대학교출판부, 1979, 679면.

이다. 그래서 청정淸淨 공적空寂한 면만 떼어내서 진여상이라고 하고, 각명覺明 영지靈知한 부분은 생멸인연상이라고 한 것이다. 이렇게 구분해서 설명한다는 말이다. 따라서 아무 모양도 없는 진여문眞如門에서는 체·상·용을 설명할 것이 없다. 체상용을 설명한다면, 그것은 모양이 있는 것이라야 해당이 된다. 그렇지 않은가? 즉 모양 있는 것은 당연히 생멸인연상生滅因緣相에서 체·상·용으로 설명한다. 그러니 진여문에서 사상事相을 설명해야 한다는 것은 맞지 않다고 생각된다. 비록 좋아하는 원효스님의 글이지만 '진여문에도 사상事相이 있어야 하는데 번거로워서 생략했다.'는 이 부분은 이해가 안 된다.

어쨌거나 마명보살은 입의분立義分에서 마음을 설명함에 있어 진여상과 생멸인연상, 두 가지로 풀이하겠다고 기준을 세웠다.

원문에서 "이 마음의 진여상이 대승의 체를 보이고, 이 마음의 생멸인연상이 대승의 체상용을 나타낸다."고 하였다. 체體가 무엇인가? 앞에서 물을 예로 들었을 때, 물의 체는 축축한 성질[濕性]이라 했다. 축축한 성질은 모습이 없다. 그저 성질性質이라고 표현할 뿐 습성濕性에는 구체적인 사상事相이 없다. 물의 상극相剋인 불의 체는 반대로 열성熱性이다. 따뜻하거나 축축한 이 성질은 구별이 되지만 모습으로 나타내기가 곤란하다. 느낌을 이용해서 설명할 따름이다. 모습 있는 것은 때와 곳에 따라 다 다르고 찰나에도 변한다.

모습이 없는 것이라야 변하지 않는다. 축축하다는 것은 모습 없는 성질이니 변하지 않는다. 바닷물도 축축하고, 강물도 축축하고, 수돗물, 빗물, 생수도 축축하다. 온도와 청탁은 달라도 축축한 성질은 변하지 않는다. 축축함이 물의 체體다. 그런데 심진여상心眞如相을 대승大乘의 체體라고 했다.

진여상眞如相은 변하지 않으나, 생멸인연상生滅因緣相은 생멸하는 모습이 있으니 변화한다. 물의 습성濕性은 체體 즉 바탕이므로 공통이지만, 물도 더러워지면 마실 수 없다. 배추밭에 주거나 빨래할 때 쓰게 된다. 아주 더러운 물은 버리는 수밖에 없다. 깨끗한 물, 더러운 물, 약간 흐린 물 등은 물의 모습인 상相이다. 모습이 다르면 용도用途도 달라진다. 하지만 축축한 성질은 모든 물에서 변함이 없다.

그렇듯, 진여문眞如門이라는 것은 그 본체本體, 즉 바탕만 있다. 상相이나 용用이 있으면 진여문이 아니고 생멸문이다. 입의立義에서 설명할 때 분명하게 기준을 세우고 구분했으면 그것에 맞춰 설명해야 한다. 그러니 진여문眞如門은 마음의 체體만 나타낸다. 다만 심생멸인연상心生滅因緣相에서 능히 대승의 체體·상相·용用을 나타내서 설명하려는 것이 마명존자의 뜻이다.

『대승기신론』의 직접적인 근거가 되는 대승경전이라고 하는 『입능가경入楞伽經』 제1권에는, "적멸寂滅을 일심一心이라고 부르고, 일심一心을 여래장如來藏이라고 부른다."[43]라고 하는 구절이 있다.

"그 일심一心이라는 것을 여래장如來藏이라고도 한다." 이 구절을 『능가경』에서 아주 중요한 구절로 여긴다. "『능가경』에 무슨 법문이 있는가?"라고 누가 묻는다면, 이 한 구절로 대답하는 것이 일반적이다. 적멸寂滅이라는 것은 공적하고 청정한 진여문 이야기이고, 세상 만법이 다 여래장如來藏에서 나온다고 하는 여래장이란 생멸인연상을 가리키는 것이다.

마명보살馬鳴菩薩이 이 『능가경』을 보고 『대승기신론』의 일심이문一心二門을 정했다고 설명하는 것이 통설이다.

---

43 "寂滅者名謂一心적멸자명위일심 一心者名謂如來藏일심자명위여래장". '보리유지'가 번역한 10권 『입능가경』 제1권 '청불품(請佛品)'의 말미(末尾)에 나온다.

제3절 법法

법法은 체상용體相用 세 가지가 있다.

유법有法이라는 명제命題를 설명하는 논리적인 분석 방법을 인명론에서 법法이라고 부른다. 만법의 이제理諦와 현상을 종합적으로 설명하는 방식은 학파나 시대에 따라 다양한데, 여기서는 체상용體相用 세 가지의 기준으로 설명하고 있다.

원래 법은 다의적多義的인 불교용어인데, 여기에서는 인도 인명론因明論에서 사용하는 후진後陳을 가리킨다. 진제眞諦의 구역舊譯에서 이 법을 '의義'라고 번역한 것도 뜻으로 의역意譯한 것이다. 이『대승기신론』은 유법有法인 중생심衆生心을 체體·상相·용用 이라는 세 가지 법法으로 분석 설명하고 있다.

인도印度 논리학論理學 이야기다. 종교宗敎에서 왜 논리학이 나오는가? 부처님이 원래 합리적合理的이고 논리적論理的이셨다. "내가 주장한 불법佛法이 이치理致에 맞고 진리眞理라고 생각되면, 공부해 보아라."라고 말씀하셨다. 당신이 교주敎主이니 무조건 나를 믿고 따르라고 하시지 않았다. 교단에서도 논리적論理的으로, 합리적合理的으로 타당해야만 그 주장이 승인을 받았다. 동아시아 쪽과 달리 인도는 고대부터 논리학이 아주 발달했다. 인도 논리학은, 예컨대 논증論證 대상이 중생심衆生心이라고 하면 그 마음을 이렇게 설명한다. 알고 싶어 하는 주제인 마음은 유법有法에 해당한다. 여기서 유법은 중생심衆生心이다. 그것을 논리적으로 어떻게 설명하는가? 체·상·용이라는 세 가지 기준으로 설명한다. 다시 말해 분석, 관찰한다는 말이다. 그래서 유법有法을 명제命題라고 하면, 법法이라는 것은 그 명제를 설명하는 근거根據 또는 논리論理이다. 그 설명을 체·상·용이라는 삼면三面으로 전개한다는 이야기다.

하나는 체대體大이니, 일체법의 진여眞如는, 물들거나 청정하거나에 상관없이 항상 그 자성自性이 평등하고, 증감이 없고, 차별이 없음을 말한다.[44]

한문 원문을 보자.

'一者體大일자체대 謂一切法眞如위일체법진여'; '하나는 체대이니 일체법[45]의 진여라 한다.' 본질이 변하지 않아야 진여眞如이다. 즉 변하지 않는 본질을 진여라고 한다. 그러면 체상용 중 체體는 무슨 뜻인가? 법法의 진여眞如, 곧 그 법의 변하지 않는 본질本質부분이다. 예컨대 물의 본질은 무엇인가? 축축한 것이다. 그런 뜻이다. 여기서 이 체대體大와 진여문眞如門은 불변不變을 공상共相으로 함을 알 수 있다.

'在染在淨재염재정'; 재염在染은 더러운 것, 재정在淨은 깨끗한 것이다. 재염은 불선不善심을 뜻하고 재정은 선善심을 가리킨다. 선악善惡을 불문하고, 성질이 다음과 같은 특징이 있다는 이야기다. 결국 염정染淨을 망라한다는 뜻이다.

---

44 원문은, 所言法者소언법자, 略有三種약유삼종一者일자 體大체대 爲一切法眞如위일체법진여 在染在淨재염재정 性恒平等성항평등 無增無減무증무감 無別異故무별이고

45 일체법(一切法): ① 모든 현상. 인식된 모든 현상. 의식에 형성된 모든 현상. ② 유위법(有爲法)을 말함. 온갖 분별에 의해 인식 주관에 드러난 모든 차별 현상. 인식 주관의 망념으로 조작한 모든 차별 현상. ③ 무위법(無爲法)을 말함. 모든 분별이 끊어진 상태에서 주관에 명료하게 드러나는 모든 현상. 분별하지 않고 있는 그대로 파악된 모든 현상. 분별과 망상이 일어나지 않는 주관에 드러나는, 대상의 있는 그대로의 참모습. ④ 모든 가르침.

'性恒平等성항평등'; 그 성품은 항상 평등하다. 진심의 체나 망심의 체나 체體는 평등平等하다. 같다는 말이다. 모습 없는 것을 평등하다고 한다. 모습 있는 것은 평등할 수가 없다. 아무리 똑같은 제품이라도 자세히 보면 다르다. 그러하니 모습 없음으로 똑같고 그런 의미에서 평등하다는 말이다. 색상色相에 관계없이 항상 그 본성本性이 평등平等하다는 것이다. 그것을 체대體大라고 한다.

'無增無減무증무감'; 즉 증가하지도 않고 감소하지도 않는다. 다시 말해 생기지도 않고 없어지지도 않는다. 그러면 여기서는 왜 무생무멸無生無滅이라 하지 않고 무증무감無增無減이라고 했을까? 여기에 또 깊은 뜻이 있다. 생멸生滅을 설명하려면 문제問題가 생긴다. 무슨 문제인가? 인연因緣으로 생겼다고 답해야 할 것이다. 인연으로 생겼다면 원래 자성自性이 없다는 말이니, 이것은 진여문眞如門에 속하는 것이다. 자성自性이 없는 것을 설명하는데 체대體大다 상대相大다 용대用大다 할 것이 없다. 무생무멸無生無滅이라고 하지 않고, 무증무감無增無減이라 한 것은, '습성濕性이나 열성熱性같이 뭔가 있기는 있는데, 그것이 늘지도 않고 줄지도 않는다는 이야기다.

'無別異故무별이고'; '차별差別이나 차이差異가 없다.' 진여니까 항상 같으니까 그렇다. 물의 체성體性, 물의 체대體大는 항상 축축한 습기濕氣다. 이런 것이 체대다. 체대를 설명하는 것인데, 법진여法眞如라고 해놨다.

지욱대사의 설명에 따르면, 이 체상용 삼대三大를 간단하게 설명하는 방법으로, 물의 비유譬喩가 적당하다고 한다. 물의 바탕은 습체濕體인데, 다른 물건과 잘 어울리는 융상融相이 있고, 무슨 물건이든지 축축하게 만드는 윤용潤用이 있다. 이런 물이 얼면 얼음이 되는데, 얼음이 되면 딱딱해져서, 물이 가지고 있는 특징인 습체濕體·융상融相·윤용潤用들은 모두 사라진다. 만약 얼음을 녹여서 다시 물로 만들면 그 체상용體相用인 습체濕體·융상融相·윤용潤用이 다시 나타난다. 이런 결빙結氷

과 해빙解氷을 통하여 물의 체體와 상相과 용用을 분명하게 알 수 있다고 비유한다. 이 체상용體相用에 대한 자세한 설명은 뒤에 대승大乘의 체상용體相用 부분에서 나오는데, 여기 입의분立義分에서는 간단한 정의定義만 나온다.

우선 체대體大는 바탕을 가리키는 말이다. 물을 비유하면 그 습성濕性이 체대이다. 『대승기신론』은 지금 일체법一切法의 바탕은 바로 진여眞如라고 선언한다. 즉 항상 여여如如하여 변함이 없는 바탕인 진여를 일체법의 체대라고 지칭한다. 일체법一切法에는 마음도 포함되므로, 마음의 바탕은 앞에서 이미 심진여心眞如라고 불렀다. "체대體大인 진여眞如는 불변이니, 그것은 오염汚染과 청정淸淨에 상관없이, 항상 그 성품性品이 평등平等하고, 증감增減이 없고, 차별差別이 없다"고 한다. 즉 물의 진여인 습성은 염정染淨이 첨가되어도 부증不增이고, 또 염정이 제거되어도 불감不減이라서 항상 평등한 습성이 그대로 여여하다. 『대승기신론』에는 이렇게 진여眞如를 '여여如如하여 변함이 없는 바탕'이라는 뜻으로 사용하면서, 진여를 만법萬法의 체대體大를 가리키는 용어로 애용한다.

진여문眞如門에서 얘기하는 것은 변하지 않는 것이다. 그러면 체·상·용에서 이야기하는 생멸문生滅門의 체體는 무엇인가? 그 바탕으로서 변하지 않는 것이다. 예컨대 물의 습성濕性은 항상 불변不變이다. 바닷물이건 수돗물이건 강물이건 습성濕性은 그대로다. 불의 습성은 따뜻한 것이다. 산불이든 담뱃불이든 화롯불이든 다 같이 따뜻한 것이다. 변하지 않는 것, 그것이 진여眞如다. 진여라는 말은 변하지 않는 것을 가리킨다. 그러니까 우리에게도 변하지 않는 것이 있으면 사람의 진여상眞如相이 있는 것이고, 변하지 않는 부분을 찾을 수 없다면 사람에게 진여상이 없다고 해야 할 것이다.

지금 『대승기신론』에서는 마음에 진여문이 있고 생멸문이 있어서, 중생들의 마음에는 불변不變하는 심진여상心眞如相이 있다고 한다. 대승불교 정체성의 기준은 제행무상諸行無常, 제법무아諸法無我, 열반적정涅槃寂靜이다.[46] 제법무아諸法無我이니 주체主體가 없어서 사람의 주체인 마음이나 주인공이 없다고 한다. 그러니 삼법인에 비춰보면『대승기신론』의 진여문眞如門 이야기는 제법무아諸法無我에 위배하는 주장이라고 할 수 있다. 그래서『능엄경楞嚴經』,『원각경圓覺經』,『대승기신론大乘起信論』처럼 심진여心眞如를 인정하는 경론經論들 모두를 의심해서 중국에서 만든 위경僞經이라고 하는 주장이 있다. 그러나 모두 인도印度에 원전原典이 있었다는 주장도 있다. 어째서 그런가? 인도 나란다 대학의 불경을 옮겨 보관하는 티베트대장경에『능엄경』이 있다고 한다. 그리고『대승기신론』에는 구역舊譯이 있고 신역新譯이 있다. 원본原本이 있어야 가능한 일이다. 실차난타가 원본과 대조해 보고 구역이 잘못됐다고 판단하고 새롭게 번역한 것일 터이다. 다음으로『원각경圓覺經』이 있다.『원각경』을 보고 한소식한 이가 아주 많다. 그래서 마음공부하는 사람들은『화엄경』을 볼 바에는『원각경』을 보라고 권하기도 한다. 규봉 종밀 선사[47]도『원각경』을 읽다가 한소식 했다고 한다.

생각하건대, 대승비불설大乘非佛說처럼 위경설僞經說도 반쪽만 아는 학자學者

---

46 소승에선 열반적정(涅槃寂靜) 대신 일체개고(一切皆苦)를 넣는다.

47 규봉종밀(圭峰宗密, 780~841): 당나라 승려. 선종인 하택종(荷澤宗) 제7대 조사(祖師)이자 중국 화엄종(華嚴宗)의 제5대 조사. 선교일치(禪敎一致), 돈오점수(頓悟漸修)를 주장한〈선원제전집도서(禪源諸詮集都序)〉의 저자. 어려서부터 유교와 불교를 배우고, 807년 28세에 과거를 보러 가다가 수주도원(遂州道圓) 선사를 만나 출가. 원각경에 정통하여, 원각경의 가장 권위 있는 주석자로 인정받는다. 징관(澄觀)의 화엄경소(華嚴經疏)를 읽고 크게 감동받아 징관에게 화엄학을 배움. 851년부터 종남산(終南山) 규봉(圭峰) 초당사(草堂寺)에서 저술에 전념하면서 교선일치를 주창. 저서: 원각경과문(圓覺經科文), 원각경대소(圓覺經大疏), 원각경약소(圓覺經略疏), 선원제전집도서, 원인론(原人論), 중화전심지선문사자승습도(中華傳心地禪門師資承襲圖) 등. 12세기 송나라의 대혜종고(大慧宗杲)와 더불어 오늘날의 한국선(韓國禪)에 가장 큰 영향을 미친 중국의 선사라 할 수 있다.

들의 어설픈 주장인 것 같다. 그들은 『능엄경楞嚴經』, 『원각경圓覺經』, 『대승기신론大乘起信論』에서 설명하는 청정淸淨. 공적空寂. 각명覺明. 영지靈知라는 말뜻을 모르기 때문이다.

'청정淸淨하다, 공적空寂하다'는 말은 불변하는 진여성眞如性을 가리키는 것이다. 진여성에서 보자면 우리 마음이란 것은, '이것이 마음이다'라고 할 만한 것이 아무것도 없다. 그러니까 그것을 공적하다고 하고 청정하다고 한다. 그렇지만 그런 마음이 시방十方과 삼세三世에서 갖가지로 작용作用을 한다. 능히 작동作動하므로 각명覺明하다. 영지靈知하다고 한다. 다시 말해 성자신해性自神解하는 무연지無緣知가 있으니 '아무 것도 없다'고 할 수도 없다. 흔적이 없어서 공적空寂 청정淸淨하니 있다고 할 수도 없고, 온갖 작용을 쉬지 않으니 없다고 할 수도 없다. 있다 하면 상주常住에 빠지고, 없다고 하면 단멸斷滅에 빠지게 된다. 마음이란 것은 있기도 하고 없기도 하다. 이중성二重性이다. 그런 사실을 잘못 이해하니까 그림 전체를 오해誤解하여 그런 주장을 할 것이다. 『능엄경』에서 '청정각명淸淨覺明을 상주진심常住眞心이라'고 할 때, 참으로, 상주진심이 있다는 말인가? 없다는 말인가? '상주진심常住眞心은 청정각명淸淨覺明이다'라고 할 때 그 청정淸淨의 뜻을 잘 이해해야 한다.

둘은 상대相大이니, 여래장如來藏은 본래 무량무변한 성공덕性功德을 구족하고 있음을 말한다.[48]

상대相大에 와서는 여래장如來藏이라 했다. 여래장이 무량무변無量無邊 성공

---

48 원문은, 二者이자 相大상대 謂如來藏위여래장 本來具足본래구족 無量無邊무량무변 性功德故성공덕고

덕성功德을 본래 갖추고 있다고 한다. 그러니까 물을 예로 들어 얘기하자면, 물 안에 온갖 성능性能이 다 들어 있다는 말이다. 물을 써서 폭탄도 만들지 않는가? 수소폭탄 말이다. 여래장은 온갖 것을 다 갖추고 있다는 의미로 여래장如來藏이다.

진여眞如와 생멸生滅을 설명하는 방법의 논리는 체대體大, 상대相大, 용대用大이다. 마음을 어떻게 설명하는가? 진여眞如와 생멸生滅 두 가지로 설명한다. 논리가 체대, 상대, 용대인데 이것을 이해해야 한다. 앞서 설명한 것처럼 물[水]이 있으면, 물의 체대體大는 축축함이고, 물의 상대相大는 물의 모습, 즉 강물, 바닷물, 냇물, 빗물 같은 것이다. 물의 용대用大는 음식도 하고 식물도 키우고, 빨래, 설거지를 하는 것이다. 이렇게 체·상·용으로 설명하는 것이 인도印度식이다. 상대相大라는 말이 좀 애매하다. 상은 모습 상相자인데, 여기 설명하는 것을 보면 꼭 모습 얘기만 하는 것은 아니다.

상대는 모습을 가리키는 단어인데, 물의 비유에서 어울리는 융상融相이 그것이다.

물이 들어가면 축축해진다. 축축해져서 사물들이 서로 엉긴다. 그 같은 융상融相이 물의 모습이다. 물은 강물, 바닷물, 수돗물 등이 모습인데, 여기서는 그 모습이 구체적으로 다른 물건과 어울리는 것을 상대相大라 한다. 어울리는 것이니 결국은 성격性格이 좀 나타난다.

그런데 『대승기신론』의 상대相大는 모습인 형체 이외에도 성능性能·공능功能·능력能力을 포함하는 다의적多義的인 개념으로, 지금 "여래장如來藏은 본래 무량무변한 성공덕性功德을 구족한다"고 한다.

이것이 상대의 설명이라고 한다. 인도에서 사용하는 상대相大란 말은 동아시아에서 사용하는 것과 의미가 좀 다를 수 있다. 인도印度의 상대相大는 그 모습과 성능性能, 능력能力도 다 포함하는 용어다. 그래야 여래장如來藏이 설명된다. 상대相大를 여래장如來藏이라고 하지 않았는가? '여래장'은 원래 대승불교大乘佛教에서 나타날 때, '여래가 될 수 있는 가능성可能性을 가진 존재'를 지칭했다. 모든 중생은 여래가 될 수 있는 가능성을 갖고 있다. 그래서 여래장이라고 했는데,『능엄경』에 와서는 뜻이 달라졌다. '여래장묘진여성如來藏妙眞如性'이라 해서 '여래장 안에는 묘한 성질이 그냥 가득차 있다'는 것이다. 그러니 '온갖 가능성이 다 들어 있다'는 뜻이 되어 버렸다.『기신론』에서도 여래장을 뭐라 했는가 보면, "본래 구족하고 있는 무량무변성공덕無量無邊性功德"이라 했다. 여기 성공덕性功德의 성性은 만법萬法을 뜻한다. 지地, 수水, 화火, 풍風, 공空, 견見, 식識,[49] 지구와 바다와 온갖 것을 나툴 수 있는 잠재성潛在性, 성性 자는 그 성性 자다. 가능성可能性이다. 여래가 될 수 있는 가능성만 있다는 뜻이 아니다.『능엄경』부터 그렇게 뜻이 변한다.『기신론』에서도『능엄경』과 똑같은 뜻으로 사용한다. 이것을 상대相大라 했다. 그러니 우리가 알고 있는 강물, 바닷물과 같은 물의 구체적인 모습 외에, 이렇게 여래장묘진여성如來藏妙眞如性을 나타내는 용어로 쓴다. 그러니『기신론』과『능엄경』은 여래장에 대해 같은 입장을 갖는다.

---

49 능엄경에서는 모든 현상을 구성하고 요소를 4대에 공,견,식을 더하여 일곱 가지 요소, 칠대(七大)라고 설명한다.

내 생각을 말하자면, 여기 체·상·용이라 할 때의 상相은 중국에는 없는 개념槪念이다. 중국에서는 눈에 보이고 귀에 들리는 등 오감五感에 명확하게 잡히는 모습을 상相이라 일컫는다. 그런데 지금 여기 여래장에 나오는 무량성공덕無量性功德은, 일종의 잠재성潛在性, 가능성可能性을 이야기하는 것이지, 어떤 구체적인 사상事相을 지칭하는 것이 아니다. 그러니 이 용어用語 자체가 중국에서 쓰는 용어가 아니다. 따라서 이 논서論書는 중국인이 만든 것이 아니란 증거證據이기도 하다.

중국에선 체·상·용 대신 체용體用이라는 말을 많이 쓴다. 그 체용體用이라는 개념의 시초는 공자孔子다. 공자가 주역에 대해 쓴 논문을 묶은 것 중에 중요한 것이 계사전繫辭傳이다. 그래서 계사전을 역학易學에서 가장 중요한 이론서라고 한다. 그 계사전에, '형이상자는 위지도요, 형이하자는 위지기라[形而上者謂之道 形而下者 謂之器]'는 구절이 있다. 우리는 철학哲學을 형이상학形而上學이라 한다. 형이상학이란 말 자체가 공자의 말이다. 모습을 기준으로 해서 그 이상은, 즉 모습 없는 것은 도道라고 하고, 모습 있는 것은 기器라고 한다는 말이다. 이전에 예를 든 물에 적용하면, 모습 없는 축축한 성질이 도道, 강물, 바닷물, 수돗물 등 사용가능한 모습이 기器다. 공자는 이처럼 형이상·형이하를 도와 기로 구분한다. 한漢나라 때에 이르러 도道를 체體, 즉 바탕이라 하고, 기器를 용用이라고 부르게 된다. 이렇게 체와 용이란 개념이 확립되었다. 송宋나라 때는 성性, 상相이란 용어가 자주 나온다. 성상性相, 이것도 원래 공자가 쓴 말이다. 성상근이요 습상원이라[性相近也 習相遠也].[50] 사람의 본성本性은 서로 비슷하지만, 일상의 버릇이 서로 다르다. 사람이 타고난 인품人品, 즉 성性은 같은

---

50 『논어(論語)』 양화(陽貨) 편. 인간의 본성은 같으나 경험, 학습, 훈련에 의해 버릇이 서로 달라진다는 뜻.

데, 익힌 버릇이 달라서 서로 차이가 생긴다는 것이다. 이리하여 도道와 체體를 성리性理라 부르고, 기器와 용用을 사상事相이라 부르게 된다.

그에 비해 『기신론』에 나오는 체상용體相用은 개념상 뚜렷하게 구분된다. 그런데 체·상·용을 분석하는 도구로 사용한 글은 『대승기신론』뿐이다. 이후의 불서佛書에서는 체·상·용을 분석의 도구로 사용한 경우가 드물다. 대신 성상性相을 주로 쓴다. 아는 바와 같이 『능엄경』에도 성상性相이 나온다. 성性은 본성本性이고, 상相은 인연因緣이다. 상相은 눈에 보이는 것들이니 형이하形而下에 해당하고, 성性은 눈에 보이지 않는 형이상形而上에 해당한다.

불교佛敎에선 이렇게 쓰지만 유교儒敎는 크게 다르다. 유교에서는 특히 사람의 마음에 대해서는, 타고난 본성本性을 성性이라 하고 살아가며 달라진 성격을 정情이라고 한다. 성性은 사람들이 거의 같고, 정情은 사람마다 달라진다고 본다. 중국은 공자 때부터 시작해서 지금까지도 성性과 정情이라는 개념의 틀을 가지고 사람을 이야기한다. 우리나라의 경우, 조선시대에 퇴계退溪와 율곡栗谷, 고봉高峰[51] 등이 논쟁했던 사단칠정四端七情이 있다. 사단四端은 성性이고 칠정七情은 정情에 해당한다. 사단과 칠정이 서로 성질이 같으냐를 두고 서로 따졌다. 불교하는 사람의 입장에서 보면 그리 문제될 것이 없는데, 유학자들은 아주 복잡하게 이야기한다. 퇴계 같으면, 사람의 행동 중에 착한 것은 성性에서 나온 것이고, 악한 것은 정情에서 나온다고 주장한다. 『능엄경』을 천독千

---

51 고봉(高峰) 기대승(奇大升, 1527-1572). 조선 유학의 전개에 커다란 영향을 미친 주자학자, 조광조의 지치주의 사상을 이어받아, 전제주의 정치를 배격하고 민의에 따르고 민리를 쫓는 유교주의적 민본정치·왕도정치를 이상으로 삼았다.

讀했던 율곡[52]은 간단하게 말한다. "성性은 구체적인 형태나 작용이 없는 것이다. 즉 잠재성이고 가능성이다. 착한 일과 악한 일은 전부 정情이다. 착한 것이 성에서 나오고, 악한 것은 정에서 나왔다고 하는 것은 성정도 구분하지 못하는 주장이다." 율곡 선생은 그렇게 강조한다. 율곡 선생은 능엄경楞嚴經을 다독多讀하고 한 소식을 했다는 이야기가 전해 온다. 「율곡집」에 보면 이런 구절이 있다. "주자朱子가 만약에 퇴계처럼 착한 것은 성性에서 나왔고, 악한 것은 정情에서 나왔다고 말한다면, 주자도 틀린 것이다." 조선시대의 유학은 주자학朱子學이어서 주자가 한 말은 그대로 믿었다. 그런데 율곡 선생은 이렇게 말했다. 주자도 틀렸다고 쓴 율곡의 글을 젊은 시절에 보고 나는 생각했다. 주자학朱子學이 국교이던 시절에 그렇게 쓰면 사문난적斯文亂賊으로 몰릴 법도 한데, 율곡 선생이 워낙 고명하다 보니 아무도 시비를 걸지 못한 것인가? 아무튼 성정性情 문제는 불교 공부하는 사람에게 분명하기 짝이 없는 것이다.

셋은 용대用大이니, 능히 일체의 세간과 출세간의 선인善因 선과善果를 만든다.[53]

용대用大는 작용作用이다. 물의 예를 들면 어떻게 되는가? 물은 동식물에도 꼭 필요하고, 빨래할 때도 필요하고, 목욕할 때나 수영할 때도 필요하다. 그런데 이 물이 장마가 지면 난리가 난다. 물이 아주 나쁜 역할을 하는 것이다. 그

---

52 율곡(栗谷) 이이(李珥, 1536-1584)는 16세 때(1551년) 어머니의 상을 당하고, 19세(1554년)에 출가했다. 법명은 의암(義庵)이었고, 금강산에 들어가 능엄경을 읽으며 수도했다고 한다. 20세(1555년)에 하산, 환속하였다고 한다. 율곡의 문집에는 금강산에서 불교와 유교의 진리를 두고 노승(老僧)과 논쟁한 문답 내용이 실려 있기도 하다.

53 원문은, 三者用大삼자용대 能生一切世出世間능생일체세출세간 善因果故선인과고

런데 원문에서 뭐라고 했는가? '용대用大는 세간과 출세간의 착한 원인과 과보를 생하는 것이다'라고 했다. 홍수가 나고 폐수가 되어 사람에게 해를 끼치는 것은 물의 용대가 아닌 것인가? 용대는 원래 선善이고 악惡이고 간에 다 들어가는 것이다.

용대用大는 마음의 작용인 용심用心을 가리키는데, 물의 비유에서 사물을 축축하게 만드는 작용인 윤용潤用이 그것이다. 여기서는 중생심의 작용으로 형성된 모든 선업善業·악업惡業·유루업有漏業·무루업無漏業 등이 모두 마음의 용대用大에 포함된다. 우리 마음의 작용作用을 범성凡聖을 기준으로 개관槪觀하면, 마음이 이른바 정연淨緣과 염연染緣이라는 인연에 따라서 온갖 정업淨業과 염업染業을 짓는다. 이런 모든 염정染淨의 업業이 용심用心인 용대의 내용이다.

지욱智旭대사의 설명에 따르면,『대승기신론』은 자리自利와 이타利他를 강조하고 있기 때문에 여기서 선업인 선인과 선과만 거론하고 있으나, 사실은 선업뿐만 아니라 악업惡業·유루업有漏業·무루업無漏業이 모두 용대用大에 포함된다고 한다. 중국의 유가儒家에서 사용하는 체용體用 개념은 이것과는 성질이 다르다.

왜 선인善因선과善果만 이야기했을까? 이 의문이『대승기신론』해석에서 상당한 쟁점爭點이 됐었다. 악인惡因악과惡果는 마음의 작용이 아닌가? 마음의 작용이 맞다. 그런데 해석하기를, "선인선과는 본래 우리 마음의 작용이고, 악인악과는 무명無明으로 인해 생긴 망심妄心의 작용이다. 그래서 여기 마음의 본래 작용을 다루는 데 넣기가 좀 지저분하다. 그래서 선인선과만을 포함한 것이다." 옛날 사람들은 그렇게 설명하기도 했다. 지욱대사가 아주 강력하게 설명한다. 자리自利와 이타利他를 겸한 것이 선인선과이다. 그러므로 그것이라야 마음을 제대로 쓴 작용이지, 나머지 것은 작용이라 할 것도 없지 않은가 하는 주장이다. 악인악과는 무명無明으로 인해 일어난 분별分別 망상妄想에 속한 다는 것이다. 그렇대도 그것이 마음의 작용임은 틀림없다, 용대用大인 것이 맞 다. 결국 대승의 이상理想인 보살을 강조하기 위해 선인善因 선과善果만을 이야 기한 것이다. '나만 아라한이 될 것이 아니라, 다 같이 생사生死를 초탈超脫하 자'는 대승大乘의 보살심菩薩心, 그 착한 마음이라야 진정한 마음의 용대用大라 할 수 있다는 말이다.

제4절 마하연摩訶衍의 특색

일체 제불이 본래 이 대승을 타셨고, 일체 보살도 모두 이것을 타고 불지佛地에 들어간다.[54]

그런데 이것을 금방 다룬 '~善因果故선인과고'에 붙인다. 착한 원인과 착한 과보, 그것을 이야기하자면 대표적인 것이 불보살佛菩薩이라는 말이다. '부처님도 이 대승을 타고, 보살도 이 대승을 탄다'고 했다. 결국 체·상·용을 쓰되 불보살 기준으로 체 · 상 · 용을 설명해야 타당한 해석이라는 뜻이겠다. 여기 소승小乘의 아라한阿羅漢이 빠진 이유는 무엇일까? 아라한은 '중생衆生을 모두 제도하자'는 선인선과가 좀 모자란다는 말이다. 그래서 불보살만 넣고 소승 아라한은 뺐다. 제목도 '소승기신론'이 아니라 『대승기신론』이니까.

여기서 대승비불설大乘非佛說을 한 번 살펴보자. 반야부般若部경전을 필두로 하여 많은 대승大乘경전經典에 대하여 소승들은 부처님의 친설이 아니라고 주장한다.

그것은 초기의 아함부 경전을 자세하게 공부하지 않았기 때문에 생긴 착각이라 할 수 있다. 제법諸法이 무아無我라는 법문은 아함경에 자주 등장한다. 반야경의 제법諸法의 공상空相이란 법어는 제법무아의 다른 표현인데, 이것을 부처님의 뜻이 아니라고 부정할 수가 있을까? 또 12연기법에 나오는 무명, 행,

---

54 원문은, 一切諸佛일체제불 本所乘故본소승고 一切菩薩일체보살 皆乘於此개승어차 入佛地故
    입불지고

식識, 명색名色, 육입이라는 연기緣起를 인정하면서, 만법萬法유식唯識이라고 설명하는 유식론唯識論을 대승비불설이라고 배척할 수 있을까? 한편 "마음은 빛나는 것이다"라는 아함경의 법문이 있는데, 자성自性, 진심眞心, 불성佛性을 설명하는 대승大乘 종교終敎의 법문을 부인하는가?

다, 무지無知의 소치所致이다.

제3분
해석분

무엇이 해석분解釋分인가? 이것에는 세 가지가 있다. 이른바 실의實義를 드러내어 보이는 현시실의顯示實義와, 그릇된 집착인 사집邪執을 대치對治하는 대치사집對治邪執과, 정도正道를 수행하는 모습을 분별하는 분별수행정도상分別修行正道相이 있다.[58]

해석분은 마음, 일심一心을 진여문眞如門과 생멸문生滅門으로 갈라서 체·상·용이라는 논리論理로서 해석하는 부분이다. 해석에 세 가지가 있는데 그 첫 번째가 현시실의다. 실의實義는 실다운 바른 이치라는 말이다.

---

58 원문은, 云何解釋분운하해석분 此有三種차유삼종 所謂顯示實義故소위현시실의고 對治邪執故
대치사집고 分別修行正道相故분별수행정도상고.

제1장. 현시실의顯示實義

여기 실의實義를 드러내 보이는 현시실의顯示實義에는, 일심一心에 의지하여 두 가지 문門이 있으니, 이른바 심진여문心眞如門과 심생멸문心生滅門이다.[59]

이 두 가지 문은 각각 일체법을 총섭總攝[60]하는데, 이렇게 전전展轉하여 서로가 서로를 여의지 않는다.[61]

여기서 진여문과 생멸문 이야기가 처음으로 나왔는데, 진여문 생멸문은 각각 일체법을 총섭한다. 그러니까 심진여문心眞如門도 이 우주법계宇宙法界를 다 총섭해서 설명하고, 심생멸문心生滅門도 이 우주법계를 다 포함해서 설명한다는 말이다. 이것들이 이렇게 얽히고설켜서 서로를 여의지 않는다. 서로 떨어질 수가 없는 관계라는 말이니, 결국 마음을 설명하는데, 변하지 않는 쪽을 가지고 설명하는 것은 진여문眞如門이고, 변하는 쪽을 가지고 설명하는 것은 생멸문生滅門인 것이다. 마음의 특성을 설명하는 방법이지 그 마음이 다른 마음이 아니다. 우리가 청정각명淸淨覺明, 공적영지空寂靈知, 적적성성寂寂惺惺이라는 말로 설명하는 마음이 사실은 두 가지 성질이 있는 것이다. 진여眞如의 성질이

---

59 원문은, 此中顯示實義者차중현시실의자 依於一心의어일심 有二種門유이종문 所謂心眞如門소위심진여문 心生滅門심생멸문

60 총섭(總攝): 모두 거느리고 관리한다. 모두 포섭한다.

61 원문은, 此二種門차이종문 各攝一切法각섭일체법 以此展轉이차전전 不相離故불상리고

있고, 생멸生滅의 성질이 있다. 진여의 성질은 변하지 않는 것이니, 청정清淨하다/공적空寂하다고 표현한다. 그런데 생멸生滅의 측면에서 보면, 가만히 있지를 않는다. 사람도 됐다가, 짐승도 됐다가, 벌레도 됐다가, 색계천色界天에도 올라갔다가, 무색계천無色界天에도 올라갔다가, 지옥地獄에 가기도 한다. 변화무쌍하다. 그렇게 변화무쌍한 것은 그럴 만한 능력이 있기 때문이다. 각명覺明하고 영지靈知이고 성성惺惺하기 때문이다. 그러니 우리 마음은 두 가지 성질이 있다. 두 가지가 서로 다르다.

우리가 익히 알듯이, 빛光線은 입자粒子의 성질도 있고, 파동波動의 성질도 가진다. 입자와 파동은 정반대인데 그 두 가지 성질을 다 가지고 있다. 우리 마음도 마찬가지로 진여真如의 성질도 있고, 생멸生滅의 성질도 있다. 진여의 성질은 불변不變이다[真如不變]. 생멸은 인연 따라 변變하므로 수연隨緣이다[生滅隨緣]. 불변하는 진여와 수연 변화하는 생멸의 두 가지 측면이 마음에 있다. 이 두 가지는 서로 반대다. 하나는 가만히 있고, 다른 하나는 마냥 움직인다. 우리 마음이 갖는 이중성二重性이 대충 이런 것이다. 우리 마음이 가지고 있는 가장 큰 특질은 이 이중성이다. 이중성인 존재, 우리 마음을 어떻게 파악할 수 있는가? 유有도 아니고 무無도 아니다. 그러면서 유有이기도 하고, 무無이기도 하다. 사구四句백비百非로는 설명할 수가 없다. 그래서 견성見性이 어렵다. 견성見性에서 성은 본성本性이다. 우리의 본성本性을 보는 것이 어렵다. 대립하는 유무有無를 버리고 설명할 방편을 우리는 아직 찾지 못하고 있기 때문이다.

진여真如는 불변不變이니 당연히 모습이 없다. 무형無形이다. 수연생멸隨緣生滅은 변하는 것이니 모습이 있다. 유형有形이다. 마음은 이와 같은 이중성을 가지고 있어서 이것을 어떻게 설명할 것인가가 문제다. 마명보살은 이렇게 진여문真如門과 생멸문生滅門으로 나눠서 설명한다. 설명함에 있어, "진여真如를 설명하는 것은 불변不變하는 무형無形의 마음이고, 생멸生滅을 설명하는 것은 수연隨緣하는 유형有形의 마음이다"라고 하면 틀린다. 설명하는 것은 하나의 마음이다. 이것은 우리 중생衆生이 쓰는 마음을 설명하는 것이다. 부처가 쓰는 마음을 분석한 것이 아니다. 그래서 이 하나인 마음[心]을 불변하는 면에서는 진여眞如라 하고, 수연하는 면에서는 생멸生滅이라 설명한다.

　이렇게 설명하고 나면 우리는 더 할 말이 없는데, 마명보살은 8지보살이라 아는 것이 많으시니까 본격적인 설명이 제1절 심진여문부터 시작된다. 뒤로 가면 제2절에 심생멸문도 나온다. 우선 심진여의 설명을 보자.

심진여문
心眞如門

제1절 심진여문心眞如門

1. 심진여의 정의

심진여心眞如란 곧 하나인 법계法界의 대총상법문大總相法門의 바탕이다.[62]

법계法界라는 것은 우주다. 우주宇宙를 법계라 한다. 우주에 법계가 여러 개 있을 수 없다. 하나뿐이다. 일법계一法界다. '大總相대총상'은 모든 것을 총체적으로 다 긁어 모아 모습을 하나 만들었다는 말이다. 그것을 설명할 때 바탕이 되는 것[法門體]을 심진여心眞如라 한다. '이 우주법계가 결국은 마음이다' 라는 말이다. 『화엄경』에서 말하는 일체유심조一切唯心造다. 그러니 오직 이 마음이 이 우주를 만든 것이다.

본래 '심진여心眞如'라는 것은 마음의 본성이 불생불멸不生不滅하는 성리性理임을 표현하는 단어單語이다. '진眞'은 그 성품이 허가虛假가 아니고 진실眞實한 것임을 가리키고, '여如'는 성품이 불변不變하여 시간과 공간에 관계없이 생멸生滅과 증감增減이 전혀 없는 것을 가리킨다. 일법계대총상一法界大總相은 바로 우주 전체의 본체本體와 형상形相을 통틀어서 일컫는 단어이다. 즉 심진여란 불변하는 상주진심常住眞心인데, 이 상주진심이 '법계法界의 총상법문체總相法門體'라는 말이다.

일법계대총상법문체라고 했다. 일법계를 보통 일진법계一眞法界라고 한다.

---

62 원문은, 心眞如者심진여자 卽是一法界大總相法門體즉시일법계대총상법문체.

거기서 진眞 자를 생략하면 일법계一法界다. 일진법계란 일심一心이 나퉈 만든 우주宇宙를 가리킨다. 우주는 일심의 나툼이다. 대총상大總相은 무엇인가? 총상은 모습을 통틀었다는 말이다. 총체적인 모습이라 할 수 있다. 법문法門體이란 무엇인가? 부처님 설법說法을 법문이라 한다. 법이 들락날락하는 문이라는 뜻이다. 우리는 통상 설법을 법문이라 칭한다. 체體는 무엇인가? 바탕이란 말이다. 그러니까 일진법계 대총상법문을 나타낸 바탕이다. 무엇이 그런가? 진여眞如가 그렇다. 성상性相으로 구분하자면 성性에 속하는 법문法門이라는 뜻이다.

지욱智旭대사의 설명에 따르면, '심진여心眞如'에서, '심心'은 바로 중생들의 현전現前하는 마음이고, '일법계대총상법문체一法界大總相法門體'에서 '법계法界'는 만법의 본원本源을 말하고, '대총상大總相'은 전체가 일상一相이니 차별이 없다는 뜻이며, '법문法門'은 진리를 말하고, '바탕[體]'은 본체인 근원根源이니 곧 진여眞如를 가리킨 말이다. 이 진여眞如는 차별이 있을 수가 없으므로 오직 '하나'라고 부른다.

마음의 본성은 불생불멸하는 모습이다.[63]

용수보살은, 이 구절은 직전진체直詮眞體[64]로서 진여법이 생멸법生滅法처럼 생주이멸生住異滅함이 아니어서, 이른바 백비百非도 비非가 아니고 천시千是도 시是가 아니며, 비非도 아니고 시是도 아니면서 또한 아님[非]에도 부주不住하는 것을 나타

---

63 원문은, 以心本性이심본성. 不生不滅相불생불멸상.

64 直詮眞體직전진체 : 참된 바탕[眞體]을 곧바로[直] 설명함[詮].

낸다고 설명한다.

마음의 본성은 생멸하지 않는다는 구절은 『반야심경』에 나오는 '제법공상諸法空相 불생불멸不生不滅'을 연상시키는데, 엄격하게 해석하면 다른 내용이다. 여기서는 마음을 설명하고, 『반야심경』에서는 삼라만상의 공상空相을 이야기한다.[65]

심진여문心眞如門은 불생불멸不生不滅, 생生도 아니고 멸滅도 아니다. 왜 그런가? 진여문은 성性이니 이理이고 형이상形而上이어서, 아무 모습이 없다. 무상無相이다. 마치 허공 같다. 그러므로 생겼다 할 것이 없고, 따라서 없어진다고 할 것도 없다.

『반야심경』의 제법공상諸法空相의 불생불멸不生不滅과 여기 『기신론』의 심진여의 불생불멸不生不滅은 같은 '불생불멸'이지만 서로 다른 각도에서 설명한 것이다.

『반야심경』의 불생불멸을 제법諸法의 공상空相에 대한 불생불멸로 해석해야 한다. 모든 법, 즉 삼라만상이 불생불멸이란 얘기다. 온갖 것은 다 인연因緣으로 생겨난다. 예컨대 H2O가 물이다. H수소와 O산소가 결합하면 물이라는 결과가 나오는데, 알고 보면 H와 O가 다 무자성無自性이다. 자성을 갖지 않은 두 가지가 뭉쳐서 된 물도 역시 자성이 없다. 연기연멸緣起緣滅, 인연으로 생겼다가 인연으로 사라진다. 그러니까 수소와 산소가 결합하여 물이 생겼다가, 분해하면 다시 수소와 산소가 되고 물은 없어진다. 인연으로 생기고 인연 따라 사라진다. 그러니 자성自性이 없다. 쉽게 표현하면, 물이라는 현상現象은 있으나, 이 현상은 인연因緣 따라 생겼다가 없어지는 것이니 실체實體가 없다. 물

---

65 원문은, 一切諸法일체제법 皆由妄念而有差別개유망념이유차별 若離妄念약리망념. 則無境界差別之相즉무경계차별지상

에는 물 자체의 성질이 없으니 무자성無自性이다. 그러니 물이 생겼다고 볼 수 있느냐는 말이다. 물 자체가 자성이 없으니 생긴 것이 없다. 무자성인 물이 생겼다가 없어지면, 현상은 그렇다고 해도 사실 물은 자성이 없는 것이어서 생긴 적이 없으니 사라졌다고 할 수도 없다.

다시 말하면 인연법으로 생겼다가 없어졌다 하는 것이니 사실은 생긴 것도 아니고 없어진 것도 아니라는 말이다. H2O가 되어 물이 생긴 것 같지만, 이 물은 생긴 적이 없다. 왜인가? 자성이 없으니, 분해하면 다시 없어지기 때문이다. 본래 물이라고 하는 자성이 없다. 물만 그런 것이 아니라, 삼라만상森羅萬象이 다 자성自性이 없다. 인연법으로 생겼다가 없어질 뿐이다. 그러니까 생긴 적이 없는데, 없어졌다고 표현하는 것은 맞지 않는다. 본래 자성이 없는 것이니 생긴 적이 없고, 생긴 적이 없는데 사라진다고 할 수도 없다. 이것이 『반야심경』에서 말하는 불생불멸의 설명이다.

그러면 심진여문心眞如門에서 말하는 불생불멸不生不滅은 어떤 것인가? 진여眞如라 하는 것은 불변不變하는 것을 지칭한다. 본래 아무것도 없다. 진짜이므로 영원히 불변한다. 그런데 모습이 있는 것은 다 변한다. 모습 없는 것은 생겼다 없어졌다 할 수가 없다. 즉 모습이 없으니까 불생불멸이다. 마치 허공虛空이 생겼다가 없어졌다가 할 수 없는 것과 같다. 우리는 본래 아무것도 없는 것을 허공이라고 한다. 우리가 허공虛空이라는 이름을 붙여서 명자名字가 있긴 하나, 사실 허공은 생길 수도 없고 없어질 수도 없다.

한 번 더 설명해 보자. 이 세상에 존재하는 것, 모습 있는 것을 모두 유위법有爲法이라 한다. 그것은 전부 인연因緣으로 된 법이다. 인연 따라 생겼다 없어졌다 한다. 인연 따라 생겼다 없어졌다 하니 뭐가 생겨도 생긴 것이 아니다.

수소 원자 2개와 산소 원자 하나가 결합하면 물이 된다 $H_2 + O \rightarrow 水$. 그런데 왜 이것을 색즉시공色卽是空이라 하는 것인가? 수소는 안에 원자핵原子核 하나에 양자陽子가 하나 있고, 밖에 전자電子 하나가 돈다. 산소는 안에 양자가 많이 있고, 원자핵 주위를 도는 전자도 여럿 있다. 수소에 양자가 하나 더 붙으면 헬륨He이 된다. 양자와 전자의 숫자에 따라서 원소元素도 자주 바뀐다. 그러므로 원자原子도 자성自性이 없다. 무자성無自性이다. 무자성인 수소 원자 2개와 무자성인 산소 원자 1개가 결합하면 물이라는 것이 나타난다. 그럼 물에는 자성이 있는가? 수소와 산소가 자성이 없는 것과 마찬가지로 물도 자성이 없다. 어째서 자성이 없는가? 만약 자성이 있는 것이라면, 변하지 않아야 한다. 자성에서 자自는 독자적獨自的이라는 의미다. 독자적이란 독립獨立되어 있다는 말이다. 저 혼자 존재할 수 있는 것을 독자적이라 한다. 독자적인 성질이 자성이다. 독자적인 성질이 있으면, 이 성질은 없어지지 않는다. 불변이다. 그런데 H_2O가 물이 되는 경우는 그렇지 않다. 물이 되었다가도 분해하면 없어진다. 그러니 물은 독자성이 없다. 수소, 산소도 독자성이 없다. 무자성無自性이다. 그러니 결과적으로 불생不生이다. 이 세상에 있는 모든 것은 다 생기지 않았다. 무엇이 됐든 독자적인 성질이 없으니 생긴 것이 아니라는 말이다. 그러니 애초에 생기질 않았는데, 즉 무생인데[무생법인無生法忍이라 한다], 없어질 것이 있을 리 없다. 이것이 오온개공五蘊皆空 중의 '색즉시공色卽是空 공즉시색空卽是色'의 의미다.

그런데 여기 『기신론』에서 이야기하는 진여문眞如門의 불생불멸不生不滅은 진여眞如라서 애초에 모습이 없는 것이다. 모습이 없으니 마치 허공虛空과 같다. 허공은 생겼다 없어졌다 하는 것이 아니다. 그래서 '마음의 본성本性은 불생불멸不生不滅하는 모습이다'라고 하는 것이다. 아주 중요한 얘기다.

『반야심경』의 제법공상諸法空相의 불생불멸不生不滅과 『기신론』의 심진여의 불생불멸은 같은 불생불멸이지만 서로 다른 설명이 된다는 이야기를 했다. 불생불멸이라는 말의 의미는 용처用處와 맥락脈絡에 따라 달라진다.

일체 제법은 모두 망념妄念으로 말미암아 차별이 있으니, 만일 망념을 떠나면 곧 경계에 차별의 모습이 없다.[66]

진여는 모습이 없는 것, 생멸은 모습이 있는 것이다. 일체제법一切諸法은 모두 망념으로 말미암아 차별이 있다고 한다. 무슨 말인가? 제법은 어떻게 생겼는가? 망념으로 생겼다. 망념이 있어서 이렇게 생겼다 없어졌다 한다. 진여眞如는 허공虛空과 같아서 생멸이 없다. 이 구절이 뜻하는 바는 눈에 보이는 모든 것은 모습이 있어서[有相] 생멸문生滅門에 속한다는 말이다.

그러므로 제법諸法은 본래부터 성性이 언어를 여의었고, 일체의 문자로써 설명하여 나타낼 수 없다. 마음의 반연攀緣을 여의고, 아무런 모습도 없다. 끝내 평등하여, 영원히 변이變異가 없고 파괴할 수도 없다. 오직 이 일심一心이니 진여眞如라고 부른다.[67]

진여眞如의 뜻을 설명하고 있다. 세상에 있는 제행諸行, 제법諸法, 만법萬法은

---

66 원문은, 一切諸法일체제법 皆由妄念而有差別개유망념이유차별 若離妄念약리망념. 則無境界差別之相즉무경계차별지상

67 원문은, 是故시고 諸法從本已來제법종본이래 性離語言성리어언 一切文字不能顯說일체문자불능현설 離心攀緣이심반연 無有諸相무유제상 究竟平等구경평등 永無變異영무변이 不可破壞불가파괴 唯是一心유시일심 說名眞如故설명진여고

모두가 망념妄念으로 인해 생긴 생멸문生滅門에 속한다는 말이다. 그럼 진여문
眞如門에 속하는 것은 무엇일까?

'제법은 본래부터 그 본성本性, 곧 진여가 말과 문자를 떠나 있다諸法從本已來
性離語言].' 성상性相법문이니 '성性으로 말하면'은 곧 '진여眞如로 말하면'이란
말이다. 허공虛空처럼 텅 비었으니 말할 것이 없다. 설명할 수가 없다. 진여가
그렇다. 진여는 아무 모습이 없는 무상無相이라서 그렇다. 마음을 이렇게 저렇
게 설명할 수가 없다[一切文字不能顯說]. 그렇게 설명하는 것은 생멸문 얘기다. 진
여문에서는 그렇게 설명할 수 있는 것이 없다. 모습이 있는 것은 변하니까 생멸
生滅한다. 모습이 없는 진여문엔 변할 것이 없고, 설명할 수 있는 것도 없다.

그럼 진여문에서는 어떻게 되는가? 모습이 없어 끝내 평등하다[無有諸相 究竟
平等]. 모습이 없어야만 평등하다. 모습이 있으면 비교가 된다. 예컨대 같은 기
계에서 찍어낸 장난감이라 해도, 자세히 관찰해보면, 모습이 다 다르다. 왜 그
런가? 모습이 있는 것은 똑같을 수가 없다. 옛날 백봉선생님은, "지구상에 있
는 모든 솔잎은 똑같은 것이 없다"고 말씀하셨다. 모습 있는 것은 각각 다 다
르다는 말씀이다. 우주가 소나무로 가득 찬다 해도 똑같은 솔잎은 없다. 똑같
아 보이는 것도 천 배, 만 배 확대해 보면 다를 것이다. 이른바 평등平等은 모습
이 없어야 성립한다. 진여眞如는 변하거나 달라지는 것 없이 영원하다[永無變異
不可破壞]. 모습이 없어 허공 같으니 달라질 것이 없다. 파괴할 수도 없다.

그런데 왜 이리 복잡하게 설명하는가? 우리 마음을 모습이 없는 측면인 진
여와 모습 있는 측면인 생멸로 나눠 설명하다 보니 그렇다.

'오직 이 한마음이니 진여라고 부른다[唯是一心 說名眞如故]' 했는데, 이 일심一
心이란 말이 참 애매하다. 내 마음은 한 개이고, 사람 각자가 가진 마음이 다
한 개씩의 마음이다. 그러나 모습이 없어 파괴될 수도 없는 진여문에서 내 마
음과 네 마음이 서로 다른 것으로 구분區分이 될까? 아니다. 모습이 없어 평등

하니까. 그 일심一心을 진여眞如라 한다.

본래 말할 수도 없고 분별할 수도 없다. 일체 언설은 가짜로서 실답지 않으니, 단지 망념에 따른 것이지, 있는 것[所有]이 아니다. 진여라고 말하는 것도 이것 또한 무상無相인데, 다만 일체 언설 중에서 극極이니, 말로써 말을 털어버리는 것이다. 그러나 그 체성體性은 털어버릴 수도 없고, 세울 수도 없다.[68]

진여眞如를 계속 해석하고 있다. 본래부터 말로 할 수가 없다. 마음의 모습 없는 측면, 허공과도 같은 진여문眞如門은 말로 묘사하거나 설명할 수 없다. 분별도 안 된다. 예를 들어 세상에서 제일 맛있다는 커피인 루왁 커피를 마셨다고 해보자. 그 맛이 어떠냐는 질문에 제대로 답할 수가 있겠는가? 달다, 시다, 짜다 등등 온갖 표현을 동원해도 그 맛을 그대로 설명할 수는 없다. 모습이 있는 유상有相인 커피의 맛도 불가언설不可言說이다. 그럼 어떻게 해야 하는가? 그저 한 잔 타서 마시게 하는 수밖에 없다.

우리 마음에 대해서도 마찬가지다. 우리 마음은 청정해서 허공과 같으니 아무것도 없는 듯하다. 그것이 진여문眞如門이다. 그런데 이런 마음이 보고 듣고 느끼고 생각하는 견문각지見聞覺知를 다 한다. 그러면 그냥 빈 허공과 같은 것이 아니다. 뭔가가 있으니 그렇게 할 수 있는 것이다. 그러하니 우리 마음은 특이한 이중성二重性을 가지고 있다. 어떻게 설명할 것인가? 루왁 커피 맛을 설명하지 못하듯 이 마음도 설명이 안 된다.

---

68 원문은, 從本已來종본이래 不可言說불가언설 不可分別불가분별 一切言說일체언설 唯假非實유가비실 但隨妄念단수망념 無所有故무소유고 言眞如者언진여자 此亦無相차역무상 但是一切言說中極단시일체언설중극 以言遣言이언견언 非其體性비기체성 有少可遣유소가견 有少可立유소가립

그래서 마명보살이 설명 방식으로 고안해 낸 것이 진여문眞如門과 생멸문生滅門으로 나눠서 설명하는 것이다. 공자孔子가 역易을 형이상形而上과 형이하形而下로 나눠 설명하는 것과도 비슷하다. 진여문은 모습 없는 형이상形而上에 해당하고, 생멸문生滅門은 모습을 갖춘 형이하形而下에 해당한다. 무상無相인 형이상形而上인 진여眞如는 언어로도 설명이 안 되고 분별로 알기도 어렵다. 온갖 수단, 방법을 다 동원해도 말로는 표현할 수 없고, 알아들을 수도 없다.

그런데 설명하려다 보니, '그런 것이 있는데, 그 이름을 진여眞如라 한다'라고 설명할 수밖에 없는 것이다. 이렇게 이름을 붙였으나, 진여眞如라는 것이 정말 있기는 한가? 진여라 하는 것이 정말로 빛깔도 소리도 냄새도 없는 것이라면, 진여라는 이름이 있을 뿐 진여라는 말이 바로 청정한 그 자리는 아니다. 우리가 커피 이름을 루왁이라 붙여놓았지만, 커피 맛이 루왁은 아닌 것과 같다. 루왁은 그냥 커피에 붙은 이름일 뿐이다.

그러니 진여라는 그 체성體性, 그 본바탕은 보내 버리거나 세울 수 있는 것이 아니다[非其體性 有少可遣 有少可立]. 원래 모습이 없으니, 진여眞如라고 부르기는 하지만 그 바탕은 보내버릴 수도 없고, 세울 수도 없다. 여기서 견遣은 보내버린다, 털어버린다는 뜻이다. 입立은 내용과 의미를 설명하는 것을 가리킨다. 보통은 이 보낼 견遣 자 대신 깰 파破 자를 쓴다. 즉 진여는 파破할 수도 없고, 입立할 수도 없다는 말이 된다. 진여문은 아무 모습이 없는 것을 가리키니 그렇다. 언어문자로 설명도 안 되고, 그것을 떠나서 이야기할 수도 없는 것이 진여眞如의 면목이란 말이다.

여기에서 『대승기신론』은 특별히 언어의 효능과 한계를 설명하고 있다. 인간세계에서는 모든 것을 언설로 표현하거나 생각하고 설명한다. 언설言說은 인간들이 공동생활에 편리하도록 만든 문화적인 도구이지만, 그것을 활용하여 문물文物이 발전하는 계기가 되었다. 그러나 언설에는 그 이름에 상응相應하는 실다운 내용이란 것이 본래부터 존재하지 않는다. '진여'라는 단어도 역시 그러하다. 불변하므로 진여라고 부를 뿐이지, 그 진의眞意는 결코 언어로 표현하고 설명할 수가 없다는 점을 지금 "일체 언설 중에서 극極이니, 말로써 말을 털어버리는 것이다"라고 설명하고 있다. "언설 중에서 극이라"는 표현이 진여라는 글자라고 말한다. 불교에서는 옛날부터 법신法身이나 진여의 의미는 "언어도단言語道斷하고 심행처멸心行處滅이라"고 잘라서 말한다. 상식적인 언어나 생각으로 그 내용과 성격을 헤아리거나 설명할 수 없다는 뜻이다.

우리가 사용하는 언어 문자는 서로 간의 의사소통意思疏通을 위해 만들어 쓰는 방편이다. 진여라 한다고 진여가 진짜이고, 생멸이라 한다고 해서 그 생멸이 가짜인 것은 아니다. 그러니 언어 문자에 너무 치중해선 안 된다. 불교이론의 특징이다. 불교는 언어 문자 자체의 의미보다 그 언어 문자가 가리키는 뜻을 알아야 한다고 한다. 그래서 뜻을 아는 논리학이 불교에서는 매우 중요한 학문이다. 인명논리학因明論理學이라 한다. 원인이 무엇인가를 분석하여 실체가 없다는 것을 밝힌다. 불교의 대가가 되려면 인명논리학을 익혀야 한다. 예를 들어 "수소와 산소가 결합해서 물이 되었다"는 명제로 인명논리학을 펴 보이면 이렇다.

'물은 진짜가 아니다.' 이것이 제일 먼저 세우는 유법有法이다. 유법有法은 기하학에서 말하는 공리公理와도 같다. "삼각형의 내각의 합은 180도다"와 같은 명제가 공리인데, 이 공리와도 같은 것이 유법이다. '왜냐? 물은 H_2O로 되는데 H_2와 O 자체가 무자성無自性이다. 그러니 무자성인 것들이 만나서 이뤄지는 H_2O도 무자성이다.' 이런 식으로 논리적으로 증거를 대는 것이 법法이라 한다.

이처럼 유법과 법이 있는 이것이 인도印度의 인명논리학因明論理學이다. 유법과 법만으로 인정하지 않으면, 거기에 비유譬喩를 추가해야 한다. '마치 ○○와 같이'로 표현한다. '마치 물거품과 같이' 식으로 쓴다. 물거품은 생겼다가 없어진다. 그와 같이 물도 생겼다가 없어진다. 그러니 진짜가 아니라는 주장이다.

유법有法과 법法과 비유譬喩가 갖추어져야만 진리眞理를 설명할 수 있다는 것이 인명논리학의 핵심이다. 물론 그 안에 여러 가지 복잡한 법칙이 있다. 인명논리학을 사용하려 하면 언어 문자가 필요하다. 그래서 우리가 언어 문자를 쓰지만, 그 언어 문자가 실다운 것은 아니라는 말이다. 그냥 우리가 사용하는 소통수단에 불과하다.

문 : 만일 그러하다면 중생이 어떻게 수순隨順하여야 심진여心眞如에 깨달아 들어갈 수가 있겠습니까?

답 : 비록 일체법을 설명하지만, 설명하는 주체도 없고 설명할 대상도 없고, 비록 일체법을 생각하지만, 생각하는 주체도 없고, 생각할 대상도 없다는 걸 알아차리면, 이때가 바로 수순隨順이다. 망념이 모조리 없어지면 그것을 깨달아 들어간다[悟]고 부른다.[69]

"진여란 것이 아무 모습도 없는데 우리가 어떻게 알아차려야 하느냐?"는 질문이다. 원문에 수순오입隨順悟入이라는 구절이 있다. 진여라는 것이 이러하다면 중생들이 어떻게 이해해서 깨닫겠느냐는 말이다. 여기서 수순이란 이해한

---

69 원문은, 問曰문왈 若如是者약여시자 衆生云何隨順悟入중생운하수순오입 答曰답왈 若知雖說一切法약지수설일체법 而無能說所說이무능설소설 雖念一切法수념일체법 而無能念所念이무능념소념 爾時隨順이시수순 妄念都盡망념도진 名爲悟入명위오입

다는 뜻이다.

답은 이렇다. 일체법을 언어 문자로 설명하더라도, 실상實相을 알고 보면 설명하는 사람도 없고, 설명할 진여도 없다. 먼저, 언어言語문자文字는 가짜니까, 언어 문자로 설명하지 못한다는 말이다. 언어 문자로 설명하기 이전以前에 일으킨 생각도 알고 보면 생각하는 주체나 생각할 대상이 없다. 이렇게 주객主客이 없음을 알아차리면 이때가 수순隨順하는 시절이다. 아무것도 없음을 알면 망념妄念이 모두 사라져서, 저절로 깨치는 것이다. 옛사람들이 깨치고 나서 읊은 오도송悟道頌을 보면, 그 90% 정도는 "알고 보니 주객主客이 아무것도 없네!" 하는 내용이다. 진여문의 설명처럼 "뭐라 할 만한 것이 전혀 없구나!"라는 것이다. 그것이 도를 깨친 사람들의 감상이다. "알고 보니 한 물건도 없네!"는 육조六祖 스님의 표현이다. '본래무일물本來無一物'이 바로 진여를 지칭한다.

2. 심진여心眞如의 내용

다시 진여眞如를 언설로 그 내용을 설명하자면, 두 가지 구별이 있다. 하나는 진실공眞實空이니, 부실不實한 모습을 멀리 여의어서 구경究竟에 실체實體를 드러내기 때문이다. 둘은 진실불공眞實不空이니, 본성本性에 끝없는 공덕이 구족하여서 그 바탕이 있기 때문이다.[70]

진여眞如는 아무것도 없는데, 우리는 말을 사용하여 의사소통을 하니, 말로

---

70 원문은, 復次부차 眞如者진여자 依言說建立의언설건립 有二種別유이종별 一眞實空일진실공 究竟遠離不實之相구경원리부실지상 顯實體故현실체고 二眞實不空이진실불공 本性具足본성구족 無邊功德무변공덕 有自體故유자체고

한번 설명해 보자는 것이다. 내용상으로 분석해 보면, 진실공眞實空이 있고, 진실불공眞實不空이 있다. 공空은 텅 비었다는 말이고, 불공不空은 빈 것이 아니라 뭔가가 있다는 말이다. 진실공은 없다[無], 진실불공은 있다[有]는 뜻이기도 하니, 이 있고 없음이 진여문의 뜻인가 보다.

[1] 진실공眞實空

다시 진실공眞實空이란 본래부터 일체의 염법染法과 상응하지 않고, 일체 만법의 차별상을 여의었고, 허망한 분별심分別心이 없다. 따라서 진여眞如는 유상有相도 아니고 무상無相도 아니며, 유무상有無相도 아니고 비유무상非有無相도 아니며, 일상一相도 아니고 이상異相도 아니며, 일이상一異相도 아니고 비일이상非一異相도 아닌 줄을 알아야 한다. 요약하면 일체 중생衆生의 허망한 분별심分別心으로는 촉증觸證할 수가 없으므로, 공空이라고 한다.[71]

공空을 설명하는데 왜 그냥 공空이라 하지 않고 진실眞實이란 말을 붙였을까? 진실공은 무슨 뜻인가? 공空은 무無인데, '진여문眞如門에서 말하는 무無'라는 뜻이다. 진실불공이란, 진여문眞如門에서 말하는 유有란 뜻이다. 진실공眞實空이란 무엇인가? 진여문에서는 일체가 텅 비어 뭐라고 규정할 만한 것이 없다. 그래서 다 없다고 한다. 여기서 염법染法의 염染은 물든다는 뜻이고 그 반대는 정법淨法이다. 그런데 여기에는 물든 염染이 없다. 불상응不相應이란 말

---

71 원문은, 復次부차 眞實空者진실공자 從本己來종본이래 一切染法不相應故일체염법불상응고 離一切法差別相故이일체법차별상고 無有虛妄分別心故무유허망분별심고 應知眞如응지진여 非有相非無相비유상비무상 非有無相非非有無相비유무상비비유무상 非一相非異相비일상비이상 非一異相非非一異相비일이상비비일이상 略說약설 以一切衆生이일체중생 妄分別心所不能觸망분별심소불능촉 故立爲空고입위공

은 상응하지 않는다는 뜻으로 사이클이 같은 것이 없다, 같은 주파수가 없다는 말이다. 진여문眞如門에는 유상有相이 없다. 염법染法은 불상응이라서 해당이 안 된다. 왜 그럴까? 모습이 없는 무상無相이 바로 진여眞如이기 때문이다.

'일체법의 차별상을 떠났다'고 차별만 언급하고 평등은 언급하지 않는다. 평등은 모습이 없는 것이라서 그렇다. 모습이 없는 것이니 차별을 설명할 것이 없다. 본래 진여는 모습이 없기 때문이다. 나머지도 모두 마찬가지다.

허망 분별심은 유상有相이라고 여긴다. 그러나 진심은 청정淸淨공적空寂하여 아무 모습이 없으니. 해당사항이 없다.

진여문은, 유상도 아니고 무상도 아니고, 유무상도 아니고, 비유무상도 아니다. 즉 유有도 아니고 무無도 아니고. 같은 것도 아니고 다른 것도 아니다. 같은 것이다, 혹은 다른 것이다 하면, 벌써 이것은 모습에서 구별區別이 있으니 평등平等한 성리性理가 아니다. 같은 것도 아니고 다른 것도 아니다. 예컨대 H2와 O가 결합해서 물이 나오면, 물과 H2, O는 같은 것인가? 당연히 같지 않다. 그런데 물을 전기분해電氣分解하면 다시 수소, 산소가 된다. 그러하니 다른 것도 아니다.

이와 같이 이 세상에 있는 만법萬法을 다 규명糾明해 보면, 유有도 아니고 무無도 아니고, 일상一相도 아니고 이상異相도 아니다. 생기는 것도 아니고 없어지는 것도 아니다. 일체상一切相이 다 그렇다. 그런 것만을 강조한 것이 진여문眞如門이다. 모습이 없는 진여문에 그런 것들이 다 포함된다는 뜻이다.

실다운 도리에 의지하면, 망념은 존재하지 않고, 공성空性도 또한 공하여서, 막히는 놈이 없으며 막는 놈 또한 없다.[72]

---

72 원문은, 據實道理거실도리 妄念非有망념비유 空性亦空공성역공 以所遮是無이소차시무 能遮

진여문眞如門에서는 아무 모습이 없으니까, 거기에는 망념妄念이 없고, 차별差別도 없고, 생멸生滅도 없다. 그래서 이것을 공空이라 표현하지만, 그 공이란 표현조차도 없는 자리가 진여문眞如門이다. 그러니 진여문 안에는 아무것도 없다. 주체도 없고 객체도 없다. 청정淸淨하고 확연廓然해서, 툭 트여 아무것도 없는 그것을 진여문眞如門이라고 한다. 그것이 진여문 중의 진실공眞實空이다. 진여문眞如門에서 공空 이야기를 할 때는 그저 '아무것도 없다'고 하면 그것으로 충분하다.

[2] 진실불공眞實不空

진실불공眞實不空이란 것은 망념이 공하고 없으므로, 진심眞心은 항상恒常하고 불변함이 드러나지만, 정법淨法이 원만圓滿하므로 불공不空이라고 말하되, 또한 불공不空의 모습도 없다. 이것은 망념심妄念心으로 알 바가 아니고, 오직 이념지離念智로써 깨달을 바이다.[73]

불공不空이란 말은 공空한 것이 아니란 말이니, "무엇인가 있다"는 뜻이다. "무엇이 있다"면 그것은 진여문眞如門이 아니다. 그런데 여기서는 진여문에서 진실불공이란 말을 써서 "정법淨法이 원만圓滿하다"고 한다. 왜 여기 진여문에서 불공不空이 나오는가? 그래서 이 진실眞實불공不空은 아주 어려운 개념槪念이다. 진실불공이란 것은 망념이 공무空無하기 때문이라 했는데, 망념은 생멸

亦無故능차역무고

[73] 원문은, 言眞實不空者언진실불공자 由妄念空無故유망념공무고 卽顯眞心즉현진심 常恒不變상항불변 淨法圓滿정법원만 故名不空고명불공 亦無不空相역무불공상 以非妄念心所行故이비망념심소행고 唯離念智之所證故유이념지지소증고

문에 속한다. 생멸문生滅門에는 모습이 있다. 유상有相이다. 앞서 이야기한 H2 + O가 물이 된다든가, 세상에 산이 있고, 우주가 있고, 은하계가 있고 하는 모든 것이 전부 인연으로 기멸起滅하는 현상이니 생멸문生滅門이다. 대승大乘은 생멸문生滅門은 모두 망념妄念에서 생겼다고 했다.

심진여의 정의에서 "일체 제법은 모두 망념妄念으로 말미암아 차별이 있으니, 만일 망념을 떠나면 곧 경계에 차별의 모습이 없다."고 했다. 그러니 일체 제법, 즉 우주 삼라만상森羅萬象 모든 것이 망념으로 인해 생긴 것이다. 그런데 지금 진실불공이란 것은 망념妄念이 일으킨 것이 아니라고 하면서, 그런데도 "정법淨法이 원만圓滿하다"고 했다. 즉 정법淨法은 망념妄念이 만든 것이 아니라는 말이다. 진여문의 진실불공眞實不空의 내용인 정법원만淨法圓滿은 망념이 일으킨 것이 아니므로, 유상有相이 아니다. 그렇다고 없는 것은 아니다. 납득이 가지 않는 설명이다. 부처님의 지혜인 이념지離念智로써만 능히 증득證得할 수 있다고 한다. 이념지를 문자 그대로 해석하면, 망념妄念을 떠난 지혜다. 우리 중생은 망념을 떠나지 못했으므로, 항상 유념지有念智다. 이념지는 부처님만 알 수 있다. 무엇을 아는가? 진실불공을 안다. "정법淨法이 원만圓滿하다"는 진실을 증득한다. 이것이 어렵다. 앞에서 공무空無를 설명하더니 지금은 "정법이 원만하다"고 한다. 그래서 이 진실불공의 뜻은 어렵고 이해하기 힘들다.

'진실불공眞實不空이란 것은 망념이 공하고 없으므로, 진심眞心은 항상恒常하고 불변함이 드러나지만, 정법淨法이 원만圓滿하므로 불공不空이라고 말하되 또한 불공不空의 모습도 없다.'고 했다. 망념이 없는 것이 진여문인데, 망념이 없으니까 망념의 반대인 진심이 나타난다는 것이다. 무슨 뜻인가? 진여문은 망념을 떠난 것이다. 망념을 떠나면 진심인데, 진심은 텅 비어서 아무것도 없는 것이 아니다. 뭐라고 이름 붙여도 다 틀린 말이 된다. 불공이라 해놓고 그렇게 텅 빈 것이 아니라 뭐라고 했는가?

'常恒不變상항불변 淨法圓滿정법원만' 이 여덟 글자가 나타내는 것이 진여문眞如門이 가지고 있는 진실불공의 내용이다. "진심은 항상하고 불변하지만, 정법이 원만하므로"가 바른 해석이다. "상항불변하지만 정법원만하다." 이것이 진실불공眞實不空에 대한 설명說明이다. 상항常恒은 상주한다는 말이니, 불변不變과 같은 뜻이다. 그러면 淨法圓滿정법원만이 무슨 뜻이냐? 정법淨法이 무엇이냐? 이것은 『열반경』을 보면 설명이 있다. 『열반경涅槃經』에 열반사덕涅槃四德이 나온다. 상락아정常樂我淨이다. 열반은 결국 적멸寂滅이다. 모든 것을 다 떠나보낸 자리, 다 털어버린 자리가 열반이다. 그 털어버린 자리에 상락아정常樂我淨이 있다고 한다. 그 상낙아정이 바로 정법淨法이다. 상항불변은 상常이고, 정법은 정淨이다. 원만은 낙樂이고 아我다. 『기신론』에서 가장 해석하기 어려운 부분이 바로 이 진실불공을 설명한 구절인 常恒不變상항불변 淨法圓滿정법원만'이다.

<특순> 대승大乘의 체상體相

'대승의 체상용體相用'이라는 용어는 앞서 입의분立義分 '제2절 유법有法'의 설명 중에 잠깐 나왔다. 제2절의 본문에서, "이 마음의 진여상眞如相이 곧 대승大乘의 체體를 보이고, 이 마음의 생멸인연상生滅因緣相이 능히 대승의 체體·상

相·용用을 나타낸다."[74]고 했다. 다시 말해 대승의 체體는 진여상을 설명하는 것이고, 대승의 체상용體相用이란 생멸인연상을 설명하는 것이다. 앞에서 진여문眞如門을 다룰 때는 대승大乘의 체體뿐이니까 간단했다. 지금 생멸문生滅門에 들어가면 체상용體相用으로 설명할 예정인데, 교재教材 순서로는 체상용體相用 설명이 나중에 나오므로, 이해를 돕고자 먼저 간단하게 설명을 하기로 한다. 제3절의 대승의 체상을 먼저 살펴보자.

[1] 체대體大

다시 진여자체상眞如自體相이란 것은 일체의 범부·성문·연각·보살·제불에 있어서 증가하거나 감소함이 없으며, 먼저 생기한 것이 아니고 나중에 사멸하는 것이 아니어서 구경에 항상하다.[75]

우리 마음의 바탕을 체대體大라고 한다. 그러면 우리가 주로 쓰는 반연심攀緣心의 바탕인가, 아니면 무연지無緣知의 바탕인가? 선심善心의 바탕인가, 악심惡心의 바탕인가? 그렇게 생각하기 쉬운데, 여기서 말하는 마음의 바탕은 진망眞妄과 선악善惡을 총 망라한다. 부처님이라고 늘거나 중생이라고 줄어드는 일이 없고[無有增減], 전에 생긴 적도 없고, 나중에 사라지는 것도 없다[非前際生 非後際滅]. 결국 본성本性은 여여如如하다는 말이다. 체대, 즉 바탕은 모습이 없다. 예컨대 물의 체體인 축축한 성질은 청탁淸濁과 한난寒暖과 관계가 없다. 어디

---

74 원문은, 以此心眞如相차심진여상. 卽是大乘體故즉시대승체고 此心生滅因緣相차심생멸인연상 能顯示大乘體相用능현시대승체상용

75 원문은, 復次부차 眞如自體相者진여자체상자 一切凡夫일체범부 聲聞緣覺성문연각 菩薩諸佛보살제불 無有增減무유증감 非前際生비전제생 非後際滅비후제멸 常恒究竟상항구경

까지나 성질性質이다. 체대는 성질을 나타낸 것이어서, 본성本性에 증감增感이 없고, 생멸生滅이 없고, 평등平等하다는 말이다.

앞에 나온 입의분에서는 "일체법의 진여眞如는 물들거나 청정하거나에 상관없이 항상 그 자성이 평등하고 증감이 없고 차별이 없음을 말한다"고 설명했는데, 여기에서는 '진여자체상眞如自體相'이라고 하여 자체상自體相을 말했다. 진여眞如와 진여자체상眞如自體相의 성질이 증가하거나 감소함이 없으며, 먼저 생기生起한 것이 아니고 나중에 사멸死滅하는 것이 아니어서 구경에 항상恒常한 것이라고 설명한다. 다만, 입의분에서는 평등하여 무차별이라고 하고, 여기에서는 항상하여 생멸이 없다는 점을 강조하고 있다. 이 구절은 진여자체상眞如自體相이라고 되어 있으나 체대體大를 설명한 것으로 보인다.

진여문眞如門과 생멸문生滅門으로 대별하였는데, 다시 진여문眞如門의 진실공眞實空과 생멸문生滅門의 체대體大가 내용상으로 유사類似한 것이 보인다.

[2] 상대相大

무시로부터 본성에 일체 공덕을 구족하고 있다. 이르되 대지혜광명大智慧光明의 뜻이며, 변조법계遍照法界의 뜻이며, 여실료지如實了知의 뜻이며, 본성청정심의 뜻이며, 상락아정의 뜻이며, 적정·불변·자재의 뜻이다.[76]

---

76   원문은, 從無始來종무시래 本性具足一切功德본성구족일체공덕 謂大智慧光明義위대지혜광명의 遍照法界義변조법계의 如實了知義여실료지의 本性淸淨義본성청정의 常樂我淨義상락아정의 寂靜不變自在義적정불변자재의

지금 중생심衆生心을 체상용體相用으로 설명한다. 먼저 체體는 바탕으로 성질[性]이다. 성질이니 모습이 없다[無相]. 모습이 없어 비교할 것도 없으니, 당연히 평등하다. 모습이 없으니 생긴 적도 없고 사라진 적도 없다. 이것이 중요하다. 그것이 우리 마음의 바탕이다.

그 다음 상相이니 공덕功德이니 이른바 성능이다. 예를 들어 물의 상은, '아래로 흐르고, 물체를 적셔서 녹이고, 융통하는 상이다. 즉 물은 삼투滲透하므로, 어디나 뚫고 들어가는 그런 성능性能이 있다. 상대相大의 원문을 보자.

'시작이 없는 옛날부터[從無始來] 마음의 본성은 일체의 모든 공덕을 갖고 있다[本性具足一切功德]'고 한다. 일체공덕이란 모든 성능 또는 능력이다. 대표적으로 큰 지혜의 광명이란 뜻이 있고[大智慧光明義], 법계인 우주를 두루 비춘다는 뜻이 있고[遍照法界義], 실답게 안다는 뜻이 있다[如實了知義]. 여기서 안다는 것은 '견문각지見聞覺知할 줄 안다'는 말이다. 지금 마음의 성능을 이야기하고 있다.

또 마음의 본성이 청정하다는 뜻이 있다[本性淸淨義]. 또 상락아정이라는 열반사덕涅槃四德이 있다[常樂我淨義]. 상락아정을 한 뭉치로 해석하는 사람도 있지만, 지욱대사는 의견이 다르다. 상락아정은 열반을 터득한 부처님의 경지를 가리킨다. 상常은 항상한 것이니 여래법신如來法身, 낙樂은 열반涅槃락이다. 아我는 여래如來를 가리킨다. 정淨은 여래가 가지고 있는 청정한 법이다. 열반경 제2권에 그렇게 설명돼 있다.[77] 이러한 성능을 합치면, 대지혜광명, 변조법계,

---

77 36권본 대반열반경(大般涅槃經) 제2권 애탄품(哀歎品)에 이렇게 나온다.
그때 부처님께서 여러 비구들에게 말씀하셨다. "자세히 들어라. 너희들이 말한 술취한 사람의 비유는 문자만 알고 그 뜻을 모르는 것이다. 무엇이 그 뜻인가? 그 취한 사람이 해와 달을 보고 돌지 않는데도 돈다고 하는 것과 같이, 중생도 그러하여 번뇌와 무명에 가리어 뒤바뀐 마음을 낸다. 아(我)를 무아(無我)라 하고 불변을 무상(無常)이라 하고, 청정(淸淨)을 부정(不淨)이라 하고, 즐거움을 괴로움이라 한다. 이는 번뇌에 가리어 그런 생각을 내는 것이니, 마치 술 취한 사람이 돌지 않는데도 돈다고 하는 것과 같다. 아(我)는 부처를 뜻하고, 불변(不變)은 법신(法身)을 뜻하

여실료지, 본성청정 이렇게 네 가지에다 열반涅槃 사덕四德을 합하면 여덟 가지다. 여기에 적정寂靜, 불변不變, 자재自在를 독립시켜서 합하면 열한 개다. 열한 개의 공덕功德을 우리 마음의 상相이 갖추고 있다는 말이다.

초학인 학인들은 체體와 상相의 의미가 다르다고 생각하기 쉽다. 그래서 마명존자는 여기에서 친절하게 그 이유를 설명하고 있다. 진여문眞如門의 체대 설명에서는 '復次부차 眞如自體相者진여자체상자'처럼 체상體相이 같이 나온다. 그리고 거기서는 진여의 체만 이야기했다. 그런데 지금 이것은 진여의 상相을 이야기한 것이다. 체상용으로 볼 때는 체는 모습이 없으니 생멸生滅 증감增感이 없고 평등하지만, 상相은 열한 가지 공덕이 갖춰져 있다. 상相에 대한 설명을 마저 하자.

이와 같이 갠지스 강의 모래 수를 초과하는 뜻들이 같지도 않고 다르지도 않아서, 부사의한 불법이 끊어짐이 없다. 이러한 뜻 때문에 여래장이라 부르고, 또한 법신이라고 부른다.[78]

열한 가지의 공덕을 앞에서 설명했는데, 열한 가지 말고도 뜻이 갠지스강 모래수보다 많다고 한다[如是等過恒沙義]. 그리고 그러한 공덕들은 서로 같은 것

고, 즐거움은 열반(涅槃)을 뜻하고, 청정은 법(法)을 뜻한다."
-36권본 대반열반경 제36권 교진여품(憍陳如品)에는 이런 구절도 있다.
부처님께서 말씀하셨다. "아(我)란 곧 여래장(如來藏)이라는 뜻이고, 모든 중생에게 다 불성이 있다[一切衆生悉有佛性]는 것이 곧 이 아(我)이다. 이 아(我)가 본래부터 한량없는 번뇌에 가려 있으므로 중생은 보지 못한다.

78　원문은, 如是等過恒沙義여시등과항사의 非同非異비동비이 不思議佛法부사의불법 無有斷絶무유단절 依此義故의차고 名如來藏명여래장 亦名法身역명법신

도 아니고 다른 것도 아니다[非同非異]. 같은 것이 아니면 다른 것일 텐데, 왜 다른 것도 아닌가? 공덕들이 성질이 다르니 같은 것이 아니고, 그렇지만 모두 내 마음의 성능이란 점에서는 다른 것이 아니다. 그래서 생각으로 헤아릴 수 없는 불법이다[不思議佛法]. 사의思議에서 원래 사思는 생각이고, 의議는 말로 의논한다는 말이다. 생각과 말로는 길이 끊어진 그런 불법佛法이다. 그러면서 단절되지 않는다[無有斷絕]. 이러한 성능, 이런 일체 공덕이 갖춰진 그런 마음을 우리가 가지고 있다. 우리 마음이 바로 그놈이다.

『능엄경』에 따르면, 일체 만법萬法은 여래장묘진여성如來藏妙眞如性에서 나온다. 여래장묘진여성이 여기 『기신론』에서 말하는 마음의 상대相大와 비슷하다. 상대相大를 법신法身이라고도 하는데, 법신이란 여래의 본체다. 2500년 전 카필라성에서 태어난 싯달다의 몸은 화신化身이다.[79] 몸 신身 자를 써서 일단 모습이 있는 것으로 설정된, 특수성과 가능성이 있는 그런 것이 법신法身이다. 보통 부처님에 대해서는 법신이라 하고, 중생衆生일 때는 여래장如來藏이라 한다. 그래서 중생들 상대로 공부를 가르치는 『능엄경』에서는 여래장묘진여성이라 하고, 『기신론』에서는 경우에 따라서, 여래장如來藏이라고도 하고 법신法身이라고도 한다.

문: 위에서는 진여는 "일체상一切相을 떠났다"고 설명했는데, 지금은 어찌하여 "모든 공덕상功德相을 구족했다"고 설명하는가?

답: 비록 실제로 일체 공덕을 구족하지만, 그러나 차별 있는 모습이 없다. 저

---

79 화신(化身)은 응신(應身)이라고도 하며, 부처의 세 가지 몸 중 하나다. (1)법신(法身): 진리 그 자체. 비로자나불, 대일여래. (2)보신(報身): 중생을 위해 서원하고 거듭 수행한 결과, 깨달음을 성취한 부처. 아미타불과 약사여래가 대표적. (3)응신 또는 화신: 중생의 여건에 따라 나타나 그들을 구제하는 부처. 석가모니불을 비롯한 과거불과 미래불이 여기 해당.

일체법은 모두 같아서 일미一味 일진一眞이니, 분별상分別相을 떠났고 두 자성이 없다.[80]

이상하지 않은가? 진여眞如의 바탕을 이야기할 때는 아무 모습도 없어서 평등平等하다고 하더니, 지금 성능을 이야기할 때는 또 온갖 것을 다 갖추었다고 한다. 이 무슨 뜻이냐? 『능엄경』이나 『대승기신론』을 반복해서 읽다 보면, 『대승기신론』의 이 부분이 좀 이상하다는 생각이 든다. 왜 그런가? 진여문과 생멸문을 가를 때, 진여眞如는 아무 모습이 없다고 했다. 항상 변하지 않으려면 모습이 없어야 하니, 진여眞如는 무상無相이다. 그런데 생멸인연상生滅因緣相을 이야기하자면, 생멸은 모습이 있는 것이라서 유상有相이다. 진여眞如는 무상無相, 생멸生滅은 유상有相, 이것이 일심一心 이문二門의 기본 뼈대다.

그런데 진여문眞如門을 설명하다가 불공不空을 이야기한다, 난데없다. 진여문眞如門의 불공不空을 얘기하면서, '항상恒常하고 불변不變하지만 정법淨法이 원만圓滿하다'고 했다. 한편 체상용은 생멸문生滅門에 속하는데, 그 상相에 들어 있는 것들이 진여문眞如門의 불공不空과 비슷하다. 또 앞에서 보았듯이 유상有相인 생멸문生滅門에서 체體를 이야기하면서 '모습이 없다'고 했다. 상相은 성능이라 모습이 없다고 하고, 여기서는 여러 가지 성능이 있다고 한다. 유상有相과 무상無相이 왔다갔다하고, 진여문眞如門과 생멸문이 서로 중첩한다. 도대체 무슨 말인지 의문을 가질 만하다.

질문을 보자. '진여眞如는 아무 모습이 없다고 하지 않았는가? 그런데 이제

---

80   원문은, 問文 上說眞如상설진여 離一切相이일체상 云何今說운하금설 具足一切諸功德相구족
     일체제공덕상 答曰 雖實具有一切功德수실구유일체공덕 然無差別相연무차별상 彼一切法피일
     체법 皆同一味一眞개동일미일진 離分別相이분별상 無二性故무이성고

는 온갖 공덕을 다 갖추었다고 말하니 어찌된 까닭인가? 체體는 무상無相이라 해놓고, 공덕功德을 갖추었다고 하니 무슨 말이 이런가?'

답홈이다. '일체 공덕을 갖추고 있으나 차별 있는 모습이 없다.' 이것은 상대相大를 얘기하는 장면인데, 모습이 없다고 한다.

『능엄경』은 여래장묘진여성如來藏妙眞如性이라고 표현한다. 여래장如來藏은 모습이 있는 것이 아니므로 진여眞如의 성性으로 되어 있다. 성性은 잠재성, 가능성을 뜻한다. 성性은 상相이 아니다. 즉 모습이 아니다. 여기서는 체상용의 상相이라 했지만, 상相의 원뜻은 모습이라 용어用語가 적당치 않다. 『대승기신론』을 한문으로 번역할 때, 체상용에서 상相 자를 쓴 것이 잘못된 일이다. 상은 모습이란 뜻이 기본이기 때문이다. 그래서 지금처럼 의문疑問이 생긴다. 『능엄경』은 번역을 제대로 했다. '여래장묘진여성如來藏妙眞如性'이라 했다. 여기 『대승기신론』에서는 상相이라고 썼지만, 모습이 아니라 성능性能이란 뜻으로 이해해야 한다. 그러니 『대승기신론』에서 체·상·용이라 할 때, 상은 능할 능能 자를 쓰든가, 공덕이라 할 때의 공功 자를 써야 했다. 번역 용어를 잘못 선택했다. 여래장如來藏은 묘진여성妙眞如性이니 모습이 없다.

'그 일체법은 모두 같아서 일미이고 일진이니'라고 했는데, 여기 일체법一切法은 무엇인가? 여래장에 들어 있는 묘진여성, 『대승기신론』에서 말하는 열한 개의 공덕, 또는 갠지스 강의 모래 수보다 많다는 그런 공덕功德은 전부 다 같아서 한 맛이고, 하나의 진여眞如란 말이다.

'분별상分別相을 떠났고 두 자성이 없다.'; 모습이 있으면 비교하게 되고, 그 비교가 곧 분별이다. 여래장묘진여성이기 때문에, 즉 상相이 아닌 성性이니까 무상無相이고, 모습이 없으니 비교 분별이 가능할 리 없다.

업식業識 등의 생멸상에 의하므로 저 일체의 차별 있는 모습이 성립된다. 이

것이 어떻게 성립되는가? 일체법은 본래 유심唯心이어서 실로 분별이 없다. 불각不覺 때문에 분별심이 생겨 경계가 있다고 보는 것을 무명이라 부른다. 그러나 심성은 본래 청정하므로, 무명이 생기지 않으면 진여에서 대지혜광명大智慧光明의 뜻이 성립된다.[81]

자세히 살펴보자.

'업식 등의 생멸상에 의하므로 저 일체의 차별 있는 모습이 성립된다以依業識等生滅相 而立彼一切差別之相.'; 업식業識이란 무명無明에서 시작하여 짓는 온갖 분별망상分別妄想을 뜻한다. 업식 등등의 생멸인연상에 의지해서 차별 있는 온갖 모습이 생긴다. 우리가 무명으로 시작해서 망심妄心을 썼기 때문에 이 세상에 있는 삼라만상이 나타난 것이다. 그런데 이 삼라만상森羅萬象이 어떻게 생긴 것인가?

'일체법이 알고보면 오직 마음에서 나온 것이어서 실제로는 분별할 것이 없다以一切法 本來唯心 實無分別.'; 일체유심조一切唯心造를 이렇게 표현한 것이다. 실제로 분별할 것이 없다. 청정각명하기 때문에 아무것도 없다.

'불각 때문에 분별심이 생겨以不覺故 分別心起'; 각覺의 반대가 불각不覺이다. 제대로 알지 못하는, 각명하지 못한 불각 때문에 분별심分別心이 일어난다. 『능엄경』에서는 이 말을 "성각性覺이 필명必明인데 망위명각妄爲明覺"이라 했다.

'경계가 있다고 본다見有境界.'; 분별심이 일어나면 "性覺必明 妄爲明覺"이어서, 각명이 자기의 각명을 알아보겠다는 생각을 일으킨다. 그리하여 주객主

---

81 원문은, 以依業識等生滅相이의업식등생멸상 而立彼一切差別之相이립피일체차별지상 此云何立차운하립 以一切法이일체법 本來唯心본래유심 實無分別실무분별 以不覺故이불각고 分別心起분별심기 見有境界견유경계 名爲無明명위무명 心性本淨심성본정 無明不起무명불기 卽於眞如즉어진여 立大智慧光明義입대지혜광명의

홈이 생긴다. 제가 스스로를 분별해서 분별심이 일어났다. 그렇게 해서 경계가 있다는 것을 본다. 경계境界가 있다는 것을 보니까 경계가 있고, 경계를 보는 내가 있어 주객主客이 벌어진다.

'그것을 무명이라 한다[名爲無明].'; 이것이 삼라만상이 일어나는, 즉 망심妄心이 생기는 과정이다.

'그러나 심성은 본래 청정하므로, 무명이 생기지 않으면 진여에서 대지혜광명의 뜻이 성립된다[心性本淨 無明不起 卽於眞如 立大智慧光明義].'; 여기서부터는 앞 문장과 맥락이 달라진다. 심성心性은 본래 청정하다, 청정해서 무명이 없다. 무명이 일어나지 않는다. 무명이 일어나지 않고 항상 각명覺明으로 있는 것이 심성心性의 본래 청정淸淨한 모습이다. 여기서 심성이란 상주진심常住眞心을 의미한다. 진심은 청정각명하니 본래 각명하다. 즉 무명이 없다. 그래서 큰 지혜광명智慧光明이란 뜻을 진여문에 세운다. 무명無明이 아니면 대지혜광명이다.

대지혜광명이란 무슨 뜻인가? 광명은 어두운 것의 반대다. 그럼 우리의 본래 진여 자리는 환하게 빛이 나는가? 전깃불로는 비유도 안 될 정도로 태양처럼 휘황찬란한 것인가? 그런 식으로 광명을 해석하는 사람들이 있다. 그렇다면 만약 우리 마음이 본래 광명인 것 같으면, 환한 것은 잘 알겠지만 캄캄한 것은 모르지 않겠는가? 우리는 컴컴한 밤에 길을 가면 컴컴한 줄 안다. 그렇게 컴컴한 줄 아는 것이 마음인데, 내 마음이 본래 광명일 것 같으면, 밝은 것이야 알겠지만, 컴컴한 것을 어찌 알 수가 있는가? 나와 주파수가 같아야 알 수 있는 것이 아닌가 말이다. KBS에 채널을 맞추면 KBS 방송이 나오는 것은 사이클이 맞기 때문이다. 내가 광명이면 나는 밝은 것만 알지, 암흑은 알 수가 없다. 그러나 나는 어두우면 어두운 그대로 알고, 밝으면 밝은 그대로 안다. 그러니 나는 명암明暗이면서 동시에 명암이 아니다. 노란색은 노란색, 초록색은 초록색 그대로 안다. 나는 초록도 되고 노랑도 되고, 광명도 되고 어둠도 된다. 그것을 여기에선 광명光明이라고 표현했다.

광명光明이란 것은 본래 지혜에 대한 비유다. 지혜가 밝을 때는 한없이 밝고 지혜가 없을 때는 무지몽매無知蒙昧하기가 캄캄한 밤과도 같다. 밝을 때는 능히 밝을 수 있고, 어두울 때는 능히 어두울 수 있는 것, 그것이 지혜智慧다. 지혜의 다양성을 광명光明이라고 표현한 것이다. 우리의 마음은 청정각명하다. 청정淸淨하다는 것은 정淨도 염染도 아무것도 없다는 말이다. 검은 것도 아니고 흰 것도 아니다. 밝은 것도 아니고 어두운 것도 아니다. 그런데 밝을 때는 능히 밝고, 어두울 때는 능히 어둡다. 흰색이 될 때는 능히 흰색이 되고 검은색이 될 때는 능히 검은색이 된다. 그래야 청정한 것이다. 환하기만 하고 어둡지 못한다면 그것은 청정淸淨한 각명覺明이 아니다. 그러므로 여기 등장한 지혜광명智慧光明의 광명光明을 밝은 것이라고 풀이하면 안 된다. 주의해야 한다.

만일 마음이 생겨서 경계를 보면 곧 불견不見이란 상이 있으나, 심성心性에 견見이 없으면 곧 불견조차도 없으므로, 곧 진여법계에서 변조법계偏照法界의 뜻이 성립된다.[82]

'만약 마음이 생겨서 경계를 보면[若心生見境],' 경계를 보는 것과 반대되는 '경계를 보지 않는 것'이 있게 된다[則有不見之相].; 우리 마음은 청정각명해서, 볼 때는 능히 보고 보지 않을 때는 능히 보지 않는다. 다시 말해 견見도 되고 불견不見도 된다. 자유자재한다. 그래야 청정한 각명이다. 안 보는 때가 없이

---

82 원문은, 若心生見境약심생견경 則有不見之相즉유불견지상 心性無見심성무견 則無不見즉무불견 卽於眞如즉어진여 立遍照法界義입변조법계의

항상 보기만 한다고 하면 자유롭지 않은 것이다. 만약에 경계를 본다는 생각이 생기면, 보지 않는다는 그런 생각도 생긴다.

'그러나 마음에 본다는 생각이 없으면, 보지 못한다는 생각도 없다心性無見則無見].'; 우리는 볼 때도 있고 안 볼 때도 있다. 그런데 무언가를 본다는 생각을 일으키면, 보지 못하는 부분이 있다는 그런 하자瑕疵가 생긴다. 그러나 마음에 주객을 세워 본다는 생각을 가지지 않으면, 보지 아니함이 없다. 볼 때는 보고 안 볼 때는 안 본다. 이래야 자유롭다는 말이다.

'이것은 곧 진여에서 우주를 두루두루 다 본다, 또는 두루 비춘다는 뜻이다[卽於眞如 立遍照法界義].'; 보는 것을 예例로 들어 그렇지, 듣고, 맛보는 모든 것 등에도 다 해당된다. 모습을 구체적으로 세우지 않으면 우리 마음은 본래 진여 자리에서 법계法界를 두루 비춘다는 말이다. 지혜광명과 변조법계의 두 가지 성능性能이 있음을 밝히고 있다.

만일 마음에 동함이 있으면 곧 참된 요지了知가 아니고 본성이 청정함도 아니며, 상락아정도 아니고, 적정도 아니니, 이것은 변이變異이고 부자재不自在이며, 이로 말미암아 갠지스 강의 모래 수를 초과하는 허망한 잡염雜染을 일으킨다. 심성이 동함이 없으면 곧 진실요지眞實了知의 뜻이 성립되고, 내지 갠지스 강의 모래 수를 초과하는 청정공덕상淸淨功德相의 뜻도 성립된다.[83]

---

83   원문은, 若心有動약심유동 則非眞了知즉비진요지 非本性淸淨비본성청정 非常樂我淨비상락아정 非寂靜비적정 是變異시변이 不自在부자재 由是具起過於恒沙유시구기과어항사 虛妄雜染허망잡염 以心性無動故이심성무동고 卽立眞實了知義즉립진실요지의 乃至過於恒沙내지과어항사 淸淨功德相義청정공덕상의

이 구절은 여래장에 갖춘 공덕이 '여실요지如實了知하고, 본성청정本性淸淨이며, 상락아정常樂我淨하고, 적정寂靜·불변不變·자재自在'의 뜻임을 설명하고 있다. 만일 마음이 망동妄動하여 무명으로 주객이 상대하면 이러한 여러 가지 공덕이 장애를 받지만, 마음이 부동不動하면 모든 공덕이 그대로 나타난다는 말씀이다.

'마음이 부동不動한다'는 말은 무슨 뜻인가? 주객主客이 상대相對하면 반연심攀緣心이 생기면서 마음이 동動하는 것이고, 주객이 상대하지 않으면 무연지無緣知일 뿐이니 부동심不動心이다. '마음이 부동不動하면'은 이 무연지無緣知를 가리킨다.

평상심平常心이란 말은 남전南泉스님이 쓰셨지만, 원래는 남전의 스승이신 마조馬祖스님이 애용했다. 마조 스님이 말씀하셨다.

"평상심平常心이 곧 도道다. 그런데 그 평상심에는 조작造作이 없고, 시비是非가 없고, 취사取捨가 없고, 단견斷見과 상견常見이 없고 범부凡夫와 성인聖人이 없다."[84] 좋으면 가지고 싫다고 버리는 시비나 취사가 없다는 말은 곧 주객主客이 없다는 말이다. 주객이 상대하면 증애憎愛가 저절로 생기고, 삼독三毒이 발동한다. 주객이 없는 무연지無緣知를 평상심平常心이라고 칭하고 있다. 그 평상심을 남전화상이 다시 조주스님에게 전해 준 것이다.

---

[84] 마조어록의 원문은, 道不用修 但莫染汚 何爲染汚 但有生死心 造作趣向 皆是染汚 若欲直會其道 平常心是道 何謂平常心 無造作 無是非 無取捨 無斷常 無凡聖 故 經云 非凡夫行 非聖賢行 是菩薩行 도는 수행을 사용하지 않는다. 다만 염되지만 않으면 된다. 무엇을 염오라 하는가? 다만 생사심이 있어서 조작하여 나아가는 것이 모두 염오. 만약 곧 바로 도를 알고자 한다면 평상심이 도이다. 무엇을 평상심이라 하는가? 조작이 없고 시비가 없고 취사가 없고 단견과 상견이 없고 범부와 성인이 없는 것이다. 그러므로 경에서 말하기를 '범부의 행동도 아니며 성현의 행동도 아닌 것이 보살의 행'이라 하였다.

"무엇이 도道입니까?"

하고 조주가 물으니 남전화상은 마조 스님이 말한 그대로 답했다.

"평상심이 곧 도다."

조주가 다시 물었다.

"그러면 평상심은 어떤 것입니까? 그것을 내가 알아야 하겠는데 알기 위해서는 어찌해야 되겠습니까?"

"알려고 하면 틀린다. 안다는 것은 망상妄想이고, 모른다고 하는 것은 무기無記니까, 평상심은 망상/무기와는 아무 관계가 없다."

'내가 무엇을 안다'고 하면 주객主客이 있다. '내가 무엇을 모른다'고 해도 그 것도 주객이 있다. 주객主客이 있으면 평상심平常心이 아니다. 주객이 있는 반연심攀緣心은 우리 중생들이 사용하는 분별分別 망심妄心이다. 반연심攀緣心을 쓰지 않고 무연지無緣知를 쓰면, 부처님이 쓰시는 육신통六神通이 저절로 나온다. 지금 우리가 쓰고 있는 반연심은 무연지와 전혀 다르다. 하지만 우리가 알고 있는 무연지無緣知와 반연심攀緣心의 차이差異는 미묘해서 설명하기도 어렵고 알기도 어렵다. 그래서 옛 선사禪師들이 무연지無緣知 설명을 자주 한다.

제일 많이 쓰는 표현이, 육조단경에 나오는 "물을 마시면 찬지 더운지를 저절로 안다."[85]는 구절이다. 그것이 무연지에 대한 대표적인 설명이다. 또 갑자기 깜짝 놀라거나, 하품하거나, 기지개 켜는 것들도 무연지의 작용이다. 여러분은 이런 것들을 아주 열심히 찾아서 관찰해보아야 한다. 등이 가려울 때 손으로 등을 긁는 것은 무연지다. 목이 마르면 물을 마시러 간다. 그것이 무연지

---

85   한문 원문은, 如人飲水冷暖自知. 오조가 전한 의발을 탈환하기 위해 대유령까지 쫓아온 혜명(혹은 도명) 상좌가 선도 악도 생각하지 말라[不思善不思惡]는 혜능 행자의 말에 깨달음을 얻고 감읍하여 한 말이다.

다. 전부 다 조작造作이 없고, 시비是非가 없고, 취사심取捨心이 없으니 무연지다. 마조 스님이 말한 다섯 가지 기준[86]에 맞으면 무연지인 것이 맞다. 무연지를 잘 알아야 불교에 입문入門한 것이라고 영가永嘉대사는 말했다.[87]

여기 마음이 부동不動한다는 말[心性無動]은 그런 뜻이다.

이상以上으로 대승의 체상體相에 대한 내용을 대강 살펴보았다. 그러면서 진여문의 진실불공에 나오는 정법원만淨法圓滿이라는 부분과 대승의 체상體相에 나오는 일체공덕一切功德을 보고 일심一心이문二門이라는 서술방식에 의문을 가져보기도 했다.

이제 생멸문生滅門으로 넘어가자.

---

86 마조어록에 평상심에 대한 다섯가지 기준
何謂平常心 無造作 無是非 無斷常 無取捨 無凡聖
무엇을 평상심이라 하는가? 조작(造作)이 없고, 시비(是非)가 없고, 단상(斷常)이 없고,
취사(取捨)가 없고, 범부와 성인이 없는 것이다.

87 영가현각스님의 '사마타송'중에 무연지 관련 구절이 있다.
若以知知寂약이지지적 此非無緣知차비무연지
만약 지(知)로써 공적을 안다면 그것은 무연지가 아니니,
如手執如意여수집여의 非無如意手비무여의수
마치 손으로 여의주를 잡으면 여의주없는 맨손이 아니다.
若以自知知약이자지지 亦非無緣知역비무연지
만약에 저절로 지(知)하는 것이라고 알아도 또한 무연지가 아니니,
如手自作拳여수자작권 非是不拳手비시불권수
마치 스스로 주먹을 쥐면 '주먹을 쥐지 않은 맨손이 아니다.
亦不知知寂역부지지적 亦不自知知역부자지지 不可爲無知불가위무지
또한 지(知)로써 공적을 알지 아니하고, 또한 저절로 지(知)하는 것이라고 알지 않더라도
가히 앎이 없다고 하지는 못한다.
自性了然故자성요연고 不同於木石부동어목석
자성이 요연하기 때문에 목석과 같지 않다.
手不執如意수부집여의 亦不自作拳역부자작권 不可爲無手불가위무수
손으로 여의주를 잡지 않고 또한 스스로 주먹을 쥐지 않더라도,
가히 손이 없다고 하지 못한다.
以手安然故이수안연고 不同於兎角부동어토각
손이 그대로 있으니 토끼뿔과 같지 않다.

심생멸문
心生滅門

제2절 심생멸문心生滅門

1. 아라야식

심생멸문心生滅門은 여래장에 의지하여 생멸심이 전전展轉한다고 말한다. 불생멸不生滅과 생멸生滅이 더불어 화합和合하여 같은 것도 아니고 다른 것도 아닌 것을 아라야식阿賴耶識이라고 부르는데, 이 식識에는 두 가지 뜻이 있다. 즉 일체법을 능히 총섭總攝하기도 하고, 또 일체법을 능히 만들기도 한다.[88]

여기 『대승기신론』에서는 심생멸문 아래에 1. 아라야식이라 했다. 생멸문生滅門에서는 우리 마음을 아라야식이라 한다는 뜻이다. 제8식이다. 심생멸문心生滅門은 우리가 쓰는 반연심攀緣心, 즉 주객主客이 있는 마음이다.

원래 우리가 진여이고 부처인데, 어째서 이 꼴로 중생衆生이 되었는가? 중생들도 모두 여래장如來藏이 있다. 여래장묘진여성如來藏妙眞如性 말이다. 여래장에는 열한 가지의 공덕功德이 있다. 그것을 『대승기신론』에서는 체상용 중의 상相이라고 했다. 여래장如來藏이 있어서, 온갖 공덕이 거기 다 들어있다.

'심생멸문이라는 것은 여래장如來藏에 의지하여 생멸심이 전전展轉한다[生滅門者 謂依如來藏 有生滅心轉].'; '여래장에 의지해서'라는 말은 여래장이 있기 때문에란 뜻이다.

---

88 원문은, 心生滅門者심생멸문자 謂依如來藏위의여래장 有生滅心轉유생멸심전 不生滅與生滅和合불생멸여생멸화합 非一非異비일비이 名阿賴耶識명아뢰야식 此識有二種義차식유이종의 謂能攝一切法위능섭일체법 能生一切法능생일체법.

났다 사라졌다 하는 마음이 여래장에 있어서 여래장에서 그런 사상事相이 일어난다. 여래장에 있는 것은 모두가 묘진여성妙眞如性이다. 성性은 원래 생멸生滅이 아니다.

'불생멸과 생멸이 화합해서 하나도 아니고 다른 것도 아니다[不生滅與生滅和合 非一非異].'; 불생멸不生滅은 여래장, 생멸은 생멸심生滅心이다. 그래서 불생멸하는 것과 생멸하는 것이 화합하여 하나도 아니고 다른 것도 아니다. 같은 것도 아니고 다른 것도 아니란 뜻이다. 그런 식識이 일어난다. 그것을 아라야식이라고 한다[名阿賴耶識]. 생멸심이 알고 보면 아라야식이라는 말이다. 제8식이라고도 한다.

'이 아라야식에 두 가지 뜻이 있다[此識有二種義]. 일체법을 능히 총섭總攝하기도 하고, 또 일체법을 능히 만들기도 한다[謂能攝一切法 能生一切法].'; 우선 '모든 법을 포괄한다.' 우리가 알고 있는 삼라만상森羅萬象은 다 우리의 아라야식 안에 있다는 말이다. 둘째로 '그 일체법을 아라야식이 능히 만든다.' 일체법이란 내가 보고 듣고 느끼는 삼라만상이다. 그 삼라만상을 아라야식이 능히 만든다. 그러니 우리가 보는 이 세상은 내 아라야식이 다 포섭하고 있고, 또 그 아라야식이 계속 만들어내고 있다. 만들었다가 없앴다가 하고 있다.

보통 아라야식을 진망화합식眞妄和合識이라 한다. 진眞은 여래장, 불생멸이고, 망妄은 생멸하는 것이다. 진짜와 허망한 것이 화합한 것이 아라야식이다. 아라야식이란 이름은 『기신론』에 등장하고 유식에 등장한다. 경으로는 『능가경』에 제일 먼저 나온다. 능가경에 아라야식에 대한 구체적 설명이 나온다. 『능엄경』의 처음에 상주진심常住眞心이란 말이 나온다. 진심은 진망화합식의 진에 해당하고, 망심은 망에 해당한다. 그러니 아라야식이 두 가지로 나뉘면,

하나는 각覺 혹은 명각明覺, 상주진심인 청정각명을 가리킨다. 다음으로 망심
妄心은 불각不覺이다. 불각은 무명이다.

다음에 각覺과 불각不覺이야기가 나온다. 각覺을 제대로 이해하려면 먼저
불각不覺부터 알아보는 것이 쉽다.

2. 불각不覺

[1] 불각不覺의 정의

불각不覺의 뜻은 무시無始로부터 '진법眞法이 하나임'을 여실하게 알지 못함을
말한다. 불각심不覺心이 일어나면 망념이 생기는데, 저 망념妄念은 스스로 실상
實相이 없고, 본각本覺을 여의지 않는다. 마치 어리석은 사람이 방위方位 때문에
착각하는 것과 같다. 이 착각은 자상自相이 없고, 방위方位를 여읜 것이 아니다.
중생도 역시 그러하여 각覺에 의지하기 때문에 불각하여 망념인 착각이 생긴
다. 그러나 저 불각不覺은 스스로 실상實相이 없으니 본각本覺을 여의지 않는다.
또 불각을 드러내고자 진각眞覺을 말하는 것이니, 불각이 이미 없다면 진각眞覺
도 역시 없다.[89]

본각本覺은 무엇인가? 우리 마음의 본체本體가 본각이다. 청정각명에서 각

---

89 원문은, 不覺義者불각의자 謂從無始來위종무시래 不如實知眞法一故불여실지진법일고 不覺心
   起而有妄念불각심기이유망념 然彼妄念自無實相연피망념자무실상 不離本覺불리본각 猶如迷
   人依方故迷유여미인의방고미 迷無自相不離於方미무자상불리어방 衆生亦爾중생역이
   依於覺故의어각고 而有不覺妄念迷生이유불각망념미생 然彼不覺연피불각 自無實相자무실상 不離本
   覺불리본각 復待不覺以說眞覺부대불각이설진각 不覺旣無불각기무 眞覺亦遺진각역견

명각明覺이 본각에 해당한다. 각명覺明하기 때문에 무명無明이 생긴다. 여실료지 하는 것이 각명인데. 여실료지如實了知하기 때문에 '내가 누군지 알고 싶다. 한 번 알아봐야겠다'는 생각을 일으킨다.

'나'라고 하는 것이 있다면, 내가 나를 어찌 알겠는가? 내가 나를 안다는 것은 안 되는 일이다. 손가락이 뭐든 가리키지만, 손가락이 손가락을 가리킬 수는 없다. 그와 같이 내가 나를 알 수는 없다. 내가 나를 안다고 하면, 그 나는 진짜 내가 아니다. '나'라고 하는 생각, 허상虛像일 뿐이다. 마치 내 눈이 내 눈을 볼 수 없는 것처럼, 각명한 놈이 각명한 자신을 여실요지如實了知할 수는 없는 법이다. 그럼에도 그런 헛된 생각을 일으킨다. 그것이 무명無明이다. 그러면 그 어리석은 짓을 한 것은 누구인가? 각명覺明이다. 그래서 본각本覺을 떠나지 않았다는 것이다. 알고 보면 망념妄念, 혹은 무명이라고 하는 것이 그대로 우리의 각명이다. 각명하기 때문에 무명이 일어난 것이니 무명無明의 본질本質은 각명覺明이다. 알고 보면 각명이지만, 모르면 무명이다.

불각不覺은 무엇인가? 깨닫지 못했다. 모르는 것이 불각이다. 불각이란 것의 의미는 시작없는 옛적부터, 진법은 하나라는 것을 여실히 알지 못했다는 말이다. 그래서 불각하는 마음이 생겨서 망념妄念이 있다. 여기서는 무시래無始來가 중요하다. 종무시래從無始來라는 네 글자 나온 부분을 신/구역 원문原文에서 대조對照해 보자.

신역에서는 '不覺義者불각의자 謂從無始來위종무시래[불각이란 말의 뜻은 말하자면 시작 없는 때부터]'라고 했다.

진제의 구역舊譯에서도 불각이란 뜻을 이야기하는 것은 같다. '所言不覺義者소언불각의자 不如實知眞如法一故불여실지진여법일고[불각의 뜻이란 진여법이 하나임을 참으로 알지 못하예'라 했다. 신역에 있는 "종무시래從無始來" 넉 자가 빠졌다. 청정각명한 것이 착각을 해서 무명이 생겼다고 하니까, 청정각명이 먼저 있고, 그 뒤에 무명이 생겼다고 생각하기 쉽다. 구역舊譯 원문을 보면 우리는 원래 부처인데, 갑자기 무명이 생겨나서 중생이 됐다고 생각하기 쉽다. 그런데 신역新譯을 보면, 무명無明은 본래本來부터 있었다.

이것이 구역과 신역의 가장 중요한 차이다. 물론 구역도 자세히 보면, 시작이 없는 때부터 무명이 있었다는 얘기가 나온다. 나오지만 이렇게 딱 부러지게 불각을 설명하는 부분에서 표현하고 있는 것이 신역新譯의 큰 장점長點이다. 내가 신역이 구역보다 훨씬 낫다고 평가하는 것이 바로 이 구절 때문이다.

무명의 반대는 진심인데, 왜 진심이 되었다가 무명이 되었다가 하는 것일까? 왜인가? 본래 우리의 주인공主人公은 진심인가? 아니면 이렇게 착각하는 무명無明인가? 그것이 문제다.

그러니까 『능엄경』식으로 말하면, 여기 『기신론』에서 말하는 진여문眞如門은 진심眞心이고, 생멸문生滅門은 망심妄心이라고 하면 맞다. 그런데 『능엄경』 1, 2권에서는 "진심은 청정각명하다"고 잔뜩 이야기하고 설명한다. 망심은 아예 설명하지도 않고 넘어간다. 그런데 여기 『기신론』에서는 무명無明도 무시이래로 즉 원래부터 있었다고 한다. 그러면 우리의 주인공을 진심이라 하기도 껄끄럽다. 우리의 주인공이 무엇인가에 대해서는 여기 설명이 없다. 그러나 자세히 살펴보면 그 답이 나온다.

불각의 정의 둘째 줄을 보자.

'불각심이 일어나면 망념이 생기는데, 그러나 그 망념은 스스로 실상이 없고, 본각을 떠나지 아니했다.[不覺心起而有妄念 然彼妄念自無實相 不離本覺]'; 본각本覺이란 본래 깨친 자리, 진여 자리다. 그러니까 망념인 무명이 진여 자리인 본각을 떠나지 않았다는 말은 그 자리에 같이 있다는 뜻이다. 망념에는 실상이 없다고 했다. 그러면 본각本覺은 실상이 있는가? 본각은 청정각명淸淨覺明하다고 했다. 청정하면 모습이 없다. 없으니까 청정한 거다. 그러니 여기에서는 망념妄念도 실상實相이 없고, 진심眞心도 청정해서 모습이 없다. 둘 다 같다는 말이 된다. 그래서 '不離本覺불리본각'이라 한 것이다. 망념과 본각이 서로 떨어진 것이 아니다. 영가대사는 "무명실성無明實性이 즉불성卽佛性"이라고 했다. 그러니 마음이 작용할 때 진심처럼 작용하면 진심이라 하고, 망심처럼 작용하면 망심인 것이다.

그러면 진심과 망심은 어떻게 다른가?
'어떤 사람이 방향을 착각해서 미迷했다[猶如迷人依方故迷].'; 그러니까 어떤 마을에 가서 동쪽을 서쪽으로 헷갈렸다. 그러다 나중에 해가 뜨고 지는 것을 보고 방향을 알아차렸다.
'이 착각은 자상自相이 없고, 방위方位를 여읜 것이 아니다[迷無自相不離於方].'; 방향을 헷갈려서 혼미하다는 자상自相이 없다. 자상이란 것은 사물事物마다 가지고 있는 상을 말한다. 사물들이 공통적으로 가지고 있는 것은 공상共相이라 한다. 여기서 미迷했다고 하는 것이 모습이 있는 것이 아니다. 방향을 잘 모르는 것과 같다.
'중생도 역시 그러하여 각覺에 의지하기 때문에 불각하여 망념인 착각이 생긴다. 그러나 저 불각不覺은 스스로 실상實相이 없으니 본각本覺을 여의지 않는다[衆生亦爾 依於覺故 而有不覺妄念迷生 然彼不覺 自無實相 不離本覺].'; 중생도 이와 같아서, 본각이 있기 때문에 깨닫지 못한 불각이 있고, 망념이 있고 혼미해서 그런 일이 일어났다. 그러나 그 불각은 스스로 실상이 없다. 앞에서는 망념妄念이 자무실상自無實相이라 하더니 여기서는 불각不覺이 자무실상이라고 한다. 우리가 방향 때문에 동서를 헷갈리는데, 헷갈렸다는 것이 무슨 모습이 있가? 모습이 없다는 말이다. 그래서 본각을 떠나지 않았다고 하는 것이다. 앞에서 망념이 본각을 떠나지 않았다는 것이나, 여기서 불각이 본각을 떠나지 않았다는 것이나 같은 말이다. 같은 말인데, 여건에 따라서 불각이 됐다가 망념이 됐다가 하는 것이다.

'불각을 드러내고자 진각眞覺을 말하는 것이니, 불각이 이미 없다면 진각眞覺도 역시 없다[復待不覺以說眞覺 不覺旣無 眞覺亦遣].'; 불각不覺 때문에 진각眞覺을 이야기한다. 망심 때문에 진심을 얘기하고, 진심을 설명하려고 망심을 끄집어낸다. 불각과 진각은 서로 상대되는 말이다. 불각을 가리키려고 진각을 설명하는데, 불각不覺이 없으면 진각眞覺도 없다. 진각 또한 내버려야 한다. 그런 것도 본래 없다. 이것이 결국 무명無明, 즉 불각不覺에 대해 내린 정의定義다. 핵심적인 정의다.

그동안 궁금하던 무명無明에 대한 구체적인 설명이 여기에서 비로소 등장한다. 이 무명에 관한 정확한 이해는 불교 공부에서 필수적이고 핵심적인 숙제이다. 지욱대사의 설명에 따르면 『대승기신론』은 불각 내지 무명이란 단어를 "여실如實하게 알지 못한다"는 법치法痴로 풀이하고 있다.

법치法痴가 무엇인가? 탐진치貪瞋痴 삼독의 그 치痴다. 법치는 불법佛法에 대한 무지無知를 가리킨다. 불각해서 무명이 있게 되고 생사윤회生死輪廻하게 된다고 우리가 알고 있는데, 바로 그것이 법치다. 탐진치가 있다. 탐貪은 욕심내는 것이고, 진瞋은 시비분별하며 싫어하는 것이고, 치痴는 실상을 알지 못해 어리석은 것이다. 본각과 불각이 사실은 같은 것인데, 부처는 부처이고 중생은 중생이라고 달리 보는 그 무지無知가 법치다.

[2] 불각의 내용

불각이라는 것은 처음 일어난 무명無明이다. 이 무명이 세 가지 변화를 일으킨다.

가. 세 가지 모습 三種相

다시, 방일放逸에 의해서 불각不覺이 있고, 이 불각不覺은 세 가지의 모습을 내는데, 서로가 내버리거나 여의지를 않는다.[90]

방일放逸 때문에 불각이 생겨서, 불각이 곧 무명이다. 무명이 생겨서 세 가지 모습이 생겼는데, 세 가지 모습은 서로 떠나지 아니한다. 무명업상無明業相, 전상轉相, 현상現相이라 하는 이 세 가지를 여기서는 무명업상, 능견상能見相, 경계상境界相이라고 했다. 능견상을 전상轉相이라고 하고, 경계상을 현상現相이라고 한다. 이 세 가지는 제8식에서 벌어진 것이다. 그래서 서로 떨어질 수가 없는 사이다. 그것이 다시 육종상六種相으로 전변轉變한다.

하나는 무명업상無明業相이니, 불각不覺에 의지하여 마음이 동動하여 업이 된다. 각覺하면 부동不動한다. 동하면 곧 고苦가 있으니, 과果는 인因을 여의지 않는다.[91]

---

90 원문은, 復次부차 依放逸故而有不覺의방일고이유불각 生三種相생삼종상 不相捨離불상사리

91 원문은, 一일 無明業相무명업상 以依不覺이의불각 心動爲業심동위업 覺則不動각즉부동 動則有苦동즉유고 果不離因故과불리인고

무명無明에서 처음 단계를 무명업상無明業相이라 이름했다. 주객主客이 있는 생각, 행동, 모든 것을 업業이라 한다. 무명업상이란 '내가 나를 알아봐야겠다'는 생각을 일으킨 것이다. 무명업상에서 주객主客이 생긴다. 주主는 능견상能見相이라 한다. 객客은 경계상이다.

둘은 능견상能見相이니, 심동心動에 의지하여 능히 경계境界를 보는 견見이 생긴다. 부동不動하면 곧 견見이 없다.[92]

무명無明에 의해서 망심妄心이 동했다. '내가 나를 한 번 알아봐야지' 하고 생각한다. 그런 생각을 일으키면 그때 벌써 '나'라고 하는 주체主體가 생긴다. 그것이 능견상能見相이다. 능히 보는 모습이란 뜻이다.

'부동不動하면 곧 견見이 없다[不動則無見].'; 그러나 '내가 나를 봐야겠다'는 그 생각을 일으키지 않으면, 본다는 것이 없다. 본다는 것이 없으니, 보는 놈도 보이는 대상도 없다.

이제 주체主體가 생겼다. 그러면 다음으로 객체客體가 생겨야 마땅하다.[93]

셋은 경계상境界相이니, 능견能見에 의하여 허망한 경계의 모습이 나타난다. 능견能見을 여의면 곧 경계境界가 없다.[94]

무명업상에서 능견상을 거쳐서, 내가 나를 알아보겠다고 애를 쓰니까, 나라

---

92 원문은, 二이 能見相능견상 以依心動이의심동 能見境界능견경계 不動則無見부동즉무견

93 다음이라 했지만 시간적 순서로서 다음이란 얘기가 아니다. 굳이 말하자면 주객은 동시에 벌어져 생긴다.

94 원문은, 三삼 境界相경계상 以依能見妄境相現이의능견망경상현 離見則無境이견즉무경

112

고 하는 것의 대상對象이 나타난다. 그것이 경계상境界相이다.

무명업상無明業相, 능견상能見相, 경계상境界相을 삼세三細라 한다.

경계상境界相은 현상現相이라고도 하는데, 보이는 대상對象인 상분相分을 말하니 견문각지見聞覺知의 대상을 모두 포함한다. 진제의 구역은 이 세 가지의 모습三種相을 삼세三細라고 부른다. 무명을 근거로 미세하게 일어난다는 뜻이다. 이 삼세에는 시간적인 선후개념이 들어갈 틈이 없다. 이론적으로 견분見分인 능견상能見相과 상분相分인 경계상境界相은 서로 상대相對하므로, 이 둘은 동시에 같이 생기고, 동시에 같이 사라진다고 이해하여야 합리적이다. 능견상能見相이 먼저 생기고, 경계상境界相이 뒤에 생기는 것이 아니다. 그래서 앞에서 '서로 버리거나 여의지 않는다'고 하였다.

무명업상이 가만히 있지 않는다. 주主와 객客이 생긴다. 주객이 우리의 의식 작용의 기본이다. 이것을 유식학唯識學에서는 견분見分 상분相分이라 한다. 무명업상은 자체분自體分이라 한다. 모든 식識은 자체自體가 있으면 주객으로 갈라지는 버릇이 있다. 왜인가? 자체가 움직이기 때문이다. 자체분이 발동發動하면 견분과 상분으로 갈린다. 발동하지 않으면 자체분 그대로 있다. 아라야식이 움직이면 견분 상분으로 갈리고, 나머지 7종식들도 마찬가지다. 삼세三細와 육추六麤의 추는 무엇인가? 우리가 의식상에서 알 수 있는 것을 추麤라 한다. 세細는 우리가 알지 못하는 무의식無意識 부분이니, 부처님이나 십지보살이어야 알 수 있다. 그러니 무명업상, 능견상, 경계상, 다시 말해 아라야식의 자체분, 견분, 상분은 어려운 것이어서 세細자를 붙인 것이다.

『능엄경』에서는 무명을 설명하기를, '청정각명이 자기를 한번 알아보려고 생각을 일으켰'고 한다. 뭐든지 잘 아니까, 아는 놈인 자기 자신도 한번 알아보려 한다는 말이다. 그런 일은 흔히 있을 수 있다. 잘못해서 그런 것이 아니다. 너무 잘 알기 때문에 무명이 생겼다는 것이다. 그것을 『대승기신론』에서는 "방일放逸해서 그렇다"고 했다. 방일이란 게으르다는 말인데, 주의注意가 부족하다는 뜻이다.

그 무명無明에서 주객主客이 갈라진 것이 세 가지 미세한 것이란 의미의 삼세三細다. 삼세는 진제眞諦 삼장이 구역舊譯에서 사용한 용어다. 무명업상, 능견상, 경계상은 제8식에서 일어나는 미세한 것이라서 우리가 감지感知하지 못한다.

삼세三細, 현대 용어로는 무의식無意識에 해당한다. 우리는 삼세가 일어나는 줄 모른다. 즉 의식하지 못한다. 자동적自動的으로 셋이 거의 동시에 저절로 일어난다. 무명無明에서부터 우리가 어떻게 중생이 되어 경계에 끄달리는가 하는 과정을 주객主客으로 분석하여 설명하는 것이 삼세三細다. 그 뒤에 이어지는 과정이 육추六麤다. 구역舊譯에선 삼세육추三細六麤란 용어를 쓰는데, 신역新譯에는 그런 말이 없다.

나. 여섯 가지 모습六種相

허망한 경계인 연緣이 있으니, 다시 여섯 가지의 모습[六種相]이 생긴다.[95]

견분見分인 능견상이 상분相分인 경계상을 인연하여 다시 여섯 가지의 모습六種相이 생긴다고 한다. 삼세三細인 세 가지의 모습을 합계하면 아홉 가지의 모습九種

---

95 원문은, 以有虛妄境界緣故이유허망경계연고 復生六種相부생육종상

相이 무명에서 전변轉變하여 나타난다고 설명하고 있다.

진제의 구역은 여섯 가지의 모습을 눈에 띄게 크다고 하여 육추六麤라고 불러서, 앞에 나온 삼세와 구별하여 부른다.

하나는 지상智相이니, 경계를 인연하여 애심愛心과 비애심非愛心이 생김을 말한다.[96]

지혜 지智 자다. 지혜라는 것은 주객主客이 있어서, 주가 객을 관찰하여 그 특질을 알아내는 것이다. 그러니 지상智相이라고 할 때는 이미 주객이 있음을 인정한다. 그중에서도 지智는 주체를 가리킨다. 앞서 언급한 제8식에서 처음에 무명업상이 있었다. 업業으로 나타난 모습이다. 무명업상無明業相이 둘로 갈라진다. 능견상은 주체다. 경계상은 객체다. 제8식識이 이렇게 세 가지 상相으로 갈라진다.

일단 주객으로 갈라지는 것은 제8식만이 아니다. 제7식에서 제1식까지 모든 식識이 주객으로 갈라진다. 제1식은 안식眼識이고, 안이비설신의眼耳鼻舌身意, 차례로 해서 제6식이 의식意識이니 이른바 현재顯在 의식이다. 일곱 번째가 제7식인데 잠재潛在 의식이다. 제8식에서 처음 제7식이 생기는데, 우리가 방금 지상智相이라 한 것이 제7식이다.

제7식은 어떤 특징이 있는가? 제8식의 능견상을 주체인 '나'로 생각한다. '이것이 나'라고 생각하는 놈이 제7식이다. 제7식이 제8식의 능견상을 보고, 나라고 여긴다. 원래 이렇게 갈라지기 전에는 무엇인가? 각명, 청정각명이다. 그런데 이 각명한 놈이 이렇게 세 가지, 여섯 가지로 바뀌었다. 방일해서 무명

---

96 원문은, 一일 智相지상 謂緣境界위연경계 生愛非愛心생애비애심

업상으로 나오면서, 능견상, 경계상의 삼세三細가 이뤄졌는데, 이 삼세를 두고 '능견상이 나다'라고 생각하는 것이다. 그것을 지상智相이라 한다.

지상智相은 견분인 능견상이 상분인 경계를 인연하여 일으키는 분별심分別心이다. "애심愛心과 비애심非愛心"은 대상을 보고 일으키는 분별分別의 내용을 가리킨다. 원효대사는 이 지상을 제7식이라고 설명한다. 그런데 중국의 현수賢首대사는 지상을 제6식의 법집세혹法執細惑이라고 설명하고 제7식이라는 개념을 인정하지 않는다.

지욱智旭대사의 설명에 따르면 제7식識이 제8식識의 견분見分을 실아實我로 보고 그 상분相分을 경계로 보고서 분별심을 내는 것과, 제6의식意識이 생각거리들을 두루 인연하여 분별심을 내는 것과, 전오식前五識이 현재의 경계境界를 보고 분별을 일으키는 것들이 모두 이 지상智相에 포함한다고 설명한다.

제8식인 아라야식에 견분이 있고, 상분이 있다. 아라야식의 견분을 '나'라고 생각하는 식識이 전변轉變하여 생긴다. 아라야식이 새끼를 친 셈이다. 생각이 꼬리를 물고 계속하여 일어나는 것과 흡사하다. 이것이 제7식인 마나스식識이다. 잠재의식潛在意識의 주인공인 '에고'에 해당한다. 이 제7식이 나머지 육종식六種識을 지휘 감독하는 '에고'라는 자기중심적인 잠재의식潛在意識이다.

살다 보면 나라는 것이 인식될 때가 있다. 어떤 때 '나'가 제일 많이 인식되는가?

내가 잘났다는 생각은 아만我慢이다. 아만심은 제7식이다. 기관총을 든 사람이 방 안에 있던 사람 전부를 인질로 잡았다고 해보자. "누구부터 죽을래?" 하면 서로 차례를 미룰 것이다. 그것은 아애심我愛心이다. 그것도 제7식이다. 여러 사람이 있을 때 나라는 개인個人을 내세우는 것, 내가 있다고 생각하는 것, 내 몸이 나라고 생각하는 것이 아치我痴다. 그것은 사실 어리석음이다. 내 몸이 있다고 여기는 견해가 유신견有身見이다. 내가 쓰는 몸도 나이고, 쓰는 정신도 나다. 그 두 개를 합쳐서 나라고 여긴다. 이 같은 유신견은 초기경전에 많이 나오는 아상我相이다. 『금강경』에서 말하는 사상 중 아상我相도 제7식이다. 아만, 아애, 아치, 아상, 그 4가지를 제7식의 내용이라 한다.

'나'라는 생각이 제7식에 있는데, 나는 어디 있는가? 나라고 하는 것은, 제8식인 아라야식이 견분, 상분을 나투어서, 이 견분을 나라고 생각하는 것이다. 견분을 나라고 생각하는 생각, 그것이 지상智相이다. 그것을 식으로 하면 제7식이다, 원효스님의 주장이다. 제7식을 인정하지 않는 사람도 있다. 중국의 현수법장賢首法藏은, 원효스님이 제7식이라 하는 지상智相을 제6식이라고 주장한다.

지욱대사는 명말 청초 사람이다. 『열망소』라는 기신론 해설서를 썼다. 기신론 해설서중 가장 뛰어나다. 『기신론』을 정확히 이해하려면 『열망소』를 봐야 한다. 『기신론』을 가장 먼저 해설한 사람은 용수龍樹다. 『기신론』을 제대로 공부하려 하면 용수의 『석마하연론』을 봐야 한다. 그리고 시간이 없다면 다른 해설서 다 무시하고, 마지막으로 『열망소』를 보면 될 것이다. 『대승기신론』의 해석은 『석마하연론』에서 시작해서 원효스님의 『해동소海東疏』도 있고, 여럿 있지만 맨 끝 지욱대사의 『열망소』가 완성본이다. 그런 지욱대사의 설명에 따르면, '제7식이 제8식의 견분見分을 실아實我로 보고, 그 상분을 경계로 보고서 분별심을 낸다'고 한다. 이것은 원효스님의 주장과 같다. 그런데 더 나아가서, 제6의식의 생각거리들을 두루 인연하여 분별심을 내는 것, 전오식前五識이 현재의 경계를 보고 분별을 일으키는 것들이 모두 이 지상에 포함된다고 설명한다.

둘은 상속상相續相이니, 지智에 의하여 고락苦樂을 각지覺知하는 생각이 서로 응하여 끊이지 않음을 말한다.[97]

의근意根이 계속 생각을 일으킨다. '내가 본다' '내가 안다'고 계속해서 생각을 일으킨다. 그렇게 하니까 '나'라는 생각이 상속相續한다. 나라는 생각을 계속 일으키는 가운데 의근은 그 마지막 생각을 '나'로 여긴다. 의근이 능견상을 보고 나라는 생각을 계속 일으키니까 "그런 내가 있다. 태어나서부터 계속 존재하는 내가 존재한다"고 생각한다. 그런 나를 심왕心王이라 한다. 그렇게 이어지는 상이 상속상相續相이다.

'나다'라는 생각을 계속하면 심왕이 상속하니까, '나다, 나다' 하는 생각은 심왕이 주인공이다. 그러면 오온五蘊에선 무엇이 주인공일까? 식識이 주인공主人公이다. 몸을 비롯해서 느끼고 생각하고 의도한 모든 것이 식識으로 기입記入된다. 식으로 기입되니 제8 아라야식이 포함된다. 심왕心王이라는 것은 결국 식識이다. 상속식은 오온으로 치면 식에 해당한다. 이것이 원효스님의 해석이다. 원효스님의 이 해설이 너무나 잘 돼 있어 옛날부터 통설로 여겨진다.

이렇게 주객이 상대하는 생각이 계속繼續하는 것을 상속相續한다고 부른다.

셋은 집착상執着相이니, 고락苦樂을 각지覺知하는 생각이 상속하면서, 이에 집착을 냄을 말한다.[98]

---

97 원문은, 二이 相續相상속상 謂依於智위의어지 苦樂覺念고락각념 相應不斷상응부단
98 원문은, 三삼 執著相집착상 謂依苦樂覺念相續위의고락각념상속 而生執著이생집착

집착상은 누가 집착하는 것인가? 상속상相續相의 주인공은 심왕心王이다. 심왕이 행동하는데, 심왕이 행동하면 어떻게 하는가? 고통과 즐거움을 각지하고 이에 집착한다. 기분이 좋으면 낙樂이고 나쁘면 고苦이다. 좋고 옳고 즐거운 쪽에 대해 탐심貪心을 내고, 그 반대쪽에 대해서는 내버리고 진심瞋心을 낸다. 집착하는 것이다. 집착심執着心이 생긴다. 집착심을 일으키는 주인공은 심왕이다. 심왕은 식이다.

이렇게 좋고 나쁘고를 따지고 가리는 것을 분별심, 시비분별심이라 한다. 분별심을 일으키는 것이 제6식의 특징이다. 집착執着을 일으키는 주체主體는 제6식이다.

집착상執着相은 대상對象에 집착하는 모습이다. 진제眞諦의 구역舊譯에는 집취상執取相이라고 부른다. 마음이 전후前後로 상사상속相似相續하면서 집착執着하는 버릇이 생긴다는 설명인데, 지욱智旭대사는 이것은 이른바 제6의식意識에만 있는 것인데, 생生하면 즉시 멸滅하는 찰나심刹那心인 제8식識과 제7식識과 전오식前五識은 오직 현재의 일찰나경一刹那境만 인연하므로 집착상執着相이 없다고 설명한다.

지욱대사 설명이 제일 자세하다. 견분이 상분을 대상으로 보고 인식하는 작용이 처음에 일어난다. 그래서 지상智相에서는 견분은 나이고 상분은 대상이라고 생각한다. 그래서 이렇게 생각하는 지상을 원효스님은 제7식이라고 했다. 제7식은 결국 나라는 생각인 我慢아만, 我愛아애, 我痴아치, 我相아상을 지칭한다. 그런 것이 상속된다. 나라는 생각이 이어지면서 고정되어 집착이 된다. 집착이 된다는 말은 무슨 뜻인가? 견분은 나이고, 상분은 내가 아닌 것으로 확립된다. 이전에는 주主가 객客을 본다는 정도이다가, "견분이 나다, 나머지는 내가 아니다"라고 하면서, 나에 대한 애착愛着, 집착執着이 생긴다.

집착이란 무엇인가? 나라는 것이 확실히 있다고 생각하니까, 나에게 이利로운 것은 낙樂, 나에게 해害로운 것은 고苦라고 판단하는 것이다. 이렇게 하는 집착상부터 제6식에 해당한다. 제6식이 일어나서 분별 망상을 피운다.

우리의 마음은 청정각명이다. 생멸심에서 각覺은 청정각명淸淨覺明이고, 불각不覺인 망심妄心은 분별망상分別妄想이다. 지금은 삼세三細에서 주객이 상대하면서 분별심이 점점 분명하게 드러나는 과정을 보이고 있다. 그것을 마음을 위주로 해서 설명하는 것이다.

즉 제8 아라야식에서 견분 상분이 나타나면 삼세三細이고, 그 다음에 '나다, 나 아니다'라고 구분하기 시작하면 지상智相이고, 그런 구분이 계속되면 상속상相續相이다. 상속하다 보면 내가 진짜 있고, 나 아닌 대상이 진짜 있다고 여기게 된다. 그러면 내게 이로운 것은 즐겁다고 욕심을 내고, 나에게 해로운 것은 괴롭다고 싫어하고 내버린다. 그렇게 하는 것이 제6식인 집착상執着相이 나타난 것이다. 여기까지면 제8식부터 제6식까지가 다 나왔다.

넷은 집명등상執名等相이니, 집착執着에 의해서 이름 등의 온갖 모습을 분별함을 말한다.[99]

집착상은 오온 중 수受에 해당한다. 즐겁고 괴로운 것으로 나누어서, 즐거운 것은 취하고 괴로운 것은 버린다. 그리고, 이름을 붙인다. 이름을 붙이고 마냥 생각한다. 집착상과 집명등상 두 가지는 우리가 일으킨 생각이 그리한다. 생각이 들어서 좋은 것, 나쁜 것으로 이름을 붙인다. 그냥 명자名字라 하면 될 것을 실차난타가 어째서 명등名等이라고 등等 자를 붙였는지는 알 수가 없다. 이

---

99 원문은, 四事 執名等相집명등상 謂依執著위의집착 分別名等諸安立相분별명등제안립상

름이란 결국 생각이다. 생각하면 반드시 그 대상에 이름을 붙인다. 집착상이나 집명등상 모두 생각이 이뤄내는 것이다. 집명등상執名等相은 구역舊譯의 계명자상計名字相이다.

명자로 하는 명등상의 핵심核心은 분별分別이다. 이것저것 따져서 이름도 짓고 따진다. 아무튼 분별分別이 주특기다. 분별이 주특기인 존재는 제6식이다. 집명등상執名等相은 제6식이 일으키는 대표적인 분별이다.

예를 들어보자. 내가 어떤 과일을 받았다. 그 과일이 눈에 띄는 것이 수旣다. 그 열매가 향기도 나고 보기도 좋다. 그래서 생각한다. '아 이것은 내가 좋아하는 야자 열매로구나.' 열매에 야자란 이름이 붙는다. 원래 열매에 이름이 없었는데 야자라는 이름을 붙였다고 하면, 이름을 붙이는 것이 집명등상이다.

다섯은 기업상起業相이니, 이름 등을 집착하여서 온갖 차별업差別業을 일으킴을 말한다.[100]

야자열매를 상점에서 본다. '이것이 참 향기도 좋고 맛도 괜찮아 보인다. 사람들이 열심히 먹고 있구나.' 그렇게 지각知覺되면 '이것을 사야겠다'는 생각이 일어나고 그것을 사게 된다. 업業을 일으키는 것이다. 업을 지으면 과보果報를 받는다고 할 때의 업業이 바로 기업상起業相의 그 업이다. 내가 의지意志를 가지고 행동하는 것을 업業이라 한다. 먹으려고 야자를 사는 것 그 자체가 업이다. 기업起業은 오온 중에서 행온行蘊에 해당한다. 행동하면 과보가 따른다.

여섯은 업계고상業繫苦相이니 업에 의하여 고를 받아서 자재하지 못함을 말

---

100 원문은, 五오 起業相기업상 謂依執名等위의집명등 起於種種諸差別業기어종종제차별업

한다.[101]

　업계고상業繫苦相의 뜻은 업을 지어서 과보를 받는데, 괴로움이 많으니, 괴로움에 묶이게 되는 상이라는 뜻이다. 업에 얽혀서 고통받는 상이다.

　내가 야자를 사서 먹었더니, 결과적으로 몸에 안 맞더라고 하면, 예컨대 설사를 했다면, 업을 지어서 그 결과로 과보果報를 받은 것이다.

　결과結果가 나오면 형체形體가 있게 된다. 오온五蘊 중에 색色이 그 결과에 해당한다. 업계고상은 오온 중에 색온色蘊에 해당하는 것으로 본다. 색온이 과보果報다. 그리되면 야자열매를 먹은 사람들은 야자를 먹는 같은 행을 했으니, 똑같은 결과가 나온다. 그러면 그 결과는 총보總報에 해당한다. 다들 맛이 있었다든가, 다 같이 기뻐했다처럼 함께 받는 과보를 총보라 한다. 나만 설사를 했다든가 하는 특별한 과보는 별보別報라 한다. 총상과 별상, 총론과 별론처럼 총總과 별別이 쓰인다. 요즘은 별론보다 각론各論이란 말을 주로 쓴다. 망견妄見에 적용해 보면, 총보는 동분망견同分妄見이고, 별보는 별업망견別業妄見이다. 예컨대 우리가 기업상起業相에서 업을 지을 때, 살생업殺生業을 많이 지었다고 해보자. 예컨대 닭을 많이 잡아먹은 인간들이 다 닭으로 태어났다고 한다면 그것은 총보이고, 수탉, 암탉, 통통한 닭, 마른 닭 등 각각 차이가 있게 태어나는 것은 별보別報다.

　이상 여섯 가지가 육추六麤다. 삼세와 합해서 삼세육추라 한다.

　다시 설명하자면, 기업상起業相 은 업業을 짓는 단계다. 좋아하는 초콜릿과 싫어하는 참외가 있다면, 초콜릿은 가지려 하고 참외는 내버린다. 내 의지意志

101　원문은, 六麤 業繫苦相업계고상 謂依業受故위의업수고 不得自在부득자재

에 따라서 행동하는 단계다. 그러면 업을 짓는데, 당연히 업業에 따르는 과보果報인 고락苦樂이 뒤따른다. 이것이 제6추인 업계고상業繫苦相이다.

그렇게 지은 업이 그대로 간 것이 맨 처음에 이 과정이 시작된 무명업상無明業相이다. 업상이란 이때 짓는 업業을 가리킨다. 업을 짓는 이런 작용을 기업상起業相이라고 한다. 기업상은 전생의 업이고, 업계고상은 우리가 받은 몸이다. 이 몸과 우리의 사고방식, '나'라고 하는 유신견有身見이 어떻게 해서 제8식에서 나왔는가 하는 그 과정을 삼세육추三細六麤의 구종상九種相으로 설명한 것이다. 그 생기는 과정을 설명한 것이 『대승기신론』이다.

『대승기신론』을 꼭 배워야 하는 이유는 삼세육추三細六麤 때문이다. 삼세는 제8식에서 일어나는 무명업상, 능견상, 경계상이고, 육추는 제7식인 지상에서 시작해서, 상속상, 집착상, 계명자상, 기업상, 업계고상으로 이어진다. 우리가 본래 청정각명인데 무명업상無明業相으로 시작해서 과보를 받는 업계고상業繫苦相까지 이르러서, 지금의 내 몸과 마음을 받아 가지고 있다는 말이다. 삼세육추三細六麤는 결국 청정각명淸淨覺明에서 무명無明이 발동하면서 벌어지는 것이다. 알아듣기 쉽다.

그러면 『능엄경』의 설명을 보자. 본래 본성本性은 밝은데, 본성이 워낙 밝으니까 자신을 밝혀보겠다는 생각을 일으킨다. 그 바람에 능소能所가 갈라진다. 능소가 갈라지니 능소는 본래 같은 놈인데 거기서 다른 놈이 생긴다. 그런 다음 같고 다른 것을 뛰어넘어서 비동비이非同非異가 생긴다. 그래서 만법이 이뤄졌다. 극히 간단하다. 그 정도 설명으로는 이해가 안 된다. 그래서 마명존자가 『대승기신론』을 쓰고, 삼세육추를 써서 설명한 것이다. 후대 사람들이 보니 어려워서, 무착과 세친 보살이 출현해서 그것을 유식唯識 이론으로 바꾸었다.

제8식인 아라야식에서 제7식이 생기고 제6식이 생기는데 제6식까지 생겼지만 어디로 가는 것이 아니고 모두가 제8 아라야식에 다 있다. 그런 다음 제5식에서 제1식까지는 다 한꺼번에 생긴다. 제8식에서 견분, 상분이 생기는 것도 한꺼번에 동시에 생기는 것이다. 그러니 설명하기 위해서, 제6식이다 제7식이다 하는 것이지, 사실은 모두가 제8 아라야식에 있다. 아라야식은 어디서 나왔는가? 여래장에서 나왔다.

　그러므로 일체의 염법染法은 모두 모습이 없고, 모두 무명無明으로 인해서 생기는 줄을 마땅히 알아야 한다.[102]

　삼세三細와 육추六麤인 구종상九種相이 모두 무명無明으로 생겼다고 한다. 그런데 무명은 원래 각명覺明에 의지하여 생긴 착각으로 실다운 것이 아니고, 그런 무명無明에서 시작한 삼세三細와 육추六麤도 당연히 착각이므로 실체가 없고 모습이 없다. 진제의 구역은 '모습이 없다'는 무유상無有相을 불각不覺의 모습인 불각상不覺相으로 번역한다.

　『대승기신론』은 생멸문生滅門의 불각不覺에서 비롯한 이른바 삼세三細 육추六麤가 바로 우리 인생과 우주의 진상眞相이라고 설명하고 있다. 『화엄경』의 '일체유심조'와 『능엄경』의 '識精元明能生諸緣식정원명능생제연[103]'이라는 구절의 내용을 마명존자는 삼세 육추라는 구종상九種相으로 구체적이며 논리정연하게 설명하였다. 뒤에 나타난 미륵彌勒대사의 유식唯識 이론은 『해심밀경』을 근거로 하였다고 하고, 세친世親보살의 『유식삼십송唯識三十頌』은 육경六經과 십일론十一論을 정리한

102　원문은, 是故當知시고당지 一切染法일체염법 悉無有相실무유상 皆因無明而生起故개인무명이생기고

103　식정원명 능생제연(識精元明 能生諸緣): 식정(識精)의 원명(元明)한 놈이 능히 모든 인연을 나툰다. 만법유식(萬法唯識), 화엄경의 일체유심조(一切唯心造)와 같은 내용이다.

것이라고 흔히들 말하지만, 실제로는 『대승기신론』에서 마명존자가 주장한 삼세육추의 법리를 기초로 삼고서 거기에 훈습熏習 이론을 가미하여 입론立論한 것으로 해석할 수 있다고 본다.

 "삼세三細와 육추六麤인 구종상九種相이 모두 무명無明으로 생겼다고 한다." 이 부분이 결론이다. 원래 『대승기신론』이 먼저 나오고, 이후에 용수龍樹보살이 「석마하연론釋摩訶衍論」이란 해설서를 썼다. 그리고 한참 후 출현한 무착無著과 세친世親 두 보살이 미륵보살에게 배워 유식론唯識論을 폈다. 결국은 마명보살이 기신론에서 설명한 삼세육추三細六麤를 근거로 해서 유식론이 전개됐다고 이야기할 수도 있다. 그러니 삼세육추三細六麤를 알아야 유식唯識을 이해하기가 쉽다. 왜 사상事相을 설명하는 유식학唯識學을 이해해야 하는가? 종경록宗鏡錄에 보면, 연수延壽 대사가 '불법佛法의 핵심核心은 유식唯識'이라고 강조하면서, 20여 권에 걸쳐 유식 이론을 설명한다. 우리가 불교 공부를 제대로 하려면 유식唯識까지 배워야 한다.

\<복습\> 심생멸문心生滅門

다시 한번 설명을 하자면,

심생멸문心生滅門은 여래장에 의지하여 생멸심이 전전展轉한다고 말한다. 불생멸과 생멸이 더불어 화합和合하여, 같은 것도 아니고 다른 것도 아닌 것을 아라야식이라고 부르는데, 이 식識에는 두 가지 뜻이 있다. 즉 일체법을 능히 총섭總攝하기도 하고, 또 일체법을 능히 만들기도 한다.[104]

여래장如來藏은 묘진여성妙眞如性이어서 아무 모습이 없다. 성性은 가능성이다. 잠재성이다. 거기에 生滅心생멸심이 나타난다. 생멸심은 무명이다. 무명이 생기니 그것을 생멸심이라 한다. 여래장의 불생멸과 무명이라는 생멸심이 화합하니까 그것을 제8 아라야식이라 한다. 그러니 전체가 8식이다. 생기는 순서로 말하자니, 8, 7, 6, 5인 것이다. 이렇게 가르치는 것은 유식이다.

『기신론』에서는 여래장과 생멸심이 합해서 아라야식이 생겨서, 삼세三細로 나누고, 그런 다음 지상智相부터 시작되는 육추六麤로 나누어서 나중에 우리 몸을 받는다고 한다.

『능엄경』은 또 어떻게 이야기할까? 『능엄경』은, 원래 청정각명이라고 한다. 출발점이 좀 다르다. 청정각명이란 말에 있는 명明 자는 분명하게 잘 안다는 뜻이다. 그러면 '나도 한 번 알아보자'는 생각을 일으켜서 견분과 상분, 즉 능

---

104 원문은, 心生滅門者심생멸문자. 謂依如來藏위의여래장. 有生滅心轉유생멸심전. 不生滅與生滅和合불생멸여생멸화합. 非一非異비일비이. 名阿賴耶識명아뢰야식. 此識有二種義차식유이종의. 謂能攝一切法위능섭일체법. 能生一切法능생일체법.

126

소능소所能所를 나투었다. 즉 주객主客을 나투었다. 주객을 나투는 바람에 이렇게 벌어졌다.

세 가지가 다 같은 과정을 설명하는데, 풀이법이 다르다. 그래서 풀이법을 설명하기 위해 마명보살이 이 책을 쓴 것이다. 마명보살이 기신론을 쓴 본래 의도는 여기에 있다. 『대승기신론』은 『능엄경』의 설명을 보충하기 위해 나왔고, 거기에 용수보살이 해석을 붙였다. 그리고 사오백 년 후에 이래선 안 되겠다고 무착無着 보살과 세친世親 보살이 유식론唯識論을 만든 것이다. 결국은 다 같은 것이다. 그런데 『기신론』은 삼세육추 설명이 기가 막히다.

각

覺

3. 각覺

각覺이 무엇인가? 각은 『능엄경』에서 말하는 청정각명인 진심이다. 상주진심 청정각명淸淨覺明의 그 각명覺明이다. 그것을 각覺이라고 번역한 것이다.

[1] 각覺의 정의

각覺의 뜻을 설명하자면, 마음의 제일의성第一義性으로 일체의 망념상妄念相을 떠났다고 말한다. 일체의 망념상妄念相을 떠났으므로 허공계와 같아서 두루 하지 않음이 없으니, 법계일상法界一相으로서 곧 일체 여래如來의 평등법신平等法身이다. 이 법신에 의하여 일체 여래를 본각本覺이라고 말한다.[105]

이것은 『능엄경』에서 청정각명淸淨覺明이라고 한 상주진심常住眞心을 설명한 것이다. 이 글 앞에서 이야기한 것은 무엇인가? 망심을 일으켜서 몸을 받고 유신견을 가지게 된 과정을 설명했다. 그리고 이 모든 것을 일으킨 본체本體인 상주진심常住眞心 성정명체性淨明體를 이야기한다. 원문에 "각覺의 뜻을 설명하자면, 마음의 제일의성第一義性으로 일체의 망념상妄念相을 떠났다고 말한다." 라고 한 것이 핵심이다. 각, 즉 각명이라고 하는 것은 마음의 제일가는 뜻[心第一義性]이다.

제일의성第一義性이란 첫째가는 성질이란 말이다. 우리가 마음이라고 하는

---

105 원문은, 言覺義者언각의자 謂心第一義性위심제일의성 離一切妄念相이일체망념상 離一切妄念相故이일체망념상고 等虛空界등허공계 無所不遍무소불변 法界一相법계일상 卽是一切如來平等法身즉시일체여래평등법신. 依此法身의차법신. 說一切如來爲本覺설일체여래위본각

것의 첫째가는 특징이 무엇인가? 아는 것, 각지覺知하는 것이다.

맹자孟子에게 마음이란 무엇이냐고 물으니까, 양지양능良知良能이라고 답했다. 지知 자가 재미있다. 눈으로는 볼 줄 알고, 귀로는 소리를 들을 줄 안다. 코로는 냄새 맡을 줄 안다. 전부 안다가 나온다. 그것을 양지良知라 한다. 이때 양良이란 글자는 뜻이 없다. 혀는 맛을 안다. 짜고 달고를 안다. 피부는 감촉을 안다. 부드럽고, 거칠고, 차고 뜨거운 줄 안다. 그렇게 촉감觸感을 느낄 줄 안다. 그것을 지知라 한다.

지知나 능能이나 같은 말인데, 그냥 멋있게 갈라서 표현한 것뿐이다. 굳이 구별하자면 능能은 이렇다. 예를 들어 내가 커피를 마시는데, 커피가 펄펄 끓는 줄도 모르고, 커피를 입에 댔다고 하자. 입에 닿는 순간 "앗 뜨거!" 하면서 입을 떼고 내려놓을 것이다. 그것이 능能이다. 뜨거운 줄 아니까 얼른 입에서 뗀다. 어린애들은 촛불이나 성냥불이 신기해서 손을 갖다 댄다. 갖다 댄 순간 뜨거우니까, 역시 얼른 손을 뗀다. 가르쳐주지도 않았는데도 그렇게 반응한다. 그것이 능能이다. 그렇게 지知하고 능能하는 것이 마음이다. 맹자孟子의 양지양능良知良能이라는 설명은 상식常識에 가까운 얘기다. 순자荀子는 이것을 가지가능可知可能이라 표현했다. 가히 알고, 가히 대처할 줄 안다는 뜻이다. 양지양능이나 가지가능이나 같은 말이다.

그런데 맹자는 성선설性善說을 주장하고 순자는 성악설性惡說을 주장했다. 맹자가 주장한다. "인간의 본성은 선하다. 왜냐하면, 아이가 불구덩이에 들어가려 하면 못 들어가게 막는 그런 측은해하는 마음이 있으니까."

순자는 뭐라 하는가? "배고픈 인간이 열 명 있는데, 먹을 것이 하나뿐이라면, 서로 먹으려 싸운다. 인간 본성이 악하다는 증거다." 유교가 세력을 얻는 것이 한漢나라 때부터다. 유교가 득세하기 전까지는 서로 싸우고 그랬다. 그럴 때는 사람들이 순자의 성악설이 진짜라고 여겼다. 그러다가 한나라 때부터 유교가 통치 이념이 되고 공자 맹자가 떠받들어지자 그때부터 바뀌었다.

불교에선 인간人間의 본성本性을 무엇이라 하는가? 인간의 본성은 각명하다. 청정각명하니까 각명한 거다. 각명覺明은 선善인가, 악惡인가? 인연이 선할 만하면 선한 성질을 내고, 악할 만한 여건이 되면 악한 성질도 된다. 성선性善, 성악性惡할 성이 없다는 무성설이다. 불교는 무성설無性說이다. 성선, 성악을 논하는 것은 다 성性이 있다고 생각해서다. 인간人間의 심성心性은 그저 각명覺明이다. 그 각명이란 중국 유가에서 말하는 양지양능과 같은 말인데, 양지양능은 마음의 특징을 표현한 것이지만, 이 생각 안에는 성품이 선한지 악한지에 대한 생각이 없다. 『능엄경』에서 청정각명이라 했는데, 그 각명이란 말과 맹자의 지능이란 말이 같다. 본성 면에서는 우리는 청정각명이란 말에 표현돼 있듯이, 청정하다. 청정淸淨이란 성선이니 성악이니 하는 것이 없다는 말이다. 무성無性이 청정이다.

지금 이야기한 것이 심제일의성心第一義性이다. 마음은 그 첫째 뜻이 지능知能이다. 불교식으로 하면 각명이다. 그래서 일체 망념의 모습이 없다. 망념이 무엇인가? 아라야식에서 견분과 상분으로 갈라져서, 능견상과 경계상이 되는 것이 망념이고 분별망상이다. 그래서 불교는 생멸문에서 일어난 무명無明에서 시작해서, '이것이 내 몸이다'라는 생각[有身見]까지 흘러온 그것을 되돌려서 원래 우리의 모습을 추구한다. 원래 우리의 모습은 무엇인가? 청정각명이다. 선사禪師들은 그것을 공적영지空寂靈知라 한다. 그리로 되돌아가자, 그것을 알아보자는 것이 불교다.

'각의 뜻을 설명하자면 마음의 첫째라는 뜻이다[言覺義者 謂心第一義性].': 마음의 근본뜻이란 말이다. 마음의 근본은 무엇인가? 아는 것이다. 양지양능良知良能, 즉 각명覺明한 것이다. 무엇이든 잘 아는 것, 그것이 마음의 제일가는 성품인데, 그것이 망념의 모습을 떠났다. 결국 각覺은 진심을 이야기하는 것이니, 망심이 아니다. 진심은 성질이 각명하다. 그리고 일체의 모습이 없다. 그러니 뭐라고 붙일 것이 없다. 청정하다는 말이다. 각명과 청정, 두 가지가 마음의 근본이다.

'일체 망념의 모습을 떠났기 때문에 허공과 똑같다[離一切妄念故 等虛空界].': 허공은 아무것도 없다. 아무것도 없이 해맑쑥한 것이 허공이다. 청정하다는 말이다. 그러면 허공虛空은 있는가? 우주 은하계가 허공에 떠 있는데, 그러면 허공이 있는 것인가? 우리가 말은 허공虛空이라 하지만 허공은 있는 것이 아니다. 무엇이라도 있으면 그것은 허공이 아니다. 없으니까 허공이라 한다. 아무것도 없는데 우리가 그 이름을 허공虛空이라 붙였다. 이름만 붙였을 뿐 실제는 아무것도 없다. 청정각명에서 청정淸淨을 강조하는 것이다. 지금 각覺이라 해서 진심眞心을 설명하는데, 허공虛空과 같다고 하는 것은 청정이다.

'두루하지 않음이 없으니 법계일상이다[無所不偏 法界一相].': 각명覺明은 허공과 같아서 두루하지 않음이 없다. 허공 전체가 하나인 모습이듯이, 우리 각자가 가지고 있는 각覺도 법계法界와 똑같이 하나인 모습이다.

'곧 일체 여래의 평등한 법신이다[卽是一切如來平等法身].': 일체 여래라 하니, 부처님을 가리키는 것 같지만, 일체 중생衆生이 다 포함된다. 왜 그런가? 일체 중생衆生의 각覺, 진심眞心도 여래와 똑같이 청정각명하기 때문이다. 평등하니까 여래와 중생이 똑같다, 어째서 평등平等할 수 있는가? 모습이 없기 때문이다. 다시 말해 청정하기 때문이다. 청정하니까 똑같을 수밖에 없다. 평등하니까 비교가 안 된다.

그리고 법신法身이라는 것은 기준이 되고 근본根本이 되는 몸이니까 각명覺明을 나타내는 것이다. 평등平等은 청정淸淨을 나타내고 법신法身은 각명覺明을 나타낸다.

'이 법신에 의지하여 일체여래를 본각이라고 말한다[依此法身 說一切如來爲本覺].': 이 법신, 각명에 의지해서, 여래의 본래 가지고 있는 각명을 설명한다.

각覺의 정의라고 한 이것은 별것이 아니다. 기껏 이야기해봤자 내용은 청정각명밖에 없다. 여러 줄 써놨지만 풀이하면 청정각명淸淨覺明이다.

[2] 각覺의 종류

시각始覺을 설명하기 위하여 본각本覺을 설명하지만, 그러나 시각始覺했을 때가 곧 본각本覺이므로, 다른 각覺이 생기는 것이 아니다. 시각을 설명하는 것은 본각에 의해서 불각不覺이 있고, 불각에 의해서 시각始覺이 있다는 것을 말한 것이다.[106]

각覺 이야기다. 각은 진심眞心인데, 이것은 청정각명이다. 진심이 청정각명하다는 것은 『능엄경』에서 설명했다. 『능엄경』에선 마냥 '진심은 청정각명하

원문은, 以待始覺이대시각 立爲本覺입위본각 然始覺時연시각시 卽是本覺즉시본각 無別覺起
무별각기 立始覺者입시각자 謂依本覺有不覺위의본각유불각 依不覺說有始覺의불각설유시각

다'뿐이지만, 기신론에서는 나름 열심히 설명한다. 각은 진심眞心이다. 지금 우리는 망심을 쓴다. 망심을 쓰고 있으니 불각이다. 불각인데 경經을 통해서 각이라는 것을 알았다. 청정각명한 줄 알았다는 말이다. 그렇게 알아가는 과정을 『기신론』은 '각의 종류' 이하에서 시각始覺, 본각本覺 등으로 설명한다.

진심眞心이 있으면 그것을 본각本覺이라 한다. 『능엄경』에서는 성각性覺이란 말도 쓴다. '성각필명性覺必明인데 망위명각妄爲明覺'이라 할 때와 같이, 성각性覺이란 용어를 쓰는데, 본각本覺과 같은 말이다. 본각인데 우리가 불각이 됐다. 무명 바람에 각이 아닌 놈이 된 것이다. 여기서 부처님 말씀에 의지해서 경을 보고, 논을 보고 해서 우리가 원래 본각인데 불각이 됐음을 알고, 본각本覺, 성각性覺을 알아차린다. 그러면 그것이 시각始覺이다. 시각이 되면 각이 어떻다는 것을 알게 되지만, 우리는 여전히 불각不覺 상태로 행동한다. 알기는 알아도 그대로 행行이 되진 않는다. 그러다 공부가 완숙해지면 구경각究竟覺이 된다. 구경각이 되면, 공부를 마쳐서 본래로 돌아가는 것이다. 본래로 돌아간 구경각은 본각과 똑같다. 본각이 무명 때문에 미迷해서 불각이 되었다가, 부처님 말씀 듣고 알아서[始覺], 공부를 끝까지 해보니 구경각이더라. 구경각究竟覺이 되고 보니 결국은 원래 청정각명한 본각本覺 그놈이더라는 것이다.

시각始覺을 알았다는 것은 본각의 정체를 경을 보고 알았다는 말이다. 시각始覺의 내용은 본각本覺이지만 우리 행동은 본각과 다르다. 그런데 시각이라 할 때 이 시각은 어쨌거나 본각을 말한 것이다. 다른 각이 아니다. 우리가 갖고 있는 본각, 이놈을 안다. 안 것도 그저 본각이다. 지금은 시각이지만 나중에 공부를 다해서 부처님과 똑같이 됐다고 하면, 뭐라도 달라질까? 부처님처럼 돼 봤자 본각이다. 별달리 다른 각이 생기는 것이 아니다. 결국은, 내가 청정각명淸淨覺明 자체임을 알고 믿어 의심치 않는 것뿐이다.

소승 경전을 공부하는 사람들은, '내가 부처다, 중생과 부처가 다르지 않다'는 그런 이치를 모른다. 남방 경전에는 그런 말이 없다. 아함경阿含經에서는 공부를 열심히 해서 수다원과를 얻고, 그런 다음 사다함, 아나함과를 거쳐 아라한과를 얻는다고 한다. 그런데 아라한이 되고 보니 처음에 중생이었을 때의 그놈이 그대로 청정각명이라는 말 같은 것은 없다. 그것이 남방 소승경전의 문제점이다. 부처님 계실 때는 부처님이 직접 지도하시니까 그 제자들이 다 아라한이 됐다. 그 뒤 세월이 500~600년 지난 뒤로는, 도 트는 사람이 별로 없었다. "언제 닦아서 아라한이 되고 부처가 되겠는가?"라고들 한다. 그래서 대승불교大乘佛敎가 출현했다. '깜빡 잊어 그렇지, 본래 우리가 청정각명이다. 본래 그런 우리가 미迷해진 것이니, 공부해서 본래 자리로 돌아가자.' 그러면 누구든 공부할 의욕이 생긴다. 그래서 대승경전이 만들어진다. 공부하라고 만들어진 대승경전이다. 『대승기신론』은 그런 대승경전에 대한 믿음을 일으키는 논서다. 공부 시작하면 시각인데 시각과 본각은 같다. 별다른 각이 있지 않다.

또 심원心源을 깨달으면 구경각究竟覺이라 부르고, 심원을 깨닫지 못하면 구경각이 아니다.

마음의 근원根源을 깨달으면 구경각이라 한다[覺心源 故名究竟覺]. 이것이 문제다. 내가 내 마음이 각覺인 줄 알았다? 여기서는 각이라 하지만 『능엄경』에서는 청정각명이라 한다. 각覺이라고만 하면 참 쉬울 것 같은데, 『능엄경』에서는 청정하면서 각명한 이중성을 가지고 있다고 한다. 청정하면 아무것도 없다. 각명하면 보이면 보이는 대로, 들리면 들리는 대로 알아차린다. 알아차리니까 알아차리는 놈이 있지 않겠는가? 없지는 않을 것 같다.

그러니 각명覺明을 보면 있는 것 같고, 청정淸淨을 보면 없는 것 같다. 그것이 우리 마음이다. 그래서 이 마음 파악에 시간이 걸린다. 자꾸 듣다 보면 이해가 간다.

마음의 근원을 깨달아야 구경각이라 한다. 마음의 근원을 깨닫지 못하면[不覺心源], 즉 말은 알고 뜻은 아는데 그것을 깨닫지 못하면 구경각이 아니다. 진짜가 아니다.

마명존자는 학인이 공부하면서 깨달아가는 과정을 크게 사각四覺으로 구별하고 있다. 즉 불각不覺과 상사각相似覺과 수분각隨分覺과 구경각究竟覺의 순서를 밟아서 불지佛地에 오른다고 설명하고 있다.

불각은 깨닫지 못한 상태, 이야기를 알아듣고 내가 청정각명하구나 하고 아는 것을 시각始覺이라 한다. 그 다음 상사각相似覺이 있다. 각과 비슷하다는 말이다. 수분각隨分覺은 나눌 분分 자를 써서 조금 알았다는 말이다. 구경각究竟覺은 다 알았다는 말이다.

예컨대 범부가 앞생각이 불각不覺이어서 번뇌煩惱를 일으켰으나, 뒷생각에서 제복制伏하여 다시 생生하지 않게 한다면 이것을 비록 각覺이라고 표현은 하지만, 이것은 곧 불각不覺이다.[107]

이것이 시각이다. 예를 들어 『능엄경』을 열심히 읽고서, '아, 진심은 상주하는데, 상주한다고 하면 뭐가 있는 것 같지만 아무것도 없이 청정하다. 그러면

---

107   원문은, 如凡夫人여범부인 前念不覺起於煩惱전념불각기어번뇌 後念制服令不更生後念후념
     제복령불갱생후념 此雖名覺차수명각 卽是不覺즉시불각

서 각명하구나.'하고 알았다고 하자. 그러면 우리가 생각을 일으켜도, '아, 지금 생각을 일으키는 것이 경계境界에 끄달려서 주객을 두어, 망심妄心을 쓰는데, 알고 보면 그것은 주객이라는 관념을 인정하기 때문에 망심妄心이지, 원래는 그것이 진심眞心이구나.' 그렇게 알아차린다. 그것을 여기서 불각이라 하는데 이것을 시각이라고도 한다.

예컨대 미운 놈을 봤다고 하자. 미운 생각이 나고 불쾌하다. 그러면 망념妄念으로 내가 미워하는 놈이라 생각하니, 이미 주객主客이 있다. 그렇게 미운 생각이 나면 그것이 번뇌다. 그런데 문득, '내가 이런 생각을 일으키지만, 이건 사실 내가 일으킨 망상妄想에 의해서 저놈을 미운 놈이라고 분별하는 것'이라고 알아차린다. 후념제복後念制服이다. 그럼 그 당시에는 미운 생각을 다시 안 일으킨다[令不更生後念]. 그것이 시각始覺이다. '아!' 하고 알아차리는 것을 보통 한소식했다고 한다. 반성反省을 한 것이다. 망심妄心 중에서 진심眞心으로 돌아간 것이다.

또 이승二乘들과 초업보살初業菩薩처럼 유념有念과 무념無念의 바탕과 모습이 서로 다른 줄을 깨달아서, 거친 분별麤分別을 버리면 상사각相似覺이라 부른다.[108]

이승은 성문 연각이다. 초업初業 보살은 대승공부를 이제 시작한 보살이다. **'유념有念과 무념無念의 바탕과 모습이 서로 다른 줄을 깨달아서[覺有念無念 體相別異]';** 유념有念, 생각이 있다는 것은 무엇인가? 망심을 쓰는 것이다. 주객이

---

108 원문은, 如二乘人及初業菩薩여이승인급초업보살 覺有念無念각유념무념 體相別異체상별이 以捨麤分別故이사추분별고 名相似覺명상사각

있다. 무념無念은 주객이 없는 것, 진심真心을 쓴다. 우리가 선정에 들면 생각이 없다. 무념이다. 그러나 마냥 선정禪定[109]에만 들어 있을 수는 없다. 선정에서 나와 일하고 생활하면 유념有念이 된다. 유념, 무념은 그런 말이다. 왜냐하면 여기 대상은 공부하는 사람이다. 이승이며 초업보살이 모두 공부인工夫人이다. 그러니 반드시 삼매[110]에 들고 나는 것으로 구분해야 한다. 무념은 삼매에 들었을 때이고, 유념은 삼매에서 나왔을 때이다. 삼매에 들어가면 입정入定이라 한다. 정定이 삼매三昧다. 삼매에 들어가면 무념무상無念無想, 아무 생각이 없다. 삼매에서 나오는 것을 출정出定이라 한다. 출정하면 망상妄想을 쓴다. 주객主客이 있으니 유념有念이다. 무념일 때와 유념일 때는 다르다. 그렇게 바탕과 모습이 서로 구별돼서 다른 줄을 깨닫는 것이다. 그래서,

'거친 분별麤分別을 버리면 상사각相似覺이라 부른다[以捨麤分別故 名相似覺].';
추麤는 거친 것이다. 눈에 띄어 아무나 알 수 있다. 그런 분별을 내버린 것이다. 출정했을 때의 유념을 버리는데 다 버리지 못하고, 그중에서 거친 것, 눈에 띄는 것만 내버렸다. 이것을 상사각相似覺이라 한다. 왜 상사각이라고 하는가? 입정入定해 있을 때는 무념무상이니 진심真心과 비슷하다. 그래서 각과 비슷하다고 상사각이라 한다. 처음에 미迷한 중생에서 시작해서, 불법佛法을 알아서 시각始覺으로 청정각명을 안다. 그런 다음 삼매를 익힌다. 삼매에 들어가면 무념무상이 되고 삼매에서 나와 일상생활 할 때는 또 망상을 피운다. 그것

---

109 산스크리트어 디야나(dhyāna), 팔리어 쟈나(jhāna)의 음사인 선(禪)과 그 의역인 정(定)의 합성어. 마음을 한곳에 집중하여 산란하지 않은 상태. 마음을 고요히 가라앉히고 한곳에 집중함. 마음의 통일.

110 산스크리트어 사마디(samādhi)의 음사. 원어 사마디는 '공평하고 중립적'이란 의미의 samā와 '본다'는 의미의 dhi가 합친 것으로 "치우침이 없는 시각"의 뜻이다. 정(定)·등지(等持)라 의역. 마음을 한곳에 집중하여 산란하지 않은 상태. 한 생각에만 한결같이 집중하는 상태.

이 상사각相似覺이다.

또 법신보살法身菩薩처럼 유념有念과 무념無念이 모두 모습이 없음을 깨달아서 중품분별中品分別을 버리면 수분각隨分覺이라고 부른다. [111]

법신보살法身菩薩은 진여법신眞如法身을 증득한 지상보살地上菩薩이다. 즉 초지初地 이상의 보살을 가리킨다.

불교공부의 단계는 여러 가지가 있다. 『능엄경』에 보면, 처음에 십신十信, 그 다음 십주十住, 십행十行, 십회향十迴向, 십지十地 등 공부 단계가 50이고, 그 앞에 간혜지乾慧地가 있고, 십회향과 십지 사이에 사가행四加行이 있다. 십지十地 다음에 깨닫는 것이 등각等覺, 그 다음이 부처님 경지인 묘각妙覺이다. 중생에서 부처님까지 총 57단계의 과위果位가 있다. 십지十地에는 초지初地부터 십지十地까지 있다. 초지初地를 넘어선 보살들을 법신보살法身菩薩이라 하는 것이다. 십주, 십행, 십회향은 삼현三賢이라 한다. 삼현보살三賢菩薩이다.

'유념有念과 무념無念이 모두 모습이 없음을 깨달아서[覺念無念 皆無有相]'; 생각 있는 유념有念이나 생각 없는 무념無念이나 다 상相이 없는 것을 깨달았다. 앞서 이승의 상사각 설명에서는 '삼매에 들었을 때와 나왔을 때, 그 바탕과 모습이 다름을 깨닫는다'고 했다. 그런데 여기 법신보살의 경지를 다루면서는 왜 입정入定과 출정出定을 따지지 않는가? 입정/출정은 공부 초보 때나 의미가 있다. 법신보살쯤 되어서는 입정/출정은 아무 중요성이 없다. 아무리 입정이

111　원문은, 如法身菩薩여법신보살 覺念無念각념무념 皆無有相개무유상 捨中品分別故사중품분별고 名隨分覺명수분각

잘 되어 무념무상이 되더라도 출정하면 도로 아무것도 아니다. 그렇지 않은가? 삼매 상태에서의 무념무상無念無想은 아무것도 아니라는 사실을 아는 것이다.

우리나라에는 '삼매에 들어야 공부가 높다'고 여기는 폐단이 있다.[112] 일주일 동안 삼매에 들 수 있는 스님이 있으면 우리나라에선 최고의 스님으로 대접할 것이다. 그런데 삼매에 오래 든다고 꼭 고승高僧일까? 초업初業 보살에 불과하다. 삼매에 들면 생각이 없다. 생각이 없어 진심眞心이 그대로 유지되니까 도인道人 같다. 거기서 나오면 그대로 생시生時인데, 거기서는 주객을 쓰고 망심妄心을 쓰게 마련이다.

법신보살法身菩薩이 되면 그렇게 따지지 않는다. 유념이란 생사生死, 생활할 때이고 무념이란 열반에 든 것이다. 삼매에 드는 정도가 아니다. 바로 열반涅槃에 든 상태다. 열반에 드는 것은 눈 감고 열반에 드는가? 아니다. 평상시平常時에 항상 열반 상태에 들어 있다. 평상시에 항상 무연지無緣知란 말이다.

'중품분별中品分別을 버리면 수분각隨分覺이라고 부른다[捨中品分別故 名隨分覺].'; 유념과 무념이 모두 상이 없음을 깨닫게 되면 중품의 분별을 없앤다고 했다. 이것이 법신보살의 경계이다. 그럼 중품의 분별이 무엇인가? 우리가 분

---

112 옛날 오대산 월정사 한암(漢巖) 스님 직계 제자로 보문 스님이란 분이 있었다. 탄허 스님께 들은 얘기다. 탄허 스님은 사형이신 보문 스님이 가장 도가 높았다고 말씀하셨다. 어째서 도가 높다고 하는가? 선지(禪旨)가 아주 밝았다. 근래 종정을 했던 모 스님이 보문 스님을 찾아가니, 보문이 삼매에 들어 있었다. 그래서 자기도 앉았다. 앉은 것이 낮인데, 보문 스님은 저녁이 되어도 안 일어나고, 밤이 되어도 일어나지 않았다. 하는 수 없이 자신도 앉아 있었다고 한다. 저녁도 못 먹고 배를 쫄쫄 굶은 채로 말이다. 다음날 아침이 되니까 보문 스님이 자리에서 일어나서는 소변을 보러 갔다. 자기도 따라가 오줌 누고 돌아오니, 보문 스님이 또 앉아 있더란다. 마주 보고 앉아 있으니 보문 스님은 꼼짝도 않다가 다시 저녁이 되어서야 일어나더라는 것이다. 그러더니 소변을 보고 와서는 또 앉았다. 다시 삼매에 든 것이다. 이틀 동안 아무것도 먹지 않고, 소변보기 위해서 잠깐씩 움직인 외에는 마냥 앉아 있는 것이었다. 결국 말 한마디 못 붙여 보고 돌아왔다고 한다. 삼매(三昧)에 들어앉아 있으니 말할 기회를 잡을 수 없었다. 그 후로 이분이 보문 스님을 엄청 존경했다.

별하는 것이 두 가지 있다. 분별혹分別惑과 구생혹俱生惑이다. 이 세상에 나서 배우고 기억한 것에서 분별하는 것이 분별혹分別惑이다. 혹惑은 분별을 가리킨다. 이 세상에 태어나 배우고 기억하기 전에도 분별하는 것이 있다. 예컨대 아이가 태어나자마자 어미젖을 빠는 것은 배우지 않고도 한다. 전생에 엄마 젖을 빨던 버릇이다. 그것을 구생혹俱生惑이라 한다. 태어날 때 갖추고 있는 혹惑이란 말이다. 분별혹은 하下에 속하고, 구생혹은 상上에 속한다. 분별혹은 공부 좀 해서 지견知見이 나면 없애기도 쉽다. 이생에 태어나 배운 담배는 끊기도 쉽다. 전생에 골초였던 사람은 끊기 어렵다.

중품분별을 없앤 상태는 분별혹分別惑을 다 끊고 구생혹俱生惑도 어느 정도 끊은 상태다. 이것을 수분각隨分覺이라 한다. 수분은 일부라는 뜻이고, 수분각은 일부 깨달았다는 말이다. 어떻게 초지보살初地菩薩이 되는가? 확철대오廓撤大悟하면 그때 초지보살이다. 우리가 말하는 초견성初見性, 소위 한소식 하는 것은 초지初地에 미치지 못한 것이다. 확철대오廓撤大悟하면 초지初地 보살이고, 확철대오한 때부터 구생혹이 끊어지기 시작한다.

또 보살지菩薩地를 초과하고서, 구경도究竟道가 만족하여, 각심이 처음 생기할 적에 일념상응하면 비로소 각이라고 부른다. 또 각상覺相을 멀리 여의고, 미세분별微細分別이 마침내 영원히 없어지고, 마음의 근본 성품이 상주常住하여 앞에 나타나면, 이것이 여래이고, 구경각究竟覺이라 부른다.[113]

한문 원문을 보자.

---

113 원문은, 若超過菩薩地약초과보살지 究竟道滿足구경도만족 一念相應일념상응 覺心初起각심 초기 始名爲覺시명위각 遠離覺相원리각상 微細分別미세분별 究竟永盡구경영진 心根本性심 근본성 常住現前상주현전 是爲如來시위여래 名究竟覺명구경각

'超過菩薩地초과보살지'; '보살지를 초과하고'는 십지十地를 넘어갔다는 말로, 공부가 다 되었다, 등각等覺이 되었다는 말과 같다.

'一念相應일념상응'; 해석이 좀 어렵다. 일념상응이 무슨 뜻인가? 일념상응이란 말은 가끔 경에서 볼 수 있다. 일념상응은 영가스님이 영가집永嘉集 사마타송奢摩他頌에서 잘 설명해 놓았다.[114] 망상을 쓰며 사는 우리가 공부를 잘하면 망심이 없어진다.

망심을 구체적으로 설명한다면, 제8식부터 1식까지가 전부 망심妄心이다. 망심妄心을 걷어내고 무연지無緣知인 진심眞心으로 돌아가면 식識이 바뀐다. 제8식은 대원경지大圓鏡智로 바뀐다. 제7식은 평등성지平等性智로 바뀐다. 식識에서 지혜智慧로 바뀌는 것이다. 여기서 일념상응一念相應은 무엇인가? 1식부터 8식까지 전부 합해도 제8식 안에 있다. 우주 전체가 8식이다. 삼천대천세계가 바로 내 아라야식이다.[115] 설명을 위해 숫자가 붙은 것뿐인데 마치 개별적으로 다른 것처럼 보인다. 진심이 되어서 망심을 탈피하게 되면[116] 어찌 되는가?

---

114 「사마타송(奢摩他頌)」에서는 마음 닦는 수행에 처음 발심한 사람이 입문한 후에 정(定)과 혜(慧)를 고르게 닦는 수행의 과정을 자세히 밝히고 있다. 처음 입문해서는 고기(故起)·관습(串習)·접속(接續)·별생(別生)·즉정(即靜) 등의 다섯 가지 생각을 그쳐서[五念停息] 일념상응(一念相應)을 이루고, 일념상응을 이루었을 때 식병(識病)·식약(識藥)·식대치(識對治)·식과생(識過生)·식시비(識是非)·식정조(識正助) 등의 여섯 가지 헤아려 구분해야 할 것을 반드시 알고 닦아야 한다는 내용이다. 다섯 가지 생각이 곧 한 생각이라고 아는 일념상응의 일념은 바로 신령스럽게 아는 자성[靈知之自性]이다.

115 온갖 식이 나오는 제8 아라야식에는 생멸(生滅)하는 것과 불생멸(不生滅)하는 것이 있다. 불생멸이 강조되면 대원경지가 되는 것이다. 여기서 청정각명을 찾아봐야 한다. 진심은 청정각명이라 했으니까. 그럼 여기서 망심이 됐을 때는 청정각명이 어디 갔을까? 진심이 망심이 되는 것은 무엇 때문인가? 주객(主客)을 갈라서 보는 버릇, 그것이 망심(妄心)이다. 어째서 그런가? 주객을 가르고 보니, 나와 나 아닌 것을 비교하게 된다. 나와 나 아닌 것을 비교하니까, 내 것을 챙기고, 좋은 것은 내가 차지하려 한다. 좋은 것이 손에 들어오지 않으면 성낸다. 그렇게 탐심(貪心)과 진심(瞋心)이 벌어지게 된다. 주객이 있다고 생각하기 때문에 그렇게 되는 것이다. 주객(主客)이 있다고 생각하는 것이 치심(痴心)이다.

116 망심일 때는 주객이 있는데, 진심(眞心)일 때는 주객(主客)이 없을까? 다시 말하자면, 부처님이

제8식은 없고 대원경지大圓鏡智[117]만 있다. 부처님은 제8식이 없고, 대원경지大圓鏡智만 있다고 한다. 부처님은 나다/너다 할 때 그 주체를 나타내는 제7식이 없고, 평등성지平等性智[118]가 있다. 마찬가지로 제6식은 묘관찰지妙觀察智가 된다.[119] 1식부터 5식까지는 성소작지成所作智가 된다.[120]

되면 부처님은 나다/남이다 하는 관념이 없으신가? 생각해 보자. 부처님도 밥 자시면 배부르시다. 내가 밥 먹으면 내 배가 부르지 남의 배가 부른 것은 아니다. 그럼 부처님께도 주객(主客)이 있는 것일까? 그럼 부처님이 쓰는 평등성지(平等性智), 묘관찰지(妙觀察智), 성소작지(成所作智) 모두 주객이 있지 않은가? 뭐가 다른가? 진심(眞心)은 그런 줄 아는 것이고, 망심(妄心)은 그런 줄 모른다. 그 차이뿐이다.

117 대원경지(大圓鏡智)는 청정각명(淸淨覺明)을 그대로 나타낸 말이다. 대원이라 크게 둥글다는 뜻이다. 얼마나 큰가? 우주만큼 크다. 이 세상에 없는 곳이 없다는 말은 무슨 뜻인가? 결국 청정하다는 뜻이다. 청정해야 사방 온 우주에 다 있을 수 있다. 그럼 대원경의 경(鏡)은 무엇인가? 거울이다. 거울은 뭐든 잘 비추는 성질을 갖고 있다. 각명(覺明)을 나타낸다. 대원경지는 청정각명을 나타낸다.

118 제7식과 평등성지(平等性智), 망심에서 '나다'하는 생각을 일으킨 것이 제7식이다. 원래 제8식에 견분(見分)과 상분(相分)이 있는데, 제7식이 견분을 자기라고 생각한다. 본인, 내[我]라고 생각한다. 그러나 본래 나라고 할 것이 없다. 분별해서 그럴 뿐이다. 평등하다. 주나 객이나, 나나 너나 다 똑같은 놈이다. 몸뚱이를 기준으로 이 몸은 나이고 다른 몸들은 남이라고 구분을 지어서 제7식이라 하는 것이지, 알고 보면 본래 이 몸뚱이는 내가 쓰는 도구일 뿐이고, 진짜 나는 청정각명이다. 대원경지가 진짜 나이고, 모든 사람의 대원경지는 다 똑같다. 다 평등하다. 그래서 제7식이 변하면 평등성지가 된다.

119 제6식은 의식(意識)이다. 분별망상(分別妄想)의 주인공이다. 제6식은 보고 듣고 배운 온갖 것을 다 기억한다. 기억과 지식을 억지(憶知)라 하는데, 억지의 주인공이 제6식이다. 예컨대 초콜릿을 좋아하는 내가 초콜릿을 보면 '저거 내께!' 한다. 왜인가? 초콜릿이 맛있더라는 내 억지(憶知)에 의해 초콜릿을 좋아하는 마음을 일으키기 때문이다. 그래서 '저거 내가 먹어야지' 하고 생각한다. 그 주체(主體)가 묘관찰지(妙觀察智)다. 공부가 좀 되면 초콜릿을 보고 그저 '초콜릿이네.' 할 뿐, '저것을 꼭 먹어야겠다'라는 등의 생각은 하지 않는다. 그러니 관찰해도 묘하게 관찰한다는 말이다.

120 성소작지(成所作智)가 무엇인가? 성(成)은 완성하다, 소작(所作)은 짓는 바. 짓는 바를 완성한다는 말이다. 극락세계(極樂世界)는 법장비구(法藏比丘)가 만들었다고 한다. 법장비구는 극락세계를 어떻게 만들었을까? 무엇으로 만들었는가? 법장비구의 1식부터 5식까지가 변해서 된 성소작지(成所作智)로 만들었다. 극락세계에서 보이는 모든 것은 법장비구 혼자서 자신의 안식(眼識)으로 만든 것이다. 극락에서 노래하는 새들의 노랫소리는 법장비구의 제2식, 즉 이식(耳識)이 만든다. 좋은 향기는 법장비구의 제3식이 만든다. 1식에서 5식까지의 식이 만들어낸 것이라 해서 성소작지(成所作智)라 한다. 보통 성소작지는 잘 설명하지 않는데, 이 성소작지도 중요하다. 우리가 신통(新通)을 부린다는 것은 대부분 성소작지를 쓰는 것이다.

중요한 것은 부처님이 쓰는 진심眞心과 우리 중생이 쓰는 망심妄心의 차이점이다. 아상/인상은 부처님도 있는 것 아닌가? 그러나 부처님은 그 아상, 인상이 우리가 망상을 피운 치심癡心으로 인해 만들어졌다[121]는 사실을 분명하게 항상 알고 계신다. 자나깨나 항상 아신다. 그래서 그렇게 항상 아는 것이 일념상응一念相應이다.

'一念相應일념상응 覺心初起각심초기 始名爲覺 시명위각'; 일념에 서로 응한다. 대원경지, 즉 청정각명과 응한다. 어떨 때 그러는가? 마음이 처음 일어날 때 깨닫는다. 생각이 처음 일어날 때 대원경지大圓鏡智와 상응相應한다는 말이다. 그럼 '마음이 처음 일어날 때'라는 말은 무슨 뜻인가? 삼라만상을 보고 듣고 생각할 때, 주主인 내가 있고, 밖에 객客인 삼라만상이 있어서 그런 것이 아니라, 일체가 다 나의 아라야식에서 벌어지는 것이라는 사실을 내가 안다. 초장부터 알아차린다. 그것을 일념상응一念相應이라 한다. 대원경지와 상응이 된다. 마음이 처음 턱 일어날 때부터 그런 줄 이미 다 알고 있다. 그러면 이것이 바로 정각正覺이다.

'일념상응한다는 것은 일념이 대원경지와 상응함을 말하니, 이理와 지智가 계합한다는 뜻이다'라고 했다. 여기서 지智는 대원경지大圓鏡智를 가리킨다. 계합契合은 명합冥合이라고도 쓴다. 주체인 대원경지와 이치理가 그윽하게 계합

---

121 탐진치(貪瞋痴)라 하지만 사실은 치심이 가장 먼저 일어난다. 식(識)으로 얘기하자면, 제7식이 제8식에 있는 견분을 자기라고 생각한다. 그것이 바로 어리석음이다. 그 어리석음으로 인해서 탐심(貪心)과 진심(瞋心)이 일어난다. 그렇게 일어난 탐진치가 망심(妄心)이다. 우리가 다시 정신을 차려서 진심으로 돌아오면 제8식이 있다. 제8식이 일어난 것은 내가 나라는 아상(我相)을 일으켰기 때문이고, 나 아닌 것은 남[人相]이 된다. 또 나 아닌 것은 법(法)이다. 이렇게 구별하기 때문에 망심이 일어난다. 망심일 때도 주객만 있다 뿐, 계속 청정각명(淸淨覺明)하다.

한다는 뜻이다. 말로 하자면, 주체대원경지/智가 있는 것 같고 객체인 이치理가 따로 있는 것 같지만, 명합하는 것이니 이치와 대원경지가 하나다. 알고 보면 주객이 하나라는 말이다.

'**遠離覺相원리각상 微細分別미세분별 究竟永盡구경영진**'; 각상을 멀리 떠나서 미세분별이 끝내 영원히 없어진다. 각상, 깨닫는다고 하는 것은 벌써 주객이 있는 것이다. 그래서 각상을 멀리 떠나야 한다는 것이다.

그리고 앞에서 구생혹과 분별혹이 있다고 했는데, 상품上品 분별인 구생혹俱生惑은 전생부터 익힌 버릇이다. 내가 수천 겁을 전생했다면, 그 수천 겁 동안 지은 업이 구생혹인데, 그 구생혹이 미세분별이다. 그래서 각상을 멀리 떠나서 미세분별이 끝내 영원히 없어진다는 것이다.

'**心根本性심근본성 常住現前상주현전**'; 마음의 근본 성질, 청정각명, 혹은 심제일의성이 상주하면서 앞에 나타난다. 상주常住한다고 하니 '아, 있구나!' 하고 생각할 수 있다. 하지만 청정각명이 어찌 있을 수가 있는가? 청정각명을 진심이라 한다. 각명하니까 작용을 한다. 그런데 그것이 청정하다고 했다. 청정은 모습이 없는 것이다. 아무것도 없는 것을 청정이라 한다. 마치 허공虛空 같다고 했다. 그러니까 상주한다고 해도 상주하는 놈이 없다. 그렇지 않은가?

선사禪師들은 청정각명을 자성自性이라 한다. 자성을 확실히 깨달았다고 할 때 볼 견 자를 써서 견성見性이라 한다. 견성이라고 하니 볼 무엇이 있는 줄로 생각할 수 있지만, 볼 것은 없다. 청정한 것, 모습 없는 것에 볼 것이 뭐가 있겠는가?[122]

---

122 옛 스님들이 견성했다고 하는 것은 무엇인가를 봤다는 것이 아니다. 진짜 봤다면 공부를 잘못한 거다. 청정한데 볼 것이 어디 있는가? 그런데 이것을 오해하여, "청정하고 각명한 것이 있다더라. 자성(自性)이란 것이 있다고 하더라, 그래서 자성을 봤다고 견성했다고 하더라,"라고 할

본래 진심眞心은 부처도 가지고 있고, 중생衆生도 가지고 있다. 가지고 있다고 하니 또 무엇이 있는 줄 생각하기 쉬운데, 그런 것 없다. 청정하니까. 항상 청정의 뜻을 잘 살펴야 한다. 상주현전常住現前이라 함은, '명백하다, 분명하다, 의심할 여지도 없다'는 말이다. 상주라고 하니 뭔가 있다고 생각하면 안 된다.

'**是爲如來시위여래 名究竟覺명구경각**'; 이것이 여래의 구경각이다. 지금 이야기한 것은 무엇인가? 생멸심生滅心과, 여래장이라는 불생멸不生滅이 합해서 제8 아라야식이 생겼으니, 아라야식은 불생멸과 생멸이 함께 섞여 있다. 그래서 불생멸과 생멸이 화합했다고 한다. 지금 우리가 얘기하는 것은 그 중에서 불생멸不生滅하는 것, 여래장如來藏 자리다. 여래장 자리를 밝혀가는 공부 과정은 처음에 불각에서 상사각相似覺으로, 그다음에 수분각隨分覺으로, 구경각究竟覺에 이른다. 그러나 각覺은 다 같은 각이다. 우리가 깨달아가는 과정에서, 조금 알아차렸다가, 조금 더 알아차렸다가 많이 알아차리게 된다는 말이다. 지금 이야기한 것은 『능엄경』에서 말하는 진심 부분이다. 자꾸 되새겨봐서 진심眞心과 망심妄心이 구분區分되어야 한다.

지금은 진심과 망심을 잘 이해하는 것이 먼저다. 진심眞心은 각覺이고 망심妄心은 불각不覺이다. 이것을 항상 염두에 두어야 한다.

수 있다. "부처님은 제법무아(諸法無我)라고 했는데, 즉 아(我)가 없다고 했는데, 무슨 자성도 있고, 청정도 있고, 각명도 진심도 있다고 하는가? 그것은 부처님 뜻이 아니다." 이렇게 주장을 하는 일본의 학자들도 있다. 그 옛날엔 인도에서 그런 논란이 있었다. 그런데 그 말을 자세히 보면 청정이라고 했다. 부처만 청정한 것이 아니고 중생도 청정하다. 이 청정이란 것은 아무것도 없다는 말이다. '아아, 중생은 더럽고 부처님은 깨끗하니까 부처만 가지고 있는 청정 각명이구나.' 그렇게 생각한다면 틀린 얘기다.

어렵다. 지금 이 부분 때문에 사람들이 기신론을 골 아프다고 하고 배우지 않으려 한다. "깐깐 기신"이라고들 했다. 우리나라 절에서는 항상 "차돌 능엄, 깐깐 기신"이라고 한다. 『능엄경』과 『기신론』, 이 둘이 불교 이론 중에 가장 어렵다. 그러나 이것만 알면 나머지 것은 술술 넘어간다.

그러므로 불경에서, **"만일 어떤 중생이 일체의 망념이 무상無相임을 관찰하여 알면, 곧 여래지혜如來智慧를 증득한다"고 말했다.**[123]

경에 나온 말이다. 일체의 망념이 무상無相임을 아는 사람은 여래如來의 지혜를 증득證得한 것이다. 무상은 모습이 없다는 것이니. 일체의 망념은 모습이 없다. 진심도 청정각명하기 때문에 모습이 없다. 청정이란 말 자체가 모습이 없다는 의미다.

공삼매空三昧, 무상삼매無相三昧, 무작삼매無作三昧를 삼삼매라 한다. 공을 증득하고, 무상을 증득하고, 무작을 증득하면 삼매三昧가 바로 해탈解脫이 된다. 이때는 삼해탈三解脫이라고 한다.

공空은 있는 것처럼 보이지만 실은 걷어잡을 것이 없는 것이다. 마치 거울에 비치는 영상影像이 보이긴 하지만, 거울을 아무리 분석해도 그런 영상은 없는 것과 같다. 비문증飛蚊症이 생기면 파리나 모기가 날아다니는 것처럼 보이지만, 파리가 실제로 있지는 않은 것과 마찬가지다. 허공에는 없는데, 눈에 흠이 있어서 그렇게 보인 것을 허공꽃이라 한다. 알고 보면 모든 모습은 우리가 헛

---

123 원문은, 是故經說시고경설 若有衆生약유중생 能觀一切妄念無相능관일체망념무상 則爲證得
如來智慧즉위증득여래지혜

것에 길든 때문에 있다고 생각하는 것이다.

유식唯識에서는, 일체가 식識뿐이고, 우리의 기억과 지식[憶知]에 의해 만들어진 모습이 허공에 나타나 마치 존재하는 것처럼 보인다고 주장한다. 그렇게 나타나 보이는 것이 우주 삼라만상이다. 그러니 일체의 모습은 있는 것 같지만 없는 것이다. 무상無相이다. 거울에 비친 영상이 거울 속에 실제로 있는 것이 아님과 마찬가지다.

무작無作은 무엇인가? 일체가 헛것인 줄 알면, 굳이 내가 무엇인가를 하고 싶다든가 이루고 싶어 할 것이 없다. 지을 것이 없다는 무작 대신 원하는 것이 없다는 무원無願이란 말을 쓰기도 한다. 공무상무원삼매空無相無願三昧라 쓰기도 한다.

주객을 전제로 우리가 일으키는 모든 생각은, 알고 보면 무상無相이다. 그렇게 안 사람은 여래如來의 지혜智慧를 증득한 사람이다. 일체一切가 공空인 줄 아는 사람이다. 증득했으니 대단하다.

또 '마음이 처음 일어난다'는 말은 다만 속설俗說에 따른 표현이다. '처음의 모습'을 구하여도 끝내 얻을 수가 없다. 마음도 오히려 있지 않거늘, 어떻게 '처음' 이 있겠는가.[124]

마음이 처음 일어난다는 말은 어떤 생각이 일어난다는 것이다. 그 생각은 좀 진행이 되다가 사라진다. 생각이 생겨서[生] 머물다가[住] 변해가며[異] 끝내

---

124 원문은, 又言心初起者우언심초기자 但隨俗說단수속설 求其初相구기초상 終不可得종불가득
    心尙無有심상무유 何況有初하황유초

는 사라진다[滅]. 앞생각이 생주이멸生住異滅하고 나면 또 뒷생각이 생주이멸하는 식으로 생주이멸이 이어진다. 이렇게 보는 것은 우리들 차원의 이야기고, 좀 전에 망념妄念은 무상無相이라고 한 차원에서는 어떤가?

모습이 없으면 헛것이다. 생각이 생한 것 같아도, 찾아보면 그런 생각은 없다. 불교 공부하는 사람들은 이런 일을 많이 한다. 예컨대 화가 나면 그 화가 어디 있는지 한 번 찾아보라. 찾아보면 화는 없다! 화난 것은 앞 생각이다. 그 생각이 어디 있는지를 살핀다. 각찰覺察이다.[125] 화가 났는데 화가 어디서 났는지를 찾아보면, 없다. 없어서 주이멸住異滅하는 단계로 이행하지 않게 된다. 각찰인 뒷생각이 일어나면 앞생각은 자연히 없어지기 때문이다.

우리가 생각을 일으킨다고 하지만, 사실 생각은 없다. 생각이 일어났다 꺼졌다 하는 것 같아도, 말이 생주이멸生住異滅이지 이런 생각은 일어난 적도 없고, 꺼진 적도 없다. 생각이 일어났을 때 스스로 회광반조廻光返照[126]해 보면 알

---

125 각찰(覺察)이란 단어의 사전적인 뜻은 '알아차림, 혹은 기미를 눈치챔'. 보조스님의 진심직설에 나온 10가지 무심 공부 중 첫 번째다. "첫째는 깨달아 살핌[覺察]이니, 즉 공부할 때에 항상 잡념을 끊어서 망념이 일어나는 것을 방지하는 것이니라. 한 생각이 생기기만 하면 당장 깨달아 깨뜨려야 하나니, 허망한 생각을 깨달아 깨뜨리면 뒷생각이 나지 않으리라. 이 깨닫는 지혜도 쓰지 말지니, 허망함과 깨달음을 모두 잊는 것을 무심이라 하느니라. 그러므로 조사께서 말씀하시기를, "망념이 일어나는 것을 두려워 말고 오직 깨달음이 늦을까를 걱정하라"하였으며, 또 게송으로 말씀하시기를, "참[眞]을 구하려 하지 말고 오직 소견을 쉬도록 해라" 하셨으니, 이것이 허망을 쉬는 공부니라. – 혜암 편저/ 묘봉 역, 「보조국사 진심직설」, 비움과소통, 2013년 5월

126 대상으로 향했던 의식을 돌이켜서 의식과 존재의 근원을 비쳐(살펴) 보는 것. 선가(禪家)의 조사들이 사용한 사례를 보면 그 의미를 짐작할 수 있다.
−천태지의(天台智顗, 538~597) "수행자는 이미 마음에 네 가지 상이 있음을 알아, 마음에 따라 선악의 여러 생각이 일어날 때, 집착함이 없는 지혜로써 되비춰 관찰한다[行者旣知心有四相, 隨心所起善惡諸念, 以無住著智 反照觀察也]."
−삼조승찬(三祖僧璨, ?~606) "근본으로 돌아가면 뜻을 얻고/ 비춤을 따르면 종지를 잃나니/ 잠깐 사이에 돌이켜 비춰보면/ 앞의 공함보다 훨씬 뛰어나리라[歸根得旨隨照失宗, 須臾返照勝卻前空]."
−육조혜능(六祖慧能,638~713) ""내가 이제 그대에게 말한 것은 비밀이 아니다. 그대가 자기의 본래면목을 돌이켜 비추면 비밀함은 그대 편에 있다.["與汝說者 卽非密也. 汝若返照 密在

수 있다. 그렇게 자꾸 하다 보면, 생각이 일어났다 꺼졌다 하는 것이 눈에 보인다. 보이는데, 없다. 생각이 일어났다 꺼졌다 하지만 생각은 없다. 화가 일어났다 꺼졌다 하지만 돌이켜보면 화는 없다. 이것은 스스로 '사띠sati'[127]나 각찰覺察을 통해서 본인이 확증을 잡아야 한다. 없는데도 있다고 착각한다는 사실을 확실히 알아야 한다. 확증을 잡고 나면, 아무리 생각이 일어나도 그 생각에 끄달리지 않게 된다. 분별하는 생각은 망상妄想으로 실체가 없다. 생각이 있다고 착각錯覺할 뿐이다.

고민거리가 많아 끙끙 앓는 사람을 보자. 예를 들어 늙어서 처자식 다 죽고 혼자 남아 외롭다는 생각이 든다. '이렇게 외로운데 살면 뭐하나' 하는 생각도 든다. 그런데 그 생각, 외로운데 살아서 뭣하나 하는 생각을 하는 사람은, 공부하는 우리가 보기에는 일체 생에 대해 방하착放下著한 사람이다. 살아봐야 뭣하겠나? 그러면 탐심貪心도 없고 원願하는 것도 없다. 또 허망虛妄한 줄 아니까, 구해지지 않는다고 괴로울 것도 없겠다. 그런데 그 당사자는 '나는 외롭다. 내 신세가 왜 요 모양일까?' 하는 생각 때문에 괴롭다. 생각 때문이다. 생각만 하지 않으면, 곧바로 공, 무상, 무작이다. 사람들은 생각을 하기 때문에,

---

汝邊]."
　-임제의현(臨濟義玄, ?~866) "조사께서 말씀하시기를, '한심한 사람아! 머리를 가지고 머리를 찾는구나' 하였다. 그대들은 말끝에서 바로 스스로 회광반조하고 다시 다른 법을 찾지 말라. 이 몸과 마음이 조사나 부처와 다르지 않음을 알아서 당장에 아무 일이 없게 되면(無事) 비로소 법을 얻었다고 할 것이다[祖師言咄哉丈夫 將頭覓頭 儞言下便自回光返照更不別求.知身心與祖佛不別 當下無事 方名得法]."
　-동산양개(洞山良价, 807~869) "일과 이치 모두 간섭하지 않고, 돌이켜 비추니 그윽하고 미묘함 끊겼네. 세속을 등져 아름다움 투박함 모르는데, 번쩍이는 번갯불 쫓기 어렵구나[事理俱不涉 回照絶幽微 背風無巧拙 電火爍難追]."

127　사띠(sati, 산스크리트어로 smrti): '마음챙김' 기본적인 뜻은 기억이나 주의. 팔정도 중의 정념(正念). 서구에서는 mindfulness 등으로 영역되었다.

다시 말해 신세한탄을 하기 때문에 공, 무상, 무작이 안 된다. 그러나 공부하는 도인道人들은 그런 생각이 나면, '아, 내가 외롭다는 생각을 하는구나.' 하고 바로 알아차리고, 생각만 털어버린다. 아무 생각이 없어진다. 그럼 바로 청정淸淨이다. 확연廓然이다. 탕활蕩豁이다. 그런 호호탕탕浩浩蕩蕩한 상태가 된다. 그런데 중생은 생각 때문에 안 되는 것이다. 생각이 일어날 때[初相], 일어나는 그 생각을 잡으려 해도 잡을 것이 없다. 알아차리면 벌써 그것은 앞생각이니, 뒷생각이 생기는 순간 앞생각은 없다. 그러니 본래 없는 것이다. 진심만 청정 각명한 것이 아니고, 망심妄心도 청정각명淸淨覺明한 줄 알라는 말이다.

그러므로, 일체 중생을 각覺이라고 부르지 않는 것은, 무시로부터 항상 무명망념이 상속하여, 일찍이 여읜 적이 없기 때문이다.[128]

만약 망념이 쉬면 곧 심상心相의 생주이멸이 모두 무상임을 알게되니, 일심에서 전후동시가 모두 상응하지 않는 것은 자성이 없기 때문이다.[129]

망념 망심이 계속 일어난다[恒有無明妄念相續]. 망념이 계속 이어지는 것이 중생이다. 망념妄念 이것도 아주 웃긴다. 예컨대 누가 사기 쳐서 내 돈을 떼먹었다고 하자. 내가 화를 낸다. 화가 나서 한탄하며 후회하는 생각을 하다가 다른 생각이 시작된다. 그러면 화가 사라지기 시작한다. 화가 없어지면서 또 다른 생각을 한다. 돈 못 갚는 친구를 측은하게 여기는 생각도 일어난다. 처음 일어난 화가 주住 단계만 가도 내용이 좀 바뀐다. 생각이라는 대상을 찾아봤자 찾

---

128 원문은, 是故시고 一切衆生일체중생 不名爲覺불명위각 以無始來이무시래 恒有無明妄念相續항유무명망념상속 未曾離故미증리고

129 원문은, 若妄念息약망념식 卽知心相生住異滅즉지심상생주이멸 皆實無相개실무상 以於一心이어일심 前後同時전후동시 皆不相應개불상응 無自性故무자성고

아지는 것이 없지만, 생각하는 주체主體는 있는가? 화를 낼 때는 화낼 만한 기억과 지식[憶知]이 발동發動했고, 측은한 생각이 날 때는 또 측은한 생각이 날만한 억지憶知가 발동한다. 그러니 화낼 때 주체의 억지와 측은한 마음을 낼때의 주체의 억지가 달라진다. 화낸 녀석이 측은한 마음을 내는 그 녀석 맞는가? 변한다. 그렇지 않은가? 그러면 화낼 만한 억지가 발동한 때와 측은해하는 때의 주체主體는 같은가, 다른가? 화를 냈으면 끝끝내 화를 내야지, 화냈다가, 측은해했다가 하니, 누가 나인가? 그러니 망심妄心을 일으키는 주체主體도 변한다. 세상에 고정 불변하는 존재는 없다.

화내는 주체主體는 우리의 식識 덩어리다. 제8 아라야식 안에 기억과 지식이 있다. 그것이 나오는 것이다. 이 식識은 어디서 나왔는가? 원래는 청정각명淸淨覺明한 진심眞心에서 나왔다. 주체라고 하는 나, 즉 망심이 정해진 모습이 없다. 내용이 자꾸 변한다. 망심에서 기억과 지식을 다 내버리면 무엇이 남을까? 청정한 각명만 남는다. 공적영지空寂靈知만 남는다.

망심妄心은 억지憶知가 계속해서 달라지고 있으니, 망심에 자성自性이 있다고 할 수가 없다. 자성이 없다. 화내는 마음, 측은해하는 마음, 모두가 생멸심이다. 자성이 없는 망심妄心이다. 주체가 없다. 그럼 청정각명한 진심眞心은 주체主體가 있는가? 있다. 각명覺明이다. 영지靈知가 있다. 그런데 이것은 청정하여 모습이 없으니 있다고 할 수도 없다.

그런 진심과 망심, 여기 『기신론』의 용어로는 각覺과 불각不覺이 어떤 차이가 있는가? 그것을 알아야 한다.

이렇게 알고 보면, 곧 시각始覺이란 것은 얻을 수 없는 줄 아는데, 본각本覺과

다르지 않기 때문이다.[130]

각은 진심이다. 시각始覺이란 진심을 처음 알았을 때다. 진심은 청정각명이다. 따져보면 각명한 작용作用은 있는데 아무것도 없다. 우리의 본래 마음인 진여眞如도 아무것도 없어서 일체의 모습을 떠났다고 했다. 시각이다 본각이다 하는 것은, 처음에 알아차리면 시각, 부처님처럼 경계에 끄달리지 않는 상태가 되면 본각을 얻었다고 한다. 처음 진심을 안 것과 나중에 진심 자체가 된 것이 똑같은 것이라는 말이다.

다음에 본각의 내용이 있다. 진심의 내용을 설명한다. 진심의 반대인 망심이 어떤 것인가를 설명하면서, 결국 이를 통해서 진심이 어떤 것인가를 안다는 말이다. 진심眞心에 대한 설명說明은 능엄경보다 대승기신론이 훨씬 풍부하다. 능엄경에서는 청정각명이라고만 하고 별 이야기가 없다.

[3] 본각本覺의 내용

다시 본각本覺을 염染에 따라 분별하면, 이종二種의 차별상差別相이 생긴다. 하나는 정지상淨智相이고, 둘은 부사의용상不思議用相이다.[131]

'상주진심常住眞心은 성정명체性淨明體다'라고 하는 진심 이야기다. 진심본각을 수염분별隨染分別 한다고 했다. 왜 수염분별하는가? 본각, 혹은 진심은 청정

---

130 원문은, 如是知已여시지이 則知始覺不可得즉지시각불가득 以不異本覺故이불이본각고

131 원문은, 復次부차 本覺隨染分別본각수염분별 生二種差別相생이종차별상 一淨智相일정지상 二不思議用相이부사의용상

해서 모습이 없다[無相]. 그래서 설명할 수가 없다. 불가능하다. 설명하려면 염染이 들어가야 가능해진다. 염이란 망심이다. 망심이 들어가서 주객主客이라는 개념을 이용해서 분별해야 설명이 된다는 말이다. 그래서 수염분별이라 한다.

따져보면 두 가지 차별상이 있다. 하나는 정지상淨智相이다. 정지의 정淨은 청정이고, 지智는 각명이다. 정지淨智는 청정각명淸淨覺明을 가리키는 것이다.

둘은 부사의용상不思議用相이다, 불가사의하게 작용하는 모습, 그 모습을 가지고 진심을 설명할 수 있다는 말이다.

가. 정지상淨智相

정지상淨智相은 법의 훈습에 의한 여실수행如實修行으로, 공덕과 수행이 만족하면 화합식和合識이 깨어지고 전식轉識의 모습이 사라져서, 법신청정지法身淸淨智가 현현하기 때문이다.[132]

정淨은 청정, 지智는 각명이다. 법신청정지法身淸淨智가 어떻게 드러나는가? 수행의 힘이 완전히 만족되면 화합식和合識[133]을 깨버린다. 사실 알고 보면 있지도 않은 것을 제8식이라고 이름 붙여서 설명하는 것이다.

'滅轉識相멸전식상'이란 구절에서 전식상은 무엇인가? 제8식을 제외한 칠종식七種識인 제7식, 제6식, 전5식을 다 합해서 전식상轉識相이라 한다. 그러니 아라야식과 7종식까지 다 없애버리면, 그러면 식이 다 없어진다. 식識은 무명

---

132 원문은, 淨智相者정지상자 謂依法薰習위의법훈습 如實修行여실수행 功行滿足공행만족 破和合識파화합식 滅轉識相멸전식상 顯現法身淸淨智故현현법신청정지고

133 아라야식을 진망화합식(眞妄和合識)이라 한다.

無明에서 생긴 주객 분별로부터 시작된 것이니, 그것을 다 없애버리면, 즉 주객이라는 것이 없다고 생각하면 남는 것은 각명覺明뿐이다. 법신청정지法身淸淨智에서 지智는 지혜가 아니고 각명覺明을 가리킨다. 『능엄경』과 같은 얘기다. 정淨은 청정, 지智는 각명이다.

일체 심식心識의 모습이 곧 무명無明의 모습이니, 본각本覺과 더불어 같은 것도 아니고 다른 것도 아니며, 깨뜨릴 수 있는 것도 아니고 깨뜨릴 수 없는 것도 아니다. 마치 해수海水와 파랑波浪이 하나도 아니고, 다른 것도 아닌 것과 같다. 파랑波浪은 바람으로 인해서 요동하지만, 수성水性은 요동搖動이 아니다. 만일 바람이 그치면 파동波動은 즉시 사라지나, 그러나 수성水性은 사라지지 아니한다. 중생衆生도 또한 그러하여, 자성청정심自性淸淨心이 무명풍無明風으로 인하여 요동하면서 식識의 파랑波浪을 일으킨다. 이 세 가지 사례는 모두 형상形相이 없어서, 같은 것도 아니고 다른 것도 아니다. 그러나 자성청정심自性淸淨心은 동식動識의 근본이어서, 무명이 멸할 때 동식動識은 따라서 멸하지만, 지성智性은 괴멸하지 않는다.[134]

설명을 위해 원문을 보자.

'一切心識相일체심식상 卽是無明相즉시무명상'; 일체심식의 모습이란 제8식부터 제1식까지 8종식을 가리킨다. 모두 무명無明에서 시작했다. 그래서 무

---

134 원문은, 一切心識相일체심식상 卽是無明相즉시무명상 與本覺非一非異여본각비일이 非是可壞非不可壞비시가괴비불가괴 如海水與波여해수여파 非一非異비일이 波因風動파인풍동 非水性動비수성동 若風止時약풍지시 波動卽滅파동즉멸 非水性滅비수성멸 衆生亦爾중생역이 自性淸淨心자성청정심 因無明風인무명풍 動起識波浪동기식파랑 如是三事여시삼사 皆無形相개무형상 非一非異비일이 然性淨心연성정심 是動識本시동식본 無明滅時무명멸시 動識隨滅동식수멸 智性不壞지성불괴

명상無明相이다. 심식상心識相은 망심이고, 심식상에 반대되는 것이 진심眞心이다. 진심은 청정해서 더 이야기할 것이 없어서, 설명하기 위해 망심을 이야기할 수밖에 없다. 심식상心識相은 무명상無明相인데 본각本覺과 더불어 같은 것도 아니고 다르지도 않다. 진심과 망심은 하나가 아니다[非一]. 하나는 진眞이고 하나는 망妄이다. 그런데 또 다른 것도 아니다[非異]. 진심眞心과 망심妄心은 심생멸문心生滅門에 속한다. 심생멸문心生滅門에서 진심과 망심이 갈라진다. 그렇게 본질이 같으니 다르다고 할 수도 없다.

'非是可壞非不可壞비시가괴비불가괴'; 파괴할 수 있는 것도 아니고 파괴할 수 없는 것도 아니다. 왜 파괴할 수 없는가? 무명에서 일어난 망심은 모습이 없어 파괴할 수가 없다. 우리가 모습에 끄달려 고뇌가 생기는데, 고뇌苦惱가 생기지 않으면, 우리가 불교 공부할 필요도 없다. 고뇌, 걱정, 그것이 고통이다. 그것을 알아차리면 금방 사라져서 없다. 파괴되기도 한다는 것은 우리가 각찰覺察하거나 사띠를 하면, 화를 내도 화가 없다. 아무리 찾아봐도 화가 없다. 그러면 파괴된 것이다.

그런데 파괴될 수 없다는 말은 뭔가? 항상 생각이 일어났다가도 찾아보면 없다. 돌아서면 또 생각이 일어난다. 원래 바탕이 아라야식이라서 아라야식은 진眞도 될 수 있고, 망妄도 될 수 있어서다. 여래장如來藏은 항상 진인 것을 가리키고, 분별심分別心은 항상 망인 것을 지칭하지만, 아라야식은 본래 여래장에 분별심, 생멸심을 보탠 것이다. 어디서 그렇게 이야기했는가? 아라야식을 다시 보자.

아라야식

심생멸문心生滅門은 여래장에 의지하여 생멸심이 전전展轉한다고 말한다. 불생멸과 생멸이 더불어 화합和合하여, 같은 것도 아니고 다른 것도 아닌 것을 아라야식이라고 부르는데, 이 식識에는 두 가지 뜻이 있다. 즉 일체법을 능히 총섭總攝하기도 하고, 또 일체법을 능히 만들기도 한다.

아라야식이라는 것은 여래장과 생멸심이 합해서, 일명 진망화합식眞妄和合識이라 한다. 누가 그랬는가? 마명보살이 『대승기신론』에서 그랬다. 아라야식에는 여래장 측면이 있어서 그것이 진심이고, 생멸심 측면이 있어서 그것이 망심이다. 그러니까 아라야식은 진심인 각이란 뜻이 있고, 망심인 불각이란 뜻도 있다. 지금은 진심인 각을 설명하는 중이다. 각을 설명하려 하니 원래 아무것도 없으면서 각명한 놈이기 때문에, 아무것도 없으니 설명이 안 된다. 그래서 설명을 어떻게 하는가? '隨染分別수염분별'한다. 즉, 망심을 따라서 분별함으로써 이 청정하고 무상無相한 놈에 대해 설명해 보겠다는 것이다. 이 진심은 망심과 어떻게 다르다는 식으로 설명한다. 그렇게 하려 하면 반드시 망심을 따라야 한다. 말로 써야 한다.

나. 부사의용상不思議用相

부사의용상不思議用相이란 정지淨智에 의해서 일체 승묘勝妙한 경계境界를 일으켜서 항상 단절斷絶이 없는 것이다. 여래如來의 몸에 구족한 무량無量한 증상공덕增上功德이, 중생의 근기根機가 시현示現함에 따라서 무량한 이익利益을 성취함을 말한다.[135]

---

135 원문은, 不思議用相者부사의용상자 依於淨智의어정지 能起一切勝妙境界능기일체승묘경계 常無斷絶상무단절 謂如來身위여래신 具足無量增上功德구족무량증상공덕 隨衆生根示現수중생근시현 成就無量利益성취무량이익

부사의용상이란 것은 정지淨智에 의해서 뛰어나고 묘한 경계를 일으킨다. 가만히 있지 않고 작용한다는 말이다. 그래서 늘 단절이 없다. 항상 작용하고 있다는 말이다. 여래의 몸이 즉 법신이 한없는 공덕이 갖춰져 있다. 공덕은 능력 기능 같은 것이다.

이러한 공덕이 중생의 근기에 따라 나타나서 무량한 이익을 성취한다는 것이다.

착하고 악한 것이 다 어디서 나왔는가? 선악善惡이 모두 부사의용상이다. 여기서 성인聖人과 범부를 따져보자. 성인이 되면 성인의 작용을 일으키고, 범부凡夫가 되면 범부의 작용을 일으킨다. 범부凡夫의 작용은 탐진치貪瞋痴 삼독이다. 이것이 나타날 때는 팔종식으로 나타난다. 제8식으로 나타나고, 제7식으로도 나타나고, 제6식과 전오식으로도 나타난다. 전오식前五識에서 전前이란 제6식 앞에 있다는 뜻이다. 이렇게 나타난 것을 가지고 탐진치를 열심히 쓴다.

그럼 성인聖人은 어떤가? 성인이 되면 제8식은 대원경지大圓鏡智가 된다. 크게 둥근 거울 같은 지혜란 말이다. 우리는 분별망심分別妄心을 쓰는데, 부처님은 지혜智慧를 쓴다. 대원경지大圓鏡智다. 위의 제8식에는 온갖 종자種子가 들어 있다. 이 종자의 내용은 대부분 탐진치貪瞋痴다. 그중에 좋은 종자도 있어서 우리가 불교 공부를 할 수 있다. 부처님이 되면 이 종자들이 전부 지혜로 바뀐다. 크게 둥근 거울 같은 지혜, 즉 해말쑥한 지혜다. 청정하다는 말이다. 거울은 비치는 작용이 있으니, 각명하다는 말이다. 청정각명淸淨覺明을 그럴 듯하게 이름하여 대원경지大圓鏡智라 하는 것이다.

제7식은 아상我相을 일으키는 식이다. 부처님이 되면 너 나 없이 같은 평등성지平等性智가 된다. 평등성을 기반으로 하는 지혜, 너와 나를 차별하지 않는 지혜다.

제6식은 분별하는 것, 요지분별了知分別하는 것이다. 요지분별할 때 어찌하는가? 종자種子 속에 들어있는 우리의 기억과 지식[憶知]을 기본으로 해서 분별한다. 항상 억지를 기준으로 판단하게 된다. 예를 들어 바나나를 먹고 설사를 했던 사람은 바나나를 보면 '아, 저거 설사하는 물건이다.'라고 본다. 바나나를 먹고 설사하지 않은 사람은 맛있는 것으로 본다. 알코올중독이 된 사람에게 술은 아주 나쁜 물건이고, 적당히 먹고 활력소가 된 사람은 술은 쓰기에 따라서 아주 좋은 것도 된다고 본다. 무슨 뜻인가? 사람 각각各各이 갖고 있는 억지를 기준基準으로 판단이 내려진다는 얘기다.

그럼 부처님은 어쩌시는가? 억지憶知에 구애받지 않는다. 무엇이든 제대로 관찰한다. 그래서 묘관찰지妙觀察智라 한다. 관찰을 묘하게 한다. 묘하게 한다는 말은 제대로 한다는 얘기다. 이렇게 바뀐다.

전오식前五識은 무엇으로 바뀌는가? 성소작지成所作智로 바뀐다. 짓는 바를[所作] 완수한다[成]는 의미다. 이게 무슨 말인가? 전오식에는 눈·귀·코·혀·몸이 있다. 안·이·비·설·신식이다. 눈에 보이는 것은 색진色塵이다. 그런데 유식唯識에서는 눈에 보이는 것은 모두 나의 제8식의 종자 안에 있던 것이 나온 것이라고 한다. 종자 안에 있던 억지憶知가 현행現行해서 밖으로 나온 것이 삼라만상森羅萬象인 색진이다. 그러니까 눈과 외부의 삼라만상, 모습 있는 것들과는 관계가 깊다. 눈은 주체이고 색은 대상이다. 다시 말해 눈은 견분이고 색은 상분이다. 귀는 소리와 관계가 있다. 그러니 소리가 들린다는 것은 내 이식과 내 이식에 들어 있는 것이 밖으로 현행한 것이다. 그것이 소리다. 그럼 우리가 삼라만상에서 눈으로 보는 것, 귀로 듣는 것, 코로 냄새 맡는 것, 혀로 맛보는 것, 피부 촉감으로 느끼는 것, 삼라만상은 전부가 우리 전오식前五識에 배당된다. 눈·귀·코·혀·몸에 해당되는 것이 밖에서 보는 삼라만상이다. 다른 말로 하면, 밖에 보이는 빛깔은 전부 내 눈이 만든 것이다. 소리는 귀가, 냄새는 코가 만든 것이다. 우리는 배울 때 빛깔을 눈으로 보아 인식하고, 소리를 귀로 들어 인식한다고 배웠다. 그런데 유식을 공부하면 어찌 되는가? 빛깔은 안식眼識과 관계있는 억지憶知이고, 소리는 이식耳識과 관계있는 억지다. 억지라는 것이 무엇인가? 밖으로 투영投影하면, 투사投射가 되면 삼라만상이라는 말이다. 그럼 성소작지는 무엇인가? 눈은 밖에 있는 색깔을 만들어낸다. 그것이 소작所作이다. 그것을 완성한다. 성소작지다. 우리가 이 세상에 태어나 보는 것은 전부 다 나의 제8식에 들어있는 종자種子에 든 정보情報가 빛깔로 나타난 것이다. 소리도 제8식에 들어있는 종자 속에 억지憶知로 저장된 소리가 바깥의 소리로 나타나는 것이다. 그것을 완성한다는 말이다.

이해를 돕기 위해 법장비구法藏比丘와 극락세계極樂世界 얘기를 해보자. 극락세계는 법장비구가 48가지 대원[136]을 세워 만든 것이다. 『아미타경』에 그렇게 나온다. 48가지 설계도는 누가 만든 것인가? 법장비구의 제6식이 주체가 되어 만든 것이다[妙觀察智]. 그 설계도에 따라서, 나무는 어떤 모습으로 하고, 연못은 또 어떤 색깔로 하고, 연꽃의 크기와 모습과 색깔은 또 어떤 식으로 하고... 등등의 것들은 전오식이 정하는 것이다. 다시 말해 눈·귀·코·혀·몸이 구체적인 것을 정한다. 그러니 극락세계는 법장비구의 전오식前五識이 성소작한 것이다. 또한 우리가 사는 이 세상은 우리의 전오식이 성소작成所作한 것이란 말이다. 그것이 성소작지成所作智다.

부사의용상이란 성인聖人이 일으키는 것도 부사의용상不思議用相인데, 범부凡夫는 식識을 기준으로 일으키고, 성인聖人은 지혜, 지智를 기준으로 일으킨다.

---

136 각주 457 참조

[4] 각상覺相의 종류

　다시, 각상覺相에는 네 가지 대의大義가 있는데, 모두 청정하기가 허공이나 명경明鏡과 같다.[137]

　진심眞心을 『대승기신론』처럼 이렇게 많이 설명하는 책은 다시 없다. 경도, 논도 이러는 것이 없다. 각상이 네 가지가 있다고 하는데, 청정하기가 허공과 같고 명경과 같다고 한다. 청정하기가 허공과 같다. 우리가 많이 쓰는 표현이다. 청정을 설명할 때 허공虛空에 자주 비유譬喩한다. 허공처럼 툭 틔어서 막힘이 없다. 명경明鏡은 밝은 거울이다. 밝은 거울이 비추기는 비추는데, 거울에 나타난 영상影像은 있는 것인가, 아닌가? 거울에 비친 빨간 장미를 잡으려 해 봤자 잡히는 것은 없다. 거울에 비친 장미는 있는 것인가? 없는 것인가? 영상影像은 있다. 그런데 잡히지 않으니 없는 것이다. 청정하기가 허공이나 명경과 같다.

　하나는 진실공대의眞實空大義니, 마치 허공과 같고 명경明鏡과 같다. 일체의 심경계상心境界相과 각상覺相을 모두 얻을 수가 없음을 말한다.[138]

　청정淸淨해서 허공 같다. 다시 말해 아무것도 없다. 명경明鏡과 같다, 우리 마음은 각명한 작용을 일으키며 견문각지見聞覺知한다. 그러나 견문각지하지만, 견見한 것이든, 문聞한 것이든 찾아보면 아무 모습이 없다. 찾을 수가 없었

137　원문은, 復次부차 覺相각상 有四種大義유사종대의 淸淨如虛空明鏡청정여허공명경

138　원문은, 一일 眞實空大義진실공대의 如虛空明鏡여허공명경 謂一切心境界相及覺相위일체심경계급각상 皆不可得故개불가득고

다. 빈 것이란 말이다. 그래서 공이라는 큰 뜻이 있다[眞實空大義]. 이것은 우리가 알기 쉬운 것이다.

○ **강의중 질문: 이구청정**離垢清淨**과 자성청정**自性清淨**이 어떻게 다른가요?**

본질을 제대로 알면 같은 뜻이다. 그러나 이것을 단어나, 이치로만 알면 다르다. 우리가 자성청정심을 강조해서 본래부터 청정각명하다고 하지만, 실제로 행동이 그렇게 되는가? 삼독심을 쓰는 버릇이 있으니 때垢가 많다. 그러하니 갈고 닦아야 한다. 버릇이 된 분별심을 닦아내는 것이 이구離垢다. 때를 벗겨낸 뒤에 드러나는 청정이 이구청정離垢清淨이다. 모든 중생은 본래부터 청정각명하니까 자성청정심이 있지만, 삼독심을 쓰는 버릇이 있으니 공부를 많이 해서 버릇이 사라져야만 이구청정이 된다.

『능엄경』식으로 설명하면 어찌 되는가?

자성청정自性清淨이란 것을 확실히 안 사람은 곧바로 이구청정인데, 자성청정을 어렴풋하게 안 사람은 그 버릇 없앤다고 생고생을 한다. 꿈으로 비유하자면 이렇다. 꿈에 코로나에 걸려 격리 수용됐다. 그래서 나가지도 못하고 작은 방에서 죽을 지경이다. 그런데 꿈을 깨고 보면 코로나에 걸린 것도 아니고, 격리 수용된 것도 거짓이다. 그러니 꿈인 줄 확실히 알면, 코로나 때문에 갇혀 있다고 걱정하진 않을 것이다. 혹 아주 위중한 상황까지 가더라도 별걱정 없다. 그러나 문제는 꿈속에선 꿈인 줄 모른다는 것이다. 꿈인 줄 모르니, 꿈이라고 들어도, 괴롭고 불안하다. 그와 같다. 그래서 옛사람도 이구청정을 얘기하는 사람은 확실히 닦아야 한다고 하고, 자성청정自性清淨인 줄 확실히 아는 사람은 이구청정이란 말을 하지 않는다.

『기신론』은 이구청정離垢清淨을 가지고 자성청정自性清淨을 설명한다. 그러니까 각覺도 시각始覺이 있고, 상사각相似覺이 있고, 수분각隨分覺이 있고, 구경각

究竟覺이 있다. 그렇게 이구청정으로 가는 길을 설명한다.

우리는 이치를 알고 있어야 한다. 이치를 알고 있으면, 언젠가 시절인연이 도래할 때 한꺼번에 알게 된다. 『대승기신론』은 아주 체계적으로 잘 써놓은 것이라서, 여러 번 읽으면 그 뜻이 머리에 들어온다.

지욱대사의 설명에 따르면 진실공대의眞實空大義의 뜻은 진여문 설명에서 나온 '언설로 건립하는 진실공'의 내용과 같다. 아라야식에 있는 무시무루종자無始無漏種子[139]는 진여를 바탕으로 하지만, 진여는 일체의 심心과 경계상境界相과 각상覺相이 아니어서 텅 비었다. 빈 것이 마치 구름 한 점 없는 허공이요, 깨끗한 고경古鏡과 같다는 설명이다. 이 진실공대의를 진제의 구역에는 여실공경如實空鏡이라 번역했다.

지금 진실공대의와 진실불공대의는 진여문에 나오는 것과 같다. 앞서 진여문에서 나오는 공과 불공을 이야기하는 것이다. 이것이 헷갈린다. 진여문과 생멸문은 다르다고 해놓고, 지금 여기선 생멸문生滅門에서 각覺을 설명하는 참인데, 진여문眞如門의 공空과 불공不空이 왜 나오는 것인가? 진여문과 생멸문의 각이 같다는 말인가? 원문을 보자.

'一일 眞實空大義진실공대의 如虛空明鏡여허공명경'; '진실공대의여허공명경'까지가 제목이다.

'謂위'; 무엇을 말하는가 하면,

'一切心境界相及覺相일체심경계상급각상'; '일체의 마음과 밖에 있는 모든 경계의 모습 및 각상覺相' 여기서 각상은 원각상圓覺相을 가리킨다. 원래 진심

---

139 무루종자(無漏種子): 깨달음에 이를 수 있는 원인으로 아뢰야식에 잠재하고 있는 원동력.

에는 모습이란 것이 없다. 망심妄心을 일으켰기 때문에 온갖 모습이 나타난다. 그러니 심경계心境界라는 것은 망심妄心의 경계이고, 각상은 진심의 경계다. 망심의 경계와 진심의 경계를,

'皆不可得故개불가득고'; 모두 다 얻을 수 없다. 얻을 수가 없다는 말은, 현상現象은 있지만, 그 현상을 걷어잡으려 하면, 실체가 없다는 말이다. 우리는 분명 간밤에 꿈을 꿨는데, 그 꿈을 걷어잡을 수가 없다. 깨어나서도 걷어잡을 수 없고, 꿈속에서도 마찬가지다. 걷어잡을 수 없다는 말은, 현상은 있으나 찾아보면 그 본질이 텅 비어서 걷어잡을 수 없다는 말이다. 불가득不可得이다. 그것이 진실공眞實空이다. 아무런 모습이 없다는 말이고, 그러면 진여문眞如門과 같다. 진여문은 결국 텅 비어서 아무것도 없다.

물의 성품은 습기濕氣다. 습성濕性이라 해도 된다. 축축한 성질인데 이 습성에는 아무 모습이 없다. 성품은 그렇지만 물의 상모습은 수돗물, 빗물, 강물, 바닷물... 다 다르다. 이 상相은 분명히 볼 수 있다. 그러나 성품인 습성은 볼 수가 없다. 볼 수 없는 성性을 진여眞如라 한다. 성은 원래 볼 수 없는 것이다. 원래 성상性相이라 할 때 상相은 모습 있는 것이고, 성性은 모습이 없는 것이다. 축축한 모습을 어떻게 잡아낼 수 있겠는가?

만약 축축한 모습을 잡아낸다면, 그것은 성이 아니라 상에 해당한다. 습기가 많아 물방울이 맺힌다면, 그 맺힌 물방울은 물의 상相이다. 성이 아니다. 습기/습성 이것이 성性이다. 진여문眞如門도 마찬가지다. 진여문은 아무 모습이 없다. 일체의 상이 없고, 성性뿐이다. 생멸문에는 상相이 있다. 우리 마음이라는 것이 여러 가지 작용作用을 한다면, 그것은 전부 생멸문生滅門이다. 진여眞如라 하는 것은, 모습이 없으니 나타낼 방법이 없다. 그것을 강조한 것이다. 다음은 진실불공대의를 보자.

둘은 진실불공대의 眞實不空大義니, 마치 허공과 같고 명경과 같다. 일체법이 '파괴할 수 없는 자성自性'을 원만하게 성취하고 있다. 일체 세간世間의 경계의 모습이 모두 그 가운데서 나타나지만, 출出하지도 아니하고 입入하지도 아니하며, 멸滅하지도 아니하고 파괴되지도 아니한다. 상주常住하는 일심一心은 일체의 염법染法이 물들이지 못한다. 지체智體에 끝없는 무루공덕無漏功德을 구족하여, 인因으로 일체의 중생심衆生心을 훈습한다.[140]

문장이 아주 어렵다. 왜 그런가? 진여문에서 나왔던 진실불공眞實不空과 같은 법문이기 때문이다. 원문을 보자.

'謂一切法위일체법 圓滿成就원만성취 無能壞性무능괴성'; '일체법이 파괴할 수 없는 자성을 원만하게 성취하고 있다.' 파괴破壞할 수 없다. 물을 예로 들어 보자. H2 + O 하면 물이 나온다. 그럼 물은 어디서 나오는가? 여래장如來藏에서 나온다. 그러니까 이 우주공간에서는 어디든지 H2와 O가 결합하면 반드시 물이 나온다. 언제나 어디서나, 물이 나오는 이 성질性質은 파괴할 수 없다. 조건만 갖추면 반드시 물이 나오니까, 물이 이미 원만하게 다 갖춰져 있다고 한다. 허공중에서 H2와 O만 만나면 항상 물이 튀어나온다. 이 점을 설명한 것이다. 성냥을 그으면 불이 나오는데, 그 조건은 꽤 복잡하다. 산소가 있어야 하고, 발화점發火點 이상의 온도가 갖춰져야 하고 탈 것[燃料]이 있어야 한다. 산소, 발화점 이상의 온도, 연료만 구비되면 우주공간 어디서나 불이 나온다.

---

140 원문은, 二이 眞實不空大義진실불공대의 如虛空明鏡여허공명경 謂一切法위일체법 圓滿成就원만성취 無能壞性무능괴성 一切世間境界之相일체세간경계지상 皆於中現개어중현 不出不入출불입 不滅不壞불멸불괴 常住一心상주일심 一切染法所不能染일체염법소불능염 智體具足無邊無漏功德지체구족무변무루공덕 爲因熏習一切衆生心故위인훈습일체중생심고

그러니 결국 불은 이 조건을 갖추기 전에 이미 원만성취되어 있다. 여래장如來藏에 들어 있다. 『능엄경』의 설명은 그렇다.

'一切世間境界之相일체세간경계지상 皆於中現개어중현'; 일체 세간의 경계 모습이 그중에 나타난다. 물과 불같은 것들이 인연을 만나면 허공에 모습을 나타낸다. 말로 하자면 허공이지만, 결국 내 마음이다. 물이 나타날 때도 여래장에서 나오는데, 그럼 이 여래장에서 물이 나오는 것이 보이는가? $H2$와 O만 결합했지, 따로 물을 만드는 장치가 있는 것도 아닌데, 결합하면 물이 바로 나온다. 여래장에서 나온다고 했지만, 여래장如來藏에서 물이 나오는 모습을 본 사람은 아무도 없다. 그것을, '不出不入불출불입', 즉 나온 것도 아니고 들어간 것도 아니라고 했다. 동시에 없어지는 것도 아니고 파괴되는 것도 아니다[不滅不壞].

'不滅不壞불멸불괴'라 함은 물의 성질[수성水性 – 능엄경에서는 성性으로서의 수水라 한다]이다. 불도 마찬가지다. 즉 성性의 상태로서의 불이 항상 원만한데, 조건을 갖추면 불이 기멸하지만, 불이 들어오고 나오고 하는 모습은 없다. 성냥을 켜면 바로 불이다. $H2$와 O를 결합하면 바로 물이다. 또 성냥불은 불면 꺼지고, 물을 분해하면 바로 수소와 산소로 돌아간다. 이런 현상現象이 여래장에서 들락날락하는데, 실제로는 기멸하는 과정을 나타내는 아무런 모습이 없다.

옛사람들은 꿈 이야기를 여기에 갖다 붙인다. 우리가 자다가 꿈을 꾸는데, 꿈꿀 때 꿈이 나타난다고 할 수도 있지만, 꿈이 나왔다가 들어간다고 할 것이 없다. $H2$와 O를 결합하면 물이 그냥 툭 나오듯이, 꿈도 그냥 꿈을 꾸지, 꿈이 들어오고 나오고 하는 모습이 있는 것이 아니다. 그것이 '不出不入불출불입 不滅不壞불멸불괴'이다.

'**常住一心상주일심 一切染法所不能染일체염법소불능염**'; 상주하는 마음인 여래장은 항상 있는데 더럽힐 수가 없다. 만약 상주일심인 여래장如來藏이 오염되거나 낡거나 변한다면, H2O로 결합해도 물이 나오지 않을 수도 있다는 이야기가 된다. 하지만 아무리 더러운 사상事相도 여래장을 더럽힐 수 없다. 즉 여래장은 항상 정법淨法이 원만圓滿하다. 물의 성품이 원만하고, 불의 성품도 원만하다. 지수화풍공견식地水火風空見識이라는 칠대七大가 여래장如來藏에 원만하게 갖추어져 있다.

'**智體具足無邊無漏功德지체구족무변무루공덕**'; 지체智體는 우리 진짜 마음이다. 각명覺明한 진심眞心을 지체라고 한다. 그 각명覺明이 바로 한없는 무루공덕無漏功德[141]을 가리킨다. 무루공덕이라는 것은, 인연因緣을 벗어난 주객主客 이전以前의 공덕을 말한다. 그렇다면 유루有漏는 무엇이 샌다는 말인가? 육근六根이 육진六塵에 끄달려서 육식六識을 일으키면, 그것이 주객主客이 상대하여 새는 것이다.

'**爲因熏習一切衆生心故위인훈습일체중생심고**'; 이 무루공덕, 즉 무연지는 성인들이 가지고 있는 마음 씀씀이인데, 이것이 원인이 되어서 일체중생의 마음을 훈습한다. 유위인 유루심[142]을 무위인 무루심이 훈습해서, 마음 자체를 무위/무루로 만든다. 즉 진심眞心으로 만든다. 무루로 만드는 그런 공덕을 우리 지체智體인 여래장이 가지고 있다. 상주일심常住一心도 여래장이고, 지체智體도 여래장이다. '**皆於中現개어중현**'이라, 그 중에서 나타난다고 할 때 그 중中도 여래장이다.

'**一切法일체법 圓滿成就원만성취**'라 할 때의 일체법도 여래장 안에 있는

---

141 무루(無漏): 누(漏)는 마음에서 더러움이 새어나온다는 뜻으로, 번뇌를 가리킨다. 번뇌의 더러움에 물들지 않은 마음, 번뇌와 망상이 소멸된 상태의 마음이 무루심(無漏心)이다.

142 번뇌에 속박된 마음.

온갖 법이다.

'一切法일체법 圓滿成就원만성취 無能壞性무능괴성'을 『법화경』에서 "是法住法位시법주법위 世間相常住세간상상주"[143]라고 설명한다. 『법화경』의 사구게四句偈 중 앞 두 구절이다. 『법화경』에서 제일 어려운 구절이다. 여기서 이 법是法은 아까 예로 든 지수화풍地水火風이나 견식見識 같은 것들이다. 세간법이 항상 법의 자리에 있다. 여기 법의 자리法位는 여래장如來藏이다. 세상에 나타나는 모든 사상事相이 여래장에 상주한다는 말이다.

이런 이치는 불공不空이다. 진심은 원래 청정각명이니, 청정을 강조하면 공대의空大義이고, 각명을 강조하면 불공대의不空大義가 된다. 우리의 본래면목인 진심이 청정하고 각명한 것을 지금 이런저런 방식으로 설명하고 있다. 청정을 강조할 때는 공이고, 각명을 강조할 때는 불공이니 진심眞心은 본래 이렇게 이중성二重性이다. 청정淸淨은 공적空寂과 같고, 각명覺明은 영지靈知와 같다. 적적寂寂 성성惺惺도 이와 같다. 그래서 청정각명淸淨覺明이라 하기도 하고, 공적영지空寂靈知라고 말하기도 하고, 적적성성寂寂惺惺하다고도 한다.

셋은 진실불공이장대의眞實不空離障大義니, 마치 허공과 같고 명경과 같다. 번뇌장煩惱障과 소지장所知障을 영원히 끊어 화합식和合識이 사라져서, 본성의 청정이 항상 안주함을 말한다.[144]

---

143 법화경 제1권 방편품 중: "是法住法位시법주법위 世間相常住세간상상주 於道場知已어도량지이 導師方便說도사방편설" 이 법이 법의 자리에 머물러서 세간상이 항상 주(住)함을 도량에서 이미 알았지마는 도사께서 방편으로 설하신다.

144 원문은, 三삼 眞實不空離障大義진실불공리장대의 如虛空明鏡여허공명경 謂煩惱所知二障永斷위번뇌소지이장영단 和合識滅화합식멸 本性淸淨본성청정 常安住故상안주고

이장離障은 장애障碍를 멀리 떠났다는 것이다. 무슨 장애인가? 번뇌장煩惱藏과 소지장所知障의 두 가지 장애다. 번뇌장, 소지장을 영원히 끊어 화합식和合識이 사라진다. 장애를 멀리 떠난다는 것은 공부 이야기다. 공부를 해서 두 가지 장애를 멀리 떠나서, 화합식이 멸한다. 화합식이 무엇인가? 가장 근본적인 식이 아라야식인데, 아라야식은 불생멸과 생멸이 화합해서 하나도 아니고 다른 것도 아닌 것이다. 아라야식을 진망화합식眞妄和合識이라 한다.

앞서 나왔던 심생멸문心生滅門의 아라야식 원문을 다시 읽어보자. 여러 번 읽은 구절이다.

'심생멸문心生滅門은 여래장에 의지하여 생멸심이 전전展轉한다고 말한다. 불생멸과 생멸이 더불어 화합和合하여, 같은 것도 아니고 다른 것도 아닌 것을 아라야식이라고 부르는데, 이 식識에는 두 가지 뜻이 있다. 즉 일체법을 능히 총섭總攝하기도 하고, 또 일체법을 능히 만들기도 한다.'

여래장에 의지해서 생멸심이 전전展轉한다고 한다. 전轉은 전변轉變이다. 여래장 때문에 생멸심이 있다는 말이다. 그러면 여래장이 먼저고 생멸심이 뒤에 일어나는가? 그 말이 아니다. 여래장如來藏이 있으면 그 즉시 반대되는 생멸심生滅心이 나타난다. 서로 짝이다. 그렇게 해서 불생멸하는 것이 여래장이고 생멸하는 것이 생멸심이다. 그 둘이 화합한 것이 아라야식이다. 그 아라야식이 기본이 돼서 생멸심生滅心이 작동作動한다. 우리가 마음이라고 하는 망심妄心은 화합식和合識이다. 번뇌/소지 이장二障을 영단永斷하면 화합식이 사라진다고 했다. 그 말은 제8 아라야식이 없어진다는 뜻이다. 그러면 본성이 청정하다. 진심뿐이니까 청정하고, 그 청정이 항상 안주한다.

지욱대사의 설명에 따르면 진실불공이장대의眞實不空離障大義는 앞에서 설명한 정지상淨智相의 내용과 같다. 비록 시각始覺에서 나타나지만 본래의 본각本覺과 시각은 다르지 않으니, 곧 대승의 체상體相을 가리킨다. "번뇌장煩惱障과 소지장所知障[145]을 영원히 끊으니" 바로 진여문 중의 진실공眞實空이고, "본성의 청정이 항상 안주하니" 진여문 중의 진실불공眞實不空이다. 여기서는 불공의 모습을 강조하여 불공을 이장離障의 앞에 붙였다. 번뇌장은 아집我執을 원점으로 벌어지는 번뇌로서 열반을 장애하는 것이고, 소지장은 법집法執에서 벌어지는 번뇌로서 보리菩提를 장애하는 것이다. 진실불공이장대의를 진제의 구역舊譯은 법출리경法出離鏡이라고 번역했다.

법출리法出離란 법을 벗어났다는 말이다. 그러니까 우리가 일으키는 분별 망상의 종류를 나누면 번뇌장과 소지장의 두 가지다. 번뇌장煩惱障은 우리가 괴로워하는 것이다. 우리가 불교공부를 하는 이유는 괴로움에서 벗어나 행복해지기 위해서다. 번뇌장을 다 끊어버리면 괴로워하는 것이 없으니 행복해진다. 찾아보면 '나'라고 하는 놈이 없다. 색수상행식 오온五蘊이 나라고 하는데, 하나하나 살펴보니 거기 어디에도 나라고 할 것은 없다. 그러면 내가 없으니, 내가 괴로워하고, 싫어하고 불행하다고 느낄 것이 없다. 그러니 아공我空을 증득하면 번뇌장이 없어진다. 번뇌장煩惱障이 없어지니 바로 열반涅槃에 들어간다. 번뇌장을 없애서 열반에 들어간 사람이 아라한이다. 그러니까 아라한은 경계가 진짜 있어도 그것을 받아들여 괴로워할 내가 없다. 아공我空이다.

---

145 번뇌장(煩惱障): 자기가 존재한다고 생각하는 인아견(人我見) 즉 아집(我執)으로 인하여 생겨난 번뇌로 몸과 마음을 괴롭혀 열반을 장애한다.
소지장(所知障): 제법의 실체가 존재한다고 보는 법집(法執)으로 인하여 생겨난 미혹으로 알아야 할 바, 소지경(所知境)의 실상을 가려서 보리(菩提)를 장애한다. 거친 분별의 번뇌장과 소지장은 견도위(見道位)에서 끊고, 미세한 구생의 두가지 장애는 수도위(修道位)에서 끊는다.

그럼 소지장所知障은 무엇인가? 보살菩薩들이 공부해 들어가는 것이 소지장이다. 보살들이 보니, 나만 없는 것이 아니고, 바깥 경계도 사실은 내가 지어낸 것이다. 삼계유심三界唯心이요 만법유식萬法唯識이라. '일체一切가 내 심식心識이 지어낸 것이구나' 하고 알면 그것이 아는 바 소지所知다. 외부에 있는 대상對象이란 말이다. '삼계유심三界唯心 만법유식萬法唯識'을 알면 소지장이 사라진다. 그리되면 우리가 사물을 봐도 그 사물이 진짜 사물이 아니다. 내 알음알이[識]가 투영된 것이다.

예를 들어 바나나를 보자. 바나나를 외국에서 가져올 때 컨테이너에 담고, 썩지 말라고 가스 충전을 한다. 그리고 문을 닫는다. 그러니 수입 바나나에는 독극물 성분이 들어 있다. 그것을 아는 사람이 바나나를 볼 때는 꽤나 위험한 것인데, 보통 사람이 보기에 바나나는 아주 맛있는 과일일 뿐이다. 같은 것을 봐도 갖고 있는 지식에 따라서, 대상에 대한 평가/판단이 달라진다. 자기의 기억과 지식[憶知]을 기준으로 대상을 평가 판단하니 우리는 사물을 있는 그대로 견문각지見聞覺知하는 것이 아니다. 이것이 이른바 소지장所知障이다. 우리가 중론中論을 배우고 유식을 배우는 것은 소지장을 없애기 위해서다. 특히 유식唯識은 소지장과 관계가 깊다. 공을 주장하면, 일체가 다 빈 것이니 소지장도 해결되지만, 번뇌장도 함께 해결된다. 용수보살이 재주를 다해 잘 썼지만, 중론의 논리論理는 매우 어렵다. 하지만 중론과 유식을 모두 배워야 번뇌장과 소지장이 다 해결된다고 한다.

지욱대사는 정지상淨智相의 내용과 같다고 했다.

정지상은 무엇인가? 공부를 해서 청정각명을 확실히 알아차렸을 때 그것을 정지상이라고 한다. 앞서 나왔던 정지상에 대한 설명을 다시 한번 보자.

'정지상淨智相은 법의 훈습에 의한 여실수행如實修行으로, 공덕과 수행이 만

족하면 화합식和合識이 깨어지고 전식轉識의 모습이 사라져서 법신청정지法身淸淨智가 현현하기 때문이다.'

법의 훈습에 의해 실답게 수행하여, 공덕功德과 수행修行이 만족하면 화합식和合識을 깨뜨리고, 제8 아라야식에 일어난 상들인 전식상轉識相을 다 없애면 법신法身이 나타난다. 공부해서 청정한 각명을 나타낸다는 말이다. '法熏컵법훈습'이란, 불법佛法을 가지고 공부한다는 말이다. 말하자면 『능엄경』을 열 번 읽고, 백 번 읽고 해서 이치를 알면, 저절로 공행功行이 만족되어서 각명覺明한 정지상淨智相이 드러난다는 말이다. 그러니 정지상은 진심의 본래 모습을 가리킨다.

부사의용상에 대한 설명도 다시 보자.

'부사의용상不思議用相이란 정지淨智에 의해서 일체 승묘勝妙한 경계境界를 일으켜서 항상 단절斷絶이 없는 것이다. 여래如來의 몸에 구족한 무량無量한 증상공덕增上功德이, 중생의 근기根機가 시현示現함에 따라서 무량한 이익利益을 성취함을 말한다.'

정지淨智에 의지해서, 공부해서 청정각명을 알았으니 중생을 제도함에 온갖 방편을 쓰고 그것이 끊어지지 않게 한다. 여래의 몸에 무량한 증상공덕이 갖춰져 있는 것을 활용해서 중생의 근기에 따라서 신구의身口意 삼업三業으로 교화한다. 그렇게 중생들의 무량한 이익을 성취시켜 주는 것이 부사의용상이다.

넷은 진실불공시현대의眞實不空示現大義니, 마치 허공과 같고 명경과 같다. 장애되는 법을 여의어서 곳에 따라 응화應化하되, 여래의 평등한 가지가지 빛깔

과 음성을 나타내어 중생들로 하여금 온갖 선근을 수행하게 함을 말한다.[146]

지욱대사의 설명에 따르면 진실불공시현대의眞實不空示現大義 는 앞에서 나온 부사의용상不思議用相의 내용과 같다. 대상에 따라서 응하는 것은 의륜意輪으로 근기를 관찰함이고, 갖가지 모습을 나투는 것은 신륜身輪으로 시화示化함이며, 갖가지 소리를 내는 것은 구륜口輪으로 설법함이니, 이것은 허공이 만물을 함육含育함과 같고, 명경이 갖가지 모습을 돈사頓寫함과 같다고 한다.

이것은 부사의용상과 같다. 공부가 되어서 중생들에게 법문을 해서 다 해탈하게 한다.

이상의 네 가지가 여기서 말하는 각상覺相이다. 즉 진심의 모습이다.

정리해보자. 아라야식에서 각覺은 진심眞心이라고 했고, 불각不覺은 망심妄心이라 했다. 각覺의 설명은 간단하게 끝났는데 불각不覺은 설명이 길다.

---

146 원문은, 四사 眞實不空示現大義진실불공시현대의 如虛空明鏡여허공명경 謂依離障法위의이장법 隨所應化수소응화 現如來等種種色聲현여래등종종색성 令彼修行諸善根故영피수행제선근고

<복습> 불각

　　이제 교재의 순서로는 불각이다. 이해를 돕기 위해 먼저 설명했지만, 매우 중요하니 한 번 더 읽어보자. 불각不覺의 정의를 다시 보자.

[1] 불각의 정의

　　불각不覺의 뜻은 무시無始로부터 '진법眞法이 하나임'을 여실如實하게 알지 못함을 말한다. 불각심不覺心이 일어나면 망념이 생기는데, 저 망념妄念은 스스로 실상實相이 없고, 본각本覺을 여의지 않는다. 마치 어리석은 사람이 방위方位 때문에 착각錯覺하는 것과 같다. 이 착각은 자상自相이 없고, 방위를 여읜 것이 아니다. 중생도 역시 그러하여, 각에 의지하기 때문에 불각하여 망념妄念인 착각이 생긴다. 그러나 저 불각은 스스로 실상實相이 없으니 본각本覺을 여의지 않는다. 또한 불각不覺을 드러내고자 진각眞覺을 말하는 것이니, 불각이 이미 없다면 진각도 역시 없다.[147]

　　그러면 불각 망념인 무명이 진각眞覺에서 생기는 이유는 도대체 무엇 때문인가? 지금 그 이유를 "진법眞法이 하나임을 여실하게 알지 못한" 때문이라고 말한다. '하

147　원문은, 不覺義者불각의자 謂從無始來위종무시래 不如實知眞法—故불여실지진법일고 不覺心起而有妄念불각심기이유망념 然彼妄念自無實相연피망념자무실상 不離本覺불리본각 猶如迷人依方故迷유여미인의방고미 迷無自相不離於方미무자상불리어방 衆生亦爾중생역이 依於覺故의어각고· 而有不覺妄念迷生이유불각망념미생 然彼不覺연피불각 自無實相자무실상 不離本覺불리본각 復待不覺以說眞覺부대불각이설진각 不覺旣無불각기무 眞覺亦遣진각역견

나임을 모름[不知一法]이 그 이유라면 '각명覺明인 본각本覺이 왜 하나임을 몰랐을까?'에 대한 구체적인 설명이 있어야만 제대로 된 설명이다. 그러나 구체적인 해명은 없고, 다만 '진법眞法이 하나임을 여실如實하게 알지 못해서[不如實知眞法一故]'라고만 설명한다.

원래『대승기신론』의 문장은 너무 간략簡略해서 이해하기 힘든 글이지만, 특히이 무명無明에 대한 설명은 너무 간단해서 설명이라고 보기에는 너무 미흡未洽하다.

따라서 이 법치法痴인 무명의 출현에 대한 구체적인 설명은 다른 자료에서 찾아볼 수밖에 없다. "불각심不覺心이 본각本覺에 의지하여 일어나면 망념이다"라는 구절의 의미는,『능엄경』에 나오는 "보명묘성寶明妙性이 오悟 중에서 미迷를 인식한다[寶明妙性보명묘성 認悟中迷인오중미]"고 한 내용을 음미하면 이해할 수 있다 하겠다.

그리고『능엄경』'부루나' 장에 이런 설명이 나온다. "성각性覺은 원래 밝은데, 허망하게 '각을 밝혀보자'고 하였다. 각覺은 원래 밝으니 새삼스레 밝힐 대상對象이아니건만, '밝혀보자'는 것을 인因하여서 대상對象이 되었고, 대상對象이 허망하게성립하니 너의 허망한 주체主體인 망능妄能이 생겼다[性覺必明성각필명 妄爲明覺망위명각 覺非所明각비소명 因明立所인명입소 所旣妄立소기망립 生汝妄能생여망능]." 즉 진심인성각性覺은 본래 주객이 없는데, '스스로 제 마음인 각覺을 밝혀보려고 하는 생각'을 일으켜서 '보려는 주체主體와 대상인 객체客體가 허망하게 생겼다'는 설명이다.이 엉뚱한 불각不覺인 망념妄念으로 주객이란 개념이 생기는데, 이것을 이른바 무명無明이라고 설명한다. 이 무명인 착각錯覺이 생긴 이유에 대해서는 따로 설명이나온다. "다시 '부루나'야! '밝히려는 허망'인 명망明妄이 생긴 것은 다른 이유가 아니고, 각명이 바로 허물이다[明妄非他명망비타 覺明爲咎각명위구]."라는 구절이 있다.즉 본각本覺이 원래부터 각명한 탓으로 제 마음을 밝히려는 명망明妄이 생긴 것이라고 설명한다. 즉 무명無明이 생긴 근본 원인은 본각진심本覺眞心이 본래 각명하기 때문이라고 말한다. 앞에서 나왔던 "상주하는 진심의 성性이 청정하고 각명한 바탕이다"고 말한『능엄경』사구게에 등장한, 진심인 본각本覺의 성자신해性自神解한 특성이 바로 무명의 원인이라고 말한다. 그리고 제5권에 나오는 부처님의 게송에서, "자기 마음이 자기 마음을 취하려고 하니, 원래 환幻이 아닌 것이 환법幻法이 되었다[自心取自心자심취자심 非幻成幻法비환성환법]"고 하여, 제 마음이 제 마음을 취하려는 의도에서 바로 주객主客과 능소能所가 벌어지면서 환법을 이루었다고 선언한 것도 같은 맥락이다. 즉『능엄경』에 나오는 무명에 대한 설명은 지금『대승기신론』에 나온 "진법眞法이 하나임을 여실如實하게 알지 못해서"라는 간단한 설명과 비교하면 매우 구체적이고 친절하여서 학인들이 이해하기에 충분한 자료를 제공하고 있다.

『대승기신론』은 다시 "마치 어리석은 사람이 방위 때문에 남북을 착각하는 것과 같다"고 하여, 방향을 착각하는 것으로 무명을 설명하고 있다. "이 착각은 자상自相이 없고, 방위를 여읜 것이 아니다"고 말하여 무명이 본각을 여읜 것이 아니라는 점을 비유를 들어 설명한다.

지금 중생들이 벗어나지 못하고 있는 무명을 설명하기 위하여 본각을 거론하였지만, 무명이란 것이 실은 각명이 저지른 착각이지 따로 실체가 없는 것인 줄 안다면 무명 때문에 크게 고민할 필요가 없게 된다. 왜냐하면 착각은 본래 실체가 없으니, 착각인 줄 알아차리면 즉시 착각에서 벗어날 수 있기 때문이다.

진각眞覺과 무명無明, 각명覺明과 착각錯覺의 상호관계를 설명한 이『능엄경』의 법문은 곰곰이 새겨볼 필요가 있는 중요한 대목이다.

다음으로 불각不覺의 내용을 보자. 먼저 세 가지 모습이라 하여 삼세三細가 나온다.

<h1><복습> 불각의 내용</h1>

[1] 세 가지 모습三種相

다시, 방일放逸에 의해서 불각不覺이 있고, 이 불각不覺은 세 가지의 모습三種相을 내는데, 서로가 내버리거나 여의지를 않는다.[148]

하나는 무명업상無明業相이니, 불각不覺에 의지하여 마음이 동動하여 업이 된다. 각覺하면 부동不動한다. 동하면 곧 고苦가 있으니, 과果는 인因을 여의지 않는다.[149]

둘은 능견상能見相이니, 심동心動에 의지하여 능히 경계境界를 보는 견見이 생긴다. 부동不動하면 곧 견見이 없다.[150]

셋은 경계상境界相이니, 능견能見에 의하여 허망한 경계의 모습이 나타난다. 능견能見을 여의면 곧 경계境界가 없다.[151]

이 세 가지, 무명업상無明業相 능견상能見相, 경계상境界相은 제8식 내부에서 일어나는 무의식인 삼세三細다. 제8식에서만 일어나는 변화를 가리킨다.

다음으로 육추六麤에서 일어나는 주객 상대의 인식작용이다. 육추六麤는 보충설명이 필요한 중요한 부분이다.

---

148 원문은, 復次부차 依放逸故而有不覺의방일고이유불각 生三種相생삼종상 不相捨離불상사리

149 원문은, 一일 無明業相무명업상 以依不覺이의불각 心動爲業심동위업 覺則不動각즉부동 動則有苦동즉유고 果不離因故과불리인고

150 원문은, 二이 能見相능견상 以依心動이의심동 能見境界능견경계 不動則無見부동즉무견

151 원문은, 三삼 境界相경계상 以依能見妄境相現이의능견망경상현 離見則無境이견즉무경

[2] 여섯 가지 모습 六種相

허망한 경계인 연緣이 있으니, 다시 여섯 가지의 모습[六種相]이 생긴다.[152]

하나는 지상智相이니, 경계를 인연하여 애심愛心과 비애심非愛心이 생김을 말한다.[153]

첫째가 지상智相이다. 여기서 지智는 알 지知 자와 마찬가지로 안다는 의미다. 아는 놈이 있다는 말이다. 제7식이 발동하는 것이다. 제8식의 견분見分을 자기 자신이라고 생각하는 제7식이 발동한다. 이런 것을 전변轉變이라 한다. 제8식이 제7식으로 구른다, 굴러서 변한다. 제7식이 다른 데서 갑자기 튀어나온 것이 아니고, 제8식의 견분을 착각한 제7식이 주체로 나서면서 제8식이 이렇게 굴러서 변하는데, 중요한 것은 전변해도 제8식은 그대로 있다는 사실이다. 제8식은 그대로 있으면서 제7식이 나타난다. 그것을 전변轉變한다고 한다. 내 마음인 망심이 망상을 일으켜서 그것에 끄달리는 것과 흡사하다.

둘은 상속상相續相이니, 지智에 의하여 고락苦樂을 각지覺知하는 생각이 서로 응하여 끊이지 않음을 말한다.[154]

제7식은 지상智相이라고 하는데, 아는 것이다. '나다' 하는 것을 안다. 제8 아라야식에 무명업상無明業相이 있다. 업상業相이란 전생의 업業에 의해 일어

---

152 원문은, 以有虛妄境界緣故이유허망경계연고. 復生六種相부생육종상

153 원문은, 一일 智相지상 謂緣境界위연경계 生愛非愛心생애비애심

154 원문은, 二이 相續相상속상 謂依於智위의어지 苦樂覺念고락각념 相應不斷상응부단

난 무명이란 말이다. 또 능견상能見相인 견분見分이 있었다. 보는 주체主體다. 그 다음 경계상境界相이 있는데, 그것을 상분相分이라 한다. 견분과 상분이 업상에서 생긴다. 견분見分이 주체가 되어 상분相分을 보니까, 보는 그것을 '나'라고 생각한다. '이것이 나다' 하는 그것을 제7식이라 하고 지상智相이라고 본다. 제7식識은 견분見分을 '나'로 착각錯覺하는 잠재의식潛在意識이다. 그래서 잘 나타나지 않는다. 알기가 어렵다. 그런데 죽을 때라든지 위급할 때는 이 '나'라는 생각이 먼저 작동한다. 교통사고가 날 때 운전자들은 1초라도 생각할 시간이 있으면 자기를 보호하는 방향으로 운전한다. 전봇대와 충돌할 상황에서는 운전석을 피해 충돌하도록 핸들을 튼다. 무의식적으로, 혹은 반사적으로 나를 보호하려는 생각이 제7식이라는 '에고'다. 평소에는 우리 눈에 잘 안 보이고, 급박할 때만 잠시 나타난다.

'이것이 나다'라는 생각이 계속되는 것이 상속상相續相이다. 이런 생각이 계속되니 주체가 생긴다. '보고 듣고 생각하는 이 놈이 무엇인고?' 할 때의 주체主體가 이것이다. 견분을 '나'라고 하는 생각이 상속相續하면서부터 주체主體의식이 생긴다. 오온五蘊인 색수상행식 중에서 식識에 해당하는 놈이다. 색수상행식이라는 오온을 얘기할 때는 무의식인 삼세三細는 안 나온다. 육추六麤에서 주체인 지상智相이 처음 나와서는, 그것이 계속되는 상속상相續相에서 '나'라고 하는 식識이 고락苦樂을 각지覺知하는 생각을 일으킨다.

셋은 집착상執着相이니, 고락苦樂을 각지覺知하는 생각이 상속하면서, 이에 집착을 냄을 말한다.[155]

---

155 원문은, 三삼 執著相집착상 謂依苦樂覺念相續위의고락각념상속 而生執著이생집착

집착상은 오온五蘊 가운데서 수受에 해당한다. 내가 있고, 대상이 있어서 내가 대상을 보고 듣고 하면서 좋다거나 싫다는 등의 느낌이 생기면 이것이 집착執着이다.

넷은 집명등상執名等相이니, 집착執着에 의해서 이름 등의 온갖 모습을 분별함을 말한다.[156]

이것은 오온五蘊 가운데서 상想에 해당하는데, 접촉한 대상을 분별分別하는 생각이다.

분별하는 기준은 각자의 억지憶智인데, 호오好惡와 증애憎愛가 모두 이 집명등상執名等相에서 생긴다. 구역舊譯은 계명자상計名字相이라고 이름했다. 사람이 만물의 영장인 것은 이 집명등상執名等相이 탁월하기 때문이다. 지능지수知能指數는 이 계명자상計名字相의 우열을 가리는 기준인데, 다만 현재顯在 의식만을 대상으로 한다.

다섯은 기업상起業相이니, 이름 등을 집착하여서 온갖 차별업差別業을 일으킴을 말한다.[157]

호오好惡와 증애憎愛라는 분별에 의해서 취사取捨 선택하는 행동에 옮기는 것이 기업상 起業相 이다. 오온 五蘊 에서는 행行에 해당한다. 의지意志에 따라 행동으로 옮기니 자연히 업業이 생긴다.

---

156 원문은, 四사 執名等相집명등상 謂依執著위의집착 分別名等諸安立相분별명등제안립상

157 원문은, 五오 起業相기업상 謂依執名等위의집명등 起於種種諸差別業기어종종제차별업

여섯은 업계고상業繫苦相이니, 업에 의하여 고를 받아서 자재하지 못함을 말한다.[158]

행行[159]으로 업業을 지어서 다음 생에 과보果報를 받는다. 몸도 받고 마음도 받는다. 그 몸이 색온色蘊이고 마음이 수상행식의 사온四蘊이다. 내 몸을 받아 업보를 받으니 고락苦樂이 혼재한다. 옛날 스님들이 그런 말을 한다. "업業은 마음이 짓는데 받기는 몸이 받는다, 불공평하다."

색수상행식色受想行識에 대한 설명이 이렇게 삼세육추三細六麤에서 해결된다. 원효스님이 이렇게 해석했다. 원효스님이 이렇게 해석하고 나니까 중국에 있는 대가大家들도 다 그 의견을 따랐다. 지욱대사 열망소도 그대로 따르고 있다.

---

158 원문은, 六육 業繫苦相업계고상 謂依業受苦위의업수고 不得自在부득자재

159 행(行. saṃskāra)은 '형성하는 힘'을 말한다. 오온(五蘊) 중의 행온은 의도하고 지향하는 의지 (意志)·충동(衝動)·의욕(意欲)의 무더기이고, 넓은 의미로는 수, 상, 식을 제외한 모든 정신작용 이다.

4. 각覺과 불각不覺의 관계

『대승기신론』은 우선 진여문眞如門과 생멸문生滅門을 나누고, 생멸문에서 각覺과 불각不覺을 설명한다. 여기서 각은 진심眞心이고 불각은 망심妄心이다. 그러면 '진심과 망심은 어떤 관계인가'를 설명하는 것이 '각과 불각의 관계' 이하의 내용이다. 각覺은 상주진심常住眞心 성정명체性淨明體이고, 불각不覺은 삼세육추三細六麤로 벌어지는 것이다.

또 다시 각覺과 불각不覺에는 두 가지 모습이 있으니, 하나는 동상同相이고, 둘은 이상異相이다.

동상同相은 두 모습이 같다는 말이고, 이상異相은 다르다는 말이다.

각覺과 불각不覺은 아라야식이 가진 두 가지 뜻이니, '서로 같기도 하고, 다르기도 하다'는 설명이다. 지욱대사는 진여眞如에 불변不變과 수연隨緣의 두 가지 뜻이 있으니, 진여가 거체擧體하여서 아라야식도 되고 각과 불각도 된다고 설명한다. 즉 수연불변隨緣不變으로 잡으면 생멸이 곧 진여이니 동상同相이라 하고, 불변수연不變隨緣으로 잡으면 진여가 곧 생멸이니 이상異相이라고 풀이한다.

진여문眞如門에는 무엇이 있었던가? 공空과 불공不空이 있었지만 아무런 모습이 없었다. 복습復習 삼아서 '심진여心眞如의 내용'이라는 단락을 다시 보자.

<복습> 심진여心眞如의 내용

다시 진여眞如를 언설로 그 내용을 설명하자면, 두 가지 구별이 있다. 하나는 진실공眞實空이니, 부실不實한 모습을 멀리 여의어서 구경究竟에 실체實體를 드러내기 때문이다. 둘은 진실불공眞實不空이니, 본성本性에 끝없는 공덕功德이 구족하여서 그 바탕이 있기 때문이다.[160]

진여眞如 를 말로 설명하자면 두 가지가 서로 다르다는 말이다. '眞實空진실공'이라는 것이 불변不變의 설명이고, '眞實不空진실불공'은 인연 따라 변한다는 수연隨緣의 이야기다. 생멸문生滅門에서는 진심眞心과 망심妄心, 본각本覺과 불각不覺을 대조하여 이야기하므로, 누구나 이해할 수 있는 설명들이다. 그런데 진여문眞如門에서 말하는 공空과 불공不空은 얼른 이해가 되지 않는다.

'하나는 진실공眞實空이니, 부실不實한 모습을 멀리 여의어서 구경究竟에 실체實體를 드러내기 때문이다'; 이 공空은 '범소유상 개시허망'인 "제상비상諸相非相"을 설명하므로, 끝내는 실답지 않은 모습을 멀리 여의었다는 얘기고, 모습을 논하지 않는다는 말이다. 상은 모습이라 변하는 것이니 아예 언급하지 않는다는 것이다. 여기서 나타낸다/드러낸다顯는 무엇을 드러낸다는 말인가? 실체實體를 드러낸다는 것이다. 여기서 실체는 공空이다. 모습이 없으니까, 제상비상諸相非相인 그것을 공空이라 표현한다. 그러니 진여眞如의 실체는 공空이다. 결국 불변하는 공空을 가리킨다.

---

160 원문은, 復次부차 眞如者진여자 依言說建立의언설건립 有二種別유이종별 一眞實空일진실공 究竟遠離不實之相구경원리부실지상 顯實體故현실체고 二眞實不空이진실불공 本性具足본성구족 無邊功德무변공덕 有自體故유자체고

'二眞實不空이진실불공 本性具足본성구족 無邊功德무변공덕'; 진실불공은 공空인 본성에 무변無邊한 공덕功德이 구족하다고 설명한다. 성性인 공덕은 진짜이면서 아무 모습이 없다. 인연을 따라서 성공덕性功德이 나타날 수 있다는 이야기이므로 수연隨緣하는 성질을 인정한다. '인연을 따라간다[隨緣]'는 것은 텅빈 허공이 빅뱅이라는 인연에 마주치면 은하계라는 모습들이 나타난다는 뜻이다. 그런 것을 보면, 허공이 단순히 아무것도 없이 텅 빈 것은 아니다. 안에 뭔가 있다. 진여문도 그와 같다. 본성本性에 무변공덕이 구족하니 일체유심조一切唯心造가 가능하다.

'有自體故유자체고'; 그래서 텅 빈 공무空無가 아니고, 그 바탕이 있다. 이것을 보면 실체는 공空인데, 거기에 끝없는 공덕功德을 갖추고 있다. 갖추고는 있지만 성性이기 때문에 그 공덕은 모습 있는 것이 아니다. 『능엄경』에 나오는 "여래장如來藏에 묘진여성妙眞如性을 갖추고 있다"는 것과 마찬가지다. 나타난 모습은 비상非相이어서 공空이고, 본성本性은 구족무변공덕具足無邊功德이므로 불공不空이다.

『대승기신론』은 진여문과 생멸문을 나누고, 진여문眞如門은 성리性理를 이야기하고 생멸문生滅門은 사상事相을 이야기한다. 진여문眞如門은 성리를 설명하니, 공空과 불공不空으로 설명해도 모습 이야기가 없다. 그렇게 진여문에는 모습이 없으니, 공空과 불공不空은 불변不變과 수연隨緣을 나타낸다.

옛사람들이 진여眞如를 설명할 때 불변不變이냐, 아니면 수연隨緣도 하느냐는 문제에 대해 논란이 많았다. 불변하는 것은 인연을 따라 변하지 않는다는 말이다. 전혀 변하지 않으니 진여眞如라는 설명은 이해가 간다. 『금강경』의 주제는 불변하는 공리空理다. 그런데 수연隨緣은, 본성本性에 공덕功德을 갖추고 있어서 인연 따라 여러 가지로 변한다는 말이다. 일체유심조一切唯心造가 성립하려면 뭐라 설명할 것이 있어야 한다. 그래서 진공眞空이 등장하면서 진공묘유眞空妙有라는 설명이 생긴다. 그런데 불변과 수연은 서로 반대되는 말이다. 『대승기신론』은 진여眞如에다 불변과 수연을 모두 수용한다. 이중성二重性이다. 진여가 이중성을 갖는다. 그런데 이중성은 빛과 광자光子의 성질일 뿐만이 아니다. 허공중에 존재하는 만법萬法이 모두 이중성二重性을 가지고 있다는 양자물리학의 설명은 경청할 만하다.

그래서 후대에 진여眞如를 해석하는 스님들이, 진여가 불변不變과 수연隨緣의 두 가지 면을 갖추고 있다고 설명하게 된다. 결국 진여眞如도 이중성二重性이지만, 철저하게 모습이 없다. 즉 진여문은 성性으로 설명한 법문이다.

상相으로 설명하는 생멸문生滅門은 진심과 망심을 비교해서 설명한다. 생멸문의 망심妄心에는 삼세육추三細六麤가 있고, 생멸문의 진심眞心에는 청정淸淨과 각명覺明이라는 모습이 있다. 그렇게 생멸문은 모습을 가지고 설명하므로 배우기 쉽다. 하지만 진여문은 모습이 없는 성리性理로 설명하므로 철저하게 청정하여 모습이 없다.

진실공眞實空은 공무空無한 불변이어서 이해하기 쉬우므로 복습은 생략한다. 진실불공을 다시 살펴보자.

<복습> 진실불공眞實不空

진실불공眞實不空이란 것은 망념이 공하고 없으므로, 진심眞心은 항상恒常하고 불변함이 드러나는데, 정법淨法이 원만圓滿하므로 불공不空이라고 말하되 또한 불공不空의 모습도 없다. 이것은 망념심妄念心으로 알 바가 아니고, 오직 이념지離念智로써 깨달을 바이다.[161]

'妄念空無망념공무'는 망념妄念이 공空해서 없다는 무無의 뜻이다. 번뇌를 일으키는 망념은 연기緣起하므로 본래 공한 것이라, 없는 것이다. 망념이 없으니 진심眞心이 나타난다[卽顯眞心]. 구름이 걷히면 허공虛空이 드러난다는 이야기다. 그리고 그 진심은 항상하고 불변하다[常恒不變].

그런데 정법淨法이 원만圓滿하다고 한다[淨法圓滿]. 깨끗한 법이 가득하다. 능엄경에서 말하는 '상주진심 성정명체'를 말하는 것이다. 이 원만한 정법淨法을 보통 열반사덕涅槃四德인 상락아정常樂我淨으로 설명하기도 하며, 그래서 불공不空이라고 한다[故名不空]. 공한데 그냥 빈 것이 아니라 정법淨法이 가득 하다는 말이다. 청정각명하다는 말이다. 그러나 불공이라는 상相은 없다[亦無不空相]. 불공이라고 하니, '그 안에 정법이 가득 있겠네' 라고 생각하기 쉽지만, 정법淨法은 모습이 없다. 왜인가? 정법淨法이란 성性을 지칭하는 것이니 그렇다. 진여문眞如門의 성性을 이야기하는 것이다. 만약에 상相이 있으면, 상은 변한다. 상은 변하고 맨 위에 있는 구절인 '망념이 공무하다'는 설명과 맞지 않는

---

161 원문은, 言眞實不空者언진실불공자 由妄念空無故유망념공무고 卽顯眞心즉현진심 常恒不變상항불변 淨法圓滿정법원만 故名不空고명불공 亦無不空相역무불공상 以非妄念心所行故이비망념심소행고 唯離念智之所證故유이념지지소증고

186

다. 여기서 진실불공眞實不空을 이야기하는 것은 청정과 각명 중에 각명覺明을 강조하는 것이다. 그런데 각명을 강조하려다 보니, 공空과 어긋난다. 무슨 말인가?

진심이 항상하면서 변하지 않는다고 했다. 항상하다고 하면 무엇이 있는 것 같다. 그렇지 않은가? 그런데 불변이라 했다. 불변不變이란 상주常住한다는 말인데, 모습이 있으면 상주가 불가능하다. 그러니 이것은 청정해서 텅 빈 것이다. 그런데 뒤에는 정법원만이라 했다. 그 청정한 묘진여성妙眞如性이 가득차 있다는 거다. 그러니 공이 아니다. 불공不空이다. 결국은 능소能所가 구소俱消되어, 이념지離念智라야 알지, 이것은 증득證得도 안 된다. 승의승의勝義勝義에 속한다.[162] 그러니까 『대승기신론』에도 승의승의가 있다. 단어를 그렇게 쓰지 않았을 뿐이다.

이념지離念智란 단어를 썼다. 이념지라는 단어를 따져보자. 념念이란 무엇인가? 망념이든 정념이든 모든 생각은 다 념이다. 생각을 다 떠났으니離, 가장 근본이 되는 능소能所가 함께 소멸했다. 그런 지혜가 이념지라는 것이다. 그러니 이것은 주객이 없으니 불공의 상태이다. 여기서 정법淨法이 원만한 상태를 증득할 수 있겠는가? 증득할 수 없다. 그래서 승의승의를 설명한 것이다. 이 구절, 진실불공이 가장 어렵다. 대승기신론에서 가장 설명하기 어려운 부분이다. 왜인가? 진여문이니까 그렇다. 진여문은 본래 성상법문性相法門에서 성性에 속한다. 성에 속하니 모습이 있으면 안 된다. 그래서 공이라 했는데, 공이

---

162   용수보살의 「중론」 제24장에 이런 구절이 있다. "제불은 이제(二諦)로 중생을 위해 법을 설하나니, 첫째는 세속제(世俗諦)이고, 둘째는 승의제(勝義諦)이다. 만약 사람이 이 이제를 능히 분별하지 못하면 깊은 불법의 진실한 뜻을 알지 못한다. 만약 속제에 의지하지 않으면 제일의를 얻지 못하고, 제일의를 얻지 못하면 열반을 얻지 못한다."

라 하면 끝인 줄 알았는데 그것이 아니다. 진여문은 공空이라서 아무것도 없다면 이 세상에 아무것도 나타나지 않아야 하는데, 은하계가 있고, 우주가 있고 온갖 삼라만상이 있다. 어찌된 일인가? 진여眞如 안에 온갖 묘진여성妙眞如性이 다 들어 있어서 그렇다. 다 들어가 있으면 모양이 있는 것인가? 모양이 있다고 하면 또 말이 안 된다. 모양이 있으면 변하기 마련이라 불변이 될 수는 없으니까. 불변不變하려 하면 아무것도, 아무 모양도 없어야 한다. 무엇인가 있으면서 불변이라는 것은 어불성설이다. 그러니 불교에서 사용하는 진여眞如라는 용어는 이중성二重性을 가진 단어다. 이중성을 가졌기에 입증할 수가 없다. 증명할 수가 없다는 말이다. 주객이 있어야 증명을 해서 옳다, 그르다를 판정하고 그 이치를 증득한다고 할 수 있는데, 말이 참 어렵다.

　마명보살은 억지로 표현하기를, '망념으로 설명할 수 있는 것이 아니라고 했다[以非妄念心所行故]'. 다시 '오직 이념지로 깨달을 바라고 했다[唯離念智之所證故].' 이 구절에서의 증證은 증득으로 해석하면 안 되고, 깨닫는다고 해야 한다. 증證 자를 쓴 만큼 증득승의證得勝義[163]가 아닌가 할 수 있겠지만, 이념지離念智는 증득證得할 수 있는 것이 아니다. 이념지는 주객主客이 없어야 가능해지는 승의승의제勝義勝義諦다. 무연지無緣知라야 이념지離念智다. 무연지는 알 지知, 이념지는 지혜 지智다. 알 지知 자는 그냥 알 뿐인 거다. 공적영지空寂靈知라 할 때는 지知를 쓴다. 무분별지無分別智라 할 때는 지혜 지智 자를 쓴다. 이 지

163　성유식론에서 승의제를 세간승의, 도리승의, 증득승의, 승의승의 4종으로 구분한다.
　　　세간승의(世間勝義): 5蘊, 6入, 12處, 18界
　　　도리승의(道理勝義): 사성제(四聖諦)
　　　증득승의(證得勝義): 아공, 법공관을 닦아 아공·법공의 이치를 증득하므로 증득승의라 한다.
　　　　　　　　　　　　　수승하기는 하나 증득한 바가 남아 있어 승의승의와는 같지 않다.
　　　승의승의(勝義勝義): '일진법계"의 이치를 말한 것으로 승의중의 승의라는 뜻이다.

혜라는 것은 분별을 해야 아는 것이다. 사람들이 말하길 '그 사람 지혜가 있다'고 하는 것은 공부를 해서 스스로 증득한 것이 많다는 이야기다. 그런데 무분별지는 분별이 없으면 지혜가 아닌 것이 맞지 않는가? 분별이 없는 것은 그냥 알 지知 자다. 그런데 중국에서 경을 번역할 때, 무연지를 무분별지로 번역했다. 분별하는 지혜와 분별하지 않는 지혜가 있는데, 분별 없는 지혜는 바로 영지靈知다. 무연지無緣知를 이야기하는 거다. 그러나 그때 무연지라는 말이 없고 무분별지無分別智만 있었다. 그래서 화엄경에도 이 무분별지라는 말이 나온다. 그래서 이것을 활용해서 이념지離念智란 말을 만들었다. 이념離念이란 모든 생각을 떠나서 주객이 함께 없어진 것을 말한다能所俱消. 지혜 지智는 능소를 두고 분별을 해서 얻어지는 앎이다. 지금 언급한 부분이 기신론에서 가장 어려운 부분이다.

진여문 생멸문을 나누고, 진여眞如는 성性을 설명하고 생멸生滅은 상相을 설명한다. 그런데 진여의 성性을 설명하면서 난데없이 불공不空을 이야기한다. 공이 아니라는 불공은 뭔가 있다는 의미다. 그렇지 않은가? 무엇이 있는가? 정법淨法이 만족해 있다. 정법이 가득 차있다. 그렇다면 여래장묘진여성如來藏妙眞如性의 여래장如來藏 이야기다. 그런데 사실은 승의승의勝義勝義를 이야기하는 것이다. 그렇게 하면 설명이 다 된다.

선종의 선사禪師들의 말에 따르면, "견성했다는 놈은 미친 놈이다." 어떻게 견성見性을 하느냐는 말이다. 견성해야 한다고 마냥 이야기하면서 누가 견성했다고 찾아오면 미친놈이라고 내쫓는다. 견성의 성性은 내 본성本性이다. 자성自性이다. "제가 본성을 보았습니다." "어떻게 보았는가?" "내가 대상對象인 본성을 보았습니다?" 어떻게 그런 일이 가능한가? 보는 놈이 여기 있는데 다시 자신의 본성을 어찌 본단 말인가?

자신의 본성本性은 스스로 볼 수 있지가 않다. 손가락으로 뭐든 만질 수 있지만 손가락이 손가락 자신을 만질 수는 없다. 못 만진다. 부처님이 하신 말씀이다. 제 눈으로 제 눈을 보지 못한다. 그런데 네가 너를 어떻게 보는가? 그대가 봤다고 하는 것은 그대가 지어낸 허상虛像이다. 망상妄想 덩어리다. 능소能所가 있어서 자신의 성품을 보았다고 하면 그것은 헛것을 본 것이다. 있지도 않은 네 자성을 보았으니, 네가 너를 돌이켜 봐야 할 것이다. 돌이켜보는 것을 회광반조廻光返照라 한다. 나의 성품은 아무 모습이 없다. 견상見相이 아니라 견성見性이다. 성性은 모습이 없는 것을 지칭하는 말이다. 내가 나를 어떻게 보는가? 그러니 회광반조廻光返照했다는 것도 미친 소리다. 조사어록祖師語錄에 이런 글들이 나온다. 내가 지어낸 소리가 아니다. 그러니 골치 아프다. 견성하라 하면서, 견성했다고 하면 미친놈이라고 한다!

 그러면 어떻게 견성을 하는가? "손가락이 자신을 만질 수 없고, 눈은 눈을 볼 수가 없다. 그와 꼭같다." 이렇게 말한다. 그러면 이것은 비유譬喩다. 이 비유를 통해서, 나라고 하는 것이 청정각명淸淨覺明이라 했다. 공적영지空寂靈知라 했다. 또 적적성성寂寂惺惺이라했다. 본성本性을 표현하는 그 말을 비유譬喩를 통해 알아차린다. '아, 이거네!' 하고 알아차린다. 알아차리면 어찌 되는가? 범어사 종을 "땡~" 하고 치니까. 지유 스님이 '아, 종소리네!'라고 한다. 내가 종소리를 알아들었으니, 주객主客이 있다. 그렇지 않은가? 종소리가 있고 내가 있고, 그러니 주객이 있다. 그런데, 지유 스님이 '아, 종소리네!' 하는 그것은 무연지無緣知를 나타내는 말이다. 그것이 왜 무연지를 나타내는 말인가? "아, 종소리구나!"하는 이것이 어째서 무연지를 나타내는 말일까?
 다시 정리해보자. 내가 종소리를 들었다. 주객主客이 있다. 종소리라는 대상對象이 있다. 내 이근耳根이 그 소리를 들었다. 주객이 있는데. 왜 '종소리구나'라고 했을까? 지유스님이 견성을 하고 나서 종소리를 듣고, '아 종소리구나!'

라고 했다고 한다. 그것이 왜 무연지인가? 종소리와 듣는 내가 둘이 아니다? 어려운 말이다. 맞다고 할 수 없는 답이다.

왜 '종소리구나' 한 그 말이 무연지를 나타낸 것일까? 종소리가 땡하고 날 때 그 소리를 알아차린 각명覺明이 작용作用했으니, 종소리인 줄 안 것이다. 그러니 '종소리구나' 하고 말할 수 있었던 것은 각명한 무연지가 작용한 결과다. 종소리가 땡 하면 그냥 안다. 바람이 불면 나뭇잎에 바람 스치는 소리가 들린다. 듣자고 해서 들리는 것이 아니고, 그냥 들린다. 왜 들리는가? 내가 각명하기 때문에 들린다. 각명이란 것은 바로 저절로 아는 것이다. 무연지다. 왜 무연지인가? 알아들었다. 이파리가 흔들리니까. 인연이 있어서 아는 것 아닌가? 그게 아니라 무연지라는 것은 종소리, 빗소리, 바람소리를 아는 것이 저절로 안다는 것이다.

저절로 아는 것을 뭐라고 하는가? 성자신해性自神解라 한다. 성性은 나다. 내가 스스로 신령스럽게 안다는 말이다. 여기서 해解는 지知와 같다. 내 본성이 내 성각性覺이 저절로 신령스럽게 안다. 무엇을 아는가? 종소리가 나면 종소리가 나는 줄 알고, 바람 소리가 나면 바람 소리가 나는 줄 안다. 자동차 소리가 나면 자동차 소리가 나는 줄 안다. 이것을 능엄경에서는 각명이라 했다. 중국 선사들은 이것을 영지靈知라 했다. 적적성성寂寂惺惺이라고도 했다. 적적寂寂은 청정淸淨하다, 성성은 깨어있다는 뜻이다. 성성惺惺이나 각명覺明이나 영지靈知는 다 같은 말이다. 그것이 바로 성자신해性自神解다. 이것이 무연지無緣知다. 지유스님이 '아, 종소리구나' 한 것이 어떤 배경에서 나온 말인가, 무슨 뜻으로 그런 말을 했는가를 이해해야 한다. 알아차려야 한다.

지금 대승기신론의 핵심을 이야기하는 중이다.

핵심이 무엇인가? 진여문眞如門 중에서 진실불공眞實不空을 이야기하고 있다. 그러니까 우리가 견성했다는 말이, 무엇인가를 증득한 것이 아니라, 화두를 들고 앉아있다가 화두가 탁 깨지면서 내 자성이란 것이 둥근지 모난지, 밝은지 어두운지 모르지만 환하게 봤다고 하면 그것이 견성인 줄 안다. 그건 견성이 아니다. 그렇게 봤다면 그것은 망상을 피우고 앉아있는 것이다. 견성見性이라는 것을 우리가 잘못 알고 있다. 화두가 깨지면서 천지가 뒤집어지고, 번쩍하고 뭔가 희한한 것을 본다? 견성見性은 그런 것이 아니다. 옛사람들, 선지식善知識들은 그리하면 미친놈 헛소리한다고 그런다. 잠꼬대한다고 내쫓으라고 한다. 그러니까 승의승의勝義勝義라야 견성을 이해한다는 말이다. 승의승의란 것은 '離念智之所證이념지지소증'이라. '이념지로 깨달을 바'인 것이다. 이념지인 무연지로 깨달을 수 있다는 것이다.

나는 왜 승의승의를 자꾸 강조하는가? 불경佛經에는 승의승의勝義勝義를 설명한 것이 몇 군데 없다. 능엄경에서, '내가 승의 중에서 진짜 승의를 강의하는데 너희들이 알아듣지 못하는구나.'하는 구절이 있다. 부루나장에 나온다. 승의승의란 말이 잘 안 나온다. 그래서 호법護法 논사가 세친世親의 저작인『유식30송』을 해설하는『성유식론』제9권에서 이 승의승의를 설명한다. 그것도 "승의승의勝義勝義는 무엇인가? 일진법계다"라고 그렇게 딱 한 마디만 했다. 그런데 증득승의가 있고 증득승의證得勝義는 공리空理를 증득하는 것이라고 써놓았다. 승의승의는 그보다 더 높은 경지인데, 증득이 되지 않는 것이 있다는 말이다. 그것을 알아차려야 한다.

증득이 안 된다는 것은 주객主客이 없다는 뜻이다. 주객이 없다는 말은 결국 무연지無緣知이고, 여기서 나오는 이념지離念智란 말이다. 그러니 이 상황은, 원래 진여문 자체가 승의제勝義諦인데, 진여문 중에서도 진실불공 법문은 승의승의제勝義勝義諦에 해당한다. 이것을 알아야 한다. 아주 중요한 것이다. 중요한 이 강의는 이제 끝났다.

이제 관련내용 복습은 끝났으니, 원래 강의로 돌아가자.
다시 '각과 불각의 관계'로 돌아와서,

또 다시, 각覺과 불각不覺에는 두 가지 모습이 있으니, 하나는 동상同相이고,
둘은 이상異相이다.[164]

지욱대사는 진여眞如에 불변不變과 수연隨緣의 두 가지 뜻이 모두 있으니, 진여
가 거체擧體하여서 아라야식도 되고 각覺과 불각不覺도 된다고 설명한다.

불변은 진실공이고 수연은 진실불공이다. '진여가 거체하여서'라는 말은 진
여가 성품인데, 그 바탕을 다 들어서 휙 바뀌면 바로 생멸문이 된다는 것이다.
성性과 상相이 둘이 아니라는 말이다. 그것을 '진여가 거체擧體 하면 아라야식
이 된다'고 했다. 아라야식이 되면 거기에는 각과 불각이 있다. 진심과 망심이
있다는 말이다.

즉 수연불변隨緣不變으로 잡으면 생멸이 곧 진여이니 동상同相이라 하고,

수연하는 것이지만 그것이 나타나는 자리는 불변의 자리에서 나온 것이다.
여러 가지 모습이 있어도 그 본체本體는 불변不變이다. 그러니 생멸이 곧 진여
다. 그러니까 동상이다.

---

164   원문은, 復次부차 覺與不覺각여불각 有二種相유이종상 一同相일동상 二異相이이상

불변수연不變隨緣으로 잡으면 진여가 곧 생멸이니 이상異相이라고 풀이한다.

불변수연은 무엇인가? 본래 불변하는 공이지만, 또 수연으로 불공인 면으로 작용할 수 있다. 그렇게 해석하면 진여가 곧 생멸이다. 그러면 생멸은 다르니까 이상異相이고, 생멸이 진여에서 왔다고 하면 진여는 하나니까 동상同相이다. 이 법문이 좀 어렵다. 읽어도 해석하기 힘들다.

동상同相이라고 하는 말은 마치 온갖 질그릇은 모두 같은 토상土相임과 같다. 이와 같이 무루無漏와 무명無明의 온갖 환작용幻作用이 모두 같은 진상眞相이다.[165]

각覺인 무루無漏와 불각不覺인 망념妄念이 같은 모습이라고 한다. 모두가 진여眞如의 불변不變과 수연隨緣이므로 성질상 다를 바가 없으니, 각覺인 정지상淨智相·부사의용상不思議用相이나 불각인 삼상三相·육상六相이 모두 같은 진상眞相이라는 설명이다.

삼상, 육상은 삼세육추三細六麁를 가리킨다. 합쳐서 구상九相이라고도 한다. 결국 이것은 아라야식에서 나온 것이다. 아라야식에서 각, 불각이 나왔다. 결국은 무루와 무명의 온갖 환작용이 진상이라는 말이다.

그러므로 부처님께서도 "일체 중생이 무시이래로 항상 열반에 들어 있다"고

---

165 원문은, 言同相者언동상자 如種種瓦器皆同土相여종종와기개동토상 如是無漏여시무루 無明種種幻用무명종종환용 皆同眞相개동진상

말씀하셨다. 보리菩提는 수행하는 모습이 아니고 생기는 모습이 아니어서, 끝내 얻을 수 없고 볼 수 있는 색상色相도 없다.[166]

일체중생一切衆生은 망심을 쓰고 있을 때도 항상 열반에 들어 있다고 한다. 항상 열반에 들어 있다는 이 말이 무슨 뜻일까? 상주진심常住眞心은 항상 성정명체性淨明體라는 말이다. 나의 본래면목은 청정각명淸淨覺明이란 말이다. 내가 청정각명淸淨覺明이다. 따로 공부를 해서 청정각명을 얻는다고 하면 틀린 말이다. 원래부터 내가 청정각명이다. '열반涅槃은 적정寂靜'이란 말이 있다. 삼법인三法印은 제행무상諸行無常, 제법무아諸法無我, 열반적정涅槃寂靜이다. 열반적정涅槃寂靜은 열반은 고요하다고 하는데, 사람들이 해석을 제대로 못한다. 열반은 항상 고요하다. 아무것도 없다는 말이 아니다. 즉 본래 열반이고, 원래부터 적정寂靜하다는 뜻이다. 그러하니 공부해서 얻는다는 말이 맞지 않다. 법화경法華經의 사구게 "諸法從本來제법종본래 常自寂滅相상자적멸상 佛子行道已불자행도이 來世得作佛내세득작불"[167]가 그런 뜻이다.

우리는 항상 열반涅槃에 들어있다. 항상 적정寂靜하다. 중생이 열심히 수행하여 열반을 얻어서 부처님이 되어야만 열반적정이라는 그런 말이 아니다. 모든 중생衆生이 무시이래無始以來로 항상 열반에 들어 있다. 항상 열반에 들어 있다는 이 말이 무슨 뜻일까? 상주진심常住眞心은 항상 성정명체性淨明體라는 말이다. 청정각명이란 말이다. 내가 청정각명이다. 따로 공부를 해서 청정각명을 얻는다고 하면 틀린 말이다. 원래부터 내가 청정각명이다. 그런데 무명無

---

166 원문은, 是故佛說시고불설 一切衆生일체중생 無始已來무시이래 常入涅槃상입열반 菩提非可修相보리비가수상 非可生相비가생상 畢竟無得필경무득 無有色相而可得見무유색상이가득견

167 번역은, "모든 법은 본래 늘 스스로 적멸한 모습이니 불자들이 이렇게 도를 행하면 다음 생엔 부처를 이루리라."

明에 의해서, 착각으로 '내가 있다'고 망상妄想을 피워서 생사生死에 허덕이고 있다. 그 말이다.

'색상色相을 본다'는 것은 모두 염심染心에 따른 환용幻用일 뿐이지, '지색智色이 불공不空인 모습'은 아님을 마땅히 알아야 한다. 지상智相은 얻을 수 없으므로 이렇게 자세히 설명했다.[168]

이것은 좀 어려운 말이다. 빛깔을 본다는 것은, 즉 대상으로서의 삼라만상을 본다는 것은, 이 모두가 망심/망념에 따라서 수연 일어나는 환용, 즉 환상과 같은 작용인 것이다. 지색이 불공인 모습은 아니라고 했다[非是智色不空之相]. 지색智色이 무슨 말인가? 아래에 풀이가 있다.

진제의 구역은 환용幻用을 업환業幻이라고 하고, 또 지색불공지상智色不空之相을 지색불공지성智色不空之性으로 번역하였다.

지욱대사의 설명에 따르면 이 구절은 '만약 동상同相이라면 볼 색상色相이 없어야 옳다. 그러나 우리들이 갖가지의 색상을 지금 보고 있고, 또 여래의 갖가지 색상도 보고 있지 않느냐?'라는 의문에 대한 대답인 것이다. 즉 "생멸문 중에는 염심染心에 따른 환용幻用이 있어서 견見에 차별상差別相이 있다. 진여문 중에 '지색智色이 불공不空인 모습'을 보는 것이 아니다"고 대답한다. "지상智相은 얻을 수 없다"는 구절은 '지상은 불공不空이지만, 진여의 성공덕性功德이므로 모습으로 볼 수는 없다'는 설명이다. 앞에 입의분에 나온 "둘은 상대相大이니, 여래장에는 본래 무량무변

---

168 원문은, 見色相者견색상자 當知皆是隨染幻用당지개시수염환용 非是智色不空之相비시지색
      불공지상 以智相不可得故이지상불가득고 廣如彼說광여피설

한 성공덕을 구족하고 있음을 말한다"는 구절을 상기하면 이해하기 쉽다.

지상智相은 지색불공지상智色不空之相이다. 원문에 보면 그렇다. 지색불공지
상智色不空之相 여섯 자를 그 다음에는 '以智相不可得故이지상불가득고'라 했
다. 뒤의 구절에선 지상智相이라 했다. 앞에 나온 지색불공지상이란 말이다.
지색이란 것은 여러 가지 성공덕性功德이 갖춰져 있다고 했다. 이전에 불공不空
을 설명하면서 정법淨法이 원만圓滿하다고 했다. 정법淨法이 가득차 있다. 정법
淨法이 지색智色이다. 불공不空은 가득차 있다는 말이고. 그러니 지색불공지상
智色不空之相은 지색智色이 가득차 있는 상이란 의미다. 그러니 열반涅槃 안에 묘
진여성妙眞如性이 가득차 있는 모습이다. 그 안에 물도 있고, 불도 있고 별것이
다 있을 텐데 그것을 지상智相이라 한다. 지상智相은 불가득不可得이다. 여래장
안에 들어 있는 지상, 즉 우리 마음—心 안에 들어있는 지상은 걷어잡을 수가
없다. 불가득이다. 물도 들어 있고 불도 들어 있고 바람도 들어 있다. 지수화
풍공견식地水火風空見識 7대가 다 들어있어서 인연 따라 나타난다. 인연 따라
나타나는 7대, 지수화풍공견식地水火風空見識이 지상智相이다. 그 지상이 여래
장如來藏 안에 다 들어있다는 것이 지색불공지상智色不空之相이다.

진제眞諦 삼장은 지색불공지성智色不空之性이라고 해야 하지 않겠냐고 한다.
왜인가? 진여문 안에서는 성性을 이야기하니까. 상이 아니라 성이라고 해야
맞다는 것이다. 그래서 진제 스님은 지색불공지성이라고 구역에서 번역했다.
그런데 신역에서 실차난타 스님은, 그것이 결국 지상智相이니까, 다시 말해서
지상이라는 것은 여래장, 즉 우리 일심 가운데 들어있는 정법淨法을 이야기하
는 것이니까, 법마다 다 지수화풍공견식이 다 다르니까 지상이라고 해야 맞다
고 보았다. 그래서 실차난타 스님은 지상이라 번역했다. 상相과 성性으로 번역
한 것이 둘 다 말은 맞다. 진여眞如의 성공덕性功德이므로 모습으로 볼 수는 없

다는 말이다. 그 다음은 이상異相이다,

이상異相이라고 하는 말은, 마치 온갖 질그릇이 각각 같지 않듯이 이것도 역시 그러하여 무루無漏와 무명無明의 갖가지 환용幻用들이 그 모습에 차별이 있다.[169]

지수화풍공견식 7대는 원래 어디서 나온 것인가? 여래장묘진여성如來藏妙眞如性에서 나온 것이지만, 그러나 일단 나타나면 모습이 다르다는 것이다. 마치 무엇과 같은가? 흙으로 온갖 그릇을 만들지만, 그 모두가 원래는 흙으로 된 것 아니냐는 말이다. 흙이지만 그 나타난 모습은 다 다르다. 결국 성性은 같아도 상은 다르다는 말이다.

상식적으로 보기에는 부처와 중생이 확연히 구별되듯이, 무루無漏인 본각本覺과 유루有漏인 무명無明의 모습은 서로 다르다. 무루는 부동不動이지만, 무명은 변동變動하기 때문에 양자는 엄연히 구별된다. 감산대사는 동일한 진여법성眞如法性은 본래 차별이 없는데, 무량한 정공덕淨功德이 다만 염환染幻에 수연隨緣하여 갖가지 차별상이 생긴다고 설명한다. 지욱대사의 설명에 따르면 이 환용幻用들의 차별이 무성無性이므로, 다르면서도 같아서 이른바 이이동異而同이다. 즉 이 무성인 진여는 무차별이므로 일체 차별법을 두루 포섭하여 모두 일법一法에 들어간다. 즉 이 일법이 포섭하는 일체 차별법 중에서 일법을 집어들면 이 일법이 일체법을 또한 두루 포섭한다. 그리하여 중중무진重重無盡하고 무진중중無盡重重이다.[170]

---

169 원문은, 言異相者언이상자 如種種瓦器各各不同여종종와기각각부동 此亦如是차역여시 無漏無明種種幻用무루무명종종환용 相差別故상차별고

170 중중무진(重重無盡): 우주만유의 일체의 사물이 서로 끝없이 작용하면서 어우러져 있는 현상

'무루와 무명의 갖가지 환용幻用들이 모습에 차별이 있다'는 "無漏無明種種幻用무루무명종종환용 相差別故상차별고"를 진제의 구역舊譯에서는 "無漏無明무루무명 隨染幻差別수염환차별 性染幻差別故성염환차별고"라고 번역하여, 수염환차별隨染幻差別과 성염환차별性染幻差別을 구별하였다.

수염환차별隨染幻差別은 모습이 있는 것이다. 성염환차별性染幻差別은 모습이 없는 것이다. 성이니까. 성상性相으로 설명한 것이다. 앞에 나온 지욱대사의 설명 중에 무성無性이란 단어가 나온다. '환용들의 차별이 무성이므로'라고 했다. 무성, 즉 성품이 없다. 성질이 없다는 말이다.

의 모습을 이르는 말.

생멸인연

生滅因緣

5. 생멸인연

[1] 생멸은 인연이다

다시 생멸인연生滅因緣이란 중생衆生이 심心과 의意와 의식意識에 의지하여 전변轉變함을 말한다.[171]

중생衆生이 심心과 의意와 의식意識에 의지하여 전변轉變한다고 했다. 진여문眞如門에서 진여는 변하지 않는 진리를 가리킨다. 진짜배기인데 모습이 없다. 그런데 우리가 났다가 죽었다가 하며, 생했다가 멸했다 하는 현상現象은 있다. 그래서 우리가 살고 있는 세계는 생멸문生滅門이다. 그 생멸문에 두 갈래가 있다. 하나는 각覺이니 깨달은 상태의 세계, 부처님 세계다. 다른 하나는 불각不覺이니 우리 중생들의 세계다. 중생세계衆生世界는 생멸生滅이라는 인연因緣으로 나온 것인데, 그 벌어지는 것이 심心이 있고, 의意와 의식意識이 있다. 앞에서 우리는 심, 의, 의식으로 나누지 않고, 삼세三細와 육추六麤로 나눴었다. 삼세三細는 세밀하니 무의식세계다. 아라야식에서 분류하는 무명업상無明業相, 전상轉相, 현상現象이다. 육추六麤는 지상智相, 상속상相續相을 거쳐서 현재 의식세계에서 벌어지는 집착상執着相, 집명등상執名等相, 기업상起業相, 업계고상業繫苦相이다. 그런데 여기서부터는 삼세육추가 아니라 심, 의, 의식, 세 가지로 중생세계를 분류하고 설명한다.

생멸인연生滅因緣이란 말은 생멸현상은 반드시 인연을 가지고 설명하여야만 사

---

171 원문은, 復次부차 生滅因緣者생멸인연자 謂諸衆生위제중생 依心意識轉의심의식전

인邪因과 무인無因을 면한다. 연기緣起 또는 연생緣生이라야 정견正見이라고 할 수 있다는 뜻이다. 근본불교에서 이야기하는 정신작용은 18계界에 포함되는 의근意根과 육종식六種識뿐이었다. 그런데 『대승기신론』은 이것에다 아라야식과 의意를 추가하여 이것들이 서로 인과因果가 되어서 만법을 굴려간다고 설명한다. 즉 진여는 불변不變하면서도 동시에 수연隨緣하여 거체擧體하여 생멸生滅을 일으킨다고 한다. 유식학唯識學에서는 처음부터 팔종식八種識이 등장하는데, 지욱대사는 여기에서 유식학을 원용하여, 심心을 제8식, 의意를 제7식, 의식意識을 제6식과 전오식前五識에 배대하고, 제8식은 근본식根本識, 제7식은 염정의染淨依, 제6식은 분별의分別依라고 설명한다. 그러나 『대승기신론』과 유식학에서 사용하는 용어들의 내용이 반드시 일치하는 것은 아니다. 특히 의意와 제7식마나스식은 내용상에 차이가 있다.

우리 마음을 제8식에서 시작하여 여덟 가지로 나눈다. 제1식은 안식眼識이다. 눈으로 보고 아는 것, 즉 눈을 가지고 인식하는 것이 안식眼識이다. 그 다음은 제2식인 귀로 소리를 인식하는 이식耳識, 제3식인 코로 냄새를 인식하는 비식鼻識, 제4식인 혀로 맛을 인식하는 설식舌識, 그리고 제5식인 몸으로 느껴 촉감을 아는 신식身識이다. 얼굴에 있는 눈, 귀, 코 혀, 몸이 느끼는 것까지가 전5식前五識이다. 제6식은 의식意識이다. 의意가 뜻이다. '네 뜻에 합당하냐?'와 같이 쓸 때의 뜻이 제6식인 의식意識을 가리킨다. 우리가 정신작용을 할 때 주인공主人公이 의식이다. 그런 맥락에서 심왕心王이라고도 한다.

의식은 무엇을 대상對象으로 하는가? 생각할 수 있는 것은 전부 다 의식의 대상이다. 내 몸을 끌고 다니고 영양도 공급하고 코로나가 위험하다니 마스크도 쓰고 하는 것 전부 제6식인 뜻이 하는 일이다.

제1식에서 제6식까지의 6종식을 통해 우리가 인식한다는 것은 달리 표현하면 6종식을 의지해 살아가는 것이다. 한자어 인식認識은 우리말로 바꾸면 '아는 것'이다. 즉 볼 줄 알고, 들을 줄 알고, 냄새 맡을 줄 알고, 맛볼 줄 알고, 촉감을 느낄 줄 안다. 그리고 제6식의 경우 생각할 줄 안다.

생활하는 주체와 대상을 오온五蘊인 색수상행식으로 설명하기도 한다. 색色은 우리 몸이다. 여섯 가지 식識을 가지고 있는 나라는 존재가 색色이다. 나머지 사온四蘊은 정신활동이다. 수受는 느낌이다. 예컨대 여러분이 컴퓨터 앞에 앉아서 이렇게 강의를 듣는다고 하면, 제1식 눈으로 화면을 보고, 제2식 귀로 스피커에서 나오는 소리를 듣는다. 그것을 바깥에서 받아들인다는 의미에서 수受라고 한다. 받아들이고 난 후엔 느낀 것에 대해 나름대로 생각을 한다. 이것이 상想이다. 육근이 육진을 상대하면서 일으키는 모든 분별이 상想이다. 그래서 이해득실利害得失을 고려하여 결정한 것을 실행에 옮기는 그것이 행行이다. 내가 '결정해서 의지意志에 따라 일으키는 행동', 그것을 행行이라 한다. 결과적으로 식識은 무엇인가? 수상행受想行을 실행하는 주체가 바로 식이다. 그러니 내가 평소 생활을 색수상행식色受想行識으로 한다.

색수상행식을 오온五蘊이라 한다. 온蘊은 덩어리나 쌓임이다. 오음五陰이라고도 한다. 왜 음陰인가 하면, 나라고 하는 사람의 생활이 이 다섯 가지에 덮이고 가려져 있다는 것이다. 그늘 음陰 자다. 이 오온五蘊, 오음五陰이 바로 내 생활生活이고 내 인생人生이다. 색수상행식 안에 내 생활, 내 인생이 다 깃들어 있다.

이처럼 살아가면서 일으키는 모든 인식작용을 분류하면 여섯 가지 종류의 식, 안이비설신의, 육종식六種識이다. 부처님 당시에는 이렇게만 설명하고 넘어갔다. 그런데 세월이 지나다 보니 문제가 생겼다. 사람은 죽어서 다음 생에 다시 태어나는 윤회輪廻를 하게 되는데, 몸이 죽고 나면 몸에 붙어 있던 눈 · 귀

·코·혀·몸·뜻이 다 없어져 버린다. 그런데 또 다음 생에 다른 곳에 태어난다. 보통은 그렇지 않지만, 어떤 사람들은 전생에 자기가 누구였는지를 알기도 한다. 2000년 전, 3000년 전에도 그랬다. 요새도 많다. '전생前生을 기억하는 아이들'과 같은 사례집도 있다. 미국의 심리학 교수가 전생을 이야기하는 사람들을 인터뷰해서 낸 책이다. 불교에서도 부처님이 전생에 하신 일을 기록한 본생담本生譚에 전생 이야기가 수백 개 나온다.

그런데 여기서 문제가 생긴다. 죽으면서 육근이 소멸해서 육종식六種識이 싹 사라지고 나면, '무엇이 다음 생에 태어나 전생前生을 기억하는가?' 하는 문제이다. 영혼靈魂이 있어서 이생의 경험을 다음 생으로 옮겨간다고 생각했다. 전생前生의 나와 금생今生의 나 사이에 영혼이 있어서 전생의 육종식六種識과 오온五蘊을 그대로 옮겼다는 생각이다. 후생後生에도 마찬가지다. 금생에 쓰던 육종식과 오온을 금생에 쓰던 몸과 함께 다 내버리고 다음 생으로 가더라도, 나는 다시 태어난다. 그런데 부처님은 제법무아諸法無我라 하셨다. 모든 것에 '나'라고 할 것은 없다는 말이다. 부처님은 영혼의 존재를 부정하셨다. 그러면 윤회하는 영혼은 무엇인가? 결국 이야기는 '나는 없지만 윤회하는 영혼靈魂은 있다'가 된다. 영혼은 어떤 것인가?

윤회輪廻하는 주체主體를 제8식이라고 상정想定했다. 제8식은 영혼이고, 영혼이 있다고 하면 너와 내가 구분되는 기준이 제7식이다. 불교에서 이런 설명을 시작한다. 대승불교가 생겨서 그 후기의 이야기다. 왜인가? 출가제자들과 신도들이 선생에게 윤회輪廻의 주체主體 문제를 자주 물었기 때문이다.

전생윤회轉生輪廻하는 영혼靈魂과 부처님이 말씀한 나[我]와 무엇이 다른가? 불교에선 삼법인을 철저하게 믿는다. 삼법인三法印[172]의 제법무아의 무아無我

---

172 대승의 삼법인은 제행무상(諸行無常), 제법무아(諸法無我), 열반적정(涅槃寂靜)이다. 소승에

와 윤회하는 영혼靈魂이 충돌한다. 그래서 영혼을 설명한다.

영혼은 아我가 아니다. 왜 아가 아닌가 하면, 전생의 나는 몸과 마음을 합해서 특정한 형상 A처럼 생겼다고 하자. 그런데 이생에는 내가 A가 아니라 B처럼 생겼다고 해보자. 그리고 전생에 급했던 성질이 이생에는 좀 느긋해졌다. 그럼 생김새도 다르고 성질도 다른 전생의 나와 금생의 나가 같은가, 다른가? 다음 생의 나도 금생의 나와는 다른 모습을 갖게 될 것이다. 윤회를 거듭하면서 나의 모습은 점점 더 변할 것이다. 지식과 경험이 늘어갈 것이다. 예컨대 전생에는 원자탄이 뭔지 몰랐을 것이지만, 금생 이후의 나는 원자탄과 그 원리에 관한 지식을 갖게 될 것이다. 전생에 몰랐던 지식을 금생에 많이 얻게 됨으로 해서 영혼이 달라진다. 육종식六種識과 오온五蘊의 내용이 달라졌으니 그렇다. 다음 생으로 영혼靈魂이 또 넘어간다.

그런데 우리가 나라고 할 때는 영원불변하는 절대적絶對的인 존재存在를 아我라 한다. 우리 영혼은 육종식과 오온으로 구성되는데, 이것은 태어날 때마다 변한다. 그렇지 않은가? 금생에 태어날 때의 육종식과 오온은 다음 생에 태어날 때의 육종식과 오온과는 다를 수밖에 없다. 아我가 있다고 하면 영원히 변하지 않아야 아我일 텐데, 육종식과 오온은 달라지니까 아가 아니다. 그래서 영혼은 아가 아니라 제8식이다. 오온의 모든 모습을 다 포함하고 있는 제8식이다.

"다시 생멸인연生滅因緣이란 중생衆生이 심心과 의意와 의식意識에 의지하여

서는 제행무상, 제법무아, 일체개고(一切皆苦)다. 일체개고와 열반적정을 함께 넣어서 사법인(四法印)이라고도 한다.

전변轉變함을 말한다."; 여기서 마음[心]은 제8식을, 의意는 제7 마나스식을, 의식意識은 육종식을 가리킨다. 제7식은 왜 필요한가? 제8식을 설명하다 보면 제7식이 필요해진다. 왜냐하면 영혼 덩어리가 많은 와중에 각자의 영혼이 다 다르다. 그러니 '나'라고 하는 각자의 기준이 있다. 그것은 제7식, '마나스'식[173]이라 한다. 전생前生의 나와 금생今生의 나가 달라지는 것을 전轉이라고 한다. 구를 전轉 자다. 마차 바퀴가 구르듯 전생에서 금생으로 굴러오면서 성질이 많이 바뀐다. 전생의 성급한 성격이 금생에는 느긋한 성격이 될 수도 있다. 우리가 이번 생에 공부를 열심히 하면, 다음 생에 굉장히 유식하게 된다. 그렇게 바뀌는 것을 전轉이라 한다. 심心·의意·의식意識, 즉 제8식인 아라야식과 제7식인 마나스식과 육종식六種識, 이 세 가지가 얽혀서 굴러가면서 변하는 것이 윤회輪廻다. 심·의·의식 세 가지는 굴러가면서[轉] 점점 변하니까[變] 전변轉變이라고 쓴다. 이 전변은 윤회와 관련된 현상을 설명하기 위해 불교佛敎에서 사용하는 전문용어專門用語다.

[2] 심心

이 뜻이 무엇인가? 아라야식에 의지하여 무명無明이 있다.[174]

심생멸문心生滅門에서는 "여래장에 의지하여 생멸심生滅心이 전전展轉한다"고

---

173 manas(마나스)식 음사(音寫)한 한역은 말나식(末那識), 사량식(思量識). 아라야식의 견분을 끊임없이 자아(自我)라고 오인하여 일어나는 심층에 감춰진 자아집착심. 항상 아치(我痴)·아견(我見)·아만(我慢)·아애(我愛)의 네 가지 번뇌와 함께 일어난다[染汚意]. 아라야식을 대상으로 삼아 끊임없이 자아라고 사량한다.

174 원문은, 此義云何次의운하 以依阿賴耶識이의아라야식 有無明유무명

말하였고, 또 "불생멸과 생멸이 더불어 화합하여, 같은 것도 아니고 다른 것도 아닌 것을 아라야식이라고 부른다"고 하였다. 즉 이 아라야식이 생멸인연의 원인으로 등장하면서, 무명이란 개념과 생멸현상이라는 개념이 순차적으로 전개된다.

제8식은 가장 근본이 되는 식이다. 왜인가? 제1식에서 제7식까지의 바탕 근본이 되며, 전생前生의 기억記憶이 제8식 안에 다 들어 있기 때문이다. 근본식根本識은 제8식이고, 우리가 '네 마음, 내 마음' 하면서 말로 가리키는 마음이란 것이 결국은 근본식을 일컫는 것이다. 그래서 제8식을 아라야식이라고도 하고, 그냥 마음을 뜻하는 말인 심心이라고 하기도 한다.

원문에, '제8아라야식에 의지해서 무명이 생긴다'고 한다. 여기서 무명無明이란 무슨 뜻으로 해석해야 할까? 주객主客과 능소能所가 상대하면서 우리는 중생이 되었으니, 무명이란 견분見分과 상분相分의 출현으로 보아진다. 12연기법에서 무명無明.행行.식識 다음에 명색名色이 나오는 것이 그런 의미인 것 같다. 견상이분見相二分이 아라야식이라는 식識에 의지하여 생긴다는 것이 중요하다.

[3] 의意

불각不覺이 능견能見과 능현能現과 경계를 능취能取함과 분별分別하여 상속相續함을 일으키니, 의意라고 부른다.[175]

---

175 원문은, 不覺起불각기 能見능견 能現능현 能取境界능취경계 分別相續분별상속 說名爲意설명위의

불각무명不覺無明에서 이른바 의意가 전변轉變한다는 이야기다. 『대승기신론』에 따르면 진망화합식眞妄和合識인 아라야식에 의지하여 무명이 생기는데, 이 무명인 불각을 원인으로 하며 갖가지 작용이 일어난다고 설명한다. 그리고 여기에서 "능 견能見하고 능현能現하여, 경계를 능취能取하고 분별하여 상속하는" 놈을 의意라고 부른다. 그런데 유식론唯識論에서는 아라야식이 견분見分과 상분相分으로 나뉘는 데, 그 견분을 자신自身으로 여기는 그놈을 '마나스manas', 즉 제7식이라 부르고, 이것을 의意라고 한역하였다. 그런데 『대승기신론』에서는 의意라는 단어가 유식 학에서 말하는 제8식과 제7식의 내용 양쪽을 포함하고 있다. 그래서 감산대사는 이 구절에서 "제7식과 제8식 두 개를 통틀어서 의意라고 표현하고서, 오종五種으 로 해석하고 있다"고 설명한다.

한문 원문으로 보자.

'**不覺起불각기**'; '불각이 일어나서'. 무명無明을 불각이라 한다. 태어날 때부 터 무명이 생긴다. 사실은 원래부터 무명이 있었다고 해야 옳다. 무명은 캄캄 하여 진상眞相을 제대로 모르므로 불각이라 했다.

'**能見능견 能現능현 能取境界능취경계 分別相續분별상속**'; '능히 보고, 능히 나타내고, 능히 경계를 취해서, 분별하여 상속함을 일으키니'. 경계를 보고, 나타내고, 경계를 취하고 분별하고 상속하는 일이 불각에서 일어난다는 말이 다. 능견, 능현, 능취경계는 주체主體가 생겼다는 말이다. 그래서 나와 나 아닌 것을 분별하여 상속한다. 지금 77억 인구가 지구촌에 살면서 각자가 '나라는 존재가 어떤 것'이라고 하는 자아의식自我意識을 갖는데, 그것이 제7식이다. 나 에게 유리하게 도모하고, 나를 해치려는 힘에 저항한다. 그 모든 것이 제7식, 의意의 작용이다. 나와 남을 분별해서, 끊이지 않고 계속 이어가는 것[相續], 그 것이 의意다.

역사적으로 『대승기신론』은 유식唯識이란 이론理論보다 먼저 생긴 체계다. 200~300년의 시간차가 있다. 그래서 유식론에서는 제8식은 아라야식, 제7식은 마나스식, 제6식은 의식이라고 명확히 갈라서 지칭하지만, 『대승기신론』에서 처음에 이야기할 때는, 이렇게 명백하지가 않았다. 그리고 『기신론』은 제7식을 아주 중요시한다. 제8 아라야식이라는 데서 제6 의식이 생겨 활동하려 하면, 중간에 제8식과 제6식을 이어주며 주도하는 주체의식主體意識이 있어야 한다. 어떻게 작당作黨을 하든 주동자主動者가 없으면 아무일도 안 된다. 그렇지 않은가? 그 주동자 역할을 하는 것이 제7 마나스식이다. 제7식이 분별해서 상속相續한다. 상속한다 함은 '나다' 하는 생각이 이어진다는 말이다.

이 의意에는 다시 다섯 가지 이명異名이 있다.[176]

제7 마나스식의 활동을 자세히 설명하고 있다.

삼세육추三細六麤의 구종상九種相에서 업식業識부터 상속식相續識까지 다섯을 재분류하면서, 의意에 다섯 가지가 있다고 설명한다.

삼세육추 중에서 앞에 있는 다섯 가지, 즉, 삼세의 무명업상, 전상, 현상 그리고 육추의 지상, 상속상을 딱 잘라서 제7 마나스식인 의意의 작용이라고 한다.

감산대사는 이 부분에 대해 "마명존자는 제7식과 제8식을 한꺼번에 같은 것으로 친다. 『대승기신론』에서 제7식과 제8식을 엄격하게 구분하지 않는다"고 했다. 종경록宗鏡錄에서 영명연수永明延壽 대사는, "마명존자가 제7식, 즉

---

176 원문은, 此意차의 復有五種異名부유오종이명

'나'라고 하는 아상我相, 그 주체의식主體意識의 중요성을 강조하다 보니까, 이렇게 의意라는 제7식이 다섯 가지를 다 포섭했다."라고 해석했다.

참고로 앞으로 설명을 해 나갈 때 헷갈리지 않도록 같은 의미의 용어들을 열거해 둔다. 무명업상無明業相은 업식業識으로도, 전상轉相은 능견상能見相 견분見分 전식轉識으로도, 현상現相은 경계상境界相 상분相分 현식現識으로도, 지상智相은 지식智識으로도 표현한다.

하나는 업식業識이니, 무명의 힘으로 불각심不覺心이 움직임을 말한다.[177]

업식業識은 의意를 설명하는 첫 단계이니, 삼세三細 중의 무명업상無明業相에 해당한다. 마음은 원래 무동無動인데, 불각不覺하여 마음이 움직이고, 움직이면 이미 업業이 현행現行하는데, 그 주체를 업식業識이라 부른다.

아라야식에는 두 가지, 각覺이 있고, 불각不覺이 있다. 각은 우리가 말하는 진심, 진짜 마음, 영원히 변하지 않는 진리의 마음이다. 불각은 무명이다. 허망한 무명, 망심妄心이다. 진심과 망심은 분명 다르다. 그런데 제8 아라야식에 진심도 있고 망심도 있어, 아라야식을 진망화합식眞妄和合識이라 한다. 어떻게 그 두 가지가 함께 들어있다고 하는가?

세가지 사례와 비유로 설명해 보자.

빛은 입자인가, 파동인가? 입자이면서 파동이다. 빛은 입자粒子이면서 파동波動인 이중성二重性을 갖는다.

그리고 밝은 것과 어두운 것이 어찌 함께 있을 수 있는가? 하늘을 보자. 지

---

177 원문은, 一名業識일명업식 謂無明力위무명력 不覺心動불각심동

금은 밤이니 하늘이 캄캄하다. 그러나 내일 해가 뜨면 환하다. 어느 것이 하늘의 모습인가? 하늘은 밝기도 하고 어둡기도 하다. 하늘도 이중성二重性이다. 이렇듯 알고 보면 이중성 아닌 것이 없다.

옛날부터 아라야식을 거울에 비유해서 설명한다. 거울 속에는 꽃도 비추고 쓰레기도 비춘다. 깨끗한 것도 비추고 더러운 것도 비춘다. 그렇다고 깨끗한 것을 비춘 자리가 깨끗해지는 것도 아니고, 더러운 것을 비춘 자리가 더러워지지도 않는다. 거울의 이러한 특징이 아라야식과 똑같다. 옛날 부처님이 쓰시던 비유다.

지욱대사는 후렴으로, '학인이 업식業識에서 동심動心이 불생멸인 줄 관찰하면, 즉시 진여문에 들어갈 수 있다고 강조한다.

이것은 깨닫는 이야기다. 여기서 빨리 알아차리면 진여문眞如門에 들어간다. 진여문은 본래의 우리 모습, 변함이 없는 영원한 진리의 모습이다. 지욱대사 자신의 경지가 그렇다는 얘기다.

둘은 전식轉識이니 동심動心에 의해서 경계를 능히 봄을 말한다.[178]

전식轉識은 삼세三細 중의 능견상能見相에 해당한다. 유식학唯識學에서는 업식業識이 자타로 구별하는 움직임을 일으켜서 제8식중의 견분을 '나'라는 주체로 여기는 놈을 제7식 또는 전식轉識이라고 부른다. 대승기신론은 의意인 업식의 전전을 전식이라고 부른다.

---

178 원문은, 二名轉識이명전식 謂依動心위의동심 能見境相능견경상

지욱대사는 '전식에서 만약 일체경계에 견자見者가 없어서 견見에 견상見相이 없는 줄 관찰하면 즉시 진여문에 들어갈 수 있다고 강조한다.

의意는 '불각하여, 즉 깨닫지 못하여 어리석어서 일으킨다. 능히 보기도 하고[能見], 능히 나타내기도 하고[能現], 능히 경계를 취하기도 하고[能取境界], 분별分別하기도 하고 상속相續하기도 한다. 이것을 의意라고 부른다.'고 했다. 의意가 범위가 넓어서 작용作用이 아주 많다.

성유식론成唯識論[179]에 보면 제7식의 내용은 '나'라고 하는 생각에 대한 생각인 아상我想이 핵심인데, 아치我癡, 아견我見, 아만我慢, 아애我愛의 네 가지가 중심이다. 나라는 것이 없는데 '내가 있다'고 생각하는 어리석음이 아치我痴, 무엇이든 '나다'라고 하면서 나를 중심으로 생각하는 것이 아견我見. 자존심을 세워 '내가 잘났다'고 여기는 것이 아만我慢. '나를 사랑하는 여김'이 아애我愛다. 그러나 『기신론』에는 그런 자세한 이야기는 없고, "능히 보고, 나타내고, 경계를 취하기도 한다"고 한다.

여기서 대승기신론과 호법보살의 유식학에 대한 설명 차이를 살펴보자.
지욱대사는 유식학을 원용하여 대승기신론의 유식 설명 체계를 심心을 제8식, 의意를 제7식, 의식意識을 제6식과 전오식前五識에 배대하였다. 마명보살은, '무명업상無明業相, 견분見分, 상분相分, 지상智相, 상속상相續相의 다섯 가지를 제7식인 의意라고 한다.' 삼세의 전식轉識은 견분見分이고, 현식現識은 상분相分인데, 이것을 의意, 즉 제7식에 속하는 것으로 설명하고 있다.

---

179 성유식론: 세친(世親)의 유식삼십론송(唯識三十論頌)에 대한 십대논사의 주석을 현장(玄奘) 삼장이 호법(護法)의 주석을 중심으로 하여 해설한 논서이다

유식학에서는 그렇게 이야기하지 않는다. 유식학의 대장격인 호법護法보살은, 무명업상, 견분, 상분은 모두 제8식이고, 제8식의 견분을 '나'로 생각하는 것이 제7식이라고 한다. 제6식은 의식이고 5식은 눈·귀·코·혀·몸의 식識이다. 제6식 앞에 있는 다섯 개의 식이 전오식前五識이다.

호법보살의 말대로라면 삼세三細는 제7식이 아니라 제8식에서 일어나는 전변현상轉變現象이므로 지상智相과 상속상相續相만이 제7식에 해당한다. 이처럼 『대승기신론』과 유식학에서, 특히 의意와 제7식마나스식은 내용상에 차이가 있다. 이것 때문에 유식唯識을 하는 사람들은, 마명보살이 삼세를 제7식에 포함시키는 것은 정확하지 않다고 이야기한다. 마명보살과 호법보살의 견해가 서로 다르다. 그것이 지금 보는 부분이다.

역사적으로 보면 마명이 호법보다 300~400년 선배다. 유식 이론, 혹은 유식학唯識學은, 마명이 제8 아라야식을 강조하고 삼세육추를 강조함에 힘입어 기초가 섰고, 호법의 때에 이르러 완성되었다. 그 중간에 『유심삼십송』을 쓴 세친世親보살[180]이 있다. 세친보살이 삼십송을 써서 유식학을 완성한다. 호법은 그 해설서를 썼다. 그러니 유식삼십송을 기반으로 한 논서로서, 유식론을 완성했다는 의미의 제목을 붙인 「성유식론成唯識論」에서는 제7식을 대승기신론에서 마명보살이 설명하는 것처럼 해석하지 않는다. 마명보살은, 무명업상無明業相, 견분見分, 상분相分, 지상智相, 상속상相續相의 다섯 가지를 의意라고 했는데, 호법은 제8식의 견분을 '나'라고 하는 것이 제7식이라고 한다.

셋은 현식現識이니, 일체의 모든 경계상을 나타냄을 말한다. 마치 명경明鏡이

---

180 바수반두(vasubandhu 316~396): 세친이라고도 하고 천친(天親)이라고도 한다.

온갖 색상을 나타내듯이 현식도 그러하다. 오경五境이 마주 대하면 즉시 나타나는데, 전후가 없고 공력에 말미암지 않는다.[181]

현식現識은 삼세三細 중의 경계상境界相에 해당하니, 능견상能見相이 주체가 되면서, 경계상이 대상으로 나타난다는 설명이다. 이때 견분見分인 전식轉識과 상분相分인 현식現識은 서로 상대하므로, 이 둘은 동시에 같이 생기고 동시에 같이 사라진다. 마치 거울이 있으면 대상인 영상이 즉시 동시에 나타나는 것과 같다.

견분見分은 전식이라 하고, 상분相分은 현식이라 한다. 현식現識이 일체의 경계상, 곧 삼라만상森羅萬象이다. 우리가 눈으로 보고 귀로 듣는 일체의 외부세계外部世界가 곧 현식이다. 원문을 보자.

'三名現識삼명현식'; 셋째는 현식이라 부르는 데.

'謂現一切諸境界相위현일체제경계상'; 삼라만상 일체의 모든 경계상을 나타낸다고 말한다.

'猶如明鏡現衆色像유여명경현중색상'; 마치 밝은 거울이 온갖 색상을 나타내듯이. 맑은 거울에 많은 빛깔과 모양이 나타나는 것과 같다. 그러니 현식現識은 '내가 다 안다'는 말이다. 하늘에 있는 별도 내가 볼 줄 알고, 땅에 기어다니는 개미도 내가 볼 줄 안다는 말이다. 마치 거울처럼 나타난다. 그것을 현식이라 한다.

'現識亦爾현식역이'; 여기에 현식이라는 것도 맑은 거울과 같아서.

---

181 원문은, 三名現識삼명현식 謂現一切諸境界相위현일체제경계상 猶如明鏡現衆色像유여명경현중색상 現識亦爾현식역이 如其五境對至卽現여기오경대지즉현 無有前後무유전후 不由功力불유공력

'**如其五境對至卽現여기오경대지즉현**'; '오경을 대하면 즉시 나타난다.' 오경五境은 눈·귀·코·혀·몸의 오근에 상대하는 것, 즉 오진五塵이다.

'**無有前後무유전후**'; 앞뒤가 없다는 말은 어느 것이 먼저랄 것 없이 동시에 즉시 나타난다는 말이다. 〈능엄경〉에 나오는 근진동원根塵同源이 그 말이다.

'**不由功力불유공력**'; 오진五塵이 오근五根에 비치면 우리가 바로 인식한다. 보고 듣고 하는 등의 일이 따로 힘을 들이지 않고 바로 된다. 마치 맑은 거울 앞에 대상이 나타나면 바로 비치는 것과 같이 그런다는 말이다. 그것이 현식現識이다.

오근五根과 오진五塵을 언급했는데 좀 전에 읽은 데서 의근意根은 빠졌다. 의근의 대상은 색성향미촉법色聲香味觸法 가운데 법法이다. 의근意根은 따로 친다. 왜인가? 뜻이라고 하는 의근意根은 나머지 오근五根과 다른 점이 있다. 오근은 눈·귀·코·혀·몸으로 그 처소處所가 분명히 있는데, 내 뜻을 주관하는 의근意根은 어디에 있는지 대답이 쉽지 않다. 또 상대相對도 법法이라는 생각거리다. 생각이 일어나기는 하지만 생각이 잡히는 것도 아니고, 어디서 일어나는지 조차도 모른다. 그런데 우리의 생각은 끊임없이 일어난다. 그래서 의근意根은 현식現識에서 뺐다.

지욱대사는 '현식現識에서 만약 일체 경계가 견자見者 아님이 없어서 경계에 경계상境界相이 없는 줄 관찰하면 즉시 진여문에 들어갈 수 있다'고 강조한다.

앞의 현식現識 풀이 중에서 '지욱대사는 '현식現識에서 만약 일체 경계가 견자見者 아님이 없어서 경계에 경계상이 별개로 없는 줄 관찰하면 즉시 진여문眞如門에 들어갈 수 있다'고 강조한다'고 했다. 진여문에 들어간다는 것은 진여를 깨닫는다는 말이다.

우리는 진여문과 생멸문을 나눠서 얘기했다. 생멸문에는 각覺이 있고, 불각 不覺이 있다. 생멸문生滅門의 불각이 제8식이었다. 그러니까 지금 다루는 제8 식은 생멸문에 속한다. 생멸生滅하는 것은 불각인 무명無明, 즉 주객主客·능소能 所라는 견상이분見相二分 때문이라는 것도 알았고, 그것을 설명하려고 삼세육 추가 있다는 것도 알았다. 그래서 현식現識에서 견분見分이 곧 상분相分임을 제 대로 깨달으면, 불각을 털어버리고 각覺으로 들어간다는 설명이다.

원래 진여문이라는 것은 진여이기 때문에, 참 진眞자에 같을 여如자를 쓴다. 같다는 것은 시간에 관한 것이다. 과거나 현재나 미래나 항상 같다는 말이다. 망이 아니고 항상 참이니 여기에는 언어문자言語文字가 통하지 않는다. 언어문 자는 시공간의 제약을 받는 것이니 언어문자言語文字로 진여문을 설명하면 그 것은 가짜요, 그런 내용이 진실할 수가 없다. 생각으로도 안 된다. 그래서 선 문禪門에서 표방하는 '언어도단言語道斷 심행처멸心行處滅'이 자주 등장한다.

넷은 지식智識이니, 염정染淨의 온갖 차별법을 분별함을 말한다.[182]

지식은 여섯 가지의 모습六種相인 육추六麤 중에서 첫째인 지상智相에 해당하니, 온갖 차별법을 분별하므로 지식이라고 한다. 앞에서 견분인 전식轉識과 상분인 현 식現識이 성립했으니, 물들거나 깨끗한 갖가지 경계를 대상으로 분별하는 주체主 體의 작용을 지식이라고 부른다. 지욱대사는 '지식智識에서 만약 분별과 분별의 대 상이 모두 자성이 없어서 지智에 지상智相이 없는 줄 관찰하면 즉시 진여문에 들어 갈 수 있다'고 강조한다.

---

182   원문은, 四名智識사명지식 謂分別染淨諸差別法위부별염정제차별법

지식智識은 무엇인가? 제8식의 견분을 보고 '이것이 나다'라고 아상을 일으키는데, '이것이 나다' 하는 그것이 지식智識이다. 여기서 지智는 알 지知자와 같다. 그냥 안다는 뜻이다. 불교에서는 지혜 지智, 알 지知를 혼용한다. 경經에서는 지혜 지智를 더 많이 쓰고, 선사들은 알 지知를 더 많이 쓴다.

삼세육추의 육추六麤 중 제일 먼저 나온 것이 이 지식智識이다. 지식은 어디서 나왔는가? 제8식 안에 무명업식無明業識이 있고, 거기서 견분見分과 상분相分이 생기는데, 견분을 전식轉識이라 했고, 상분을 현식現識이라 했다. 그러면 주객主客이 다 생겼다. 능소能所라는 개념이 성립되었다. 여기서 제8식의 견분을 '나다' 하고 생각하는 놈, 그것이 제7식이다. 제8식에서 온갖 것이 일어나지만 미세하여 우리가 그 내용을 인지認知하지 못한다. 실제로 우리가 인식認識하는 행동은 모두가 '나'라는 아상我相인 제7식이 바탕이 된다. 이것이 없으면 제6식도 제8식도 성립되지 않는다.

그래서 마명존자는 의意, 즉 제7식을 설명하면서 제8식의 견상이분見相二分까지도 의意에다 포함시킨 것 같다. 인식의 주체인 '나'를 설명하면서 전현이식轉現二識도 집어넣고, 상속식相續識까지도 포함하였다. 인식의 바탕인 '나'라는 제7식인 의意를 이렇게 광범위하게 해석한 것이 『기신론』의 특색이다. 원효대사가 지상智相인 지식智識을 제7식이라고 설명하신 것과 판연히 구별이 되고 있다.

그러면 여기서 따져보자. 제8식은 나 개인의 제8식인데 전 우주가 이 나의 제8식에서 나왔다고 한다. 그것이 만법유식萬法唯識의 의미다. 거기서 '나'라고 하는 것은 무엇인가? 지상智相, 혹은 지식智識이 제8식의 견분見分을 '나'라고 생각하는 놈이 이른바 '나'이다. 그러면 상분相分은 무엇인가? 다시 말해 우리 몸 밖에 있는 산하대지山河大地와 삼라만상森羅萬象은 대체 무엇인가? 그것은 전오식前五識의 상분相分이다. 전오식前五識은 견분이 오근五根이고, 상분은 오진五塵이다. 전오식前五識은 상분인 빛깔 소리 냄새 맛 촉감을 대상이라고 착각한다. 다음으로 제6식인 의식은 전5식의 견분, 상분 일체를 총망라해서 분별망상을 일으킨다.

다섯은 상속식相續識이니, 항상 뜻을 짓되, 상응相應[183]하고 끊어지지 않음을 말한다. 과거過去의 선·악 등의 업을 지니고 있어서 잃거나 파괴되지 않게 하고, 현재와 미래의 고·락 등의 과보를 성숙成熟시켜서 어긋나지 않게 한다. 지난 일은 홀연히 기억하고, 아직 오지 않은 일은 허망하게 분별한다.[184]

상속식相續識은 여섯 가지의 모습六種相인 육추六麤 중에서 두 번째인 상속상相續相에 해당한다. 상속식相續識은 과거의 업을 보존하면서 점점 과보를 성숙시켜서 과거와 현재와 미래를 연결하고 상속시키는 놈이다. 이놈이 오온에서 정신작용의 주체인 식온識蘊에 해당하는 식이다.

근본식인 제8식이 주인공이 아니고 사실은 각자 '나'라고 하는 생각, 제7식이 '식식 놀음'의 주인공이다. 지식智識이 제7식인 '마나스'식인데, 적어도 '나'라는 주체의식이 있다고 하려면, 지식智識이 계속되면서 앞뒤가 이어져야 하고, 이른바 버릇이란 것이 생겨야 한다. 앞뒤로 계속되는 이것을 상속相續이라

---

183 산스트리트어 삼프라육타(samprayukta), 삼프라요가(samprayoga). 인과(因果)를 이루는 여러 요소들 즉 법들이 서로 화합(和合)하는 것, 화합하여 동행(同行)함. 동반함. 함께함.

184 원문은, 五名相續識오명상속식 謂恒作意相應不斷위항작의상응부단 任持過去善惡等業임지과거선악등업 令無失壞영무실괴 成熟現未苦樂等報성숙현미고락등보 使無違越사무위월 已曾經事忽然憶念이증경사홀연억념 未曾經事妄生分別미증경사망생분별

하고 '나'라는 놈은 상속식相續識이어야 논리적이다. 이렇게 업식, 전식, 현식, 지식을 거쳐서 상속식까지 포함되어야 비로소 인식認識주체인 '나'라고 하는 아상我相이 온전히 확립確立된다. '나'라고 하는 행동주체가 확립되는 것이다. 마명존자는 업식業識에서부터 상속식까지 포함해서 다섯 가지 식이 '의意'라고 하는 제7식의 핵심내용이라고 설명하고 있다. 유식론唯識論과는 입장立場이 다르다.

지욱대사는 '상속식에서 만약 심성이 찰나간刹那間에 생멸하여 주住하지 않으므로, 그 당체가 적멸하여 상속하되 선후로 연결되는 모습이 없는 줄 알면 즉시 진여문에 들어갈 수 있다'고 강조한다.

상속식이란 것이 사실은 명자名字만 있지, 실체는 없는 것이다. 지욱대사의 말씀은 "잘못된 착각錯覺인 무명無明에서 시작해서 삼세三細육추六麤가 가상假想으로 벌어졌다는 것을 확실히 알아차리면, 바로 진여문으로 대오大悟하고 들어간다"는 말이다.

불교공부를 제대로 하려면 인도印度의 무착보살이 선도先導하고 호법보살이 정리整理한 유식론唯識論을 이해해야 한다. 그것을 이해하지 못하면 불교 공부를 제대로 완성하기가 어렵다고 한다. 이런 뜻은 연수延壽대사와 감산憨山대사를 비롯한 중국의 선사禪師들의 어록語錄에 자주 등장한다. 선지식을 만나기 어려운 현대現代에서는 불교 공부를 제대로 하려고 하면 반드시 유식학까지 숙지해야만 제대로 진보進步가 있다는 말씀이다. 그런데 승가僧家에서 대부분 유식론唯識論을 빼고 공부한다. 골치 아프게 굳이 알 필요가 없고, 그것 하다 보면 시간이 없어서 안 된다는 생각이다. 옛날은 공부가 옆길로 새면 주위의 선지식들이 바로 잡아주던 시대였다. 그래서 선사禪師들이 한 소식할 때는, 인가印可할 선지식이 계시니까 굳이 유식을 몰라도 된다.

그러나 현대現代는 그렇지 못하다. 왜인가? 견성見性한 선지식善知識이 드물기 때문이다. 원래 유식唯識은 망심妄心에 대한 설명이다. 진심眞心을 설명하는 돈교頓敎에서는 생멸문 중의 불각不覺을 알 필요가 없었다. 견성見性한다는 것은 진심을 아는 것이지, 불각不覺인 망심을 아는 것이 아니다. 선종은 '상주진심常住眞心이 청정각명淸淨覺明하다'는 것만을, '자성自性의 공적영지空寂靈知'만을 이야기한다. 망심 이야기에 연연할 하등의 이유가 없다. 그러나 인도引導해 줄 눈 밝은 스승이 없으면 망심妄心을 잘 이해하고 있어야만 사도邪道를 피할 수 있다.

선사 중에서도 명明나라 때 감산덕청憨山德淸 같은 대사는 스승이 없었다. 혼자 공부했다. 그래서 공부하는 과정에서 일어나는 여러 경계境界를 보고 해석解釋을 잘못하면 샛길로 빠질 우려가 있었다. "내가 지금 어디까지 왔는지?, 제대로 가고 있는지?, 이렇게 생각하는 것이 바른 것인지?"를 알 수가 없었다. 그래서 분별分別망상妄想을 설명한 유식唯識을 공부해야 한다고 주장한다. 지금 이 시대에 확철대오廓撤大悟한 선지식善知識이 있는가? 확철대오한 선지식을 만나기 힘든 현실이라면, 수행인이 진심眞心만 알아서는 안 된다. 망심妄心에 대해서도 분명하게 알아야만 한다. 식심識心과 그 구조를 알아야 한다. 그래서 유식에 대해 알아야 한다. 유식을 공부하면 망심에 대해서 밝아지고, 망심을 진심으로 오해하지 않으니, 가는 길이 환해진다. 인도印度 불교의 마지막 이론은 유식학唯識學이다. 역대 중국 선종은 결코 유식론唯識論을 가볍게 보지 않았다.

그러므로 삼계의 일체는 모두 마음이 자성自性이 되고, 마음을 떠나면 곧 육진경계六塵境界가 없다. 왜냐하면, 일체의 제법은 마음이 주主가 되어서 그 망념에 따라서 생긴다. 무릇 분별이란 모두 자심自心을 분별하는 것이다.[185]

'삼계의 일체는 모두 마음이 자성이다[三界一切 皆以心爲自性]'라는 구절이, 진제의 구역舊譯에는 '삼계가 허위이니 오직 마음으로 만들어진 것이다[三界虛僞 唯心所作]'라고 번역되어 있다.

여기에 '자성自性'이란 단어가 등장한다. 선가禪家에서는 흔히 자성이란 단어를 자기의 본래면목本來面目을 가리키는 용어로 상용하는데, 대체로 '본래부터 스스로 갖추고 있는 성품인 자성'이라는 뜻으로 이해한다.

삼계, 우주법계, 은하계 전체가 마음이 자성이다. 마음이 자성이란 말은, 삼계일체三界一切의 본래 성질性質이 마음이라는 말이다. 마음은 진심이고, 청정 각명淸淨覺明이다.

우리는 청정淸淨을 간단하게 생각하는 경향이 있다. 깨끗한 것을 정淨이라 하고, 더러운 것은 염染이라 한다. 그런데 이 청정淸淨은 염染도 아니지만 정淨도 아니다. 정淨이란 것이 있으면 진짜 청정한 것이 아니다. 왜인가? 정과 염은 서로 반대되는 개념이고 상대적이기 때문이다. 진짜 청정은 그것을 뛰어넘는다. 그러니 진심이다, 망심이다 하고 따지는 것도 알고 보면 상대적인 청정이다. 그러니까 진짜 진여문眞如門에 속하는 청정淸淨에는 진심도 없고 망심도 없다. 진심眞心과 망심妄心 다 없어야 진여문眞如門이다.

그러니 진여문이란 것이 있는 것인가? 진여문이란 것은 없다. 말만 있다. 마

---

185 원문은, 是故시고 三界一切삼계일체 皆以心爲自性개이심위자성 離心則無六塵境界리심즉무
    육진경계 何以故하이고 一切諸法일체제법 以心爲主이심위주 從妄念起종망념기 凡所分別범
    소분별 皆分別自心개분별자심

치 허공과도 같다. 허공은 밝은 것이 비치면 환하고, 구름 끼면 어둡고, 해가 지면 캄캄하다. 밝고 어둡고 하는 것은 인연 조건에 따라서 일어난다. 우리가 말하는 진여문이 꼭 그와 같다. 그것이 진심眞心의 지배를 받으면, 각의 세계이고, 망심妄心의 지배를 받으면 불각의 세계다. 하나인 진여眞如가 조건條件에 따라서 진眞도 되고 망妄도 된다. 그럼 진여는 그 성질이 어떠한가? 본래 없는 것이니 무성無性이라 한다. 진여眞如는 무성無性이다. 좀 어려운 이야기다.

그런데 이 자성이란 용어는 사용에 주의를 요한다. 불교는 삼법인三法印을 금과 옥조로 알고 있다. 따라서 '제법무아諸法無我'는 불교이론의 핵심이다. 그래서 이 자성이라는 단어를 무아無我와 배치하지 않도록 해석하여야 한다, 그렇다면 지금 "삼계의 일체는 모두 마음이 자성이다"라는 구절에서 자성의 의미를 어떻게 해석하여야 무아에서 말하는 아我와 모순되지 않을까?

지금 "일체법에 마음이라는 자성이 있다"고 하면 제법에 마음이라고 부르는 성품을 인정하므로 결국 유아有我라는 이야기가 되어서, 삼법인의 제법무아와 배치된다. 그렇다면 마명존자는 과연 이 자성을 어떤 의미로 사용했을까? 그런데 "삼계일체는 모두 자성이 마음이 되고"라는 구절에 이어서 "마음을 떠나면 곧 육진경계가 없다"는 설명이 붙어 있다.

다시 부연하기를, "일체법一切法은 마음이 주主가 되는데, 망념에 따라서 생긴다"고 하였다. 즉 마음이 자성自性이지만, 망념이 생기면 온갖 법이 생기고, 망념이 사라지면 온갖 법이 사라진다는 말이다. 지욱대사는 여기서 마음은 아라야식을, 망념은 의意를 각각 가리킨다고 설명한다.

그러면 『능엄경』에서 "상주常住하는 진심眞心은 성정명체性淨明體다"라고 하는데, 이때 진심은 아我가 아닌가? 결론부터 말한다면, 『능엄경』의 상주진심은 제법무아에 나오는 '아'가 아니다. 왜냐하면 상주진심은 청정淸淨하여 허공처럼 해말쑥하기 때문이다. 그래서 진심은 성정명체性淨明體, 즉 성性이 청정淸淨하고 각명覺明한 바탕이라고 말한다. 여기에서 정淨, 즉 청정의 뜻을 자세하게 참구하여 보면, 마음이란 곧 무상無相이란 말이니 '아무 것도 없어서 아我라고 할 것조차 없다'는 뜻이다!

또 "무릇 분별은 모두 자심自心을 분별하는 것이다"는 구절에서, 지욱대사는 의意와 의식意識의 경계는 모두 각자가 훈습熏習하고 전변轉變하여 나타난 상분相分이라는 뜻이라고 하면서, '제8식이 분별하는 삼류三類 성경性境이란 것은 제8식이 전변轉變한 상분이고, 제7식이 분별하는 허망한 아법我法이란 것은 제7식이 전변한 상분이고, 제6식이 분별하는 일체 제법이란 것은 제6식이 전변한 상분이고, 전5식이 분별하는 오진五塵 성경性境이란 것은 전5식이 전변한 상분이므로, 무릇 분별은 모두 자심自心을 분별하는 것이다'라고 설명한다.

우리가 보는 바깥 경계는 제7식이 보는 경계, 제6식이 보는 경계, 전오식前五識 눈·귀·코·혀·몸이 보는 경계가 있다. 이 경계라고 하는 것이 사실은 제7식, 제6식, 전오식이 반연攀緣하여 만들어낸 것이지, 실제로 존재하는 것이 아니라는 말이다. 그러니 내가 바깥의 뭔가를 보고 탐심貪心을 낸다는 것은, 내가 거울에 비친 허상을 보고, 욕심을 내는 것과 같다. 어리석은 짓이다. 분별이란 나누어서[分] 구별한다[別]는 말인데, 여기서 분별이란 분별자심分別自心이다. 제7식이 제7식의 경계를 보는데, 제7식의 경계는 다른 것이 아니고 바로 견분見分이다. 견분을 보며 "내가 저것을 본다"고 분별한다. 분별자심分別

自心은 그런 뜻이다.

지금은 심心, 의意, 의식意識으로 생멸인연을 설명하는 중이다.

생멸生滅인연因緣은 생멸문이 일어나는 인연이란 말이다. 생멸문에는 처음에 진망화합식인 아라야식이 있어서 각覺과 불각不覺이라는 두 가지 뜻이 있다. 각覺은 진심眞心이란 말이고, 불각不覺은 망심妄心이란 말인데, 그 두 가지가 다 포함된 것이 아라야식이다. 그러니 아라야식이란 것이 아주 애매한 것이다.

인연을 이야기하자면, 무명無明에서 시작하는 제8식은 아라야식이라 했고, 제7식을 의意라고 해서, 업식業識, 즉 무명업식이 있고, 그 밑에 전식轉識, 즉 견분見分이고, 현식現識, 즉 상분相分이다. 그 다음으로 지식智識이 나온다. 지식은 제7식이며, 나라고 하는 주체主體다. 아상我相, 아견我見 등이 제7식의 내용에 해당한다. 그 다음으로 상속식相續識이 있는데, 상속식으로 결국은 '나다'라고 하는 아견我見, 아상我相이 계속돼서 인식認識의 주체主體가 이루어진다고 보는 것이다.

이처럼 마명보살은 제7식을 설명하면서, 업상業相, 전상轉相, 현상現相을 비롯해서 지상智相, 상속상相續相까지의 다섯 모두를 제7식에 포함시킨다.[186] 이것들이 나我라는 것이다.

---

186 원효스님은 지상, 지식이 제7식이라 하고 그 다음 상속식(相續識)은 제6식의 기원(起源)이 되는 것이라고 설명한다. "원효대사는 이 상속상이 오온 중에서 식온(識蘊)에 해당한다고 설명한다."고 했다. 상속상이 정신작용인 수상행식(受想行識) 중 식(識)에 해당한다는 것이다. 정신작용의 주체. 여기 대승기신론에서는 제8식이 나오고, 제7식이 나오고, 제7식에 지상(智相), 즉 지식(智識)과 상속식이 포함된다. 그런데 원효스님은 지상인 지식이 제7식에 해당하고, 상속식은 제6식에 해당한다고 보았다.

중요한 것은 우리가 행동하면서 파악하고 실감하는 제7식은 어떤 것인가이다. 예를 들어 우리가 어떤 사건을 만나서 고집을 부린다고 해 보자. 스스로 생각하기에도 고집부릴 일이 아닌데, 고집을 부렸다. 왜 그랬을까? 그렇게 반추해보면 대부분 그 원인은 제7식에 있다. 제7식은 아상我相, 즉 나라고 하는 상이다. 그러니 나를 보호하는 여러 가지 생각들과 방어기제防禦機制, 내가 잘났다고 여기는 아만상我慢相, 남의 문제가 아니라 나와 관계있는 것이라고 여기는 주체의식主體意識, 이런 것들이 전부 제7식이다. 이 주체의식 때문에 고집도 부리고 억지도 쓰는 것이다. 보통 때는 제6식에 의해서 수·상·행하는 정신작용이 정상적으로 일어난다. 그런데 '그 일은 내가 심했다'라는 생각이 든다면, 그 원흉은 대개 제7식이다. 그러니 그 행동에 대해서 '이것은 내 아만상我慢相 때문이로구나' 혹은 '내 주체의식主體意識 때문이구나' 하는 식으로 하루한 번씩은 챙겨봐야 한다. 그렇게 챙겨보는 것이 공부에 중요하다. 수시로 챙겨서 '제7식에서 작동해서 내가 고집을 피웠다'는 사실을 확인해야 한다. 공부하는 사람이 유식을 배워 공부에 도움이 되는 일이 바로 그런 것이다.

마음은 마음을 보지 못하니, 걷어잡을 모습이 없기 때문이다.[187]

'마음은 마음을 보지 못한다[心不見心]', 이 말은 중요하다. 우리가 하려는 견성, 성품을 본다는 말은 내 마음이 내 마음을 본다는 말이다. 그런데 여기서는 마음이 마음을 절대로 볼 수 없다고 한다. 왜 그런가? '모습이 없어 걷어잡을 것이 없으니 그렇다. 마음이란 것은 모습이 있으면 얻을 수 있겠지만, 모습이 없으니 얻을 수가 없다는 말이다.

---

187 원문은, 心不見心심불견심 無相可得무상가득

225

"마음은 마음을 보지 못하니, 걷어잡을 모습이 없기 때문이다"는 구절은 불가佛家에서 상투적으로 애용하는 글귀이다. 그런데 이 '心不見心심불견심'을 설명하는데 전통적으로 두 가지 설명이 있다. 하나는 마음은 허공처럼 모습이 없으니 '마음은 무상無相이라서 볼 수가 없다'라는 설명인데, 마명존자는 이 설명방식을 인용하고 있다. 다른 하나는 '제 눈이 제 눈을 보지 못하는 것과 같은 이치'라고 설명하니, 『능엄경』에 나오는 설명방식이다. 즉 『능엄경』 제5권에 나오는 부처님의 게송에서, "자기 마음이 자기 마음을 취하려고 하니, 원래 환幻이 아닌 것이 환법幻法이 되었다[自心取自心 非幻成幻法]"고 하는 구절은 '본래 하나인 것을 주와 객으로 양립시켜서 분석 설명하려고 하면 환법幻法이 된다'는 뜻이다. 마음이 주체가 되어 자신을 객체인 마음으로 대상화하여 관찰한다면 자신의 마음을 제대로 관찰한 것이 아니라는 뜻이다.

심불견심心不見心에 두 가지 뜻이 있다. 첫째, 마음은 모습이 없다. 청정각명하다. 청정淸淨하다는 말은 아무 모습이 없다는 뜻이어서 무상無相과 같은 말이다. 그러니 볼 수 없다. 그럼 우리가 산하대지山河大地를 보는데, 그 산하대지는 어디에서 나왔는가? 그것은 전부 마음에서 나왔다. 마음은 무상이니 볼 수가 없고, 만상萬象은 모습이 있으니 볼 수 있다. 그러니 우리가 마음을 보려 하면, 만상을 보고 우리 마음을 알아차린다. 그렇지 않은가? 그래서 선사들의 선구에 보면, 그런 말이 많이 나온다. 잔뜩 설명해 놓고 "어떤 것이 마음이냐? 마음을 드러내 보라. 아침에 동쪽에서 해가 뜨고, 저녁에 서쪽으로 지더라." 그런 소리를 한다. 만상萬象은 다 마음에서 나온 것이니, 만상을 이야기하는 것은 곧 마음을 이야기하는 것이라는 말이다. 마음은 아무 모습이 없으니, 마음을 이야기하라고 하면 대신 마음에서 나온 삼라만상을 '이것이다'라고 들이댄다는 말이다.

심불견심心不見心의 두 번째 뜻은 이렇다. 제 눈이 제 눈을 보지 못하고, 제 손가락이 제 손가락을 가리키지 못한다. 그와 같이 마음은 마음을 볼 수 없다. 『능엄경』에서 말하는 '성각性覺이 필명必明인데, 망위명각妄爲明覺이다.' 하는 구절과 같다.

그러니 본래 하나인 것을 주와 객으로 양립시켜서 분석 설명하려고 하면 환법幻法이 된다. 마음이 주체가 되어 자신을 객체인 마음으로 대상화하여 관찰한다면 자신의 마음을 제대로 관찰한 것이 아니라는 뜻이다.

그러면 견성見性이란 용어를 쓰는 선종禪宗의 전통을 어찌 볼 것인가?

그렇다면 마음을 분명하게 알고 직접 보아야 한다는 "식심識心·견성見性해야 한다"는 선가禪家의 주장은 난관에 봉착하게 된다. 즉 '직지인심直指人心 견성성불見性成佛'이라는 선가의 주장은 이 '심불견심心不見心' 때문에 논리적으로는 문제를 안고 있는 셈이다. 물론 간화선看話禪을 강조하는 입장에서는 화두話頭는 "심의식心意識을 떠나서 참구參究하라"는 구절로 대응을 하겠지만, 상식적으로는 "견성하라"는 주장을 합리적으로 설명하지는 못한다.

화두를 참구參究할 때는 "심의식心意識을 떠나서 참구해야 한다"고 한다. 우리가 지금 말하는 심心·의意·의식意識, 즉 제8식, 제7식, 제6식을 떠나서 참구해야 그것이 제대로 화두를 참구하는 것이라는 말이다.

그런데 '심의식을 떠나 참구한다'는 말이 도대체 무슨 이야기인가? 이 구절은 고승高僧들의 선어록禪語錄에서 나온다. 감산대사의 〈감산집憨山集〉에도 나온다. 그 고승들이 화두를 참구하라고 한 그 의미는, 우리가 보통 생각하듯이 "의심이 나니까 그 의심을 풀어야겠다"는 것과는 차원次元이 다르다. 예컨대

'내가 이 화두, 무자 화두의 뜻을 모르겠다. 무자 화두의 의취意趣를 알아야겠다'는 생각을 가지고 화두를 참구한다면, 참구參究가 아니다. 왜인가? 그 생각엔 주객主客이 있으니 이미 삼세육추三細六麤라는 심心·의意·의식意識이기 때문이다. 결국 심, 의, 의식은 반연심攀緣心이다. 즉 반연심攀緣心을 떠나서 참구參究하라는 말이다.

그래서 달마達磨대사는 일찍이 『혈맥론血脈論』 게송偈頌에서 "내가 본래 마음을 구하고 있으나 마음을 저절로 지니고 있으니, 마음을 구하되 마음 알 때를 기다리지 말라[我本求心心自持 求心不得待心知]"고 하였다.

달마 「혈맥론」 맨 마지막에 '心心心심심심이여, 難可尋난가심이라'로 시작하는 게송偈頌이 붙어있다. 心심이란 글자가 세 번 나온다. 해석은, "마음이라고 마음하는 마음이여 찾기가 어렵구나."인데 그 다음에 중요한 구절이 나온다. '我本求心心自持아본구심심자지 求心不得待心知구심부득대심지'; "내가 본래 마음을 구하는데 그 마음은 저절로 가지고 있으니, 그 마음을 찾음에 마음이 알 때를 기다려선 안 된다." 마음을 구하는 그놈이 대상인 내 마음이다, 그렇지 않은가? 그러니 "마음 알기를 기다리지 말라"는 말이다. 어떻게 마음이 마음을 알 수가 있는가 그 말이다. 즉, 달마가 '구심부득대심지'라 한 이 의미는, 제 마음이 제 마음을 찾아볼 수 없다. 어떻게 내가 나를 객관화해서 그것을 보고 알았다고 할 수 있느냐. 그것은 마음이 어떤 것인지도 모르는 사람이 하는 짓이다. 그런 뜻이다.

또 영가永嘉대사는 『영가집永嘉集』에서 견성見性을 자세하게 설명하였다. "만약에 지知로써 공적空寂을 안다면 그것은 반연攀緣이 없는 무연지無緣知가 아니니, 손으로 여의주如意珠를 잡으면 '여의주가 없는 맨손'이 아니다. 만약에 저절로 지知하는 것이라고 알아도 또한 반연攀緣이 없는 무연지無緣知가 아니니, 마치 손으로 스스로 주먹을 쥐면 '주먹을 쥐지 않은 맨손'이 아니다. 또한 지知로써 공적空寂을 알지 아니하고, 또한 저절로 지知하는 것이라고 알지 않더라도 가히 '앎이 없다無知'고 하지는 못하니, 자성自性이 요연了然하기 때문에 목석木石과 같지 않다. 마치 손으로 물건을 잡지 아니하고, 또한 스스로 주먹을 만들지 않더라도 가히 '손이 없다無手'라고 하지는 못하니, 손이 여전히 그대로 있으니 토끼 뿔과 같지 않다"라고 말했다.

영가대사가 『영가집』에서, 불교 전체이론을 간략하게 총정리하였다. 거기 사마타를 설명하는 부분에 이 구절이 나온다. 우리의 진심眞心, 공적영지空寂靈知라고 하는 그 영지靈知란 도대체 무엇인가? 원문을 보자.[188]

'若以知知寂약이지지적 此非無緣知차비무연지'; 영지靈知라고 하는 이 지知는 어떤 지知인가? 공적空寂한 영지다. 아무것도 없이 공적한 것이니 반연攀緣이 없어야 한다. '만약에 지知를 가지고 공적空寂을 지知하면' 그것은 주主인 지知가 객客인 공적을 반연하여 아는 것이다. 이것은 무연지가 아니다. 즉 반연지다.

'如手執如意여수집여의 非無如意手비무여의수'; 손에 여의주를 쥐고 있으면, 그 손은 여의주를 대상으로 쥐고 있는 손이니, 빈손이 아니고 뭔가를 쥐고

---

188 원문은, 若以知知寂약이지지적 此非無緣知차비무연지 如手執如意여수집여의 非無如意手비무여의수 如手自作拳여수자작권 非是不拳手비시불권수 亦不知知寂역부지지적 亦不自知知역부자지지 不可為無知불가위무지 自性了然故자성요연고 不同於木石부동어목석 手不執如意수부집여의 亦不自作拳역부자작권 不可為無手불가위무수 以手安然故이수안연고 不同於兔角부동어토각

229

있는 손이라는 말이다. 그러면 그것은 반연심이다. "공적한 영지다"라고 말해서는 영지를 제대로 설명한 것이 아니라는 말이다.

'若以自知知약이자지지 亦非無緣知역비무연지'; '만약에 저절로 지知하는 것이라고 알아도 또한 무연지가 아니다.' 그럼 저절로 지知하는 자지自知는 무엇인가? 자지自知는 성자신해性自神解를 의미한다. 성품이 저절로 신령스럽게 아는 것이 자지다. 제가 안다는 것이 아니고, 저절로 아는 것이다. 원래 영지는 저절로 아는 것이 특성이다. 그렇게 이 영지를 설명해도 그것도 무연지無緣知가 아니다. 영지를 제대로 설명한 것이 아니라는 말이다.

'如手自作拳여수자작권 非是不拳手비시불권수'; '손으로 스스로 주먹을 쥐면 주먹 쥐지 않은 손이 아니다'. 마치 손을 이야기하는데 주먹을 불끈 쥐고 있는 것과 같다는 말이다. 이 손은 이렇게 쥘 줄도 아는 놈이다. 그러니까 성자신해와 같은 것이다. 영지靈知라고 하는 지는 저절로 신령스럽게 아는 것이 마치 손으로 주먹을 쥐는 것과 같다. 이것도 무연지無緣知가 아니다. 손은 자연스럽게 펴고 있는 것이 손의 본래 모습이다. 무엇을 쥐고 있어도 안 되고, 주먹을 쥐어도 안 된다. 그러면 어떻게 해야 하는가?

'亦不知知寂역부지지적'; '지知로써 공적을 알지도 않고', 공적이라 해도 틀리고,

'亦不自知知역부자지지'; '또한 저절로 지知하는 것이라고 알지 않더라도', 성자신해라고 해도 틀리지만,

'不可爲無知불가위무지'; '지知가 없다고는 할 수 없다'. 지가 있다는 말이다. 낙동강 물, 한강 물은 오염되었더라도, 그 안에 깨끗한 물이 있는 것과 마찬가지다. 그래서 어쩌자는 말인가?

'自性了然故자성요연고 不同於木石부동어목석'; 지知의 본래 성질[自性]이 요연하다. 요연了然이 무엇인가? 요는 알 료了 자다. 절에서 예불하려고 종을 치

면, 그 주위에 사는 사람들 누구나 그 '뎅'하는 종소리가 난 줄 저절로 안다. 그것이 요연了然이다. '자성이 본래 요연하기 때문에 목석과는 다르다'. 목석은 종소리가 나도 모른다. 그러나 영지는, 즉 무연지는 저절로 분명하게 안다. 그래서 여기 자성이 요연了然하다고 한 것이다. 요연은 영지라는 말 대신 쓴 것이다.

공적空寂을 이야기해도 틀리고, 성자신해性自神解라고 해도 틀리고, 다 틀렸다. 지금 뭐라고 해도 다 반연심攀緣心인 지知이니 무연지無緣知가 아니다. 그러나 이런 가운데 항상 아는 지知가 있다. 무연지가 아니지만, 그 반연심 안에 무연지가 다 들어 있다.

예컨대 세상에서 가장 맑은 물을 설명한다고 해보자. 그런데, 세상이 혼탁해서 낙동강 물을 봐도 형편없고, 한강 물도 시원찮다. 그러면 무엇이 청정한 물인가? 낙동강 물도 잘 거르면 깨끗한 물이 들어 있고, 한강 물도 마찬가지다. 본래는 청정한 물인데 오염된 것이다. 그러니 낙동강 물이나 한강 물이 청정한 물이 아닌 것은 아니다. 우리가 반연심을 쓰는데, 그 안에 무엇이 있는가? 그렇게 말할 줄 아는 지知가 있지 않으냐는 것이다. 무연지無緣知를 말하는 것이다. 인연이 없어도 견문각지하고 말할 줄 아는 지知가 있다. 그래서 여기 영靈자를 붙인 것이다.

그러니까 이렇게 반연심을 쓰더라도 그 안에는 항상 순수한 지知인 무연지無緣知, 즉 영지가 본래 들어 있다는 말이다.

이 구절을 연수延壽 대사가 『주심부註心賦』에서 인용하면서 "선종禪宗의 묘妙다"고 칭송하였으니, 즉 반연심攀緣心과 구별되는 무연지無緣知를 강조하여 견성見性하는 묘리妙理를 설득력 있게 제시하였다.

연수 대사[189]가 『종경록宗鏡錄』 100권을 썼다. 그런데 종경록에는 "선종의 묘"라는 말이 나오지 않고, 주심부註心賦에 나온다. 주심부 제1권에서 선종禪宗의 묘妙라 했다. 선종에서 마음을 가장 잘 표현한 묘한 구절이라는 것이다. 소위 자성自性, 또는 공적영지空寂靈知, 또는 무연지를 설명하기 위해 선사들이 쓴 표현 중에 이것이 최고라는 말이다.[190]

어쨌거나 소위 청정각명, 공적영지하는 이것은 승의승의제勝義勝義諦에 해당한다. 증득證得할 수 없고, 이론적으로 설명할 수도 없다. 달마대사의 『혈맥론』에 나오는 게송偈頌이 이런 뜻을 전해주고 있다. 그 다음 영가스님의 사마타 장에 나오는 이 구절 정도이다. 탁 까놓고 바로 설명한 것은 그것들뿐이다. 그러니까 연수 대사가 '선종의 묘'라고 이것만을 칭찬했다. 깊이 생각해볼 거리다.

---

189 연수(延壽)/영명연수(永明延壽)(904-975): 중국의 오대(五代)·송(宋)의 승려. 절강성(浙江省) 여항(餘杭) 출신. 30세에 출가, 천태덕소(天台德韶 891-972)에게 사사하고 그의 법을 이어받음. 선종 법안종法眼宗의 제3조, 정토종 제6조 조사이다. 선교일치의 체계를 세웠고, 선과 염불을 함께 닦을 것을 권장하여 염불선의 터전을 확립. 저술에는 《신서안양부神棲安養賦》·《주심부註心賦》·《유심결唯心訣》·《만선동귀집萬善同歸集》·《종경록宗鏡錄》 등 백여 권이 있다. 마음을 건립해 종취로 삼고, 깨달음으로써 결을 삼아서 성상性相을 융회하고 불심에 미묘하게 계합하였다. 영명사에서 15년을 주지하시면서 일생동안 법화경을 총 1만3천 부를 염송하였고 제자 1천7백 명을 제도하였으며 항상 대중에게 보살계를 주셨다.
북송 개보開寶 8년(975) 2월 28일, 새벽에 일어나 향을 사르라 이르시고, 중생에게 게를 설하여 말씀하시길, "입으로는 늘 아미타불을 부르고, 마음으로는 언제나 백호광명을 생각하라. 이렇게 지녀 마음이 물러나지 않으면 결정코 안양정토에 왕생하리라" 하셨다. 말씀을 마치시고 가부좌한 체 화하시니, 세수 72세였다.

190 『임간록(林間錄)』을 쓴 각범(覺範)이라는 스님이 있다. 송나라 때 선지식이다. 조사어록(祖師語錄) 중에 우리나라에서 가장 많이 읽힌 것이 『임간록』이다. 육조단경(六祖壇經)은 조사어록이라 하지 않는다. 경(經)이다. 아주 높게 치는 것이다. 조사어록이라면 거기에는 법문(法門)도 있고, 여러 가지 설명(說明)도 있고, 법을 거량(擧揚)한 일화(逸話)도 있어야 한다. 그런데 이 임간록은 고려 때부터 우리나라에서 쭉 전해 내려온 것이니, 아주 역사가 깊은 조사어록이다. 이 편찬자인 각범(覺範) 스님도 대단한 선사(禪師)다. 그 각범 선사의 임간록에 보면, 연수 대사가 영가대사의 이 무연지 구절을 '선종의 묘'라고 찬탄한 것을 강조하면서 해설을 붙인 주(註)도 있다.

또 고려의 보조국사 지눌도 <수심결>에서 "단지불회但只不會하면 시즉견성是卽 見性이다.[191]"라고 하였다. 그러나 상식과 논리를 바탕으로 한 세제世諦로서는 이 '심불견심心不見心'을 알아듣도록 설명할 수가 없다. 그래서 "무상보리無上菩提를 증 득하는 것은 불가사의한 일이다"라는 표현이 불경에서 그토록 자주 등장하고 있 는 것이다.

지욱대사의 『열망소』에는 다음과 같은 문답이 들어 있다.

문: 마음을 보지 못하는데 어떻게 타심통他心通이란 말이 있는가?

답: 망념妄念에는 연영緣影이 있다. 타심통이란 이 연영을 아는 것이지, 심체心體 나 견분見分을 아는 것이 아니다. 심체나 견분은 형상이 없어서 보거나 알 수가 없 다. 경에 "내가 불안佛眼으로도 중생의 마음을 볼 수가 없는데, 어떻게 치인痴人이 심상心相을 안다고 말하겠는가!" 하는 구절이 있다.

이어서 두 번째 문답이다.

문: 제7식이 제8식의 견분見分을 실아實我인 실법實法으로 집착하는 것을 '마음 으로 마음을 인연因緣한다'고 말하는데, 이것이 어떻게 '마음이 마음을 보는 것'이 아니겠는가?

답: 제7식이 제8식을 능히 본다면 현량現量이라고 하지, 어째서 비량非量이라고 하였겠느냐. 일체의 심과 견분은 모두 형상이 없어서 볼 수가 없다. 주체인 마음이 모습이 없는데, 그 대상인 경계인들 무슨 모습이 있느냐. 일체 세간의 경계는 모두 중생의 무명 망념이 세운 것이다. 즉 제7식이 심心과 심소心所를 네 번 전성轉成한 것이 세간의 경계들이니, 모두 자심自心과 심소의 상분相分이다. 거울에 비유하면 심소의 체體는 거울이고, 상분은 거울의 영상이다. 영상은 거울을 떠나지 않았지 만, 거울에서 그 자체를 찾을 수도 없다.

---

191 다만 알지 못할 줄 알면 이것이 곧 성품을 본 것[見性]이니라.

이것은 지욱대사 『열망소』에 나온 문답問答이다. 첫 번째는 타심통 이야기다. 마음은 모습이 없는데 어떻게 다른 사람의 마음을 안다고 하는가? 여기서 답은 어떤가? '망념妄念에는 연영緣影이 있다'고 했다. 망념은 경계를 반연해서 일으키는 것이니 반드시 그에 해당하는 모습, 즉 주파수가 있다는 말이다. 뇌파腦波라고 하면 요즘에는 알아듣기 쉽다. 사람이 생각을 하면 뇌파가 움직인다. 그러니 뇌파를 측정하면 그 사람이 어떤 종류의 생각을 하는지, 어떤 의식의 세계에 있는지를 안다. 타인의 마음의 내용을 안다는 것은 망념의 연영緣影을 보고 아는 것이다. 여러분이 공부를 좀 하면 타심통他心通이 나온다. 가까운 사이거나 도반에 대해서는 얼굴을 보거나 생각만 해도 '아, 이 친구 지금 무슨 생각을 하는구나' 하는 것을 군이 의도하지 않아도 저절로 안다, 마치 거울에 비치듯 알게 된다. 내가 무념無念이면 다른 사람이 쓰는 망념妄念의 주파수가 잡힌다. 즉 뇌파가 잡힌다. 범어사에 계시는 지유知有스님의 타심통은 유명하다. 백봉선생님도 타심통이 대단했는데, 숙명통도 있었다. 그런데 백봉선생님은 대중 법문에서 이런 신통神通을 이야기하신 적이 없다. 신통神通이란 것을 내보이면 학인들의 호기심 때문에 마음공부를 망친다고 하셨다. 그래서 평소에 신통 이야기를 하지 않으셨다.

두 번째 문답을 보자.

'제7식이 제8식의 견분을 실아인 실법으로 집착하는 것을 "마음으로 마음을 인연한다"고 말한다.' 제8 아라야식이 업상業相, 전상轉相, 현상現相으로 자체自體분과 견분見分상분相分을 나타내고, 다시 견분을 '나'라고 생각하는 제7식이 나타난다. 지식智識이 '나'라는 아상을 일으키면서, 상속相續해서 선후先後가 계속되면 비로소 '나'라는 제7식이 고정된다. 과거 현재 미래가 이어져야만 제7식이 고정固定된다는 설명이다. 그래서 마명존자는 상속식相續識까지의意에다 포함시켰다. 의意, 이것이 나라고 하는 자아의식自我意識이다. 지금까지 '제7식이 제8식의 견분을 실아實我인 실법實法으로 집착하는 것', 이것이 제7식이 일어나는 전변을 설명하고 있다.

그런데 이것은 '마음이 마음을 보는 것'이 아니냐는 질문이다. 제7식이 제8식의 견분을 나라고 생각하니 '나'가 '나'를 보는 것이 아니겠느냐라는 말이다.

그러나 이것이 실제로 있는 것이 아니다. 무명업상, 전상, 현상에서 견분見分, 상분相分도 실제로 있는 것이 아니다. 자증분自證分[192]도 있는 것이 아니다. 이렇게 분별하고 생각을 하는 것이 유식론의 설명방식이다. 그러니 제8식의 견분이 '나'라고 하는 것도 생각이다. 견분을 직접 보고 '나'라고 하는 제7식이 되는 것이 아니다. 그러니까 뭐라고 답했는가? '제7식이 제8식을 능히 본다면, 나라고 하는 것이 있어서 견분을 보아서 제7식이 된다면 현량이라 설명해야 한다.' 우리가 가지고 있는 눈·귀·코·혀·몸 이 다섯 가지 전오근前五根이 앞에 있는 다섯 개의 경계, 즉 오진五塵인, 빛깔·소리·냄새·맛·촉감을 대하면 오식五識이 일어나는데, 이때 전오근이 오진을 대하는 것을 현량現量이라 한다. 전오근인 눈·귀·코·혀·몸이 대하는 경계는 분명하니까 현량이다. 현량이라는 것은 현재現在 눈앞에 있다는 말이다. 보이는 것은 현재 일어나는 일이다. 소리는? 현재 들리는 소리가 있다. 촉감 역시 현재 만져지는 촉감이 있다. 이것이 현량이다. 오근五根은 모두 그렇다 치고, 그러면 제6근인 의근意根은 어떠한가? 제6근인 뜻이 생각함에는 현량이라고 볼 것이 따로 없다. 의근意根이 지나간 전오식前五識을 대상으로 생각을 하거나, 옛날에 지나간

---

192 자증분(自證分)이란 인식의 성립에서 견상이분(見相二分)의 출처(出處)인 자체분을 말한다. 즉 인식에서 주관 대상에 의한 자신의 인식작용을 확인하는 부분이다.

일을 떠올려 생각한다. 지나간 일은 기억 속에 저장된 기억을 대상으로 하는
것이니 현량이 아니다. 그래서 제6근인 뜻은 주로 비량比量이 많다. 분별하고
생각하는 것이다. 이 생각, 저 생각, 지나간 억지憶智와 직전直前의 전오식前五
識을 비교하면서 분별하는 것이다. 현재 대상을 직접 상대하는 것이 아니니,
그래서 현량과는 다르다. 그래서 우리말로는 알음알이라고 한다.

그러면 현량現量은 진실이냐? 제7식이 제8식의 견분見分을 능히 본다면 현
량이라고 하지, 어째서 비량非量이라고 하였겠느냐. 일체의 심식心識은, 제8아
라야식에서 전오식前五識까지 모두 다 무명이 지어낸 것이다. 8종種의 식識인
자증분自證分이 견상이분見相二分을 전변轉變하므로, 대상對象은 전부 알음알이
로 일어난 상분相分이지 실제로 현전現前하는 것이 아니다

그러므로 일체 세간의 경계의 모습은 모두 중생의 무명 망념에 의하여 건립
된 것임을 마땅히 알아야 한다. 마치 거울속의 영상影像이 눈에는 보이지만 걷
어잡을 바탕이 없는 것과 같다. 오직 허망한 분별심이 전변轉變한 것이다. 마음
이 생기면 온갖 법이 생기고, 마음이 사라지면 온갖 법이 사라진다.[193]

이것은 결론이다. 원문을 보자.

'是故當知시고당지 一切世間境界之相일체세간경계지상 皆依衆生無明妄念而
得建立개의중생무명망념이득건립'; 무명업상에서 시작해서 망념으로 삼세육
추가 다 생긴 것이란 말이다.

'如鏡中像無體可得여경중상무체가득'; '마치 거울 속의 영상처럼 걷어잡지

원문은, 是故當知시고당지 一切世間境界之相일체세간경계지상 皆依衆生無明妄念而得建立
개의중생무명망념이득건립 如鏡中像無體可得여경중상무체가득 唯從虛妄分別心轉유종허망
분별심전 心生則種種法生심생즉종종법생 心滅則種種法滅故심멸즉종종법멸고

못한다.' 그런데 이것이 문제다. 모두 다 알음알이, 식으로 만든 것이면 일체가 있는 것이 아니라고 해야 한다. 그런데 우리는 지금 나도 대전에서 컴퓨터 앞에 앉아 있고, 여러분도 각자 집에서 컴퓨터 앞에 앉아 있다. 현실적으로 이렇게 앉아 있는데,[194] 어째서 이것이 전부 알음알이요 식識이라고 하는가? 현실現實로 눈앞에 보이고 들리고 만져지는데 어떻게 이것을 무명 망념으로 건립된 허상虛像이라 하겠는가 말이다.

그래서 비유한 것이 거울 속의 상이다. 거울 속에 비친 영상은, 영상이 분명히 있지만, 그 거울 안에는 실은 무체無體라, 실체가 없다. 거울에 비치는 영상과 우리 눈에 비친 삼라만상森羅萬象이 똑같다. 이것이 우리가 깨달아야 하는 부분이다. 증득證得을 해야 한다. 그런데 증득하기 전에, "이치가 그렇네. 거울에 비치는 영상도 꼭 있는 것만 같지만 찾아보면 사실은 없지 않은가?"라든가, 또는 "꿈속에서는 분명히 있었는데 깨고 보니 없구나."처럼 이치를 짐작할 뿐이다. 경중상鏡中像, 몽중사夢中事가 다 비유로 쓰인다. 우리가 살고 있는 삼라만상 우주법계가 사실은 무명無明으로부터 생긴 알음알이다, 허상虛像이다.

'唯從虛妄分別心轉유종허망분별심전'; 오직 허망한 분별심으로 인해서 전변轉變한 것이다, 제8식에서 나타나는 것을 전轉이라 한다. 업상業相이 있고, 업상에서 견분見分과 상분相分으로 둘로 갈라져 나온다. 12연기법에서 식識이 견상見相인 명색名色을 나투는 것과 같은 이치다.

'心生則種種法生심생즉종종법생 心滅則種種法滅심멸즉종종법멸'; 마음이 생기면 가지가지 법이 생긴다. 생기는 마음은 망심妄心이다. 무명 분별 망심이 생기면, 갖가지 법이 생기고, 마음이 사라지면, 온갖 법이 사라진다.

이 구절은 원효대사가 해골바가지 물을 마시고 아침에 일어나서 한소식할

때 읊었다고 전해진다. 원효대사는 이『대승기신론』을 제일 좋아했으니, 구역질이 나서 토하면서 저절로 이 구절이 생각난 것이다. 다시 말하면, 시절인연이 도래해서 해골바가지 물을 마셨고, 그 구절의 뜻이 실감이 난 것이다.[195] 이른바 체험한 것이다. 불교에서 공부하다가 한 소식하는 일은 전부 그와 같다. 우리가 경전經典에서 배워서 알고 있는 이치理致를 우연히 시절인연을 만나면서, "아, 진짜네!" 하고 깊이 사무치는 것을 깨달았다거나 한 소식 했다고 말하고 있다. 만법萬法유식唯識이다. 다른 것이 없다. 그러면 이치를 모르면 어찌되는가? 고인古人이 이르시기를, "불법의 이치를 모르는 사람은 천년만년 동안 화두話頭를 들고 있어도 못 깨친다"고 하셨다.

[4] 의식意識

이제 의식을 공부할 차례다. 심心 · 의意 ·의식意識 중의 의식이다.

의식이란, 일체 범부가 상속식相續識에 의하여 아我와 아소我所를 집착하여 갖가지로 육진경계를 망취妄取함을 말한다. 이것을 분리식分離識이라고도 부르고, 또한 분별사식分別事識이라고도 부르는데, 사견邪見과 탐애貪愛 등에 의하여 훈습되고 증장한다.[196]

---

195 원효대사의 해골물 사건이 각범(覺範)선사의 『임간록』에 나온다. "원효(元曉)가 의상(義湘)과 같이 중국에 와서, 잘 곳을 찾다가 저녁에 허름한 움막을 보고 거기에서 잠을 잤는데. 사실 그 곳은 무덤이었다. 당시 중국에선 무덤이었는데, 그것을 모르고 자다가 그 난리가 난 것이다." 또 임간록에는 "원효는 다시 돌아가고"라고 적혀 있다. 그러니까 이 해골바가지의 물을 마신 사건은 중국에서 일어난 사건이다. 그 사건 후 원효는 즉시 신라로 돌아왔다.

196 원문은, 言意識者언의식자 謂一切凡夫위일체범부 依相續識의상속식 執我我所집아아소 種種妄取六塵境界종종망취육진경계 亦名分離識역명분리식 亦名分別事識역명분별사식 以依見愛等熏而增長故이의견애등훈이증장고

의식이 육진경계를 가지가지로 허망하게 취한다고 했다. 육진 경계가 다 나오니까 이 의식은 전前6식을 뜻한다. 제1식인 안식眼識부터 제6식인 의식까지의 전6식前六識이다.

의식意識은 흔히 제6의식이라고 하는데, 여기『대승기신론』의 의식은 전오식前五識을 포함하므로 요별경식了別境識이라고도 부른다. 제6의식과 전오식前五識이 같이 작용하면 오구의식五俱意識 또는 동시의식同時意識이라 하고, 제6의식만 작용하면 독두의식獨頭意識이라고 구별하기도 한다.

지욱智旭대사의 설명에 따르면, "상속식相續識에 의하여"는 제7식識이 염정染淨에 따라서 제8식과 함께 전전展轉하여 무시無始로부터 끊어짐이 없으므로 상속식相續識이라고 부른다고 한다. 또 "아我와 아소我所를 집착하여 육진경계六塵境界를 망취妄取한다"는 것은 제7식이 구생아집俱生我執이 있어서 제6의식이 이것에 의지하여, 분별分別과 구생俱生 두 가지의 아와 아소를 집착하면서, 육진경계를 망취妄取한다고 설명한다.

따라서 과거 · 현재 · 미래의 모든 경계는 꿈에 보는 경계와 같다. 비록 사선四禪과 팔정八定의 경계라 할지라도 모두 법진法塵이라는 경계일 뿐이다. 즉 안식眼識은 스스로 만든 자소변색自所變色을 보고 이식耳識은 스스로 만든 자소변성自所變聲을 듣는 것이다. 이렇게 육진이 모두 무성無性으로 오직 자심自心일 뿐이니, "분리식分離識이나 분별사식分別事識이라고 부른다"고 한다. "사견과 탐애 등에 의하여 훈습되고 증장된다"는 것은 전변을 훈습이라 표현하고, 종자種子와 현행現行을 증장增長이라고 표현한 것이다.

의식意識은 간단히 설명해 놓았지만, 사실은 이 내용이 아주 풍부한 것이다. 원문을 보자.

'謂一切凡夫위일체범부 依相續識의상속식 執我我所집아아소'; 일체범부는 상속식에 의해서 아와 아소를 집착한다. 그러니까 제7식이 삼세三細에 있는 견분見分을 '나'라고 생각했다. 그렇게 '나'라고 생각하는 것이 지상智相이다. 그 지상이 상속되면서 나라는 생각이 계속 일어나서 제7식에서 아상我相이 생긴다[相續相]. '내가 있다. 나다.' 나를 아끼는 아애我愛가 생긴다. 한편 상분相分은 아소我所, 즉 내 것이다. 나의 육근六根이 취하는 대상對象이다. 아소라고 하는 것은 간단히 말해서 '나' 빼고 나머지, 온갖 것, 별, 공간, 허공 등 모든 것이다. 그래서 나라고 하는 주체, 아我와 객체인 대상, 아소我所를 인정하고 집착執着하는 것이다[執着相].

그래서 '種種妄取六塵境界종종망취육진경계'; 갖가지로 허망하게 육진경계를 집착한다. 그것에 집착을 하고 이름을 붙인다[執名等相]. 그렇게 하면서 업業을 지어[起業相] 과보를 받는다[業繫苦相]. 이 전과정全過程이 오식을 포함한 전육식인 의식이다. 그것을, '亦名分離識역명분리식', 분리식이라고도 한다. 나와 경계를 분리하고 집착하는 것이 제6식의 작용이다.

의식을 분리식分離識이라고도 하고 분별사식分別事識이라고도 한다. 모든 사상事相을 분별하는 식이라는 말이다. 분별은 우리가 태어난 후에 지식을 배워서 일으키는 것이고, 전생부터 일으킨 여러 가지 억지憶知를 이생으로 가지고 온 것이 구생俱生이다. 그러니까 어린애가 태어나서 얼마 되지 않았는데도 내 것을 챙긴다면, 그것은 구생아집俱生我執이다. 구생을 알아야 설명이 된다. 우리는 분별집착과 구생집착 두 가지로 아我와 아소我所를 집착하면서 육진경계六塵境界를 망취妄取한다. 집착의 내용은 많다. 주主에 대한 집착을 아집我執이라 하고 대상에 대한 집착은 법집法執이라 한다. 분별아집分別我執, 분별법집分別法執, 또 구생아집俱生我執, 구생법집俱生法執을 일으켜서 눈에 보이고 귀에 들리는 육진경계를 망취妄取한다.

한편, 육식六識은 사종四種이 있다. 첫째가 오구의식五俱意識, 혹은 명료의식明了意識이다. 우리가 깨어있을 때의 의식이다. 동시의식同時意識이라고도 한다. 왜 동시인가? 오근五根이 작동해서 일으키는 것과 동시에 제6근인 의식이 같이 작동해서 일으킨다. 오근과 함께 일어나는 의식이다. 그래서 함께 일어난다는 것을 동시의식이라고 하고, 깨어있을 때 느끼는 것이라서 명료의식明了意識이라고도 한다. 둘째, 삼매를 닦으면 정중의식定中意識이 있다. 이것은 사선팔정四禪八定에서 오는 의식이다. 셋째, 몽중의식夢中意識이 있다. 마지막으로 오구의식, 정중의식, 몽중의식에 해당하지 않는 의식을 독산의식獨散意識이라 한다. 과거, 현재, 미래에 대한 온갖 공상 등 오근과 관계없이 제6 의식이 혼자서 일으키는 것이 독산의식이다. 독산의식은 산만해서 산위의식散位意識, 혹은 산란의식散亂意識이라고도 한다.

오구의식五俱意識은 안이비설신眼耳鼻舌身 오근五根과 함께 작동하는 것이고, 정중, 몽중, 독산 의식은 제6 의식만 혼자 작동하는 것이다. 그래서 독두의식獨頭意識이라고도 한다. 우리가 일으키는 의식, 즉 제6 의식이 일으키는 의식은 이것뿐이다.

'以依見愛等熏而增長故이의견애등훈이증장고'; 견애 등에 의하여 훈습되고 증장된다. 견애見愛가 무슨 말인가? 우리는 전생前生에 지은 업의 결과로 이생에 몸도 받고, 이런 사고방식도 지니고 있다. 그리고 이생에서 스무 살이 되면 버릇이 형성되어 고정된다. 이 버릇을 불교에서는 견見과 애愛로 가른다. 견見은 견문각지見聞覺知를 대표한다. 애는 탐애貪愛다. 탐진치를 대표한다. 요새 식으로 애기하면, 견은 지능知能이고 애는 감정이다.[197] 그런데 제8식 안에 종자種子가 있다. 종자[198] 안에는 기억과 지식[憶知]이 들어 있다. 이생에 태어나서 살다 보면 이 종자에서 상황에 따라 내가 알고 있는 억지憶知가 작동한다. 예컨대 위험 상황이 닥치면, 벗어나기 위해 여러 가지 반응을 한다. 그것을 현행現行이라 한다. 길을 가다가 갑자기 비가 오면 우산을 쓴다. 우산을 쓰는 행위는 종자에서 억지가 튀어나온 현행의 결과이다. 아침에 일기예보를 보고 비가 온다고 하면 우산을 들고 나와야 한다는 지식이 하나 더 늘어난다. 그러면 그 지식이 내 종자에 있는 억지憶知에 추가된다. 그것을 훈습熏習이라 한다. '훈이증장熏而增長'이란 그 말이다. 이렇게 지적, 감정적 활동에 의해서 종자가 현행하면서 얻은 지식이 다시 종자에 가미加味되면서 훈습하여 늘어나고 커진다. 이러한 작용을 전6식이 한다는 것이다.

---

197 심리학에서는 지능지수(知能指數)는 IQ라고 하고, 감성지수(感性指數)는 EQ라고 한다. 모든 동물, 모든 중생이 견문각지하는 지능(知能)은 다 같다. 지수(指數)가 높고 낮은 차이가 있긴 하지만, 지능(知能)은 같다. 지능지수는 제6식의 분별지수일 뿐이다. 그러니까 모든 중생, 집에서 키우는 개나 숨어서 다니는 쥐나 땅을 기는 개미나, 다 지능이 있다. 다시 말해 견문각지할 줄 아는 능력이 있다. 하등동물(下等動物)은 사람보다는 감정이 없는 것처럼 보인다. 그래서 감정을 컨트롤하는 것이 인간이 가장 인간답다고 할 수 있는 특성이라고 이야기한다.

198 종자(種子): ⓢbīsja. ①어떤 현상을 일으키는 근원. 어떤 현상이 일어날 가능성. ② 과거의 인식·행위·경험·학습 등에 의해 아라야식에 새겨진 인상(印象)·잠재력. 아라야식에 저장되어 있으면서 인식작용을 일으키는 원동력. 습기(習氣)와 거의 같은 의미로 사용된다.

<복습> 8종식

　생멸인연, 심心 의意 의식意識의 설명을 마무리하면서 생멸문生滅門에서 불각不覺이 일어나는 과정, 8종식을 다시 한번 복습해 보자

　성각필명 망위명각으로 무명에서 진망화합식인 제8 아뢰야식이 생긴다.
　제8식의 내용으로는 제8식 자체인 무명업식無明業識, 견분見分, 상분相分이 있다. 여기서 제7식이 일어나서 제8식의 견분見分을 자기 자신이라 착각한다. 견분을 자기 자신[我]으로 치면, 상분, 업식 등은 나의 대상이다. 자기 이외의 모든 대상을 아소我所라 한다. 내[我]가 아소我所를 보고 분별하고 알아보고[了知], 작용을 일으킨다. 그 작용을 육종식六種識 또는 전육식前六識의 작용이라 한다. 눈·귀·코·혀·몸·뜻의 6근根이 6진塵을 분별하는 것이다. 결국 제7식이 착각한 나[我]에서부터 6근이 6진을 대해서 6식을 일으키는 일이 생긴다.
　그리고 제6식에는 집착상, 집명등상, 기업상, 업계고상이 포함된다. 이것은 제6식의 작용作用이라고 설명한다.[199] 제6식의 작용은 이렇다. 색수상행식色受想行識이 있는데, 색色은 식識의 대상對象이고, 수상행受想行은 식의 작용作用이다. 여기서 식識은 무엇인가? 제6식이다. 제6식이 경계를 받아들여서 느낌이 생기고[受], 그런 다음 생각을 하고[想], 그것으로 의사결정을 해서 행동을 일으킨다[行].

199　감산(憨山)대사는 의견이 좀 다르다. 원효대사는 상속상부터 제6식에 포함시켰지만, 감산대사는, 마명보살이 상속상을 제7식에 포함시킨 만큼, 지상과 상속상까지를 제7식에 포함시키는 것이 옳다는 의견이다. 지상이라는 것이 아견(我見)이니까, 즉 나라고 하는 생각이니까, 나라고 하는 생각이 계속 일어나는 것이 상속식(相續識)이고, 제7식에 배당하는 것이 맞다는 말이다. 선지식들의 생각이 조금씩 다르다.

수受·상想·행行은 식識이 일으키는 정신작용이라는 말이다. 집착식執着識, 이 것은 수受에 해당한다. 집착하고 나면 그 다음이 집명등상執名等相이다. 이 집 명등상보다는 구역舊譯의 계명자상計名字相이 더 분명한 번역이다. 모든 것에 이름을 붙인다는 뜻이다. 모든 것에 이름을 붙인다는 것은 결국은, 생각을 해 서 좋다/나쁘다고 분별하고 집착하는 것이다. 이 집명등상이 수상행식 중의 상想에 해당한다. 그 다음 기업상起業相이다. 업을 짓는다. 이것은 수상행식受 想行識 중의 행行이니 딱 맞아 떨어진다.

색·성·향·미·촉은 각각 빛깔, 소리, 냄새, 맛, 촉감을 가리킨다. 이렇게 눈·귀·코·혀·몸에서 일어나는 식은 전오식前五識이라 하며, 법을 상대하는 의근意根이 만든 식을 제6식이라 한다. 법法이라고 하는 말이 가리키는 범위 가 넓다. '생각을 일으키는 대상/경계'란 말이다. 색·성·향·미·촉·법의 육 진을 상대해 분별하고 요지了知하는 것이 제6식이다.

제8식, 제7식, 제6식이라 하니까, '먼저 제8식이 있고, 그다음 제7식이 생겨 서, 그 다음으로 6종식이 일어나는구나'라고 생각하기 쉽다. 제7식은 제8식과 함께 생겼다. 제8식이 생길 때 이미 제7식이 있고, 6종식이 있는데, 나중에 우 리가 설명하며 순서를 붙인 것이다. 시차時差가 있는 게 아니다. 견분見分을 나 라고 생각하니까 그리고 워낙에 각명하니까, 내가 나 아닌 것, 상분相分을 보 고 분별分別을 일으킨다. 그것을 6종식의 작용作用, 전6식의 작용이라 한다. 6 근이 6진을 대해서 6식을 일으킨다고 해서 6근, 6진, 6식을 18계界라 한다.

이상이 생멸문生滅門에서 불각不覺이 일어나는 과정이자 내용이다. 무명無明 에서 시작한 분별分別, 생멸문生滅門 이야기다. 원래는 각覺인데, 무명無明으로 인한 불각不覺이 일어나서, 제8식, 제7식, 제6식이 있게 되고, 제1식에서 제5 식까지의 전오식이 있게 된다. 이것이 우리가 사는 세상이다.

염심

染心

6. 염심染心

[1] 무시무명無始無明

무시무명無始無明으로 훈습薰習되어 일어나는 식識은, 범부凡夫나 이승二乘들의 지혜로는 능히 알지 못한다. 해행지보살解行地菩薩은 관찰하기를 배우기 시작하고, 법신보살法身菩薩이라야 일부분一部分을 알고, 구경지究竟地에 이르러도 오히려 전부 다 알지를 못하며, 오직 여래如來만이 전체를 분명하게 안다.[200]

시작이 없는 무명으로 훈습되어 일어나는 식識은 제8식을 위시한 8종식을 가리킨다. 여덟 가지 식을 일으켜서 우리가 살아간다. "종자種子에 억지憶知가 들어 있는데, 이것이 우리가 살아가는 동안 현행現行하면서, 새로운 지식이 생기고, 그 새로운 지식이 다시 종자에 추가된다. 이렇게 지식이 종자에 추가되는 것을 훈습薰習이라 한다. 그러면서 업이 점점 더 많아진다."

이 과정은 범부凡夫나 소승小乘 아라한의 지혜로는 알 수가 없다. 이렇게 말로 설명을 들으면 이해한다고 생각은 하지만, 내용은 잘 모른다는 말이다.

공부 단계를 신信 · 해解 · 행行 · 증證이라 한다. 처음에 부처님 말씀을 들으니 진짜 같다. 그러면 믿는다[信]. 그런 다음 경을 공부하고 설명을 들어서 이해한다[解]. 그다음이 수행修行이다[行]. 그대로 수행해봤더니, 이치를 증득했다

---

200 원문은, 無始無明熏所起識무시무명훈소기식 非諸凡夫二乘智慧之所能知비제범부이승지혜지소능지 解行地菩薩始學觀察해행지보살시학관찰 法身菩薩能少分知법신보살능소분지 至究竟地猶未知盡지구경지유미지진 唯有如來能總明了유유여래능총명료

[證]. 그렇게 공부를 신·해·행·증으로 표현한다.

여기서 해와 행의 단계에 있는 보살이 해행지보살解行地菩薩이다. '해행지보살은 관찰하기를 배우기 시작한다.' 해행 단계에 있는 보살이, 좀 전에 설명한 종자種子에서 현행現行하고 결과結果에서 훈습熏習되어 증장增長하는 것을 관찰한다.

그 다음 과위의 법신보살法身菩薩은 조금 알 수 있다. 십지十地 과위果位에 도달한 보살을 법신보살이라 한다. 초지 이상의 보살이라야 안다는 말이다. 그처럼 여러 가지 유식唯識의 과정은 우리가 들어서 이해는 한다 해도 분명히 알기 힘들다.

구경지究竟地에 도달해도 전부 알지는 못한다. 오직 여래如來만이 전체를 분명하게 안다.

그럼 견성했다는 것은 어느 정도인가? 십주十住의 초주初住를 보통 견성했다고 한다. 학설學說이 여러 가지 있는데, 그렇게 보는 것이 경학을 하는 사람들의 통설이다. 그럼 초지는 무엇인가? 십지十地의 초지初地는 환희지歡喜地라 하며, 보통 초지를 대오大悟한다고 한다. 확철대오廓撤大悟라 할 때의 그 대오다. 견성과 대오는 차이가 많다. 견성을 했다는 것은 처음으로 깨달았다는 말이다. 증득승의證得勝義에서 승의승의勝義勝義에 들어섰다. 견성이다. 그러나 대오는 초지 즉 환희지에 가야 한다.

무시무명無始無明이라고 하는 것은 무명도 시작이 없다는 이야기다. 청정각명淸淨覺明이 시작이 없듯이 무명無明도 시작이 없다.

그럼 구체적으로 무시무명이 무엇인가? 기신론 원문을 보면, 무시무명無始無明 항목 아래 '無始無明熏所起識무시무명훈소기식'으로 설명을 시작한다. '제7식이 견분見分을 자기 자신이라고 착각하는 것, 그것이 무시무명이다.' 지욱대사는 "생멸인연의 시초인 무시무명은 제7식인 구생법치로서 근본주지무명根本住地無明"이라고 부른다. 구생법치俱生法痴에서 구생俱生은 "원래부터 가지고 있는", 즉 "이생에 나오기 전부터 가지고 있던"이란 뜻이고, 법치法痴는 아치我痴의 반대말이다. 아我에 대해 모르는 것이 아치我痴, 법法에 대해 모르는 것이 법치法痴다. 그럼 구생법치가 무엇인가? '제8식의 견분見分을 내 자신이라고 착각하는 것,[201] 그것이 구생법치俱生法痴다.' 누가 일으키는가? 제7식이 일으킨다. 나라는 생각, 아상我相이 주체主體다. 이러한 제7식의 구생법치를 근본주지무명根本住地無明이라 부른다. 이것을 정확히 강조한 사람은 지욱대사 뿐이다. 그래서 지욱대사의 견처가 탁월하다는 것이다. 이것은 누가 또 이야기했는가? 『대승기신론』에서 마명존자가 의意를 설명하면서 언급했다. 업식業識, 전식轉識, 현식現識의 삼세三細부터 시작해서, 이것이 제7 마나스식과 관계가 있다고 적어놨다. 이것을 보고, 지욱대사가 제7식의 구생법치가 바로 근본무명根本無明이라고 갈파한 것이다. 아주 중요한 구절이다.

이 뜻이 무엇인가? 심성心性은 본래 청정하다. 무명의 힘 때문에 염심상染心相이 나타나고, 또 비록 염심染心이 있을지라도, 항상 각명覺明하고 깨끗하여 개변改變이 없다. 또, 본성本性은 분별이 없어서, 비록 일체 경계를 두루 만들지만, 변역變易이 없다.[202]

---

201 제8식에 견분(見分)이 있고, 상분(相分)이 있는데, 어떤 생각이 견분(見分)을 자기라고 보고, 상분(相分)은 나 아닌 것/대상으로 본다. 그러니 견분 생각이 내가 되고, 상분 생각이 대상이 되는 것이다. 내 마음을 주체(主體)의 마음과 대상(對象)의 마음으로 가른다. 그렇게 갈라놓는 이 생각을 제7식이라 한다. 마나스식이다. 어디서 일어나는가? 제8식 중에서 일어난 것이다.

202 원문은, 此義云何차의운하. 以其心性이기심성 本來淸淨본래청정 無明力故무명력고 染心相現염심상현 雖有染心수유염심 而常明潔이상명결 無有改變무유개변 復以本性부이본성 無分別故무분별고 雖復遍生一切境界수부변생일체경계 而無變易이무변역

심성이라고 하는 것은 바깥에 나타난 것이 아니라 안에 있는 것이다. 심心의 반대는 식識이다. 성性의 반대는 상相이다. 성상법문性相法門이라 하고 심식법문心識法門이라 한다. 삼계유심三界唯心이요 만법유식萬法唯識이라고 한다. 성상性相 이야기다.

'심성心性은 본래 청정하다.' 그런데 무명 때문에[無明力故], 염심染心의 상이 나타났다[染心相現]. 심상心相에는 깨끗한 것도 있다. 정심상淨心相도 있다. 성질이 고약한 사람도 있지만, 성질 깨끗한 사람도 있다. 그런데 이런 것은 전부가 식識으로 일어난 상相이고, 그 원판은 심성心性이며, '심성은 항상 청정하다.'

항상 분명하고 깨끗하다. 이 심성은 변화가 없다[無有改變]. 식상識相은 더럽기도 하고 깨끗하기도 하고 변화가 있지만, 심성心性은 항상 청정해서 변화가 없다. 결국 내가 제8식을 썼을 때는 심식心識과 성상性相, 그 모습이 깨끗한 것도 있고, 더러운 것도 있지만, 나의 본래本來 심성은 청정하다는 말이다.

옛사람들이 이 이야기를 할 때는 항상 거울의 비유를 든다. 거울이 있고, 거울 앞에 나무의 모습相은 분명히 나타난다. 낙엽 질 때는 노랗고 빨갛기도 하고, 한겨울에는 빈 가지만 보인다. 그러나 그것을 나타나게 하는 '거울은 항상 그대로다.' 나무가 푸르다고 해서 거울이 바뀌고, 단풍이 들었다고 거울이 바뀌고 하진 않는다. 거울은 항상 그대로다. 그런 것을 청정淸淨이라고 한다. 그렇게 거울은 가지가지 색과 모습을 나투니까, 본래 아무것도 없다. 청정하다. 이것을 무성無性이라 한다. 거울은 정해진 성질이 없다. 때에 따라서 온갖 것을 나툰다. 거울에 나타나는 상像은 천태만상千態萬象이다. 그러나 온갖 상 자체가 거울을 떠나지 않았다. 우리 마음도 그와 똑같다.

우리 마음이 작용作用을 일으키면 그것이 알음알이, 식識이다. 식은 여러 가지 작용을 한다. 깨끗한 식[淨識]도 있고, 더러운 식[染識]도 있다. 마음은 무성無性이라서 정淨도 나투고 염染도 나투니, 정도 아니고 염도 아니다. 인연 따라서 정이 나올 만하면 정식, 염이 나올 만하면 염식이 된다. 그렇게 나타나도 우리 마음은 항상 그대로 무성無性이다.

거울도 먼지가 묻지 않느냐고 반론할 수 있지만, 먼지는 거울과 관계있는 것이 아니다. 거울은 항상 비추는 성질이 있다. 청정淸淨하다, 그래서 이것을 표현하기를 "심성이 본래 청정해서 아무것도 없는데. 무명의 힘 때문에 더러운 모습이 나타난다. 비록 염심染心이 있지만, 심성은 본래 청정하니까 항상 분명하고 깨끗하다. 그래서 변화가 없다."라고 했다. 이 구절까지가 아주 중요하다.

'다시 본성本性은 분별分別이 없기 때문에. 비록 일체 경계를 두루 내지만 변역이 없다. 변화가 없다'. 거울에 나무가 나타날 때 녹음이 나타나는 것이나, 단풍이 나타나는 것이나, 가지가 나타나는 것이나, 경우에 따라 이렇게 변화하며, 변화할 때는 분명하다. 녹음일 때는 분명 청록색, 단풍 들 때는 분명 노랗거나 빨갛다. 잎이 다 떨어지고 나면 빈 가지만 남아 있다. 이와 같이 거울에 항상 명결明潔하게 나타난다[而常明潔]. 분명하게 나타난다.

그런데 어째서 이렇게 분명하게 나타나는가? 거울이 무성無性이기 때문이다. 어떤 정해진 성질이 없다. 여기서는 "분별이 없기 때문"이라고 했다. 무분별無分別이 무성無性이다. 그냥 인연대로 나타난다는 말이다. 인연대로 나타나지만 거울은 변화가 없다.

우리 마음도 변화가 없다고 하는데, 우리 마음이란 각명覺明이다. 각覺은 안다는 뜻이고 명明은 분명하다는 뜻이다. 각명한 성질이 본질本質이다. 우리 마음의 각명하는 작용은 변역變易하지 않는다. 항상 각명하다. 분명하게 안다.

거울은 초록색이면 초록색, 단풍 색깔이면 단풍색, 이렇게 분명하게 나툰다. 빨간 것을 파랗게 나투거나 흰 것을 검게 나투지는 않는다. 우리 마음도 그렇다. 흰 것을 보면 흰 것인 줄 알고, 검은 것을 보면 검은 줄 안다. 분명하게 안다. 그것이 각명覺明이다.

심성이 본래 청정하다는 말은 각覺을 지칭한 설명이다. 불각으로 생멸문을 연출한 이 마음[覺]은 본래 청정하다. 무명의 힘 때문에, 무명이 있어서, 때 묻은 마음, 오염된 마음이 모습으로 나타난 제8식, 제7식, 제6식, 전5식을 일으키지만, 마음은 항상 분명하고 깨끗하다. 오염된 마음을 이렇게 일으켜도 이 놈은 그대로 청정하다. 이에 대한 비유로 앞에서 거울 이야기를 했었다. 거울에 온갖 것이 다 나타나도, 거울은 빨갛거나 노랗게 변한 적이 없다.

'또 그 본성이 분별이 없다.' '분별이 없다'는 말이 무슨 뜻인가? 청정 각명에서 청정은 방금 이야기했다. 분별이 없다는 것은 청정각명 중의 각명覺明 이야기다. 공적영지 중의 영지靈知 이야기다. 각명이라고도 하고 영지라고도 한다. 각명은 분명하게 아는 것이다. 여기서 각覺은 지知 자와 같다. 영지靈知는 신령스럽게 아는 것이다.

왜 신령스러운가? 분명하게 아니까. 우리가 빨간 꽃을 보면 빨간 꽃인 줄 안다. 노랗게 보지도 않고 흰색으로 보지도 않고, 빨간색 그대로 본다. 그러니 얼마나 영특스러운가? 그래서 영지라 한다. 그것을 여기서는 무분별無分別이라 했다. 분별이 없다. 분명하게 알기는 아는데, 아직 분별하지 않는다, 알기만 한다. 영지니까 알기는 아는데 분별이 없다.

왜 무분별이라 하는가? 각명覺明은 제8식, 제7식, 제6식, 전5식 등을 나투는 주인공主人公이다. 그런데 만약에 이 주인공이 빨간색이면 나타나는 것은 무엇이든 모든 것이 빨간색이 될 것이다. 그런데 사방을 둘러보면 온갖 색이 다 있다. 그렇게 색깔이 다 있다는 것은, 이것을 나투는 각명覺明이 정해진 색깔이 없다는 말이다. 그래서 이것을 무성無性이라, 정해진 성품이 없다고 한다. 한마디로 각명覺明의 성질은 무성無性이다. 딱 정해진 성질이 없다. 그것을 무분별이라 표현한 것이다. 각명이 일체 경계를 다 나투지만, 다시 말해 빨주노초파남보의 색깔을 다 나투지만, 항상 청정한 채 변화가 없다. 그냥 그대로 무분별한 청정각명이다.

'다시 두루두루 일체경계를 생기게 한다'라 했는데, 무엇이 그리하는가? 각명覺明이 그런다. 청정은 모습이 없으니 깨끗하기만 하다. 모든 작용作用을 일으키는 것은 각명覺明이다. 각명의 작용을 구체적으로 예를 들면, 견문각지見聞覺知한다. 견문각지는 6근의 작용이다. 6근이 6진을 상대로 해서 작용하고 그런 작용의 결과로 생기는 것이 6식이다. 그런데 이때 6근根의 작용을 무분별無分別이라 표현했다. 『능엄경』에서는 각명覺明이라 하고, 선종禪宗에서는 영지靈知라 한다. 그 작용을 하는 각명은 분별이 없다는 말이다.

일법계一法界를 불각不覺하므로 불상응不相應하는 무명無明이 분별分別하여 온갖 염심染心을 일으킨다. 이와 같은 뜻은 심히 깊고 헤아리기 어려워서, 오직 부처님만이 능히 알 뿐이다. 다른 사람은 알지 못한다.[203]

인연상因緣相이 무명에서 불각不覺하여 나타난 것임을 이야기하면서 무명이 불

---

203 원문은, 以不覺一法界故이불각일법계고 不相應無明불상응무명 分別起生諸染心분별기생제
염심 如是之義여시지의 甚深難測심심난측 唯佛能知유불능지 非餘所了비여소료

상응不相應한다는 점을 강조하는 구절이다. 상응이나 불상응이라는 표현은 두 개 이상의 존재가 있을 경우에 그들의 관계를 설명하는 용어이다. 즉 다자多者 상호간에서 서로가 상통相通하느냐 아니냐를 나타낸다. 지금 '일법계一法界를 불각하는 무명이 불상응이라'는 말을 해석하는 태도에는 두 가지 종류가 있다. 하나는 무명이 일법계를 불각할 적에 그 대상인 일법계와 주체인 무명이 상통하지 않는 경우이고, 둘은 아예 주객이라는 것이 존재하지 않는 경우이다.

'불상응不相應하는 무명無明'이라는 구절에서, 불상응의 뜻은 이렇게 심히 깊고 헤아리기 어려워서, 마명존자는 "오직 부처님만이 능히 알 수 있을 뿐이라"고 말한다.

각명覺明한 진여심에 무명無明이 들어와 불각이 생긴다. 불각은 무명 때문에 생긴다. 불각不覺의 뜻은 '각覺하지 못하므로'이다. 무명無明은 각명한 작용이 없는 상태라는 것이다. 그래서 여기 각명한 데서 무명이 생기는 것은 불상응이라고 한다. 불상응하는 무명이다. 각명한 놈과 각명함이 없는 놈은 주파수가 전혀 맞지 않는다. 그래서 불상응이라 한다. 상응, 불상응은 주파수 관계다. 같은 주파수는 알아듣는다. 우리가 TV에서 KBS를 보려 하면, 7번이나 9번 채널을 틀어야 한다. 텔레비전에 주파수가 안 맞으면 KBS 방송이 나오지 않는다. 주파수를 맞추면 나오는데, 그렇게 맞추는 것을 상응相應한다고 한다. 서로 응한다. 주파수가 같다는 말이다. 그런데 각명覺明과 각명에서 갑자기 일어나는 무명無明은 서로 다르다. 불상응不相應이다.

여기서 문제는 왜 이런 일이 생기는가이다. 왜 각명에서 무명이 일어나 불각 상태가 되었고, 그리하여 8식, 7식, 6식, 전5식을 일으키느냐는 것이다. 거기에 대해 『능엄경』은 자세히 설명한다.

『능엄경』에는 이에 대해 어떤 설명이 있는가 살펴볼 필요가 있다. 경에 나오는 "성각은 원래 밝은데, 허망하게 각을 밝혀보자[性覺必明성각필명 妄爲明覺망위명각]"는 구절이나, "밝히려는 허망인 명망明妄이 생긴 것은 다른 이유가 아니고, 각명이 바로 허물이다[明妄非他명망비타 覺明爲咎각명위구]"라고 하는 구절이 모두 법계에 들어가는 것을 깨닫지 못하는 '不覺入法界故불각입법계고'의 진상眞相을 설명한 것으로 보인다. 또 무명의 발생 원인을 "자기 마음이 자기 마음을 취하려고 하니, 원래 환幻이 아닌 것이 환법幻法이 되었다"는 게송에서 직접적으로 천명하고 있다. 즉 『능엄경』에는 인식할 대상이 없는데도 불구하고, 허구로 대상을 세워서 그것을 객체로 인식하려고 하니 환법幻法이 생겼다고 설명한다. 그것이 『대승기신론』에서 나오는 무명불각無明不覺이라고 설명하고 있다.

여기에서 우리는 『대승기신론』이 무명을 설명하는 방식이 『능엄경』처럼 분명하지 못한 점을 쉽게 알아차릴 수가 있다. 그러나 앞에서 삼세육추를 가지고 무명이 현상現象을 전변轉變하는 과정을 자세하게 설명한 점은 『대승기신론』이 『능엄경』의 설명을 보충한 것이다. 이래서 이 두 개인 경經과 논論은 상호간에 보완하는 관계에 있다고 말할 수밖에 없는 것이다.

『능엄경』과 『대승기신론』이 서로 관계가 있음을 설명한다. 『능엄경』에서는 "성각필명性覺必明 망위명각妄爲明覺"이라고 한다. 성각性覺이 각覺이다. 각을 성각이라고도 하고 본각本覺이라고도 한다. 본래 분명하게 잘 아는 놈이다. 그런데 허망하게도 각覺을 밝히려고 한다. 성각이 본각이 무엇인지를 밝혀보고자 한다는 말이다.

그러니까 왜 성각이 필명한데 망위명각하게 됐는가? "명망은 비타明妄非他"라고 한다. 여기서의 명明은 밝히려고 한다고 할 때의 그 명이다. 밝히려고 하는 이 허망은 다른 것이 아니고, "각명한 것이 허물이다[覺明爲咎]". 각명하기 때문에 밝혀보려는 생각이 들었으니 각명한 것이 문제라는 말이다. 이놈이 본래 무엇이든 잘 아는 놈이다 보니, 무엇이든 잘 아니까 자기 자신이 뭔지도 한번 알아보겠다고 생각을 낸 것이다. 『능엄경』에서는 이렇게 이야기한다.

그 다음에는 '自心取自心자심취자심'이란 말이 나온다. "제 마음이 제 마음을 취하려고 한다"는 뜻이다. 이놈이 주체가 돼서 제 마음을 대상으로 보아서 취득하려 한다. 자심취자심自心取自心에서 앞의 자심은 주격이고, 뒤의 자심은 목적격이 된다. "自心取自心자심취자심 非幻成幻法비환성환법"이니, "제 마음이 제 마음을 취하려 하니, 환 아닌 것이 환법이 되었다"라는 말이다. 주격과 목적격을 나누는 짓, 이것이 잘못된 짓이다. 본래 주객主客이 없는 데서 주객을 나투는 것, 그것이 무명이라는 말이다. 『능엄경』에서는 이 부분을 아주 명백하게 설명했다. 『대승기신론』에는 이런 설명이 없다. 그냥 불각만 나온다. 그것이 『능엄경』과 『대승기신론』의 차이다.

[2] 염심染心의 종류

이렇게 전변轉變하여 생긴 염심染心은 여섯 가지가 있다.[204]

'성각필명인데 망위명각'해서, 허망하게 일으킨 염심이 여섯 종류다. 여섯 종류는 앞에서 삼세육추 설명할 때 이야기한 바 있다. 무명無明에서 삼세三細가 생기고, 이어서 육추六麤가 일어났다. 삼세육추三細六麤를 통해 무명無明이 이 세상, 우리가 사는 이 은하계를 만들어내는 과정을 쭉 설명했다. 여기서는 염심染心의 종류라서, 육추부터 거꾸로 설명해 들어오는데, 그러면 이해하기

---

204 원문은, 此所生染心차소생염심 有六種別유육종별

가 좀 어렵고 헷갈린다. 그러니 우리는 삼세육추의 순서에 맞춰서 살펴보자.

여섯은 근본업불상응염根本業不相應染이니, 이것은 보살구경지로부터 여래지에 들어가면서 제거하여 소멸한다.[205]

근본업불상응염이 그 이름이다. 무명업상無明業相을 근본업根本業이라고 한 것이다. 염染은 물들었다, 오염됐다는 뜻이고, 무명無明 때문에 무지해졌다. 그것이 불상응不相應이다. 왜 불상응인가? 원래 각명한 데서 무명이 생기니까 불상응이다. 각명과 무명은 서로 상응하지 않는다. 각명과 무명은 주파수가 다르다.

근본업불상응염根本業不相應染은 삼세三細에서 무명업상無明業相에 대응하는 염심染心이다. 지욱智旭대사의 설명에 따르면, 근본업불상응염根本業不相應染은 제7식의 법견法見이 제8식을 실법이라고 망집妄執하는 습기종자이다. 『능엄경』에서는 "성각性覺은 원래 밝은데, 허망虛妄하게 각覺을 밝혀보려고 하는 망념" 이라고 설명한다. 진심眞心이 스스로 진심眞心을 밝혀보려는 불각不覺인 망념妄念이 이것이다. 제10지地나 등각等覺이 되어야 비로소 제거하여 소멸된다. 삼세에 대응하는 이 현색現色, 견심見心, 근본업根本業의 세가지 불상응념不相應念은 주객이 불명확한 망념이다.

삼세三細의 처음에 무명이 생겼다. 그것을 무명업상이라고 한다. 이것이 최

---

205 원문은, 六육 根本業不相應染근본업불상응염 此從菩薩究竟地入如來地之所除滅자종보살구경지입여래지지소제멸

초로 일어난 염染이다. 원래 없던 것이 무지에 물들어서 업상이 일어난다. "지욱대사의 설명에 따르면, 근본업불상응염은 제7식의 법견法見이 제8식을 실법實法이라고 망집妄執하는 습기종자이다." 여기서 제7식의 법견法見은 앞에서 '제7식의 구생법치'라고 한 그것이다. 법에 대한 견해인데, 무지無知로 인해 잘못된 것이라서 법치法痴라고 하고, 이생에 생긴 것이 아니고 전생前生부터 온 것이라 해서 구생俱生 법치라고 한다.

제7식이 제8식의 견분을 보고 나라고 생각하고, 제8식의 상분을 보고 나 아닌 세상이라 여긴다. 그리하여 "제8식을 실법實法이라고 망집妄執한다"고 한다. 즉, 제8식 안에는 견분 상분이 들어있는데 그것들이 실법이라고 망집하는, 다시 말해 세상이 진짜 있고, 나도 진짜 있는 실다운 존재라고 망령되게 착각하는 습기종자習氣種子가 바로 근본업불상응염根本業不相應染이다.

다섯은 견심불상응염見心不相應染**이니, 이는 심자재지**心自在地**에서 제거하여 소멸한다.**[206]

견심불상응염見心不相應染은 삼세三細에서 능견상能見相에 대응하는 염심染心이다. 지욱대사의 설명에 따르면 견심불상응염은 제8식에 훈습되어 있는 전식轉識을 일으킬 습기종자이다. 이것은 제9지인 수습위修習位인 심자재지心自在地에서 제거하여 소멸된다.

견심見心은 나라는 아상我相인데, 그것이 보는 마음, 견심見心이다. 구역舊譯에서는 능견심能見心이라고 했다. 주체主體가 언제 없어지는가를 설명했는데,

---

206   원문은, 五오 見心不相應染견심불상응염 此心自在地之所除滅차심자재지지소제멸

심자재지心自在地는 십지+地의 과위 중 제9지다. 수습위인 제9지 심자재지心自在地에서 견심이 없어진다. 다음 제10지에 가면 무명無明이 없어진다. 잘못 생각한 착각이 없어진다는 말이다.

넷은 현색불상응염現色不相應染이니, 이는 색자재지色自在地에서 제거하여 소멸한다.[207]

현색불상응염現色不相應染은 삼세三細에서 경계상境界相에 대응하는 염심染心이다. 지욱智旭대사의 설명에 따르면 현색불상응염現色不相應染은 현식現識을 일으킬 습기종자習氣種子이다. 이것은 제8지인 부동지不動地인 색자재지色自在地에 가서야 제거하여 소멸된다.

현식은 경계상인데 제8지에서 소멸한다. 색은 물질이고 심은 정신이다. 그러니 견심見心할 때 심心과 현색現色이라 할 때의 색色은 서로 반대되는 말이다. 제9지에서는 마음, 즉 정신작용情神作用이 없어지고, 여기 제8지에서는 물질物質이란 대상이 본래 없는 줄을 안다는 말이다. 여기까지가 삼세三細에 해당된다. 다음은 육추로 들어간다.

셋은 분별지상응염分別智相應染이니, 구계지具戒地로부터 구혜지具慧地에 이르러서야 조금 여의고, 무상행지無相行地에 이르러야 바야흐로 영원히 여읜다.[208]

---

207   원문은, 四사 現色不相應染현색불상응염 此色自在地之所除滅차색자재지소제멸

208   원문은, 三삼. 分別智相應染분별지상응염 從具戒地乃至具慧地종구계지내지구혜지 能少分離능소분리 至無相行地지무상행지 方得永盡방득영진

분별지상응염分別智相應染은 육추에서 지상智相에 대응하는 염심染心이다. 지욱
대사의 설명에 따르면, 분별지상응염分別智相應染은 제6의식에 상응하는 구생법집
俱生法執이다. 구계지는 제2지인 이구지離垢地이고, 구혜지는 제6지인 현전지現前
地인데, 일부만 점단漸斷하므로 소분리少分離라 한다. 또 무상행지無相行地는 제7지
인 원행지遠行地인데, 법공法空하고 지과智果가 항상 현전現前하므로 이 염심이 영
원히 없어진다.

분별지상응염이다. 근본업, 견심, 현색은 삼세三細이고, 지상智相부터는 육
추다. 지금 설명하는 것은 지상이다. 여기서 지는 지혜 지智 자다. 지혜라고 하
는 것은 내가 대상을 보고 얻은 것이니, 지혜智慧는 이미 주객主客의 분리를 전
제前提한다. 주객을 분별하는 작용이 일어나는 처음이 지상智相이다. 먼저 '나'
라는 주체主體가 있어야 하고, 그것이 제7식인 지상이다. 이것智相은 7지地가
되면 없어진다.
지상 다음은 상속상相續相이다.

둘은 부단상응염不斷相應染이니, 신지보살信地菩薩이 부지런히 수행하는 힘으
로 조금 여의고, 정심지淨心地에 이르면 영원히 모조리 여읜다.[209]

부단상응염不斷相應染은 육추에서 상속상相續相에 대응하는 염심染心이다. 지욱
智旭대사의 설명에 따르면. 부단상응염不斷相應染은 제6의식에 상응하는 분별법집
分別法執이다. 신지보살信地菩薩이 유심식관唯心識觀을 배워서 이 법집法執을 끊는

---

209   원문은, 二이 不斷相應染부단상응염 信地菩薩勤修力能少分離신지보살근수력능소분리 至淨
      心地永盡無餘지정심지영진무여

데, 정심지淨心地인 초지初地 환희지歡喜地에서 영원히 모조리 여읜다.

상속상은, 지상智相인 제7식이 주체가 되어 견분을 나라고 생각해서 이러한 생각, 이런 무지가 상속된다. 상속되니까 끊어지지 않는다고 해서 부단不斷이다.

부단상응염不斷相應染, 여기서부터는 상응염相應染이다. 왜냐하면 제7식이 일어나서 상응해서 그 다음에 집착을 하고, 집착상執着相이 나온다. 이렇게 하는 것은 다 사이클이 맞아야 가능하다. 그래서 상응염이라고 한다.

"지욱대사의 설명에 따르면 부단상응염不斷相應染은 제6식에 상응하는 분별법집分別法執이다." 그런데 앞에서 지욱대사는 "분별지상응염은 제6의식에 상응하는 구생법집俱生法執이다"라고 했다. 같은 법집法執인데, 지상智相은 구생법집俱生法執이고, 상속상相續相은 분별법집分別法執이다. 법집은 '나다我', '밖이다我所'하는 주객이라는 법에 대해 집착하는 것인데, 지상智相은 구생俱生, 즉 전생부터 내려오는 무지라는 말이다.

이생에 태어나서 이 몸뚱이가 나이고 나머지 세계는 나 아닌 것이라고 그렇게 끊어지지 않고 계속해서[不斷相續] 생각하는 것, 그것은 이생에 태어나서 일으키는 법집이니 분별법집分別法執이다. 앞에서 마명보살은 심心, 의意, 의식意識을 구분할 때, 상속상까지를 의意라고 했다. 나라고 하는 것이 태어나서 부단히 상속되어 끊이지 않아야, 아상我相이 확고해진다는 말이다. 그 다음이 집착상執着相이다.

하나는 집상응염執相應染이니, 성문聲聞과 연각緣覺과 신상응지信相應地의 보

살菩薩들이 능히 멀리 여읜다.[210]

집상응염執相應染은 육추六麤에서 집착상執着相에 대응對應하는 염심染心이다. 지욱智旭대사의 설명에 따르면, 집상응염執相應染은 아집我執이 상응하는 견사혹見思惑이다. 성문聲聞의 초과初果와 유학有學인 연각緣覺과 신성취발심信成就發心한 보살菩薩은, 능히 견혹見惑을 끊고, 사혹思惑은 점차 끊어서 능히 멀리 여읜다고 한다.

집상응염의 집執은 집착이다. 집착하는 염, 집착상執着相이다. 집착은 모든 중생이 한다. 집착을 여의려 하면 어디서부터 여의여야 하는가? "견혹/사혹을 끊으면서 끊는다"고 지욱대사는 설명했다. 상속상은 제1지地에서 여읜다. 그 다음 제2지부터는 지상智相 여의기에 들어간다. 제2지부터 계속 여의어가다가 제7지地에 가야 지상智相이 없어진다. 지상인 아상은 그렇게 오래오래 남는다.

이러한 이치를 알아서 깨야 하는데, 이치를 알아가는 방법은 어떻게 되는가? 우리는 바깥에 있는 이런 것들이 "비었다, 공이다"라고 생각하고 말한다. 또 식識에서 나툰 것이라는 뜻으로 유식唯識이라고도 한다. 그래서 우리가 유식을 공부하게 되면, 바깥에 나타난 모든 상相은 식識에서 나툰 것임을 먼저 이해하게 된다. 전에 우리는 바깥에 있는 경계가 전부 다 실제로 존재하는 것이라 알고 있었는데, 알고 보니 식에서 왔다[唯識]. 마치 꿈과 같다. 꿈에 본 것은 전부 내 몽상夢想, 몽중의식夢中意識이 만들어낸 것이듯 우리가 생시에 눈

---

210 원문은, 一일 執相應染집상응염 聲聞緣覺성문연각 及信相應地諸菩薩급신상응지제보살 能遠離능원리

뜨고 보고 있는 이 모든 것은 전부 다 식에서 나온 것이다. 그렇게 이 부분을 뭉뚱그려서 설명하는 것이 유식학唯識學이다. 이것을 먼저 배워야 한다.

그러고 나서 무엇이 문제가 되는가? 주체主體인 내가 문제가 된다. 보는 놈, 견문각지見聞覺知하는 주체가 있다. 지상智相, 상속상相續相이다. 지상, 상속상 문제는 결국은 나我를 어떻게 처리하는가 하는 아상我相의 문제다. 알고 보면 근본무명根本無明이 장난을 쳐서 이와 같은 지상, 상속상도 생겨난다. 다시 말해서, 아상我相에 해당하는 지상智相, 상속상相續相, 두 가지 상이 근본무명根本無明의 장난 때문에 생겼다. 유식唯識을 배우면 그렇게 알게 된다.

유식을 배우는 것 말고 아상我相을 해결하는 다른 방법은 공空이다. 나라고 하는 것이 몸과 마음으로 돼 있는데, 몸도 내가 아니고 마음도 내가 아니다. 내가 아니니 무엇인가? 공空이다. 그래서 유식을 먼저 배우고, 그래도 해결이 안 되면 공사상空思想을 가지고, 아상我相을 깨뜨린다. 이것이 불교를 공부하는 경로經路다.

일법계一法界를 불각不覺함은, 처음에 신지信地에서 관찰觀察 수행을 일으키고, 정심지淨心地에 이르러서야 조금 여의고, 여래지如來地에 들어가서 바야흐로 영원히 여읜다.[211]

지욱대사의 설명에 따르면, '일법계一法界를 불각不覺함'이란 무시무명無始無明인 근본주지무명根本住地無明을 말한다. 이 무명無明을 제1지地 환희지歡喜地인 정심지

---

211 원문은, 不覺一法界者불각일법계자 始從信地시종신지 觀察起行관찰기행 至淨心地지정심지
     能少分離능소분리 入如來地입여래지 方得永盡방득영진

淨心地에 이르러서야 조금 여의고, 여래如來가 되어야 무시무명無始無明을 완전히 여읜다고 한다.

　이상이 생멸문生滅門에 대한 설명이다. 이제 생멸문의 핵심核心은 다 이야기했다.

　우리 마음에 진여문과 생멸문이 있으니, 진여문眞如門을 설명해야 하겠는데, 진여문에 대해서는 설명할 것이 없으니, 생멸문을 설명하였다. 생멸문을 진심眞心과 망심妄心으로 나누고, 진심은 각覺이고, 망심은 불각不覺이라 했다. 앞에서 각도 좀 설명했고, 무명업식이니, 삼세육추니 해서 불각을 설명하였다.
　생멸문에서 설명한 특징을 갖는 것이 우리 모든 중생衆生이고, 성현聖賢들은 진여문의 특징을 갖는다. 우리 중생이 성현이 되려 하면, 불각과 각이 어떻게 다른지를 알아야 하니 잔뜩 설명한 것이다.

　결국 우리의 본래면목本來面目, 선종禪宗에서 지칭하는 본래면목이 무엇인가?
　우리 본래면목은 청정각명淸淨覺明이다. 그러니까 앞에서 각覺을 이야기할 때, "본래 그 심성心性이 깨끗하고 변하는 것도 없고, 분별하는 성질도 없다."고 했다. 생멸문 중의 진심眞心인 각覺이 바로 청정각명淸淨覺明이다. 내가 쓰는 마음 중에 어떤 것이 청정각명인가를 바로 알아서, 그것이 바로 내 본래면목이구나 하고 알아가면, 바로 진여문이다. 진여眞如 자체가 본래 나이기 때문이다. 그러니 '내가 본래 진여다' 하고 닦으면 그것이 진수眞修다. 망심, 불각인 생멸문을 통해서 십신十信, 십주十住, 십행十行, 십회향十迴向, 십지十地를 차례로 닦아가는 것, 이것은 연수緣修다. 이렇게 인연 관계, 생멸인연문의 과정을 다 거쳐서 범부凡夫 중생이 망심妄心을 버리고, 공부해서 진심을 터득하고, 이런저런 공부 과정을 거치고, 그렇게 해가면 연수다. 그런데 우리나라뿐만 아니라 어디서나 불교에는 연수 설명이 주로 많다. 『능엄경』과 『원각경』, 『화엄경』 정도가 진수眞修를 설명한다.[212]

[3] 용어 해설

가. 상응相應과 불상응不相應

'상응相應'의 뜻은, 심心과 분별分別은 다르고, 염染과 정淨은 분별이 다르지만, 지상知相과 연상緣相은 같다는 것이다.[213]
'불상응不相應'의 뜻은, 곧 심心과 불각不覺은 항상 다름이 없으나, 지상知相과 연상緣相이 같지 않다는 것이다.[214]

상응과 불상응을 설명했는데, 이것이 어디서 나왔는가? 마음이 원래 청정각명인데, 청정각명에 무명이 생겨서 오염된 마음이 생겼다. 순서를 바꿔서 설명은 불상응부터 한다.

"불상응이란 것은, 심心과 불각이 항상 다름이 없지만, 지상과 연상이 같지 않다는 것"이라고 했다. 여기서 심은 진심眞心, 즉 상주진심常住眞心이다. 상주

---

212 『법화경』이나 『열반경』도 진수에 해당하지만, 공부법을 자세히 설명한 것이 없다.

213 원문은, 相應義者상응의자 心分別異心심분별이 染淨分別異염정분별이. 知相緣相同지상연상동

214 원문은, 不相應義者불상응의자 卽心不覺즉심불각 常無別異상무별이 知相緣相不同지상연상부동

진심에서 무명無明이 생긴다. 그것이 불각不覺이다. 심과 불각이 항상 다름이 없다[常無別異]. 무명은 원래 각명이 불각해서 생기는 것이니, 다른 데서 온 것이 아니다. 각명과 불각, 무명은 같은 것이다. 다른 데서 온 것이 아니다. 같은 놈이다.

　그 다음 지상과 연상이 같지 않다[知相緣相不同]고 했다. 지상知相은 아는 주체主體이고, 연상緣相은 인연이 되는, 즉 반연攀緣하는 대상對象이다. 그러니 견문각지見聞覺知하는 지상과 그 대상이 되는 연상이 같지 않다. 그래서 불상응이다.

"상응相應의 뜻은 심心과 분별分別은 다르고, 염染과 정淨은 분별이 다르지만, 지상知相과 연상緣相은 같다는 것이다." 마음[心]과 분별이 다르다. 제8식인 마음이 분별을 일으켜서 제7식을 가지고 견분을 보고, '나'라고 분별을 일으킨다는 말이다. 그러니까 심과 분별이 다르고, 염과 정이 분별되어 서로 다르다. 그렇지만 지상, 연상이 동일하다. 지智는 아는 제7식이다. 제7식이 '견분이 나다'라고 하는 지상知相과 연상緣相인 견분見分과는 사이클이 같다. 내가 북극성을 보고 '아, 저거 북극성이네.'하는 것은 바로 내 안식과 북극성이 사이클이 같다는 말이다. 같아야 내가 북극성을 볼 수 있다. 사이클이 같아야 '아, 나다'하는 분별이 성립한다. 지상부터는 불상응이 아니라 상응相應이다.

나. 번뇌장과 소지장

염심染心은 번뇌장煩惱障인데, 진여眞如의 근본지根本智를 능히 장애障礙한다.

무명無明은 소지장所知障인데, 세간과 업에 대한 자재한 지智를 장애한다.[215]

이 뜻이 무엇인가? 염심으로 무량한 능취와 소취의 허망한 경계에 집착하기 때문에 일체법의 평등성에 어긋난다. 일체법은 성품이 평등하고 적멸하여 생기는 모습이 없다. 무명불각이 허망하게 각과 어긋나기 때문에 일체 세간의 온갖 경계와 차별진 업용을 모두 다 여실하게 알지 못한다.[216]

번뇌장[217]과 소지장[218]이라고 두 가지를 구분해 놓았다. 소지장은 무명이다. 번뇌장은 무명에서 일어나 오염된 것이다. 번뇌장에는 주객主客이 있다. 주객이 있으니, 내 마음에 들면 탐착하고, 맘에 안 들면 미워한다. 집착하는 것은 탐심貪心이고 미워하는 것은 진심瞋心이다. 원래 주객主客이 없는데, 무명으로 인해 주객이 생겨서 이런 일이 일어난다. 무명無明으로 인해 주객主客이 생기는 것은 치심痴心이다. 어리석음이다. 그리하여 탐貪·진瞋·치痴 삼독三毒이 번뇌장煩惱障이다.

그리고 사실 그대로는 주객이 없는데, 사실 그대로를 알지 못한다. 우리가 밤에 꿈을 꾸면, 꿈속에 너도 있고, 나도 있다. 산하대지山河大地도 있다. 그럼 꿈꾸기 전에는 어떤가? 나뿐이다. 그렇지 않은가? 주객이 없이 나만 있는데,

---

215 원문은, 染心者염심자. 是煩惱障시번뇌장. 能障眞如根本智故능장진여근본지고 無明者무명자 是所知障시소지장 能障世間業自在智故능장세간업자재지고

216 원문은, 此義云何차의운하 以依染心이의염심 執著無量能取所取虛妄境界집착무량능취소취허망경계 違一切平等之性위일체평등지성 一切法性일체법성 平等寂滅평등적멸 無有生相무유생상 無明不覺무명불각 妄與覺違망여각위 是故一切世間시고일체세간 種種境界差別業用종종경계차별업용 皆悉不能如實而知개실불능여실이지

217 번뇌장(煩惱障): ① 청정한 지혜가 일어나는 것을 방해하여 무지의 속박에서 벗어나지 못하게 하는 번뇌. ② 자아에 집착하는 아집(我執)에 의해 일어나 끊임없이 인식주관을 산란하게 하고 어지럽혀 열반(涅槃)을 방해하는 번뇌.

218 소지장(所知障): 인식된 차별현상에 집착하는 법집(法執)에 의해 일어나 보리(菩提)를 방해하는 번뇌.

꿈을 꾸면 너도 있고, 나도 있고 산하대지도 있다. 그러니까 그 꿈은 결국 몽상夢想 때문에 생긴 것이다. 꿈꾸는 생각 때문에 생긴다. 몽상夢想이나 여기서 말하는 무명無明이나 같은 것이다. 이것이 소지장이다.

다. 세심細心과 추심麤心

다시 심생멸상心生滅相을 분별하면 두 가지로 구별된다. 하나는 거치른 추麤이니 상응심相應心을 말하고, 둘은 가는 세細이니 불상응심不相應心을 말한다. 추麤 중의 추麤는 범부지凡夫智의 경계요, 추麤 중의 세細와 세細 중의 추麤는 보살지菩薩智의 경계다. 이 두 가지 모습은 모두 무명의 훈습하는 힘으로 말미암아 생긴다. 그런데 인因에도 의지하고 연緣에도 의지하는데, 인은 불각不覺이고 연은 허망한 경계境界이다. 인이 소멸하면 연이 소멸하고, 연이 소멸하므로 상응심이 소멸한다. 인이 소멸하므로 불상응심이 소멸한다.[219]

세심의 세는 삼세를 지칭하고, 추는 육추를 가리키니, '세심細心과 추심麤心'은 곧 삼세육추三細六麤 이야기다. 삼세와 육추를 비교해 보자. 무명無明에서 일어난 불상응심不相應心, 그것이 삼세三細이다. 삼세에서는 무명업상無明業相에서 견분見分과 상분相分이 생긴다. 지상智相에서부터, 제7식이 견분을 나라고 생각하는 그때부터 일어나는 것이 육추六麤다. 지상智相인 제7식이 생겨 견분을 나라고 생각한다. 그것이 계속 상속되어[相續相], 지상智相이 상분相分을

---

219 원문은, 復次부차 分別心生滅相者분별심생멸상자 有二種別유이종별 一麤일추 謂相應心위상응심 二細이세 謂不相應心위불상응심 麤中之麤추중지추 凡夫智境범부지경 麤中之細及細中之麤추중지세급세중지추 菩薩智境보살지경 此二種相差이종상차 皆由無明熏習力起개유무명훈습력기 然依因依緣연의인의연. 因是不覺인시불각 緣是妄境연시망경 因滅則緣滅인즉연멸 緣滅故相應心滅연멸고상응심멸 因滅故不相應心滅인멸고불상응심멸

나 아닌 대상對象으로 보아 집착하면서 집착상執着相이 생긴다. 집착은 '마음에 든다/안 든다'이다. 집착해서는 그 다음으로 이름을 붙인다. 계명자상計名字相 혹은 집명등상執名等相이다. 이름을 붙인 다음에는 업業을 짓고[起業相], 그 다음으로 과보로서 생사를 받는다[業繫苦相]. 이것이 육추六麤인데, 중요한 것은 집 착상까지다. 그래서 앞의 삼추만 빼서 삼세와 함께 설명하고 있다. 삼세와 삼 추를 합쳐서 육염심六染心이라 했다. 무명업상에서 시작해서 이렇게 물든다. 그럼 무명업상 이전은 무엇인가? 청정각명清淨覺明이다. 즉 진심眞心이다.

삼세, 육추라고 하는 두 가지 상相은 무명無明에서 생긴 것이다[此二種相 皆由 無明熏習力起]. 인因에 의한 것도 있고 연緣에 의한 것도 있다. 제8 아라야식에 서 생긴 삼세三細는 인因에 의해 생긴 것이다. 추麤 중의 세細인 지상, 상속상 은 어떤가? 이것은 지상智相에서 견분見分을 나라고 보고, 나 아닌 상분相分은 바깥 경계의 나 아닌 대상對象이라 보고, 이렇게 해서 주객主客이 벌써 벌어진 것이다. 주객主客이 벌어져서 보는 것, 이것은 연緣이 있다고 보았다. 경계상境 界相인 상분相分이 연緣이 된다고 본 것이다.

삼세三細를 인因에 의한 것으로 보고, 추麤 중의 세細인 지상智相, 상속상相續 相을 연緣에 의한 것으로 보았다. 이전의 설명에 보면, 삼세에서는 견분만 있 고, 상분이 있으나 현실적으로 상분이 나타나지는 않는다. 상분相分이 현실적 으로 대상對象으로 나타나는 것은 언제인가? 지상인 제7식이 생겨서부터 상 분이 나타난다. 제7식이 생겨 상속되어서, '나다', '너다'가 상속이 된다는 말 이다. 그러면 나와 너가 있는 것으로 보아 집착을 해서 좋다/나쁘다를 분별한 다고 보는 것이다. 그러니까 삼세三細는 불상응不相應이라고 했고, 육추六麤는 상응相應이라고 했다.

[4] 심체불멸心體不滅

문: 만일 마음이 소멸消滅한다면 어떻게 상속相續하며, 만일 상속相續한다면 어떻게 소멸消滅한다고 말하겠는가?

답: 실로 그렇다. 지금, '소멸消滅한다'고 말한 것은 다만 심상心相이 소멸함이지, 심체心體가 소멸함은 아니다.[220]

마음心에 체體가 있고 상相이 있다고 한다. 체를 성性이라고도 한다. 성은 그대로인데 상은 변화 소멸한다. 심체불멸인 것이다.

마치 물은 바람으로 인하여 동動하는 상相이 있지만, 바람이 그치면 동하는 상이 즉시 없어진다. 그러나 수체水體가 없어지는 것은 아니다. 만약에 수체가 없어지면 동하는 상도 당연히 없어지니, 소의所依도 없고 능의能依도 없기 때문이다. 수체는 없어지지 않으므로, 동하는 상相도 상속된다.[221]

바다에 바람이 불면 물결이 일어나고, 바람이 자면 물결이 없어진다. 물결은 바람에 따라서 생겼다가 없어졌다가 한다. 사람도 그와 같다. 사람 마음은 무명無明이 들어서 주객이 생긴다. 삼세육추三細六麤가 벌어진다. 그리하여 이세상살이가 이루어진다. 비유하자면 무명은 바람[無明風]이고, 주객主客의 분리

---

220 원문은, 問문 若心滅者云何相續약심멸자운하상속 若相續者云何言滅약상속자운하언멸 答답
實然실연 今言滅者금언멸자 但心相滅단심상멸 非心體滅비심체멸

221 원문은, 如水因風而有動相여수인풍이유동상 以風滅故動相卽滅이풍멸고동상즉멸 非水體滅
비수체멸 若水滅者약수멸자 動相應斷동상응단 以無所依無能依故이무소의무능의고 以水體
不滅이수체불멸 動相相續동상상속

는 물결[波]이다. 무명과 주객이 풍風과 파波다.

무명이 일어났다가 없어졌다고 우리는 이야기하는데, 사실 알고 보면 무명은 착각이다. 무슨 착각인가? '성각性覺이 필명必明인데 망위명각妄爲明覺'하는 것이다. 망위명각이 무명無明이다. 왜 망위명각하는가? 성각이 성각을 분명하게 알아보려 하기 때문이다. 왜 알아보려 하는가? 원래 성각의 성질이 각명이기 때문이다. 명각은 성각을 밝히려 한다는 뜻이다.

중생도 역시 그러하여 무명의 힘이 마음을 동하게 하지만, 무명이 없어지므로 동하는 상相이 즉시 없어진다. 그러나 심체心體가 없어지는 것은 아니다. 만약 심체心體가 소멸하면 중생도 당연히 단멸하는데, 소의所依도 없고 능의能依도 없기 때문이다.[222] 심체心體가 불멸하므로 마음의 움직임도 상속된다.[223]

심체는 한 물건도 없어서 공적하니 영원히 없어지지 아니한다. 진제의 구역은 이 구절을 "심체가 불멸하므로 마음은 상속된다. 오직 치심痴心인 무명이 소멸하므로 심상이 따라서 소멸하지만, 심지心智가 소멸하는 것은 아니다[以體不滅, 心得相續, 唯癡滅故心相隨滅, 非心智滅]"라고 번역하여, 심체心體를 심지心智라고 표현하고 있다.

심心이란 것이 심체心體가 있다. 심체가 각명覺明이다. 여래장묘진여성如來藏

---

222 원문은, 衆生亦爾중생역이 以無明力令其心動이무명력영기심동 無明滅故動相卽滅무명멸고동상즉멸 非心體滅비심체멸 若心滅者약심멸자 則衆生斷즉중생단. 以無所依이무소의 無能依故무능의고.

223 원문은, 以心體不滅이심체불멸 心動相續심동상속

妙眞如性이다. 그런데 구역[224]에는 이 부분이 신역보다 좀 더 자세히 설명돼 있다. 결국 심心이라는 것은 심지心智라고 했다. 아는 놈이란 말이다. 그런데 심체가 불멸하니까 마음이 상속한다고 했다. 심체心體가 멸하지 않는다는 이 말이 중요하다. 왜 멸하지 않는가? 있는 것은 결국 멸하기 마련이다. 생生하면 반드시 멸滅한다. 그런데 이 심은 생겼다고 할 수 없다. 있다고 할 수가 없다. 왜인가? 본래 공적해서 한 물건도 없다. 각명覺明하는 작용作用이 있으니까 심체心體라고 말을 하지만, 찾아보면 아무것도 없다. 청정淸淨 혹은 공적空寂해서 그렇다.

다시 설명을 하자면,

"심체가 불멸하므로 마음의 움직임도 상속된다."에서 심체心體, 즉 마음의 바탕은 불멸不滅이다. 생기지도 않고 사라지지도 않는다. 청정해서 아무런 모습이 없기 때문이다. 청정한 각명이 마음의 바탕이다.

심상心相은 지금 우리가 쓰고 있는 마음이다. 심상은 찰나찰나 변하니 무상無常하다. 예컨대 한 달 전 내 마음의 상을 지금 현재의 심상과 비교하면 어떨까? 어떻게든 변했을 것이다. 왜 변했는가? 중간에 사건이 생겼기 때문이다. 그 사건 때문에 내 생각이 바뀌었다. 사고방식이 바뀌었다. 그러니 한 달 전의 내 마음씨와 지금 마음씨는 다르다. 심상心相이 달라진 것이다. 이런 상황을 이야기할 때 한 달 전의 내 마음씨와 지금의 마음씨가 상속한다고 한다. 그렇

---

224 구역의 번역자 진제(眞諦) 삼장(三藏)은 『금강경(金剛經)』 번역을 함께 했다. 구마라습도 하고 진제 스님도 했는데, 구마라습과 진제는 불경 한역의 쌍벽이라 할 정도로, 아주 대단한 사람들이다. 진제 스님이 『대승기신론』을 번역하자 중국에서 『대승기신론』 붐이 일었다. 그것이 구역(舊譯)이다. 그때는 진제 스님이 인도에서 가져온 원문을 보고 번역을 했을 것이다. 그 후 당나라 초기에 실차난타(實叉難陀)가 『화엄경』 80권을 번역했다. 실차난타는 또 인도에서 『대승기신론』을 가져와서 번역했다. 그것이 우리가 보고 있는 신역(新譯)이다.

지만 심체心體는 변하지 않는다. 심체心體는 그대로다. 그래서 '심체心體가 불멸하므로 심동心動이 상속한다'고 했다.

심동心動은, 심상이 자꾸 움직여서 상속한다는 말이다. 상속하는데, 한 달 전과 지금이 다르다. 그러니 이것을 한 달 전의 마음이 지금 마음으로 상속했는데 변했다고 하며, 상사상속相似相續했다고 표현한다. 상사相似는 비슷하다는 말이다. 상속相續하는데 꼭 그대로는 아니라는 것이다. 그럼 어째서 상사상속이 되는가?

제8식 안에 들어가 있는 것은 모두 종자種子라고 한다. 여기에서 온갖 것이 다 일어나기 때문이다. 그래서 이런 종자種子들이 한 달 동안 일어난 사건들 때문에, 또는 내가 그 사건에 반응한 생각들 때문에, 훈습熏習을 받는다. 이러한 사건들과 생각의 훈습을 받아 종자들이 바뀐다. 그런데 완전히 바뀌는 것은 아니다. 비슷하게 바뀐다. 그래서 상사상속을 설명하기 위해서는 훈습이란 단어를 써야 한다.

다음 내용은 훈습熏習이다. 우리가 어떻게 해서 제8 아라야식에 의해 윤회하는가를 설명하는 것이 훈습이다.

7. 훈습熏習

[1] 훈습의 종류

다시 사종법四種法으로 훈습하고 있으므로 염법染法과 정법淨法이 생겨나서 끊임이 없다. 하나는 정법淨法이니 진여眞如를 말하고, 둘은 염인染因이니 무명

을 말하고, 셋은 망심妄心이니 업식業識을 말하고, 넷은 망경妄境이니 육진六塵을 말한다.[225]

훈熏은 약초를 태울 때 옷에 그 연기의 냄새가 배는 것이다. 훈습熏習을 일으키는 것이 네 가지가 있다. 진여眞如, 무명無明, 업식業識, 그리고 육진六塵이 그것이다. 이 네 가지가 있기 때문에 훈습이 일어나서 상사상속相似相續이 있게 된다. 아래 해설을 보자.

훈습熏習은 상호 관련된 존재들이 서로 영향을 미치는 현상을 말하는데, 불교에서는 일찍이 경량부經量部 학파에서 물질인 색色과 정신인 심心이 서로 훈습한다는 색심호훈설色心互熏說이 있었다. 지금 『대승기신론』은 세간과 출세간의 만법이 전변轉變하는 과정을 훈습으로 설명하고 있다. 여래장인 제8식에서 삼세육추가 벌어지는 과정을 염훈染熏으로 설명하고, 중생이 수행하여 진여에 되돌아가는 것을 정훈淨熏으로 해설한다. 즉 훈습의 주인主因에 사종四種이 있으니, 진여眞如·무명無明·업식業識·육진六塵이라는 요인들이 상호간에 훈습하여 만법이 염정染淨으로 전변한다고 설명한다. 이른바 진眞과 망妄, 심心과 경境이 서로를 훈습한다고 한다.

지욱대사의 설명에 따르면 "하나는 정법淨法이니 진여를 말한다"는 것은 무루종자無漏種子가 현행現行하는 것인데, 진여에 수순隨順하게 한다. "둘은 염인染因이니 무명을 말한다"는 것은 제7식이 상응하는 법치무명法痴無明과 제6식이 상응하는 미리무명迷理無明이 바로 염인染因이다. "셋은 망심妄心이니 업식業識을 말한다"는

225 원문은, 復次부차 以四種法熏習義故이사종법훈습의고 染淨法起無有斷絕염정법기무유단절
     一淨法일정법 謂眞如위진여 二染因이염인 謂無明위무명 三妄心삼망심 謂業識위업식 四妄境
     사망경 謂六塵위육진

것은 망심인 팔종식八種識과 심소心所가 견분見分과 상분相分을 일으켜서 동전動轉하므로 업식이라고 한다. "넷은 망경妄境이니 육진六塵을 말한다"는 것은 망심의 상분相分은 육진을 벗어나지 않기 때문에 육진이 경계이다.

훈습熏習의 뜻은, 마치 세상의 의복은 악취惡臭도 아니고 향취香臭도 아니지만, 그것에 냄새가 배면 그 냄새가 풍겨나는 것과 같다.[226]

진여정법眞如淨法은 성품이 물듦이 아니지만, 무명無明에 훈습되면 염상染相이 있게 된다. 무명염법無明染法에는 실제로 정업淨業이 없지만, 진여眞如에 훈습되면 정용淨用이 있게 된다.[227]

사람이 본래는 진여眞如, 즉 진심眞心인데, 무명無明 때문에 망심妄心이 됐다. 본래 부처와 같은데 무명 때문에 중생衆生이 되었다. 무명은 중생이 되는 원인이고, 염오染汚다. 중생은 더럽고, 부처는 깨끗하다. 그래서 중생 되는 업은 염업染業, 부처되는 업은 정업淨業이라 구분한다. 원래 진심일 때는 청정각명하니까, 한 생각도 없다. 깨끗하다. 다시 말해 청정淸淨하다. 그 청정의 정淨은 염정染淨의 정淨이 아니다. 그냥 아무것도 없다. 그러나 이놈이 각명하기 때문에 무명無明을 일으킨다. 무명을 일으켜서 주객主客을 나투고, 6근이 6진을 상대해서 6식을 일으킨다. 6근, 6진, 6식에 의해 18계가 벌어진다. 거기서 삼독심三毒心을 위주로 쓰면 염업染業이 되고, 청정각명한 진심眞心을 쓰면 정업淨業이

---

226 원문은, 熏習義者훈습의자 如世衣服여세의복 非臭非香비취비향 隨以物熏則有彼氣수이물훈즉유피기

227 원문은, 眞如淨法진여정법 性非是染성비시염 無明熏故則有染相무명훈고즉유염상 無明染法實無淨業무명염법실무정업 眞如熏故說有淨用진여훈고설유정용

된다. 여기서 중요한 것은 원래 진심일 때는 청정각명하니 진심眞心[228]이 결국 진여眞如[229]라는 사실이다. 원문을 보자.

'眞如淨法진여정법 性非是染성비시염'; 진여정법의 성품은 오염된 것이 아니다. 오염은 어디서 오는가? 무명이 와서, 무명에서 주객이 생겨서 주객主客이 나를 위주로 좋은 것만 찾다가 보니 욕심이 생겨서 그렇게 오염이 생겼다. 진여정법은 그 성품이 본래 물드는 것이 아니다.

'無明熏故則有染相무명훈고즉유염상'; 무명無明이 일어나서 주객主客을 두었다. 주객을 두면 여기서 탐진치 삼독三毒이 일어난다. 왜냐하면 주객의 주主인 '나'라는 것을 생각하니까 나를 위해 삼독심을 일으킨다. 그러다 보니 남에게 해를 끼친다. 오염된 것은 무명에서 일어나는 것이지 원래 진심이 오염된 것은 아니다.

말이 좀 이상하지 않은가? 진여가 원래 깨끗한 것이라면, 깨끗한 것이 어떻게 오염될 수 있을까? 그렇게 오염될 수 있다면 진짜 깨끗한 것은 아니지 않은가? 그래서 거울의 비유를 든다. 깨끗한 거울 앞에 쓰레기를 놓으면, 거울에 쓰레기가 비친다. 거울에 나타난 영상인 쓰레기는 오염된 것이지만, 그 바탕인 거울은 항상 청정하다. 우리 마음도 그와 같다는 말이다. 원래 깨끗한 거울이 더러운 쓰레기를 비추면 더러워 보이는 것처럼, 우리가 무명으로 인한 심상心相을 볼 때는 더러운 쓰레기 같은 마음이 있다. 그러나 심체心體를 보면 심

---

228 진심(眞心): ① 분별을 일으키지 않는 마음. 번뇌와 망상을 일으키지 않는 마음. 모든 분별과 대립이 소멸된 상태. ② 있는 그대로의 청정한 본성. 중생이 본디 갖추고 있는 청정한 성품.

229 진여(眞如): ⓢtathatā ① 모든 현상의 있는 그대로의 참모습. 차별을 떠난 있는 그대로의 참모습. ②있는 그대로의 본성·상태 ② 궁극적인 진리. 변하지 않는 진리. 진리의 세계. ③ 모든 분별과 대립이 소멸된 마음 상태. 깨달음의 지혜. 부처의 성품.

체는 본래 청정하다.

'無明染法實無淨業무명염법실무정업'; '무명이라는 것은 거기에 깨끗한 업이 없는데,' **'眞如熏故說有淨用진여훈고설유정용'**; 진여眞如가 무명 망심妄心을 훈습하면, 무명이 깨끗하게 변한다. 이것이 훈습의 원리다.

진여는 비록 불변不變하지만, 무명염법無明染法에 훈습되면 염상染相이 생겨서 삼세와 육추가 생긴다. 역으로 무명에도 정업淨業이 없지만 진여에 훈습되면 정용淨用이 생겨서 삼현三賢과 십지十地를 거쳐서 불지佛地에 이른다. 이렇게 훈인熏因에 따라서 염훈染熏과 정훈淨熏이 일어나고, 자연스레 염상染相과 정용淨用이 생기는 과정을 아래에서 차례로 설명하고 있다. 주의할 점은, 비록 이렇게 정법淨法과 염법染法으로 훈습하고 훈습을 받더라도 진여 본래의 성정명체性淨明體가 변하는 것은 아니고, 훈습하는 인연에 따라서 갖가지 염상染相과 정용淨用이 기멸할 뿐이다. 냄새가 밴 의복이라도 시간이 지나면 아무런 냄새도 없는 것과 같다.

정용淨用은 청정하게 사용한다는 말이다. 염상染相은 더러운 모습이다. 정용과 염상에서 용用이나 상相은 같은 뜻이다. 정용은 정상淨相이라고도 쓰고, 염상도 염용染用이라고도 쓴다.

[2] 염훈染熏

가. 염훈의 의의

어떻게 훈습하기에 염법이 끊어지지 않는가? 진여眞如에 의지하여 무명無明

이 생기고 그것이 온갖 염인染因이 된다.[230]

염훈染熏이라는 설명은 진여에서 무명이 생기고 차차 삼세와 육추를 이루어서 중생세계가 벌어지는 과정을 가리킨다. 무명이 염인染因으로 발동發動하여 주객主客으로 능훈能熏과 소훈所熏의 주체가 되는 것을 '그것이 온갖 염인染因이 된다'고 표현한다. 이러한 염훈染熏의 시초는 진여가 염인인 무명을 일으킨 사건에 있다.

왜 진여眞如에서 그런 사건이 생겼는가? 마명존자는 『기신론』에서 무명이 생긴 속내를 설명하지 않고 있다. 다만 '진여에 의지하여 무명이 생기고'라는 설명만 있다. 우리가 앞에서 살펴본 바와 같이, 『능엄경』은 "성각은 본래 각명한데, 허망하게 성각을 밝혀보려고 하여서[性覺必明 妄爲明覺]" 무명이 생겼다고 설명하고, 그런 무명無明이 생긴 이유로 "허망하게 성각을 밝혀보려고[妄爲明覺] 한 이유는 본성本性이 각명覺明한 것이 바로 허물이다[明妄非他 覺明爲咎]"라고 설명했다.

그런데 이 무명이 바로 진여를 훈습하는데, 이미 훈습되면 망념심이 생기고, 이 망념심이 다시 무명을 훈습한다.[231]

원래 청정각명이 있다. 무명이 갑자기 생겼다. 주객이 벌어진다. 원래는 주객이 없는데 주主가 객客을 보고 일으키는 마음이 망념심妄念心이다. 주객은 각명覺明한 우리 진심眞心 때문에 생겼다. 각명이 너무 잘 아니까, 저 자신을 잘 알아보려 하는 것이 무명이다. 무명이 진심을 훈습하면 여기서 주객으로

---

230 원문은, 云何熏習운하훈습 染法不斷염법부단 所謂依眞如故소위의진여고 而起無明이기무명 爲諸染因위제염인

231 원문은, 然此無明연차무명 卽熏習眞如즉훈진여 旣熏習已기훈습이 生妄念心생망념심 此妄念心 차망념심 復熏無明부훈무명

인해서 망념심이 생기고, 망념심이 다시 무명을 훈습한다. 차례를 정리해 보면 이렇다.

첫째, 무명이 진심을 훈습한다. 여기서 생긴 것이 망념심이다.

둘째, 이 망념심이 다시 무명을 훈습한다.

최초의 염인染因인 무명이 되돌아 진여를 훈습하여 망념심妄念心이 생기고, 다음에 이 망념심이 되돌아서 무명을 훈습한다는 설명이다. 감산대사는 전자를 습훈習熏이라 부르고, 후자를 자훈資熏이라고 불러서 양자를 구별한다. 자훈에는 업식이 무명을 훈습하는 것뿐 아니라 현행하는 심心과 경境과 혹惑이 서로 상자相資하는 것도 포함된다.

그러니 첫째 훈습은 습훈이고, 둘째 훈습은 자훈이다. 자훈資熏에 자資 자를 쓴 이유는 무명이 진심을 훈습해서 생긴 망념심이 무명을 서로 돕는다는 뜻이다. 무명을 도와서 염심染心/염상染相을 북돋는 역할을 한다, 자資가 여기서는 자료資料란 뜻이다. '자훈에는 업식이 무명을 훈습하는 것뿐 아니라 현행하는 심心과 경境과 혹惑이 서로 상자相資하는 것도 포함된다' 훈습을 할 때는 심心이 있고, 경계境가 있고, 혹惑이 있다. 심이 주체, 경계가 객체다. 혹惑은 잘못 아는 것이다. 원래 주객主客이 없는데, 주객이 있는 것으로 혹惑한다. 그래서 영향을 미치는 것이 훈습이다.

훈습熏習되어서 진법眞法을 깨닫지 못하고, 불각不覺하므로 망경妄境인 모습이 나타난다.[232]

---

232 원문은, 以熏習故不覺眞法이훈습고불각진법 以不覺故妄境相現이불각고망경상현

이것은 경계가 일어나는 것이다. 망념심이 일어나 삼세육추三細六麤가 일어난다는 말이다. 삼세육추가 일어나면 바깥에 경계境界가 생긴다. 이 부분의 신역, 구역을 비교해 보자.

구역舊譯에는, **"卽熏習無明. 不了眞如法故不覺念起現妄境界."**; 무명을 훈습한다. 진여법을 분명히 알지 못하기 때문에 불각한 생각이 일어나 허망한 경계를 나타낸다.

신역新譯에는, **"以熏習故. 不覺眞法. 以不覺故. 妄境相現."**; 훈습熏習되어서 진법眞法을 깨닫지 못하고, 망령된 경계인 모습[상]이라는 것이 나타난다. 그렇게 돼 있다.

구역과 신역의 글자가 많이 다르다. 핵심核心은 무엇인가? 불각으로 인해 망경계가 일어난다는 것은 같은데, 구역에선 불각不覺이라 하고, 염기念起를 붙였다. 불각 때문에 일어난 생각으로 인해서 망경계가 일어난다는 말이다. 신역에선 '불각 때문에 망경계가 상相으로 나타난다'고 하며, 염기念起라고 하는 설명이 없다. 잘못된 생각으로 인해 망경계가 나타난다는 것을 구역이 더 분명하게 설명하고 있다.

망념심이 훈습하는 힘 때문에 온갖 차별과 집착이 생기고 갖가지 업을 지어서 신심身心 등 뭇 고통을 과보로 받는다.[233]

---

233 원문은, 以妄念心熏習力故이망념심훈습력고 生於種種差別執著생어종종차별집착 造種種業조종종업. 受身心等衆苦果報수신심등중고과보

망념심妄念心이 훈습하여 온갖 차별을 일으켜서 각종의 집착이 생기고, 나아가 업을 지어서 갖가지 과보로 고통을 받아서 염법染法이 끊어지지 않는다고 한다. 진제의 구역에는 '망념심妄念心이 훈습하는 힘 때문에'가 없고, 대신에 "망경계인 염법의 연이 있기 때문에[以有妄境界染法緣故]"라는 구절이 있어서, 망경계가 염훈의 주체가 되는 경우를 분명하게 설명하고 있다.

이렇게 삼세육추가 벌어지면서 은하계가 무수하게 일어나는 과정을 유식학에서는 '제8식에서 전변轉變한다'고 표현하는데, 『대승기신론』은 무명을 비롯한 염훈의 요인들이 서로 '훈습한다'고 간략하게 설명하였다.

'경계가 생기니까 경계를 근거로 갖가지 업을 짓는다'는 말이다. 업에는 선업善業이 있고 악업惡業이 있다고 한다. 경계境界를 보고 업을 짓는다. 이 과정을 '제8식에서 전변轉變[234]한다'고 표현한다. 그러니까 제8식에서 견분, 상분이 갈라지고, 그런 다음 제7식이 견분을 주主인 나라고 집착을 하고, 상분을 '대상이다, 세상이다, 산하대지다, 우주다'라고 생각해서 산하대지가 벌어지고, 거기에 집착을 해서, 망심인 삼독심이 일어나고, 그래서 경계에 집착한 업을 짓고, 과보를 받는 과정, 이것을 전변轉變이라고 한다.

전변이 일어나면 진짜 생기는 것인가?

지금 우리는 공부를 하고 있다. 앞에 인터넷을 보고 있고, 책을 보고 앉아서 내 몸뚱이를 나라고 집착하고 있다. 그러면 제8식에서 전변한 것=나와 대상이라고 하는데, 전변한 이것들이 진짜인가? 진짜로 내 몸이 있고, 강의를 듣는

---

234 전변(轉變): ⑤parināma ① 변화함. ② 아라야식에 저장되어 있는 종자의 변화와 성숙, 또는 그 변화와 성숙으로 일어난 8식의 인식 작용.

이 상황이 진짜 현실인가? 그것을 설명할 때 마치 꿈과 같다고도 한다.

내가 어제 꿈속에서 친구와 함께 금정산 범어사로 놀러갔다. 아는 스님을 만나서 인사도 하고, 다과도 들면서 담화가 길었다. 꿈에서는 분명하게 나도 있고, 같이 간 친구도 있고, 범어사도 있고, 스님도 있었다. 여러 가지 이야기도 나눴다. 아침에 눈을 뜨니 꿈이다. 꿈이란 것은 진짜 있는 것인가? 실제로 있는 것은 아니다. 그러나 꿈꿀 때는 내가 있고, 친구가 있고, 범어사가 있고, 스님이 있었다. 그러면 그 꿈속의 일이 없었던 것인가? 없었던 것은 아니다. 꿈속에 있었는데 깨어나고 보니 꿈일 뿐이다. 꿈은 내 몽중의식夢中意識, 즉 꿈꾸는 생각이 만든 것이다.

지금 우리의 현실세계現實世界라고 하는 것, 수요일이고 이 시간에 앉아서 『기신론』을 공부하는 이것이 분명하지만, 강의 끝나고 되돌아보면, 그것은 우리가 쓴 명료의식明了意識, 즉 오구의식五俱意識이다. 5식을 갖추어서, 꿈꾸는 의식이 아닌 명료의식이 일으킨 경계다. 하지만 꿈속의 일처럼 똑같은 것이다. 그러니 유식唯識을 공부할 때 실감實感이 나지 않으면, 꿈을 생각해보라. 이것이 진짜로 있는 것인가?

경계境界가 일어나고 그 경계를 보고 우리가 분별分別했던 일이 알고 보면 꿈꾸는 것과 꼭 같다. 그러면 이 실다운 것인가, 헛된 것인가? 꿈을 깨고 나서 보면 꿈이 헛된 것이지만, 꿈속에서는 분명히 꿈이 있었다. 전혀 없다고는 할 수 없다. 그래서 이것을 '실다운 것이다, 혹은 헛된 것이다'라고 이렇게 이야기하지 않는다. 실다운 것이라고 하면 그것은 유有에 속하는 것이고, 헛것이라고 하면 무無에 속한다. 깨고 나서 보면 무無다. 그 꿈을 꿀 때, 혹은 맨정신으로 생활할 때 그때는 무無가 아니고 유有다. 그러니까 이것이다, 저것이다 결정적으로 말할 수 없다. 그러면 뭐라고 할까? 공空이라고 한다. 공이라는 것은 실다운 것이 아니란 말이다.

나. 염훈染熏의 종류

1] 경계염훈境界染熏

망경훈妄境熏에는 두 가지의 구별이 있다. 하나는 증장분별훈增長分別熏이고, 둘은 증장집취훈增長執取熏이다.[235]

모든 생명체는 원래부터 상주常住하는 진심眞心이 있는데 진심에서 무명이 생긴다. 무명이 망념을 일으키고, 망념으로 인해서 망경계妄境界가 생긴다. 무명에서 망념, 망경계가 일어나는 것은 제8식에서 비롯한 전변轉變이다. 이렇게 전변하는 과정에서 무명과 망념과 망경계가, 원래는 맑은 진심을 훈습해서 중생이 되는 것을 더러운 훈습, 즉 염훈染熏이라고 한다.

염훈을 일으키는 무명無明이 있고, 주객으로 상대하여 일어나는 분별심分別心과 번뇌심煩惱心인 망심妄心이 있고, 망심이 일으킨 경계境界가 있다. 중생들은 육근이 육진六塵경계에 끄달려서 호오好惡하는 생각을 일으키게 되고 그에 따라 염훈이 일어나므로, 경계로 일어난 염훈을 첫 번째로 보았다. 사실 경계훈境界熏이 가장 많다. 우리가 탐심貪心을 일으키고 진심瞋心을 일으키는 것은 사실 경계 때문이다. 우리의 가장 약한 부분이 경계훈境界熏에 당한다.

경계염훈境界染熏이 있고, 경계염훈에 두 가지가 있으니, 하나는 증장분별훈增長分別熏이고, 하나는 증장집취훈增長執取熏이다. 이름만 이렇게 적어놓고 설명은 하지 않았다. 분별分別과 집취執取[236]는 구별이 쉽다고 생각한 모양이다.

---

235 원문은, 妄境熏義망경훈의 有二種別유이종별 一增長分別熏일증장분별훈 二增長執取熏이증장집취훈

236 집취상(執取相): 육추(六麤)의 하나. 괴로움이나 즐거움이 주관의 작용임을 알지 못하고, 실재하는 대상으로 잘못 생각하여 집착함.

염훈染熏의 요인에는 망경계妄境界와 망심妄心과 무명無明이 있다. 경계염훈境界染熏은 망경계인 육진六塵이 요인이 되어서 훈습하는 망경훈妄境熏이다. 지욱智旭 대사의 설명에 따르면 불각으로 생긴 망경妄境인 육진六塵이 도리어 마음을 훈습한다고 한다. 증장분별훈增長分別熏은 견혹見惑을 조장助長하고, 증장집취훈增長執取熏은 사혹思惑을 조장하는 것이니, 이렇게 견사혹見思惑이 조장되면 범부凡夫가 생사生死를 벗어나지 못하게 된다.

진제眞諦의 구역舊譯에는 증장념훈습增長念熏習과 증장취훈습增長取熏習이라 번역하고, 감산대사는 전자前者는 지상智相과 상속상相續相을 증장하고, 후자는 집취상執取相과 계명자상計名字相을 증장하는 것이라고 설명한다.

"불각으로 생긴 망경妄境인 육진六塵이 도리어 마음을 훈습한다고 한다. 증장분별훈增長分別熏은 견혹見惑을 조장助長하고, 증장집취훈增長執取熏은 사혹思惑을 조장한다."고 했다. 견혹見惑, 사혹思惑이란 말이 나온다.

견혹은 무엇인가? 견분인 내가 대상을 보고, 나에게 이로운가, 해로운가를 판단한다. 내게 이로울 것 같으면 탐심을 일으키고, 내게 해로운 것 같으면 싫어하는 진심瞋心을 일으킨다. 주主와 객客이 대립한 분별分別이다. 그래서 분별훈分別熏이라 한다. 견도위見道位[237]는 도를 보는 자리라는 말이다. 도가 어떤 것인지 알았다. 진여眞如를 알았다. 한소식을 했다. 그것이 견도위다. 견도위가 됐을 때 없어지는 번뇌, 그것을 견혹見惑[238]이라 한다.

---

237 견도위(見道位): ⑤darśana-mārga 사제(四諦)를 명료하게 주시하여 견혹(見惑)을 끊는 단계. 이 이상의 단계에 이른 사람을 성자(聖者)라고 함. 초기불교에서는 예류향(豫流向),

238 견혹(見惑): 견도위에서 끊는 번뇌라는 뜻. 사제(四諦)를 명료하게 주시하지 못해 일어나는 번뇌. 이 번뇌에는 유신견(有身見)·변집견(邊執見)·사견(邪見)·견취견(見取見)·계금취견(戒禁取見)·탐(貪)·진(瞋)·치(痴)·만(慢)·의(疑)가 있다.

사혹思惑은 무엇인가? 수도하는 단계에 가야 떨어져 나가는 번뇌가 사혹 또는 수혹修惑이다. 견도위에서부터는 알고 이해한 도道를 닦고 수행한다. 그렇게 수행해서 증득하는 단계를 수도위修道位[239]라고 한다.

견혹과 사혹은 각각 번뇌장煩惱障, 소지장所知障과 비슷하다. 내게 좋은 것과 나쁜 것, 호오好惡 애증愛憎을 분별하는 견혹見惑은 번뇌장煩惱障과 비슷하고. 대상을 보고 그것에 탐착하는 사혹思惑은 소지장과 비슷하다.

내가 꽃을 보니 향기가 좋다. 치자꽃 향기가 난다. 그래서 나는 그 꽃을 사야겠다는 생각을 일으킨다. 그것은 치자꽃과 내가 이미 주객主客으로 갈라져 존재하고 있다. 능히 아는 놈, 꽃향기가 좋다고 아는 놈인 능지能知가 있고, 그 대상인 소지所知, 아는 바의 향기가 있다. 이렇게 능지, 소지가 있다고 구분하는 것, 즉 주객이 있다고 구분하는 것이 소지장所知障이다. 그래서 마음공부 하는 과정에서 호오好惡하는 번뇌장이 먼저 떨어져 나가고, 그다음에 주객과 능소能所라는 소지장이 떨어진다.

견혹은 분별에 의해 생긴 것이니 분별훈分別熏, 증장분별훈增長分別熏이라 했다. 사혹은 주객主客을 가름으로 해서 생기는 것이고, 이로 인해 집착이 생기니 집취훈執取熏, 증장집취훈增長執取熏이라 한다. 모두 내버려야 하는 번뇌다. 번뇌인데, 그것이 훈습熏習으로 생겼다는 말이다.

다시 설명하자면, 진심이 무명을 훈습하는 것이 청정훈습淸淨熏習, 즉 정훈淨熏이다. 반대로 무명이 진심을 훈습하는 것이 오염훈습, 혹은 염훈染熏이다. 염

---

239 수도위(修道位): ⓢbhāvana-mārga 견도위에서 견혹을 끊은 뒤 수행을 계속하여 수혹(修惑)을 끊는 단계. 예류과(豫流果)·일래향(一來向)·불환과(不還果)·아라한향(阿羅漢向)에 해당.

훈이 많이 되면 범부가 되고, 정훈이 많이 되면 성현聖賢이 된다.

무명無明이 진심眞心을 훈습해서 망심妄心이 생기는 데, 망심이 생기면, 8종식이 생긴다. 즉 제8식, 제7식, 제6식, 전5식 까지의 여덟 가지 식이 생긴다. 망심이 생기면 이 망심妄心에 의해 대상對象이 생긴다. 즉 제8식의 대상이 되는 것, 제7식의 대상이 되는 것, 제6식의 대상이 되는 것, 전오식의 대상이 되는 것들이 생기는 것이다. 주체가 있으면 객체 관념이 저절로 생기는데, 객체인 대상을 달리 말하면 경계다. 그러니 '망심에 의해 경계가 생긴다'고 말한다. 그러니 원래는 진심과 무명뿐인데, 무명無明이 작동해서 주객이라는 망심妄心이 생기면, 다시 망심의 대상인 경계가 생긴다. 진심, 무명, 망심, 경계, 이네 가지가 오염훈습汚染熏習의 주체인 염인染因이다.

앞에서 '5. 생멸인연'에서 '심·의·의식' 중 의意를 설명하는 중에 "그러므로 삼계의 일체는 모두 마음이 자성自性이 되고, 마음을 떠나면 곧 육진경계六塵境界가 없다. 왜냐하면 일체의 제법은 마음이 주主가 되어서 그 망념에 따라서 생긴다. 무릇 분별이란 모두 자심自心을 분별하는 것이다."[240]라고 했다.

망경妄境, 즉 허망한 경계는 망념인 식識에서 나타난다는 그 말이다. 자기라는 식심識心이 있으면 경계가 나타나니까, 우리에겐 그 경계가 보인다. 꿈꿀 때는 내 몽상夢想이 만든 꿈속의 경계가 보인다, 그처럼 팔종식八種識이 일으킨 각종 경계가 우리에게 보이고 들린다. 그래서 이 경계가 우선은 염훈染熏을 일으키는 주범主犯이 된다. 사실 우리는 육근에 비치는 경계에 따라서 온갖 분별

---

240 원문은, 是故시고 三界一切삼계일체 皆以心爲自性개이심위자성 離心則無六塵境界이심즉무육진경계 何以故하이고 一切諸法일체제법 以心爲主이심위주 從妄念起종망념기 凡所分別범소분별 皆分別自心개분별자심

을 한다. 경계가 있다고 보고 탐·진·치 삼독심三毒心을 낸다. 이렇게 경계를 보고 훈습이 일어나는 경계염훈染熏을 지금까지 설명했다.

다음, 염훈을 일으키는 또 하나의 염인染因이 망심妄心이다.

2) 망심염훈妄心染熏

망심훈습妄心熏習에도 두 가지의 구별이 있다. 하나는 증장근본업식훈增長根本業識熏이니 아라한·벽지불·일체보살들로 하여금 생멸고生滅苦를 받게 하고, 둘은 증장분별사식훈增長分別事識熏이니 모든 범부들이 업계고業繫苦를 받게 한다.[241]

우리가 쓰는 분별, 망상을 통틀어 망심妄心이라 하는데, 그 망심에는 종류가 여덟 가지, 즉 팔종식八種識이 있다. 망심妄心이 주객主客을 두어서 탐·진·치 삼독三毒을 일으키면 염훈染熏이 된다. 밑에 해설을 보자.

다시 둘째로 망심훈습妄心熏習은 망심이 훈인熏因이 되어서 근본업식根本業識과 분별사식分別事識을 증장增長하여 고통苦痛을 받게 하는 것이다. 지욱智旭대사의 설명에 따르면, 증장근본업식훈增長根本業識熏은 업식業識이 무명無明을 훈습熏習하여 전식轉識 현식現識을 일으켜서 계외界外의 견사혹見思惑이 업식業識을 증장增長하여 변역變易생사를 받는 것이니, 그래서 생멸고生滅苦를 받는다고 한다. 증장분별사식훈增長分別事識熏은 범부凡夫들이 육추六麤를 일으켜서 계내界內의 견사혹見思

---

241 원문은, 妄心熏義亦二種別망심훈의역이종별 一일增長根本業識熏증장근본업식훈 令阿羅漢辟支佛一切菩薩영아라한벽지불일체보살 受生滅苦수생멸고 二이 增長分別事識熏증장분별사식훈 令諸凡夫영제범부 受業繫苦수업계고

惑이 사식事識을 증장하여 분단생사分段生死[242]를 받는 것이니 그래서, 업계고業繫苦를 받는다고 한다.

진제의 구역舊譯에는 증장업식근본훈增長業識根本熏과 증장분별사식훈增長分別事識熏을 업식근본훈습業識根本熏習과 증장분별사식훈습增長分別事識熏習이라 번역하고, '영아라한벽지불일체보살令阿羅漢辟支佛一切菩薩 수생멸고受生滅苦'를 '능수아라한벽지불일체보살能受阿羅漢辟支佛一切菩薩 생멸고生滅苦"라고 번역하였다.

감산憨山대사는 전자前者는 업식業識이 근본무명根本無明을 훈습하는 것으로, 생각[念]을 떠나지 못하고, 집착한 법상法相을 잊지 못하여, 삼승三乘이 변역생사의 고통을 받는 것이고, 후자後者는 증장분별사식增長分別事識이 견애무명見愛無明을 훈습熏習하는 것으로 경계가 부실不實한 줄 모르고 분별分別 집취執取하고 기업起業 수보受報하여, 범부가 분단생사의 고통을 받는 것이라고 설명한다.

여기서 보면, 망심훈습妄心熏習에 증장근본업식훈增長根本業識熏과 증장분별사식훈增長分別事識熏의 두 가지가 있다. 지욱智旭대사의 설명에 따르면, 근본업식은 무명이다. 그러니 증장근본업식훈은 근본업식인 무명을 증장增長하는 훈습이다. 망심妄心이 무명無明을 훈습하는 것이다. 무명을 훈습하면 처음에 자체분인 무명업상無明業相에서 전상轉相, 현상現相, 즉 전식轉識, 현식現識이 나온다고 했다. 삼세三細 이야기다. 삼세는 주객主客으로 벌어져서 상대相對하면서 분별의 기초를 마련하는 망심妄心인데, 망심훈습 중에서 근본업식훈根本業識熏이다.

---

242 분단생사(分段生死): 삼계(三界)에서 나고 죽는 일을 되풀이하는 범부의 생사. 각자 과거에 지은 업에 따라 신체의 크고 작음과 수명의 길고 짧음이 구별된다고 하여 분단(分段)이라 한다.

그 다음으로 두 번째는 증장분별사식훈增長分別事識熏이다. 분별사식分別事識은 이미 주객主客이 벌어져서, 이른바 망상분별을 일으키는 것이다. 분별사식은 육추六麤의 맨 앞에 지상智相이 생겨서, 상속상相續相, 집착상執着相등을 일으켜서 반연심攀緣心으로 수상행受想行 삼온三蘊을 계속 누적累積하는 것이다.

그러니 육추六麤에 해당하는 것은 분별사식훈이고, 삼세三細에 해당하는 것은 근본업식훈이다.

경계염훈境界染熏과 망심염훈妄心染熏을 설명했고, 다음으로는 무명염훈無明染熏이다. 무명이 염훈을 일으킨다.

3] 무명염훈無明染熏

무명훈습無明熏習에는 두 가지 구별이 있다. 하나는 근본훈根本熏이니 업식業識을 이루게 하고, 둘은 견애훈見愛熏이니 분별사식分別事識을 이루게 한다.[243]

셋째는 무명이 요인이 되는 훈습이다. 지욱대사의 설명에 따르면, 근본훈根本熏은 법치法痴인 근본불각根本不覺인 무명無明이 진여眞如를 훈습하는 것이니, 삼세三細육추六麤에서 업식業識인 오의五意[244]를 가리킨다. 견애훈見愛熏은 의식意識의 아치我痴인 지말불각枝末不覺이 망심妄心을 훈습하는 것이니 분별사식分別事識을 가리킨다.

염훈을 일으키는 것 중 맨 마지막이면서 가장 중요한 것이 무명無明이다. 무

---

243 원문은, 無明熏義亦二種別무명훈의역이종별 一일根本熏근본훈 成就業識義성취업식의 二이 見愛熏견애훈 成就分別事識義성취분별사식의

244 오의(五意): 기신론에서 나눈 의(意)의 다섯 가지 종류. (1)업식(業識), (2)전식(轉識), (3)현식(現識), (4)지식(智識), (5)상속식(相續識)

명이 일으키는 훈습熏習은 두 가지다. 처음에 무명이 업상業相을 일으키고, 삼세육추三細六麤를 일으킨다. 삼세三細는 무명업상無明業相, 전상轉相, 현상現相이고, 육추六麤는 지상智相, 상속상相續相, 집착상執着相, 집명등상執名等相, 기업상起業相, 업계고상業繫苦相이다.

여기서 기업상, 업계고상은 빼고, 그 앞의 네 가지가 무명無明의 훈습熏習을 받는다. 삼세三細에 대한 훈습을 근본훈습根本熏習이라 했고, 육추六麤 중의 네 가지 상에 대한 훈습은 견애훈습見愛熏習이라 한다. 견見은 그냥 본다는 말이고, 애愛는 거기서 더 나아가 집착을 하는 것이다. 집착執着을 해서 좋은 것은 탐심貪心을 내고, 싫은 것은 진심瞋心을 내는 호오好惡분별이 견애見愛다. 이렇게 견見과 애愛를 일으켜서 훈습하는 것이다. 이렇게 무명염훈까지 해서 염훈染熏 설명을 마쳤다.

[3] 정훈淨熏

정훈은 종자種子가 청정淸淨해지는 훈습이다. 불교 공부를 하면서 우리는 점점 마음을 청정淸淨하게 수행한다. 그런 수행修行을 하면 제8식 안에 있는 종자식種子識이 점점 깨끗해진다. 그것이 정훈淨熏이다. 무엇이 정훈을 일으키는가?

근본적根本的으로는 진심眞心이 일으킨다. 정훈淨熏에는 원래 진여 자리인 진심眞心이 주체主體가 된다. 정훈淨熏일 때는 진심眞心이 들어가고, 무명은 당연히 빠진다. 경계境界가 정훈을 일으킬까? 경계를 보면 우리는 항상 끄달린다. 그래서 경계境界는 정훈淨熏이 될 수 없다. 경계는 정훈을 일으키지 않는다. 그러면 망심妄心은 정훈淨熏을 일으킬까? 우리가 말하는 삼세육추三細六麤 중에서 무명업식을 빼고, 전상轉相, 현상現相, 지상智相, 상속상相續相, 집착상執

着相 등이 망심妄心이다. 이 망심이 탐진치로 염染을 일으키는 데, 정훈도 일으킬까? 그런데 우리가 공부를 하다 보면 자연히 불교공부를 하게 되고, 불교를 공부하다 보면, 37도품道品을 익히게 되고, 그렇게 공부를 하다 보면 정훈淨熏을 일으키기도 한다. 물론 정훈을 일으키는 사람은 적다. 불경을 배우고 공부하는 우리의 망심妄心, 그것은 정훈을 일으킬 수 있다. 그러니 정훈淨熏을 일으키는 원인原因은 진심眞心과 망심妄心, 두 가지뿐이다

가. 정훈의 의의

어떻게 훈습하기에 정법淨法이 끊어지지 않는가? 진여로써 무명을 훈습함을 말한다. 훈습하는 인연의 힘 때문에 망념심妄念心이 생사고生死苦를 싫어하여 열반락涅槃樂을 추구하게 된다. 그리고 이 망심이 '싫어하고 추구하는' 인연이 다시 진여를 훈습한다.[245]

정훈淨熏이란 중생세계에서 보리심[246]을 일으켜서 열반을 성취하는 방법을 수행하는 과정을 가리킨다. 먼저 진여로써 무명을 훈습하여 망심 중에 생사고를 싫어하여 열반락을 추구하는 보리심菩提心이 생기는 것을 정훈淨熏이라고 설명한다. 다음에는 발보리심한 망심이 되돌아 진여를 훈습하는 것도 정훈이라고 설명한다. 감산 대사는 이것을 구별하여 전자를 본훈本熏이라 부르고 후자는 신훈新熏이라 부른다.

---

245 원문은, 云何熏習운하훈습 淨法不斷정법부단 謂以眞如熏於無明위이진여훈어무명 以熏習因緣力故이훈습인연력고 令妄念心영망념심 厭生死苦求涅槃樂염생사고구열반락 以此妄心厭求因緣이차망심구인연 復熏眞如부훈진여

246 보리심(菩提心): ⓢbodhi-citta의 음역. ① 깨달음을 구하는 마음. 부처가 되려는 마음. ② 깨달은 마음 상태. 모든 분별과 집착이 끊어진 상태.

원칙적으로 진심眞心이 정훈淨熏하는 정인淨因이다. 진심이 훈습熏習의 주체主體가 될 때는 진여眞如라 부른다. 이 진여眞如가 무명無明을 훈습해서 공부하게 하는 정훈淨熏을 일으킨다. 원래 그렇게 훈습하는 것을 본훈本熏이라 한다. 그렇게 훈습을 받은 다음에는 어찌 되는가? 진심이 훈습을 일으키면, '아, 공부를 해야겠구나' 하는 보리심菩提心을 일으킨다. 물론 보리심의 내용은 상구보리上求菩提 하화중생下化衆生이다. 진여眞如 때문에 발보리심發菩提心을 하니까, 한 번 일으키고 나면, 이렇게 일으킨 보리심이 원인이 되어서, 자꾸 '공부를 더 열심히 해야지' 하는 생각을 일으킨다. 발보리심, 이것도 결국은 망심妄心이다. '내가 중생인데, 저 언덕으로 건너가야지'하는 생각을 일으키니, 주객이 분명한 망심이다. 발보리심이라는 좋은 망심이 또 정훈을 하는 능훈能熏이 된다. 훈인熏因이 된다는 말이다. 처음에 진여眞如가 발보리심하게 만드는 훈습을 본훈本熏이라 하고, 진여의 훈습으로 인해 생겨난 발보리심이라는 망심妄心이 되돌아 진여眞如를 훈습하는 것을 신훈新熏이라 한다. 진여眞如가 능훈能熏이 되고, 발보리심發菩提心한 이 망심妄心도 능훈能熏이 된다. 이 두 가지가 훈습을 하는 주체라는 말이다.

훈습熏習 때문에 "자기 몸에 진여법이 있음과 본성이 청정함"을 스스로 믿고, 일체의 경계는 오직 마음이 망동妄動한 것일 뿐이고 실상實相이 없는 줄을 안다. 이와 같이 여실히 알기 때문에 원리遠離하는 법을 닦고, 온갖 수순행隨順行을 일으켜서 분별도 없고 취착도 없어진다. 이렇게 무량 아승지겁을 지나면 훈습하는 관습력慣習力 때문에 무명이 사라진다. "무명이 사라지므로 심상心相이 생기지 않고, 심상이 생기지 않으므로 경계상境界相이 소멸한다." 이와 같이 일체의 염인染因과 염연染緣과 염과染果의 심상心相이 모두 소멸하게 되어서 열반을 얻

고 갖가지 자재한 업용業用을 이루게 된다고 말한다.[247]

정훈淨熏으로 인해 중생이 부처가 되어가는, 그 이유와 과정過程을 설명하고 있다. 한문 원문을 번역해 보자.

'以熏習故이훈습고'; '훈습을 하기 때문에,' 이 훈습은 청정훈습淸淨熏習이다.

'則自信己身有眞如法즉자신기신유진여법 本性淸淨본성청정'; '자기 몸己身에 진여법眞如法이 있음을 스스로 믿게 된다.' 우리가 다 불성佛性이 있다. 알고 보면 상주진심常住眞心, 청정각명淸淨覺明이 내 본래 모습이다. 그런 설명을 믿게 된다. 그래서 각각의 본성本性이 청정淸淨해서 아무 모습이 없는 줄 알게 된다.

'知一切境界지일체경계 唯心妄動유심망동'; '일체의 경계境界인 산하대지가 마음이 망령되이 움직인 것인 줄 알게 된다.' 오직 식識의 분별에서 나온 것이니 만법유식萬法唯識임을 알게 된다. 그래서,

'畢竟無有필경무유'; '일체경계가 필경에는 있는 것이 아니다.' 일체경계가 없으니 우리가 끄달릴 것이 없다. 그러면 어찌 되는가?

'以能如是如實知故이능여시여실지고'; '이렇게 사실대로 아는 지혜 덕분에,' 바깥에 경계가 없으니 "좋다, 싫다" 분별을 일으킬 필요가 없다. 이렇게 사실을 사실대로 아는 것이 불법佛法이다.

---

247 원문은, 以熏習故이훈습고 則自信己身有眞如法즉자신기신유진여법 本性淸淨본성청정 知一切境界지일체경계 唯心妄動유심망동 畢竟無有필경무유 以能如是如實知故이능여시여실지고 修遠離法수원리법 起於種種諸隨順行기어종종제수순행 無所分別무소분별 無所取著무소취착 經於無量阿僧祇劫경어무량아승지겁 慣習力故無明則滅관습력고무명즉멸 無明滅故무명 멸고 心相不起심상불기 心不起故심불기고 境界相滅경계상멸 如是一切染因染緣여시일체염인염연 及以染果급이염과 心相都滅심상도멸 名得涅槃명득열반 成就種種自在業用성취종종자재업용

'**修遠離法수원리법**'; '원리법을 닦게 된다.' 원리법은 멀리 여의는 법이다. 탐심貪心도 멀리 여의고, 진심瞋心도 멀리 여읜다. 바깥 경계에 내가 좋아하는 것이 있으면 탐심貪心이 나고, 싫어하는 것이 있으면 진심瞋心이 난다. 그런데 그 바깥 경계가 실제로는 있는 것이 아니고, 내 팔종식八種識이 만들어낸 것임을 알게 되면, 탐심이나 진심을 일으킬 것이 없다. 그것이 원리법遠離法이다. 육진 경계가 없는 줄 알면 저절로 망심妄心을 멀리 여의게 된다. 별달리 여의는 법이 필요한 것이 아니다. 일체一切가 식識임을 알면, 탐심, 진심이 저절로 떨어져 나간다.

'**起於種種諸隨順行기어종종제수순행**'; '갖가지의 수순행을 일으킨다.' 수순행隨順行은 순리順理대로 하는 수행修行이다. 탐심을 억지로 누르는 것은 수순행이 아니다. 예를 들어서 초콜릿을 좋아하면 진열된 초콜릿을 보고 탐심이 난다. 탐심을 내선 안 된다는 생각에, '초콜릿에 대한 탐심을 없애자.'고 노력한다면 수순행이 아니다. 그것은 자라나는 풀을 돌로 눌러두듯, 욕구欲求를 억지로 누르는 절제심節制心이다. 수순행은 어떤 것인가? "앞에 보이는 초콜릿이 실제로 있는 것이 아니라, 내 안식眼識이 만들어낸 경계境界다. 마치 내가 꿈을 꾸면 꿈속에서 보는 모든 것은, 몽중의식夢中意識이 만들어낸 몽상夢想인 것과 같다. 그러하니 내가 몽상으로 만들어낸 것에 내가 스스로 탐착貪着하는 것은 우스운 짓이다. 그것을 보고 먹지 못한다고 성내는 것도 우스운 일이다." 그렇게 진실眞實을 알면 저절로 탐심과 진심이 없어진다. 그것이 수순행隨順行이다. 따라서 불교의 수순행은 불법을 요해了解한 경우에만 실행 가능하다. 그래서,

'**無所分別무소분별 無所取著무소취착**'; '분별이 없고 취착하는 바가 없다.' 취는 좋아서 가지려 함이고, 착은 집착이다. 무소취착은 가지려 하는 탐심이나 집착이 없다는 말이다.

'**經於無量阿僧祇劫경어무량아승지겁**'; '무량아승지겁을 지나면', 이런 태도

로 무량아승지겁 동안 원리법을 닦았다. 원리법을 가지고 수순행을 닦았다.

'慣習力故無明則滅관습력고무명즉멸'; '그렇게 닦은 수행修行의 힘 때문에 탐·진·치가 저절로 없어지고 무명無明이 사라진다.' 나중에는 탐·진·치를 일으키려 해도 일어나지 않는다. 꿈속인 줄 분명하게 알면 탐·진·치가 일어날 리가 없다. 꿈꾸면서 꿈인 줄 모르니 탐진치가 일어나는 것이다. 그러니,

'無明滅故무명멸고 心相不起심상불기'; '무명이 없어지니, 그때는 심상도 없다.' 무명이 없어지면 남는 것은 무엇인가? 상주진심常住眞心 청정각명淸淨覺明만 남는다. 상주진심 청정각명에는 마음이다, 몸이다 하는 것이 없다. 상相이 있을 수가 없다.

'心不起故심불기고 境界相滅경계상멸'; '마음이 일어나지 않으니. 주체主體가 일어나지 않으니 경계상이 없어진다.' 경계상境界相은 객체客體다. 원래 주객主客은 서로 상대相對하는 놈이니 함께 없어진다.

'如是一切染因染緣여시일체염인염연 及以染果급이염과 心相都滅심상도멸'; '그래서 오염汚染이 되는 인因과 오염이 되는 연緣과, 오염으로 빚어진 과보果報의 심상들이 모조리 다 없어진다.'

'名得涅槃명득열반'; '그것을 열반涅槃을 얻었다고 한다.' 이렇게 열반을 얻어가는 공부 그것이 바로 청정훈습淸淨熏習이다. 그것을 줄여서 정훈淨熏이라 했다.

'成就種種自在業用성취종종자재업용'; '그리되면 가지가지 방해받지 않고, 구애받지 않는, 자재로운 업용業用을 성취하게 된다.'

정훈淨熏으로 점차 열반으로 나아가는 과정을 설명하고 있다. 지욱대사의 설명에 따르면 무명을 훈습하는 진여는 무루종자無漏種子인 불보살의 덕용德用이니 이 것은 법성法性에 본래 갖추어진 것이다. 발보리심한 뒤에, "자기 몸에 진여법이 있

음과 본성이 청정함을 스스로 믿는" 것은 십신十信 중의 믿음이니 이른바 신성취발심信成就發心이고, "일체의 경계는 오직 마음이 망동妄動한 것일 뿐이고 실상은 없는 줄을 여실히 아는" 것은 해행발심解行發心이며, "분별함도 없고 취착함도 없다"는 것은 증발심證發心이다. "무명이 사라지므로 심상心相이 생기지 않고, 심상이 생기지 않으므로 경계상境界相이 소멸한다"는 것은 증불근본지證佛根本智이고, "갖가지 자재한 업용業用을 이룬다"는 것은 증불후득지證佛後得智이다. 진제의 구역舊譯에는 자재업용自在業用을 자연업自然業이라고 번역한다.

『대승기신론』에는 신성취발심信成就發心, 해행발심解行發心, 증발심證發心의 세 가지 발심發心[248]이 나온다. 그런데 여기서, '무명이 사라지므로 심상心相이 생기지 않고, 또 심상이 생기지 않으므로 경계상境界相이 소멸한다'고 했는데, 이것은 이른바 불근본지佛根本智를 증득한다는 말이다. 심상이 생기지 않으니 주主가 없고, 경계상이 소멸하니 객客도 없다. 주객主客이 다 사라지면 증불근본지證佛根本智, 즉 부처님의 근본지혜根本智慧를 증득한다. 그 다음 '자재한 업용業用을 이룬다'고 했다. 자재한 업용은 어디에 쓰는 것인가? 깨달은 사람이 중생을 제도할 때, 중생의 근기根機에 따라서, 그 근기에 맞춰서 갖가지 방편을 굴려서 제도하므로 그것을 자재한 업용이라고 한다. 이것을 증불후득지證佛後得智라고 한다. 후득지란 뒤에 얻는 지혜라는 뜻이다. 근본지根本智를 증득한 후에 하화중생下化衆生을 위해 세상의 차별差別현상을 모조리 요달了達하는 지혜이다. 근본지根本智를 얻으면 상주진심은 청정각명인 줄을 증득해서 아는

---

248 이전에 보살을 이야기할 때, 처음에 초발의(初發意)보살이 나왔다, 초발의보살은 신성취발심(信成就發心)한 보살이다. 십신(十信)의 단계를 지나왔다는 말이다. 그 다음으로 해행발심(解行發心)이라고 하는 것은, 십주(十住), 십행(十行), 십회향(十迴向)에 해당하는 삼현보살(三賢菩薩)들이 성취한 발심이다. 지상보살(地上菩薩)이 증발심(證發心)한 보살이다.

데, 나아가서 중생을 교화敎化하려면 방편을 쓸 줄 알아야 한다. 그러니까 방편지方便智, 즉 후득지後得智까지 터득해야 한다는 말이다. 눈이 하나뿐인 중생들이 사는 동네에 가면, 눈이 하나인 몸으로 태어나야 한다. 눈이 두 개면 별난 사람이 된다. 그 별난 사람에게 이질감異質感을 느껴 사람들이 가까이하지 않기 때문이다. 우리는 하루에 밥을 세 끼 먹지만, 밥을 여섯 끼 먹는 동네의 중생을 제도하려 하면, 나도 밥을 여섯 끼 먹는 습관을 들여야 한다. 그래야 그 중생들과 친하여 교화할 수 있다. 그런 것을 후득지라고 한다.

나. 정훈淨熏의 종류種類

제8식 안에 종자식種子識이 있다. 종자식의 가짓수는 무한하여 무변無邊한 무루종자식無漏種子識이 있다고 표현한다. 원래 우리는 청정각명淸淨覺明하니, 이 종자種子가 원래는 청정한데, 염훈染熏으로 인해서 이 종자가 오염된다. 오염되면 중생이다. 그런데 그 오염된 중생衆生이 정훈淨熏을 의지依支해서 더러움을 씻어낼 수 있다. 이 종자식이 원래는 무루종자無漏種子니까, 다시 깨끗하게 훈습하는 것이 정훈淨熏이다. 깨끗하게 훈습하는데, 그 하나는 망심정훈妄心淨熏, 즉 망심으로 하는 정훈이다. '공부해야겠다'는 보리심菩提心을 내서 공부하는데, 그 보리심도 망심이다. 주객主客이 있어서 경經을 보고, '아, 부처가 있고, 나는 중생이구나.'하니, 망심이고, 그런 망심妄心으로 인해 공부를 하니 망심정훈妄心淨熏이다.

1] 망심정훈妄心淨熏
망심훈습妄心熏習에는 두 가지의 구별이 있다. 하나는 분별사식훈分別事識熏이니 일체 범부·이승들이 생사고를 싫어하여 자기의 감당하는 능력에 따라 무상도無上道로 나아가게 한다. 둘은 의훈意熏이니 모든 보살이 용맹심을 내어서 속히 무주열반無住涅槃으로 들어가게 한다.[249]

이 망심훈습妄心熏習은 망심이 요인이 되어서 일으키는 정훈淨熏을 말한다. 이 망심은 생사고를 싫어하여 열반락을 추구하는 보리심을 가리킨다.

그런데 망심이 훈인熏因이 되는 경우는 두 가지가 있는 점이 특이하다. 앞에서 나온 망심염훈妄心染熏과 지금 망심정훈妄心淨熏에서 다 같이 망념심妄念心이 훈인熏因이다. 그래서 자칫 혼동하기 쉽다. 무명이 진여를 훈습하면 망념심이 생기고, 이렇게 생긴 망념심이 되돌아서 다시 무명을 훈습하면 염훈染熏이 되는데, 감산대사는 이것을 자훈資熏이라고 부른다. 반대로 진여가 업식業識을 훈습하면 망심인 보리심이 생기는데, 이 망심이 주체가 되어 정훈하는 것이 여기에 나온 망심훈습妄心熏習이다. 감산대사는 이것을 신훈新熏이라 부른다. 즉 분별하는 망심妄心은 환경에 따라서 염훈染熏의 요인도 되고, 또 정훈淨熏의 요인도 된다. 따라서 망심염훈과 망심정훈이라는 두 경우를 분명하게 구별하여 혼동混同하지 않아야 한다.

발보리심發菩提心한 우리 중생의 망심이 정훈淨熏 공부를 한다. 망심 중에서 지혜를 잘 쓰면 정훈이 되고, 망심 중에서 삼독三毒을 쓰면 염훈染熏이 된다. 그래서 정훈이 되려면 사실을 사실대로 이해하는 불교공부를 자꾸 해야 한다. 편한 대로 세상인심만 따라가면 보나마나 염훈으로 흐른다. 결국 의식인 망심이 염훈, 정훈으로 갈라지는 것이다.

망심훈습에는 뜻이 두 가지 있다. 분별사식훈分別事識熏과 의훈意熏이다. 여

---

249 원문은, 妄心熏義有二種망심훈의유이종 一일 分別事識熏분별사식훈 令一切凡夫二乘厭生死苦영일체범부이승염생사고 隨己堪能수기감능 趣無上道취무상도 二이 意熏의훈 令諸菩薩發心勇猛영제보살발심용맹 速疾趣入無住涅槃속질취입무주열반

기서 분별사식分別事識은 제6식을 가리키고, 의意는 제7식을 가리킨다.

분별사식分別事識은 주객이 확실히 갈라져서, 내가 좋아하는 것愛과 싫어하는 것惡을 분명하게 분별하는 식이니, 우리들의 의식 활동에 해당한다.

의意라고 하는 것은 무엇인가? 앞에 나왔던 심心·의意·의식意識의 그 의意다.

앞으로 돌아가 복습해보자. "의意에는 다섯 가지 다른 이름이 있다"고 했다. 업식業識, 전식轉識, 현식現識, 지식智識, 상속식相續識이다. 현식現識까지는 삼세三細이고, 지식智識부터는 육추六麤에 해당한다. 즉 의意는 업식, 전식, 현식의 삼세와, 육추 중의 두 가지인 지식智識, 상속식相續識까지 다섯 가지를 묶어서 제7식인 의意라고 설명했던 것이다.

육추六麤의 상속식相續識까지의 작용이 일으키는 훈습熏習은 의훈意熏이며, 집착식執着識이 일으키는 작용부터 분별사식훈分別事識熏으로 보고 있다. 정리하자면, 의훈습意熏習은 제7식을 가지고 하고, 분별사식훈分別事識熏은 제6식을 기준으로 한다.

지욱대사의 설명에 따르면 분별사식훈습分別事識熏習은 제6의식으로 훈습하는 것이니, 생공관生空觀[250]을 닦고 견사혹을 끊은 후에 열반에 들거나, 아니면 법공관法空觀[251]까지 닦아서 감당하는 능력에 따라 보리를 향하여 권도權道에서 실도實道로 들어가 무상도로 나아가는 것이다. 또 의훈습意熏習은 점교漸教보살이 정심지淨心地에서 제7식을 평등성지平等性智에 상응하게 하여 열반에 들거나, 돈교頓教보살이 동심動心하지만 실은 생멸이 없는 줄을 알아서 일체 망념이 무상無相이니 바로 진여문에 들어가서 여래의 지혜를 증득하는 것이다. 비록 이렇게 아는 마음이 제6

---

250 생공관(生空觀): 중생(衆生)은 오온(五蘊)의 일시적인 화합에 지나지 않으므로 거기 불변하는 실체는 없다고 관하는 것.

251 법공(法空): 모든 현상은 일시적인 인연의 화합에 지나지 않으므로 거기 불변하는 실체는 없다.

의식이지만 근본무명을 대상으로 하므로 의훈습意薰習이라고 부른다.

　분별사식훈습分別事識薰習은 제6의식이 능훈能熏이 되어서 일으키는 훈습이다. 분별해서 집착하는 것부터가 제6의식의 작용이다.

　'**생공관生空觀을 닦고**'; 생공관生空觀은 아공我空이다. 중생이 비었다고 해서 중생공衆生空인데 줄여서 생공生空이라 한다. 아공我空을 닦고, 아공을 닦으면 견사혹見思惑을 끊는다는 말은, 내가 없는 줄 알면 견혹見惑도 없어지고 사혹思惑도 없어진다는 것이다.

　'**그렇게 해서 열반에 들거나, 아니면 법공관法空觀까지 닦아서**'; 아라한은 내가 없다는 아공我空을 알아서 열반에 든다. 법공法空을 닦는 것은 대승大乘이다. 대승보살大乘菩薩이니까,

　'**능력에 따라 보리를 향하여 권도에서 실도로 들어가 무상도로 향하는 것이다.**'; 권도權道는 우리가 쓰는 그런 이론인 세속제世俗諦이고, 실도實道는 승의제勝義諦다. 세속제에서 승의제로 들어가서 무상도無上道로 나아가는 것이 부처가 되는 길이다. 아공我空만 알면 열반은 얻으나 아라한이고, 법공法空까지 알면 이것은 부처가 되는 열반涅槃이다. 이렇게 열반涅槃에는 두 종류가 있다.

　의훈습意薰習은 앞서 말했듯이 오의五意, 오종의五種意를 가지고 하는 것인데, 의意니까, 제7식이 등장한다. 의훈습으로 하는 공부는 점교漸敎보살과 돈교頓敎보살로 갈린다.

　점교보살은 십지보살十地菩薩의 초지初地인 '정심지淨心地에서 제7식을 평등성지平等性智에 상응하게 하여 열반에 들어간다.' 상응한다고 함은 제7식이 바로 평등성지平等性智로 바뀐다는 말이다. 이것은 공부를 차례로 닦아서 가는 것이다.

돈교頓敎보살은, '마음이 동심動心하지만 실은 생멸이 없는 줄을 알아서 일체 망념이 무상無相이니, 바로 진여문眞如門에 들어간다.' 우리마음이 경계에 끄달리지만, 경계에 끄달리는 마음은 우리의 심상心相이다. 심체心體는 흔들리지 않는다. 생멸生滅이 없다. 마치 거울에 비치는 그림자는 여러 가지로 나타나지만, 그 거울의 허명虛明한 성질은 항상 그대인 것과 같다. 모든 보이는 경계도 헛것이고, 또 우리가 일으키는 온갖 분별 망상도 무상無相이라, 생각이 있는 것 같지만 찾아보면 사실은 아무것도 없다. 그렇게 생멸이 없는 줄 알아서 돈교보살頓敎菩薩은 바로 진여문에 들어간다.

의훈습은 삼세三細와 지식智識, 상속식相續識을 포함하는 오의五意를 기본으로 공부하므로 삼세三細를 알고 있다. 삼세三細는 결국 무명無明 때문에 일어난 주객主客이라는 분별分別이다. 이것을 분명히 아는 사람은 그냥 바로 돈교頓敎 보살이 되어서, 한걸음에 여래땅에 들어간다[一超直入如來地]. 이것이 돈교를 이야기하는 것이다. 이것이 망심妄心으로 정훈淨熏을 하는 것이다.

2] 진여정훈眞如淨熏

진여훈의 뜻에도 역시 두 가지의 구별이 있다. 하나는 체훈體熏이고, 둘은 용훈用熏이다.[252]

진여훈습眞如薰習은 진여가 중생심을 훈습하는 진여정훈眞如淨熏을 가리킨다. 진여는 마음의 바탕인데, 부처와 중생이 평등하여 불이不二이다. 진여는 무상無相이므로 부처와 중생과 마음의 구별이 없다. 여기에는 체훈體熏과 용훈用熏만 나오고, 상相의 훈습이 없다. 이 체훈體熏을 진제의 구역에는 자체상훈습自體相熏習이라고

---

252 원문은, 眞如熏義진여훈의 亦二種別역이종별 ─일 體熏체훈 二이 用熏용훈

번역하여 상相자가 포함되어 있다.

진여훈습眞如薰習에서 체體와 용用만 이야기했다. 앞에서 진여문이나 생멸문에 다 체體·상相·용用 삼대三大가 있다고 했다. 그런데 여기서는 체훈, 용훈만 말한다. 그런데, 진제가 번역한 구역舊譯에는 체훈體薰이라 하지 않고, 자체상훈습自體相薰習이라 했다. 그러니까 진제는 체體와 체상體相을 같은 의미로 보고 있다. 실차난타 번역에서는 체體라고 했지만, 체體가 상相을 포함하고 있는 뜻으로 알아두자.

① 체훈습體薰習

체훈습體薰習이란 이른바 진여가 무시이래로 일체의 무량한 무루종자無漏種子[253]를 갖추고 있고, 또 헤아리기 어려운 수승한 경계의 작용을 갖추고 있어서, 항상 간단없이 중생심을 훈습하는 것이다. 이 훈습력으로 모든 중생이 생사고生死苦를 싫어하여 열반락涅槃樂을 구하고, 자기 몸에 진실眞實한 법法이 있음을 스스로 믿고 발심發心하여 수행하게 된다.[254]

진여眞如는 우리의 상주하는 본심이다. 진여라고 하는 것은 상주진심常住眞心이 본래부터 갖추고 있는 모든 종자種子, 무루종자식無漏種子識이다. 무루는 유루의 반대다, 유루란 주主와 객客이 있어 주가 경계인 객을 대해서 반연심을

---

253 무루종자(無漏種子): 번뇌가 없는 무루의 인(因). 깨달음에 이를 수 있는 원인으로 아라야식에 잠재하고 있는 원동력(原動力).

254 원문은, 體薰者체훈자 所謂眞如從無始來소위진여종무시래 具足一切無量無漏구족일체무량무루 亦具難思勝境界用역구난사승경계용 常無間斷상무간단 薰衆生心훈중생심 以此力故이차력고 令諸衆生영제중생 厭生死苦염생사고 求涅槃樂구열반락 自信己身有眞實法자신기신유진실법 發心修行발심수행

일으키는 것이다. 경계境界에 마음이 새는 것이 있다는 뜻으로 유루有漏다. 무루無漏는 새는 것이 없다. 주객이 일어나기 전前이고, 주객主客이 없으니, 오로지 각명覺明만 있는 상태다. '분명하게 아는 놈이 있다.'는 말이다. 무연지無緣知로 작동하는 놈이 무루종자다. 주객主客이 있으면 유루종자有漏種子다. 우리가 진여라고 하는 청정각명은 무루종자다. 무루종자는 바로 각명이다.

구체적으로 각명에는 어떤 것이 있을까? 무엇을 분명하게 안다는 말인가? 눈으로는 분명하게 볼 줄 알고, 귀로는 분명하게 들을 줄 알고, 코로는 분명하게 냄새 맡는다. 즉 '안·이·비·설·신·의'라는 여섯 가지의 식識이 있어서, 견문각지見聞覺知를 제대로 할 줄 안다. 이렇게 할 줄 아는 영지靈知를 각명覺明이라 한다. 각명을 한 글자로 줄여 표현하면 지知다. 공적영지라 할 때의 그 지다. 그래서 각명覺明을 여섯 개의 종자식種子識으로 되어 있다고 설명하기도 한다. 그때 안식眼識도 종자식이고, 이식耳識도 종자식이다. 원래는 무루종자식無漏種子識인데, 이것이 진여眞如라고 하는 것이다. 무연지無緣知를 말한다. 무연지로 인해 육종식이 아는 것이다.

'내가 무엇을 본다'고 하면 이것은 주객이 일어난 반연심攀緣心이다. 그런데, '내가 무엇을 본다'가 아니고, 내가 눈에 비치는 것은 다 본다. '내 귀가 소리를 듣는다'가 아니고, 내 귀는 소리가 나면 다 듣는다. 이것 없이 보고 듣는다. 무연지다.

눈은 없다. 얼굴에 붙어 있는 이것은 그냥 빛을 모으는 기구이며, 이것이 뇌세포에 연결되어 모종의 전기반응電氣反應이 일어나서, 이 작용을 해서 내가 알아차리는데, 그 알아차리는 놈이 진짜 눈이다. 알아차리는 그것이 어디에 있는가? 내 몸에 없다. 그렇지만 알아차리지 않는가? 있기는 있다. 내가 경계를 보고 주객이 있으면서 아는 것이 아니고 주객이 없이 내가 안다. 내가 '봄이 없이 볼 줄 안다'는 말이다.

'내가 산을 본다'고 하면 그것은 반연심이다. 그런데 '내가 산을 보고 산인 줄 안다'면 반연심일까? 아니다 무연지無緣知다. 어째서 무연지인가? 산이 내 눈이다. 내 눈이 내 몸에 있거나 허공虛空 어디에 있는 것이 아니라 산山이 내 눈인 것이다.

옛날 부처님이 견명성오도見明星悟道하셨다고 한다. 새벽 밝은 별을 보고 도를 깨치셨다는 말인데, 부처님이 새벽별을 보실 때 그 새벽별이 바로 부처님 눈인 것이다. 어떤 선사가 그리 답을 했다. '별을 보고 깨쳤는데, 깨치고 보니 별이 아니더라.' 그렇게 말했다. 깨치고 보니 별이 아니더라고. 내 눈으로 별을 보았는데, 깨치고 보니 눈도 별도 없다. 따로 없다는 말이다. 무연지無緣知를 깨친 것이다. 그것이 바로 무루無漏다. 그런 견문각지見聞覺知하는 그런 능력을 다 갖추고 있다. 그 능력을 하나하나 설명하자면, 볼 때는 눈이라는 종자식種子識, 들을 때는 귀라는 종자식, 냄새 맡을 때는 코라는 종자식으로 되어 있다. 그런 식으로 무루종자無漏種子를 쓰는 것이다. 무루종자가 무엇인가? 바로 진여眞如다.

진여가 무량한 무루종자無漏種子와 수승한 작용, 무연지無緣知를 갖추고 있어서, 끊임없이 중생심을 훈습한다. 이 훈습력으로 중생들이 생사고를 싫어하여 열반락을 구하고, 자기에게 진실한 법 즉 청정각명이 있음을 믿어서 발심하여 수행한다. 이것이 체훈습體熏習이다.

문: 만일 일체 중생이 동일하게 진여가 있다면 평등하게 모두를 훈습해야 할

것인데, 어찌하여 믿는 자와 믿지 않는 자가 있으며, 초발의初發意에서 열반에 이르기까지 전후가 같지 않아서 무량한 차별이 있는가? 이와 같은 일체가 마땅히 가지런하고 평등하여야 할 것이 아닌가?[255]

중생들이 진여, 상주진심인 무루종자無漏種子를 다 같이 가지고 있다면, 모든 사람이 다 똑같이 체훈體熏이 되어야 한다는 말이다. 진여정훈眞如淨熏이 되어서 다 같이 성불해야 할 텐데, 왜 그렇지 않은가 라는 질문이다.

답: 비록 중생이 평등하게 진여가 있으나, 무시이래로 무명無明이 두텁고 엷은 무량한 차별이 있다. 갠지스 강의 모래 수보다 많은 아견我見과 애욕愛慾 등 얽힌 번뇌도 역시 그러하다. 오직 여래지如來智만이 능히 알 수 있으므로 신信 등에 전후의 차별이 있음을 믿어야 한다.[256]

모든 중생이 똑같이 진여를 가지고 있다. 무루종자식이 모두 있다는 말이다. 그런데 사람마다 무명이 두텁기도 하고 얇기도 해서 차별이 수없이 많다. 사람이 근기가 여러 가지다. 왜인가? 전생前生에 지은 각자의 업식業識 때문에 이미 전생부터 망심妄心으로 인해서 정훈淨熏·염훈染熏이 많이 됐다. 염훈이 많이 됐으면 무명이 두터울 것이고, 발보리심發菩提心해서 정훈이 많이 돼 있으면 지혜가 있어서 불교공부를 하면 쉽게 알아듣는다. 그리고 항하사 모래수

---

255 원문은, 問문 若一切衆生약일체중생 同有眞如동유진여 等皆熏習등개훈습 云何而有信不信者운하이유신불신자 從初發意종초발의 乃至涅槃내지열반 前後不同전후부동 無量差別무량차별 如是一切여시일체 悉應齊等실응제등

256 원문은, 答답 雖一切衆生수일체중생 等有眞如등유진여 然無始來연무시래 無明厚薄무명후박 無量差別무량차별 過恒河沙과항하사 我見愛等아견애등 纏縛煩惱전박번뇌 亦復如是역부여시 唯如來智之所能知유여래지소능지 故令信等前後差別고령신등전후차별

304

보다 더 많은, 나라고 하는 견見과 애愛가 있다. 견은 견문각지見聞覺知하는 것, 애는 탐·진·치를 가리킨다. 그래서 번뇌煩惱에 묶여 있다. 즉 사람마다 다 망심妄心 종류가 다르고, 묶여 있는 정도가 다르다. 그렇게 무명이나 망심 때문에 사람마다 근기에 차별이 있으니, 이런 사실은 여래의 지혜라야 안다. 무명無明도 후박厚薄이 있고, 망심도 묶여 있는 강약强弱이 다른 내용은 오직 여래의 지혜라야만 안다. 공부가 진보하면 알게 될 것이니 우선은 그렇게 전후 차별이 많이 있다는 것을 믿으라는 말이다.

또 모든 불법佛法은 인因이 있고 연緣이 있어서, 인과 연이 구족하면 일이 성취된다. 마치 나무 가운데 있는 화성火性이 불의 정인正因이지만, 만일 사람이 모르거나 알거나 관계없이 노력하지 않고 불을 피워서 나무를 태운다고 설명한다면 옳지 않다. 중생도 그러하니 비록 진여 자체가 훈습하는 인因의 힘이 있더라도, 만일 제불보살 등의 선지식을 만나는 연緣을 얻지 못하거나, 비록 연은 만났으나 수승한 수행을 하지 않거나, 또는 지혜가 나지 않거나, 또는 번뇌를 끊지 않고서도 '열반을 얻는다'는 말은 옳지 않다.[257]

정훈을 설명하는 중이다. 원래 우리가 가지고 있는 진여眞如 무루종자無漏種子에 의지해서 부처가 되기 위해 열심히 공부한다. 그것이 훈습이다.

정훈淨熏을 하고자 하면, 즉 불법을 배우려면 인과 연이 다 구족해야 일이

---

257 원문은, 又諸佛法우제불법 有因有緣유인유연 因緣具足인연구족 事乃成辦사내성변 如木中火性여목중화성 是火正因시화정인 若無人知약무인지 或有雖知而不施功효혹수유지이불시공 欲令出火욕령출화 焚燒木者분소목자 無有是處무유시처 衆生亦爾중생역이 雖有眞如體熏因力수유진여체훈인력 若不遇佛諸菩薩等善知識緣약불우제불보살등선지식연 或雖遇緣혹수우연 而不修勝行이불수승행 不生智慧불생지혜 不斷煩惱부단번뇌 能得涅槃능득열반 無有是處무유시처

이뤄진다. 인因은 항상 그놈이 갖추고 있는 것, 연緣은 외부에서 도와주는 것이다.

'만약에 사람이 아는 것이 없이[若無人知]'는 '나무에 화성이 있다. 비비면 불이 난다. 성냥불을 대면 불이 붙는다는 것'을 모르면 안 된다는 말이다.

또 알더라도 불을 붙이려고 공력을 들이지 않고 불을 피워서 나무를 태우려고 한다면, 즉 나무끼리 비비거나 성냥불을 그어대는 등의 노력을 하지 않고 가만히 있으면서, 원래 나무에 화성이 있으니 '내가 아무런 공을 들이지 않아도 저절로 불이 붙어 나와야지'라고 기대하는 것은 옳지 않다. 그러니 나무에 있는 화성은 인因이고, 거기다가 비비거나 성냥불을 그어대는 것은 연緣이다. 인연因緣이 구족具足해야 불이 난다는 얘기다.

우리 중생의 경우도 이와 같다. 비록 내 진여 자체가 훈습하는 힘이 있어도, 그러니까 진여체眞如體의 훈습력이 인因이고 선지식이 연緣이 되는데, 제불보살諸佛菩薩 등 선지식의 연을 만나지 못하거나, 혹 연을 만났더라도 수승殊勝한 수행을 하지 않거나. 지혜가 생기지 아니하거나, 번뇌를 끊지 못하거나 그러면 열반을 얻지 못한다는 말이다.

수행을 어떻게 하는가? 수행하는 방법은 많다. 불교에서는 37도품道品을 수행방법이라 한다.[258] 서른일곱 가지의 공부하는 방법이 있다. 37도품의 맨 끝

---

258 37도품(三十七道品)은 깨달음(도, 보리, 각)에 이르는 37가지 수행법, 《아함경》또는《니까야》에서 부처님이 언급하거나 설명한 도품(道品) 즉 수행법(修行法) 모음으로, 사실상 초기불교 수행법의 통칭. 37도품의 내용은 다음과 같다.
4념처(四念處, 四念住): 신념처(身念處)·수념처(受念處)·심념처(心念處)·법념처(法念處)
4정단(四正斷, 四正勤): 단단(斷斷)·율의단(律儀斷)·수호단(隨護斷)·수단(修斷)
4신족(四神足, 四如意足): 욕신족(欲神足)·근신족(勤神足)·심신족(心神足)·관신족(觀神足)
5근(五根): 신근(信根)·진근(進根)·염근(念根)·정근(定根)·혜근(慧根)

이 팔정도八正道다. 37도품의 맨 앞이 사념처四念處다. 사념처는 사띠sati를 이야기하는 거다. 사띠가 처음이고 팔정도가 마지막이다. 이런 공부 방법으로 수행을 해야 지혜가 생기고 번뇌가 끊어진다. 그런 것이 인과 연이 다 구족한 바라고 설명한다. 여기에 시절인연이 빠졌다. 시절인연이 도래하면 문득 그렇게 된다고 설명한다. 시절인연도 연緣이다. 그러나 시절인연보다도 선지식을 만나서 경론經論공부를 열심히 해야 한다. 즉 부처님의 경전經典을 보고 논論을 보고 불교공부를 해야 된다는 말이다. 내게 본래 청정각명한 무루종자가 있어도, 우선 경론經論공부를 제대로 해서 이치를 알고, 거기에 따라서 수행修行해야 한다. 내가 윤회를 하지만. 원래는 진여인 무루종자다. 우리가 진여의 체상은 있지만, 지금 무명을 만나서 망심 때문에 주객主客을 쓰고 있다. 불보살이 가르친다. "네가 본래 청정각명이다. 무명으로 인한 망심 때문에 중생이다." 우리는 그렇게 알아서, 주객主客을 쓰는 반연심攀緣心을 버리고 무연지에 의해서 견문각지하는 방법을 배워야 한다. 무연지를 사용하는 방법을 배워야한다.

정훈淨熏에서는 정인종자淨因種子가 내훈內熏함이 인因이 되고, 불보살과 선지식이 외훈外熏함이 연緣이 된다. 안으로 정인正因을 갖추고 있어도 바깥의 연을 만나야만 성불이라는 사건이 일어난다는 설명이다.

또 다시 비록 선지식과 연緣이 있을지라도, 안으로 진여의 훈습하는 인력因力

5력(五力): 신력(信力) · 진력(進力) · 염력(念力) · 정력(定力) · 혜력(慧力)
7각지(七覺支): 염각지(念覺支) · 택법각지(擇法覺支) · 정진각지(精進覺支) · 희각지(喜覺支) · 경안각지(輕安覺支) · 정각지(定覺支) · 사각지(捨覺支)
8정도(八正道): 정견(正見) · 정사유(正思惟) · 정어(正語) · 정업(正業) · 정명(正命) · 정정진(正精進) · 정념(正念) · 정정(正定)

이 없으면 생사고生死苦를 싫어하여 열반락涅槃樂을 구할 수가 없다. 요컨대 인因과 연緣이 구족具足하여야만 이와 같이 성취할 수 있다.

구족具足이란 어떤 것인가? 스스로 상속相續하는 중에 훈습력熏習力이 있고, 제불보살이 자비로 섭호攝護하고, 스스로 생사고를 싫어하고 열반이 있음을 믿고서, 온갖 선근善根을 심고 닦아 익혀서 성숙시켜야 한다. 이리하여 다시 제불보살을 만나서 이익과 기쁨에 대한 가르침을 받아서 수승殊勝한 수행을 닦아야만 나아가 성불하고 열반에 들어간다.[259]

같은 말이다.

② 용훈습用薰習

용훈用薰이란 곧 중생의 외연外緣의 힘이 무량한 뜻이 있다는 것이니, 간략하게 두 가지로 설명하면 하나는 차별연差別緣이고 둘은 평등연平等緣이다.[260]

용훈用薰이란 불보살이 나를 가르쳐주는 연緣을 지칭한 것이다. 중생 바깥의 인연의 힘[衆生外緣之力]은 불보살佛菩薩이나 선지식善知識의 힘을 지칭한다. 말법시대未法時代에 사는 우리는 어떤가? 불보살佛菩薩이 남긴 경經과 논論이 있으니, 그 경론經論을 접하는 것이 불보살과의 연이며, 불보살의 용훈用薰에

---

259 원문은, 又復雨부 雖有善知識緣수유선지식연 儻內無眞如熏習因力당내무진여습인력 亦必不能厭生死苦역필불능염생사고 求涅槃樂구열반락 要因緣具足요인연구족 乃能如是내능여시 云何具足운하구족 謂自相續中위자상속중 有熏習力유훈습력 諸佛菩薩제불보살 慈悲攝護자비섭호 乃能厭生死苦내능염생사고 信有涅槃신유열반 種諸善根종제선근 修習成熟수습성숙 以是復値諸佛菩薩이시부치제불보살 示敎利喜시교이희 令修勝行영수승행 乃至成佛내지성불 入於涅槃입어열반

260 원문은, 用熏者용훈자 卽是衆生外緣之力즉시중생외연지력 有無量義유무량의 略說二種약설이종 一일 差別緣차별연 二이 平等緣평등연

308

해당한다.

차별연差別緣이란 모든 중생들이 초발심初發心에서 나중에 성불成佛할 때까지 불보살 등 여러 선지식들이 교화할 중생에 따라 몸을 나타내는데, 혹은 부모 · 처자 · 가족 · 종업원 · 지우知友 · 원수 · 천왕 등의 모습을 나타냄을 말한다.[261]

불보살, 선지식이 연緣으로서 내게 훈습한다. 그런데 불보살이 여러 가지 모습을 나타낼 수 있다. 불보살로 나타날 수도 있지만, 교화할 중생에 응해서 몸을 나타낸다. 돼지로 태어난 중생을 제도하기 위해 돼지로 태어나는 것과 같이 교화할 중생衆生에 응해서 몸을 나툰다. 부모가 되거나. 처자의 모습을 취하거나, 부모, 처자 이외의 집안 식구가 되거나, 이것은 내가 다니는 직장職場의 사람[僕使]으로 나투거나, 아는 사람이나 벗이 되거나 혹은 원수로 나타나는 수도 있다. 또 하늘사람이나 하늘의 임금이나, 제석천 등의 갖가지 모습으로 나타난다.

또 사섭법四攝法이나 육바라밀이나 내지 일체의 보리행菩提行의 연緣으로서, 대비와 유연한 마음과 광대한 복장福藏과 지장智藏으로써 교화할 일체 중생을 훈습한다. 그리하여 그들이 여래의 모습을 보거나 듣거나 기억하거나 생각하여 선근을 증장하도록 한다.[262]

---

261 원문은, 差別緣者차별연자 謂諸衆生위제중생 從初發心乃至成佛종초발심내지성불 蒙佛菩薩等諸善知識몽불보살등제선지식 隨所應化而爲現身수소응화이위현신 或爲父母혹위부모 或爲妻子혹위처자 或爲眷屬혹위권속 或爲僕使혹위복사 或爲知友혹위지우 或作怨家혹작원가 或復示現天王等形혹부시현천왕등형

262 원문은, 或以四攝혹이사섭 或以六度혹이육도 乃至一切菩提行緣내지일체보리행연 以大悲柔軟心이대비유연심 廣大福智藏광대복지장 熏所應化훈소응화 一切衆生일체중생 令其見聞及

사섭법四攝法은 보살사섭법菩薩四攝法인데, 보살사섭법이 무엇인가? 보살菩薩이 중생衆生들을 가르치기 위해서 네 가지 방편으로 포섭하는 법이다. 애어愛語, 이행利行, 보시報施, 동사同事다. 중생과 친하게 교화하는 방편들이다. 애어愛語는 듣기 좋은 소리를 해주는 것이고, 이행利行은 중생을 이롭게 해주는 것이다. 보시布施는 중생에게 달라는 것 다 주는 것이며, 동사同事는 중생이 좋아하는 것을 함께 하는 것이다. 노름꾼을 교화하려면 노름방에 가야 한다. 골프 좋아하는 인간을 제도하려면 골프를 쳐야 한다. 동사섭同事攝이다. 육도六度는 육바라밀六波羅密이니 다 알 것이다. 일체 보리행이라 함은 37도품을 가리킨다. 소승에서 공부하는 방법이다. 우리 대승에도 그대로 적용된다. 특히 제일 처음에 나오는 사념처四念處는 이른바 '사띠'라고 이야기하는 내용인데, 열심히 해야 한다. 부처님이 말씀하시길, "나 죽고 나거든, 사념처四念處를 스승 삼아라"라고 하셨다.

그런 것들을 불보살이나 선지식이 중생에게 가르친다. 어떻게 가르치는가? 중생을 크게 불쌍하게 여기는 마음[大悲心]과, 가르치는 대상에 응해 융통성融通性 있게 방편을 사용하는 마음인 유연심柔軟心, 그 다음으로 아주 큰 복을 짓게 하는 광대복장廣大福藏, 큰 지혜를 얻게 하는 지장[廣大智藏]으로 가르친다. 그러니까 지혜智慧도 가르치고 복福도 짓게 한다. 이러한 마음을 갖춘 선지식을 만나서 이렇게 사섭법四攝法과 육바라밀六波羅蜜과 일체 보리행연菩提行緣, 즉 37도품을 닦는다. 중생의 선근善根이 증장增長할 수 있도록 선지식이 중생에게 보여주고 가르치는 모든 종류가 차별연差別緣이다.

이 차별연差別緣은 두 가지가 있다. 하나는 근연近緣이니 속히 보리菩提를 얻기

以憶念令其見聞이억념령기견문내지억념 如來等形여래등형 增長善根증장선근

때문이고, 둘은 원연遠緣이니 오래되어야 바야흐로 보리를 얻기 때문이다.

이 두 가지 차별연에 다시 각각 이종二種이 있으니, 하나는 증행연增行緣이고, 둘은 입도연入道緣이다.[263]

근연近緣은 도를 빨리 성취하는 것이고, 원연遠緣은 오래 시간이 걸린다는 뜻이다. 근연은 앞에서 진수眞修라고 했다. 진수眞修는 진여眞如를 가지고 수행함을 가리킨다. 진여는 결국 진심眞心이다, 청정각명淸淨覺明이다. '알고 보니, 내가 바로 진여眞如이고 진심眞心이구나'라고 즉각 알아차리는 것이 진수眞修다. 진수는 근기根機가 많이 높아야 가능하다. 전생에 공부를 많이 했던 지상地上보살이라야 가능하다. 보통사람에게 진수眞修를 가르치면 견디지 못하고 도망간다.

『능엄경』 강의를 하다 보면 보통은 경經을 끝까지 마치지 못한다. 『능엄경』 책을 읽으라고 하면 사람들 대개가 다섯 여섯 장만 읽어보고 덮어버린다. 많이 읽으면 한 열 장이나 읽을까? 왜 그런가? 전생에 공부한 것이 없으니, 진수眞修를 할 준비가 안 돼서 그렇다. 그럼 어떻게 해야 하는가? 읽기 싫어도 자꾸 읽어야 한다. 그러다 보면 진수법眞修法으로 전환이 된다. 그것을 여기서 근연이라 했다. 가까운 인연이란 뜻이다. 연수緣修는 원연遠緣이니 수행법을 이것 저것 다 섭렵하게 된다. 오랜 시간이 걸리는 것은 연수緣修다. 연수緣修는 37도품道品을 골고루 닦아서 번뇌煩惱를 없애고, 보리菩提를 증득하는 점수漸修다. 번뇌 없애고 보리를 증득證得하고 보니, 내가 바로 진여이고 진심이더라는 그 말이다. 그래서 연수緣修는 보통사람이 하는 수행이다.

---

263 원문은, 此緣有二차연유이 一일 近緣근연 速得菩提故속득보리고 二이 遠緣원연 久遠方得故구원방득고 此二差別차이차별 復各二種부각이종 一일 增行緣증행연 二이 入道緣입도연

이 근연과 원연의 차별연에 증행연增行緣과 입도연入道緣이 있다. 증행연增行緣이라 함은 착한 행동을 증폭시킨다는 뜻이니 복을 짓는 행동이다. 입도연入道緣이란 지혜를 밝혀 도가 트이게 하는 것이다.

평등연平等緣은 일체 제불보살이 평등한 지혜와 평등한 지원志願으로써 널리 일체 중생을 제도하려는 의욕이 저절로 상속하여 항상 끊어짐이 없는 것을 말한다. 이러한 지智와 원願으로 중생을 훈습하여 그들이 제불보살을 억념憶念하고, 혹은 보고 들어서 이익을 짓게 한다. 정삼매淨三昧에 들어가서 처처에서 장애를 끊고, 무애안無碍眼을 얻어서 생각 생각에 일체 세계에서 평등하게 제불보살을 나타내거나 본다.[264]

평등연平等緣은 만인에게 평등한 것이다. 제불보살諸佛菩薩은 항상 중생을 불쌍하게 여기시니, 대자대비심大慈大悲心으로 언제든지 중생衆生을 제도濟度하려는 준비가 되어 있다. 관세음보살觀世音菩薩의 가피加被를 얻으려 할 때는 어찌하는가? 기도祈禱한다. 열심히 일심一心으로 기도하면, 관세음보살이 나타난다. 꿈도 아닌데 관세음보살이 눈앞에 나타나면서 소원所願이 이루어진다. 어찌 되는 이야기인가? 관세음보살이 자신의 명호名號를 부르기만 하면 가서 도와주겠다는 원願을 세웠기 때문이다. 그것이 평등연平等緣이다. 누구든 기도祈禱만 하면 된다.

극락極樂 가는 것도 마찬가지다. 아미타불만 지극정성至極精誠으로 부르면,

---

264 원문은, 平等緣者평등연자 謂一切諸佛及諸菩薩위일체제불급제보살 以平等智慧이평등지혜 平等志願평등지원 普欲拔濟一切衆生보욕발제일체중생 任運相續임운상속 常無斷絶상무단절 以此智願이차지원 熏衆生故훈중생고 令其憶念諸佛菩薩영기억념제불보살 或見或聞혹견혹문 而作利益이작이익 入淨三昧입정삼매 隨所斷障수소단장 得無礙眼득무애안 於念念中一切世界어념념중일체세계 平等現見無量諸佛及諸菩薩평등현견무량제불급제보살

아미타불이 나타난다. 꿈에도 보이고 생시에도 보인다. 그러면 나중에 명命이 끊어질 때 아미타불 따라서 극락으로 가게 된다. 부르는 것은 우리에게 달렸으니 인因이고, 관세음보살이나 아미타불이 도와주겠다고 극락국토極樂國土를 만들어놓고 있는 것은 연緣이다. 인연이 구족하면 이뤄지고, 그것은 평등연이다. 내가 부르지도 않았는데, 그냥 아미타불이 찾아와서 "극락 가자!"고 하는 법은 없다. 내가 열심히 먼저 부르면 평등연平等緣에 의해서 가게 된다.

이 체용훈습體用熏習은 다시 두 가지로 나눈다. 하나는 미상응未相應이고 둘은 이상응已相應이다.[265]

미상응未相應이란 것은 범부凡夫 · 이승二乘 · 초행보살初行菩薩들이 의意와 의식意識을 훈습하여 오직 신력信力에 의해서 수행하므로. 무분별심無分別心 수행을 얻지 못하여 진여체眞如體와 상응하지 못하고, 자재업自在業 수행을 얻지 못하여 진여용眞如用과 상응하지 못하는 것을 말한다.[266]

훈습 중에 진여훈眞如熏은, 진여가 주체主體가 되어서, 즉 진여가 능훈能熏이 되어 체훈과 용훈을 쓴다고 했다. 그러면 훈습을 받는 소훈은 누구인가? 중생衆生이다. 중생들이 훈습을 받는데, 경우에 따라 진여와 미상응未相應하기도 하고, 상응相應하기도 한다는 것이다.

미상응未相應이란 진여정훈을 중생들이 옳게 받아들이지 못한다는 말이고, 중생 중에서도 범부凡夫, 이승二乘, 초행보살初行菩薩 등, 공부가 덜 된 사람들

---

265 원문은, 此體用熏차체용훈 復有二別부유이별 一일 未相應미상응 二이 已相應이상응

266 원문은, 未相應者미상응자 謂凡夫二乘위범부이승 初行菩薩초행보살 以意意識熏이의의식훈 唯依信力修行유의신력수행 未得無分別心修行미득무분별심수행 未與眞如體相應故미여진여체상응고 未得自在業修行미득자재업수행 未與眞如用相應故미여진여용상응고

의 경우에 해당한다. 중생들은 의意와 의식意識에 의지해서 진여로부터 훈습을 받으므로, 오직 믿는 힘에 의지해서 수행한다. 아직까지 진여眞如의 본체, 청정각명을 모른다는 말이다. 오직 신심信心 하나에 의지해서 진여훈眞如熏을 받게 된다. 예를 들어 관세음보살觀世音菩薩 기도나, 아미타불阿彌陀佛 염불을 하는 사람은, 믿음만 가지고 기도하고 염불하는 것이다.

그래서 무분별심無分別心으로 수행하지 못하니. 진여의 바탕[體]과 전혀 사이클이 맞지 않고, 코드가 맞지 않는다[未與眞如體相應]. 주객의 분별이 없는 마음, 즉 무연지無緣知로 수행하는 것을 얻지 못해서, 수행해도 진여의 바탕과 상응하지 않는다. 또 자재한 업으로 하는 수행이 안 된다. 반연심을 쓰니까, 주위의 인연因緣에 항상 구애되어, 집착하는 마음으로 수행한다. 그래서 진여용眞如用과 상응이 안된다[未與眞如用相應]. 그것이 미상응未相應이다.

이미 상응相應한다는 것은 법신法身보살이 무분별심無分別心을 얻어 일체 여래의 자체自體와 상응하고, 자재업自在業을 얻어 일체 여래의 지용智用과 상응하며, 오직 법력에 의하여 저절로 수행하고, 진여를 훈습하여 무명을 소멸시키는 것을 말한다.[267]

이것은 진여훈습을 제대로 받는 사람 얘기다. 즉 초지初地 이상인 법신보살法身菩薩의 경우다. 법신보살은 무분별심無分別心, 즉 무연지無緣知를 얻어서 모든 여래如來의 자체自體, 즉 본바탕과 상응相應한다. 그러니까 무연지無緣知를 알면 청정각명淸淨覺明을 이미 어느 정도 안다는 말이다. 보통 부분적으로 증

---

267 원문은, 已相應者이상응자 謂法身菩薩위법신보살 得無分別心득무분별심 與一切如來自體相應故여일체여래자체상응고 得自在業득자재업 與一切如來智用相應故여일체여래지용상응고 唯依法力유의법력 任運修行임운수행 熏習眞如훈습진여 滅無明故멸무명고

득했다는 뜻으로 분증分證했다고 한다. 그 다음 자재업自在業을 얻는다. 자재업이란 반연심이 아닌 무연지無緣知로 하는 모든 업業을 가리킨다. 『금강경』에서 말하는 무주상보시無住相布施, 응무소주이생기심應無所住而生其心, 그런 것이 이른바 자재업自在業이다. 그런 자재업을 능히 활용活用하니까 여래如來의 지용智用과 서로 상응相應한다.

여래의 지용智用과 상응한다는 말은 진여眞如의 체體 및 진여의 용용用과 상응한다는 말과 같다. 결국 무분별지無分別智인 무연지無緣知를 훈습하면 업식業識에서 자유롭다는 뜻이다. 제7식, 제8식에 의한 것이 아니고, 오직 법력法力인 무연지無緣知에 의해서 인연因緣에 맡겨 수행한다[任運修行]. 여기의 임운수행任運修行은 무주無住로 수행한다는 말이다. 그 인연에 따르되, 그 인연 모습에 머물지 아니하고 무주상無住相으로 반응한다는 뜻이다. 그러니까 "응무소주 행어보시[應無所住 行於布施]"다. 무주상으로 만행萬行을 한다는 말이다. 이것이 좀 어렵다. 인연 따라 반응하면 반연심이겠지만, 꿈따라 행동하는 것은 맞지만, 꿈인 줄 알고 인연 모습에 끄달리지 않고 행동하면 응무소주이생기심應無所住而生其心이다.

『능엄경』에 무공용도無功用道란 말이 나온다.[268] 공용功用이 무엇인가? 함이 있는 행동이다[有爲]. 무공용도無功用道이니 함이 없는 도다. 『능엄경』에서는, "생멸심生滅心을 버리고 상주常住하는 마음을 지켜도 그것은 무공용도가 아니다"라고 한다. 취하고 버리는 것이 있고, 생生하고 멸滅하는 것이 있으면 여전

---

268 무공용(無功用): 어떤 조작도 하지 않고 그대로 맡김. 인식 주관의 작용이 끊어진 상태. 차별하고 분별하는 의식작용이 끊어진 상태. 분별과 망상이 일어나지 않는 마음 상태. 의식의 지향 작용이 소멸된 상태.

히 주객主客이 있으니 무공용도가 아니다. 그러니 무공용도는 『금강경』에서 말하는 "응무소주이생기심應無所住而生其心" 하는 것, 또는 영가永嘉대사가 〈증도가證道歌〉의 제일 첫 구절에서 설파한 "망상妄想을 제거하지도 않고, 진여眞如를 찾지도 아니한다[不除妄想不求眞]"는 이치와 같다. 왜 망상을 제거하지도 않고 진여를 찾지도 않는가? "망상이다. 진여다" 하는 이것은 전부 다 생멸문에서 분별分別 망상妄想에 의해 쓰는 용어다. 진여문에는 문자가 없고 생각이 없다. 부사의한 경계가 진여문이다.

우리가 그것을 언어문자로 표현하면 이미 주객이 등장하므로 공용도功用道, 함이 있는 행동[有爲]인 것이다. 무공용도無功用道에는 이렇게 망상妄想을 없애지도 않고, 진여眞如를 구하지도 않는다. 공부가 다 돼서 그렇다. 임운수행任運修行이라 한다. 무심도인無心道人이 하는 행동을 표현할 때 임운任運이라고도 하고 무공용도無功用道라고도 쓴다. 진여와 상응하는 이 단계가 되면 무명無明이 소멸된다. 그리되면 진여훈습을 제대로 쓰는 것이다.

[4] 훈습熏習의 종료終了

다시 염훈습染熏習은 무시로부터 끊어지지 않다가, 성불하면 끊어진다.[269]

염훈습染熏習과 정훈습淨熏習은 모두 진여본각眞如本覺에 의지한다. 본각本覺은 무시無始요 무종無終이다. 비유컨대, 남북 방향을 착각한 것은 방향 때문에 착각한 것이다. 방향과 착각은 모두 무시이다. 착각 때문에 해오解悟가 있으니, 방향과 해오는 모두 무종이다. 염훈습染熏習은 성불成佛하면 끝난다. 무명이 없어지면 삼세

---

269 원문은, 復次染熏習부차염훈습 從無始來不斷종무시래부단 成佛乃斷성불내단

육추도 없다. 그래서 무명은 무시無始에 유종有終이라고 한다.

염훈습染熏習은 결국 이것이 오염된 훈습이니까 중생의 업業과 함께 점점 많아지는 것이다. 무명에서 시작한 것이다. 무명無明이 시작인데, 거기서 망심妄心이 생기고, 망경妄境이 생긴다. 그럼 이 무명은 계속 이어지는가? 아니다. 성불成佛하면 무명은 끝난다. 그래서 여기 본문에서처럼 염훈습은 무시無始로부터 끊어지지 않는다. 그러니까 무명이 발동하는 동안에는 계속 이어져서 윤회하는데, 성불成佛하면 이 무명이 끊어진다. 그래서 무명은 시작은 없는데 끝나는 시점은 있다. 무시無始라서 언제부터 시작했는지 모른다. 즉 진여眞如와 시초始初를 같이 한다. 그러나 부처가 되면 끊어지니, 그래서 무명無明의 특징은 무시유종無始有終이다.

그럼 정훈淨熏은 어찌 되는가?

정훈습淨熏習은 미래가 다하도록 끊어짐이 없다. 진여법으로써 훈습하므로 망심이 멸하고 법신이 분명하게 드러나면서 용훈습用熏習이 일어나므로 끊어짐이 없다.[270]

정훈淨熏은, 공부를 해서, 점점 닦아서 부처가 되는 것이다. 공부를 하다 보면 어느 날 진심眞心을 알아차린다. 시각始覺이라 한다. 시각은 처음에는 미迷했다가 어느 날 갑자기 알아차리므로 시각이다. 정훈은 이렇게 시작이 있으나, 끝이 없어 무종無終이다. 왜인가? 성불成佛하면 계속 각覺의 상태니까 끝이

---

270 원문은, 淨熏習정훈습 盡於未來진어미래 畢竟無斷필경무단 以眞如法熏習故이진여법훈습고 妄心則滅망심즉멸 法身顯現법신현현 用熏習起故無有斷용훈습기고무유단

없다. 그래서 무명無明과 시각始覺은 구별된다. 하나는 무시유종無始有終이고, 하나는 유시무종有始無終이다. 서로 반대다.

그런데 이러한 무명無明과 시각始覺이 일어나는 본래의 바탕자리는 무엇인가? 정훈과 염훈이 본래 무엇에서 시작하는가? 바탕자리가 있다. 본각本覺 자리다. 본각이라 해도 되고, 진심眞心이라 해도 된다. 청정각명淸淨覺明한 자리인데, 청정각명한 자리에서 이런 것들이 다 벌어지는 것이다. 그러니 본각은 시각始覺과 다르다. 시작도 없고 끝도 없다. 무시무종이다. 불교공부를 할 때, 본래의 마음인 진심眞心은 무시무종無始無終이다. 본각도 무시무종無始無終이라고 배운다.

대승의 체상용

大乘 體相用

제3절 대승大乘의 체상용體相用

이 대승의 체상용은 이미 공부했지만, 교재의 순서에 따라 다시 간략히 복습한다.

대승의 체상용體相用, 이 단어는 원래 어디서부터 시작했는가? 제2절 유법有法이 그 시초始初다.

유법有法이란 것은 일체의 중생심衆生心을 말하는데, 이 마음이 일체의 세간법世間法과 출세간법出世間法을 포섭한다. 이에 의하여 '마하연'의 뜻을 드러내 보인다.[271]

이 마음의 진여상眞如相이 곧 대승의 체體를 보이고, 이 마음의 생멸인연상生滅因緣相이 능히 대승의 체體·상相·용用을 나타낸다.[272]

여기에서 체상용體相用이란 단어가 처음 나온다. 주의해야 하는 부분이다. 왜인가? 진여상眞如相과 생멸인연상生滅因緣相으로 나누어서, 진여상眞如相에서는 대승大乘의 체體를 나타낸다고 했고, 생멸상生滅相에서는 대승의 체상용體相用을 나타낸다고 했다. 이렇게 분명히 정의定義했다. 그런데 이제 다시 진여의 자체상을 정의한다.

---

271 원문은, 言有法者언유법자. 謂一切衆生心위일체중생심 是心則攝시심즉섭 一切世間出世間法
일체세간출세간법 依此顯示의차현시 摩訶衍義마하연의

272 원문은, 以此心眞如相이차심진여상 卽示大乘體故시즉시대승체고 此心生滅因緣相차심생멸인
연상 能顯示大乘體相用故능현시대승체상용고

1. 체대體大

다시 진여자체상眞如自體相이란 것은 일체의 범부 · 성문 · 연각 · 보살 · 제불에 있어서 증가하거나 감소함이 없으며, 먼저 생기生起한 것이 아니고 나중에 사멸死滅하는 것이 아니어서 구경에 항상하다. [273]

이것은 체상용體相用 할 때의 체體를 말하는데, '眞如自體相者진여자체상자'라고 했다. 그러니까 진여眞如라고 하면 생멸문生滅門이 아니고, 진여문眞如門이다. 진여상眞如相이다. 그런데 자체상自體相이라 했다. 상相이란 용어用語가 등장한다. 상相 자가 왜 나오는가? 진여는 체만 있다. 진여는 모습도 없고 언어言語도 없고 생각할 수도 없다. 온갖 것을 다 부인否認한다. 모습이 없으니 늘거나 준다고 할 수도 없고, 모습이 없으니 언제 생겼다가 언제 없어진다고 말할 수도 없다. 그러니 상相이나 용用이 있을 수 없다. 그런데 여기서 자체상自體相이라 해서 체와 상을 묶어 놓았다. 그러니 문제가 좀 있다. 체상용이라 하면, 생멸상生滅相을 설명하는 용어用語인데 지금 진여眞如라는 말에 상相을 붙여서 쓰고 있다. 이런 일이 또 어디에 있는가?

'不可思議之法불가사의지법 無有斷絶무유단절 故說眞如고설진여'라 했다. 생멸상이 아니고 진여眞如라 했다. 그리고 '3. 용대用大, [1] 부처님의 용심用心' 아래 원문에서 '復次부차 眞如用者진여용자 謂一切諸佛在因地時위일체제불재인지시~'에서처럼 여기서도 진여眞如가 나온다. 진여는 원래 체體뿐이라고 했으면서, 상相도 나오고 용用도 나온다. 마명보살은, 체상용은 분명히

---

273 원문은, 復次부차 眞如自體相者진여자체상자 一切凡夫일체범부 聲聞緣覺성문연각 菩薩諸佛보살제불 無有增減무유증감 非前際生비전제생 非後際滅비후제멸 常恒究竟상항구경

생멸상을 설명하는 것이라고 해놓고 왜 이랬는가 말이다. 그러니까 이 구절, 대승에도 체상용이라 쓰는 것을 보고, 원효대사는 『해동소海東疏』에서 진여문眞如門에도 체상용體相用이 있어야 옳다고 주장했다. 지금 이 문제가 『대승기신론』 최대의 난점難點이다. 이것은 공부하는 사람도 그렇겠지만, 나처럼 강의를 하는 사람은 정말 난감한 문제다.

상식적으로 생각해보자. 진여문이라고 할 때의 진여는 뭐라고 표현할 수가 없는 것이다. 표현表現하면 생멸문生滅門에 떨어진다. 그것을 진여라고 했다. 앞에 보면 그렇게 써놓았다. 어디에 있는가? 해석분 제1절 심진여문心眞如門을 다시 보자.

심진여心眞如란 곧 하나인 법계法界의 대총상법문大總相法門의 바탕이다.[274]
마음의 본성은 불생불멸하는 모습이다.[275]
일체 제법은 모두 망념으로 말미암아 차별이 있으니, 만일 망념을 떠나면 곧 경계에 차별의 모습이 없다.[276]

이것은 진여상을 설명하는 것이 아니고, 망념 때문에 만법이 생겼다는 이야기다.

그러므로 제법諸法은 본래부터 성性이 언어를 여의었고, 일체의 문자로서 설

---

274 원문은, 心眞如者심진여자 卽是一法界大總相法門體즉시일법계대총상법문체

275 원문은, 以心本性이심본성. 不生不滅相불생불멸상.

276 원문은, 一切諸法일체제법 皆由妄念而有差別개유망념이유차별. 若離妄念약리망념 則無境界差別之相즉무경계차별지상

명하여 나타낼 수 없다. 마음의 반연攀緣을 여의고 아무런 모습도 없다. 끝내 평등하여 영원히 변이變異가 없고 파괴할 수도 없다. 오직 이 일심一心이니 진여眞如라고 부른다.[277]

본래 말할 수도 없고 분별分別할 수도 없다. 일체 언설言說은 가짜로서 실답지 않으니, 단지 망념妄念에 따른 것이지, 있는 것[所有]이 아니다. 진여라고 말하는 것도 이것 또한 무상無相인데, 다만 일체 언설 중에서 극極이니, 말로서 말을 털어버리는 것이다. 그러나 그 체성體性은 털어버릴 수도 없고, 세울 수도 없다.[278]

이것이 진여문이다. 진여문인데, 그런데 여기 와서는 체상용을 설명하면서 진여란 말을 붙여 놓았다. 문제의 구절을 다시 한번 더 보자.

다시 진여자체상眞如自體相이란 것은 일체의 범부·성문·연각·보살·제불에 있어서 증가하거나 감소함이 없으며, 먼저 생기한 것이 아니고 나중에 사멸하는 것이 아니어서 구경에 항상하다.[279]

이 이야기는 그 취지가 앞에서 읽은 진여문 설명과 같다. 풀이를 보자.

앞에서 생멸인연상生滅因緣相의 설명을 마감했으니, 처음 입의분에서 나온 유법

---

277 원문은, 是故시고. 諸法從本已來제법종본이래. 性離語言성리어언. 一切文字不能顯說일체문자불능현설. 離心攀緣이심반연. 無有諸相무유제상. 究竟平等구경평등. 永無變異영무변이. 不可破壞불가파괴. 唯是一心유시일심 說名眞如故설명진여고

278 원문은, 從本已來종본이래 不可言說불가언설 不可分別불가분별 唯假非實유가비실 但隨妄念단수망념 無所有故무소유고 言眞如者언진여자 此亦無相차역무상 但是一切言說中極단시일체언설중극 以言遣言이언견언 非其體性비기체성 有少可遣유소가견 有少可立유소가립

279 원문은, 復次부차 眞如自體相者진여자체상자 一切凡夫일체범부 聲聞緣覺성문연각 菩薩諸佛보살제불 無有增減무유증감 非前際生비전제생 非後際滅비후제멸 常恒究竟상항구경

有法인 중생심의 해석이 끝났다. 이제부터는 대승의 법法인 체상용體相用을 설명하려고 한다. 먼저 체대體大이다. 앞에 나온 입의분立義分에서는 "일체법의 진여는 물들거나 청정하거나에 상관없이 항상 그 자성이 평등하고 증감이 없고 차별이 없음을 말한다"고 설명했는데, 여기에서는 '진여자체상眞如自體相'이라고 하여 자체상自體相을 말했으나, "증가하거나 감소함이 없으며, 먼저 생기生起한 것이 아니고 나중에 사멸死滅하는 것이 아니어서 구경에 항상하다"고 설명한다. 증감이 없는 점은 같으나, 입의분立義分에서는 평등하여 무차별이라고 하고, 여기에서는 항상하여 생멸이 없다는 점을 강조하고 있다. 이 구절은 진여자체상眞如自體相이라고 되어 있으나 체대體大만 설명한 것이다.

사실은 체대體大만 설명한 것인데 용어用語는 상相자가 붙어 있다는 말이다. 그런데 그 뒤에 나오는 상대相大 설명을 보자.

2. 상대相大

무시로부터 본성에 일체 공덕을 구족하고 있다. 이르되 대지혜광명大智慧光明의 뜻이며, 변조법계遍照法界의 뜻이며, 여실료지如實了知의 뜻이며, 본성청정심의 뜻이며, 상락아정의 뜻이며, 적정 · 불변 · 자재의 뜻이다.[280]

상대相大를 이야기하는데, 여기서는 구체적으로 설명이 나온다. 해설을 보자.

280　원문은, 從無始來종무시래 本性具足一切功德본성구족일체공덕 謂大智慧光明義위대지혜광명의 遍照法界義변조법계의 如實了知義여실료지의 本性淸淨義본성청정의 常樂我淨義상락아정의 寂靜不變自在義적정불변자재의

상대相大를 설명하는 이 구절의 표현은 앞에서 입의분 제3절에 나온 것과 약간 차이가 있다. 앞에서는 "둘은 상대相大이니, 여래장에는 본래 무량무변한 성공덕性功德을 구족하고 있음을 말한다"고 했는데, 여기서는 "무시로부터 본성에 일체 공덕을 구족하고 있다"고 하면서 여래장에 구족한 공덕을 여섯 개 항목으로 열거하고 있다. 뒷부분의 상常·락樂·아我·정淨과 적정寂靜·불변不變·자재自在는 일곱 개의 공덕을 두 개로 묶었으니, 모두 열한 개의 공덕功德을 예시한 셈이다.

앞에 입의분 제3절에서는 간단하게 '무량무변한 성공덕性功德'이란 한 구절로 표현하였지만, 마명존자는 여기에 와서는 성공덕의 내용을 자세히 설명하여 여래장의 내용과 실체를 보여주고 있다.

본체인 진여나 여래장은 본래 청정 평등하여 공空하다고 하면서, 인연생멸因緣生滅을 설명하는 장면에서는 만법이 여래장에서 출몰하므로 여래장은 불공不空이라고 말한다. 즉 여래장은 공하면서도 열한 개의 공덕을 구족하고 있으니 불공이라고 설명하고 있어서, 초학인 학인들은 체體와 상相의 의미가 다르다고 생각하기 쉽다. 이 문제는 『대승기신론』을 공부하다가 만나는 의문 중의 하나다. 그래서 마명존자가 여기에서 친절하게 그 이유를 설명하고 있다.

자 여기엔 이런 문제가 좀 있다. 진여眞如에는 체體만 있어야 하는데, 상相이 등장해서 좀 혼동을 일으킨다. 그런데 이것이 앞에 설명에도 이런 이야기가 나온다. 체體라고 하고는 상相 이야기가 나온다.

'해석분 제1절 심진여문心眞如門'을 또 다시 보자.

다시 진여眞如를 언설로 그 내용을 설명하자면, 두 가지 구별이 있다. 하나는 진실공眞實空이니, 부실不實한 모습을 멀리 여의어서 구경究竟에 실체實體를 드러내기 때문이다. 둘은 진실불공眞實不空이니, 본성本性에 끝없는 공덕功德이 구

족하여서 그 바탕이 있기 때문이다.[281]

심진여心眞如의 내용을 언어를 빌려서 억지로 설명하는 장면이 등장한다. 심진여의 내용을 설명하려고 하니 문자를 사용할 수밖에 없다. 공空과 불공不空을 진제眞諦의 구역은 소언공所言空, 소언불공所言不空이라고 번역했고, '실차난타'의 신역은 진실공眞實空과 진실불공眞實不空으로 표기하였다. 즉 '진실'이란 수식어를 붙여서 진여의 내용을 설명하려고 한다. 그 이유는 진여문은 상주불변常住不變하는 진여라는 모습이 기본적인 특징이기 때문이다.

공과 불공은 모두 바탕을 나타내는데, 공은 모습을 여읜 바탕을 드러내는 뜻이고, 불공은 모습을 띤 바탕을 드러내고 있다.

그 다음 [2] 진실불공眞實不空 이하의 설명을 보자.

진실불공眞實不空이란 것은 망념이 공하고 없으므로, 진심眞心은 항상恒常하고 불변하지만, 정법淨法이 원만圓滿하므로 불공不空이라고 말하되 또한 불공不空의 모습도 없다. 이것은 망념심妄念心으로 알 바가 아니고, 오직 이념지離念智로써 깨달을 바이다.[282]

진실불공眞實不空이라는 것은 진심眞心의 여러 가지의 정법淨法이 갖추어져

281 원문은, 復次부차 眞如者진여자 依言說建立의언설건립 有二種別유이종별 一眞實空일진실공 究竟遠離不實之相구경원리부실지상 顯實體故현실체고 二眞實不空이진실불공 本性具足본성구족 無邊功德무변공덕 有自體故유자체고

282 원문은, 言眞實不空者언진실불공자 由妄念空無故유망념공무고 卽顯眞心즉현진심 常恒不變상항불변 淨法圓滿정법원만 故名不空고명불공 亦無不空相역무불공상 以非妄念心所行故이비망념심소행고 唯離念智之所證故유이념지지소증고

있다고 했다. 진여문眞如門에는 망념妄念이란 것이 없다. 진여문에서는 진심眞心이라고 하는 말도 성립되지 않는다. 이것을 이해해야 한다. 진여문이란 것은 있는 그대로를 뜻한다. 그러니까 우리의 사고방식思考方式이나 언어言語, 문자文字가 개입되지 않은 상태다. 그냥 진여 그대로다. 그런데 뭐가 됐든 논리적論理的으로 따지고 들면 벌써 생멸문生滅門에 들어간다. 그러니까 진여眞如는 체體뿐이다. 그렇게 이야기해 놓고는 여기 벌써 불공不空이라 해서, 진여眞如가 공空인 면도 있지만 불공不空인 측면側面도 있다고 했다.

이것이 도대체 무슨 말인가? 진여라는 것은 있는 그대로를 지칭하는 말이다. 여기서 조심해야 한다. 있는 그대로라는 것이 도대체 무슨 말인가?

선사禪師들의 시詩를 보면, 해가 뜨면 밝고, 봄에는 꽃이 피고, 여름에는 구름이 많고... 등등의 표현이 많다. 산에는 구름이 걸리고, 물은 잘 흘러가고, 이런 것이 선시禪詩에 많이 나온다. 이해를 잘해야 한다. 하지만 사람들이 이렇게 생각하기 쉽다. '아, 진여문은 원래 우리가 보고 듣는 이대로를 말하는구나.' 틀렸다. 우리가 산이 있고, 구름이 있고... 등등의 말을 하는 것은 전부 다 생멸문生滅門 이야기다. 내가 있으니까 내 밖에 산도 있고, 구름도 있다. 그것을 산이라고 이름하고, 구름이라 이름한 것은 우리가 분별망상分別妄想으로 한 것이다. "비 오고 난 뒤의 산은 더 깨끗하게 보이고, 구름이 비가 되고 나면 허공은 환하다네." 따위 소리를 하는 것은 전부 다 생멸문에 속한다. 진여문眞如門 이야기가 아니다. 그러니까 선시禪詩에 나오는 자연을 있는 그대로 묘사하는 표현表現이 진여문眞如門 아닌가 하는 것은 어림 반푼어치도 없는 얘기다. 왜인가? 산하대지山河大地가 있다, 구름이 있다 하는 것은 벌써 무명無明이 있어서, 무명으로 인해서 망심妄心이 생겨서 주객主客이 생기고, 그렇게 망경계妄境界가 일어나서 그런 식으로 있는 것이다. 그것은 진여眞如가 아니다. 분별

망상分別妄想의 소치다.

이 진여라고 하는 것은 극히 설명하기 힘들다. 그래서 그저 앞에서 설명했다. '진리의 문이라는 진여는, 언어 문자도 없고 뭐라고 말을 붙이면 안 된다. 그저 체體, 바탕만 그런 것'이라고 설명할 따름이다. 그것이 진여문인데, 여기에 진실불공眞實不空이라고 해서는 상相이 있다고 설명한다.

우리가 무명無明으로 인해서 일으키는 온갖 현상現相들, 그것이 사실은 정법만족淨法滿足이다. 진여문에는 망념이란 것이 없다. 망념이 본래 없다. 망념이 없으니 어찌 되는가? 산도 없고 구름도 없고, 은하계도 없고, 지구도 없다. 오직 진심만이 드러난다. 진심은 무엇인가? 청정각명이다. 청정각명이라고 말은 그렇게 하지만, 우리의 본래 마음은 표현이 되지 않는다. 그저 말로 하자니 청정각명이라 하는 것이다. 청정각명이라고 표현하면 그것은 어디에 속하는가? 진여문인가, 생멸문인가? 생멸문生滅門이다. 청정각명淸淨覺明이란 것도 생멸문에 속한다. 진여를 설명하려다 보니 청정각명이라는 용어를 쓰지 않을 수가 없다. 그래서 언어문자를 쓴다.

그런데 청정각명한 데에서 망심이 일어나서는, 그 다음에 무명의 작용으로 온갖 것이 다 벌어지니까, 진여문이라 하는 이 안에는 본래 그런 것이 나올 만한 자료가 있다는 말이다. '常恒不變상항불변 淨法圓滿정법원만'이라 했다. 우리의 진심眞心, 진여眞如라는 것은 항상 그대로이고, 변하지 않는다. 그렇다는 것은 모습이 없다는 말이다. 모습 없이 청정해야 항상 그대로이고, 변할 수가 없다. 그런데 거기에서 은하계銀河系가 나오고, 산하대지山河大地가 나오고, 동식물動植物이 나오니, 그 무슨 건덕지, 자료가 있을 것 아니겠느냐는 말이다. 그 자료가 무엇인가? 정법淨法이다. 진여 안에 정법인 자료가 가득차 있다는 말이다. 자료가 없다면 어떻게 나오겠느냐는 생각에서 정법이 원만하다고 집어넣었다. 여기서는 '정법이 원만하다'고 적어 놓았는데, 우리가 읽은 것에는 그 종류가 여러 가지 나왔다. 상대相大의 설명을 보면,

무시로부터 본성에 일체 공덕을 구족하고 있다. 이르되 대지혜광명大智慧光明의 뜻이며 변조법계遍照法界의 뜻이며, 여실료지如實了知의 뜻이며, 본성청정의 뜻이며, 상락아정의 뜻이며, 적정 · 불변 · 자재의 뜻이다.[283]

"본성本性이 일체공덕一切功德을 구족해 있다[從無始來 本性具足一切功德]"고 했다. 정법원만淨法圓滿이라 했던 것을 표현만 달리 한 것이다. 그래놓고 설명을 했다. 대지혜광명大智慧光明이란 뜻이 있고, 변조법계遍照法界, 법계를 두루 두루 다 비춘다는 뜻이 있고, 여실요지如實了知, 실답게 안다는 뜻이 있다. 요지了知는 안다는 뜻이다. 이 요지는 볼 줄 안다, 들을 줄 안다, 냄새 맡을 줄 안다의 그 '안다'이다. 있는 그대로 안다는 뜻이다. 또 네 번째는 본성청정本性淸淨이란 뜻이 있다. 무슨 본성이 그렇다는 말인가? 일체만법, 일체공덕의 본성本姓이 다 청정하다. 그다음 '상락아정常樂我淨'이다. 상락아정을 열반사덕涅槃四德이라고 해서 하나로 이야기하기도 하는데, 여기서는 구체적으로 하면, 상常은 상주常住한다는 말이고, 락樂은 고통이 없다는 말이고, 아我는 여래如來라는 말이고, 정淨은 정법원만淨法圓滿, 즉 정법만족하다는 뜻이다. 그러니까 이렇게 네 가지 뜻이 있다. 앞의 네 가지까지 합하면 여덟 가지다. 그 다음 적정寂靜은 고요한 것이고, 불변不變은 시간이 가도 변하지 않는 것이고, 자재自在는 걸림

---

283 원문은, 從無始來종무시래 本性具足一切功德본성구족일체공덕 謂大智慧光明義위대지혜광명의 遍照法界義변조법계의 如實了知義여실요지의 本性淸淨義본성청정의 常樂我淨義상락아정의 寂靜不變自在義적정불변자재의

이 없다는 말이다. 이 세 가지까지 더해서 모두 열한 가지의 공덕을 여기 예시해 놓았다. 이것 말고도 많다. 여러 가지를 세분細分하면. 무량무변無量無邊 성공덕性功德이라 했다.

그 다음에 있는 번역을 읽어보자.

이와 같이 갠지스 강의 모래 수를 초과하는 뜻들이 같지도 않고 다르지도 않아서, 부사의한 불법이 끊어짐이 없으므로, 진여를 설명하되 여래장이라 부르고, 또한 여래법신이라고 부른다.[284]

이러한 내용은 결국은 우리가 알고 있는 용어로 설명하면 어떻게 되는가? 『능엄경』에서 배운 것은 그저 청정각명淸淨覺明을 배웠다. 청정각명이다. 이것은 우리만 쓰는 것이 아니다. 영명연수永明延壽 선사가 쓴 『종경록宗鏡錄』에는 청정각명이란 단어가 수도 없이 많이 나온다. 그러니까 이 청정淸淨이란 뜻과 각명覺明이란 뜻이 있는데, 청정은 아무것도 없으니까, 이것은 체대體大를 나타내는 것임을 알 수 있다. 그럼 각명은 무엇인가? 각명覺明은 작용作用을 나타내는 것이 아니겠는가? 즉 용대用大다. 그런데 작용이 어디에서 나오는가? 이 진심이 가지고 있는 무한한 성공덕性功德이 있다. 성공덕이 있으니까 이런 작용이 나오는 것이 아니겠는가? 이렇게 성공덕性功德이 있고, 그 작용作用하는 것까지 다 포함해서 각명覺明이라 한 것이다. 분명하게 안다는 뜻이다. 구체적으로는 바로 앞에서 본 바와 같이 "일체공덕이 있는데 대지혜광명이라 부른다"고 했다. 대지혜로서 빛을 낼 줄 분명하게 안다는 말이니, 각명覺明의 뜻을

---

284 원문은, 如是等過恒沙義여시등과항사의 非同非異비동비이 不思議佛法부사의불법 無有斷絕무유단절 依此義故의차의고 名如來藏명여래장 亦名法身역명법신

해석한 것이다.

각명의 뜻을 열한 개로 해설했다.

첫째, 대지혜로서 광명을 일으킬 줄 분명하게 안다. 각명은 분명하게 안다.

둘째, 법계法界를 두루두루 비출 줄 분명하게 안다. 셋째, 여실료지如實了知, 육진경계六塵境界를 있는 그대로, 빛깔은 볼 줄 알고, 소리는 들을 줄 알고, 그렇게 여실하게 요지了知할 줄 안다. 요지了知와 각명覺明은 같은 뜻이다. 넷째는 본성청정本性淸淨이다. 그렇게 할 수 있는 것은 그 본성이 청정淸淨해서 그렇다. 다섯째는 상락아정常樂我淨이다. 상常은 항상하다는 것이다. 항상恒常하다는 것은 무엇일까? 이 세상에 모습이 있는 것은 무엇이든 생겼다가 없어지고 변한다. 예외는 없다. 그럼 항상하다는 것은 어째서 그럴까? 모습이 없어서 그렇다. 즉 청정淸淨해서 그렇다. 여섯째, 낙樂은 열반涅槃이다. 열반은 괴롭지 않은 마음의 상태다. 고苦의 반대反對다. 낙樂은 청정에 속할까? 각명에 속할까? 각명覺明에 속한다. 본성청정本性淸淨과 상常은 청정淸淨에 속한다. 일곱째, 아我는 '나다'. 무엇을 하는지 분명하게 안다. 분명히 아는 놈, 주체主體가 있어야 할 것이다. 그러니까 아我도 각명覺明이다. 여덟째, 정淨은 어찌 될까? 정은 보나마나 청정淸淨일 것이다. 청정하다는 뜻이니까. 아홉째는 적정寂靜, 고요하다. 고요한 것도 청정에 속한다. 열 번째, 불변不變은 상주常住한다는 것과 같은 뜻이고 이것 역시 청정淸淨하니까 그렇다. 그 다음 열 한번째는 자재自在다. 소리가 들리면 듣고, 빛깔이 보이면 보고, 자재自在하다. 소리가 들리는데 그것을 보려 하거나 빛깔이 보이는데, 그것을 들으려 하지 않고 자재하다. 그러니까 각명覺明에 속한다.

지금 여기 상대相大라 해서 설명한 것은 결국 청정각명을 설명하는 것이다.

그러니까 상대相大라고 하면, 성능性能이란 말이다.

그런데 체상용體相用으로 따질 때에는 체體라고 하면 바탕이니까 일체一切가 끊어진 자리다. 설명할 길이 없다. 말을 붙이면 벌써 그것은 진여문이 아니고 생멸문生滅門이다.

여래장如來藏은 묘진여성妙眞如性이라고 한다. 여래장 안에 온갖 진여성眞如性이 다 들어있다. 그 진여성의 내용은 무엇인가? 방금 설명한 상대相大 열한 가지가 바로 진여성眞如性의 일부다. 구체적으로 말하면 오만 가지가 넘는다. 예를 들어 성냥불을 켜면, 불이 나온다. 그럼 그 불은 어디에서 나오는가? 불은 원래 진여眞如의 상대相大로 있다가, 인연因緣 따라서 나타나는 것이다. 즉 여래장如來藏에 진여성眞如性으로 있다가, 인연 따라 나타난다. 물도 그렇다. 물은 여래장에 있다가, 수소와 산소라는 조건을 만나면 나온다.

우리가 줄여서 지수화풍地水火風이라고 하는데, 지수화풍 그것이 사실은 고체固體, 액체液體, 기체氣體를 다 포함한 것이다. 크게 뭉뚱그려서 그렇지, 그것을 종류별로 다 나열하면 엄청나다. 그런 것들이 전부 다 상대相大에 들어간다. 그래서 온갖 공덕功德이 다 갖춰져 있으니 여래장如來藏이라 한다. 여래如來의 창고倉庫라는 말이다. 여기서 여래如來라고 하는 것은, 진심眞心, 진여眞如다. 그러니까 일심一心이다. 마음에 온갖 것이 다 들어있다는 말이다.

여래장如來藏을 또 법신法身이라고도 부른다. 법신法身이란 용어를 우리는 법신法身 보신報身 화신化身의 삼신三身을 설명할 때 많이 쓰는데, 여래장如來藏을 법신法身이라고도 한다고 했다. 여래장은 일심一心도 되고, 진여도 되고, 진심眞心도 되고, 법신法身도 된다.

문: 위에서는 진여는 "일체상一切相을 떠났다"고 설명했는데, 지금은 어찌하

여 "모든 공덕상功德相을 구족했다"고 설명하는가?

앞에서 진여문은 일체의 모습을 떠났다고 했다. 앞이 어딘가? 해석분 제1절부터 시작된 심진여心眞如에 대한 정의에서 "그러므로 제법諸法은 본래부터 성性이 언어를 여의었고, 일체의 문자로써 설명하여 나타낼 수 없다. 마음의 반연攀緣을 여의고, 아무런 모습도 없다. 끝내 평등하여, 영원히 변이變異가 없고 파괴할 수도 없다. 오직 이 일심一心이니 진여眞如라고 부른다."²⁸⁵라고 했다.

본래 그 성질이 언어문자를 떠났다. 언어문자로 묘사할 수 없다. 아무런 모습이 없다[無有諸相]. 그러니까 "일체상을 떠났다[離一切相]"는 말은 무유제상無有諸相 과 같은 말이다. 진여문眞如門에서는 뭐라고 말을 붙일 수가 없는 것이다. 원래 진여문眞如門에는 체대體大만 있고, 상대, 용대를 인정할 수가 없는데, '본성구족일체공덕'이라 하여 열한 가지 공덕을 열거하였다. 진여문에는 원래 체대만 있고, 이런 구체적인 모습이 없는데, 왜 이러는 것이냐는 질문이다. 어째서 지금 열한 가지의 공덕을 가지고 있다고 설명하는가 말이다.

답: 비록 실제로 일체 공덕을 구족하지만, 그러나 차별 있는 모습이 없다. 저 일체법은 모두 같아서 일미一味 일진一眞이니, 분별상分別相을 떠났고 두 자성이 없다.²⁸⁶

285 원문은, 是故시고. 諸法從本已來제법종본이래. 性離語言성리어언. 一切文字不能顯說일체문자불능현설. 離心攀緣이심반연. 無有諸相무유제상. 究竟平等구경평등. 永無變異영무변이. 不可破壞불가파괴. 唯是一心유시일심 說名眞如故설명진여고

286 원문은, 問云 上說眞如상설진여 離一切相리일체상 云何今說운하영설 具足一切諸功德相구족일제제공덕상 答云 雖實具有一切功德수실구유일제공덕 然無差別相연무차별상 彼一切法피일체법 皆同一味一眞개동일미일진 離分別相리분별상 無二性故무이성고

여래장에 갖춘 일체 공덕이 어떤 상태로 저장된 공덕인지 설명하고자 여기서 마명존자는 특별히 문답으로 설명한다. 사상事相이 있는 공덕이 아니고 성리性理인 공덕이므로 아무런 모습이 없다.

'일미一味'는 무루無漏의 맛이고 '일진一眞'은 여여如如한 일진법계一眞法界를 말하고, '분별상分別相을 떠났다'는 것은 권교보살權敎菩薩이 추측할 수 없다는 말이다.

실제로 일체 공덕을 구족하지만, 차별 있는 모습이 없다. 차별 있는 모습이 없다는 것은, 『능엄경』에서 말하는 여래장묘진여성如來藏妙眞如性이란 말이다. 여래장如來藏은 만법萬法이 나오는 그 자리인데, 그 자리는 묘진여성妙眞如性, 즉 묘한 진여의 성품이다. 성품性品이니 원래 모습이 없다. 그러니까 차별상差別相이 없다. 모습이 없다는 것을 더 설명해 보자.

꽃씨를 심어 키우면, 싹이 나서 자라고 꽃도 핀다. 모습이 있기는 있으나, 시시로 변하는 이 꽃나무의 모습 중 어느 것이 진짜인가? 때마다 각각 진짜 모습이라고 한다면 어떤가? 말이 있을 뿐이다. 이 꽃나무의 진짜 모습은 어떤 것이라고 제시할 수가 없다. 그래서 무상無相이라 한다. 사실 무상無相이란 무정상無定相, 정해진 모습이 없다는 의미다. 어떤 것이 꽃의 진짜 모습인가? 그런 것은 없다. 그러니까 여기서는 무차별상無差別相이라고 한다. 차별상, 시간에 따라 차별된 모습은 진짜 모습이 아니라는 말이다.

『기신론』에서는 '여래장은 묘진여성이다'라고 하지 않는다. 『능엄경』에서는 여래장如來藏 묘진여성妙眞如性에서 온갖 모습이 다 나온다고 한다. 여래장 묘진여성에는 나무나 꽃만 아니라, 물고기도 있다. 물고기도 새끼 때의 모습과 다 자란 모습이 다르고, 자라나면서 수시로 모습이 변해간다. 물고기의 변하는 모습도 전부 여래장 묘진여성에서 나온다. 그래서 『능엄경』에서는 이러한 상은 계속 변하니 정해진 상이 없고, 그래서 다 허상虛像이라고 한다. 그러면 진실한 모습은 무엇인가? 여래장에 있는 묘진여성妙眞如性, 이것이 진실한 모습이다. 꽃나무의 성품과 물고기의 성품이 '묘진여성妙眞如性'이란 넉 자로 통일된다. 즉 여래장 안에서는 꽃나무의 성품과 물고기의 성품이 구별되지 않는다. 어째서 그런가? 묘진여성妙眞如性이라 할 때의 성性은 본래 모습이 없기 때문이다. 하나인 묘진여성만 있다. 그러니까 일체법의 묘진여성은 하나이고, 일진一眞, 하나이면서 진실하다. 일진은 일진법계一眞法界라는 말이다.

'분별상을 떠났으니 두 가지 성질이 없다[離分別相 無二性故].' 묘진여성妙眞如性 하나뿐이다. 이 성性 자가 붙는 것이 묘진여성 말고 다른 무슨 성性이 더 있지 않다. 여러 가지 이름이 붙어 있어도 결국은 하나다. 일미一味다. 일미일진一味一眞이다. 그런데 '분별상을 떠났다[離分別相]'는 말은 무슨 뜻인가? 우리가 볼 때는 꽃나무 하나도 여러 가지 모습을 나투지만, 진짜 모습은 이것을 가지고 판단할 수 없다는 말이다. 그러니까 지상보살地上菩薩이 안 된 사람들인 권교보살權敎菩薩, 십지十地에 미치지 못한 보살들은 이 이치를 알 수 없다. '떠났다'는 말은 알 수 없다는 뜻이다. 왜 알 수 없는가? 지혜가 모자라서 그렇다. 부처님만이 이 분별상分別相을 이해할 수 있다.

업식業識 등의 생멸상에 의하므로 저 일체의 차별 있는 모습이 성립된다. 이것이 어떻게 성립되는가? 일체법은 본래 유심唯心이어서 실로 분별이 없다. 불각不覺 때문에 분별심이 생겨 경계가 있다고 보는 것을 무명이라 부른다. 그러나 심성은 본래 청정하므로, 무명이 생기지 않으면 진여에서 대지혜광명大智慧光明의 뜻이 성립된다.[287]

───────────

287 원문은, 以依業識等生滅相이의업식등생멸상 而立彼一切差別之相이립피일에차별지상 此云

이 구절은 여래장에 갖춘 열한 개의 공덕 중에서 먼저 대지혜광명大智慧光明의 뜻을 설명하고 있다. 무명불각無明不覺이 없으면 일체 경계가 없다는 설명이다. 무명불각으로 업식들이 전변轉變하면서 생멸하는 모습이 생기면서 대지혜광명이 숨는다는 설명이다.

원문을 보자.

'以依業識等生滅相이의업식등생멸상'; '업식들과 같은 생멸상生滅相에 의지해서.' 업식業識은 모든 업業을 통해 일어난 식識이다. 식은 8종식이다. 업業은 우리가 전생前生, 전생부터 지은 모든 업을 가리킨다. 이 업과 8종식은 같은 말이다. 같은 말이라서 업식業識이란 표현을 쓴다. 우리는 갖가지 업業이 다 있고, 그에 따라 8종식을 쓰는데, 부처님은 지혜만 있고, 그 지혜의 내용으로 온갖 것이 다 들어 있다. 부처님이 되면 이 업식이 일체종지一切種智가 된다. 식識이 온갖 종류의 지혜智慧로 바뀌는 것이다. 다시 말해 무루성공덕無漏性功德이 다 들어 있다.

업식業識은 생멸상이다. 진여상眞如相에 반대되는 그 생멸상生滅相이다. 중생마다 업식이 다르고 생멸상이 다 다르다. 만인만색萬人萬色이다. 요새는 사람이 많으니 억인억색億人億色이라 표현해야 할지도 모르겠다.

'而立彼一切差別之相이립피일체차별지상'; 그래서 일체의 차별된 모습이 성립한다.

'此云何立차운하립'; 어째서 그리 되는가? 그 설명이 재미있다.

'以一切法이일체법 本來唯心본래유심 實無分別실무분별'; 일체법은 본래 마음뿐이라서, 즉 마음에서 일어난 것이라서 실로 구분할 것이 없다. 왜인 가? 본래 모습 없는 마음이니 그렇다. 굳이 설명하자면 일체가 무상無相이다. 그런데,

'**以不覺故이불각고 分別心起분별기심**'; 불각, 즉 무명無明을 일으켰고, 그래서 분별심이 일어났다. 무명無明이 왜 일어났는가? 착각錯覺을 해서 일어났다. 왜 착각했는가? 자기가 누구인지 알아보려는 마음을 일으켰기 때문이다. 왜 자기가 누구인지 알아보려는 망심妄心을 일으켰는가? 각명覺明하기 때문이다. 원래 우리가 각명이다. 각명覺明하고 영지靈知하기 때문에 그런 착각을 일으킨다. 그런 줄 알고 착각을 일으키지 않으면 우리는 곧바로 각명이다. 그런 줄 분명하게 알면 그 길로 바로 무명은 없어진다. 착각이니 본래 없앨 것도 없다. 그렇지 않은가? 생겼다가 없어졌다가 할 그 무엇도 없다. 착각에서 벗어나면 그냥 각명이다. 중생衆生이란 것이 알고보면 부처라서, 각명이기 때문에, 그렇게 무명이라는 착각을 일으킨다. 각명하니까, 제가 저 자신을 알아보고자 하는 생각을 일으킨다. 그러니 제가 저를 보려 하니까 주객이 생겨서, 분별심을 일으킨다. 분별심의 이 분별은 무엇인가? '내가 나를 알아보겠다'는 생각이다. '내가'의 나는 주체主體이고, '나를'의 나는 대상對象이다. 그렇게 주객主客이 벌어졌다. 주객이 벌어지니 어찌 되는가?

'**見有境界견유경계**'; 보는 놈은 견見, 즉 견문각지見聞覺知하는 놈이고, 보이고 들리는 대상은 경계境界가 됐다. 그래서 보이는 놈도 있고 경계도 있다.

'**名爲無明명위무명**'; 무명無明이라 부른다. 이것을 중생衆生이라 한다는 말이다. '名爲無明명위무명'이라 하기보다는 '名爲衆生명위중생'이라 해야 옳다.

『능엄경』부루나 장의 설명을 여기『기신론』에서 간단히 요약해 살펴보자.

본래 우리가 청정각명인데, 착각으로 '내가 나를 한번 알아봐야겠다'고 생

각한다. 즉 성각性覺은 필명必明인데 망위명각妄爲明覺한다. 여기서 성각은 우리의 본성本性, 자성自性이다, 마음자리다. 우리의 품품은 본래 각명한 놈인데, 이놈이 각명하기 때문에 망위명각妄爲明覺이다. 성각이 성각을 어떤 놈인지 한 번 알아보자/밝혀보자[明覺] 하는 허망한 생각을 일으켰다. 이것이 무명無明이다. '性覺必明성각필명 妄爲明覺망위명각'은 우리가 왜 중생이 됐는지 그 이유를 설명하는 구절이다. '覺非所明각비소명 因明立所인명입소'다. 여기서 각은 우리의 본성, 자성인 성각性覺이다. 성각은 본래 밝힐 바가 아니다. 객체客體가 될 수 없는 것이다. 그런데 밝히자고 하는 그것을 원인으로 해서[因明], 그놈이 대상이 되어버렸다[立所]. 성각性覺이 갑자기 대상이 되어버린 것이다. 대상이 되었으니 객체客體가 생겼다. 그러면 알려고 하는, 즉 망위명각妄爲明覺하는 이 놈은 주체主體가 됐다. 그러니까 주主와 객客이 나눠졌다는 말이다. 분별分別, 즉 갈라서 서로 구별된다, 분별이 생긴다는 말이다.

그 다음을 보자.

'心性本淨심성본정 無明不起무명불기'; 심성은 본래 청정하다. 성각은 본래 청정각명이다. 본래 깨끗하다. 원래 청정하다. 그래서 '무명불기'다. 무명이라는 것이 일어날 수가 없다.

'卽於眞如즉어진여 立大智慧光明義입대지혜광명의'; 즉 진여眞如에는 큰 지혜智慧로 광명의 뜻이 성립한다. 분명하게 안다. 여기서 광명光明이란 것은 '밝고 분명하게 안다'는 각명覺明과 같은 말이다. 그러니 청정각명하다는 말이다. '心性本淨심성본정' 앞에 연然이란 글자가 생략됐다. 본문에는 그 글자가 없지만, 문맥상, 연然을 추가하여 번역함이 옳다. "그러나 심성은 본래 청정하므로 무명이 생기지 않는다. 즉 진여에서 대지혜광명의 뜻이 성립한다."처럼 번역하는 것이 맞다.

책에서처럼 '무명이 생기지 않으면'이라고 번역하는 것은 초보자들의 해석이다. 고급반은 어떻게 해석하는가? "심성心性은 본정本淨하므로, 무명이 생기지 않는다"처럼 한다. '않으면'이 아니라 무명이 생기지 '않는다'라고 해야 맞다. 왜 무명이 생기지 않는다고 하는가? 우리가 지금 무명無明으로 인해 중생衆生이 되어 있는 것이 아닌가?

비유를 써서 설명해 보자면 이렇다. 원래 밝은 거울이 있고, 꽃이 한 송이 피었다. 거울에 꽃이 비친다. 산도 비치고, 그러면 본래 맑은 거울에는 아무것도 없었는데, 이 꽃과 산이 비치니까, 이제 맑은 거울이 아니다라고 할 수 있는가? 이런 모습들은 진짜가 아니라 그림자[影]다. 영상影像이다. 그때, 보통 사람은 꽃과 산에 정신이 팔린다. 하지만 거울에 관심이 많은 사람에게는, 거울에 온갖 영상이 나타나도, 영상이 나타나기 전이나 후나 관계없이 거울은 항상 허명虛明하다. 텅 비었다. 그러나 물체가 앞에 나타나면 분명하게 보인다. 꽃과 산이 비쳐 있는 거울이래도 거울은 원래 깨끗하다. 깨끗해서 이 꽃과 산이 비치지만 거울의 허명함이 흠이 난다거나 허물어지는 일은 없다. 온갖 영상이 나타나도 거울은 항상 허명虛明하다. 허명虛明의 허虛는 청정淸淨이고, 명明은 각명覺明이다. 그러니 허명虛明은 청정각명淸淨覺明과 같은 말이다.

우리 마음도 심성心性이 본래 깨끗하기 때문에 무명無明을 일으켜서 너다, 나다, 삼라만상을 다 인정한다. 그렇다고 해도 우리의 심성은 본래, 그리고 항상 청정각명淸淨覺明하다. 거울이 허명하듯이.

그러니까 이 거울이 환하게 비치는 것, 그것이 거울의 허명한 뜻이다. 사람에 대해서는 대지혜광명이라 했다. 광명光明이라는 말은 환하게 밝다는 뜻이다. 환하게 밝으니까 다 비친다. 거울이 허명虛明해서 무엇이든 다 비치는 것과 같다. 빛이 없으면 잘 보이지 않는다. 빛이 있어야 모습과 빛깔을 분명하게 알 수 있다. 광명光明의 명明은 빛으로 인해서 분명하게, 명백하게 안다는 뜻이다. 그러니까 각지覺知하는 것이 분명하다는 말이다. 꽃이 생긴 그대로의 모습으로 비친다. 산도 산 그대로 비친다. 분명分明하다. 구름이 끼어 있으면, 구름 모습 그대로 비친다. 그것을 각명覺明이라 한다. 각지분명覺知分明에서 각覺 자와 명明 자를 떼어내 각명이라 하는 것이다. 그래서 우리가 각명하다. 나는 각명하다. 우리가 각명이다, 내가 각명이다. 내가 각명 자체다.

몸이 있으니까 자꾸 내가 무엇을 한다고 하는데, 나라고 하는 것이 있는 것이 아니다. 몸뚱이 이것을 보고, 자꾸 나라는 생각, 유신견有身見을 일으킨다. '나다, 내 몸이 있다'고 생각하는 것이 유신견이다. 몸이 있다는 생각, 아견我見을 일으킨다. 그것이 아상我相이다. 그것만 잘 이해하면, 나는 본래 청정하고 각명이다. 그것을 '立大智慧光明입대지혜광명'이라 한 것이다.

『능엄경』에서는, 내가 누구인가? 내가 청정하고 각명이다. 청정한 각명이다. 청정淸淨은 아무것도 없다는 말이다. 아무것도 없다. 그런데 각명에 대해서는 열한 개의 공덕을 가지고 있다고 한다. 열한 개뿐만 아니라, 수많은 공덕을 가지고 있다. 그런 성능性能을 가지고 있는데 아무 모습이 없다. 그러니까 나라고 하는 것은 청정한 성격이 있고 각명한 성격이 있다. 두 가지의 성격, 이중성二重性을 갖고 있다. 그런데 자세히 따져보면 각명覺明이란 것은 워낙 무한대無限大의 성능性能이라서 모습이 있으면 존재할 수가 없다. 왜인가? 너무나 많은 모습이 섞이니 그런 존재는 있을 수 없다. 또한 만약 어떤 모습이 있다면 그 한계가 있을 수 밖에 없어 무한대의 성능이 불가능하게 된다. 그러니 모습이 없이 청정할 수밖에 없고, 청정해야만 각명할 수 있다.

그런데 지금 이 『기신론』에서는, 진여문眞如門에서 상대相大를 설명하면서 무량성공덕을 갖추고 있다고 한다. 무량성공덕無量性功德은 한량없이 많은 성능을 갖추고 있다는 뜻이다. 무량성공덕無量性功德을 『능엄경』에서는 각명覺明이라고 한다. 무슨 뜻인가? 분명하게 그렇게 할 줄 안다는 뜻이다. 볼 줄 알고, 들을 줄 알고,.. 등등 무량성공덕無量性功德이다. 그러니까 『기신론』의 이 부분에서 각명의 뜻을 완전히 파악해야 한다. '아, 각명이 이런 뜻이구나. 별것 아니네!' 이렇게 돼야 한다는 말이다. 그러면 공부가 끝난다. 다른 것은 더 없다.

만일 마음이 생겨서 경계를 보면 곧 불견不見이란 상이 있으나, 그러나 심성心性에 견見이 없으면 곧 불견不見조차도 없으므로, 곧 진여에서 변조법계徧照法界의 뜻이 성립된다.[288]

'若心生見境약심생견경'; '만약 마음이 생겨서 경계를 보면'. 마음이 생긴다는 말은 무명無明 망심妄心이 생긴다는 뜻이다. 망심이 생겨서 주객主客이 벌어지고 경계境界를 보게 된다는 말이다.

'則有不見之相즉유불견지상'; '보지 못하는 상이 있다.' 다 못 본다. 보이는 것이 한도가 있다. 우리가 지금 실제로 눈을 통해 보는 것도, 다 보는 것 같지만, 뒤쪽은 보지 못한다. 위도 못 보고, 아래도 보지 못한다. 옆도 일부만 본다. 이렇게 주객主客을 나투어서 보게 되면, 일체를 다 보지 못하고, 보이는 부분도 있고 안 보이는 부분도 있다.

'心性無見심성무견'; 심성은 보는 것이 없다. 보는 것이 없다는 말은 무슨 뜻인가? 본래 청정 각명이고, 각명일 때는 여래장 묘진여성이라 할 때의 성性

288　원문은, 若心生見境약심생견경 則有不見之相즉유불견지상 心性無見심성무견 則無不見즉무불견 卽於眞如즉어진여 立遍照法界義입변조법계의

과 같아서, 본다[見], 듣는다[聞], 이런 견문見聞이라고 하는 가지가지의 작용이 아직 없다. 견見도 있고, 문聞도 있고, 갖가지의 각지覺知가 다 들어 있지만, 각명覺明 자체로는 이것이 견見이고, 저것이 문聞이라고 구분할 것이 없다. 그러니까 '심성心性에는 무견無見'이라. 심성에는 견에 관한 모습이 없다. 그래서,

'則無不見즉무불견'; '보지 않는 것도 없다.[289]

'卽於眞如즉어진여 立遍照法界義입변조법계의'; '그래서 진여眞如에는 법계를 두루두루 견문각지見聞覺知한다는 그런 뜻이 성립한다'. 변조법계遍照法界는 무엇인가? 조照는 비춘다는 뜻이다. 이 조照 자는 견문각지見聞覺知를 다 포함한다. 견문각지에서, 견見은 눈이 보는 것이다. 문聞은 귀가 듣는 것이다. 각覺은 코·혀·몸이 대상을 인식하는 것이다. 코는 냄새 맡고, 혀로 맛보고, 몸으로 촉각을 느낀다. 지知는 뜻意이다. 제6의식이다. 이것을 넉 자로 맞추려고 코·혀·몸을 각覺 하나로 줄였다. 이것을 조照라고 한다.

반야심경般若心經에서 '行深般若波羅蜜多時행심반야바라밀다시 照見五蘊皆空조견오온개공'이라 했다. 조견照見이란 것은 조견, 조문照聞, 조각照覺, 조지照知를 견으로 대표해서 표현한 말이다. 조견이라고 해놓았으니, 우리가 '비추어보고'라고 밖에 해석을 못하는데, 비추어 보고 듣고 느끼고 아는 것이다. 여기에 변조라고 하는 말이 그 말이다. 두루두루 비춘다[遍照]. 견문각지見聞覺知하는 것이 이와 같다.

'마음이 경계를 보면[若心生見境]'이란 구절에서 마음의 작용作用을 보는 것[見]으로 대표했지만, 견문각지見聞覺知가 다 들어 있다. 그래서 뒤에서는 변조법계라고 조照 자를 쓴 것이다. 결국 각명이라고 하는 말이 이런 뜻이라는 얘

---

289 "그러나 심성에 견이 없으면 곧 불견조차도 없으므로,"는 초보자들의 해석이다. 고급반에서는 "그러나 심성에는 견이 없다. 그러니 불견도 없어서,"라고 해석한다.

기다. 앞에서는 대지혜광명이 일체를 다 안다고 했다. 다 아는데 어떻게 아는가? 아는 것을 종류로 따지면, 보고 알고, 듣고 알고, 코로 냄새 맡아서 알고, 혀로 맛보고 알고, 몸으로 느껴서 알고, 뜻으로 이해해서 안다. 전부 다 알 지知다. 견문각지見聞覺知에서의 지知와는 다르다. 그래서 변조遍照한다는 말은 각지覺知한다는 뜻이다. 각지하는데 분명하게 아니까, 지知 자를 빼고 각명覺明이라 한 거다. 분명하게 안다.

변조遍照는 견문각지見聞覺知를 구체적으로 이야기한 것이고, 앞의 대지혜광명은 각명함을 나타낸 것이다.

만일 마음이 동함이 있으면 곧 참된 요지了知가 아니고 본성이 청정함도 아니며, 상락아정도 아니고, 적정도 아니니, 이것은 변이變異이고 부자재不自在이며, 이로 말미암아 갠지스 강의 모래 수를 초과하는 허망한 잡염雜染을 일으킨다. 그러나 심성이 동함이 없으면 곧 진실요지眞實了知의 뜻이 성립되고, 내지 갠지스 강의 모래 수를 초과하는 청정공덕淸淨功德의 뜻도 성립된다.[290]

번역 중간쯤에 '심성이 동함이 없으면' 앞에 '그러나'를 넣어야 한다. '그러나 심성이 동함이 없으면'이라고 뜻을 풀면 초보의 해석이고, 고급반 해석은 다르다. '심성이 동함이 없으므로'이다. 그래서 진실요지의 뜻이 성립한다. 진실요지眞實了知란 사실대로 안다는 말이다. '마음에 동함이 있으면'에서 마음이 동한다는 것이 무슨 뜻인가? 마음이 동한다고 하면 그것은 6근根이 6진塵

---

290   원문은, 若心有動심약유동 則非眞了知즉비진요지 非本性淸淨비본성청정 非常樂我淨비상락아정 非寂靜비적정 是變異시변이 不自在부자재 由是具起過於恒沙유시구기과어항사 虛妄雜染허망잡염 以性無動故이심성무동고 卽立眞實了知義즉립진실요지의 乃至過於恒沙내지과어항사 淸淨功德相義청정공덕상의

을 대해서 인식認識 작용을 한다는 말이다. 6근이 6진을 마주해서 보고 듣고 냄새 맡고... 생각하는 그런 여러 가지 인식을 일으킨다는 말이다. 그러면 그때는 벌써 주객主客이 있다. 그러니 동함이 있다 함은 주객이 있다는 말이다. 주객이 본래 없는데, 주객主客이 있다고 생각하는 자체가 벌써 잘못된 것이다. 주객主客이 있게 되면 진짜로 아는 것了知이 아니다.

또 상락아정이 아니다. 각명覺明하면 상락아정常樂我淨하지만, 무명無明으로 인해서 망심妄心이 일어나면 주객主客이 있으니, 상락아정이 될 수 없다. 고요한 것도 아니다. 시끄럽다. 이것은 다른 것으로 변한다. 8종식으로 변해서 보고 듣고 하기도 하고, 요별了別하기도 하고, 집착하기도 한다. 자재하지 못하다. 경계에 끄달려서 탐진치貪瞋痴에 끌려다닌다. 이로 인해서. 항하 모래 수를 초과하는 그런 허망한 망상妄想, 잡념雜念을 일으킨다. 이 모두 다 마음이 움직여서 그렇다.

그러나 심성心性은 동함이 없다. 능히 견문각지하지만, 견문각지하는 놈인 청정각명淸淨覺明은 움직인 적이 없다. 거울에 꽃이 비치고 산이 비치지만, 거울이 움직인 적이 없다. 그냥 그대로 비쳤을 뿐이다. 우리의 청정각명도 그저 알 뿐이다. 요지할 뿐이고, 알 뿐이다. 그래서 진실로 요지了知한다는 뜻이 성립한다. 또 우리의 심성心性이 청정공덕상淸淨功德相을 가지고 있다. 청정공덕상은 여래장如來藏은 묘진여성妙眞如性이라고 하는 그 진여성眞如性을 지칭한 것이다. 진여眞如는 모든 공덕이 나온 근본 자리며 청정공덕상을 가지고 있다는 뜻이 된다.

만일 마음이 일어나면, 견이 분별하여 구할 다른 경계가 있고, 곧 내법內法에 부족함이 있게 된다. 그러나 무변공덕無邊功德이 곧 일심자성一心自性이므로 다

른 법이 더 있다고 다시 구하는 그런 일은 없다.[291]

원문을 보자.

'若心有起약심유기'; '마음을 일으키면', 주객을 둔다는 얘기다. 주객主客을 두면,

'見有餘境可分別求견유여경가분별구'; '견이 분별하여 구할 다른 경계가 있고', 볼 때도 앞만 보지 뒤와 위, 아래, 양옆을 다 보지는 못한다. 그러니까 보고 듣고, 견문각지하는 데에, 나머지 경계[餘境]가 있다는 말이다. 소리도 마찬가지다. 한 가지 소리를 듣는 데에 집중하면, 다른 소리를 듣지 못한다. 그래서 다른 경계[餘境]가 있다. 무엇인가? 분별해서 이것이 무엇인지 구할 만한[可分別求] 그런 견문각지見聞覺知할 대상對象이 있다는 말이다. 주객主客이 벌어지는 바람에 그렇다.

그래서 『화엄경』을 보면, "부처님은 한꺼번에 이 삼천대천세계에 일어나는 모든 광경을 다 보며, 또 삼천대천세계에 일어나는 모든 소리를 한꺼번에 다 들으시며…"와 같은 구절이 있다. 부처님은 눈이 몇 개고 귀가 몇 개 이시길래 다 보고 들으시는가? 그것은 결국 청정각명에서, 그 각명覺明의 성능性能을 이야기하는 것이다. 그때는 주객主客이 없다. 주객이 없으니까, 모든 광경이 다 부처님의 견見이다. 모든 소리가 다 부처님의 문聞이다. 보이는 것, 안 보이는 것, 들리는 소리, 안 들리는 소리, 그런 것이 없다는 말이다. 부처님만 그런 것이 아니라 우리의 각명도 그와 같다.

그런데 우리가 마음을 일으키면, 마음을 일으킨다는 것은 주객을 둔다는 얘

---

291 원문은, 若心有起약심유기 見有餘境可分別求견유여경가분별구 則於內法즉어내법 有所不足유소부족 以無邊功德이무변공덕 卽一心自性즉일심자성 不見有餘法불견유여법 而可更求이가갱구

기다. 주객主客을 두면, 보는 것에 벌써 따로 분별할 만한 다른 경계가 있다는 것이다.

'則於內法즉어내법 有所不足유소부족'; '그래서 내법에 부족하다'. 다 못 보니까 보이는 것이 있고 보이지 않는 것이 있어 부족하다는 말이다. '則於內法즉어내법'에서 내법內法은 무엇인가? 이것은 내 마음이 내 마음을 본다고 하면 벌써 내 마음은 주체가 되고, 다른 내 마음이 대상이 된다. 보는 주체主體는 내內, 대상은 외外다. 주체인 내內에서 이미 보지 못하고 듣지 못한 부분이 있어서 부족한 부분이 생긴다. 청정각명일 때는 원만했는데, 주객을 나투고부터 이렇게 부족분不足分이 생긴다.

'以無邊功德이무변공덕 卽一心自性즉일심자성'; '그러나 무변공덕이 곧 일심자성이다'. '그러나 무변공덕이 곧 일심자성이면'처럼 해석하면 초보다. 이 무슨 말인가? 내가 견문각지한다. 육근六根을 통해서 육진六塵을 인식한다. 따져보면, 육근六根으로 작용하는 것, 보고 듣고 냄새 맡고 맛보고 촉감을 느끼고 생각하는 것, 그것밖에 없다. 사실은 우리가 일으키는 인식, 사람의 정신작용情神作用은 다른 동물보다 탁월하다. 그 6근根 중에서 우리 인간이 제일 탁월한 것은, 뜻을 대하는 의근意根이다. 생각할 줄 아는 것, 사고思考할 줄 아는 것이다. 그런데 그런 것이 다 무변공덕無邊功德이라고 했다.

그 무변공덕은 어디에서 나온 것인가? 각명覺明이 일으킨 것이다. 일심一心 자성自性이 일으킨 것이다. 즉 각명이 가지고 있는 능력일 따름이다. 그런 줄 알면,

'不見有餘法불견유여법 而可更求이가갱구'; 여법餘法은 여경餘境과 같은 말이다. 나머지 법이 있어서 다시 그것이 무엇인가를 탐색하고 연구하고, 구하는 그런 행동을 할 것이 없다는 말이다.

본래 청정각명은 모든 것을 내 눈으로 본다. 모든 빛깔, 모든 모습이 다 내 눈이다. 그 눈은 또 무엇인가? 눈은 내 각명覺明의 작용作用이다. 또 모든 소리를 내가 듣는다. 모든 소리 그것이 알고 보면 내 귀다. 귀는 무엇인가? 귀는 내 각명覺明의 한 작용作用이다. 각명에는 여섯 가지 성능[六性]이 있다. 볼 때는 견, 견성見性이고, 들을 때는 문성聞性이다. 냄새 맡을 때는 후성嗅性, 맛볼 때는 상성嘗性, 피부로 느낄 때는 촉성觸性, 생각해서 아는 것은 지성知性이다. 이것이 육성六性이다. 우리의 각명覺明이 가지고 있는 성능을 자세히 분류해 보면 이 여섯밖에 없다.

여기에 무변공덕無邊功德이라 했는데, 이것은 육성六性으로 온갖 것을 인식할 수 있는 것, 일단 그것이 첫째다. 우리는 인식을 하면, 그것을 배워서 알면, 만드는 능력이 있다. 만드는 능력은 몇 가지가 있을까? 그것 역시 안이비설신의眼耳鼻舌身意다. 눈으로 보이는 것을 만든다. 새로운 모습을 만든다. 새로운 빛깔을 만든다. 귀는 소리도 만든다. 이제까지 없던 소리를 만들어낸다. 코는 냄새를 만드는데 요즘에는 인공향人工香으로 갖가지 향수香水를 만들기도 한다. 그것이 다 무변공덕無邊功德이다. 무변공덕을 일으키는 것은 전부 다 육근六根이 기준基準이다. 결국 모두가 일심一心의 각명覺明에서 나온 것이다.

그러므로 갠지스 강의 모래 수를 초과하는 공덕을 만족하되 다르지도 않고 같지도 않은 불가사의한 법이 끊어짐이 없으므로, 진여를 설명하되 여래장이라 부르고, 여래법신이라고 부른다.[292]

---

292 원문은, 是故滿足過於恒沙시고만족과어항사 非異非一비이비일 不可思議之法불가사의지법 無有斷絶무유단절 故說眞如고설진여 名如來藏명여래장 亦復名爲如來法身역부명위여래법신

이 구절은 여래장에 갖추고 있는 일체법의 공덕이 어떤 상태로 저장되어 있는가를 결론적으로 재차 천명한 것이다. "다르지도 같지도 않으니" 언어로는 무엇이라고 표현할 수가 없으므로 "불가사의"하다고 한다. "법이 끊어짐이 없다"는 것은 공덕은 아무런 모습이 없는 존재라는 말이니, 그것을 입의분에서는 성공덕性功德이라고 표현했고, 『능엄경』에서는 여래장묘진여성如來藏妙眞如性이라고 표현하고 있다. 『능엄경』 제3권에서는 사대四大인 색色을 설명하는 법문에서 여래장을 다음과 같이 설명하고 있다. 즉 "여래장 가운데 성性이 색色인 진공眞空과 성性이 공空인 진색眞色이 청정하고 본연本然하여 법계에 두루하다. 중생의 마음에 따르고 소지所知의 양量에 응應하여 업業을 따라 나타난 것인데, 세상 사람들이 모르고 인연因緣인가 자연自然인가 헤아리지만, 모두가 식심識心의 분별分別과 계탁計度이다. 다만 언설만 있고 전혀 진실한 것이 없다." 즉 여래장에는 제법인 칠대七大가 제각기 자상自相인 모습으로 함장含藏되어 있는 것이 아니고, 공상共相인 진여성眞如性으로 함장되어 있다는 말이다. 즉 사대가 색상色相이 아니고 진여성인 성색性色으로 저장되어 있다는 설명이다. 이렇게 칠대인 성지性地 · 성수性水 · 성화性火 · 성풍性風 · 성공性空 · 성견性見 · 성식性識이 모두 묘한 진여성으로서 청정하게 여래장 중에 갖추어져 있다는 법문이다. 이것을 마명존자는 지금 『대승기신론』에서 '다르지도 않고 같지도 않은 불가사의한 법이 끊어짐이 없다'고 설명하고 있다.

지금까지 마명보살이 만든 문답問答의 장章을 읽었는데, 이 구절은 『능엄경』에서 말하는 청정각명을 설명하는 구절에 해당한다. 상대相大에 대한 설명이 여기서 끝났다.

3. 용대用大

[1] 부처님의 용심用心

다시 진여眞如의 용용用이란 일체 제불이 인지因地에 있을 때[293]에 대자비심을 내어 모든 바라밀과 사섭법四攝法 등의 만행을 수행하고, 중생을 제 몸과 같이 보아 널리 모두 해탈하게 하되 미래 세상이 다하도록 겁수劫數에 한계를 두지 않는다. 자타가 평등함을 여실히 요지了知하여서 또한 중생의 모습을 취하지 않는다.[294]

용대用大는 작용作用·활용活用·응용應用의 뜻인데, 이 구절에서 제불여래가 성불하기 전의 상구보리上求菩提하는 수행과 성불 후에 하화중생下化衆生하는 제도를 구별하여 설명하고 있다. 먼저 상구보리하는 수행에서 "인지因地에 있을 때'라는 것은 보살로서 수행하는 시절을 말하는데, 그 당시에 '중생을 제 몸과 같이 본다'는 것은 동체대비同體大悲요, '대자비심을 내되 겁수劫數에 한계를 두지 않는다'는 것은 대원大願이니, 모름지기 대승의 정신으로 보살의 자비심을 먼저 갖추어야 한다는 의취이다. '자타가 평등함을 여실히 요지한다'는 것은 점차 아공我空과 법공法空을 증득하는 과정을 나타낸 말이다. '또한 중생의 모습도 취하지 않는다'는 구절에

---

293 인지(因地)=인위(因位). 부처 경지에 이르기 위해 수행하고 있는 단계. 반대로 부처를 이룬 경지는 과위(果位) 또는 과지(果地).

294 원문은, 復次부차 眞如用者진여용자 謂一切諸佛在因地時위일체제불재인지시 發大慈悲발대자비 修行諸度四攝等行수행제도사섭등행 觀物同己관물동기 普皆救脫보개구탈 盡未來際진미래제 不限劫數불한겁수 如實了知여실요지 自他平等자타평등 而亦不取衆生之相이역불취중생지상

대하여 진제의 구역에는 "이것이 무슨 뜻이냐? 일체 중생과 자기가 진여가 평등하여 다름이 없다고 여실하게 알기 때문이다"라는 글이 더 붙어 있다. 지욱대사의 설명에 따르면 앞에서 '미래 세상이 다하도록 겁수劫數에 한계를 두지 않는다'까지는 관문觀門을 수행함이고, '자타가 평등함을 여실히 요지하여서 또한 중생의 모습은 취하지 않는다'는 것은 지문止門을 수행하는 내용이라고 설명한다.

한문 원문을 보자.

'復次부차 眞如用者진여용자'; '또 진여의 용이란.' 여기 용用은 체상용 중의 용이다.

'謂一切諸佛在因地時위일체제불재인지시'; '모든 부처님이 수행하실 때', 인지시因地時라는 것은 수행할 때다. 도를 터득한 것은 과지果地이다.

'發大慈悲발대자비'; '자비심을 크게 내어서'

'修行諸度四攝等行수행제도사섭등행'; '모든 바라밀[諸度]과 사섭법 등을 수행하고', 불교공부 방법을 바라밀과 사섭법으로 대표했다. 모든 수행법을 다 수행한다는 말이다.

'觀物同己관물동기'; '만물을 자기와 같다고 보아서', 수행하는 기본 입장이 관물동기다. 만물을 보되, 사람, 산하대지 등 나 아닌 물物을 내 몸[自己]과 같다고 본다. 이것은 나와 중생衆生이 다 불성佛性을 가지고 있으니 같다는 뜻도 된다. 또한 그 불성佛性은 청정각명한 것인데, 청정각명은 중생衆生의 청정각명과 부처님의 청정각명이 다르지 않다. '저것은 부처님 것이고, 이것은 중생의 것이다'라는 식으로 구분할 수가 없다. '觀物同己관물동기'는 말하자면, 일체중생一切衆生과 삼라만상森羅萬象, 삼천대천세계三千大千世界가 바로 나다. 나와 같다. 더 나아가 '일체一切가 바로 나다.' 이렇게 보는 마음이다. 『금강경』에서는 그것을 '광대심廣大心'이라 한다. 넓고 큰 마음이다. 나와 우주가 같은 몸이다. 이것 설명을 어찌하는가?

백봉선생님이 지으신 염불송念佛頌[295]은 "부처님 거울 속의 제자의 몸은 제자의 거울 속의 부처님에게…"라고 시작된다. 여기 부처님의 거울이 있다. 이 거울에 온갖 것이 다 있다. 부처님 거울이 얼마나 큰가? 마음의 거울[心鏡]이다. 사실은 모습도 없는 거울이다. 이 거울에는 우주宇宙 삼천대천세계가 다 들어 있다. 마음을 거울이라 생각하면 그 거울에 다 비친다는 말이다. 다시 여기 제자의 거울[心鏡]이 있다고 해보자. 그 제자의 거울도 청정각명淸淨覺明하다. 그러니 이 거울에도 온갖 것이 다 비친다. 그러니까 제자의 거울도 부처님 거울에 비치고, 부처님 거울도 제자의 거울에 비친다. 그래서 염불송에서는 "부처님 거울속의 제자의 몸은/ 제자의 거울속의 부처님에게…"이라 했다. 제자의 몸은 곧 제자의 거울이다. 제자의 거울 속에 부처님 거울이 다 비친다. 그러니까 부처님의 거울과 제자의 거울 사이에서만 그런 것이 아니고, 여기 공부하는 모든 사람들의 거울이 서로서로 다 비친다. 거울이 모습이 없으니, 뭐라고 동그라미로라도 그릴 것이 없다. 그러니 이 허공계虛空界에 수많은 거울, 셀 수 없이 많은 거울이 존재하면서 서로가 서로를 다 비춘다.

거울과 거울이 서로 비추는 관계, 이 비유는 『화엄경』에서 많이 사용한다. 의상대사義湘大師 글에 거울 이야기가 많이 나온다.

우리가 아미타불阿彌陀佛을 부르는데, 아미타불의 거울과 염불하는 사람의 거울이 결국은 둘이 아니다. 왜인가? 청정각명하기 때문이다. 일체가 다 내 거울 안에 들어 있다. 그러니 내 마음이 얼마나 큰가? 광대하다. 그것을 광대심廣大心이라 한다.

---

295 백봉거사가 지은 선시 "염불송": 부처님 거울 속의 제자의 몸은/ 제자의 거울속의 부처님에게/ 되돌아 귀의하는 이치를 알면/ 부처가 부처이름 밝히심이네.

'普皆救脫보개구탈'; 모조리[普] 다[皆] 구해서[救] 해탈을 얻게 한다[脫]. 이 구절 어디서 많이 본 듯하지 않은가? 『금강경』 대승정종분大乘正宗分에 이런 말이 나온다. "我皆令入아개영입 無餘涅槃무여열반 而滅度之이멸도지 如是滅度여시멸도 無量無數無邊衆生무량무수무변중생 實無衆生실무중생 得滅度者득멸도자.[296]" 왜 그런가? 아상我相· 인상人相· 중생상衆生相· 수자상壽者相이 없어야 보살菩薩이기 때문이다. 그것이 대승의 바른 종지宗旨, 정종正宗이다. 『금강경』의 핵심이다. 왜 중생衆生을 제도濟度하려 하는가?

중생의 거울이나, 내 거울이나 결국 똑같은 거울에 들어가 있다. 거울은 하나다. 예컨대 큰 거울이 하나 있다. 크기는 허공虛空만 하다. 허공은 크기가 없다. 그러니 청정한 각명이라고 표현한다. 그것은 광대한 마음을 나타내고, 모두를 무여열반無餘涅槃에 들게 한다는 것은 그것은 또 아주 좋은 마음이다. 광대한 마음[廣大心]이 있고, 무여열반에 들게 한다. 최고로, 제일로 좋은 것을 해준다는 말이다. 제일심第一心이다. 여기선 뭐라고 했는가? '모두 다 구해서 해탈하게 [普皆救脫]'한다.

'盡未來際진미래제 不限劫數불한겁수'; 미래 세상이 다하도록 겁수를 두지 않는다. 겁수劫數는 시간이다. 언제든지 모든 중생을 다 제도할 때까지, 시간의 제한을 받지 않고 내가 다 제도하겠다는 말이다. 그러는 것을 상심常心이라고 한다. 이러한 마음이 항상한다는 말이다. 중생을 다 제도할 때까지 항상恒常한다. 그것이 상심이다.

'如實了知여실요지 自他平等자타평등'; '자타가 평등한 것을 내가 다 안다'다 알아서,

---

296 (세상에 있는 모든 중생 종류, 알로 나는 것, 태로 나는 것, 습기로 나는 것, ... 를) 내가 모두 무여열반에 들게 하여 제도하리라. 이렇게 무량 무수 무변한 중생을 제도하여도 실로 제도받은 자가 없다.

'而亦不取衆生之相이역불취중생지상'; '중생衆生이라는 상相이 없다' 이것이 바로 "보살은 아상·인상·중생상·수자상이 있으면 보살이 아니니라"는 말이다. 여기서는 아상·인상·중생상·수자상 대신에 중생지상衆生之相이라 했다. 중생지상이라는 것은 유신견有身見이고 유신견은 나라는 몸이 있다는 생각이다. 이렇게 중생이라는 상을 취하지 않는 바른 견해를 가지는 것을 정지심正智心이라고 한다. 8정도에서 말하는 정견正見이다.

광대심廣大心. 제일심第一心, 상심常心, 정지심正智心의 네 가지 마음은 미륵보살이 강조하시는 사종보리심四種菩提心이다. 대승 공부하는 사람은 네 가지의 보리심을 가져야 한다는 것이다. 여기서 이야기하는 것도 똑같다. '觀物同己관물동기'는 광대심廣大心이고, '普皆救脫보개구탈'은 제일심第一心, '盡未來際진미래제 不限劫數불한겁수'는 상심常心, '如實了知여실요지 自他平等자타평등'은 정지심正智心이다.

이와 같은 대방편지大方便智로 무시무명을 소멸하고 본래의 법신을 증득하고서 저절로 부사의업不思議業을 일으킨다. 갖가지로 자재하고 차별 있는 작용이 법계에 두루하여서 진여와 더불어 평등하지만, 또한 용상用相을 잡을 수가 없다. 왜냐하면 일체 여래는 오직 법신이요 제일의제第一義諦이므로 세제世諦의 경계 작용이 없다.[297]

'무시무명을 소멸하고 본래의 법신을 증득한다'는 것은 상구보리하여 이제 성불

---

297 원문은, 以如是大方便智이여시대방편지 滅無始無明멸무시무명 證本法身증본법신 任運起於不思議業임운기어부사의업 種種自在差別作用종종자재차별작용 周遍法界주변법계 與眞如等여진여등 而亦無有用相可得이역무유용상가득 何以故하이고 一切如來唯是法身일체여래유시법신 第一義諦제일의제 無有世諦境界作用무유세제경계작용

한 것이다. 그 다음에는 하화중생하는 제도濟度를 설명하고 있다. '저절로 부사의 업不思議業을 일으킨다'는 것은 본각의 부사의용상不思議用相을 지칭한 것이고, '갖가지로 자재하게 차별 있는 작용으로 법계에 두루하다'는 것은 그것이 모두 진여의 부사의용상의 작용이기 때문이다. '용상用相을 잡을 수 없고, 세제世諦인 경계 작용이 없다'는 것은 중생을 제도하되 제도하는 모습이 없다는 설명이니 사상四相에 걸리지 않기 때문이다.

'以如是大方便智이여시대방편지'; 대방편지大方便智는 사종보리심四種菩提心이다. 즉 광대심廣大心, 제일심第一心, 상심常心, 정지심正智心이다. 이 네 가지 마음을 가지고 있어야 대승大乘의 공부를 하는 사람이다.

'滅無始無明멸무시무명'; '무시무명을 없애고',

'證本法身증본법신'; '본래의 법신을 증득하고',

'任運起於不思議業임운기어부사의업'; '자유롭게 부사의不思議한 업業을 일으키고',

'種種自在差別作用종종자재차별작용'; 앞의 '任運起於임운기어' 뒤에 붙는 것이다. 즉 '任運起於種種自在差別作用임운기어종종자재차별작용'이다. '자유롭게 부사의한 업도 일으키고, 가지가지의 자재한 차별작용도 일으켜서',

'周遍法界주변법계'; '그런 작용 일으킨 것이 법계에 두루한다'. 허공에 가득찬다.

'與眞如等여진여등'; 여래如來와 꼭 같이 상주常住한다는 말이다. 부처님은 부사의업不思議業과 자재차별작용을 항상 일으키고 있다, 허공에 일으키고 있다. 마치 진여眞如와 같다. 진여는 무엇인가? 진심眞心, 상주진심常住眞心, 청정각명淸淨覺明이다. 청정각명淸淨覺明이 우주에 가득하듯, 내 본래면목이 청정각명이니 내 본래면목本來面目이 우주에 가득하다.

'而亦無有用相可得이역무유용상가득'; 부사의업과 자재차별작용을 일으키는데, 그런 작용을 일으키는 모습인 용상用相을 잡을 수 없다. 포착할 수가 없다. 볼 수가 없다.

'何以故하이고'; 어째서 그러한가?

'一切如來唯是法身일체여래유시법신'; 일체의 여래는 원래 법신法身이다. 제일의제第一義諦다. 승의제勝義諦란 말이다. 세속제世俗諦가 아니다.

'無有世諦境界作用무유세제경계작용'; 세속제는 원래 없다. 세속제란 강의를 듣는 사람이 잘 못 알아들으니까 방편상 쓰는 것뿐이다. 부처님은 제일의제이지, 세속제가 없다. 경계 작용도 없다. 경계라고 하는 것은 모습이다. 부처님은 청정하다.

자, 이것이 용상用相에서 부처님의 용심用心을 설명한 것이다. 중생은 어떨까?

[2] 중생의 용심用心

다만 중생들의 견문見聞을 따르므로 온갖 작용이 같지 않다. 이 작용에는 두 가지가 있다. 하나는 분별사식分別事識에 의한 것으로 범부나 이승의 마음으로 보는 것을 말함이니, 이것을 화신化身이라고 부른다. 이 사람들은 전식轉識의 그림자가 나타난 것인 줄 알지 못하고, 밖에서 온 것으로 보고 빛깔의 분한分限을 취한다. 그러나 부처님의 화신은 한량이 없다.[298]

---

298 원문은, 但隨衆生見聞等故단수중생견문등고 而有種種作用不同이유종종작용부동 此用有二차용유이 一일 依分別事識의분별사식 謂凡夫二乘心所見者위범부이승심소견자 是名化身시명화신 此人不知轉識影現자인부지전식영현 見從外來견종외래 取色分限취색분한 然佛化身

앞에서 부처님의 용심用心을 이야기했는데, 중생은 용심이 어떤 모습일까? 부처님의 용심 마지막 부분에서 "세속제世俗諦의 경계작용이 일체 없다"고 했다. 부처님은 법신法身이고 제일의제第一義諦이기 때문이다. 중생이 부처님을 보면, "아, 이분이 부처님이구나!" 할 것인데, 무엇을 보고 부처인 줄 아느냐는 것이다. 2,500여년 전 인도에 오신 화신化身, 고타마 싯다르타를 보고 우리는 부처님이라 한다. 하지만 부처님의 법신法身은 볼 수도 없고, 2500년 전에 온 적도 없다. 그렇다고 법신이 없은 적도 없다.

지금 여기서는 중생들의 거울에 부처님의 모습이 어떻게 비치는가를 설명한다. 해설을 보자.

'다만 중생들의 견문見聞을 따르므로 온갖 작용이 같지 않다'는 구절은 중생들이 견문각지見聞覺知하는 것은 그들의 동분망견同分妄見과 별업망견別業妄見에 따라서 제각기 다르게 보이고 들린다는 설명이다. 제불의 용대用大는 위와 같은데, 중생들은 근기에 따라서 제각기 다르게 보고 듣고서 나름대로 생각하므로 차별이 있다는 말이다. 그래서 진제의 구역은 이 구절을 "다만 중생들이 보고 듣는 것을 따라서 이익을 얻게 하므로 용대用大라고 설명한다"라고 번역하였다.

이처럼 중생들의 망견妄見에 따라서 구체적인 실례로 부처님의 몸이 각기 다르게 보인다. 중생들의 견문見聞을 크게 나누면 분별사식分別事識과 업식業識이 구별되고, 그에 따라서 두 가지의 망견이 나타난다. 범부나 이승은 분별사식으로 보기 때문에 부처님의 화신化身만 보이고, 보살들은 업식으로 보기 때문에 부처님의 보신報身을 본다는 설명이다. 즉 중생은 부처의 법신法身은 보지 못하고, 보신과 화신만 보인다는 설명이다.

연불화신 無有限量무유한량

356

화신이 본래 "전식轉識의 그림자'라는 것은 범부나 이승의 아뢰야식에서 인연 따라 나타났다는 말이다. '밖에서 온 것으로 보고 빛깔의 분한分限을 취한다'는 것은 제각기의 견분이 상분을 보는 공상共相이 개인의 견문각지見聞覺知인 줄 모르는 범부나 이승들이 '화신이 외부에 실재한다'고 생각한다는 말이다.

원문을 보자.

'但隨衆生見聞等故단수중생견문등고'; '다만 중생의 견문을 따르므로'. 중생들의 견문見聞하는 그 사이클을 따른다는 말이다. 사이클이 다르다. 일수사견一水四見²⁹⁹을 아는가? 물은 하나인데 물을 보는 견해는 네 가지가 있다는 얘기다. 이와 같이 중생도 부처님을 다 달리 본다. 물도 달리 보는데 부처님은 더 다르게 볼 것이다. 그러니 중생의 견문에 따라서, 견문의 사이클, 등급에 따라 다르다.

'而有種種作用不同이유종종작용부동'; 그러니까 가지가지 작용이 보이는 부처님 모습이 같지 않다. 이 구절을 잘 알아야 한다. 중생이 부처님을 보는데, 부처님은 법신法身이 본래 모습이지만, 일반중생들은 공부가 되지 않아 부처님 법신法身을 그대로 보지 못한다. 비유하자면 자신의 거울에 흠이 있는 중생衆生은 부처님을 보아도 흠이 있는 부처님으로 본다. 중생의 견해見解, 혹은 사고방식思考方式에 따라서 부처님의 모습도 다 다르게 보인다.³⁰⁰

'此用有二차용유이'; 중생들이 여러 가지이니, 그 용심, 작용이 두 가지가 있다.

<hr/>

299 일수사견(一水四見): 같은 물이지만, 천상의 신은 유리로 보고, 인간은 물로, 아귀는 피고름으로, 물고기는 보금자리로 본다는 것. 곧 같은 대상을 두고 보는 주체의 시각에 따라 견해가 사뭇 다름을 가리키는 비유,

300 진제의 구역(舊譯)은 "但隨衆生단수중생 見聞得益견문득익 故說爲用고설위용"으로 번역했다. "다만 중생에 따라서 견문이 (일수사견처럼) 다르고, 그 다른 만큼 얻는다/뜻을 안다. 그래서 그것을 중생들의 작용(作用), 용심(用心)이라고 설명한다"는 말이다.

'一일 依分別事識의분별사식 謂凡夫二乘心所見者위범부이승심소견자 是名化身시명화신'; '하나는 분별사식에 의한 것이니 범부와 이승二乘의 마음을 가진 자들이 보는 것이다. 화신이라 한다.' 화신化身은 부처님의 육신肉身이다. 2,500년 전 인도에서 왔다 갔다 하던 부처님 몸, 그것이 화신이다. 우리가 말하는 삼신三身, 즉 법신法身, 보신報身, 화신化身 가운데 화신이 그것이다. 이것은 범부凡夫도 그리 보고, 성문聲聞, 연각緣覺도 그리 본다. 이것을 같이 보는 모습이라 해서 공상共相이라 한다.

'此人不知차인부지 轉識影現전식영현'; 그런데 이 사람들, 범부凡夫와 이승심二乘心을 가진 자들은 모른다. 무엇을 모르는가? '그들이 보는 화신이 전식轉識의 그림자가 나타난 것인 줄 모른다'.

앞에서 무명업상無明業相, 전상轉相, 현상現相이라는 삼세三細를 설명했다. 전상轉相은 주主요 능能이며, 현상現相은 객客이요 소所다. 이 전상에서 일어난 것이 전식轉識이다. 전상과 전식轉識은 같은 말이다.

영현影現은 무엇인가? 주체가 무명업식 때문에 생겼는데, 무명업식은 어디서 생겼는가? 제8식에서 생겼다. 제8식에서 생기는 세 가지 미세한 변화라고 하는 무명업식, 전식, 현식의 삼세三細를 통틀어 전식轉識이란 말로 대표한 것이다. 전상은 견분見分, 현상은 상분相分이다. 그러니까 견분, 상분이 벌어지면서 일어난 그림자影라고 했다. 그러니까 삼세三細로 일어난 그림자라는 말이다. 무엇이 삼세로 일어난 그림자인가? 이것은 나다見分, 저것은 부처다相分. 중생衆生이 부처를 보는 것, 다시 말해 중생의 눈으로 부처를 보는 것이다. 견분과 상분은 무명업식無明業識에서 생긴 그림자다.

'見從外來견종외래 取色分限취색분한'; '밖에서 온 것으로 보고 빛깔의 분한을 취한다.' 사람들은 이것이 전식轉識으로 나타난 그림자인 줄 모르고, 부처님의 모습이 원래 내 몸 밖에 있어서, 내 눈을 가지고 본 것이라고 생각한다. 그런데 사실 부처님 몸이라는 것은 내가 가지고 있는 식識에 들어 있는 정보情報다. 내 제8식에 들어있는 종자식種子識이 가지고 있는 내용 안에 부처님의 몸佛身이라는 정보情報가 들어 있다. 그런데 그 들어가 있는 것이 거울이 서로 비추듯 그렇게 다 들어가 있다. 원래 들어 있다. 내가 이 제8식 종자식種子識에다 부처님 몸에 관한 정보를 넣었다는 것인가? 넣은 것이 아니라, 원래부터 들어있다. 왜인가? '부처님 거울 속의 제자의 몸은, 제자의 거울 속의 부처님에게', 본래 들어가 있다. 모든 중생衆生의 정보情報가 다 들어있다. 그런데 이 불신佛身이 내 제8식 안에서 일어난 것인 줄 모르고, 부처님 몸은 바깥에 있다고 생각한다는 말이다.

'取色分限취색분한'; '빛깔을 보고[取色] 분별하는 한계[分限]이다.' 그런 한계를 중생들이 지니고 있다.

'然佛化身연불화신 無有限量무유한량'; 그러나 부처님 화신은 한량이 없다. 왜인가? 보는 중생의 사이클에 따라서 부처님 화신이 달리 보인다. 그런데 지구상에 사는 중생은 공업중생共業衆生이라, 동분망견同分妄見이다. 동분망견을 가지고 있으니 부처님의 몸이 똑같이 보인다. 32상301 80종호302를 갖춘 몸으로 나타난다. 하늘 사람은 또 다르게 볼 것이다. 그러나 우리 범부凡夫 중생衆生과 성문聲聞 연각緣覺은 같이 본다. 그것을 공상共相이라고 한다. 같이 보는 모습이다.

---

301 삼십이상(三十二相): 부처가 갖추고 있다는 서른두 가지 뛰어난 신체의 특징. 고대 인도 신화에 나오는 전륜성왕이 갖추고 있는 신체의 특징을 불교에서 채용한 것.

302 팔십종호(八十種好): 부처와 보살이 갖추고 있다는 여든 가지 신체의 미세한 특징.

둘째는 업식業識에 의한 것이니, 모든 보살이 초발심初發心으로부터 구경지究竟地에 이르는 중에 그 마음이 보는 것을 일러 수용신受用身이라 한다. 이 수용신에는 무량한 색色이 있고, 색에는 무량한 상相이 있으며, 상에는 무량한 호好가 있다. 머무는 것도 과果에 의지하며 또한 무량한 공덕장엄을 갖추고 있어서, 곳에 따라 상응하여 무량無量 · 무변無邊 · 무제無際 · 무단無斷하게 보지만, 마음밖에서 이렇게 보는 것이 아니다. 이러한 모든 공덕은 모두 바라밀 등의 무루행훈습과 부사의不思議 훈습으로 이루어져서, 무변한 희락喜樂과 공덕상功德相을갖추고 있으므로 또한 보신報身이라고도 부른다.[303]

원문을 보자.

'二이 依業識의업식'; 둘째는 업식이니, 중생衆生들이 보는 부처님의 몸은, 분별사식分別事識으로 보는 공상共相이다. 업식業識으로 보는 것은 보살들이다.

'謂諸菩薩從初發心위제보살종초발심 乃至菩薩究竟地내지보살구경지 心所見者심소견자 名受用身명수용신'; '초발심初發心에서부터 10지地까지 닦은 보살들이 마음으로 보는 바는 수용신受用身이라 한다'. 범부와 이승들은 화신을보고, 보살들은 수용신, 혹은 보신報身을 본다. 수용신과 보신은 같은 말이다. 공부한 업식業識에 따라서 본다는 말이다. 이번에는 보는 이가 보살이다. 보살이 부처님의 몸을 본다. 어떻게 보는가? 보살도 급수가 있다. 일반적으로 십신十信, 십주十住, 십행十行, 십회향十□向, 십지十地, 등각等覺, 묘각妙覺. 이렇게 52

---

303 원문은, 二이 依業識의업식 謂諸菩薩從初發心위제보살종초발심 乃至菩薩究竟地내지보살구경지 心所見者심소견자 名受用身명수용신 身有無量色신유무량색 色有無量相색유무량상 相有無量好상유무량호 所住依果소주의과 亦具無量功德莊嚴역구무량공덕장엄 隨所應見수소응견 無量無邊무량무변 無際無斷무제무단 非於心外如是而見비어심외여시이견 此諸功德차제공덕 皆因波羅蜜等개인바라밀등 無漏行熏무루행훈 及不思議熏之所成就급부사의훈지소성취 具無邊喜樂구무변희락 功德相故공덕상고 亦名報身역명보신

단계의 보살들이 있다고 한다. 『능엄경』에서는 57단계라 한다.[304] 보살菩薩들은 닦은 바에 따라서 불신佛身을 달리 본다는 말이다.

'身有無量色신유무량색'; '부처님 몸에는 무량한 색이 있다'. 색色이라는 것은 몸을 이루는 물질物質을 지칭한다.

'色有無量相색유무량상'; 그 몸은 한없이 많은, 무량한 모습을 가지고 있다.

'相有無量好상유무량호'; '그 모습은 한없이 많은 호好를 가지고 있다'. 삼십이상三十二相 팔십종호八十種好라 할 때의 그 호다. 호好는 좋은 모습이다. 한없이 많은 좋은 모습을 가지고 있는데, 그 보살의 사이클에 따라서 보는 것이 다르다. 그래서,

'所住依果소주의과 亦具無量功德莊嚴역구무량공덕장엄'; 머무는 바[所住] 과보果報, 과위果位에 의지해서 본다. 보는데, 역시 그 갖추고 있는 모습은 무량공덕장엄이다. 수많은 공덕장엄功德莊嚴을 갖추고 있다. 공부가 높은 사람이 보면, 부처님이 가지고 있는 모습이 훨씬 더 수승하고 종류가 많다는 말이다.

'隨所應見수소응견'; '所住依果소주의과'에 따라서, 마땅히[應] 본다[見].

'無量無邊무량무변 無際無斷무제무단'; '양이 한없이 많고[無量] 변두리가 없고[無邊], 장소가 없고[無際], 끊을 수가 없다[無斷]'. 허공이 가邊가 없다고 허공무변虛空無邊이라 한다. 무엇이 있어야 끊을 것인데, 허공처럼 청정하니까 끊을 것이 없다. 그런데 그러한 많은 부처님의 모습을 보는데,

'非於心外如是而見비어심외여시이견'; 그러한 모습이 마음 밖에서 온 것이 아니다. 보살의 거울에 있는 부처님의 몸을 벗어난 것이 아니다. 공부를 많이 한 보살은 이 불신佛身이 제대로 보이고, 공부가 덜된 보살은 덜된 그만큼 보

---

304 능엄경에는 52단계에 제일 처음 간혜지(乾慧地)가 붙어 있고, 십신, 십주, 십행, 십회향 다음, 십지 올라가기 직전에 4가행(四加行)이 붙어있다. 그러니 간혜지와 사가행의 총 다섯 단계가 더 있다. 그래서 보통은 52위라 하는데, 다섯 개가 더 붙으면 57위가 된다.

인다는 말이다.

공덕이란 것은 원인에 따라 상응하는 과보를 가리키는데, 그 과보에 상응하여 나타나 보이는 몸이므로 보신報身이라고 한다. 즉 보살의 수행단계에 따라서 보이는 제불의 보신들이 색상과 장엄이 제각기 다르다고 한다.

지욱대사의 설명에 따르면 '보살의 초발심'은 돈교頓敎에서는 초발심주初發心住를 가리키니, 진여를 분증分證하여 불佛의 수용신受用身을 능히 본다. 이 자심변영自心變影인 수용신에는 무량한 색과 상호가 있고 또한 무량한 공덕장엄을 갖추고 있어서, 그 경지에 따라서 무량무변인 모습과 과보가 나타난다. 보살이 보는 불신佛身도 그 자심自心 중에 있는 불신이지, 따로 마음 밖에서 보는 부처님의 진짜 모습이 아니라는 설명이다.

보살이 보는 불신佛身이란 것은, 이 보살의 거울 속에 비친 불신이다. 바깥에 있는 불신이 아니다. 보살菩薩의 거울에 비친 불신佛身이 그대로 나타나는 것이다. 어떻게 나타나는가? 이 보살의 공부 정도에 따라서 다르게 나타난다. 원래 불신佛身은 법신法身이니 아무 모습이 없다. 그런데 보살의 공부 정도에 따라서 여러 가지로 나타난다. 어려운 말은 아닌데, 잘 생각해 봐야 한다. 어째서 바깥의 부처님 몸인데 나에게 나타난다는 말인가? 설명이 안 된다. 그러니까 거울 거울마다 청정한 무루공덕無漏功德을 다 갖추고 있다. 이렇게 생각하면 이해가 쉽다. 원문을 보자.

'此諸功德차제공덕'; '이 모든 공덕은', 공덕이라고 하는 것은 부처님의 몸을 보는데 제대로 보는가, 아니면 10분의 9나 10분의 7만 보느냐 하는 이런 공덕을 말한다.

'**皆因波羅蜜等개인바라밀등 無漏行熏무루행훈**'; 육바라밀에 의한 무루행. 무루행은 수행을 하는 것이다. 수행해서 훈습한 힘[熏]으로 여래의 몸을 본다.

'**及不思議熏之所成就급부사의훈지소성취**'; '또 부사의한 훈으로 인해서 이루어진 바[所成就]다'. 무슨 말인가? 부처님의 법신이 그대로 내 거울 속에 있다. 그런데 부처님의 법신이 내 거울 속에 있어도, 법신을 보려면, 법신을 볼 수 있는 능력을 내가 갖추어야 한다. 사이클이 같아야 한다는 말이다. 사이클이 같아지기 위해선 부처님이 하신 바를 따라 37도품道品을 수행하고, 무루행無漏行을 닦아야 한다. 그리해야 부처님과 똑같은 사이클이 되고, 그때 비로소 부처님의 법신을 볼 수 있다는 말이다. 아주 중요한 구절이다.

우리 거울에 부처님의 법신이 그대로 갖추어져 있는데, 그것을 실제로 보려 하면, 그냥은 안 봐진다는 말이다. 이와 관련된 개념槪念이 있다. 본래 우리가 갖추고 있는 능력을 성덕性德이라 한다. 우리의 본성本性/자성自性이 갖추고 있는 능력能力이다. 그런데 내가 성덕을 갖추었지만 부처님의 모습이 보이지 않는다. 법신을 모른다. 왜인가? 내가 청정각명인 줄 알아야 부처님의 청정각명이 보인다. 그래서 37도품을 닦는다. 37도품을 문사수聞思修로 닦아서 내가 청정각명을 터득한다. 청정각명을 터득하면, 다시 말해 내가 수행을 통해 성덕性德에 갖고 있는 법신法身을 알았다고 하면, 그것을 수덕修德이라 한다. 수행해서 얻었다는 말이다. 그렇게 성덕性德과 수덕修德이라는 말이 있다. 잘 알아놔야 한다. 우리의 성덕性德은 무엇인가? 청정각명淸淨覺明이다. 그런데 우리의 수덕修德은 아직 청정함이 안 된다. 무연지無緣知를 잘 못쓰고, 반연심攀緣心을 많이 쓰니까, 우리의 수덕은 반연심으로 얻은 지혜智慧가 많고, 무연지가 드물다. 그러니 성덕과 수덕이 다르다. 어쨌든 수덕修德을 통해서 성덕性德이 원래 갖추고 있는 부처님의 법신法身을 볼 수 있다.

이러한 훈습을 통해서 하는 공부를 여기서는 훈熏이라고 했다. 훈습熏習 중에는 망심妄心으로 하는 훈습이 제일 많다. 깨끗하게 하는 훈습으로 보면, 진여훈습眞如薰習도 있고, 망심훈습妄心薰習도 있었다. 망심妄心이 무엇인가? 우리가 문사수聞思修 공부를 통해 터득한 지혜, 전부가 망심이다. 그것을 가지고 무시無始의 무명無明을 쓸어내는 것이다. 망심훈습妄心薰習이다. 그러니 망심이 나쁜 것 같아도, 공부하는데 망심이 없으면 안 된다. 문사수한다고 할 때 문사聞思는 망심妄心이다. 우리가 쓰는 분별심分別心이다. 이 분별을 쓰지 말라니까, 보통 사람들은 분별심을 내버려야 한다고 생각하는데, 분별심을 내버리면 불교 공부가 되지 않는다. 문사聞思를 통해서 훈습하는 것은 망심훈妄心熏이다. 망심훈이 가장 큰 힘을 낸다. 우리가 공부하는 것이 망심훈이다. 주主와 객客을 두어 여러 가지로 분별하고, 따지고 해서 무루행훈無漏行熏과 부사의훈不思議熏을 통해서 성취한다. 이렇게 성취하면,

'具無邊喜樂구무변희락'; 갖춘다[具]. 끝이 없는, 가가 없는[無邊] 희락을. 희락喜樂은 무엇인가? 기쁨과 즐거움이다. 좌선坐禪을 하고 '사띠'를 하면 희락을 맛보게 된다. 좌선을 열심히 하고, 앉는 시간을 좀 길게 잡아 한 30분이나 하게 되면, 희락의 맛을 볼 수 있다. 기쁨도 오고, 아무 이유 없이 즐겁다. 가만히 있어도 즐겁고, 밥을 먹어도 즐겁고, 허리가 아파도 즐겁고, 사는 일이 온통 즐겁다. 그것이 희락이다. 불교 공부를 하면서 희락이 오지 않으면 공부 잘못하는 것이다. 희락이 오지 않으면 좌선을 자꾸 해보라. 사띠를 해보라.

'功德相故공덕상고'; 수많은 공덕功德을 한꺼번에 공덕상이라 했다. 이런 것을 갖추게 된다[具]는 말이다. 공부해서 이런 결과, 과보果報를 얻는다.

'亦名報身역명보신'; 그래서, 보신報身이라고도 한다. 과보로서 얻은 몸이란 뜻이다. 그러니까 우리는 자기 수준만큼 부처님이 보인다. 여러분이 극락에 가기를 원해서 아미타불을 부르면, 꿈에 아미타불이 나타난다. 앉아있으면 헛

것이 보이기도 한다. 우리 키만큼 보는 사람이 있고, 부처님 몸을 무지무지하게 크게 보는 사람도 있다. 부처님 발가락 높이가 내 키만 하다. 그러면 부처님을 보기 위해서는 위로 쳐다봐야 한다. 그러면 저 위 산꼭대기 같은 곳에 부처님 얼굴이 있다. 그것이 보신報身이다. 내 공부가 공덕功德을 얻지 못하면, 그 보신을 볼 수가 없다. 화신化身만 보인다.

또 나아가서 내가 청정각명淸淨覺明인 것을 알면, 부처님의 법신法身이 보인다. 아미타불의 법신이 보인다. 아는 만큼 보인다. 흔히 하는 말로, 여러분이 아무리 불교 강의를 들어도, 여러분이 아는 만큼만 알아듣지, 나머지 소리는 그냥 귓가로 지나가고 만다.

우리가 부처님을 보는 것도 그와 같다. 내가 공부한 것만큼, 내가 얻은 희락喜樂과 공덕상功德相만큼 보인다. 보살은 좀 많이 보일 것이다. 그래서 보살이 보는 것은 업식業識, 즉 문사수聞思修의 업을 닦아서 얻은 식識이다. 앞에 분별사식分別事識이라 한 것은, 분별分別을 쓰는 마음으로 보는 것이니까. 일반중생들이 쓰는 마음으로 같이 보는 것이다. '분별사식은 범부凡夫와 이승二乘의 심소견사心所見事'라고 했다. 이승은 성문聲聞과 연각緣覺인데 범부凡夫와 같은 수준으로 봤다. 이승二乘들은 부처님의 보신을 모른다. 부처님의 몸뚱이, 화신化身만 알지 보신報身을 모른다는 뜻이다.

또 범부 등이 보는 것은 조추粗麤한 작용으로, 육취六趣에 따라 다르므로 갖가지로 차별이 있으나 무변한 공덕인 낙상樂相이 없으므로 화신化身이라 한다. 초행보살初行菩薩은 중품中品의 작용을 보는데, 진여를 깊이 믿으므로 그 일부를 보았고, 그리고 여래의 몸은 거래去來가 없고 단절됨도 없으며, 오직 마음 그림자가 나타난 것으로서 진여를 떠난 것이 아님을 알고 있다. 그러나 이 보살은 아직 미세분별微細分別을 여의지 못하였기 때문에 법신위法身位에는 들어가지 못한다. 정심보살淨心菩薩은 미세한 분별작용을 본다. 이와 같이 더욱 수승하게 전변轉變하여 보살구경지菩薩究竟地에 이르면 미세한 작용을 보는 것이 바야흐로 끝난다. 이 미세한 작용이 수용신受用身인데 업식業識이 있음으로써 수용신을 본다. 만일 업식을 여의면 곧 볼 것이 없다. 일체 여래는 모두 법신이므로 피차의 차별색상差別色相을 서로가 볼 수 없기 때문이다.[305]

범부 등이 보는 것은 조추粗麤한 작용이고, 셋째 줄에 초행보살初行菩薩은 중품中品의 작용이고, 그 다음 밑에서 여섯 번째 줄에 '정심보살淨心菩薩은 미세한 분별작용을 본다'고 돼 있다. 무엇을 이렇게 본다는 말인가? 우리가 예불송禮佛頌[306]할 때, '부처님 거울 속의 제자의 몸은, 제자의 거울 속의 부처님에게'라고 돼 있다. '제자의 거울 속의 부처님', 이 말이 무슨 뜻인가? 이것을 허실만주虛室萬珠라고 한다. 빈 방에 여의주如意珠가 만 개가 있다는 말이다. 여의주가 만 개가 있으면 여의주끼리 서로 비춘다. 하나하나의 여의주에 나머지 구슬이 다 비친다. 구슬 하나를 내 것이라 하면, 그 구슬에는 온갖 것이 다 비친다. 그럼 여기에 부처님의 모습이 어떻게 비치는가 예를 들어서 설명하는 것이다.

---

305 원문은, 又凡夫等所見우범부등소견 是其粗用시기조용 隨六趣異수육취이 種種差別종종차별 無有無邊功德樂相무유무변공덕락상 名爲化身명위화신 初行菩薩초행보살 見中品用견중품용 以深信眞如이심신진여 得少分見득소분견 知如來身지여래신 無去無來무거무래 無有斷絶무유단절 唯心影現유심영현 不離眞如불리진여 然此菩薩연차보살 猶未能離微細分別유미능리비세분별 以未入法身位故이미입법신위고 淨心菩薩정심보살 見微細用견미세용 如是轉勝여시전승 乃至菩薩究竟地中내지보살구경지중 見之方盡견지방진 此微細用차미세용 是受用身시수용신 以有業識이유업식 見受用身견수용신 若離業識약리업식 則無可見즉무가견 一切如來일체여래 皆是法身개시법신 無有彼此差別色相무유피차차별색상 互相見故호상견고

306 보림선원의 예불송중 "염불송"이다. "부처님 거울속의 제자의 몸은 제자의 거울속의 부처님에게 되돌아 귀의하는 이치를 알면 부처가 부처이름 밝히심이네."

원문을 보자.

'**又凡夫等所見우범부등소견 是其粗用시기조용 隨六趣異수육취이 種種差別종종차별 無有無邊功德樂相무유무변공덕락상 名爲化身명위화신**'; 부처님의 본래 모습은 법신法身이다. 법신, 보신, 화신의 세 가지 몸이 있는데 범부들은 '조용粗用'을 본다. 조용은 거친 용대用大다. 용대라 함은 체대, 상대, 용대 할 때의 그 용대다. 부처님의 작용 중에서 거친 용대를 본다. 무슨 말인가?

예컨대 내 구슬[如意珠]에 부처님의 모습이 비친다. 비칠 때 여의주는 있는 그대로 다 비춘다. 그러나 내가 미했기 때문에, 무명無明으로 인해 망심妄心을 쓰기 때문에, 거친 작용[粗用]만 보인다.

'**隨六趣異수육취이 種種差別종종차별**'; 육취에 따라 갖가지로 달라서 구별된다. 육취六趣는 육도六道다. 중생이 윤회할 때 천상天上, 인간人間, 아수라阿修羅. 축생畜生, 아귀餓鬼, 지옥地獄, 여섯 가지의 세계를 돌아다니는데, 그 세계에 따라서 다르게 보인다. 그 모습은 어떠한가?

'**無有無邊功德樂相무유무변공덕락상**'; 무유無有는 없다는 말이다. 한없는 공덕락상이 없다.

'**名爲化身명위화신**'; 화신만 있다. 2500년 전 카필라성에서 태어나셔서 그곳에서 성도成道하시고 법문하셨던, 화신化身만 본다는 것이다. 왜 그런가? 내 여의주에는 사실대로 온갖 것이 다 비치는데, 내가 망심을 쓴 탓에 때가 끼어서, 때가 낀 것만큼 제대로 안 보인다. 마치 우리가 잘 아는 일수사견一水四見과 같다. 물은 하나인데 사람, 천상, 물고기, 아귀가 각각 다르게 본다. 우리는 물로 보지만, 천상 인간은 유리로 보고, 물고기에겐 집처럼 보이고, 아귀에게는 아주 더러운 오물로 보인다고 한다. 불신佛身을 보는 것도 육취六趣 따라 다르다. 범부는 불신을 조용粗用으로 본다. 즉 화신으로 본다.

'**初行菩薩초행보살 見中品用견중품용**'; 초행보살은 중품용中品用으로 본다.

'**以深信眞如**이심신진여 **得少分見**득소분견'; 진여를 깊이 믿어서, 적은 부분을 보았다. 일부를 봤다는 것이다. 진여가 무엇인지를 안다, 청정각명의 뜻을 어느 정도 증득했다는 말이다.

'**知如來身**지여래신 **無去無來**무거무래 **無有斷絶**무유단절'; 여래의 몸은 가는 것도 없고 오는 것도 없으며 끊어짐도 없음을 알았다.

'**唯心影現유심영현**'; 오직 마음의 그림자가 나타난 것이다. 몸이라고 하는 이것이 마음이다. 마음이 그대로 나타난 것도 아니고 마음의 그림자가 나타난 것이다. 마음의 그림자가 나타난 것이니 마음을 떠난 것이 아니다.

'**不離眞如불리진여**'; 마음이 곧 진여이니 진여를 떠난 것이 아니다. 그것이 중품용을 보는 것이다.

'**然此菩薩**연차보살 **猶未能離微細分別**유미능리미세분별'; 그러나 이 보살들은 아직 미세분별을 떠나지 못해서 분별이 남아있다. 여기 보살은, 지상보살地上菩薩이전의 삼현보살三賢菩薩이다. 우리는 그중에 초행보살일 것이다.

'**以未入法身位故**이미입법신위고'; 이 보살들은 법신法身의 과위果位에는 아직 들어가지 못하였다. 마음을 알긴 알아도 확실히는 모른다. 이렇게 보는 것이 중품용中品用이다. 색신色身과 보신報身을 겸해서 보는 자리다. 그 다음이 정심보살淨心菩薩, 지상보살地上菩薩이다.

'**淨心菩薩정심보살 見微細用견미세용**'; 지상보살은 미세용微細用을 본다. 미세용을 보니까 보신報身을 본다.

'**如是轉勝여시전승 乃至菩薩究竟地中내지보살구경지중 見之方盡견지방진此微細用차미세용**'; 이와 같이 전변하여 수승殊勝해지면, 보살구경지에 이르고, 보살구경지에서 이런 불신을 보는 미세한 작용이 끝이 난다.

중생들의 용심用心은 공부단계에 따라서 그 조추粗麤와 미세微細가 다르다. 감산대사의 설명에 따르면 범부 등은 범부와 이승二乘을 가리키고, 초행보살初行菩薩은 삼현보살三賢菩薩들이고, 정심보살淨心菩薩은 지상地上의 법신보살法身菩薩을 말하고, 보살구경지菩薩究竟地는 금강후심金剛後心을 지칭한다고 한다.

『능엄경』에 보면, 공부를 해서 등각等覺을 거쳐 가면, 그 뒤에 '金剛心中금강심중 初乾慧地초건혜지'라는 경지로 들어간다. 그것을 금강심 중에 뒤에 것이라고 금강후심金剛後心이라 한다. 공부가 거의 다 됐다는 말이다. 그것을 보살구경지菩薩究竟地라고 한다. 보살구경지에 가면 보는 작용이 없어진다는 말이다. 이것은 우리가 불신佛身을 어느 정도나 보는가 하는 이야기다. 범부들은 부처님 몸이라고 하면, 불상으로 만들어 모신 화신化身, 색신불色身佛을 생각한다. 그런데 십주十住부터 시작하는 보살菩薩에 들어가면, 부처님 몸이 큰 보신報身으로 나타난다. 지상보살地上菩薩에 가면, 이때는 보신의 크기가 아주 여러 가지다. 초지보살이 보는 것, 2지보살, 3지보살이 보는 것이 그 크기가 다 다르다. 초지보살初地菩薩에게 30층 빌딩 정도의 부처님 몸이 보인다고 하면, 2지는 그보다 더 크다. 서울 강남의 롯데타워만한 부처님이 보인다는 말이다. 나중에 10지 가까이 가면, 삼천대천세계만한 부처님의 몸을 본다. 그러니 불신이 여러 가지다. 그러한 보신은 누구의 보신인가? 부처님의 보신이다. 공덕을 쌓음에 따라서 부처님의 크기가 자꾸만 커진다. 그것이 초지보살이 되면 일부 보이고, 2지보살에게는 좀 더 보이고, 십지쯤 가면 삼천대천세계만한 부처님의 보신이 보인다. 보살구경지에 가면 법신만 보기 때문에, 이렇게 보신을 보는 일이 없어진다. 범부와 초행보살과 지상보살과 보살구경지에 따라서 보이는 불신이 다르다.

'是受用身시수용신 以有業識이유업식 見受用身견수용신 若離業識약리업식

則無可見즉무가견'; 미세한 작용은 수용신이다. 수용신은 보신이란 말이다. 수용신을 정식으로 쓰면 타수용보신他受用報身이다. 여기서 타他 보報 자를 빼고 수용신이라 했다. 업식이 있으면 수용신을 보고, 업식을 떠나면, 즉 공부가 잘되어 업식을 떠나버리면, 볼 것이 없다. 업식業識을 떠나면 법신法身만 본다는 말이다. 보는 것은 업식業識을 보는 것이다. 이 미세용은 업식으로 보는 것이다. 미세용은 결국 여기 이 타수용보신이다. 지상보살地上菩薩이 되면 확실히 보고, 삼현보살三賢菩薩일 때는 혹 보신을 보기도 하고, 색신만 보기도 한다.

'**一切如來일체여래 皆是法身개시법신'**; 일체의 여래는 그 몸이 법신이다. 그러니 우리가 보는 화신이나 보신이 없다, 부처님은 그저 법신만 있다.
'**無有彼此差別色相무유피차차별색상 互相見故호상견고'**; 서로가 보는 이런저런[彼此] 차별색상이 없다. 부처님은 법신만 본다. 보살구경지菩薩究竟地에 가면 보는 것이 없다고 했다. 보살구경지에서 견見, 즉 조용粗用을 보는 견, 중품용中品用을 보는 견, 미세용微細用을 보는 견, 그런 보는 것이 끝난다. 그럼 어찌되는가? 법신法身밖에 없다. 진짜 불신佛身은 법신이다.

부처님은 법신밖에 없는데 화신, 보신, 법신이라는 단어가 왜 있는가? 우리는 범부凡夫 중생이기 때문에, 화신化身만 보이지 보신이나 법신은 보이지 않는다. 조용粗用만 보인다. 그러니까 타수용보신他受用報身이라는 것은 부처님 몸이 아니다. 부처님 몸은 아니고, 타他인 지상보살地上菩薩들이 수용受用하는 보신이다. 지상보살들이 보기에는 부처님이 이렇게 보신으로 보인다. 커다란 보신報身으로. 키가 커서 백두산보다 더 큰 보신으로 보인다는 것이다. 그러니까 부처님이 아닌 중생들이[他], 우리가 법당에 불상을 보고 부처님 몸이라고 여기듯이, 수용하는 보신報身이다. 보신은 자기가 공부한 과보果報에 따라서 보이는 몸이다. 그래서 타수용보신이다. 미세용微細用은 타수용보신이지 부처님이 이런 몸은 아니라는 얘기다. 화신化身도 마찬가지다. 부처님이 있는 것이 아니다. 부처님은 이미 법신法身뿐인데, 타수용보신은 왜 있는 것인가? 중생이 그렇게 보는 것이다. 같은 물인데, 육도에 따라서 보는 것이 다른 일수사견一水四見의 경우와 마찬가지로, 범부냐, 초행보살이냐, 정심보살이냐, 보살구경지냐에 따라서 불신佛身을 달리 본다는 말이다.

지욱대사의 설명에 따르면 조추粗麤한 작용은 화신化身으로 하열한 응신應身이고, 중품中品의 작용은 조금 수승한 응신이니 이른바 보화報化의 합신合身이고, 미세한 작용은 타수용보신他受用報身이다. 모두 법보法報가 나툰 그림자로서 법보를 떠난 것이 아니다. 이런 조추와 미세가 부처님에게 있는 것이 아니고, 중생의 근기에 따라 나타날 뿐이다. 조추한 작용은 청정분별성淸淨分別性이라 부르고, 중품의 작용과 미세한 작용은 모두 청정의타성淸淨依他性이라 부르며, 만약 업식業識을 떠나면 청정진실성淸淨眞實性이라고 한다. 이 모두가 각각 법계에 두루하지만 무잡무애無雜無碍하므로 다시 피차의 차별색상差別色相을 얻을 수가 없다.

근기根機를 기준으로 조추한 작용, 중품 작용, 미세한 작용을 설명했다. 청정분별성, 청정진실성은 지욱대사의 분류다. 조추粗麤한 단계는 청정분별성이라 했다. 분별分別을 보통 변계소집徧計所執이라 한다. 두루[徧] 분별해서[計] 거기에 집착하는 것[所執]이다. 그다음으로 중품 작용과 미세한 작용은, 청정의타성淸淨依他性이라 했다. 의타기성依他起性이다. 이것은 인연법 이야기다. 인과 연이 마주치면 과果가 나온다. H2와 O가 결합하면 물이 나온다는 그 얘기다. 변계소집徧計所執은 두루두루 계탁 분별해서 좋고 싫음에 집착한다. 예컨대, 바나나를 먹고 설사한 사람은 바나나는 좋지 않은 식품이라 여기고 싫어한다

[惡]. 설사 안 하고 맛있게 먹은 사람은 바나나를 좋아한다[好]. 같은 바나나에 대해 각자 나름대로 계탁분별해서 좋다/나쁘다에 집착하는 사람은 범부다. 그런데 모든 것은 인과 연으로 해서 결과가 나온다. 인과 연에 의지해서 나오는 것은 전부 허망하다. 공한 것이다. 이런 이치를 안다고 하면, 중품용과 미세용에 해당한다. 불교에서 강조하는 것이 인연법이다.

'H2 + O→水'도 인연이라 하고, 이렇게 나타난 것은 전부 허망한 빈 것이니까[空], 알고 보면 여래장 묘진여성에서 나온 것이다. 즉 성性에서 나온 모습일 뿐이다. 이렇게 해석하는 것도 넓은 의미의 인연법이다. 조건을 갖추면, 여래장묘진여성에서, 이런 물이 나온다. H2와 O가 결합하면 물이 나오는 원래 성품자리는 여래장묘진여성如來藏妙眞如性이다. 이것도 역시 의타기성依他起性이다. 연기법緣起法이란 말이다.

그 다음에, '업식業識을 떠나면'은 부처님이 됐다는 말이다, 그러면 청정진실성淸淨眞實性이다. 이것을 원성실성圓成實性이라고도 하고, 지욱대사는 청정진실성이라 했다. 그리고 '이 모두가 각각 법계에 두루하지만, 무잡무애하므로 다시 피차의 차별색상을 얻을 수가 없다.'

그럼 원성실성圓成實性은 무엇인가? 변계소집성遍計所執性은 잘못된 것이다. 또 의타기성은 수소와 산소가 결합해서 물이 되는 것처럼 인연因緣으로 된 것이다. 그런데 인연으로 나타난 모습은 모두 다 믿을 수 없는 헛것이다. 전부 다 빈 것이다. 그러니까 이것은 사실 성性에서 나온 것이다. 상相을 무시하고, 의타기依他起한 모습을 모조리 공한 것으로 밀어붙인다. 그것이 중품용과 미세용의 단계다. 우리는 대충 이 언저리에서 놀고 있다. '수소+산소→물'이 사실인 것 같은데, 성상법문에서는 사실인 것 같은 이것이 허망한 것, 빈 것이라 한다. 상이 상相이 아니라 무상無相이라고 주장한다. 그러면 오로지 남는 것은 성性뿐이다.

성性은 무엇인가? 법성法性이라 한다. 법이 나오는 여래장묘진여성如來藏妙眞如性을, 성상법문性相法門을 할 때는 법성法性이라고 하고, 몸으로 이야기할 때는 법신法身이라 하고, 마음으로 이야기할 때는 진심眞心이라 한다. 말하는 입장立場에 따라 이름이 다르다. 그것이 원성실성圓成實性이다. 뭐라도 내용이 있으면 원성실성이 아니다. 즉 청정각명淸淨覺明이라야 원성실성圓成實性이다.

'一切如來일체여래 皆是法身개시법신 無有彼此差別色相무유피차별색상 互相見故호상견고'; 일체의 여래가 모두 법신이라서 서로 볼 만한[互相見故] 이런저런 차별색상은 없다. 그래서 이것을 옛사람들이 "불불불상견佛佛不相見"이라고 했다. 부처끼리는 서로 보지 못한다는 말이다. 왜 못 보는가? 법신法身이기 때문에 못 본다. 불신은 법신이고, 법신은 청정각명이니 아무것도 없다. 그러니까 불불佛佛은 불상견不相見이라고 한다. 이것을 사람들이 잘못 해석하는 수가 많다. 부처끼리는 서로 모른다! 그 말이 아니다. 부처를 보려 해도 불신은 법신이니 청정해서 아무 모습이 없다.

[3] 심색불이心色不二

문: 만약 부처님의 법신法身은 온갖 차별색상이 없다면 어떻게 온갖 색상들을 나타낼 수 있는가?

답: 법신은 색色의 실체實體이므로 능히 온갖 색상을 나타낼 수가 있다. 본래부터 색色과 심心이 둘이 아니어서, 색의 본성이 곧 심의 자성이므로 지신智身이라 한다. 법신에 의지하므로 일체 여래가 나타내는 색신色身은 일체처에 두루하고 간단間斷이 없다. 시방의 보살들은 능력과 기호에 따라서 무량한 수용신受用身과 무량한 장엄토莊嚴土를 보는데, 각각 차별이 있으나 서로가 장애가 되

지 않고 단절이 없다. 이렇게 나타난 색신은 일체 중생의 심의식心意識으로는 사량할 수가 없으니 이것은 진여의 자재하고 심심甚深한 작용이기 때문이다.[307]

원문을 보자.

'若佛法身약불법신 無有種種差別色相무유종종차별상'; '부처님의 법신은 온갖 차별색상이 없다.' 청정하다는 말이다.

'云何能現種種諸色운하능현종종제색'; '그런데 어떻게 능히 가지가지의 모든 빛깔을 나투는가?' 범부와 초행보살이 보는 화신, 보신은 색상이 있다. 그런데 원판인 법신은 아무 모습이 없는데 어째서 색상을 보는 일이 가능한가? 할 만한 질문이다.

'答답 以法身是色實體이법신시색실체'; 법신이라는 것이 색의 실체다. 너무 간단하게 써 놨다. 그러니까 법신은 색신을 나투는 본체다. 실체나 본체나 같은 말이다. 진심眞心은 무엇인가? 망심妄心의 본체다. 법신에선 신身이라고 했고, 진심에선 심心이라고 했다. 몸과 마음으로 쓸 때 불교에서는 법신/색신, 진심/망심처럼 쓴다. 성상性相으로 쓸때는 법성法性/제상諸相처럼 쓴다. 법의 성품과 온갖 모습이다. 법신法身, 진심眞心, 법성法性이 각각 색신色身, 망심妄心, 제상諸相의 본체本體, 혹은 실체實體인 것이다. 법신이 색신의 실체라는 말은, '진심은 망심의 본체', 혹은 '법성은 제상의 본체'라는 말과 같다. 법성은

---

307 원문은, 問문 若佛法身약불법신 無有種種差別色相무유종종차별상 云何能現種種諸色운하능현종종제색 答답 以法身是色實體이법신시색실체 故能現種種色고능현종종색 謂從本已來위종본이래 色心無二색심무이 以色本性이색본성 卽心自性즉심자성 說名智身설명지신 以心本性이심본성 卽色自性즉색자성 說名法身설명법신 依於法身의어법신 一切如來所現色身일체여래소현색신 遍一切處변일체처 無有間斷무유간단 十方菩薩시방보살 隨所堪任수소감임 隨所願樂수소원락 見無量受用身견무량수용신 無量莊嚴土무량장엄토 各各差別각각차별 不相障礙불상장애 無有斷絕무유단절 此所現色身차소현색신 一切衆生心意識不能思量일체중생심의식불능사량 以是眞如自在甚深用故이시진여자재심심용고

374

제상의 본체라는 말을 『능엄경』에서는 성상性相이라 하고, 법성法性을 여래장 묘진여성, 붙여서 여래장성如來藏性이라 한다. 여래장이나 여래장성이나 같은 말이다. 그러면 제상諸相은 일체만법一切萬法이다. 이것은 우주宇宙에서 시작해서 이 세상의 산하대지山河大地까지 다 포함한다. 그러니까 답은, '법신이 색의 실체다'이다.

'故能現種種色고능현종종색'; 고로 능히 갖가지 색을 나툰다. 그래서 말하기를[謂],

'從本已來종본이래 色心無二색심무이'; 본래부터 색과 심이 둘이 아니다. 법신/색신, 법성/제상, 진심/망심이라고 하지만, 사실 색이다 심이다 하는 것이 둘이 아니다. 그래서,

'以色本性이색본성 卽心自性즉심자성 說名智身설명지신'; 모든 색의 본성이 바로 마음의 자성이다. 지신智身이라 한다. 진심眞心을 여기서는 지신智身이라 했다. 또

'以心本性이심본성 卽色自性즉색자성 說名法身설명법신'; 마음의 본성이 색의 자성自性이다. 이 심心이 또 물질의 자성과 같다. 그래서 법신이라 부른다. 몸뚱이는 결국 색을 설명하는 것이다.

'依於法身의어법신 一切如來所現色身일체여래소현색신'; 법신法身에 의지해서 일체 여래가 나투는 색신色身이다. 화신도 되고 보신도 된다.

'遍一切處변일체처 無有間斷무유간단'; 일체처에 두루해서 끊어지는 곳이 없다. 법신은 모습이 없다. 그렇지 않은가? 법신, 진심, 법성이 진짜이고, 색신, 망심, 제상이 나타난 모습이다. 색신, 망심, 제상을 두고 탁상현성托相顯性이라고 한다. 모습에 의탁해서, 즉 망심이라는 모습, 색신이라는 모습에 의탁해서 본성을 나타낸다. 색신을 보니 법신이 있겠구나 하고 알고, 망심을 보니

본래 진심이라는 게 있다는 것을 알고, 제상을 보니까 법성이 있는 줄 안다는 뜻이다. 금강경 사구게의 구절인 '若見諸相非相약견제상비상하면'을 "제상諸相이 비상非相임을 알면"이라고 새겼다. 제상諸相은 다 비상非相이다. 제상이 비상이라는 것은 공空하다는 말이다. 다른 말로 하면 진짜가 아니다. 허망虛妄한 것이다. 그럼 진짜는 무엇인가? 법성法性이다. 그래서 이 법성 혹은 진심에 의지해서 일체의 여래가 색신을 나툰다.

'十方菩薩시방보살 隨所堪任수소감임'; 감임堪任이란 자기 능력에 따라서라는 뜻이다. 불법을 이해하는 정도, 즉 '불법佛法에 대한 지견知見이 어느 정도인가에 따라서'.

'隨所願樂수소원락'; 그 원하는 것과 즐기는 바에 따라서,

'見無量受用身견무량수용신'; '무량, 즉 한없이 많은 타수용보신他受用報身을 본다'. 부처님의 모습은 법신인데 중생들이 자기 깜냥에 따라서, 자기 공부한 능력만큼 타수용신을 본다는 말이다.

'(見)無量莊嚴土무량장엄토'; 무량한 수용신도 보고, 한 없이 많은 장엄토도 본다. 장엄토란 대체로 정토淨土를 칭한다. 아미타불阿彌陀佛의 정토인 극락세계極樂世界를 비롯해서 정토가 많다. 약사여래藥師如來의 정토淨土도 있다.

그런데 그 정토가,

'各各差別각각차별'; 각각 차별이 있는 것을 본다. 정토가 왜 차별이 있는가? 그것을 바라보는 중생衆生의 능력能力에 따라서 달리 보이는 것이다. 일수사견一水四見의 경우와 마찬가지다. 각각의 자기 깜냥대로 보는 수용신이나 장엄토가,

'不相障礙불상장애 無有斷絶무유단절'; 서로 장애가 없다. 끊어지지도 않는다. 어째서 장애가 없을까? 서방정토 극락세계가 있다고 하는데, 그러면 서방

에는 극락정토만 있는가? 서방에는 극락정토 말고도 다른 정토가 많이 있다. 그런데 그 정토가 어째서 불상장애不相障礙인가? 장애 없는 이것을 이해하기가 어렵다. 있으면 서로 충돌하지 않겠는가? 어떤 물체가 있으면 질애質礙가 있다고 한다. 질애는 충돌하고 방해한다는 얘기다. 극락세계가 있고, 그 옆에 다른 세계가 있다고 하면 서로 충돌하고 장애할 것이 당연하다. 질애가 있어서 받히니까, 반드시 장애가 생긴다. 장애가 무슨 말인가? 질애의 애礙 자다. 서로 충돌한다는 말이다. 그런데 불상장애라 했다.

우리가 사는 우주宇宙를 생각해 보자. 우리가 보는 우주에는 안드로메다도 있고 카시오페아도 있다. 그런데 만약에 천상天上에 사는 사람들이 우리 우주를 보면 카시오페아나 안드로메다가 있을까? 140억년 전에 빅뱅이 있어서 우리 우주가 탄생했다고 한다. 도리천忉利天에 사는 사람이 볼 때도 140억년 전에 빅뱅이 있어서 우주가 탄생했을까? 그 사람의 눈에도 우리가 보는 북극성이며, 안드로메다, 카시오페아가 있을까? 사이클이 다르다. 그들 눈에 우리 우주는 없다. 이것이 우리가 이해하기 어려운 부분이다. 이런 세계가 중중무진重重無盡이라고 한다. 중첩되고 중첩되어 끝이 없다. 중중무진세계다. 우리가 보는 140억 살짜리 우주가 다가 아니다. 이 우주는 우리가 보는 우주일 뿐이다. 그럼 다른 동네에 사는 다른 중생이 보는 우주는 우리가 보는 우주와 다르다. 그러면 도리천에서 보는 우주가 있다고 해보자. 그러면 우리가 보고, 우리가 사는 우주와 겹치는 부분이 있을 것이고, 서로 장애되지 않겠는가? 서로 장애가 되지 않는다는 말이다. 왜 장애가 없는가? 사이클이 달라서다. 사이클이 다르니까 아무 장애가 없다. KBS, MBC, SBS 등 TV 방송은 동시에 송출되고 있지만, 서로 장애하지 않는다. 왜인가? 사이클이 다르니 서로 장애하지 않는다. 그것을 불상장애라 한다. 서로 장애가 있으면 단절도 될 것인데, 장애가 없으니 단절도 없다.

　이런 이치에 대한 설명이 『화엄경』에 나온다. 십현문十玄門[308]이라 한다. 열 가지의 현묘한 이치란 말이다. 『화엄경』에서 불상장애하는 부분만 강조한 것이 십현문이다. 어렵게 생각할 것 없다. 전에 내가 빈 방에 일만 개의 여의주가 있다는 비유를 들었었는데, 그것을 십현문에서는 인다라망경계문因陀羅網境界門이라 한다. 도리천忉利天[309]의 왕인 제석천帝釋天이 거주하는 궁전에 가면 궁전 위에 인다라망因陀羅網이라는 그물이 쳐져 있다. 그런데 제석천궁에 있는 인다라망에는 그물코마다 마니주가 달려 있다. 한 마니주에는 인다라망에 있는 다른 모든 마니주가 비친다. 장애를 일으키지 않고 다 비친다. "부처님 거울 속의 제자의 몸은 제자의 거울 속의 부처님에게...", 그것이 인다라망경계를 나타낸 글이다. 이 세상이 그렇게 돼 있다는 말이다. 우리 식으로 하면 우리 몸 안에 있는 작은 DNA 안에 우리 몸에 관한 온갖 설계도가 다 들어있다. 인다라망의 한 그물코에 달린 구슬 안에 산하대지 상하좌우가 다 비치듯이 말이다.

'此所現色身차소현색신 一切衆生心意識不能思量일체중생심의식불능사

308　십현문(十玄門)=십현연기(十玄緣起): 모든 현상은 걸림 없이 서로가 서로를 받아들이고, 서로를 비추면서 융합하고 있다는 사사무애법계(事事無礙法界), 곧 법계연기(法界緣起)를 열 가지로 설명한 화엄학의 관점 (1)동시구족상응문(同時具足相應門) (2)광협자재무애문(廣狹自在無碍門) (3)일다상용부동문(一多相容不同門) (4)제법상즉자재문(諸法相卽自在門) (5)비밀은현구성문(祕密隱現俱成門) (6)미세상용안립문(微細相容安立門) (7)인다라망경계문(因陀羅網境界門) (8)탁사현법생해문(託事顯法生解門) (9)십세격법이성문(十世隔法異成門) (10)주반원명구덕문(主件圓明俱德門)

309　도리천(忉利天): 욕계육천(欲界六天) 가운데 제2천. 도리는 산스크리트어 trāyastriṃśa의 음사로 33이라는 의미. 수미산 정상에 있으며, 중앙에 왕인 제석(帝釋)이 있고 사방의 봉우리에 각각 8신(神)이 있어 33신이 있다.

량'; 이렇게 나타난 색신은 중생들의 심의식心意識을 가지고는 생각할 수 없다. 무엇을 생각할 수 없는가? 법신法身에서 색신과 보신이 나오는 것을 생각할 수 없다. 또 여래장묘진여성에서 모든 모습이 나온다는 것을 중생의 심의식을 가지고는 사량할 수 없다.

'以是眞如自在甚深用故이시진여자재심심용고'; 진여가 일으키는, 법신에서 온갖 것이 나오는 것은 것은 진여眞如의 자재용自在用인데, 매우 깊은 자재용이라는 것이다. 자재용이란 자재한 작용이다.

"모습이 전혀 없는 법신法身에서 어떻게 모습인 색신이 생기느냐? 실체는 차별 색상이 없는데, 어떻게 능히 온갖 색상을 나타낼 수가 있는가?"에 대하여 설명하고 있다. 내용은 '색色과 심心이 둘이 아니어서 색의 본성이 곧 심의 자성이므로 지신智身이라 한다. 또 심의 본성이 곧 색의 자성이므로 법신法身이라 한다'는 이야기다. 요지는 색과 심이 둘이 아니므로 법신과 지신이 둘이 아니라는 말이다.

또 '법신에 의지하므로 일체 여래가 나타내는 색신은 일체처에 두루하고 간단이 없다'는 이야기는 법신이 색신의 실체라는 말이다. 끝으로 '장애가 없는 장엄토莊嚴土와 수용신受用身이 진여의 자재하고 심심한 작용'이라는 설명이다.

그러니까 진여의 자재한 작용인데, 보살은 보살 나름대로 수용보신을 본다는 말이다. 중생은 '망심 때문에 생각조차 못한다[不能思量]'. '불능사량'이란 이 말이 의미심장하다. "부처님의 몸은 법신法身인데, 중생衆生의 근기根機에 따라서 화신과 보신을 본다"는 이것은 일수사견一水四見 비슷하다고 생각할 수밖에 없다. 이것이 불능사량不能思量이다. 중생의 심의식心意識, 분별심分別心 가지고는 생각하기도 힘들고 이해하기도 어렵다.

부처님의 몸은 법신法身과 보신報身과 화신化身이 있다. 그러한데 실제로 부처님의 몸은 법신이다. 그러면 2500년 전에 인도에서 맹렬하게 중생제도 활동을 하신, 그 몸은 무엇인가? 그 몸은 화신化身이다. 본래 부처님은 자재하니까, 보신, 화신을 맘대로 나툴 수 있지만, 일부러 나투지는 않는다. 그러면 어째서 그런 것[化身]이 있었을까? 우리의 업식業識에서 보니까, 부처님이 2500년 전에, 인도에 나셔서 49년 설법을 하셨다. 우리의 업식으로 보니까 그렇다는 말이다. 실은 부처님이 오신 적도 없고, 설법하신 적도 없고, 중생을 제도하신 적도 없고, 가신 적도 없다.

성상불이

性相不二

제4절 성상불이性相不二

심색불이心色不二다. 마음과 몸이 둘이 아니다. 정신과 물질이 둘이 아니다. 성상불이性相不二다. 성품과 모습이 둘이 아니다. 상相에는 정신精神과 물질物質, 다시 말해 심색心色이 다 포함된다. 그러니 성상불이는 만법萬法의 본성本性과, 나타난 현상인 물질과 정신이 다 둘이 아니란 말이다.

다시 중생들이 심생멸문心生滅門에서 진여문眞如門에 들어가게 하고자 한다면, 물질인 색色과 정신인 사온四蘊이 모두 성취되지 않음을 관찰하도록 한다.[310]

지금까지 장황하게 설명한 생멸문生滅門과 진여문眞如門이 결론적으로 생멸에서 진여로 돌아간다고 말하고 있다. 결국 변전變轉하는 상相과 불변하는 성性이 둘이 아니라는 말이니 성상불이性相不二라는 뜻이다. 『능엄경』 제2권 말미에 성상불이에 대한 경문이 나온다. "물질과 정신인 오음五陰이 모두 인연이 화합하면 허망하게 생겨나고, 인연이 떠나면 허망하게 사라진다. 그러나 이러한 생멸거래生滅去來가 본래 여래장의 묘한 진여성眞如性인 줄을 모르고 있다. 진상眞常인 그 성性 중에는 거래去來와 미오迷悟와 생사生死를 구하여도 끝내 얻을 수가 없다"는 법문이 그것이다.

우리들의 인식은 모두 육근六根과 육진六塵 경계의 존재를 전제로 한다. 『대승기

---

310   원문은, 復次부차 爲令衆生위령중생 從心生滅門종심생멸문 入眞如門故입진여문고 令觀色等영관색등 皆不成就개불성취

신론』은 여기서 주객이 성립되지 못함을 설명하는데, 먼저 물질인 색이 대상으로 성립하지 못함을 증명하고, 다음에 사온四蘊인 수상행식受想行識이 모두 존재가 아님을 입증한다. 그런데 이런 진실을 알게 되면 생멸문이 성립하지 못한다고 하여, 생멸문에서 진여문으로 들어간다고 설명하고 있다.

이때까지 설명해온 생멸문生滅門에는 다른 것이 없고, 각覺과 불각不覺이다. 각覺은 진심眞心을 말하고, 불각은 우리가 쓰고 있는 마음, 망심妄心이라고도 하는 반연심攀緣心이다. 반연은 연을 동반한다는 말이다. 결국 무슨 말인가? 인과 연으로 일어나는 마음이다. 인연因緣을 다른 말로 하면 결국 주객主客이다. 주객으로 인해서 일어나는 마음이 반연심이다. 진심은 인연이 없다. 진심인 각은 인연이 없이 아는 무연지無緣知다. 그러면 주객이 없는 진심은 좋은 것이고, 주객이 나뉜 망심은 나쁜 것인가? 그것은 아니다. 다만 망심妄心 때문에 우리가 괴로움[苦]을 느낀다는 것이 문제다. 괴롭다는 생각을 내서 불행하게 지내는 것이 문제다. 번뇌나 고통이 없다면 반연심이 나쁠 것 없다. 아무것도 없는 무연지無緣知보다는, 인연거리가 있어 반연심攀緣心을 일으켜서 희노애락애오욕喜怒哀樂愛惡欲이 있는 편이 훨씬 재미있는 삶일 수 있다. 그런데 그렇게 살면서 우리는 괴로움을 느낀다. 번뇌煩惱다. 그래서 우리가 불각에서 왜 괴로워하는지 따져보니, 각覺이라고 하는 진심眞心에서 주객主客이라는 무명無明을 일으켜서 그 때문에 일이 이렇게 벌어진 것이다. 그것이 생멸문生滅門이다. 생멸문의 반대는 진여문眞如門이다.

그럼 진여문은 무엇인가? 진여문眞如門은 결국 각覺이라고 하는 진심眞心을 위주로 한 세계관이다. 그런데 진여문에는 주主도 없고 객客도 없다. 주객이 없으니 일체 분별分別이 없다. 분별이 없으니 말이 없다. 언어 문자가 없다. 진여문은 언어문자가 없는 그런 동네 이야기다. 뭐라도 설명하면 진정한 진여문을 설명하는 것이 아니다. 예를 들어 설명해 보자.

한라봉이라는 귤 품종이 있다. 빛깔이 어떻고, 모양이 어떻고, 맛이 어떻다고 그 한라봉을 잔뜩 설명한다면 생멸문生滅門이다. 맛이 어떻고 영양이 어떻다고 말을 할 수 있다. 그런데 아무리 설명해도 그 맛 그대로를 전달할 수는 없다. 그럼 진여문眞如門이라는 것은 무엇인가? 실제로 맛보는 것이다. 이것은 말로 하는 것이 아니고, 그냥 먹어보는 것이 제일 낫다. 그래서 비유하자면, 먹어보는 것이 진여문이다. 일단 먹어보면 맛에 대해서는 전부 해결이 된다. 그러나 먹어볼 수 없는 사람에게 설명하자면, 언어문자를 쓸 수밖에 없다. 언어문자를 쓰면 생멸문에 들어간다.

불교에 향상사向上事, 향하사向下事라는 말이 있다. 어떤 절에 가보면, 향상선원이라고 있다. 향상은 형이상을 향했다는 뜻이다. 결국 진여문眞如門은 모습 없는 것, 향상사向上事, 생멸문生滅門은 모습 있는 것, 향하사向下事라고 한다.

그러니 한라봉을 이야기하자고 하면, 뭐 맛이 어떻고 모습이 어떻고 하는 설명이 필요 없고, 그냥 먹어보는 것이 향상사다. 선禪에서는 직접 체험體驗을 강조한다. 언어문자, 말귀에 떨어져서는 진실한 것을 모른다고 주장한다. 향상문向上門에 들어가야 진짜 선지禪旨를 알지, 생멸문, 즉 향하문向下門에서는 알 수 없다고 한다. 선禪에서는 그렇게 말하는데, 『기신론』에서는 향상문向上門을 진여문眞如門이라 하고, 향하문向下門을 생멸문生滅門이라고 지칭한다.

마지막으로 향하문인 생멸문과 향상문인 진여문의 관계를 이야기해 보자. 그것이 지금 성상불이性相不二를 이야기하는 취지趣旨다. 향상문은 진여문이고 향하문은 생멸문이다. 생멸문은 모습[相] 있는 것을 이야기하고, 진여문은 성품性品을 이야기한다. 진여문眞如門은 성性을 이야기하니, 체體만 이야기한다. 본질적으로 체만 있다. 그런데 본바탕[體]이 어떻고, 작용作用이 어떻다고 설명하면, 벌써 언어문자를 쓴 것이니, 엄격한 의미에서 진여문이 아니다. 언어문자를 쓰면 생멸문이다.

불법佛法은 인연因緣에서 생긴다고 한다. 인因과 연緣에서 생긴다. 인과 연이 마주쳐야 무엇이라도 생긴다. 예를 들자면, H2와 O가 만나야 물이 생긴다. 물과 수소, 산소 모두 상相이다. 불법은 연기법緣起法이라고 한다. 인연으로 일어난다고 해서 연기緣起라 한다. 부처님이 샛별을 보고 깨달으신 것이 무엇인가? 일체 만법은 연기한다는 사실이다. 십이연기十二緣起[311]다. 십이연기로 해서 만법萬法이 생기는데, 생기다 보니 주객主客도 있다. 주객이 생기다 보니, 주主가 자기 욕망을 만족시키지 못해 괴로움[苦]이 생긴다. 원인은 집集이다. 이것이 고집멸도苦集滅道의 사제四諦 법문이다.

원문을 보자.

'爲令衆生위령중생 從心生滅門종심생멸문 入眞如門故입진여문고'; 중생들로 하여금 심생멸문에서 진여문에 들어가게 하고자. 아무리 진여문이라 해도 생멸현상을 부정할 수는 없다. 그것이 제일 큰 문제다. 왜인가? 이 우주 안에 은하계가 있고, 지구에도 산하대지가 있으니까, 이것이 본래 없는 것이라고 그냥 생멸문을 부정하고 진여문에 들어갈 수는 없다.

'令觀色等영관색등'; 그래서 보게한다[令觀]. 무엇을? 오온[色等]을. 색등이라는 것은 색수상행식色受想行識의 오온五蘊에서 색色이 맨 앞에 나오니까, 색色으로 오온을 대표한 것이다. 색등色等이라 하면 그냥 오온五蘊이다.

---

311 십이연기(十二緣起) ① 무명(無明), ② 행(行), ③ 식(識), ④ 명색(名色), ⑤ 육처(六處), ⑥ 촉(觸), ⑦ 수(受), ⑧ 애(愛), ⑨ 취(取), ⑩ 유(有), ⑪ 생(生), ⑫ 노사(老死)

'皆不成就개불성취'; 오온이란 개념이 성립되지 않는다. 오온이란 것이 성립되지 않으면 어찌 되는가? 인연因緣이 성립되지 않는다. 인연이 성립이 안되니, 생멸문生滅門 전체가 성립이 안 된다. 그렇게 설명하겠다는 말이다. 오음五陰의 생멸거래가 성립되지 않으면, 생멸문이 성립되지 못하여, 생멸문에서 진여문으로 들어간다. 오온의 생멸거래가 본래 여래장묘진여성이라는 말이다. 생멸의 상相이 본래 묘진여성妙眞如性이다.

어찌하여 오온이 성취되지 않는가? 조추粗麤한 색을 분석하면 점차 미진微塵에 이르는데, 다시 이러한 미진을 계속하여 분석하게 된다. 이러므로 거칠거나 미세하거나를 불문하고 일체의 모든 물질은 오직 망심妄心이 분별한 영상影像일 뿐이지, 실제로는 있는 바가 없다.[312]

색수상행식色受想行識에서 색色은 물질物質이고 수상행식受想行識은 정신精神이다. 색을 먼저 이야기한다. 물질의 큰 덩어리를 분석하면 점점 작은 것이 나온다. 분자가 나오고, 원자가 나오고, 양자, 전자가 나오고, 더 분석하니 쿼크, 렙톤이 나온다. 자꾸 분석해 들어가면 일체의 물질이 모두 다 쿼크와 렙톤으로 들어간다. 쿼크와 렙톤은 또 무엇으로 돼 있는가? 입자를 쏘아서 자꾸만 분석해 나가면 맨 마지막에 힉스 입자가 나온다. 그런데 이것이 문제다. 이 마지막 입자가 분석이 되면, 다시 말해 쪼개지면, 그렇게 분석작업은 끝이 없을 것이다.

---

312 원문은, 云何不成就운하불성취 謂分析粗色위분석조색 漸至微塵점지미진 復以方分析此微塵
부이방분석차미진 是故若粗若細시고약조약세 一切諸色일체제색 唯是妄心分別影像유시망심
분별영상 實無所有실무소유

현재 우리가 간 한계가 힉스 입자[313]의 발견이다. 이 입자를 발견한 사람 이름이 힉스다. 그런데 이 힉스 입자는 현재로서는 더 분석할 방법이 없다. 어디에 있는지 존재도 찾기 어렵다. 힉스 입자를 찾아낸다고 입자가속기粒子加速器를 써서 입자를 충돌시킨다. 그러면 이 입자가 어쩌다 찾아지는 것이다. 힉스 입자는 존재하는 자리가 고정되지 않는다. 그러면 진짜 있는 것[有]인가? 보통 때는 안 보이니 없는 것[無]인가? 유무가 불분명하다. 질애質礙가 있어야 물질이다. 부피가 있고[質], 공간상에서 특정한 위치를 차지해야[礙] 한다. 힉스 입자가 되면 질애를 찾기 힘들다. 질애를 찾기 힘드니 힉스란 이름으로 그 존재를 인정할 뿐이다. 그럼 이것은 이미 물질이 아니다. 물질에서 분석을 시작해서 한계까지 간 힉스 입자가 물질이 아닌 것이다.

313 힉스 입자: 사실 오랫동안 원자가 이 세상에 존재하는 모든 것의 가장 기본 구성입자로 여겨졌다. 그러나 원자도 사실은 원자핵을 구성하는 양성자와 중성자 및 원자핵을 도는 전자 등 더 작은 입자로 구성돼 있다는 사실이 밝혀지게 된다. 그런데 오늘날 우리는 이제 이러한 양성자와 중성자조차도 더 작은 입자로 쪼갤 수 있음을 알고 있다. 이렇게 기본 입자와 이들 사이의 힘을 매개하는 입자를 합한 17개 입자가 오늘날 우리가 아는 우주 전체를 구성하고 있다. 그리고 이러한 입자 및 이들 간 상호작용하는 힘 17개가 모인 집합을 '표준모형'이라 부른다.
표준모형을 구성하는 입자는 '페르미온'과 '보손' 계열로 나눠볼 수 있다. '페르미온'은 이 우주의 모든 것을 구성하는 벽돌, 혹은 레고 조각 같은 존재다. 어떻게 결합하느냐에 따라 다른 원자가 만들어진다. 페르미온엔 쿼크 6개, 렙톤 6개 등 총 12개 입자가 있다. 즉, 우리가 아는 이 세상 모든 물질은 쿼크와 렙톤의 조합으로 이뤄진 셈이다.
한편 '보손'은 페르미온을 상호 작용하게 하는 힘을 전달하는 입자다. 보손엔 총 5가지 입자가 있으며, 5번째 입자가 바로 힉스 입자다. '힉스 장'이란 우주 전체에 퍼져있는 보이지 않는 특별한 장으로 힉스장과 상호작용하는 과정에서 입자는 질량을 얻게 된다. 이 '힉스 장'엔 힉스 입자가 존재하며, 이 힉스 입자가 물질을 구성하는 입자에 질량을 부여하는 것이다.
힉스 입자가 단순한 이론적인 존재가 아닌 실재하는 존재임을 알게 된 건 2012년 발표된 대형 강입자충돌기 실험결과 덕분이다. 힉스입자의 발견은 우주에 대한 인간의 이해를 크게 바꿔놓았다. 우리를 구성하는 기본 입자의 퍼즐을 완성하며, 우리에게 왜 다른 입자들이 존재하는지 그 이유를 알려주는 핵심조각이라는 것이다.
하지만 이 표준모형으로는, 우주의 5%, 즉 일반물질만 설명가능하다. 우주의 95%를 구성하는 미스터리한 암흑물질이 무엇인지는 설명할 수 없다. 이에 대한 현대과학의 도전은 계속될 것이다. (출처: BBC 칼럼, 2024년 4월 12일, 카를로스 세라노, '힉스 입자는 우주에 대한 우리의 이해를 어떻게 바꿨나'에서 발췌)

물질을 이야기할 때는 색성향미촉법色聲香味觸法이 있다. 힉스 입자는 우선 색色이 아니다. 어디 있는지도 모르고 유有라 할 수도 없으니까. 결국 힉스 입자는 어디로 들어가는가? 성향미聲香味가 다 아니고 법法에나 들어가겠다. 결국 생각거리가 된다. 법法이라 하는 것은 뜻[意]의 대상이다. 육근六根, 육진六塵에 대비하면 힉스 입자는 여섯째 의근意根의 대상인 법진法塵에 해당한다. 그러니 물질物質이라는 색色의 개념이 성립이 안 된다.

현대 양자물리학에서 물질을 이루는 기본은 힉스 입자다. 그럼 힉스 입자는 어떤 것인가? 모른다. 왜인가? 보이다가 안 보이다가 한다. 모든 물질이 이와 같다.

물질物質을 공간적空間的으로 분석한 결론은 이렇다. 분석을 시작始作할 때 물질은 색진色塵이었는데, 분석의 끝에 가서 보니 이름만 있는 법진法塵이 됐다. 그러니 물질物質은 알고 보니 법진法塵에 해당하고, 뜻으로 만든 것이다.

원문에선 뭐라고 했는가?

'一切諸色일체제색 唯是妄心分別影像유시망심분별영상'; 모든 물질은 망심이 분별한 영상影像일 뿐이다. 색진이 알고 보니 법진이더라는 말이다. 그럼 법진法塵은 무엇인가? 제6의식意識의 경계境界다.

'實無所有실무소유'; 실제로 있는 것이 아니다. 힉스입자가 되면 있다, 없다 할 수 있는 것이 아니라는 말이다. 이 얼마나 놀라운가? 법진法塵이라고 하는 생각거리는 원래 망심妄心의 대상對象이다. 망심의 분별하는 그림자다. 그래서 옛날에 2~3세기 때 살았던 마명존자가 이렇게 써놨다. 알고 보면 모든 물질은 결국 망심분별의 영상影像인 법진法塵에 해당한다. 그러니 마명존자가 이해한 일체의 모든 물질[一切諸色]은 오직 망심이 분별한 영상이다. 영상이란 대상이란 말이다. 생각거리, 생각의 대상이다.

『대승기신론』은 물질인 색色의 본질인 기본물질을 탐구하는 데 공간적인 개념인 미시적 분석이라는 방편을 사용하여 설명하고 있다. 분자를 분석하여 원자를 보고, 원자를 분석하여 양자·전자·중성자를 찾아내고, 이것들을 다시 분석하여 '쿼크와 '렙톤'을 발견한다. 이렇게 계속하여 소립자를 다시 분석하는 이른바 미시적 분석방법은 분석하는 장치가 발달하면 무한히 계속될 것이다. 지욱대사의 설명에 따르면 만약 '쿼크'나 '렙톤'이 분석이 가능하다면 그것은 아직 기본물질이 아니고, 반대로 만약 '쿼크'나 '렙톤'이 더 이상 분석할 것이 없게 되면 그것은 이미 물질이 아니라고 설명한다.

이처럼 물질인 색의 기본 물질을 찾아보니 그런 물질은 얻을 수 없고, 오직 무명에서 훈변熏變한 삼세육추라는 영상影像만 파악이 되므로, 결국 동분망견同分妄見과 별업망견別業妄見이 물질현상의 정체正體라는 결론이다.

생멸문에서 배운 삼세육추三細六麤가 있었다. 물질현상은 삼세육추에서 벌어진 그런 영상影像이다. 삼세육추가 처음 벌어질 때는 물질이 아니다. 제8식이 무명업상無明業相에서 견분見分, 상분相分으로 갈라지고, 그 다음 지상智相, 상속상相續相으로 벌어지면서, 거기서 정신精神과 물질物質이란 작용作用이 일어났다고 설명한다. 물질物質의 근본根本은 결국 그것이다. 물질이 따로 있는 것이 아니다.

빅뱅에서 우주가 처음 생겼다고 한다. 이 많은 별들이 어디서 생겼는가? 빅뱅에서 생겼다. 빅뱅이 일어난 자리에는 무엇이 있었는가? 지금의 양자역학에서도 그것을 해명하지 못한다. 빅뱅이 일어난 자리에 무엇이 있었기에 빅뱅이 벌어지고, 그 결과로 수많은 은하가 생겼을까? 원래 재료材料가 있었다면, 지금 있는 모든 별들을 합친 것과 같은 그 무엇이 있었을 것이다. 아무것도 없는 자리에서 어떻게 이런 것이 터질 수가 있는 것인가? 그 부분은 아예 답을 못한다. 숙제로 남아 있다.

마명존자가 그것을 삼세육추三細六麤로 설명했다. 우리가 죽고 나서 몇십 년 더 지나면 그 문제가 풀릴 것이다. 양자물리학을 공부하는 이들은 불교에서 그 해답을 찾으려고, 혹은 힌트를 얻으려고 열심히 노력한다고 한다. 불교는 과학이다. 불교가 갖고 있는 과학성科學性은 요즘은 양자역학量子力學 덕분에 조금씩 입증되고 있다. 시중의 서점에 가보면, 양자역학量子力學과 불교佛教와의 관계를 주제로 한 책이 상당히 많다. 몇십 권은 될 것이다. 결국 양자역학을 연구하는 학자들도 결국에는 『대승기신론』을 공부해야 그 답을 얻을 수 있지, 그렇지 않으면 빨리 해결이 안 된다.

나머지 사온四蘊을 추구하면 점차 찰나에 이르는데, 이 찰나를 추구하면 모습이 다르므로 하나가 아니다.[314]

색色은 설명했고, 수상행식 차례다. 색은 물질이고 수상행식受想行識은 정신작용情神作用이다. 바깥 것을 느끼고[受], 그것에 대해 생각하고[想], 생각에 결론決論을 낸다[行]. 행行은 결론이다. 그래서 그것이 식識에 저장된다.

색은 물질이라고 했지만, 나중에 보니 망심분별의 영상影像이었다. 수상행식受想行識 이것은 무엇인가? 색色은 공간적空間的으로 설명했다. 왜인가? 질애質礙가 있어서 공간에 일정한 자리를 차지하는 것이 물질이니 공간적으로 처리했다. 수상행식受想行識은 시간적時間的으로 처리한다. 우리에게 어떤 느낌이 있었다고 하자. 느낌이 있을 때 그 느낌이 처음 느낌, 그 뒤의 느낌, 그 뒤의 느낌, 이렇게 느낌이 자꾸만 일어난다. 그런데 그 느낌이 서로 다르다. 느낌이

---

314 원문은, 推求餘蘊추구여온 漸至刹那점지찰나 求此刹那구차찰나 相別非一상별비일

항상 일정한 것이 아니라 줄곧 변한다. 뭔가를 만져서 느낌이 일어났다면, 어느 시점, 어느 찰나의 느낌이 그 느낌인가! 그 해당되는 찰나를 정해 가지고 이야기를 해야 그 느낌이 고정될 터인데, 시간 따라 마냥 변하니까, 느낌도 정해진 것이 아니다. 행行은 결론이지만, 그 결론도 고정되는 것이 아니다. 한 찰나의 결론, 다음 찰나의 결론, 결론이 다르다. 시간적으로 똑같은 것이 없다. 부정不定이다, 고정된 것이 아니다. 이처럼 느낌도 생각도 결론도 마냥 변하니까 정해진 것이 아니다. 그러니까 자성이 없다. 무엇이라고 할 것이 없다.

정신과 정신작용인 식온識蘊과 수온受蘊·상온想蘊·행온行蘊을 탐색하는 데는 시간적으로 탐구하여 찰나적 분석을 사용한다. 과거·현재·미래의 삼세가 모두 찰나로 분석하면 구분이 된다. 사온四蘊인 수상행식受想行識의 존속기간이 제각기 찰나라면 전후관계에서 동일한 모습을 찾을 수가 없다. 결국 사온이란 것은 별상別相의 연속에 불과하니 거기에서 실상實相이란 것을 찾을 수가 없다는 설명이다.

결국 공간적인 미시적 분석과 시간적인 찰나적 분석에 따르면, 삼라만상의 실체實體를 발견할 수 없다는 결론이다. 앞에 나온 삼세육추라는 설명에 따르면 만법은 진심에 의지하여 망기妄起한 무명의 훈습전변熏習轉變으로 성립되었다고 한다. 그런데 삼세육추의 근본이 되는 무명無明이 실체가 없으니, 전변하여 생긴 물질과 정신도 당연히 허환虛幻이라고 한다. 그러나 우리는 지금 현재 이 순간에도, 시각현상과 청각현상 등의 현상세계現象世界에서 생활하고 있다는 사실을 부인할 수가 없다. 이런 현상들은 반드시 그 원인原因이 있을 것이다. 그것이 무엇이란 말인가? 『능엄경』에서는 "여래장 가운데 성性이 공空인 진색眞色이 청정하고 본연本然하여 법계에 두루하여, 중생의 마음에 따르고 소지所知의 양量에 응하여 업業을 따라 나타난다"고 한다. 즉 색色과 심心이 모두 중생들의 망심이 분별한 영상影像이라고 말하고 있으니, 내용상으로는『대승기신론』과 같은 결론이다.

진제의 구역에는 오온에 대한 공간적인 미시적 분석과 시간적인 찰나적 분석을 설명하는 내용이 없다. 다만 간단하게 "오음인 색과 심을 추구하여 보면, 육진경계는 필경엔 무념無念이고, 심은 형상이 없으므로 시방에 찾아보아도 마침내 찾을 수 없다"라고 하였다.

『대승기신론』이 구역, 신역 두 가지가 있는데, 신역을 우수하다고 하는 이유가 여기에 있다. 여기 지금 색수상행식色受想行識을 설명하는데, 이 세상에 있는 모든 현상의 원인이 되는 인因과 연緣을 분석하면, 결국엔 색수상행식이라는 오온五蘊이 애초에 성립되지 않는다. 그것을 신역新譯에서는 공간적, 시간적 분석으로 설명했는데, 진제가 번역한 구역舊譯에는 그것이 없다. 그냥 뭉뚱그렸다.

구역의 원문을 보면, "所謂推求五陰소위추구오음 色之與心색지여심 六塵境界육진경계 畢竟無念필경무념 以心無形相이심무형상 十方求之시방구지 終不可得종불가득"이다. 필경무념이라 했다. 그러니 오온五蘊이 알고 보면 무념無念이다. 필경에 무념이란 말이 어째서 그렇다는 것인가? 말이 없다. 또 "마음은 형상이 없어서 시방에 구해보더라도 끝내 얻을 수 없다"고 했다. 그런데 이것은 오온五蘊은 무념이라고 해서 뭉뚱거려서 넘어가 버린다. 이 설명을 누가 알아듣겠는가?

그에 비하면 신역新譯은, "공간적 시간적 분석에 의해서 결국은 색진이 법진이더라. 그리고 수상행식은 찰나찰나 변하는 것이니 어느 것이 실상이라 하겠는가? 모두 다른 별상別相만 있으니까. 그러니 결국은 물질과 정신이란 것은 성립하지 않는다." 그렇게 설명한 것이다. 그러니 신역이 아주 설명을 잘한 것이다.

무위無爲의 법도 역시 그러하여 법계를 여의면 끝내 얻을 수 없다.

이와 같이 시방의 일체 제법도 응당 모두 그러한 줄 알아야 한다.[315]

여기 우리가 이야기한 것은 인연으로 생긴 것이다. 인연이 있어서, 인과 연이 만나서, 색수상행식色受想行識 오온이 생긴다. 인연이란 것이 있는 것이니, 이것을 유위법有爲法이라 한다. 인과 연이 있고, 처음에 생겼다가 생주이멸生住異滅이 있다. 이런 것들을 유위법이라 한다. '무위법도 이와 같다'고 한다.

무위법無爲法이 뭔가? 인因도 연緣도 생주이멸生住異滅도 없는 것을 무위법이라 한다. 무위법은 말만 있고 아무것도 없는 것이다. 대표적인 무위법이 우리가 알고 있는 허공이다. 허공 안에서 우주가 생겼다가 변하고 있는데, 이것도 이름만 있지, 허공이라는 것이 사실로 있는 것이 아니다. 아무것도 없는 것을 허공이라고 하니까 그렇다.

유위법, 무위법 일체 제법이 전부 다, 이 세상에 있는 모든 것이 다 이와 같이 성립이 안 된다. 그런데 우리가 있다고 착각하고 있는 것이다. 무서운 소리다.

『능엄경』에서는, 이러한 것은 전부 다 상相이다. 그 모습이라는 것 전부가 여래장묘진여성如來藏妙眞如性에서 나온다. 그냥 아무 근거없이 툭 튀어나오는 것이 아니고, 여래장묘진여성에서 나온다고 한다.

『대승기신론』에서는 상이라고 하는 것, 인과 연이라고 하는 것은 애초에 성립이 안 된다고 해놓고는 그것으로 그만이다.

생주이멸生住異滅하는 것은 유위법有爲法이고, 그것과 대비되는 것이 무위법無爲

315 원문은, 無爲之法무위지법 亦復如是역부여시 離於法界이어법계 終不可得종불가득 如是十方
    一切諸法여시시방일체제법 應知悉然응지실연

法이다. 지욱대사의 설명에 따르면 무위無爲는 제6식의 소연所緣인 영상影像으로서 색심色心이니 십팔계十八界 중에서 법계에 당연히 포함된다. 지금 유위법인 오온도 본질을 걷어잡을 수 없는데, 오온 밖에서 따로 무위라는 실상을 얻을 수는 없다고 설명한다. 진제의 구역에는 무위에 대한 설명이 없다.

구역舊譯에는 무위법無爲法에 대한 설명이 없다.[316] 십팔계라고 계界자를 써서 법계라 했지만, 다른 말로 하면 법진法塵이다. 좀 전에 이야기했다. 물질物質이라는 것이 색진色塵인 줄 알았는데, 알고 보니 법진法塵이더라. 이와 같이 법진에 해당한다. 여기서 십팔계 중에서 당연히 법계法界에 포함된다. 법진은 제6식의 소연所緣이다. 안이비설신의眼耳鼻舌身意 중의 의근意根의 대상이다.

마치 미迷한 사람이 동쪽을 서쪽이라고 잘못 알더라도 방위는 실제로 바뀌지 않는 것과 같다. 중생도 역시 그러하여 무명으로 미한 까닭에 '마음이 동한다'고 말하지만, 실은 동하지 않는다. 만약 동심動心이 곧 생멸하지 않는 줄 알면 즉시 진여의 문에 들어간다.[317]

이것이 결론이다. 어렵다. 해설을 보자.

첫 구절은 무명의 발생과 소멸을 방향의 착각으로 비유한 설명이다. 중생들이

---

316 무위법(無爲法): 주객이나 인연을 따라 이루어 진 것이 아닌, 생멸변화를 떠나 상주불변하는 참된 법.

317 원문은, 猶如迷人유여미인 謂東爲西위동위서 方實不轉방실부전 衆生亦爾중생역이 無明迷故무명미고 謂心爲動위심위동 而實不動이실부동 若知動心卽不生滅약지동심즉불생멸 卽得入於眞如之門즉득입어진여지문

생멸문에서 벗어나지 못하는 것은, 미한 사람이 동쪽을 서쪽이라고 잘못 착각하는 것과 같다. "마음이 동한다'고 말하지만, 실은 동하지 않는다"고 말하는 것은 "동쪽을 서쪽이라고 착각하여도 실제로 방위는 항상 그대로 여여如如하다"는 뜻이다.

우리가 무명無明을 일으켜서 주객主客이라는 관념觀念을 두어 착각錯覺하는데. 여기서는 방향方向을 착각하는 것에 비유했다. 동쪽을 서쪽이라 부르더라도 동쪽은 그대로 있다는 것이다. 거울로 비유하여 설명하면 더 알기 쉽다.

거울에 물건을 비추면, 거울에 온갖 모습이 다 나타난다. 그러나 그 거울은 본래 허명하고, 거울의 허명虛明함은 늘 그대로다. 거울 속에 산도 있고, 강도 있고, 집도 있지만, 바탕이 되는 거울은 항상 허명하다. 항상 텅 비었으면서虛, 분명하게 비춘다明. 거울의 허명한 성질은 그대로 있고, 산과 강을 비추다가, 거울 방향을 바꾸면 이번에는 구름이 날아다니고 달이 뜬다. 그리해도 거울은 그대로다. 거울에 온갖 것이 비쳐도 거울의 허명성은 그대로다. 마명존자는 방향을 착각하는 것에 비유했다.

『능엄경』에도 방향 착각의 비유가 나온다.[318] 능엄경 제4권, 정종분 제5절 3. '여래는 전도顚倒가 없다' 이하에 나온다.

부루나가 말하였다. "만약 묘각妙覺의 본래 묘한 각명覺明이 여래의 마음과 더불어 늘지도 불지도 않는데 무단히 산하대지와 온갖 유위상들이 홀연히 생긴 것이라면, 여래께서는 이제 묘공명각妙空明覺을 얻으셨으니 어느 때에 다시 산하대지와 유위와 버릇과 번뇌가 생기겠습니까?" 부처님께서 부루나에게 말씀하셨다. "비유컨대 만일 어느 미迷한 사람이 어떤 마을에서 남쪽을 북쪽으

---

318 황정원, 〈우리말 능엄경〉, 운주사, 2013.

로 착각하였다면 그 착각이 미함을 인因하여 있는 것이냐, 깨달음을 인하여 생긴 것이냐?" 부루나가 대답하였다. "이 미한 사람은 미를 인하지도 않았고, 깨달음을 인하지도 않았나이다. 왜냐하면 미란 것이 본래 뿌리가 없는데 어떻게 미를 인하였다고 하겠으며, 깨달음에서는 미가 생기지 않는 것이니 어떻게 깨달음을 인하였다고 하겠습니까?" 부처님께서 말씀하셨다. "그 미한 사람이 남북을 착각하고 있을 때에 문득 깨달은 사람이 가르쳐주어서 방향을 제대로 알게 되면 부루나야! 어떻게 생각하느냐? 이 사람이 비록 미하였지만 이 마을에서 다시 방향을 착각하는 일이 생기겠느냐? "아닙니다, 세존이시여!"

또 그 후 착각에서 벗어나더라도 착각이란 모습이 있다가 없어지는 것은 아니다. 무명 착각이 일어나고 사라져도 생심生心이나 멸심滅心하는 모습은 본래 없었다는 설명이다. "무명으로 미한 까닭에 '마음이 동한다'고 말하지만, 실은 동하지 않는다"는 구절은 법치法痴인 무명 때문에 생멸문이 벌어졌지만, 사실은 마음이 동한 적이 없어서 원래 심부동心不動임을 강조한 말이다.

거울에 컴컴한 것이 비춘다 해서 거울이 어두운 것이라거나, 환한 것을 비추니 거울이 환한 것이라고 할 수는 없다. 거울은 그저 허명虛明할 뿐이다. 거울을 보고 나타난 모습에 치우치면, 거울이 밝아졌다가 어두워졌다고 표현하겠지만, 사실 거울은 밝아지거나 어두워진 적이 없다. 마찬가지로 우리의 진심도 항상 청정각명하다.

그래서 "만약 동심動心이 곧 불생멸不生滅인 줄 알면 즉시 진여의 문에 들어간다"고 결론을 짓는다. 『능엄경』제2권 말미에서, "오음五陰이 모두 인연이 화합하면 허망하게 생겨나고, 인연이 떠나면 허망하게 사라진다. 그러나 진상眞常인 그 성性에는 거래와 미오와 생사를 구하여도 끝내 얻을 수가 없다"는 법문과 같은 뜻이라고 하겠다.

진제의 구역은 이 구절을 "중생도 역시 그러하여 무명으로 미한 까닭에 마음을 생각念이라고 말하지만, 마음은 실은 동하지 않는다. 만약 마음이 무념無念인 줄 알면 즉시 수순隨順하여 진여의 문에 들어간다"고 번역하고 있어서, 신역의 동심動心을 염념으로 표기하고 있다. 생각하건대 동심動心한 것이 바로 기념起念이니 결국 두 번역이 같은 뜻이라고 하겠으나, 결론에 가서는 구역은 심무념心無念이라는 표현으로 심부동心不動을 설명하고 있다.

거울에 온갖 것이 비쳐도 거울은 해가 비쳤는지, 구름이 비쳤는지, 산이 비쳤는지, 기억이 없다. 거울은 그 비친 내용을 기억하지 않는다. 우리 진심도 그와 같다. 망심妄心이 일어나 요동치고 수천만 번의 윤회輪廻를 해도 진심은 그런 것을 하나도 기억하지 않는다. 그렇게 기억하지 않는 것을 신역新譯은 심부동心不動이라 해서, 마음이 일찍이 움직인 적이 없다고 한다. 망심으로 분별 망상을 했으나, 그것은 식識이 그렇게 한 것이지, 본래의 각覺인 진심眞心은 한 번도 움직인 적이 없다. 그래서 심부동心不動이라고 하고, 구역은 그것을 무념無念, 무망념無妄念이라고 한다. 진심에는 본래 망념이 없다는 뜻이다.

대치사집

對治邪執

제2장 대치사집 對治邪執

　이제 대치사집對治邪執을 공부할 차례다. 사집邪執, 잘못된 고집이다. 일체 사물에 대해서 잘못 생각하는 것이다. 사물은 크게 따지면 나와 나 아닌 것들, 주체主體와 객체客體의 두 가지다. 주체와 객체에 대한 잘못된 생각이 사집이다.

　여기에 인아견 다섯 가지, 법아견 하나가 나온다. 아我를 둘러싼 대표적 사견과 법을 둘러싼 대표적 사견邪見이다.

　대치사집對治邪執이란, 일체의 사집邪執은 모두 아견我見에 의해서 생긴다. 만약 아견을 여의면 곧 사집이 없다. 아견에 두 가지가 있으니 하나는 인아견人我見이고, 둘은 법아견法我見이다.[319]

　일체의 사집邪執은 아견에서 일어난다. 만약 아견을 떠나면 사집이 없다.

　아견은 '나'라고 하는 주체다, 주체의식이다.

　아견에 두 가지가 있으니. 하나는 인아견人我見이고 둘은 법아견法我見이다.

　『기신론』 신역에서 인아견人我見이라고 하는 것은, 그냥 우리가 말하는 아상我相이다. '나'라는 것이 있다는 생각이다. 법아견法我見이라 하는 것은 나의 밖

319　원문은, 對治邪執者대치사집자 一切邪執일체사집 莫不皆依我見而起막불개의아견이기 若離我見약리아견 則無邪執즉무사집 我見有二種아견유이종 一일人我見인아견 二이法我見법아견

에 사물이 있다, 없다, 그것을 말하는 것이다. 우리가 보통 이야기할 때 나를 둘러싼 언어 문자 등 여러 가지를 아상我相이라 하고, 나 이외 모든 삼라만상의 모습은 법상法相이라고 한다. 우리는 아와 법이라고 하는데, 아를 인아견, 법을 법아견이라 한다. 용어가 특이하니 혼동하지 말고 주의해야 한다.

여기 『기신론』에서는 아상을 인아견人我見이라 했다. 법상은 법아견法我見이라 했다. 아我가 다 붙었다. 여기서 아我는 주체主體가 있다는 의미다. 인아견은 사람에 주체가 있다는 견해고, 법아견은 법에도 고정적인 주체가 있다는 견해다.

법法에 고정된 주체가 있다는 말은 무슨 뜻인가. 예컨대 물은 습하고, 불은 뜨거운 것이 각각 물의 성질性質이고 불의 성질이다. 그러니까 물의 법아法我는 습濕이고, 불의 법아는 뜨거운 것[燥]이다. 법성法性이라고도 한다. 법의 성품이란 의미다. 물이라고 하는 법의 성품이 있다. 불이라고 하는 법의 성품이 있다. 그래서 법성이 있다. 이런 뜻으로 법아견法我見이라 한다. 이것이 좀 옛날 말이다.

대치사집은 그릇된 사견을 대치하여 고치는 내용이다. 근본번뇌는 탐貪·진瞋·치癡·만慢·의疑·견見인데 견見에는 부정견不正見이 다섯 가지 있다. 하나는 몸과 마음인 오온五蘊을 '나'라고 생각하는 인아견人我見인 유신견有身見이다.

이것을 근거로 하여 생기는 부정견不正見에 네 가지 견해가 더 있다. 변견邊見·사견邪見·계금취견戒禁取見·견취견見取見이 그것이다.

진심眞心과 여래장如來藏이 무아無我인 줄 모르니 허망하게 인아견人我見을 세우면서, 그 '나'라는 것이 영원하다고 생각하는 상견常見과 죽으면 아무것도 없다는 단견斷見이 나온다. 이 단견과 상견이 변견邊見이고, 인과를 부정하는 것이 사견邪見, 그릇된 계율이나 금지 조항을 바른 것으로 간주하여 거기에 집착하는 견해가 계금취견戒禁取見이다.

또 인아견을 근거로 범천梵天과 공처空處 등에 태어나기를 구하거나, 부정견不正見을 고집하는 것이 견취견見取見이다. 여기에 등장하는 사견들은 마명존자가 살던 그 시절에 유행하던 것으로 보이는데, 『능엄경』은 변마장辨魔障의 행음行陰과 식음識陰 부분에서 많은 사견들을 밝히고 있다. 연수延壽대사는 「유심결唯心訣」[320]에서 120가지의 사견邪見을 자세하게 열거한다.

---

320 《유심결》1권은 5천여 자로 되어있는데, 주제는 명확하고, 문자는 화려하며, 연수대사께서 증득한 견지見地를 집중적으로 표현한 대표적인 단편으로 선종 법안종 철학의 "도덕경"이라 할 만하다. 목차는, 들어가는 말 /영명연수대사 사적事跡 약술 /제1장. 마음(心), 전체 불법의 강종綱宗 /제2장. 일백이십 가지 삿된 종지의 견해를 파척하다 /제3장. 맺는 말, 묘리를 알고자 하거든 오직 관심觀心에 있다 /[부록] 선정과 지혜가 상즉을 이루는 노래(定慧相資歌)

제1절 인아견人我見을 대치함

인아견人我見이란 것을 모든 범부들에 의지하여 다섯 가지로 설명한다.[321]

인아견人我見은 몸과 마음인 오온을 '나'라고 생각하는 일반인의 잘못된 견해이다. 이와 반대로 내 오온인 몸과 마음에는 '나'라고 할 것이 전혀 없다는 견해가 인무아人無我다. 이 인무아를 보통은 아공我空이라고 말한다.

첫째, 경에서 말한 바와 같이 "여래의 법신은 구경에 적멸한 것이 마치 허공과 같다"라는 말을 범부와 우인愚人이 듣고는, 그 뜻을 이해하지 못하여 "여래성如來性은 허공과 같고 항상하고 두루 존재한다"고 고집한다.[322]

범부는 공부하지 않은 사람이다. 우인은 공부하는 사람인데 지혜가 없다는 말이다. 여래성如來性이란 우리가 가진 진심眞心이다. 우리의 진심은 청정각명淸淨覺明하다. 청정하다는 것은 깨끗하여 아무것도 없다는 말이다. 한 물건도 없다. 걷어잡을 것이 아무것도 없다. 빛깔도 없고, 소리도 없고, 냄새도 없다. 그러면서 각명하다. 각명하다는 것은 분명하게 안다는 말이다. 견문각지見聞覺知한다는 말이다. 보기도 하고見, 듣기도 하고聞, 느끼기도 하고覺, 알기도 한다知.

---

321 원문은, 我見者인아견자 依諸凡夫의제범부 說有五種설유오종

322 원문은, 一者일자 如經中說여경중설 如來法身여래법신 究竟寂滅구경적멸 猶如虛空유여허공 凡愚聞之범우문지 不解其義불해기의 則執如來性즉집여래성 同於虛空동어허공 常恒遍有상항변유

402

그러니까 진짜 나라고 하는 것은 진심眞心인데, 진심은 청정하고 각명하다고 부처님이 『능엄경』에서 말씀하셨다. 그래서 이 청정을 강조하다 보면, 허공과 같다는 말이 자주 나온다. 여래의 법신은 끝까지 추구해 보면 적멸하다. 고요하고[寂] 아무것도 없다[滅]. 멸은 생멸生滅이라 할 때의 멸이다. 사라져서 아무것도 없는 것을 멸滅이라 한다. 그런 것이 마치 허공과 같다[猶如虛空]. 경經에 자주 나오는 말이다. 그런데, 범부凡夫와 우둔愚鈍한 사람이 이 말을 듣고. 그 뜻을 이해하지 못하여, 여래의 성품이 허공과 같아서 시간적으로 항상하고, 공간적으로는 우주에 가득차 있다[遍有]고 집착한다. 그러니까 "우리의 진심이 허공과 같고 항상하고 두루 존재한다"는 생각이 어디가 틀렸는가가 문제다.

경에서 말하기를 '여래의 법신은 구경에 적멸한 것이라서 마치 허공 같다'고 했다. 범부와 어리석은 사람이 이 말을 듣고는, 그 뜻을 오해해서, '우리의 본성이고 진심인 여래성이 허공과 같다. 그래서 항상 이 허공에 두루하고 있다[常恒遍有]'고 집착한다. 허공이 곧 우리의 본성이고 여래의 법신이니, 허공이 항상 있듯 내 법신도 항상 있다고 생각하고 집착한다.

'항상 두루 있다'고 하는 이 생각이 잘못됐다. 이것이 사집邪執이다. 허공虛空이라 하지만 허공이 실제로 있는 것이 아니다. 허공은 이름만 있지 모습이 없다.

여래의 법신法身, 우리의 상주진심常住眞心이 항상 있는 것이 아닌가? 『능엄경』에서는 분명 "상주하는 진심이 성정명체다[常住眞心 性淨明體]"라고 했다. 이것은 '본성性이 청정하고[淨] 각명한[明] 바탕[體]'이라는 말인데, 경에서는 그다음부터 청정각명淸淨覺明이라는 표현을 쓴다. 선종禪宗에서는 공적영지空寂靈知라고 한다. 상주하니까 항상 있다는 말이 아닌가? 여기 기신론에서 문제로 지적한 것은, '常恒遍有상항변유'다. 시간적으로 항상[常恒], 공간적으로 두루[遍] 있다[有]는 말이다. 그에 비해 상주진심 성정명체에서는 항상 머문다[常住]고 했지, 있다[有]고 하지는 않았다. 왜 있다고 하지 않았는가?

상주常住라는 말을 잘 새겨야 한다. 청정하다는 것은 결국 텅 비어서 아무것도 없다는 뜻이다. 공적空寂하다는 말이다. 여기서 공적이라 하면 텅 비어서 뭐라도 있다고 할 것이 없다. '있다'고 하면 있다는 그것도 텅 비었다. 그러니까 텅 비어서 적적하다. 아무것도 없다. 청정淸淨과 같은 말이다. 유有가 아니다. 유라고 하면 안 된다.

저러한 고집을 제거하기 위해서 '허공의 모습은 오직 분별일 뿐이어서 실로 걷어잡을 수 없다'는 것을 밝혀야 한다. 보이는 것도 있고, 상대도 있어서 모든 물질色과 대대待對하기 때문에 마음이 분별하여 허공이라고 부르는 것임을 밝혀야 한다.[323]

물질色이 이미 망심의 분별이니, 허공 역시 실체가 없음을 마땅히 알아야 한다. 일체 경계의 모습은 오직 망심이 분별한 것이다. 만일 망심을 여의면 곧 경계의 모습이 소멸한다.[324]

물질인 색色은 무시무명에서 벌어진 허망한 경계라는 사실을 생멸문의 삼세육추 법문에서 알았다면, 허공은 더 설명할 것이 없다. 설령 허공이라는 명자名字에 상응하는 실체가 있다고 하더라도 그것도 역시 무명망심의 분별일 뿐이다.

---

323 원문은, 爲除彼執위제피집 明虛空相명허공상 唯是分別유시분별 實不可得실불가득 有見有對유견유대 待於諸色대어제색 以心分別이심분별 說名虛空설명허공

324 원문은, 色旣唯是妄心分別색기유시망심분별 當知虛空亦無有體당지허공역무유체 一切境相일체경상 唯是妄心之所分別유시망심지소분별 若離妄心약리망심 卽境界相滅즉경계상멸

색色이라고 하는 것은, 우리가 앞에서 생멸문을 공부할 때를 돌이켜보자면, 망심妄心에서 나온 분별分別이었다. 그 내용이 어디에 있는가? 해석분의 제1절 심진여문心眞如門 이하 1. 심진여의 정의에 있다. "일체 제법은 모두 망념으로 말미암아 차별이 있으니, 만일 망념을 떠나면 곧 경계에 차별의 모습이 없다."[325]

이 망념妄念이라는 것은 망심妄心이다. 모두 다 망념 때문에, 다시 말해 망념妄念으로 말미암아 차별이 있다. 차별이 있다는 것은 이것저것 구별區別이 된다는 말이다. 만약 망념을 떠나면, 즉 망념이 없다면, 경계境界도 없고, 공간에 은하銀河도 없고, 별도 없다. 경계가 없으니 구별되는 모습도 있을 수 없다. 차별되는 모습은 전부 망념에서 생겼다는 말이다. 그럼 망심은 왜 생기는가? 망심妄心은 무명無明에서 생겼다고 했다. 12인연법因緣法에서 제일 처음 무명이 생겼다. 무명無明에서 행行이 생기고, 행에서 식識이 생긴다. 명색名色, 육입六入 등의 차례로 진행되어 생노병사生老病死에 이르는 것이 12인연이다. 식識은 우리가 전생에 지은 업식業識이다. 행行은 무엇인가? 무명이 작동作動한다는 말이다, 무명이 작동하면 삼세육추三細六麤로 벌어진다. 결국은 무명無明에서부터 일체가 생겼다. 우주宇宙 안에 있는 것들이 다 마찬가지란 말이다.

사람에 따라 다르지만, 『대승기신론』의 핵심이 이 구절이라고 말하는 선배들이 많다. 옛날 우리 선배들이 제일 많이 사용한 구절이 이 구절일 것이다. '망념 때문에 우주, 삼라만상森羅萬象이 생겼다'는 그 말이다. 이 우주공간, 허공虛空 가운데 있는 모든 별들도 다 망념 때문에 생겼다는 말이다.

---

325 원문은, 一切諸法일체제법 皆由妄念而有差別개유망념이유차별 若離妄念약리망념 則無境界差別之相즉무경계차별지상

오직 진여심眞如心이 시방에 두루하지 않음이 없다. 이것은 "여래의 자성이 마치 허공과 같다"는 뜻이지, "허공처럼 항상하고 존재한다"는 말이 아니다.[326]

결론이다. 진여심이 진심眞心이다. 진여심은 청정각명하다. 청정하기 때문에 두루하지 않음이 없다. 만약 우리의 진심이 모습이 있으면, 어디에 얼마만한 공간을 차지하고 있다는 식으로 설명할 것이다. 그런데 모습이 없으니, 어디에 있다거나 없다고 표현할 수가 없다. 그래서 무엇이라고 하는가? "작으면 바늘 끝에도 용납이 안 되고, 크면 허공을 집어삼킨다."[327] 그렇게 이야기한다. 아니 무슨 물건이 작을 때는 바늘 끝보다 작고, 크면 허공을 집어삼키는가? 그런 물건은 세상에 없다. 물건이 아니라는 말이다. 그것은 아무것도 없는 청정함을 표현한 것이다.

우두법융牛頭法融 선사의 문답을 기록했다는 『절관론絶觀論』에 보면 "허공이 도본道本이고 삼라만상이 법용法用이다"라는 구절이 나온다. 또 황벽黃蘗 선사의 『전심법요傳心法要』에는 "사람들은 법신이 허공에 두루하고, 허공중에 법신을 함용含容하고 있다고 이야기한다. 만약 결정코 허공이 있다고 생각하면 허공은 법신法身이 아니다. 다만 허공이 있다는 분별을 하지 않으면 허공이 곧 법신이다"[328]라고 자세하게 설명하고 있다. 깊이 사색해 보아야 할 글들이다.

---

326 원문은, 唯眞如心無所不遍유진여심무소불변 此是如來自性차시여래자성 如虛空義여허공의 非謂如空是常是有비위여공시상시유

327 달마대사 『혈맥론』에 나오는 글이다. 원문은 이렇다. 心心心심심심 難可尋난가심; 마음이라 마음하는 마음이여 찾기 어렵도다. 寬時遍法界관시변법계; 넓을 때는 허공에 가득차고, 窄也不容鍼착야불용침; 작을 때는 바늘 끝도 용납하지 않네.

328 원문은, 常人謂法身偏虛空處상인위법신변허공처 虛空中含容法身허공중함용법신 若定言有虛空약정언유허공 虛空不是法身허공불시법신 若定言有法身약정언유법신 法身不是虛空 법신불시허공 但莫作虛空解단막작허공해 虛空卽法身허공즉법신 莫作法身解막작법신해 法身卽虛空법신즉허공

우두법융선사가 『절관론』에서 자문자답한 내용을 보자.

"問曰문왈 云何爲道本운하위도본 云何爲法用운하위법용"; 어떤 것이 도의 근본이고, 어떤 것이 도의 작용인가? 도본이란 체상용 가운데 체體를 가리키고, 법용은 용用이다. "어떤 것이 도의 체이고 어떤 것이 도의 작용인가?" 하는 물음이다.

"答曰답왈 虛空爲道本허공위도본 森羅爲法用삼라위법용"; 허공이 도본이고, 삼라만상이 법용이다. 우리 마음이 허공과 같다. 그러니 허공이 바탕이란 말은 마음이 바탕이란 말과 같다. 그리고 삼라만상, 이 허공중에 있는 온갖 것들이 작용이다.

황벽 선사의 『전심법요傳心法要』는 유명한 글이다. 옛날부터 선가禪家의 종지宗旨를 이해하고 싶어 하는 사람들은 『마조어록』과 『전심법요』를 많이 읽었다. 황벽 선사와 관련해서 이런 이야기가 있다.

당시 정승政丞을 하던 배휴裴休라는 거사가 처음에는 규봉圭峰 선사를 따라다녔었다. 그러다가 어떤 절에 갔을 때, 옛 선사禪師들의 초상화를 보게 됐다. 배휴가 그 절 주지에게 물었다.

"선사의 초상肖像은 여기 있는데 선사는 어디로 갔는가?"

주지가 답을 하지 못했다. 그러자 배휴가 다시 물었다.

"이 절에는 선禪을 아는 중이 없는가?"

마침 황벽黃檗이 그 절에 묵고 있었다. 주지가 황벽을 데리고 와서 소개했다.

"이 양반이 선을 하는 사람입니다."

그러자 배휴가 황벽에게 다시 묻는다.

"고승高僧들의 영정은 여기 있는데, 고승은 어디를 갔는가?"

그러자 황벽이 갑자기 "배휴!" 하고 부른다. 사람은 갑자기 자기 이름 부르는 소리를 들으면 엉겁결에 대답을 하게 돼 있다. 배휴가 놀라서 "예!"하고 대답한다. 그러자 황벽이 물었다.

"그대는 어디 있는가?"

이렇게 되묻는 말에 배휴가 한소식을 한다. 왜 그런가? 배휴는 규봉圭峰을 모시고 수십 년을 공부했다. 그러니 불교의 이치에 통달한 거사居士였다. 그러다가 황벽을 만나니 시절인연이 도래해서 황벽의 한마디에 한소식을 한 것이다. 그리고 나서부터는 황벽을 따라다닌다. 황벽 선사 돌아가실 때까지 모시고, 선사가 한 이야기를 전부 모아서 『전심법요』와 『완릉록宛陵錄』이란 책을 펴냈다. 중요한 자료를 남긴 배휴 덕분에 우리도 황벽을 만날 수 있게 된 것이다.

황벽선사의 말씀을 보자.

"常人謂法身遍虛空處상인위법신변허공처"; '보통사람들이 말하기를 법신이 허공에 두루하다고 한다.' 법신은 진심이다.

"虛空中含容法身허공중함용법신"; '허공에 법신, 즉 진심을 함용하고 있다고 한다.' 진심=법신이 허공과 구분이 안 된다. 허공이 곧 진심이란 말이다. 그다음 말이 중요하다.

"若定言有虛空약정언유허공 虛空不是法身허공불시법신"; '만약에 허공이란 것이 결정코定 있다고 말하면, 허공은 법신法身이 아니다.' 왜인가? 법신은 원래 청정각명하고 공적영지한 것이라서, 있는 것이 아니다. 그런데 여기서 허공이란 것이 있다고 한다면, 허공과 법신은 다른 것이다. 법신法身은 있는 것이 아니기 때문이다. 또 반대로 법신이라고 하는 것, 곧 우리 진심이라고 하는 것이 반드시 있는 것이라고 하면, 그 역시 틀린 말이라는 것이다. 진심이 반드시 있다면, 법신은 허공이 아니다. 즉 법신과 허공이라는 것은 이름만 있을 뿐

유有가 아니다.

"但莫作虛空解단막작허공해 虛空卽法身허공즉법신"; '만약 허공이 있다고 해석하지 않으면, 허공이 곧 법신이다.'

"莫作法身解막작법신해 法身卽虛空법신즉허공"; '법신이 있다고 해석하지 아니하면 법신이 곧 허공이다.'

"허공이 있다, 법신이 있다"고 하면 그것은 상견常見에 속한 것이고 틀린 말이다. 그것이 첫 번째 사견邪見이다.

둘째, 경에서 말한 바와 같이 "일체의 세법世法은 모두 필경공畢竟空이고 내지 열반과 진여법眞如法도 역시 필경공이니, 본성은 이와 같이 일체상一切相을 여의었다"라는 말을 범부와 우인이 듣고는, 그 뜻을 이해하지 못하여 "열반과 진여법은 오직 공하여 무물無物이다"고 고집한다.[329]

불교에서 공이란 단어는 원래 '일체법은 연기법緣起法이니', 그 진상을 알고 보면 '무상無常이고 무아無我이므로' 이것을 간단하게 "공하다"고 표현한 것이다. 그런데 일반인들은 공을 텅 비어서 아무 것도 없다"는 절대적인 무無의 뜻으로 잘못 이해하는 경우가 허다하다. 그리하여 "열반과 진여법은 오직 공하여 무물無物이니 무無이다"라고 해석하여, 공부해도 얻을 것이 없으니 수행할 필요가 없다고 주장한다. 이런 견해는 변견邊見 중에서 단견斷見에 해당하는 사견이다.

일체의 세간법이 결국에는 다 공하고, 열반과 진여법도 역시 공하다. 세법世

---

329 원문은, 二者이자 如經中說여경중설 一切世法일체세법 皆畢竟空개필경공 乃至涅槃眞如法
내지열반진여법 亦畢竟空역필경공 本性如是본성여시 離一切相이일체상 凡愚聞之범우문지
不解其義불해기의 卽執涅槃眞如法즉집열반진여법 唯空無物유공무물

法은 세속제世俗諦다. 열반진여법은 승의제勝義諦다. 모습은 전부 다 인연으로 된 것이다. 부처님이 49년 동안 법문하신 것이 연기법緣起法이다. 연기법이란 결국 인연因緣으로 해서 만 가지 현상이 일어난다는 것이다. 인연으로 일어난 것은 자성自性이 없다. 주체主體가 독자성獨自性이 없으니 공空이다. 모습 있는 것은 전부 연기법이니 본성이 아니다. 세속제, 승의제뿐만 아니라 본성本性도 일체의 모습을 떠났다. 본성은 공이니 일체의 모습을 떠났다.

그런데, 범부와 우둔한 대승 공부하는 사람이 이 말을 듣고, 그 진짜 뜻을 모르고, 열반진여법은 오직 공하여 무물無物이라고 고집한다.

열반진여법은 승의승의제勝義勝義諦다. 무물無物은 원래 육조대사가 "**本來無一物본래무일물 何處惹塵埃하처야진애**; 본래 한 물건도 없는데 어디에 먼지가 낄 것이냐" 라고 읊었을 때의 무일물과 같다. '오직 비어서 한 물건도 없다'고 오해한다는 말이다. 아까 우리가 이야기한 '항상 있다'는 말은 청정을 몰라서, 공적을 몰라서 한 소리이고, 지금 여기에서 '열반진여법이 공해서 한 물건도 없다'고 하는 것은, 각명覺明을 몰라서 그러는 것이다. 청정각명에서 각명覺明을 몰라서, 공적영지의 영지靈知를 몰라서 그렇다는 말이다. 그러니까 이렇게 알지 않고, 청정각명이라 하지만 상주진심이라 했으니 항상 있다고 생각하여, 공적을 모르고 '있다'에 들어앉거나, 공적하다고 하니까 영지한 것을 모르고, '일체 텅 비어서 아무것도 없다'라고 고집하는 것은 결국, 진심眞心을 모르는 것이다. 『능엄경』이 항상 강조하는 것은 청정각명淸淨覺明이다. 청정으로는 첫 번째 허물을 다스리고, 각명으로는 두 번째 허물을 다스린다. 항상 청정각명을 잊지 말아야 한다. 청정淸淨은 유유가 아니다. 각명覺明은 무물無物이 아니다. 우리 마음은 청정하여 아무것도 없는 것 같으면서 각명覺明하다. 우리의 진심眞心은 이렇게 두 가지 성질을 가진다. 능엄경은 1권에서 청정각명淸淨覺明

을 끄집어내어, 끝까지 청정각명淸淨覺明으로 설명한다. 그래도 청청각명인 진심이 어떤 것인가는 설명이 안 된다. 이것은 그냥 알아차려야 한다. 어떻게 알아차리는가? 그것을 점검點檢하는 것이 이 대치사집對治邪執이다.

저러한 고집을 제거하기 위해서 "진여와 법신은 그 자체가 불공不空하여 무량한 성공덕을 구족하여 있다"는 것을 밝혀야 한다.[330]

지금 이야기한 것은 결국 우리의 진심眞心을 설명한 것이다. 우리의 진심은 청정하기만 한 것이 아니다. 각명하다. 청정淸淨/공적空寂하면서 각명覺明/영지靈知하다. 무량無量 성공덕性功德을 갖추고 있다. 그래서 이 부분을 여래장如來藏이라고 한다.

진여인 법신은 그 자체가 청정하지만, 또한 각명해서 공하지 않다. 무량성공덕無量性功德을 갖추고 있으니 불공不空이다. 그럼 무량성공덕은 모습이 아닌가? 모습이 아니다. 모습으로서의 공덕이 아니라, 성품性品으로서의 공덕功德을 갖추고 있다. 성품으로서의 무량성공덕無量性功德이라서 아무런 모습이 없다. 청정해서 아무것도 없으나, 인연因緣만 갖춰지면 거기에서 삼라만상森羅萬象 온갖 것이 생겼다 없어졌다 한다. 진심眞心이 한없는 성공덕을 갖추고 있기 때문이다.[331]

---

330 원문은, 爲除彼執위제피집 明眞如法身명진여법신 自體不空자체불공 具足無量性功德故구족무량성공덕고

331 불교에는 특별히 깊은 이론(理論)은 없고, 아공(我空), 법공(法空)만 있다. 이론이라 할 만한 것은 유식론(唯識論)뿐이다. 그런데 우리나라에서는 유식을 많이 공부하지 않는다. 아공, 법공, 공(空)만 이야기한다. 나도 유식 공부를 소홀히 했었다. 그러다가 영명연수(永明延壽) 대사의 종경록(宗鏡錄)을 보게 됐다. 종경록 100권에 불교의 이론이 다 들어 있다. 100권에 선종(禪宗), 교종(敎宗)을 전부 다뤘는데, 45권부터 64권까지 20권에서 유식(唯識)만을 다룬다. 종경록의 20%가 유식이니, 연수 대사가 유식(唯識)을 중시했음을 알 수 있다. 거기서 연수 대사는,

여기까지 다룬 사집은 두 가지다.

첫째로, 청정淸淨을 제대로 해석하지 못해 '있다'고 생각한다. 있다고 생각하면 그것은 청정을 제대로 안 것이 아니다.

둘째로, '무물無物이다, 혹은 한 물건도 없다'고 얘기하면, 각명覺明을 몰라서 그러는 것이다. 그렇게 이쪽저쪽에 끄달리지 않게 하기 위해서 부처님이 청정각명淸淨覺明, 혹은 성정명체性淨明體라고 말씀한 것이다.

아주 중요한 부분이다. 이 첫째와 둘째를 제대로 이해하면 그런대로 청정각명을 이해한다고 할 수 있다.[332]

이제 세 번째 사집邪執으로 넘어가자.

셋째, 경에서 말한 바와 같이 "여래장은 일체 모든 성공덕을 구족하여 부증불감不增不減이다"는 말을 범부와 우인이 듣고는, 그 뜻을 이해하지 못하여 "여

"견성하는 데는 필요 없지만, 유식을 모르면 불법을 가르치지 못한다"고 했다. 무슨 말인가? 전생(前生)에 공부한 것이 있는 사람은 한마디 듣고 문득 알아차릴 수도 있다[頓悟]. 무엇을 알아차리는가? 청정각명(淸淨覺明)을 알아차린다. 내가 공적영지(空寂靈知)임을 알아차린다. 그것이 견성(見性)이다. 그러나 그것은 견성을 한 것뿐이다. 우리의 마음이나 몸에 일어나는 여러 현상 등, 자세한 내막은 견성 후에 보임해서, 세월이 한참 지나야 이해가 된다. 그것을 자세히 설명한 것이 유식(唯識)이다. 찾아오는 사람을 가르치려 하면 돈오한 것만으로는 안 된다는 말이다. 왜인가? 찾아온 제자들이 전부 돈오할 사람이면 유식이 필요 없겠지만, 그럴 리는 없다. 유식을 모르면 제자를 가르칠 수 없고, 자기 공부도 가다가 막힐 수 있다. 영명연수 대사는 그렇게 주장한다.

332 연수(延壽)대사 종경록에 무심합도문(無心合道門)이란 것이 있다. 이것은 종경록 45권인가에 나온다. 연수대사는 종경록에서 부처님이 가르친 교(敎)와, 중국에서 달마 이후에 일어난 선(禪), 교와 선을 융합해서 모든 것을 설명한다. 무심합도문(無心合道門)에서는 교(敎)와 선(禪)을 인용하지 않고 다르게 도(道)에 합하는 것을 강조한다. 우리 마음이 본래 없다. 무심(無心)이다. 우리 마음이 본래 없다는 것이 맞는 말인가? 각명(覺明)하고 영지(靈知)한데? 그러나 그런 마음을 찾아보면, 청정(淸淨)하고 공적(空寂)할 따름이다. 그래서 그 청정 공적한 마음, 그것에 강조점(포인트)을 두어서, 무심합도문이란 설명을 따로 전개하고 있다. 이론적으로 설명하니까, 선종(禪宗)에 속하는 글이라 할 수 있는데, 선사(禪師)들이 주장하는 식으로 설명하지는 않는다. 그래서 이 무심합도문을 잘 읽으면 바로 견성(見性)한다고 해서 옛날부터 유명한 글이다.

래장에는 색법色法·심법心法의 개별적인 자상自相들이 차별이 있다"고 고집한다.[333]

삼라만상의 출몰지인 여래장의 내용이 성공덕인 줄 모르고 색법色法·심법心法 등등이 개개의 자상自相을 지니고서 함께 여래장에 혼장混藏되어 있다고 생각하는 천견이다.

이것은 여래장 이야기다.

경에서 말씀하시기를 "여래장은 일체의 성공덕을 갖추고 있어 늘거나 줄지 않는다"고 했다. 여래장이 무엇인가? 우주의 만법萬法이 나오는 것이 여래장如來藏이다. 진심眞心이 청정각명淸淨覺明하다 했으니, 크기는 허공과 같고, 각명하니까 그 안에 묘진여성妙眞如性을 다 갖추고 있다. 그러니 결국 진심과 여래장은 같은 말이고 둘이 아니다. 『능엄경』에서는 여래장을 묘진여성妙眞如性이라고 한다. 그러니 여래장은 모습[相]이 아니라 성품[性]이다.

성상법문性相法問은 불교佛敎의 기초이론基礎理論이다. 그러니까 물의 성[水性]은 축축한 것이다. 물의 상相은 무한 다양하다. 바닷물도 상이고, 강물도 상이고, 수돗물도 상이고, 빗물도 상, 전부가 상이다. 바닷물, 강물, 빗물 등의 상相은 인연因緣이 되면 그렇게 나타났다 사라진다. 그런 상이 여러 가지가 있어도, 물의 성性은 축축한 것이다. 성품을 성性, 모습을 상相이라 해서 성상법문이라 하고, 불교에서 쓰는 가장 기본적인 논리다.

여기서의 논점은 여래장如來藏에 있는 것은 성性이지, 상相이 아니라는 것이

---

333 원문은, 三者삼자 如經中說여경중설 如來藏여래장 具足一切諸性功德구족일체제성공덕 不增不減부증불감 凡愚聞已범우문이 不解其義불해기의 則執如來藏즉집여래장 有色心法自相差別유색심법자상차별

다. 바닷물, 강물, 빗물 등이 각각 여래장 안에 있어서, 조건을 갖추면 바닷물이 됐다가, 강물이 됐다가 그러는 것이 아니다. 여래장 안에 있는 것은 수성水性이다. 지수화풍공견식地水火風空見識이라는 7대가 다 여래장에 있는데, 성性으로 있다. 그것이 인연 따라서 상相으로 나타난다. 나타날 때는 반드시 인연因緣이 있어야 한다. 인연이 있어야 이런 결과가 나온다.

'범부와 우인이 그 말을 듣고는, "여래장에는 색법·심법의 서로 다른 개별적인 자상들이 있다"고 고집한다.' 색심色心의 색은 물질, 심은 정신이다. 물질법이 색법色法, 정신법이 심법心法, 합쳐서 색심법色心法이라 했다. 자상自相이라 한 것은, 바닷물은 바닷물, 강물은 강물, 수돗물은 수돗물, 빗물은 빗물 등, 개별적으로 가지고 있는 상을 가리킨다. 함께 가지는 상은 공상共相이라 한다. 여래장 안에는 공상이라 할 것도 없다. 그런데 자상이 있을 리 있는가? 여래장에는 다만 수성이라는 성性만 있다. 그런데 자상自相이 있다고 고집한다는 것이다.

이러한 고집을 제거하기 위해서 "진여에는 본래 염법染法의 차별이 없다"는 것을 밝혀야 한다. 무변한 공덕상이 있지, 염상染相이 있는 것이 아니다.[334]

여래장의 묘진여성妙眞如性을 이해하면 공덕상功德相이란 것이 성공덕性功德으로서 오염된 모습이 없는 줄을 알게 될 것이다.

---

334 원문은, 爲除此執위제차집 明以眞如명이진여 本無染法差別본무염법차별 立有無邊功德相입유무변공덕상 非是染相비시염상

여기 무변 공덕상의 공덕상功德相은 공상共相이다. 만법을 나툴 수 있는 잠재성潛在性 또는 가능성可能性을 공덕상이라 했다. 그러니 이것은 일종의 공상共相이지, 개별적인 모습이 있는 것이 아니다. 여래장 안에는 상은 없고 성性만 있지만, 이 성 안에 염상染相, 정상淨相을 나툴 수 있는 잠재성이 갖춰져 있다. 이 잠재성/가능성을 공상共相이라 한다. 공덕상이란 것은 공상이고, 잠재성, 가능성이다. 이것은 우리가 여래장 묘진여성을 배웠기에 아는 것이다.

네 번째 사집邪執을 보자.

넷째, 경에서 말한 바와 같이 "일체 세간의 온갖 잡염법雜染法이 모두 여래장에 의해서 생기니, 일체법은 진여와 다르지 않다"라는 말을 범부와 우인이 듣고는, 그 뜻을 이해하지 못하여 "여래장에는 일체 세간의 염법을 갖추고 있다"고 말한다.[335]

여래장의 묘진여성妙眞如性을 제대로 이해하지 못하는 천견이 계속 같은 착각을 하고 있다. 여래장에서 세상 만법이 출몰하고 무량한 성공덕이 구비되어 있으니, 정법淨法뿐 아니라 염법染法도 여래장에 갖추고 있다는 생각이다. 지욱대사의 설명에 따르면 이런 견해는 상견常見에 속하는 변견邊見으로서, 염법이 바로 여래장인 '나' 안에 항상 있다고 생각하므로, 모든 염법인 번뇌를 없애고 해탈하는 날은 올 수가 없다고 오해하고 있다.

우리가 세상을 살다 보면, 착한 생각도 내고 악한 생각도 내게 된다. 착한 생

---

335 원문은, 四者사자 如經中說여경중설 一切世間諸雜染法일체세간제잡염법 皆依如來藏起개의여래장기 一切法不異眞如일체법불이진여 凡愚聞之범우문지 不解其義불해기의 則謂如來藏具有즉위여래장구유 一切世間染法일체세간염법

각은 정淨, 악한 생각은 염染이라 했다. 정과 염의 잠재성/가능성을 성性이라고 했다. 그러면 '여래장 안에 좋은 것과 나쁜 것이 들어가 있겠구나' 하고 생각할 수 있다. 좋은 것과 나쁜 것이 들어가 있으니, 참회를 통해 더러운 것을 깨끗이 씻었다고 하자. 그래도 다음에 또 염상染相을 일으킬 만한 조건이 오면, 또 염상을 일으킨다. 왜인가? 여래장 묘진여성 안에 이런 잠재성이 있으니까 그렇다. 예컨대 참회 잘하고 깨끗해진 마음으로 법당에서 나오다가, 발을 헛디뎌 엉덩방아를 찧었다. 나도 모르게 욕하고 성을 낸다. 금방 염상染相이 생긴 것이다. 그런 식이면 언제 우리는 해탈解脫하겠는가? 그렇게 생각한다. 하지만 여래장如來藏에서 말하는 묘진여성妙眞如性이란 잠재성/가능성인 공상共相인데, 여기에는 염상染相, 정상淨相이 없다. 본래 상相이라고 하는 것이 없다. 우리가 무명으로 인해서 상相을 일으키는 것이다.

무명無明 이야기를 한번 해보자. 무명의 특성이 무엇인가? 주객主客을 나누는 것이다. 어째서 무명이 주객을 나누는가? 삼세육추의 삼세三細에 있을 때, 무명업상無明業相, 전상轉相, 현상現相으로 벌어지면서, 전상轉相이 주主를 나투고 현상現相이 객客을 나툰다고 했다. 우리는 제7식에 근거해서 제8식의 견분을 나라고 하고, 제8식의 상분을 산하대지, 삼라만상이라고 본다. 무명이 주객을 나툰다는 말은 기신론에서는 무명업상이 전상, 현상을 나툰다는 것이다.

그럼 주主는 누가 나투는가? 주主란 어떻게 생겼는가? 이것은 유식학에서 뭐라고 설명하는가? 제7식이 제8식의 견분見分을 나라고 생각한다.『기신론』에서는 그것을 전상轉相이라고 한다. 제7식이 제8식의 견분見分을 나라고 집착한 것이지, 본래 나라는 것이 없다. 그리고 이놈 제7식이 제8식의 상분相分을 보고 온갖 것이라고, 즉 우리가 말하는 은하계, 우주, 삼라만상, 삼천대천 세계라고 생각한다. 그것이 기신론에서 얘기한 현상現相이다. 제7식이 견분見

分을 나라고 착각하고, 상분相分을 산하대지, 삼라만상이라고 착각한다. 이것이 주객이 벌어지는 방식이다. 즉, 제7식이 제8식의 견분見分을 나라고 착각하고, 제8식의 상분을 대상인 객으로 착각하여 주객이 벌어진다. 그러니까 무명에서 주객이 벌어진다는 말은, 제7식이 법치를 일으켜서 제8식의 견분을 나라고, 제8식의 상분을 산하대지, 삼라만상이라고 착각하고 집착하는 것이다. 그런데 진짜 나는 무엇인가? 진심眞心의 각명覺明이다. 다른 말로는 영지靈知, 영특스런 앎이다.

이러한 고집을 제거하기 위해서 "여래장은 본래부터 갠지스 강의 모래 수를 초과하는 청정한 공덕을 갖추고 있어서 진여와 다르지 않다"는 것을 밝혀야 한다. 갠지스 강의 모래 수보다 더 많은 번뇌 염법은 오직 허망하게 있는 것이지 본래 자성自性이 없다. 무시로부터 일찍이 잠시도 여래장과 더불어 상응한 적이 없다. 만일 "여래장이 염법과 상응하는데, 증회證會하여서 망염妄染을 쉬게 한다"고 말하면 옳지 않다.[336]

지욱대사의 설명에 따르면 염법染法은 무명이라는 착각에서 시작한 것이지, 여래장에 본래 갖추어져 있는 성공덕이 아니다. 만약 번뇌라는 염법이 본래부터 여래장에 갖추어져 있는 것이라고 한다면 아무리 수행하고 증득하더라도 열반에 결코 들어갈 수가 없다는 이야기가 된다.

---

336 원문은, 爲除此執위제차집 明如來藏명여래장 從本具有過恒沙數淸淨功德종본구유과항사수청정공덕 不異眞如불이진여 過恒沙數煩惱染法과항사수번뇌염법 唯是妄有유시망유 本無自性본무자성 從無始來종무시래 未曾暫與如來藏相應미증잠여여래장상응 若如來藏약여래장 染法相應염법상응 而令證會息妄染者이령증회식망염자 無有是處무유시처

제7식이 일으킨 법치, 이것이 바로 '무명에서 주객이 벌어졌다'는 것을 구체적으로 설명하는 것인데, 제7식이 제8식의 견분을 나라고 생각하고, 제8식의 상분을 산하대지, 삼라만상이라고 보고, 온갖 염정染淨의 의식意識을 일으킨다. 그런데 진심眞心인 여래장 묘진여성, 각명覺明, 영지靈知에는 이런 말이 성립되지 않는다. 염정染淨이라는 것은, 이미 주객이 벌어진 후에 착각으로 일어난 식識 놀음이니까 그렇다. 이것이 핵심이다.[337]

다섯째, 경에서 말한 바와 같이 "여래장에 의지해서 생사가 있고 열반을 얻는다"라는 말을 범부凡夫와 우인愚人이 듣고는, 그 뜻을 이해하지 못하여 "여래장에 의지하여 생사生死는 시작이 있다"고 말하면서, 또 시작을 보기 때문에 다시 "열반涅槃은 마침내 다함이 있다"고 말한다.[338]

『능엄경』도 만법萬法의 기멸起滅이 여래장如來藏에서 생긴다고 했다. 여래장을 주체인 마음으로 보면 진심眞心이 되고, 객관적인 대상對象으로 보면 진여眞如 자리다. 그런데 우리가 실상을 잘못 알아 착각하면 무명無明이 시작되고, 다시 무명無明이 착각錯覺이며 생사윤회가 본래 없는 줄을 알면 열반涅槃을 증득한다. 그런데, 사람들은 어째서 증득한 열반에 끝이 있다고 생각하는 것일까?

---

337 앞에서 나온 사집(邪執) 1, 2, 3은 모두 각명(覺明)에 관련된 것이다. 각명해서 온갖 것을 다 설명하는데, 이 모든 것이 다 어디서 나왔는가를 물으면, 여래장(如來藏) 묘진여성(妙眞如性)에서 나왔다고 한다. 능엄경 1, 2, 3권에서 그것을 다 설명한다. 사집(邪執) 4에서는 뭐라고 하는가? 염법이라고 하면 벌써 제8식의 견분과 상분이 나뉘었는데, 견분을 나라고 보고, 상분을 산하대지라고 보는 식(識) 작용이 일어났다. 식 작용이 일어났을 때 깨끗하다거나 더럽다는 온갖 분별을 일으킨다. 제8식의 견분을 나라고 집착한 제7식의 법치(法痴)에서부터 시작된 것이다. 능엄경 제4권에서 설하고 있다.

338 원문은, 五者오자 如經中說여경중설 依如來藏의여래장 有生死유생사 得涅槃득열반 凡愚聞之범우문지 不知其義부지기의 則謂依如來藏즉위의여래장 生死有始생사유시 以見始故이견시고 復謂涅槃有其終盡부위열반유기종진

418

『능엄경』에서는 "일단 열반에 들면 다시는 윤회하지 않는다, 영원토록 생을 받지 않는다"고 한다. 여기에 대해서 일반 사람들은 생각한다. '여래장에서 무명이 일어나면서 생사윤회를 하게 되는데, 착각을 하면 바로 무명이니까, 이런 일은 언제든지 일어날 수 있지 않을까? 그러니 부처님이 되어 열반에 들어도 다시 착각을 하면 생사윤회를 하지 않을까?' 그래서 『능엄경』에서는 그렇지 않다는 것을 네 번에 걸쳐서 강조하신다. "한 번 열반에 들면 다시는 미迷하지 않는다"고 하신다.[339] 여기 『기신론』에서도 그 이야기를 하는 것이다.

이러한 고집을 제거하기 위해서 "여래장은 처음[初際]이 없는데, 무명이 이것에 의지하므로 생사도 시작이 없다"는 것을 밝혀야 한다. 만일 "삼계의 밖에서 중생이 처음 생겼다"고 말한다면, 이는 외도外道들의 경에서 한 말이지 부처님의 가르침은 아니다. 여래장은 후제後際가 없으니, 이것을 증득하여 생사종자生

---

339 능엄경 정종분 제5절 3. '여래는 전도(顚倒)가 없다' 이하에도 한 차례 나온다.
~부처님께서 말씀하셨다. "그 미한 사람이 남북을 착각하고 있을 때에 문득 깨달은 사람이 가르쳐 주어서 방향을 제대로 알게 되면 부루나야! 어떻게 생각하느냐? 이 사람이 비록 미하였지만 이 마을에서 다시 방향을 착각하는 일이 생기겠느냐? "아닙니다, 세존이시여!" "부루나야! 시방의 여래도 또한 이와 같으니라. 이 미(迷)라는 것이 근본이 없어서 그 성품이 결국 공한 것이다. 예전부터 본래로 미가 없었는데, 각(覺)에 미함이 있는 듯하지만, 미를 깨달아서 미가 없어지면 깨달음인 각에는 미가 생기지 않는다. 마치 눈병이 난 사람이 허공에서 헛꽃을 보다가, 그 눈병이 없어지면 그 헛꽃도 허공에서 사라지는 것과 같다. 만약 어떤 사람이 허공 꽃이 없어진 자리에서 허공 꽃이 다시 나타나기를 기다린다면 이 사람을 어리석다고 하겠느냐, 지혜롭다고 하겠느냐?" 부루나가 말하였다. "허공에 원래로 꽃이 없는데도 허망하게 꽃이 생기고 사라짐을 보는 것이니, 꽃이 허공에서 사라짐을 본다고 하여도 이미 잘못된 뒤바뀜인데, 헛꽃이 다시 나타난다고 하면 이는 미친 사람의 어리석음이니, 어찌 이런 미친 사람을 두고서 어리석다, 지혜롭다 말할 수 있겠습니까?" 부처님께서 말씀하셨다. "네가 그렇게 안다면 어떻게 '모든 부처님의 묘각명공(妙覺明空)에서 언제 다시 산하대지가 나옵니까?'하고 물을 수가 있겠느냐? 또 금광석에 정금(精金)이 섞여 있다가 그 금이 한 번 순금이 되면 다시는 섞이지 않는다. 또 나무가 타서 재가 되면 그 재는 다시 나무로 되지 않는다. 이와 같아서 모든 부처님의 보리와 열반도 또한 그와 같다."
-황정원, 〈우리말 능엄경〉, 운주사, 2013.

死種子를 영원히 끊고 열반을 얻으면 또한 후제後際가 없다.[340]

"열반涅槃도 끝이 있다"는 생각이 왜 잘못인가를 따져보자. 『능엄경』에서는 여래장如來藏 묘진여성妙眞如性을 강조한다. 즉 여래장如來藏은 묘진여성妙眞如性이다. "여래장 가운데 묘한 진여의 성품性品이 있어서 인연因緣에 따라서 온갖 것을 나툰다"고 한다. 여래장이 만법을 나툰다는 이야기다.

기신론의 설명에 따르면, 만법萬法은 제8아라야식에서 나온다. "여래장如來藏에 의지하여 생멸심生滅心이 전전展轉한다. 불생멸인 여래장如來藏과 생멸인 생멸심生滅心이 화합하여 비일비이非一非異함을 아뢰야식阿賴耶識이라 부른다". 그리고 아라야식에 있는 종자種子에서 만법이 나온다는 말이다. 즉 아라야식의 종자種子에 만법이 저장돼 있고, 이 종자가 현행現行된 것이 만법이다. 그리고 팔종식八種識의 작용에 의해서 다시 그 종자種子에 억지憶智가 훈습熏習된다고 했다.

이처럼 『능엄경』에서 말하는 묘진여성妙眞如性을 『대승기신론』에서는 종자種子라고 하였다. 여래장如來藏에 묘진여성妙眞如性처럼, 아라야식에 있는 종자種子 안에는 만법萬法의 모습인 상相이 있는 것이 아니고, 성性이 들어있다고 한다.

여기서 하는 이야기는, 여래장如來藏은 시작도 없고 끝도 없다는 것이다. 어째서인가? 청정하여 모양이 없는 성품性品이라서 그렇다. 성품은 무상無相이

---

340 원문은, 爲除此執위제차집 明如來藏명여래장 無有初際무유초제 無明依之무명의지 生死無始생사무시 若言三界外약언삼계외 更有衆生始起者경유중생시기자 是外道經中說시외도경중설 非是佛教비시불교 以如來藏無有後際이여래장무유후제 證此永斷生死種子증차영단생사종자 得於涅槃득어열반 亦無後際역무후제

420

니 시작도 없고 끝도 없다. 그렇다면 무명無明은 어떠한가? 무명無明은 바로 주객主客이 서로 상대相對하는 것을 가리킨다. 그런 무명도 결국은 묘진여성妙眞如性에서 나온다. 여래장에는 묘진여성妙眞如性이 무시無始로부터 있었다. 원래는 각명覺明하다가 자칫 착각錯覺을 일으키면 무명無明이기도 하니까, 무명도 여래장처럼 본래부터 갖추고 있다는 말이다. 그러니 무명無明도 여래장如來藏에 본래부터 있었다. 그것을 종자로 설명하자면, 무명無明 종자種子가 본래 여래장如來藏 안에 있었다. 그래서 무시無始인 것이다. 그런데 견성성불見性成佛하면 무명은 사라지므로 유종有終이라고 한다.

그러면 열반涅槃은 어찌 되는가? 열반도 무명과 같이 무시無始지만, 한번 열반은 영원한 열반이니 무종無終이다. 그래서 유종有終인 무명과 구별된다. "생사종자生死種子를 영원히 끊고 열반을 얻으면 또한 후제後際가 없다"고 하니 무종無終이라는 설명이다.

인아견人我見에 의하여 네 가지 견해가 생기므로, 여기에 네 가지가 성립된다.[341]

여기 사종견四種見은 변견, 사견, 계금취견, 견취견을 가리킨다. 유신견을 바탕으로 해서 나라는 것이 있다고 생각하니, 그런 것들은 부정견不正見이지 정견正見이 아니라는 말이다. 유신견有身見, 변견邊見, 사견邪見, 계금취견戒禁取見, 견취견見取見을 바탕으로 삼고 인식하는 나는 진짜 내가 아니다. 진짜 나는 법신法身이다. 법신인 청정한 진심眞心이 진짜 나다.

인아견 설명을 마무리하면서 진심과 망심을 다시한번 정리해 보자.

---

341 원문은, 依人我見의인아견 四種見生사종견생 是故於此시고어차 安立彼四안립피사

유식론에서는 진심眞心에 무명無明이 생겨서 주객主客이 벌어지고, 그렇게 주객이 벌어짐으로써 망심妄心이 생겼다고 한다. 즉 무명 때문에 제8식에서 견분見分과 상분相分이 생긴다. 왜 생기는가? 제8식에서 견분과 상분이 왜 생기는가에 대해서는 무명無明 이외의 설명이 없다. 『기신론』의 생멸문生滅門에서는 말이 없다. 이 의문에 대한 답은 『능엄경』에 있다. 무엇인가? "성각性覺이 필명必明해서 망위명각妄爲明覺하다. 그러니 각명覺明이 허물이다[覺明爲咎]"라고 한다.

여기서 성각性覺은 진심眞心이다. 진심인 성각이 밝아서[必明], 망령되이 성각을 밝혀보고자 한다[妄爲明覺]. 진심인 성각이 본래 각명覺明한 놈이니까 성각性覺을 분명하게 알아보고자 한다는 뜻이다. 성각이 각명覺明하기 때문에 견분과 상분으로 갈라진다는 것이 무명無明에 대한 『능엄경』의 설명이다. 그래서 '망위명각'의 각覺은 객체客體가 되고, 밝혀보려는 각覺은 주체主體가 되어서 주객主客이 벌어진다. 그래서 진심眞心에서 망심妄心에 의해 주객主客이 벌어졌다고 하는 것이다. 이 망심妄心이 바로 무명無明이다. 최초의 제8 아라야식, 이것을 『대승기신론』은 진심과 망심이 섞인 진망화합식眞妄和合識이라 했다. 진망화합식眞妄和合識이 견분見分과 상분相分으로 갈라진다.

그러면 이때 견분見分의 실체는 무엇인가? '내가 진심을 분명하게 관찰해야지'라고 할 때의 '나'라고 하는 견분見分이 망아妄我인 것이다. 즉 "망아忘我, 혹은 망심妄心이란, 제7식이 '제8식의 견분見分'을 자기 자신이라고 착각하는 것이다."라고 유식唯識에선 이야기한다. 지금 기신론을 공부하고 있는데, 이렇게 공부하고 있는 '나'는 견상見相 이분二分인 망아忘我를 기준으로 분석하고 인식하고 이해하고 있다. 곧 제6식으로 인식·이해한다. 그렇게 해서 생겨난 내가 반연심攀緣心을 일으킨다. 반연심, 즉 주객主客이 있는 마음인 제6식의 의식이다. 견분見分이 상분相分을 두고 주객이 있는 인식을 일으키면 반연심이다. 그러니 우리가 사유하는 반연심이라고 하는 것은, 의식 중에서 명료의식이 대부분이다. 사유하는 명료의식인 반연심이 분별分別의 주인공인 셈이다.

그럼 무연지無緣知는 무엇인가?

무연지는 이런 대상對象이 없어도 저절로 아는 것이다. 저절로 아는 것은 성자신해性自神解라고 하는데 이것을 영지靈知 또는 각명覺明이라고 한다.

각명覺明한 이것이 일명 무연지無緣知다. 저절로 아는 것이다. 여기서 강조하는 것은 '저절로 안다'는 점이다. 성자신해性自神解한다고 표현한다. 성자신해에서 성性은 성상性相이라고 할 때 쓰는 성性으로 본성本性, 자성自性이다. 그 성性이 저절로[自] 신령스럽게[神] 안다[解]. 공적영지空寂靈知라고 할 때의 영지靈知와 같은 말이다. 영지도 신령스럽게 안다는 말이다.

그런데 영지靈知하는 진심眞心은 본래 각명하니까, 착각을 일으킨다. 어떻게 착각을 일으키는가? "나는 어떤 놈이지?" 하는 생각을 일으킨다. 그래서 어찌되는가? 자체분自體分에서 견분見分 상분相分이 갈라져서 주主와 객客이 상대하는 세계가 성립한다.

시간이 있을 때마다, 자신이 성자신해性自神解한 존재라는 증거證據를 찾아보도록 하자. 공부에 도움이 된다. 내가 본래 저절로 신해神解하다고 하는데, 신해하다는 증거를 어디서 어떻게 찾을 것인가? 명료의식明了意識으로 증거證據를 찾을 수밖에 없다. 우리가 일상생활에서 견문각지見聞覺知하는 것이 다 명료의식으로 이루어진다. 우리가 성자신해性自神解라고 할 때의 성性은 본래부터 가지고 있는 진심이다. 이 진심은 영지靈知하고, 신해神解하고 각명覺明하다고 한다. 지금 각명하고 신해하고 영지하다는 말은 도대체 무슨 뜻인가? 구체적인 내용이 무엇인가 항상 찾아보아야 한다. 그것을 "참구參究한다"고 한다. 그렇게 한 뒤에, 각명覺明이고 신해神解이고 영지靈知한 무연지無緣知와 견분見分 상분相分으로 주객主客이 상대하는 반연심攀緣心을 제대로 구분區分할 줄 알아야 한다. 이 구분이 확실히 되면, 비로소 분별하는 망심妄心에서 벗어나 본래의 진심眞心을 찾게 된다. 무연지인 진심을 터득한 것을 견성見性했다고 한다.

제2절 법아견法我見을 대치함

법아견法我見이란 것은, 세존께서 이승 둔근을 위하여 다만 인무아人無我만 설명하시자, 저 사람들이 문득 '오온의 생멸에 집착하게 되면서 생사를 두려워하고 열반을 허망하게 취하기' 때문이다.[342]

법아견法我見은 만법萬法의 실체가 존재한다고 믿는 것이다. 우리가 '나'라고 가리키는 것이 내 몸과 마음이다. 몸은 색色이라 하고, 마음은 식識이라 한다. 몸은 볼 수 있지만 마음은 볼 수 없다. 그러면 마음은 어떻게 나타나는가? 수受·상想·행行이라는 마음의 작용作用에서 나타난다. 그러니 색수상행식色受想行識을 통틀어서 '나'라고 한다. 이것을 오온五蘊, 혹은 오음五陰이라 한다.

부처님은 오온五蘊 중에 "나라는 주인공主人公이 있는가?"를 따지셨다. 어떤 것이 내 몸인가? '몸은 찰나찰나 변한다.' 그렇지 않은가? 갓난아기 때부터 청소년을 지나서 어른을 거쳐 노인이 된다. 변한다. '어느 때의 몸이 내 몸인지 걷어잡으려 해도 잡는 순간 변해버리니 이거라고 걷어잡을 수 없다.' 또 어떤 것이 내 마음인가? 어릴 때 마음, 노인일 때 마음, 아침 저녁으로 쓰는 마음이 다 다르다. 그래서 마음이 일으키는 작용인 수受·상想·행行도 찰나찰나 변하고 있다. 잠시도 가만 있지 않고 변해버리니 어느 마음을 내 마음이라고 할 것은 없다. 결국 "나라고 할 것은 없다"고 해서 제법무아諸法無我다. 사람이라고 하는 나[人我]는 없다고 해서 "인아견人我見이 비었다"고 아공我空이라고 한다.[343]

---

342 원문은, 法我見者법아견자 以二乘鈍根이이승둔근 世尊但爲說人無我세존단위설인무아 彼人便於五蘊生滅피인변어오온생멸 畢竟執著필경집착 怖畏生死포외생사 妄取涅槃망취열반

343 석가모니 부처님이 성도후 두 번째로 설한 경이라고 전하는 무아상경, 혹은 무아의 상태에 관

425

그런데 옛날에는 『아함경』만 중시하고 그 외의 경전經典에는 관심을 두지 않았었다. 『아함경』을 보면, '오온五蘊에서 나라는 것을 찾아보니 없더라'는 그 말씀만 있고, 물질物質인 색을 이루는 지수화풍地水火風 사대四大에 대해서는 없는 것이라고 말씀하지 않으셨다. 그래서 아난阿難과 제자들은 이렇게 생각했다. '수상행식受想行識, 즉 마음의 작용과 작용한 결과에는 부처님 말씀대로 나라는 것이 없다. 그렇지만 몸 밖의 지수화풍地水火風이라는 물질은 있구나.' 그래서 사람으로서의 나人我는 없고, 물질로서의 나法我는 있다고 생각한다. 지수화풍은 있지 않은가? 지수화풍地水火風은 생겼다가 없어지므로, 생멸生滅을 하는 지수화풍은 있다. 그래서 설일체유부說一切有部[344]가 통설이었

한 경(팔리어:Anattalakkhaṇa Sutta, 산스크리트어:Anātmalakṣaṇa Sūtra)을 보자.
　이와 같이 나는 들었습니다. 한때 석가모니는 바라나시의 이씨빠따나(녹야원)에 다섯 명의 비구들에게 설하였습니다. 석가모니는 이렇게 말하였습니다. 비구들이여, 물질(色)은 나(我)라고 할 수 없는 것입니다. 만일 물질이 자아였더라면, 물질은 병과 고통을 낳지 않을 것입니다. 누구도 "내가 지닌 물질이 이렇게 되기를, 내가 지닌 물질이 저렇게 되지 않기를" 바랄 수 없기에 물질은 '나'가 아닌 것입니다. 오온 모두 마찬가지입니다. 비구들이여, 어떻게 생각합니까? 물질은 영원합니까, 혹은 영원하지 않습니까? ―영원하지 않습니다. 세존이시여.
　그러면 영원하지 않은 것이 고통스럽습니까, 혹은 즐겁습니까? ―고통스럽습니다. 세존이시여. 그러면 영원하지 않으며 무상하고, 고통스러운 것을 "이것은 나의 것이며, 이것이 자아며, 이것이야말로 나 자신이다"라고 말하는 것이 옳습니까? ―그렇지 않습니다. 세존이시여. 비구들이여, 따라서, 물질이 과거나 미래, 현재의 것이든, 거칠든 미묘하든, 내재적이든 외재적이든, 열등하든 훌륭하든, 멀든 가깝든, 물질은 나의 것이 아니며, 자아가 아니며, 나 자신이 아닌 것입니다. 느낌과 지각과 형성작용과 식(오온)에 대해서도 마찬가지입니다. 비구들이여, 따라서 고귀한 수행자라면 오온이 자신이 아님을 알 것입니다. 그에게는 집착이 없으므로 고통 또한 없습니다. 고통이 없기에 그는 자신을 각성하며 열반에 들게 됩니다. 그는 말합니다. "나는 더이상 다시 태어나지 않는다. 해야 할 일은 끝났고 성스러운 삶이 완수되었다. 더 이상의 깨달음과 고통은 없다."

344　설일체유부(說一切有部, sarvâsti-vāda 사르바스티바다): 부처님 열반 후 300년 초에 상좌부(上座部)에서 갈라져 나온, 부파불교 시대의 가장 유력한 부파. 줄여서 유부(有部)라고도 한다. 경험적인 모든 존재는 환상이라고 간주하면서도 법(法)이라는 요소들은 영원히 존재하는 실재라고 주장했다. 그들의 사상에 의하면, 법들은 순간순간 작용하여 경험적 현상세계를 만들어내는데, 이 경험세계는 환상이며 법은 이 경험세계 너머에 존재한다. 모든 현상의 근본 요소이자 본체인 법은 과거·현재·미래에 걸쳐 변하지 않으므로 영원히 소멸하지 않고 존재한다고 주장하고, 모든 현상을 오위칠십오법(五位七十五法)으로 나눠 교리를 전개했다. 설일체유부는 2

다. 그런데 부처님이 이 지수화풍 사대四大도 사실은 빈 것이라고 하는 법공法空을 말씀하셨다. 삼법인三法印에 제법무아諸法無我가 있으니, 법공法空에 대해서도 부처님이 당시에 설법하셨지만 대중이 못 알아들었던 것이다.

그렇게 『아함경』만 중시하면서 400년~500년 흐르다 보니, 지수화풍地水火風 사대四大에 대해 오해誤解가 생기면서, 법법에 대한 공포감恐怖感이 생기기 시작했다. 그래서 법법도 빈 것이란 이야기를 찾아보게 되었고, 반야부般若部 경전에 관심을 가지고 공부하게 된 것이 계기가 되어 대승大乘이 등장한 것이다. 머리 좋은 소수의 사람들이 이 설법을 전승傳乘해 이어오다가 기원紀元 전후前後에 문자文字로 정리한 것이 대승경전大乘經典이라고 본다. 사오백년 동안 사제간師弟間에 언어로 전승된 것을 문자文字로 정리했으니 부처님의 친설親說과는 차이가 있을 수가 있으나, 핵심 종지宗旨는 전해졌다고 하겠다.[345]

법아견法我見은 외부의 만법萬法이 실유實有라고 생각하는 견해이다. 이승二乘들

세기경에 찬술된 〈대비바사론(大毘婆沙論) Mahāvibhāṣa〉('위대한 주석'이라는 뜻)이라는 논서로 인해 '비바사파'(毘婆沙派 Vaibhāṣika)라고도 알려져 있다. 〈대비바사론〉에 대해서는 4, 5세기의 중요한 불교 사상가인 세친(世親 Vasubandhu)이 대승불교로 전향하기 전 〈아비달마구사론(阿毘達磨俱舍論)에서 주석을 달았다. 그에 따라 설일체유부의 교리가 대승불교의 유식(唯識) 사상에도 영향을 미치게 되었다.

345 우리는 인도(印度) 사람에 대해 잘 모른다. 인도 사람의 암기력(暗記力)은 천재적(天才的)이다. 부처님 재세시(在世時)에는 문자가 없었다. 언어로 말은 했지만 문자는 없었다. 예를 들어 '신라의 달밤'이란 노래가 있다고 해보자. 그런 노래가 있는데 우리가 글자를 모르는 상태에서 노래 소리만 들었다고 해보자. 그런데 '신라의 달밤'의 발음은 잘못하면 "실라의 달빰"이 되기도 한다. 발음이 다르다. 그러면 인도 사람은 이것을 어떻게 외우는가? 인도 사람들도 '신라의 달밤'이라고 외울 것이다. 그리고는 거꾸로도 외운다고 한다. "밤달 의라신"이란 발음으로 외운다. 그리되면 '달밤'을 '달빰'으로 읽을 이유도 없고, 신라의 '신라'를 '실라'로 소리낼 이유도 없게 된다. 인도 사람들은 실제로 이렇게 외운다. 힌두교의 경전인 베다도 이렇게 외워서 보존하고 전했다. 인도의 브라만 계급은 베다를 외우는데 어떻게 외우는가? '신라의 달밤'이란 식으로 바로 외우고, 그 다음에는 '라신의 밤달'처럼 거꾸로 전부를 외운다. 그렇게 해서 원래 발음을 그대로 전해오는 기술을 가지고 있다. 바로 외우고, 거꾸로 외우고, 이런 재주를 가진 사람들이 인도 사람이다.

은 오온五蘊에 '나'가 전혀 없는 줄은 알지만, 저 오온五蘊이 생기生起하고 사멸死滅하는 현상을 직접 보고는 그 생멸生滅하는 모습이 실제로 있다고 생각한다. 그래서 이승二乘들은 생사生死를 두려워하고 열반涅槃을 취하려고 노력한다. 즉 그들은 오온 자체가 무실無實한 줄을 분명하게 모르므로 법아견法我見이 남아 있다.

그것이 소승小乘 아라한들의 결점이다.

이러한 집착을 제거하기 위해서 "오온법五蘊法은 본성本性이 불생不生이고, 불생이므로 또한 불멸不滅이고, 불멸이므로 본래 열반涅槃이다"는 것을 밝혀야 한다.[346]

법아견法我見을 대치하는 것이 법공法空 법문이다. 『반야심경』에서는 '오온이 공함을 조견照見하고', 나아가 '공상空相은 불생불멸하고', 더 나아가서 '공하니까 오온이 없다'고 말한다. 마명존자는 '오온법五蘊法이 불생불멸이므로 본래 생사가 없는 열반涅槃이다'라고 설명하고 있다. 불교의 삼법인三法印 중에서 열반적정涅槃寂靜을 설명하고 있다.

만법연생萬法緣生, 모든 법, 모습이 있는 법[有爲法]은 인연으로 생겼다. 연생緣生이다. 인因과 연緣으로 생긴 것이니 이것은 독자성獨自性이 없다. 본래 자성이 없으니, '생겼다 없어졌다' 하는 게 없다[無生滅]. 그러니까 알고 보면 만상萬相은 본래 무생멸無生滅인 것이다. 무생멸이니 본래부터 열반涅槃이고, 적정寂

---

346 원문은, 爲除此執위제차집 明五蘊法명오온법 本性不生본성불생 不生故不滅고 亦無有滅역무유멸 不滅故불멸고 本來涅槃본래열반

靜이다. 생사生死는 착각일 뿐이다.

이것을 과학적으로 증명할 때는, 시간적으로는 무상無常인 찰나刹那를 상기하여 "어느 찰나의 모습이 실상實相이냐?" 하는 의문이 남는다. "어느 찰나에 있는 것을 진짜라고 하겠는가?" 자꾸 변하니 말이다. 또 공간적으로는 소립자素粒子인 쿼크나 렙톤과 보손과 힉스 등 '어느 것이 근본 물질이냐?'를 이야기하게 된다. 소립자素粒子가 발견된 것이 17종이라 하지만 실험을 통해 계속 발견되고 있다. 그러니까 공간적으로 분석해 들어가면 자꾸만 작은 것이 나온다. 그러나 끝에 가면 어떻게 되는가? 끝에 가면 이러한 소립자素粒子에 질애質礙의 성질이 없어진다. 질애성質礙性이라는 것은 물질物質이 장소를 차지한다는 말이다. 장소場所를 차지하고 있으니 똑같은 장소를 다른 물건이 차지할 수가 없다. 질애성이 바로 물질이라는 증거다. 그런데 소립자素粒子를 자꾸 분석해 들어가면, 결국 질애성質礙性이 없어지는 때가 온다. 질애성이 없어지면 단어單語만 남는다. 명자名字만 있고, 그에 해당하는 물질物質을 찾을 수가 없다. 그러면 이것은 무엇과 같은가? 무상이고 공이다.

그러니 결국 인연因緣으로 생긴 것인 유위법有爲法은 무상無相이고 무성無性이니까, 우리는 간편하게 공空이라고 한다. 나라고 할 만한 독자성獨自性이 없는 것은 아공我空이다. 외부에 있는 삼라만상이 독자성獨自性이 없는 것은 법공法空이다.

제3절 구경究竟의 진여眞如

만일 구경究竟에 분별과 집착을 여의면 곧 일체의 염법染法과 정법淨法이 모두 상대적으로 성립함을 알게 된다. 이러므로 마땅히 일체제법은 본래부터 색色도 아니고 심心도 아니며, 지智도 아니고 식識도 아니며, 무無도 아니고 유有도 아니어서 끝내 모습을 설명할 수가 없다는 것을 모름지기 알아야 한다.[347]

구경究竟이란 공부의 끝에 도달한다는 말이다. 공부의 끝에 도달하면 분별과 집착을 떠나 부처님의 경지에 도달한다. 부처님 경지에 도달하면 어떻게 될까?

일체의 염법과 정법이 모두 상대해서 성립함을 알게 된다. 불교에서 말하는 정법淨法은 공부해서 지혜智慧를 얻어 부처가 되어 해탈解脫하는 것이고, 염법染法은 그 반대로, 중생衆生이 되어 삼계를 윤회輪回하는 것이다.

상대相待해서 성립한다는 말은 무슨 뜻인가? 전부 주객主客 개념에 의지해서 생긴다는 말이다. '나'라고 하는 아집我執이 있고, '나' 이외以外의 것을 법이라고 하는 법집法執이 있고, 그래서 일체一切가 다 주객主客의 상대성相對性에 의지하여 일어난 것이다. 다른 말로 하자면, 무명無明에서부터 생긴 주객主客 개념에서 모든 염정染淨 만법萬法이 일어났음을 알게 된다.

---

347 원문은, 若究竟離分別執著약구경리분별집착 則知一切染法淨法즉지일체염법정법 皆相待立개상대립 是故當知시고당지 一切諸法일체제법 從本己來종본이래 非色非心비색비심 非智非識비지비식 非無非有비무비유 畢竟皆是不可說相필경개시불가설상

그래서 마땅히 알아야 한다. 무엇을 알아야 하는가?

일체제법이 본래는 물질[色]도 아니고 마음[心]도 아니다. 세계世界는 물질현상物質現象이거나 정신현상精神現象인데, 사실 알고 보면 그 물질이거나 마음인 세상만사世上萬事 모두가 무명無明에서 생긴 것이다. 그러니 유식唯識의 방식으로 이야기하면, 제8식에서 견분見分과 상분相分이 생겨서, 견분을 나라고 보고, 상분을 바깥세상이라고 보아서 그렇게 무명 착각으로 분별分別하면서 염정染淨인 만법萬法이 생긴 것이지, 본래는 청정淸淨한 각명覺明뿐이다. 달리 말해 공적영지空寂靈知뿐이다. 공적영지는, 공적空寂하니까 무엇이 있다고 할 수도 없고, 영지靈知하니까 없다고 할 수도 없다. 유무有無로 단정斷定이 안 되는 진심眞心, 진여眞如, 여래장如來藏, 묘진여성妙眞如性인 그놈뿐이다. 그놈은 색色도 아니고 심心도 아니고, 물질도 아니고 정신도 아니고, 또한 지혜智慧도 아니고 식識도 아니다. 식이란 인식認識 작용, 즉 제6식의 작용을 가리킨다. 무無도 아니고 유有도 아니다. 왜인가? 원래 청정하고 각명하니까 그렇다. 이중성二重性이다. 각명覺明이 있으니 무無가 아니다. 청정해서 아무 모습이 없으니 유有도 아니다. 그래서 부사의不思議하다. 끝에 가서는 어떤 것이라고 설명說明할 수가 없다. 일체 제법의 본질이 다 그렇다.

우리가 아는 빛도 파동波動이면서 입자粒子이어서, 파동이라고도 하지 못하고, 입자라고 할 수도 없다. 파동도 아니고 입자도 아니면서, 동시에 파동이기도 하고 입자이기도 하다. 본래 이중성二重性을 띄고 있고, 이런 상태를 지칭指稱하는 용어가 인류人類에게는 아직 없다. 아무리 궁리해도 사구四句[348]밖에 적

348　사구(四句): 하나의 개념(A), 또는 서로 대립되는 두 개념을 기준으로 해서 모든 현상을 판별하는 네 가지 형식. 곧 제1구 'A이다', 제2구 '비(非)A이다', 제3구 'A이면서 또한 비A이다', 제4구 'A도 아니고 비A도 아니다. 예를 들어 유(有)와 무(無)를 기준으로 하면, 유(有)·무(無)·역유역무(亦有亦無)·비유비무(非有非無)의 사구가 성립되고, 그 외 일(一)과 이(異), 상(常)과 단(斷) 등의 경우에도 사구가 성립된다. 불교의 진리는 모든 분별이 끊어진 상태이므로 사구백비(四

절한 용어가 없다. 우리가 쓰는 언어言語의 한계限界다.

구경究竟의 진여眞如는 앞에 나온 색심불이色心不二와 성상불이性相不二에서 정리가 되었는데, 여기 대치사집對治邪執을 끝마무리하면서 한 번 더 확인하고 있다. 분별과 집착을 여의면 염법染法과 정법淨法이 모두 상대적으로 성립함을 안다는 것은, 일체 경계의 모습은 모두 중생의 무명 망념妄念에 의하여 건립된 것이라는 말이다. 일체 제법의 실상實相은 끝내 언어문자로써 설명할 수가 없다. 불교용어인 염법染法·정법淨法, 색법色法·심법心法, 지법智法·식법識法, 무법無法·유법有法 등이 모두 진상眞相의 불가사의不可思議를 극복하려고 만든 개념에 불과하다. 그러나 만약 이런 망념들이 모두 무상無相인 줄 안다면 상대적相對的 분별을 여의지 않고 바로 진여문에 들어가서 여래의 지혜를 증득한다고 앞에서 이미 설명하였다. 왜냐하면 진심에 의지하여 망심이 존재하고[依眞有妄], 망심에 의지하여 진심이 있는 줄 알 수 있으며[依妄顯眞], 일체가 모두 비非이면서 동시에 모두 즉卽이기 때문이다. 그래서 『능엄경』에서 결론적으로 "이즉이비離卽離非 시즉비즉是卽非卽"이라고 설명한 것이다.

결국 구경의 실체를 말로 하자면, 색色도 아니고 심心도 아니고, 성性도 아니고 상相도 아니면서, "이즉이비離卽離非요 시즉비즉是卽非卽이다." "이기도 하고 아니기도 하다"고 말하고서 결론結論이라고 한다. 무언가 미진未盡하지만 언어 문자를 이용하는 인간의 능력으로는 어쩔 수가 없다. 『능엄경』에서 한 이즉이비離卽離非 시즉비즉是卽非卽라는 이야기를 여기서는 이렇게 표현한 것이다.

句百非)라고 하는데, 백비는 유, 무 등 모든 개념 하나하나에 비(非)를 붙여서 부정하는 것을 가리킨다. 진리는 사구의 분별(分別)도 떠나고 백비의 부정(否定)도 끊어진 상태라는 말이다.

그리고 언설言說로 보인 교설敎說들은 모두 여래의 선교방편善巧方便이다. 언어를 빌려 중생을 인도하지만, 장차 문자를 버리고 진실에 들어가게 한다. 만일 언어에 따르고 뜻에 집착하여 허망虛妄한 분별分別만 증장增長한다면, 실지實智를 내지 못하고 열반도 얻지 못한다.[349]

설법을 해서 가르치는 것은, 모두 여래의 좋은 방편이다[善巧]. 언어문자를 빌려 중생을 인도한다. 그래서 이치를 깨달으면, 즉 알면 문자를 버리게 함으로써 진실에 들어가게 한다.

언어문자를 버리게 만드는 예는 『금강경』에서 볼 수 있다. 정신희유분正信希有分에서 부처님은 뗏목의 비유를 하시면서, "법도 항차 버리거늘 법 아닌 것은 더 말해 무엇하겠느냐?"라고 하셨다. '법도 항차 버리거늘'이란 말씀은 언어문자로 설명하는 불법佛法에 얽매이지 않는다는 뜻이다. 방편 법문이라는 말이다.

'만약 언어문자를 따라서 그 뜻을 집착한다면[執義], 허망한 분별만 더 증가하는 것이다.' 우리가 상주하는 진심眞心을 청정각명淸淨覺明이란 말마디로 알고, 그 말뜻대로 이해한다면, 분별分別만 증장增長한 것이라는 말이다. 그러면 어떻게 알아야 하는가? 청정淸淨이라 할 때 청정은 염정染淨을 말하는 상대적인 청정이 아니고, 절대적인 청정을 가리키고, 각명覺明은 미암迷暗과 반대되는 상대적인 각명이 아니고 절대적인 각명을 가리킨다. 그 본래의 뜻을 알아야 한다.

본래의 뜻을 모르고 '문자에 집착하면, 실다운 지혜를 생하지 못하고, 열반도 얻지 못한다.' 언어문자에 끄달리면 안 된다.

---

349 원문은, 而有言說이유언설 示敎之者시교지자 皆是如來善巧方便개시여래선교방편 假以言語가이언어 引導衆生인도중생 令捨文字영사문자 入於眞實입어진실 若隨言執義약수언집의 增妄分別증망분별 不生實智불생실지 不得涅槃부득열반

부처님의 설법은 모조리 방편方便이다. 왜냐하면 제법諸法의 진상眞相은 문자文字로써 설명하여 나타낼 수 없기 때문이다. 따라서 문자를 통한 설법으로 불법을 일단 신해信解하게 되면, 문자와 지해知解를 버리고 더 나아가서 수행修行하고 마침내 증득證得하여야 한다. 이러한 행증行證을 얻어야만 비로소 언어문자로 설명할 수 없는 제법의 실상을 분명하게 알 수가 있다는 말씀이다.

불교 공부하는 과정을 신해행증信解行證이라 표현하고 있다. 우선 부처님 말씀이 진리眞理라고 신뢰가 가야[信] 불교 공부를 하게 된다. 그런 다음 부처님 말씀을 보고 듣고 생각하며 이해하고[解], 그에 따라 수행하고[行], 나중에 진리를 증득한다[證]. 불교에선 진리를 진여眞如라고 한다. 그래서 '신해하고, 나아가서 문자와 지해知解를 버리고'라 했다. 지해는 이해를 했다는 말이다. '지해를 버리고 더 나아가서, 수행하고 증득한다'고 했다. 즉 행증行證이다. 이렇게 행증行證을 거쳐야 진여眞如를 안다는 말이다.

보통은 공부 과정을 문사수聞思修로 설명하기도 한다. 불교에서는 지혜로 공부한다고 하면서, 문사수를 그 세 가지 지혜라고 말한다. 문혜聞慧가 무엇인가? 보고 듣고 믿음을 내는 것이다. 사혜思慧는 무엇인가? 사思는 신해행증信解行證 과정 중에 해解에 걸친다. 보고 들어서 안 것을 사색思索하여 그 진위眞偽를 판단하고 결정하는 지혜이다. 제대로 사색하고 결정한 결과에 따라 수행修行을 해본다[行]. 그렇게 수행해서 증득하는 지혜가 수혜修慧다[證]. 신해행증에서 해행解行을 강조한 내용이다.

이 공부과정이 선종禪宗에 가선 어찌 되는가? 진심을 성性이라 하고, 알아차리는 것을 견見이라 하여, 견성見性이라 한다. 깨달았다는 것을 표현할 때 '봤다[見]'고 말한다. 우리 인식 작용 중에 가장 확실하다고 여겨지는 것이 '눈으로 보는 것'이다. 보는 것을 가장 확실하다고 믿으니까 선종禪宗은 성품을 본다고[見性] 표현하는 것이다. 이 견성見性의 의미는 단순하지가 않다. 그래서 우리나라에는 초견성初見性이라는 말도 있고, 또 대오大悟라는 말도 있다. 그리고 견성見性한다고 할 때는, 신해행증에서 나오는 증득한다는 말 대신 깨닫는다는 말을 쓴다.

옛날 어느 선사禪師가 한 말이 있다.

"부처님이 하시는 말씀은 다 방편方便이다. 그러니까 필요에 따라서 이렇게도 설법하고 저렇게도 설법하는데, "부처님이 하신 법문法門은 이치가 틀린 듯해도 정법正法이고, 마구니가 하는 법문은 정법인 듯 보여도 사법邪法이다." 마구니들은 절대 틀린 소리 하지 않는다. 옳은 소리만 한다. 그러나 마구니는 실제로 열반涅槃을 증득하지 못했기 때문에, 그 종지宗旨를 모른다. 오직 말만 아는 것이다." 말법시대末法時代를 사는 우리는 특히 조심해야 한다. 사교邪敎라는 것이 멀리 있는 것이 아니라 아주 가까이 있다. 사교를 분별하는 분명한 잣대가 있어야 한다. 삼법인三法印이 좋은 잣대이고, 사성제四聖諦와 십이인연법十二因緣法도 좋은 잣대다. 이 잣대에 어긋나면 일단 정도正道가 아님을 알아야 한다. 더 좋은 잣대는 스스로 견처見處를 얻어야 한다.

이제까지 설명한 진여문眞如門, 생멸문生滅門에서 핵심은 진여眞如가 어떤 것인가이다. 『능엄경』과 유식론唯識論에서 이야기하는 것과 비교도 하면서 설명했다. 이제부터 설명할 수행정도상修行正道相은, 수행에 대해 마명보살이 내세우는 주장이고 방법으로 다른 데서는 볼 수 없는 독특한 내용이다. 마명보살은 원래 원고에서 '수행정도상'이란 제목을 붙이지 않았다. 실차난타 스님, 진제眞諦 스님, 원효 스님 같은 분들이 붙였다.

수행정도상

修行正道相

제3장 수행정도상修行正道相

수행정도상修行正道相을 분별한다는 것은 일체 여래가 득도得道한 정인正因과 일체 보살의 발심發心과 수습修習이 현전現前하도록 설명하는 것을 말한다. 대략 발심發心에는 세 가지가 있으니 하나는 신성취발심信成就發心이요, 둘은 해행발심解行發心이요, 셋은 증발심證發心이다.[350]

분별수행정도상分別修行正道相은 정도正道를 수행하는 과정을 설명한 것인데, 마명존자는 『대승기신론』에서 수행을 신信 · 해解 · 행行 · 증證의 네 가지 단계로 대별하고, 각 단계를 발심發心과 수습修習으로 구분하여 해설하고 있다. 진제의 구역에는 수행정도상修行正道相을 발취도상發趣道相이라고 번역하였다. 실차난타가 신역에서 수행정도상이라고 번역한 것은 잘못된 사도邪道가 많으므로 정도正道를 밝히려는 뜻을 강조한 것으로 보인다.

불교의 수행단계는 경전에 따라서 내용이 다르지만, 일반적으로 십신十信 · 십주十住 · 십행十行 · 십회향十廻向 · 십지十地와 등각等覺 · 묘각妙覺이라는 52단계로 설명하는데, 『능엄경』에서는 57단계 내지 60단계까지 있다. 그런데 『대승기신론』은 수행단계를 간단명료하게 세 가지 단계로 분류한 것이다. 즉 발보리심發菩提心에서 그 발심의 내용을 기준으로 삼아, 신성취발심信成就發心과 해행발심解行發心

---

350 원문은, 分別修行正道相者분별수행정도상자 謂一切如來得道正因위일체여래득도정인 一切菩薩發心修習일체보살발심수습 令現前故영현전고 略說發心有三種相약설발심유삼종상 一信成就發心일신성취발심 二解行發心이해행발심 三證發心삼증발심

과 증발심證發心으로 구별하고 있다. 용수존자의 설명에 의하면, "신성취발심은 십신+信 과정에서 믿음을 성취하고서 발심하는 것이고, 또 해행발심이란 십주·십행·십회향인 삼십三+위位를 거치면서 정도正道를 이해하는 삼현三賢보살들의 발심과 증득이고, 그리고 증발심은 초지 이상에 들어선 지상地上보살들의 발심과 증득이라"고 설명한다.

수행 단계를 세 가지로 봤다. 발보리심發菩提心은 많이 쓰는 말로, 보리심을 낸다는 말이다. 보리심菩提心은 무엇인가? 보리는 각覺이다. 아뇩다라삼먁삼보리인 정각正覺을 얻고자 하는 마음이 보리심이다. 그런데 그 보리심을 내는 것도 공부 수준에 따라서 다르다는 주장이다.

발보리심의 내용을 『능엄경』에서는 십신+信, 십주+住, 십행+行, 십회향+迴向, 십지+地와 그 위의 등각等覺, 묘각妙覺을 더해서 52단계, 혹은 57단계, 60단계가 있다고도 한다. 십신 앞에 간혜지乾慧地가 붙고, 십회향을 마치고 사가행四加行이란 네 가지 단계가 더 붙는다. 이 다섯 단계를 더하면 57단계가 된다. 다시 간혜지 앞에 3단계가 더 있다고 하는 주장도 있어서 그때는 총 60단계가 된다. 그래서 공부하는 단계를 가장 복잡하게 구분한 것은 60단계라는 것이 결론이다. 그 내용도 복잡하다. 용수보살이 쓴 「석마하연론釋摩訶衍論」에 그런 설명들이 있다. 그런 것을 마명보살은 대승기신론에서 크게 세 가지로 묶어서 설명한다.

십신+信 단계에서 보리심을 발한 사람은 신信을 성취하고 보리심을 냈다고 해서 신성취발심信成就發心이라고 한다.

십주+住, 십행+行, 십회향+迴向의 단계에서 보리심을 발한 사람을 삼현三賢보살이라고 하는데, 그들의 발심이 해행발심解行發心이다.

초지初地 이상의 지상地上보살이 보리심을 낸 것을 증발심證發心이라 한다.

438

제1절 신성취발심信成就發心

1. 부정취不定聚의 발심

신성취발심信成就發心이란 어떤 자리에 의지하고, 어떤 행을 닦아서, 믿음을 성취하여 발심하는 것인가?[351]

마땅히 알아야 한다. 이 사람은 부정취不定聚인데, 법으로 훈습하는 선근의 힘 때문에 업과를 깊이 믿고, 십선도[352]를 행하며, 생사고를 싫어하고, 무상각을 구하여 제불과 제보살을 만나면 보필하고 공양하며, 만행을 수행하여 십천겁十千劫을 지나면 이에 신信이 성취된다.[353]

먼저 초보자가 공부하여 신信을 성취하는 것을 설명한다. 원문을 보면서 찬찬히 해석해보자.

'當知是人당지시인 依不定聚의부정취'; 여기서 부정취가 무엇인가? 근기根機의 종류를 말한다. 불교 이야기를 듣고, 듣자마자 이해하고 믿는 사람은 정정취正定聚다. 그 성질이 '바르게[正] 정해진[定] 무리[聚]'라는 뜻이다. 불법을 듣고

---

351 원문은, 信成就發心者신성취발심자 依何位의하위 修何行수하행 得信成就득신성취 堪能發心 감능발심

352 십선(十善): 몸과 말과 뜻[身口意]으로 짓는 열 가지 청정한 일. 정확히는 십악(十惡)을 행하지 않는 것. (1)불살생(不殺生) (2)불투도(不偸盜) (3)불사음(不邪婬) (4)불망어(不妄語) (5)불악구 (6)불양설(不兩舌) (7)불기어(不綺語) (8)불탐욕(不貪欲) (9)부진에(不瞋恚) (10)불사견(不邪見)

353 원문은, 當知是人당지시인 依不定聚의부정취 以法熏習善根力故이법훈습선근력고 深信業果 심신업과 行十善道행십선도 厭生死苦염생사고 求無上覺구무상각 値遇諸佛及諸菩薩치우제 불급제보살 承事供養승사공양 修行諸行수행제행 經十千劫경십천겁 信乃成就신내성취

439

'말도 아닌 소리'라고 바로 반발하는 사람은 사정취邪定聚다. 그 성질이 '삿되게[邪] 결정된[定] 무리[聚]'라는 말이다. 부정취不定聚는 결정적인 성질이 없이 미정未定인 무리다. 정正도 아니고 사邪도 아닌 무리가 부정취不定聚다. 그 성질이 정해진 것이 없다는 뜻이니, 성문·연각·보살 어디에도 속하지 않고, 성불成佛과 퇴타退墮에도 속하지 않는다.

'依不定聚의부정취 以法熏習善根力故이법훈습선근력고'; 부정취 무리가 부처님의 정법正法으로 훈습熏習을 했다. 부처님의 가르침, 불법佛法을 많이 들었다는 말이다. 2500년 전부터 윤회하면서 부처님의 가르침을 많이 들었다. 불법만 많이 들었을 리는 없다. 서양에서는 예수, 알라신 이야기를 들었을 것이고, 동양에서는 공자孔子, 노자老子, 장자莊子 이야기도 많이 들었을 것이다.

'深信業果심신업과'; 업을 지으면 과를 받는다는 인과응보의 도리를 깊이 믿고,

'行十善道행십선도'; '십선도+善道를 행하고', 열 가지 착한 일을 하면 천상天上에 태어난다거나, 사람으로 태어나도 복 있는 사람으로 태어난다.

'厭生死苦염생사고'; '나고 죽는 생사의 괴로움을 싫어하고', 당연히 행복을 구하여,

'求無上覺구무상각'; '위없는 깨달음을 구한다'. 다시는 나고 죽지 않는 그런 도리를 얻어야겠다고 생각한다. 무상각無上覺을 구하기 위해서는 세 가지의 뿌리가 있어야 한다. 세 가지의 뿌리가 앞에서 이야기한 선근력善根力이다. 그런 선근善根의 힘은 전생前生에 우리가 지어온 공부다. 그런데 그것만 가지고는 안 된다.

'値遇諸佛及諸菩薩치우제불급제보살'; 그런 전생에 심은 씨앗이 내게 있다. 업과業果를 믿고, 십선도+善道를 행하고, 생사生死를 싫어하고, 열반涅槃을 구하는 종자種子가 제8식에 있다. 종자가 있으면 모든 부처님과 보살菩薩을 만나

게 된다.

'**承事供養승사공양**'; 따라다니며 섬기고, 불보살佛菩薩이 교화활동教化活動하는 데에 필요한 물자를 공급한다. 밖으로 그런 인연因緣을 만나야 한다.

제불보살에는 당연히 선지식善知識도 들어간다. 부처님과 보살의 시대는 이미 지나갔고, 이제는 선지식도 만나기 힘들다. 나의 경우에는 백봉선생님 살아계실 때는 백봉선생님이 선지식이라 믿고 따라다녔다. 선지식이라면, 우선 견성見性을 하고, 찾아오는 사람들의 근기根機에 맞춰서 공부 방법을 구체적으로 제시할 수 있는 사람이다. 이제는 그런 선지식을 만나기 힘든 말법시대末法時代인 것 같다.

'**修行諸行수행제행**'; 여러 가지 수행법을 행한다. 여기서 제행이란 부처님이 말씀하신 37조도품三十七助道品의 행법行法을 가리킨다. 그렇게 해서,

'**經十千劫경십천겁**'; 진제의 구역舊譯에 보면 일만一萬 겁이라고 했는데, 실차난타는 인도 원전에 충실하게 십천十千 겁이라 번역했다. 이 한역漢譯을 보면, 신구新舊 번역이 참조한 원전原典이 각각各各 있었다는 사실을 추리할 수 있는 증거가 된다고 하겠다. 불보살을 만나서 백 년이나 이백 년 수행하면 되는 것이 아니라, 일만一萬겁을 수행해야 한다는 말이다.

'**信乃成就신내성취**'; 그래야 신信이란 것이 성취된다. 참으로 어려운 얘기다. 다른 것은 몰라도 십천十千 겁을 지내야 신信이 성취된다는 이 구절에 사람들 기가 다 죽는다. 그래도 이치는 알아야 한다. 일념즉시무량겁一念卽是無量劫이라는 약藥이 있기는 하다.

이로부터 혹은 제불보살의 교화력教化力으로, 혹은 대비大悲로, 혹은 정법이 장차 괴멸하려 할 때 법을 보호하기 위하여 능히 발심한다. 이미 발심하여 정정취에 들어가면 끝내 물러나지 않는다. 불종성佛種性에 머물며, 승인勝因이 상응

相應**한다.**[354]

신信을 성취한 다음에 발심하는 것을 세 가지 경우로 나누어 설명한다. 즉 신을 성취한 이후에 수행한 제행諸行이 인因이 되지만, 다시 '혹은 제불보살의 교화력敎化力'이나, '혹은 중생의 고통을 불쌍하게 여기는 대비大悲'나 '혹은 정법을 호지護持하려는 것'이 연緣이 되어야만 발심하게 된다고 한다. 이렇게 발심이 원발圓發하면 정정취에 들어가고, 일단 정정취에 들어간 사람은 법신法身의 정리正理와 상응하므로 필경에 불퇴不退하는 까닭에 범부凡夫나 이승二乘에 떨어지지 않는다는 이야기이다. 지욱대사는 이런 경우에 만약 '불종성佛種性에 주住한다면' 초발심初發心할 적에 '승인勝因이 상응相應하여서' 문득 정각正覺을 이룬다고 강조한다.

우리가 부정취不定聚에 있다가, 공부를 열심히 하면 정정취正定聚로 올라간다. 정정취에 올라가면 제대로 공부를 진행해서 불지佛地까지 오르게 된다는 이야기다. 지금 정정취로 가게 되는 사례들을 열거했다. 어떤 사람은 부처님과 보살들의 가르침을 듣고 그렇게 교화력敎化力 덕분에 정정취正定聚가 되기도 하고, 혹은 고통스럽게 윤회하는 중생들에 대한 대비심大悲心이 생기면서, 원력願力을 세워서 중생을 건지려 하면, 내가 먼저 알아야 하니까 그래서 공부를 시작한다. 대비심 때문에 공부를 한다는 것이다. 또는 불법이 차차 사라져 가는 것을 보고, '불법이 없어지면 중생들이 어떻게 공부할 수 있겠는가? 불법을 지켜야겠다'고 생각해서 호법護法하려는 동기에서 공부를 시작한다.

---

354 원문은, 從是已後종시이후 或以諸佛菩薩敎力혹이제불보살교력 或以大悲혹이대비 或因正法將欲壞滅혹인정법장욕괴멸 以護法故이호법고 而能發心이능발심 既發心已기발심이 入正定聚입정정취 畢竟不退필경불퇴 住佛種性주불종성 勝因相應승인상응

정정취正定聚에 들어가는 방법을 정리하면 이렇다.

첫째는, 부처님의 가르침을 듣고 바로 정정취正定聚로 들어간다.

둘째는, 중생衆生들이 불쌍하다는 대비심大悲心을 내서 정정취에 들어간다. 중생을 제도濟度하기 위해서 하는 수 없이 공부한다는 말이다.

셋째는 호법護法하려고 정정취에 들어간다. 불법이야말로 정말 가치 있는 것이니, 없어지지 않게 보호해야 한다고 생각하고 불법 유지를 위해 공부한다는 것이다.

부정취不定聚에 들어가면 고생이 많아진다. 정정취를 유지하려면, 『대승기신론』을 자주 보는 것이 좋다. 불교에 종파宗派가 많다. 화엄종華嚴宗, 법화종法華宗, 열반종涅槃宗, 삼론종三論宗, 천태종天台宗 등등 많지만, 모든 종파宗派에서 공통되게 교재教材로 삼는 것이 이 『대승기신론』이다. 방대한 불교의 세계관, 수행관을 아우른 것이 이 『대승기신론』인 것이다.

혹 이 대승기신론을 한 번만 보고서 "종지를 알 것 같다"고 하더라도 원문原文을 자꾸 읽어봐야 한다. 원효스님은 이 『대승기신론』으로 팔만대장경을 일이관지一以貫之하였고, 대승종교大乘終教가 한결 같이 『대승기신론』을 대들보로 삼아왔다고 하여도 과언이 아니다. 견성見性 하려면 평소에 『대승기신론』과 『능엄경』은 원문을 반복하여 자꾸 읽어서, 법문法門을 들으면 어느 부분인지 짐작이 갈 정도가 되어야 한다. 그렇게 해야 불교 공부가 자리를 잡고, 진심眞心을 알게 된다. 열심히 독송讀誦하면 식심識心은 누구나 가능하다. 이렇게 일단 정정취正定聚에 자리를 잡고 나면, 시절인연時節因緣이 맞닿을 적에 견성한다고 조사祖師들이 전했다.

다시 말하자면, 수행정도상修行正道相은 정도正道로 수행하는 상이다. 신성취발심信成就發心, 해행발심解行發心, 증발심證發心, 세 가지가 있다. 신성취信成就라는 것은, 부처님의 말씀이 진리임을 믿는 것이다. 경전을 보고 법문을 듣고 생긴 지혜가 문혜聞慧다. 그래서 공부를 시작한다. 발심을 한다.

혹은 어떤 중생은 옛날부터 선근이 미소微少하고 번뇌가 심후深厚하게 그 마음을 덮어서, 비록 제불과 보살을 만나서 보필하고 공양하여도 오직 인천人天에 태어날 종자種子를 심거나, 혹 이승二乘의 보리菩提종자를 심거나 혹 대보리도大菩提道를 추구하더라도 그 근성根性이 부정不定하므로 진보하기도 하고 퇴보하기도 한다.[355]

신성취발심信成就發心이 옳게 되지 않은 경우를 이야기한 것이다. 어떤 중생은 선근善根이 적고 미미해서 번뇌煩惱가 선근보다 훨씬 깊고 두텁다. 그래서 부처님을 만나서 법문을 듣고 공양해도, 공부가 좀 되는 것 같다가도 다음 생에 가서는 퇴보하는 등, 왔다갔다한다. 대부분의 불교 신자를 두고 하는 얘기다.

혹은 부처님과 제보살을 만나서 공양하고 보필하여 만행을 수행하여 십천대겁을 채우지 못하였지만, 중간에 연緣을 만나면 발심하기도 한다. 어떤 연緣을 만나는가? 이른바 불佛의 형상을 보거나, 혹은 중승衆僧을 공양하거나, 혹은 이승二乘의 가르침을 받거나, 혹은 타인이 발심하는 것을 보기도 한다.[356]

---

355 원문은, 或有衆生혹유중생 久遠已來구원이래 善根微少선근미소 煩惱深厚覆基深故번뇌심후복기심고 雖値諸佛及諸菩薩수치제불급제보살 承事供養승사공양 唯種人天受生種子유종인천수생종자 或種二乘菩提種子혹종이승보리종자 或有推求大菩提道혹유추구대보리도 然根不定연근부정 或進或退혹진혹퇴

356 원문은, 或有值佛及諸菩薩혹유치불급제보살 供養承事공양승사 修行諸行수행제행 未得滿足十千大劫미득만족십천대겁 中間遇緣而發於心중간우연이발어심 遇何等緣우하등연 所謂或見佛形相소위혹견불형상 或供養衆僧혹공양중승 或二乘所教혹이승소교 或見他發心혹견타발심

왔다갔다하다가, 정발심正發心을 하게 되는 경우가 있다. 중간에 인연을 만나 신성취발심信成就發心을 하기도 하는데, 어떤 인연을 만나는가? 부처님의 모습을 본다. 아미타불 기도를 하다가 아미타불을 보거나, 관세음보살 기도를 하다가 관세음보살을 본다. 그 형상이 사실은 가짜다. 형상은 모습이고, 모습 있는 것은 전부 진짜가 아니다. 그러나 보신報身, 화신化身이라도 보면 진짜인 줄 알고 신심을 낸다는 말이다. 혹은 선지식을 만나 공양하다가, 선지식으로 부터 발심하게 된다. 소승에서 가르치는 사띠나, 삼마발제나, 사마타와 비파사나 그런 것을 듣고, 혹 다른 사람의 발심을 보고 발심한다. 그렇게 해서 발심하는 수가 있다는 말이다. 보통은 혹진혹퇴或進或退한다. 조금 하다가 다음 생엔 또 시원찮고, 그다음 생엔 또 조금 하고 한다. 우리가 대부분 그런 상태라고 볼 수 있다.

이러한 발심들은 다 미정未定이므로, 만약 악연惡緣을 만나면 혹 이승二乘의 자리로 퇴보하여 타락하기도 한다.[357]

이렇게 해서 공부를 하더라도 좋은 인연을 못 만나면, 다시 말해 '불보살이나 선지식을 만나지 못하면' 또다시 퇴보한다. 여기서는 이승으로 퇴보한다고 했다. 소승으로 퇴보한다는 말인데, 이것은 잘 봐준 것이다. 보통은 인천승人天乘으로 퇴보한다. 그러니 신성취발심信成就發心은 매우 불안정不安定하다. 인연 따라서 왔다갔다한다. 발심하면, 구체적으로 어떻게 해서 발심이 되는가, 무슨 발심을 하는가?

---

357 원문은, 此等發心차등발심 皆悉未定개실미정 若遇惡緣약우악연 或時退墮二乘地故혹시퇴타이승지고

2. 발심의 내용

다시 신성취발심信成就發心에는 대략 세 가지가 있다. 하나는 정직正直한 마음을 냄이니, 진여법을 이치대로 바르게 생각하는 것이다. 둘은 심중深重한 마음을 냄이니, 일체의 모든 선행 모으는 것을 좋아한다. 셋은 대비의 마음을 냄이니, 일체 중생의 고를 해결하기 원하는 것이다.[358]

정신심正信心을 성취해서 발심하게 되면 어떤 마음을 내는가? 간략하게 설명하면 세 가지가 있으니,

하나는 정직한 마음을 냄이니[發正直心], 진여법眞如法을 이치대로 바르게 생각하는 것이다. 진여법이 무엇인가? 여기 기신론에서 말하는 진여문眞如門이다. 『능엄경』에서 말하는 진심眞心이다. 정직심은 진심과 통한다. 그것이 발심의 내용 중 첫째다.

둘은 깊고 무거운 마음을 냄이니[發深重心], 기꺼이 일체의 선행善行을 하는 것이다. 모든 착한 일을 다 한다. 육바라밀을 닦는다는 말이다. 육바라밀을 닦으면 결국 6바라밀행에 대해 밝아진다. 내용을 다 안다는 말이다.

셋은 큰 자비심을 내는 것이니[發大悲心], 일체중생의 고통을 해결하기를 원한다. 중생을 구제하여 고통에서 벗어나게 하기를 원하는 대비심을 낸다.

발심發心했다고 하면, 이 정직심正直心, 심중심深重心, 대비심大悲心을 다 같이 내는 것이다.

---

358 원문은, 復次부차 信成就發心신성취발심 略說有三약설유삼 一일 發正直心발정직심 如理正念眞如法故여리정념진여법고 二이 發深重心발심중심 樂集一切諸善行故요집일체제선행고 三삼 發大悲心발대비심 願拔一切衆生苦故원발일체중생고고

신성취발심은 발심의 내용에 따라서 발정직심發正直心과 발심중심發深重心과 발대비심發大悲心으로 구별된다. 지욱대사의 설명에 따르면 '정직심正直心'은 정인正因인 이심理心이니 법신덕法身德을 이루고, '심중심深重心'은 요인了因인 혜심慧心이니 반야덕般若德을 이루고, '대비심大悲心'은 연인緣因인 선심善心이니 해탈덕解脫德을 이룬다고 한다. 이렇게 정직심과 심중심과 대비심이라는 삼심三心을 원만하게 발하면 "초발심시初發心時에 변성정각便成正覺한다"고 지욱대사는 설명한다.

착한 행동을 모으는 것이 심중심深重心인데 여기서는 지혜를 밝히는 마음이라고 했다. 착한 일 하는 것과 반야덕般若德을 이루는 것이 무슨 상관인가? 말이 안 맞는다. 세 가지에 맞추기 위해 가져다 붙인 것 같다. 무슨 뜻인가? 진여법眞如法을 생각하는 정직심正直心은 반야般若에 해당하는 것이고, 중생衆生을 제도하는 대비심大悲心은 공부를 마치고 회향廻向[359]하는 것에 해당한다. 그럼 심중심深重心은 무엇인가? 왜 착한 행을 하라는 것인가? 착한 일을 하면, 복을 짓게 되니, 다음 생에 공부하는 데에 도움이 된다는 뜻으로 봐야 할 것이다. 법신法身, 반야般若, 해탈解脫을 갖다 붙인 것은 억지스럽게 보일 수도 있다.

3. 방편과 수행

문: 일체 중생과 일체 제법은 모두 동일한 법계니 두 모습이 없다. 이치理致에 의지하여 진여만 바르게 생각하면 되는데, 어찌하여 일부러 다시 일체 선행을

---

359 회향(廻向): 자신이 쌓은 공덕을 다른 이에게 돌려 이익을 주려하거나, 그 공덕을 깨달음으로 향하게 함.

닦고 일체 중생을 구원하는 수행을 가자假藉하느냐?[360]

앞에 나온 것이다. 정직심正直心만 있으면 되는데, 즉 진여법을 제대로 알기만 하면 되는데, 왜 심중심深重心이니 대비심大悲心이니 하는 것이 필요한가를 물었다. 정직심만 있으면 되지 않느냐는 것이다. 원문을 보자.

'皆同一法界개동일법계'는 '모두가 동일한 법계'라고 읽을 수도 있고, '모두 같은 것이 일법계' 라고 이해할 수도 있다. 이 일법계一法界가 진여문眞如門이다. 일진법계一眞法界라고 하기도 한다. 우주宇宙를 법계法界라 하는데, 우주는 통틀어서 하나다. 왜인가? 그 바탕이 허공인데, 허공이 본래 하나다. 사실 허공은 모습이 없으니 하나라 할 수도 없다. 그러나 숫자를 붙이자면 하나다.

『화엄경』에 보면, 사법계四法界가 있다. 이법계理法界, 사법계事法界, 이사무애법계理事無礙法界, 사사무애법계事事無礙法界다.[361] 많이 들어봤을 것이다.

이법계理法界는 성性을 이야기한다. 여래장如來藏 묘진여성妙眞如性의 그 성性이다. 이법계理法界가 알고 보면 여래장 묘진여성 그 자체란 말이다. 사법계事法界의 사事는 사상事相, 모습 있는 것이다. 6근根, 6진塵, 6식識으로 이루어진 18계界가 사상이다. 우주 내에 있는 모든 것은 다 6근 · 6진 · 6식의 18계로 정

---

360 원문은, 問門 一切衆生일체중생 一切諸法일체제법 皆同一法界개동일법계 無有二相무유이상 據理但應正念眞如거리단응정념진여 何假復修一切善行하가부수일체선행 救一切衆生구일체중생

361 사법계(四法界): 모든 존재를 현상과 본체의 두 측면에서 관찰하여 네 가지로 파악하는 화엄학의 관점. (1)사법계(事法界). 낱낱의 차별 현상. (2)이법계(理法界) 모든 현상의 본체는 동일함. (3)이사무애법계(理事無礙法界). 본체와 현상은 둘이 아니라 하나이며, 서로 걸림 없는 관계 속에서 의존하고 있으므로 모든 존재는 평등 속에서 차별을 보이고, 차별 속에서 평등을 나타내고 있음. (4)사사무애법계(事事無礙法界). 모든 현상은 걸림 없이 서로가 서로를 받아들이고, 서로가 서로를 비추면서 융합하고 있음. 이것을 화엄의 법계연기(法界緣起)라고 함.

리가 된다.

그럼 이사무애법계理事無礙法界는 무엇인가? 이理와 사事의 관계는 무엇인가? 사상事相은 다 원래 성리性理에서 나왔다는 것이 이사무애법계理事無礙法界의 내용이다. H2와 O를 결합하면 물이 나온다. 수소와 산소는 물이 나올 수 있는 조건을 갖춰주는 인연因緣, 즉 필요충분조건에 해당한다. 그럼 물은 실제로 어디에서 나오는가? 여래장如來藏 묘진여성妙眞如性에서 나온다. 그것이 『능엄경』에서 말하는 연기법緣起法이다. 성에서 나온다고 해서 성기법性起法이라고도 한다. 수소와 산소, 이런 물질을 이야기할 때는 연기緣起, 연기법이라 하고, 여래장 묘진여성에서 나온다고 할 때는 성기性起라 한다. 성기라는 말은 『화엄경』에 자주 나오는 데 이사무애理事無礙와 같은 말이다. 사事는 이理에서 나온다. 인연과 인연이 만나서 나오는 것, 수소와 산소가 만나서 물이 나온다는 것은 세속제世俗諦이고, 사실은 여래장 묘진여성인 성性에서 나온다. 물만 나오는 것이 아니다. 지수화풍 사대四大도 거기서 나오며, 견문각지見聞覺知도 거기서 나온다. 6식識도 거기서 나온다. 일체一切가 성기性起다. 『능엄경』은 성기법性起法을 설명한 법문이다. 성기법을 강조한 것은 『화엄경』이다. 옛날부터 『능엄경』을 작은 『화엄경』[小華嚴]이라 한 이유가 이 성기性起 때문이다.

사사무애법계事事無碍法界는 무엇인가? 사사무애는 우리가 아는 일체의 사상事相, 일체의 모습, 18계가 서로 연관되어 있는 상태, 상호의존相互依存 상태라는 말이다. 상호의존된 관계關係를 사사무애라 한다. 예를 들어 우리가 부모의 유전자遺傳子를 그대로 받아서 몸을 만드는데, 그 유전인자가 어디에 있는가 하면, 우리 세포細胞의 기본 조직인 DNA에 있다. 그런 DNA로 형성된 몸은 자연히 부모의 유전인자를 갖고 있다. 그러니 내가 가지고 있는 유전인자는 부모의 유전자와 관계가 있다. 상호의존관계相互依存關係다. 그것을 사사무애事事無碍라고 한다.

이것이 일법계—法界를 설명하는 방식인데, 불교에서는 이렇게 사법계四法界를 설명하면 일법계를 다 설명했다고 한다.

그러니까 모두가 하나의 동일한 법계라서, 두 모습이 없다[無有二相]고 했는데, 이상二相이 없다가 아니라 이성二性이 없다고 해야 맞다. 상相이라 하면 모습 있는 것이다. 모습이 있으면 서로 다를 수밖에 없다. 하지만 두 가지 성性이 없다, 즉 여래장 묘진여성 하나뿐이다. 이치에 따르면, 다만 진여眞如, 성정명체性淨明體 그놈만 바로 생각하면 된다.

그런데 어째서 일체의 선행을 닦고 일체중생을 구제하는 방편을 빌려야 한다고 말하는가? 견성見性만 하면 됐지, 무슨 복福을 지으라 하고 육바라밀六波羅蜜을 수행하라는가 말이다.

답: 그렇지 않다. 마치 마니주 보배가 본성本性은 명결明潔하지만 광석 중에 묻혀 있으면 더러운 것과 같다. 만약 사람이 청정한 줄 부지런히 기억만 하고, 방편을 짓지 않고 공력을 쓰지 않으면서 청정해지기를 원하더라도 끝내 얻을 수 없는 것과 같다. 진여의 법도 역시 그러하여 바탕이 비록 명결하고 공덕을 구족하였지만 끝없는 객진에 오염되기 때문에,[362]

마니주摩尼珠는 마니보주라고도 한다. 마니보주摩尼寶珠는 안이 깨끗하다. 명결明潔에서 결潔은 깨끗하다는 말이고, 명明은 마니주가 있으면 그 곁에 있는

---

362 원문은, 答曰 不然불연 如摩尼寶여마니보 本性明潔본성명결 在礦穢中재광예중 假使有人가사유인 勤加憶念근가억념 而不作方便이부작방편 不施功力불시공력 欲求淸淨욕구청정 終不可得종불가득 眞如之法진여지법 亦復如是역부여시 體雖明潔체수명결 具足功德구족공덕 而被無邊客塵所染이피무변객진소염

물건들이 환하고 분명하게 나타나 비친다는 의미다. 그런데 그 마니주가 땅속에 묻혀 있거나 큰 돌덩어리에 섞여 있으면, 어떤 사람이 마니주가 박혀 있는 돌을 보고, '마니주는 깨끗한데, 저 마니주에 환하게 비쳐야 하는데' 하고 생각을 한다. 하지만 생각만으로는 아무 일도 일어나지 않는다. 마니주를 돌에서 떼어내 갈아서 둥글고 매끄럽게 만들어야 환하게 비친다. 방편方便을 쓰지 않으면, 저절로 그리되진 않는다. 진여眞如도 마찬가지다. 우리 진심도 비록 바탕이 밝고 깨끗해서 공덕功德이 있지만, 한없는 객진客塵에 오염되기 때문에, 생각만으로 청정해지지는 않는다. 객진客塵[363]이라는 것은 무명無明이다. 왜 객진이라 하는가? 사실 무명無明이라고 하는 것은 착각錯覺이기 때문에 객진客塵이라 한다.

여기서 잠깐 복습해 보기로 하자.

유식 이론에 따르면, 맨 처음 아라야식, 제8식이 시작해서 식 놀음을 한다.

---

[363] 능엄경 정종분 제1장 제2절 중에 객진(客塵)의 비유가 있다.
　　그때에 세존께서 빛나는 손을 들어 다섯 손가락을 펴시고는, 아난과 여러 대중에게 가르쳐 말씀하셨다. "내가 처음에 성도하고 녹야원에서 아야다(阿若多) 등 다섯 비구와 너희 사부대중을 위해 설법하기를 '일체중생이 보리(菩提)와 '아라한'(阿羅漢)을 성취하지 못하는 것은, 객진(客塵)같은 번뇌로 인하여 잘못되었기 때문이다'고 했는데, 너희들은 당시에 무엇을 깨달아서 마음이 개오(開悟)하여 지금 성과(聖果)를 이루었느냐?"
　　그때에 '교진나'(憍陳那)가 일어서서 부처님께 고하였다.
　　"제가 지금 장로(長老)로서 대중 가운데 해오(解悟)했다는 이름을 얻은 것은 객진(客塵)이라는 두 글자를 깨닫고 성과(聖果)를 성취했기 때문입니다. 세존이시여, 비유하면 객이 여관에 들러서 숙식(宿食)을 할 때에 먹고 자는 일이 끝나면, 행장을 수습하고 길을 떠나지만, 여관 주인은 항상 머무니 떠나가는 일이 없습니다. 이와 같이 머물지 않는 것을 객(客)이라 하고, 머무는 것을 주인이라고 하므로, 객진(客塵)에서 '객(客)'은 '머물지 않는다.'는 뜻입니다.
　　또 날씨가 개어서 맑은 햇살이 하늘에 가득하면, 햇살이 문틈으로 들어와서 방안에 떠다니는 많은 먼지를 보게 됩니다. 이때 먼지는 요동하고 허공은 고요하니, 그와 같이 맑고 고요한 것은 허공이라 이름하고, 요동하는 것을 먼지인 진(塵)이라고 이름하는 것이니, 즉 객진(客塵)에서 '진(塵)'은 '요동(搖動)한다'는 뜻입니다." - 황정원, 「우리말 능엄경」, 운주사, 2013.

식 놀음을 하는데, 그때 무명으로 인해서 주객主客으로 벌어지는 것이 제8식이다. 『능엄경』에서 말하는 성각性覺이 필명必明한데 망위명각妄爲明覺해서, 그래서 능소能所가 갈라졌다. 그것이 여기서 말하는 객진客塵이다. 본래 없는 것인데 우리가 착각한 것이다. 착각을 일으킨 지가 오래되어 잘 벗어지지 않는다.

유식唯識이론을 더 자세히 설명하자면, 맨 처음에 진심眞心이 있다. 진심이 기본基本이다. 진심은 청정각명淸淨覺明이고 공적영지空寂靈知다. 그런데 갑자기 제8식 아라야식이 생긴다. 아라야식이 생기면서 아라야식에 견분見分이 있고 상분相分이 있다. 각각 주主와 객客이다. 주객이 생긴다. 그렇게 해서 견분見分인 주主로서 제7식이 '나'라는 생각을 일으킨다. 제7식인 나는 상분相分을 세상, 우주 삼라만상으로 본다. 그런데 제7식은 원래 청정각명하고 공적영지한 놈이라서, 견문각지를 그대로 한다. 그래서 제6식과 전5식을 합친 전6식, 즉 안·이·비·설·신·의식을 나투어서 견문각지한다. 왜인가? 본래 각명하고 영지한 놈이라서 그렇다. 이것이 유식唯識이다.

그런데 왜 이렇게 주객이 벌어졌는지에 대한 말이 유식唯識에는 없다. 유식에선 '견분見分과 상분相分과 자체분自體分이 있다'는 말만 한다. 문제는 자체분이 왜 견분, 상분을 일으켰는가 하는 것이다. 『능엄경』에서 말하는 '성각性覺이 필명必明에 망위명각妄爲明覺'이라는 그것이 바로 견분, 상분이 일어나는 원인原因이고, 그것이 결국 무명無明을 야기惹起한다. 유식을 공부할 때는 이것을 잊으면 안 된다.

그러니까 우리는 항상 어디에 정신을 차려야 하는가? 내 진심眞心은 청정각명淸淨覺明이고 공적영지空寂靈知라고 하는, 이것을 알아차려야 한다.

지금 우리의 현재 상태는 어떠한가? 제7식인 내가 안이비설신의眼耳鼻舌身意를 통해서 이 세상만사, 우주에 대해서 열심히 공부하고 있다. 그럼 이러한 나는 무엇인가? 견분, 상분이라 할 때의 그 견분이다. 알고 보면 견분見分이 나다. 이러한 나인 견분이 본래 어디서 나왔는가? 청정각명淸淨覺明에서 나왔다. 각명, 혹은 영지의 작용인 것이다. 제8식 이하는 전부 각명覺明과 영지靈知의 작용이다. 그러면 청정각명, 공적영지 이놈이 진짜다.

그런데 견분은 어디서 나왔는가? 착각에서 나왔다. 착각錯覺은 무엇인가? 본래 우리가 가지고 있는 각명覺明, 영지靈知의 작용作用이다. 이 각명의 작용인 줄 알면 착각이 아니다. 묘용妙用이다.

우리는 '나'라고 하는 것에서 시작한다. 그래서 전6식을 통해서, 다시 말해 6근과 6진, 6식의 작용을 통해서 내가 무엇을 보고 듣고 견문각지見聞覺知한다. 6근根을 통해 보고 듣고 견문각지見聞覺知하는 놈이 제8식의 견분見分이자 제7식인 나인 놈이고, 견분이자 나인 그놈은 알고 보면 각명, 영지의 작용이다. 결국 진심眞心의 작용作用이다. 견분, 상분은 진심의 작용이다.

진심眞心이 '성각필명性覺必明 망위명각妄爲明覺'하면 벌써 견상見相이 벌어지고, 견상이 벌어진 것을 유식에서는 제8식이라고 이름한 것이다. 그런데 제8식이란 것은 가명假名이다. 붙인 이름이다. "제8식이 가명이고 제7식 이하 일체의 식을 상정한 것이 각명과 영지를 설명하기 위함"이다. 이 사실을 우리가 공부해서 확연히 깨닫고 보면 안다. 굳이 말로 표현하자면 진심眞心만 있고, 진심의 성질性質인 청정각명, 공적영지만 있지, 제8식 이하의 식은 없다. 제8식, 제7식, 제6식, 전5식은 없다. 그저 설명說明을 위해 붙인 가명假名일 뿐이다. 이렇게 알아차리는 것을 초견성初見性이라 한다.

이렇게 알아보는 일은 아주 쉽다. 왜인가? 내가, 지금 '나'라고 하는 것은 제7식, 견분이다. 이것을 '나'로 세우고 견문각지를 이용하는 일에 버릇이 들어 있는데, 알고 보면 제7식인 이 '나'는 제8식에서 온 것이다. 제8식은 또 무엇인가 하면, 각명, 영지의 작용에서 나타난 것이다. 각명의 허물이다. 이것 때문에 우리가 윤회하고 무명을 일으키고, 분별 망상을 피운다. 그러니까 유식을 공부하더라도 항상 그 위에 "진심은 청정각명하고 공적영지해서, 그래서 견분, 상분을 나누는 바람에 제8식이라 이름했다. 견분 상분은 사실은 없다. 착각에서 나왔다"는 사실을 잊지 말아야 한다.

만약 사람이 기억하기만 하고 부지런히 방편을 짓지 않고 만행을 수행하지 않으면 청정해지기를 구하여도 끝내 이루지 못한다. 그러므로 마땅히 일체 선행을 모으고 일체 중생을 구원하여야만 저 끝없는 객진의 더러움을 여의고 진법眞法을 드러내게 된다.[364]

우리가 진심은 청정각명하다고 아무리 떠들고 외우고 해도 방편을 지어서 수행하지 않으면, 진심을 깨닫기 전에는, 다시 말해 진심의 청정각명이 무엇인가를 알아차리기 전에는 증득은 안 된다고 했다. 그러면 청정각명을 알아차리는 것이 중요하다.

만약 '내가 청정각명을 깨달았다'고 하면 내[主]가 있고 대상[客]이 있으니 그것은 이미 견분, 상분이 벌어진 후에 견분이 상분을 보고 알아차리는 것이다. 따라서 이치로, 이치理致를 들어서 알아차려야 한다. 그 이치는 부처님이 『능엄경』에서 비유로 설명하셨다. 『능엄경』 1권, 2권에 나오는 7처징심七處徵心과 변견지심辯見指心 법문에서 알아차려야 한다. 가장 좋은 방법이다.

---

364 원문은, 假使有人가사유인 勤加憶念근가억념 而不作方便이부작방편 不修諸行불수제행 欲求
清淨욕구청정 終無得理종무득리 是故當시고당 集一切善行집일체선행 救一切眾生구일
체중생 離彼無邊客塵垢染이피무변객진구염 顯現眞法현현진법

저 방편인 수행에는 대략 네 가지가 있다. 첫째는 행근본방편行根本方便이니, 일체법은 본성이 무생無生임을 관하고 망견妄見을 여의고 생사에 머물지 않는다. 또 일체법은 인연화합因緣和合이니, 업과를 잃지 않음을 관하고 대비를 일으키고 모든 선행을 닦고 중생을 섭화攝化하되 열반에도 머물지 않는다. 왜냐하면 진여는 생사와 열반의 모습을 여의었기 때문이다. 이 행行은 수순隨順이 근본이므로 이것을 근본을 행하는 방편이라고 부른다.[365]

근본방편 수행은, 일체법 보기를 본성이 나고 죽는 것이 없다고 보는 것이다.[謂觀一切法 本性無生] 여기 무생無生은 무생멸無生滅의 준말이다. 모습은 나기도 하고 없어지기도 하지만 그 본성은 나지도 않고 죽지도 않는다. 즉 첫 방편은, 일체법의 본성이 나고 죽는 일이 없음을 관하는 것이다.

또 일체가 인연화합임을 본다[觀一切法 因緣和合]. 일체 현상이 독자성이 없음을 꿰뚫어보는 것이다. 본래 불변하는, 상주常住하는 것이 독자성獨自性이다. 저 혼자 존재하니까 독자성이라 한다. 그런데 일체의 현상에는 독자성이 없다. 물은 수소와 산소의 인연화합의 결과이다. 그러니 물은 독자성이 없다. 연생무성緣生無性이라고 한다. 인연으로 생긴 것은 독자성이 없다는 뜻이다. 그래서 인과 연이 마주치면 반드시 결과가 생긴다[業果不失]. 그 결과인 상相은 본래 독자성이 없는 것이니, 있어도 있다고 할 수 없다. 『금강경』에서 "약견제상비상若見諸相非相하면 즉견여래即見如來"라는 구절에서 비상非相이라 한다. 인연화합으로 드러난 상을 무상無相, 비상非相이라 하고, 공空이라고도 한다.

---

365 원문은, 彼方便行피방편행 略有四種약유사종 一일 行根本方便 행근본방편 謂觀一切法위관일체법 本性無生본성무생 離於妄見이어망견 不住生死부주생사 又觀一切法우관일체법 因緣和合인연화합 業果不失업과부실 起於大悲기어대비 修諸善行수제선행 攝化衆生섭화중생 不住涅槃부주열반 以眞如이진여 離於生死涅槃相故이어생사열반상고 此行隨順以爲根本차행수순이위근본 是名行根本方便시명행근본방편

'열반에도 머물지 않는다[不住涅槃]'는 말은 또 무슨 뜻인가? 생사란 말이 있지만, 생사가 본래 없으니, 생사에 머물지 않는다. 일체의 모습 있는 것은 다 공이니 아무 것도 없다. 그러면 무인가? 무에 주저앉으면 안 된다. 인연 따라 온갖 것이 생기니까, 가짜이지만 상이 있다. 이것을 인정해야 한다. 불교 공부에서 가장 무서운 것이 공空, 무無라고 한다. "일체법이 인연으로 생긴 것이라 독자성이 없어서, 무상이고 비상이니 일체가 허망한 것이다. 그러니까 아무것도 신경 쓸 것이 없다. 태어나거나 죽거나, 착한 일을 하거나 천상에 가거나, 심하게는 열반에 들거나 부처가 되거나, 아니면 중생으로 삼계를 윤회하거나, 아무 관계가 없다. 왜? 허망한 것이니 그렇다." 이렇게 하면 안 된다는 뜻이다. 그러니까 『금강경』에서 "법상法相에도 머물지 말고, 비법상非法相에도 머물지 말라"고 한다. 법상은 말이 된다. 모습 있는 모든 것이 헛것이니까. 그렇지만 비법상인 공, 무, 여기에도 머물면 안 된다는 것이다. 부주열반不住涅槃이란 것은, 아무것도 없는 공, 무에 머물지 않는다는 뜻이다. 생사에도 머물지 않고 열반에도 머물지 않는 것이 근본방편을 행하는 것이다.

방편수행이란 발심 후에 정도正道를 구체적으로 수행하는 방법을 말한다. 첫째로 행근본방편行根本方便은 근본을 수행하는 방편이니, 근본根本 진여眞如의 이치에 따라서 공부한다는 뜻이 된다. 즉 "무생無生을 관찰하여 생사에도 머물지 않고, 다시 인연화합이 업과業果를 받음을 관찰하여 열반에도 머물지 않는다"고 설명한 것은 상구보리上求菩提와 하화중생下化衆生을 설명한 것이다. 지금 마명존자는 부주생사不住生死와 부주열반不住涅槃이 불교의 근본방편이라고 설명하였는데, 용수존자의 설명에 의하면 "부주생사는 반야성취무주문般若成就無住門이고 부주열반은 대비성취무주문大悲成就無住門이라"고 한다. 한편 지욱대사의 설명에 따르면 행근본방편行根本方便은 발정직심發正直心의 방편수행이니, 부주생사는 사마타관觀이고, 부주열반은 비파사나관觀이니, 지관止觀을 겸수하여 진여법성眞如法性에 수순하는 것이라고 설명한다.

여기서 공空, 무無인데, 왜 공, 무에도 머물지 말라고 그렇게나 강조하는가? 왜 비법상非法相에도 머물지 말라고 하는 것인가? 만약에 모습 있는 존재를 공, 무라 하면, 일체의 모습, 즉 수많은 중생衆生, 윤회를 계속하는 중생을 어찌할 것인가? 그 모두 꿈 같은 것이고, 났다가 죽었다가 하는 것도 물론 진짜가 아니지만, 이 진짜가 아닌 가운데 고苦를 느낀다. 괴로워한다. 그러니 이것을 무시할 수는 없다. 공무空無라고 내버리면 안 된다. 아예 이 고苦에서 나오도록 가르쳐야 한다. 이 때문에 열반涅槃에도 머물지 말라는 부처님의 교리가 나왔다고 하는 것이 용수龍樹보살의 설명이다. 대비심大悲心에서 나온 것이다. 용수보살은 자신이 쓴 「석마하연론釋摩訶衍論」이라는 『대승기신론』 해설서에서 그렇게 말했다.

자, 이제 네 가지 수행 방법 중 두 번째를 보자.

둘째는 능지식방편能止息方便이니, 이른바 참괴慚愧와 회과悔過이다. 이것이 일체 악법을 능히 지식止息하여 증장하지 못하게 한다. 진여는 일체의 과실의 모습을 여의는 까닭이고, 진여에 수순하고 제악諸惡을 지식하므로, 이것을 능히 지식하는 방편이라고 부른다.[366]

---

366 원문은, 二이 能止息方便능지식방편 所謂慚愧及以悔過소위참괴급이회과 此能止息一切惡法
    차능지식일체악법 令不增長영불증장 以眞如이진여 離一切過失相故이일체과실상고 隨順眞
    如수순진여 止息諸惡지식제악 是名能止息方便시명능지식방편

두 번째는 지식방편이다. 지식止息이 무엇인가? 일체의 악법을 지식하는 것이다. 나쁜 짓 하지 말라는 것이다. 계율戒律을 잘 지키라는 말이다

능지식방편能止息方便은 악법을 지식止息하는 방편이니, 이른바 칠불통계七佛通戒[367] 중에서 모든 악행을 짓지 말라는 제악막작諸惡莫作에 해당한다. 마명존자는 여기서 '참괴慚愧와 회과悔過'의 다음에 '진여는 일체의 과실過失의 모습을 여의었다'는 구절을 덧붙이고 있으니, 참회를 하더라도 반드시 진여의 청정을 잊지 말아야 한다고 강조하고 있다.

나쁜 짓을 하지 않고 착한 일을 하도록 하는 것이다. 착한 일이란 모든 사람을 돕는 것이니까, 중생을 구제하는 방편이란 말이다.

셋째는 생장선근방편生長善根方便이니, 삼보三寶의 처소에서 애경심愛敬心을 일으키고 존중하고 공양하며 정례하고 칭찬하며 수희하고 권청함으로써 정신正信이 증장하여, 이에 나아가 무상보리를 구할 뜻을 내기에 이른다. 불법승佛法僧의 위력이 보호하여 업장이 맑아지고 선근이 퇴보되지 않으니, 진여는 일체 장애를 여의고 일체 공덕을 갖추었기 때문에 진여에 수순하여 선업을 수행하는데, 이것을 선근을 생장케 하는 방편이라고 부른다.[368]

---

367 칠불통계게(七佛通戒偈): 비바시불, 시기불. 비사부불, 구루손불, 구나함모니불, 가섭불, 석가모니불 등 일곱 분 과거 부처님이 공통으로 계율의 근본으로 삼은 게송.
"諸惡莫作제악막작 衆善奉行중선봉행 自淨基意자정기의 是諸佛敎시제불교 모든 악을 짓지 말고, 갖가지 선을 받들어 행하면서, 스스로 그 마음을 깨끗이 하라. 이것이 모든 부처님의 가르침이다."

368 원문은, 三삼 生長善根方便생장선근방편 謂於三寶위어삼보 尊重供養존중공양 頂禮稱讚정례칭찬 隨喜勸請수희권청 正信增長정신증장 乃至志求無上菩提내지지구무상보리 爲佛法僧위불법승 威力所護위력소호 業障淸淨업장청정 善根不退선근불퇴 以眞如이진여 離一切障이

세 번째는 생장선근방편, 좋은 일은 다 하라는 말이다. 불보살을 존중하고 받들고, 항상 예를 하면서[頂禮], 칭찬稱讚하고 수희隨喜하고 권청勸請하라. 정례頂禮는 머리를 조아려 예를 하는 것이니, 목숨 바쳐 귀의한다[歸命禮]는 뜻이다. 칭찬이란, 공덕功德을 찬탄한다는 말이다. 수희隨喜는 기뻐하며 따른다는 말이니, 부처님 교법에 따라서 수행한다는 말이다. 권청勸請은 법문을 청하는 것이다. 이런 것은 좋은 믿음이 증장되는 선근방편이다 [正信增長]. 선근방편은 『화엄경』에 보현행원품普賢行願品에 보면, 보현보살普賢菩薩의 행원行願이 열 가지 있다.[369] 거기 보면 공경하고, 예경禮敬하고, 칭찬稱讚하고, 공양하고, 참회하고, 수희隨喜하고 권청勸請하고, 법문을 청하고...등이 나온다. 이것이 전부 바른 믿음을 늘리고, 무상보리無上菩提를 구하는 마음을 갖도록 하는 것이다[志求無上菩提].

그렇게 함으로써 불법승 삼보의 위력의 보호를 받아, 업장이 청정해지고 공덕을 갖추고 진여에 따라 선업을 수행한다. 앞의 둘째 방편은 나쁜 일을 근절[止息]하는 것, 지금 이것은 선근善根을 생장生長, 증장하는 것이다.

이제 네 번째, 대원평등방편을 알아보자.

넷째는 대원평등방편大願平等方便이니, 서원을 하여 미래세가 다하도록 평등하게 일체 중생을 구원하고 보호하여 무여열반[370]에 안주하게 하려는 것을 말

일체장 具一切功德故구일체공덕고 隨順眞如수순진여 修行善業수행선업 是名生長善根方便시명생장선근방편

369 보현보살 십대행원; 1. 예경제불(禮敬諸佛) 2. 칭찬여래(稱讚如來) 3. 광수공양(廣修供養) 4. 참회업장(懺悔業障) 5. 수희공덕(隨喜功德) 6. 청전법륜(請轉法輪) 7. 청불주세(請佛住世) 8. 상수불학(常隨佛學) 9. 항순중생(恒順衆生) 10. 보개회향(普皆回向)

370 무여열반(無餘涅槃): ① 번뇌와 괴로움이 완전히 소멸된 상태. ② 번뇌와 육신이 모두 소멸된

한다. 일체법의 본성은 둘이 아니고, 피차가 평등하고, 끝내 적멸함을 알아, 진여의 이 세 가지 모습에 수순하여 큰 서원을 발하는 것을 대원大願이 평등한 방편이라고 부른다.[371]

앞의 세 방편보다 좀 더 구체적이다. 서원을 발하여 공부해서 중생을 제도하겠다는 원을 세우는 것이다[謂發誓願]. 미래가 다하도록 일체중생을 평등하게 구호하여 모두가 무여열반에 안주하게 하겠다. 이것은 마치 『금강경』 대승정종분에서 '내가 모든 중생을 제도하여 무여열반에 들게 하되, 아상, 인상, 중생상, 수자상 없이 한다'고 한 그 내용과 비슷하다. 일체중생을 다 구제하여 무여열반에 들게 하려면, 일체법의 본성이 둘이 아님을 알아야 한다. 둘이 아니라면 하나일 텐데, 그 하나는 어떻다는 말인가? 청정각명하다.

첫 방편에서 나왔던 우리의 근본, 청정각명하고 공적영지한 것, 그것이 원래 본성이다. 또한 일체의 존재가 다 같이 청정각명, 공적영지에서 나왔으니 인연의 출발점이 평등하고, 필경에는 적멸함을 알아야 한다. '적멸하다'는 고요하고 아무것도 없다는 말이다. 『능엄경』에서 설하는 청정淸淨이 곧 적멸寂滅이다. 또 다른 말로 하면 공적空寂이다. 둘이 아니고[無二], 너나 할 것 없이 평등하고[彼此平等], 끝내 고요하고 청정한[究竟寂滅] 것이 진여의 세 가지 모습이

죽음의 상태. cf. 유여열반(有餘涅槃) ③ 번뇌는 완전히 소멸되었지만 아직 미세한 괴로움이 남아있는 상태. 아라한의 열반. ④ 번뇌는 완전히 소멸됐지만 아직 육신이 남아있는 상태. cf. 반열반(般涅槃) ⓢparinirvāṇa의 음사. 멸(滅)멸도(滅度)라고 번역. ⑤ 육신의 완전한 소멸, 곧 죽음. ⑥ 모든 번뇌를 완전히 소멸한 상태.

371 원문은, 四事 大願平等方便대원평등방편 謂發誓願위발서원 盡未來際진미래제 平等救護一切衆生평등구호일체중생 令其安住無餘涅槃영기안주무여열반 以知一切法이지일체법 本性無二故본성무이고 彼此平等故피차평등고 究竟寂滅故구경적멸고 隨順眞如수순진여 此三種相차삼종상 發大誓願발대서원 是名大願平等方便시명대원평등방편

니, 진여眞如의 이 세 가지 모습을 잘 따라서 큰 원을 세워 공부한다. 무엇을 공부하는가? 본성이 둘이 아니고, 피차가 평등하고, 구경이 적멸하다는 것을 알아야 한다. 그것이 신성취공부信成就工夫다.

한편 지욱대사의 설명에 따르면 이상의 네 가지 방편은 모두 본성에 맞추어 수행을 일으킨 것이므로, 모두가 자성을 나타내고 있다. 따라서 발심하기 전에는 이것으로 발보리심하게 되고, 발심한 후에는 이것으로 불과를 얻게 한다.

신성취발심信成就發心에서 진짜는 넷째 방편인 대원평등방편의 내용이다. 본성이 둘이 아니고, 너나 할 것 없이 평등하고, 구경에는 적멸함을 아는 것이 중요하다. 용수보살의 「석마하연론」을 보면 그렇게 설명했다.

4. 발심의 이익

보살이 이렇게 발심할 때 곧 부처님의 법신을 조금 보았다면, 원력願力에 따라서 여덟 가지 사상事相을 능히 나타낼 수 있다. 즉 도솔천궁에서 내려옴 · 태에 듦 · 태에서 머묾 · 태에서 나옴 · 그리고 출가 · 성불 · 법륜을 굴림과 열반에 듦을 말한다.[372]

한문 원문을 보자.

---

372 원문은, 菩薩如是發心之時보살여시발심지시 則得少分見佛法身즉득소분견불법신 能隨願力
    능수원력 現八種事현팔종사 謂從兜率天宮來下위종도솔천궁래하 入胎입태 住胎주태 出胎출
    태 出家출가 成佛성불 轉法輪전법륜 般涅槃반열반

'菩薩如是發心之時보살여시발심지시則得少分見佛法身즉득소분견불법신';
'보살이 발심하여 부처님 법신을 조금 보았다면', 불법신佛法身이나 내 자성自性이나 같은 말이다. 내 자성을 조금 봤다면, 신성취발심信成就發心, 즉 십신十信이다. 십신이 끝나면 십주十住에 들어간다. 십주의 처음을 초발심주初發心住라한다. 여기서 부처님의 법신法身, 즉 내 진심眞心을 확실히 안다. 이렇게 아는 것을 식심識心이라고도 한다. 마음을 알았다는 뜻이고, 우리나라에선 초견성初見性이라고 한다. 확실히 본 것이 아니라 이치理致만 알았다는 뜻이다. 신성취발심의 끝은 초견성이다. 그다음부터는 해행발심解行發心에 들어간다.

'能隨願力능수원력 現八種事현팔종사'; '원력에 따라서 팔종사를 나타낼 수 있다.' 부처님의 생애를 대표하는 여덟 가지 모습을 팔상八相, 혹은 팔종사八種事라 한다. 불법신을 본 때부터 팔종사를 나타낼 수가 있다는 말이다.

그런데 여기서 '원력에 따라서'라는 말을 잘 알아들어야 한다. "원을 크게 세워서 그에 따라 공부를 열심히 하면"이란 뜻이다. 그러면 부처님처럼 능히 여덟 가지의 모습을 나툴 수 있다. 여덟 가지의 모습이 무엇인가 하면, 도솔천궁에서 내려오는 것[從兜率天宮來下], 어머니 태胎에 드는 것[入胎], 태에서 자라는 것[住胎], 태어나는 것[出胎], 그리고 출가해서[出家], 성불하고[成佛], 법륜을 굴리고[轉法輪], 열반에 들어가는 것이다[般涅槃]. 원력에 따라 열심히 공부하면 이러한 여덟 가지의 모습을 나툴 수 있다.

앞에 나온 네 가지 방편으로 신이 성취되면 마음을 분명하게 설명하는 식심識心단계는 지났으니, 초견성初見性하는 단계에 이르게 된다. 십신十信의 다음에는 십주十住의 처음인 초발심주初發心住에 이르게 되니, 만약 상근대지上根大智라면 '부처님의 법신을 조금 보아서 근본자성根本自性을 분견分見했으니, 바야흐로 원력願力에 따라서 팔상八相으로 성도成道를 나툴 수 있다는 이야기다.

지욱대사의 설명에 따르면 이 구절은 『화엄경』의 '초발심시初發心時에 정각正覺을 이룬다'는 뜻이니, 무명을 분파分破하여 진여를 분증分證하면 청정한 법신은 담연湛然하여 일체에 응應하므로, 원력을 세워서 수행하기만 하면 팔상성도가 가능하다고 한다. 증득한 묘법신妙法身은 권도權道나 실도實道로 헤아리기 어렵고, 팔상八相의 개합開合과 출몰出沒은 학인의 기틀에 따라서 각각 달리 나타나기 때문이라고 설명한다.

지욱대사는 여기 십신 다음에 오는 초발심주初發心住를 『화엄경』의 "초발심시에 정각을 이룬다"는 구절과 같은 것으로 본다. 공부하는 사람들이 여기서 좀 헷갈린다. 『화엄경』에 보면 "初發心時便成正覺초발심시변성정각"이란 구절이 있다. 초발심시란 초주初住를 가리키고, 변성정각이란 문득 정각을 이룬다는 뜻이다. 초발심은 겨우 식심을 했거나, 우리나라에서 말하는 초견성初見性을 한 초주 상태다. 그럼 견성見性은 무엇인가? 십지十地의 첫 단계인 초지初地인 환희지歡喜地에서 견성見性했다고 한다. 초주 이후 십주十住가 있고, 십행十行이 있고, 십회향十迴向이 있고, 또 사가행四加行이 있고 나서야 초지初地, 환희지인 것이다. 그러니 초주初住의 초견성과 초지初地의 견성은 거리가 엄청 멀다. 왜 이렇게 헷갈리게 하는가? 『화엄경』에 나오는 이 구절 때문에 그런다. 영명연수永明延壽 대사도 초견성이라고 하지 않는다. 대사는 초지가 견성이고, 초발심은 식심識心이라 한다. 식심은 마음을 이론적理論的으로 확실하게 알았다는 의미다.

그러나 아직은 법신法身이라고 부를 수가 없는 것은 무량한 과거 세상부터 유루의 업이 끊어지지 않았기 때문이다. 혹자는 악업으로 말미암아 고苦를 조금 받기도 하지만, 원력을 지니고 있으므로 얽힌 상태가 오래가지는 않는다. 마치 경에서 '신성취발심보살信成就發心菩薩이 가끔 악취惡趣 중으로 퇴타하기도 한다'고 말한 바와 같다. 이것은 초학보살로서 마음에 게으름이 많아 정위正位 에 들지 못한 이들을 위한 것으로, 이렇게 말하여 용맹심을 증진시키려는 것이 지 실다운 말은 아니다.[373]

　퇴타退墮한다는 말이 나온다. 퇴타는 보리심菩提心이 견고하지 못해서, 공부 하다가 포기하는 것이다. 삼아승지겁阿僧祗劫을 닦아야 한다는 말이 있다. 일 겁이 얼마나 긴 세월인지 아무도 정확히 모른다. 부처님은 우주는 성주괴공한 다고 말씀하셨다. 이루어져서[成], 유지되다가[住], 파괴되어[壞], 다시 본래의 허공으로 돌아간다[空].[374] 지금 우리가 사는 이 우주는, 140억 년 전에 생겼고, 언젠가는 사라진다. 이렇게 은하계가 한 번 생겼다가 사라지는 시간을 1겁劫 이라 한다.

　그러면 '삼아승지겁을 닦아야 부처 된다'는 말을 들으면 맥 빠진다. 그렇지 않은가? '이생에도 불교 공부한다고 딴에는 열심히 노력했어도 이 모양 이 꼴 인데, 다음 생에 또 공부해본들 별일이 있겠는가? 그런 식으로 삼아승지겁을 닦는다는 것은 상상할 수도 없다. 그만 포기하자.' 이것을 보통 퇴굴심退屈心이 라고 한다. 후퇴하고[退], 쭈그러져 살자[屈]. 공부해서 부처 되겠다는 마음을 포기하는 것이 퇴굴이다. 퇴굴심을 내는 이유가 몇 가지 있다.

373　원문은, 然猶未得名爲法身연유미득명위법신 以其過去無量世來이기과거무량세래 有漏之業 未除斷故유루지업미제단고 或由惡業혹유악업 受於微苦수어미고 願力所持원력소지 非久被 繫비구피계 有經中說유경중설 信成就發心菩薩신성취발심보살 或有退墮惡趣中者혹유퇴타 악취중자 此爲初學心多懈怠차위초학심다해태 不入正位불입정위 以此語之이차어지 令增勇 猛영증용맹 非如實說비여실설
374　한편, 생물(生物)은 생주이멸(生住異滅) 한다. 인연 따라 생겨서[生], 유지되다가[住], 변해서 [異], 사라진다[滅]. 물질세계는 성주괴공의 길을 따른다.

그러나 초발심주初發心住에 이르러 법신法身을 조금 보았더라도 아직 과거의 무량한 세상에서 지은 유루有漏의 업業이 끊어지지 않았다. 그래서 앞에 나온 초발심주에서 원력으로 팔상성도하는 경우와는 달리, 이승二乘으로 후퇴하는 경우도 있다는 설명이다. 그러나 하화중생할 큰 원력을 갖추고 있는 대승의 근기라면 염려할 것이 없다고 설명하고 있다. 이른바 사리불이 퇴타退墮한 이야기는 아직 정정취正定聚에 들지 못한 수행인을 분발시키려는 의도에서 하는 방편설법임을 알아야한다.

사리불이 대승공부를 하다가 퇴타했다는 이야기가 경에 나온다. 사리불이 대승大乘 공부를 하는데 마구니가 나타났다. 사리불에게 눈을 보시하라 했다. 사리불이 자기 눈을 빼내서 마구니에게 주었다. 마왕이 사리불에게서 받은 눈을 한번 시험해보고는, 사리불에게서 받은 눈을 땅바닥에 던지고 발로 뭉개버렸다. 그것을 본 사리불이 성이 났다. "남을 돕는 대승大乘, 더러워서 안 한다!"고 했다는 이야기다.

사리불이 정말 그랬을까? 말이 많다. 여기 보면 퇴타하려는 사람들을 분발시키기 위해 지어낸 방편 설법이라고 한다.

실제로 공부를 열심히 하는 사람들, 또는 초견성을 한 사람 중에서도 공부를 그만두는 사람이 있다. 삼아승지겁을 닦아야 한다는 말에 걸리기도 한다. 하지만 연수 대사가 「종경록」에서 한 말이 있다. "삼아승지겁은 길다. 길지만 꿈속 이야기다. 깨고 보면 삼아승지겁은 없다. 꿈속에서 삼아승지겁三阿僧祇劫이지, 깨어있는 사람에겐 찰나간刹那間이다. 그러니 중생심衆生心을 가지고 삼아승지겁이라고 새겨듣지 마라. 환幻으로 보는 삼아승지겁이다. 환으로는 오아승지겁인들 어떻겠느냐? 깨고 보면 꿈인데. 꿈은 진짜가 아니듯 삼아승지겁은 진짜가 아니다." 삼아승지겁이란 말에 퇴타심退墮心을 낼까 싶어 하는 얘기다.

또 이 보살이 한번 발심한 후에 자리와 이타를 위해 온갖 고행을 닦았다면, 마음에 겁약怯弱이 없어져서 이승의 경지에 떨어지는 것도 오히려 두려워하지 않는데, 하물며 악도에 떨어지는 것을 겁내겠는가. 만일 무량 아승지겁 동안 온갖 난행고행을 부지런히 닦아야 비로소 부처가 된다는 말을 들어도 놀라거나 두려워하지 않는데, 하물며 이승심二乘心을 내거나 악취에 떨어지는 것을 두려워하겠는가. 일체 제법은 본래부터 성품이 열반임을 결정적으로 믿고 있기 때문이다.[375]

마지막 구절이 중요하다. 본래 우리 마음은 청정각명이다. 본래 청정淸淨해서 아무것도 없다. 그런데 보이면 볼 줄 알고, 들리면 들을 줄 아는 각명한 작용이 있다. 그렇게 청정淸淨하면서 각명覺明한 것이 내 마음이다. 청정淸淨하면 아무것도 없어 무無에 가깝고, 각명覺明하면 유有에 가까운데, 우리 마음은 청정하면서 각명하니, 유이기도 하고 무이기도 하고, 무도 아니고 유도 아닌 그런 존재다. 이런 존재인 줄 알면 우리는 본래부터 청정하니, 더러운 것을 깨끗하게 닦아야 한다는 것도 없다. 본래 우리는 청정淸淨한 열반涅槃이다. 이렇게 본래부터 우리가 열반적정涅槃寂靜이라는 것을 알면, 이런 퇴타심을 내지 않는다는 말이다.

---

375 원문은, 又此菩薩우차보살 一發心後일발심후 自利利他자리이타 修諸苦行수제고행 心無怯弱심무겁약 尙不畏墮二乘之地상불외타이승지지 況於惡道황어악도 若聞無量阿僧祇劫약문무량아승지겁 勤修種種難行苦行근수종종난행고행 方始得佛방시득불 不驚不怖불경불포 何況有起二乘之心하황유기이승지심 及墮惡趣급타악취 以決定信이결정신 一切諸法일체제법 從本已來종본이래 性涅槃故성열반고

그러나 신성취발심信成就發心을 한 돈교頓敎 발심자發心者는 부처님의 법신을 분명하게 이해하고 나아가서 조금 분견分見하기도 하였기 때문에, 일체 제법의 성품이 본래부터 열반이라는 열반적정涅槃寂靜을 결정적으로 믿고 있다. 즉 정견正見을 얻었다는 이야기다. 따라서 비록 '무량 아승지겁 동안 온갖 난행고행을 부지런히 닦아야 비로소 부처가 된다'는 말을 들어도 결코 이승심二乘心을 내거나 악취惡趣에 떨어지지 않는다는 설명이다.

퇴굴심退屈心을 내는 사람은 옳게 잘 모르는 사람이다. 자기가 식심을 하고 초견성初見性을 했다고 떠들어도, 제대로 모르는 사람이란 말이다. 그래서 신성취발심信成就發心을 해서 그 마지막으로 가면 무엇이 되는가? 초발심주에 이른다. 앞서 나왔던 발심의 이익 첫 구절을 다시 보자.[376]

'보살이 이렇게 발심했을 때에 불법신을 조금 보았다는 것[則得少分見佛法身]'을 다른 말로 하면 '우리의 진심을 식심識心했다'는 것이다. 이것이 신성취발심信成就發心이다. 이 상태가 되면 옛날에는 인가認可를 했다. 스승은 이렇게 신성취발심이 끝난 제자를 인가했다. 그러니까 '이치는 안다. 설명은 다 알아듣는다.'라고 하며 제자를 인정하는 것이다. 그래서 여기 신성취발심하면서 불법신을 조금 보았다고 했다. 불법신佛法身이 내 마음이다. 내 진심眞心이다. 항상 이야기하듯, 몸이라는 비유로 설명할 때는 법신法身, 마음이라는 비유로 설명할 때는 진심眞心이라 한다. 진심이나 법신이나 같은 말이다. 법신/진심을 확실히 알면 식심識心이고, 초주初住이고, 초발심주다. 그런데 『화엄경』에서 '초발심시 변성정각'이라고 말한다. 초주, 초발심주 때 알았던 법신/진심이,

---

376 보살이 이렇게 발심할 때 곧 부처님의 법신을 조금 보았다면[菩薩如是發心之時 則得少分見佛法身]

나중에 견성했을 때 안 법신/진심과 똑같다. 하나도 다를 것이 없다. 차이라면 멀리서 보는 것과 가까이에서 보는 것의 차이다. 가까이서 명확하게 보았는가, 멀리서 어렴풋이 봤는가가 중요하지 않다. 법신/진심이 어떤 것인가를 알아차리는 것이 중요하다. 결국 초발심때나 견성했을 때나 알아차림의 내용은 딴 것이 없다. 청정하고 각명하더라는 것이다.

자, 여기서 법신, 진심에 대한 알아차림에 대해 얘기해 보자.

법신法身이나 진심眞心은 진리眞理다. 만약 있다고 하면 영원불변하는 것이다. 그래야 진짜 몸이고 진짜 마음이다. 그런데 영원불변하는 것이라면, 모습이 있을 수 있을까? 영원불변永遠不變한 것은 모습[相]이 있을 수 없다. 왜인가? 모습이 있으면 변할 수밖에 없다. 그러니 영원불변한 것이 있다면 그것은 모습이 없는 것이다. 그러니까 청정淸淨할 수밖에 없다. 청정한 것을 무엇이라고 표현하겠는가? 무無라고 표현할 수는 없다. 언어言語의 길이 끊어졌다. 허공虛空과 똑같은 것인가? 그러면 말이 될 것 같지만, 또 아니다. 허공이 못하는 견문각지見聞覺知를 능히 한다. 입을 통해서 말도 하고, 6근根 6진塵을 통해서 별짓을 다 한다. 그러면 있는 것인가? 있는 것이면 모습이 있어야 할 것인데, 모습이 있으면 영원할 수가 없다.

다른 세상에 태어난다고 해도 이것을 표현할 방법이 없다. 유有와 무無는 정반대 개념이기 때문이다. 이 두 개념을 융합融合하는 중도中道에 해당하는 표현이 있는가? 그런 건 없다.

부처님이 중도를 알라고 하실 때의 그 중도中道는 청정과 각명이다. 청정각명淸淨覺明, 공적영지空寂靈知가 중도다. 그런데 청정하고 각명한 것이 세상에 있을 수 있는가? 이론적으로는 그런 이중성二重性을 가진 것이 존재할 수는 없다. 하지만, 실제로는 내 진심眞心이 있고, 내 법신法身이 존재한다. 존재하는데, 이것이 청정하면서 각명하다. 없는 것 같으면서 있는 것이다, 그러니까 말로 표현할 수 없다. 부처님이 그렇게 설법으로 가르쳐도 알기 어렵다.

결국 우리는 어떻게 알아차리는가? 온갖 이론과 설명을 듣다가 마침내는 비유를 통해 알아차린다. 부처님은 『능엄경』에서 말씀하셨다. "지혜로운 사람은 비유를 통해 알아차린다." 우리가 견성하는 것은 부처님이 말씀하는 비유를 듣다가 알아차리는 것이다. 우리말로 하면 눈치챘다고 한다. 그 알아차리는 것을 불교에서는 각覺이라고 한다. 보통은 체험했다고 말하거나, 혹은 확실하게 증득證得했다고 표현한다. 하지만 견성見性은 체험하거나 증득할 수 없는 물건이다. 왜 그런가? 내가 있어 견성을 체험하거나 증득한다면, 그 체험이나 증득의 대상對象은 내가 아니다. 나라는 주체主體가 견성이라는 대상對象을 증득하고 체험하는 것이다. 이것은 아니다. 주객主客이 벌어지면 이것은 벌써 의식세계意識世界다. '내가 있고 대상이 있다'는 분별망상分別妄想에서 비롯된 것이다. 알아차리는 각覺은 내가 견성이고 견성이 곧 나다. 둘이 아니다. 이것을 계합契合이라 한다. 내가 나를 알아차리는 것이다. 내가 나를 보거나 아는 것이 아니고, 내가 나를 알아차린다. 어떻게 알아차리는가? 비유를 통해 알아차린다. 『능엄경』에서 중요한 것은, 비유를 통해서 내가 나를 알아차린다는 것이다. 논리나 입증을 통해서는 천년만년을 해도 안 된다. 논리에는 주객이 있고, 그래서 그것은 의식의 세계니까 그렇다.

제2절 해행발심解行發心

공부하는 방법이 세 가지 있다. 지금까지 한 것은 신성취발심信成就發心이다. 신성취발심의 내용과 수행, 그 이익까지를 설명했다. 다음은 해행발심이다.

해행발심解行發心이란 것은 마땅히 더욱 수승한 줄 알 것이니, 첫 무수겁無數劫이 장차 원만해지기 때문이며, 진여 중에서 깊은 이해를 얻기 때문이고, 일체 수행에서 모두 집착함이 없기 때문이다.[377]

'해행발심자는 더욱 수승한 줄 마땅히 알라.' 앞에 나온 신성취발심보다 수 승한 것이라는 말이다.

'첫 무수겁이 장차 꽉 차게 된다.' 초무수겁 즉 아승지겁이라는 시간이 꽉 채 워진다.

그러면 그 진여 가운데서 깊은 이해를 얻고, 일체의 행을 닦는다. 모두 다 집 착하지 않게 된다. 해행발심解行發心은 깊이 이해理解하고, 그에 따라 수행修行 해서 무착無着을 결과로 얻는다. 집착을 털어버린다. 그것이 해행발심이다.

학인이 정신正信을 성취하고 발심을 하여 정정취正定聚에 들어가서 신성취발심 信成就發心을 완성하면, 다음에 해행발심解行發心에 들어간다. 해행발심은 이른바 신信 · 해解 · 행行 · 증證이라는 네 가지 수행단계 중에서 해와 행을 포괄하는 발심

377　원문은, 解行發心者해행발심자 當知轉勝당지전승 初無數劫초무수겁 將欲滿故장욕만고 於眞 如中어진여중 得深解故득심해고 修一切行수일체행 皆無著故개무착고

이다. 수행단계를 52위位로 나누는 통설에서 보면, 이른바 삼현보살의 지위인 십주十住 · 십행十行 · 십회향十廻向의 지위가 여기에 해당한다.

해解와 행行을 통틀어서 '더욱 수승한 것'이라고 말하는 것은, 신성취심보다 해행발심이 월등하다는 설명이다. '무수겁無數劫'은 이른바 아승지겁을 가리킨다. '초무수겁初無數劫'을 진제의 구역에는 제일第一 아승지겁이라고 번역하였다. 지욱대사의 설명에 따르면 '첫 무수겁이 장차 원만해진다'는 것은 자량위資糧位[378]가 이미 성취되어서 장차 가행위加行位: 四加行로 진입한다는 뜻이다. 먼저 '진여 중에서 깊은 이해를 얻는다'는 것은 해解발심에서 이관理觀과 사관事觀을 방편으로 하여 깊이 중도中道인 제일의관第一義觀에 들어간다는 뜻이다. 또 '일체 수행을 하되 모두 집착함이 없다'는 것은 행行발심에서 사事를 이理에 돌이켜서 삼계에 집착하지 않는다는 뜻이다. 해와 행을 따로 설명하고 있으니, '진여' 중에서 깊은 이해를 얻어서'라는 이 말은 십주十住를 밝힌 것이고, '일체 수행을 하되 모두 집착함이 없다'라는 이 말은 십행十行을 밝힌 것이다.

해행解行을 합쳐서 보면, 중도를 터득하여 집착함이 없어야 비로소 십회향十廻向을 실천하는 삼현보살의 해행解行발심에 해당한다는 설명이다.

---

378 유식(법상종)의 수행계위: 자량위, 가행위, 통달위, 수습위, 구경위
   • 자량위: 내적인 자질과 역량을 키우는 단계를 말한다. 선근과 공덕을 쌓는 수행단계로 십주, 십행, 십회향의 계위에 해당
   • 가행위: 번뇌가 없는 지혜를 얻기 위해 모든 대상과 그것을 인식하는 주관은 모두 허구라고 주시하는 수행 단계. 통달위(通達位)로 나아가기 위해 더욱 힘써 수행하므로 가행이라 함. 煖·頂·忍·世第一法을 내용으로 하며 四善根(四加行)의 계위.
   • 통달위: 무루지(無漏智)를 얻어 진여(眞如)의 이치를 통달하는 단계이다. 진여성을 관찰하게 된다는 의미에서 견도(見道)라고도 하며 초지(환희지)에 해당
   • 수습위: 통달위(通達位)에서 나아가 온갖 장애(번뇌장,소지장)를 끊는 수도(修道)단계. 초지~십지(十地)
   • 구경위: 모든 번뇌를 끊어 없애고 구경의 진여를 증득하여 성불한 불지(佛地). 四智가 모두 현행하고 모든 덕을 지니게 됨.

이 보살은 법성法性이 간탐상慳貪相을 떠났으니, 이것이 청정한 시도施度임을 알고, 거기에 수순하여 단나바라밀檀那波羅蜜을 수행한다. 또 법성이 오욕경계를 떠났으니 파계상破戒相이 없어서 이것이 청정한 계도戒度임을 알고, 거기에 수순하여 시라바라밀尸羅波羅蜜을 수행한다. 법성이 고뇌가 없어서 진해상瞋害相을 떠났으니 이것이 청정한 인도忍度임을 알고, 거기에 수순하여 찬제바라밀羼提波羅蜜을 수행한다. 법성이 신심상身心相을 떠나서 해태함이 없으니 이것이 청정한 진도進度임을 알고, 거기에 수순하여 비리야바라밀毘梨耶波羅蜜을 수행한다. 법성이 동동과 난란이 없으니 이것이 청정한 선도禪度임을 알고, 거기에 수순하여 선나바라밀禪那波羅蜜을 수행한다. 법성이 모든 치암을 떠났으니 이것이 청정한 혜도慧度임을 알고, 거기에 수순하여 반야바라밀般若波羅蜜을 수행한다.[379]

마음과 삼라만상에 대한 깊은 이해라는 심해深解를 얻어서 해解발심이 이루어지면, 나아가 이 지혜에 의지하여 집착이 없는 행行발심을 짓는 것을 설명한다. 행발심의 방편수행은 이른바 육바라밀六波羅蜜이다. 단나檀那·시라尸羅·찬제羼提·비리야毘梨耶는 범어로 각각 보시布施·지계持戒·인욕忍辱·정진精進을 뜻한다. 지욱대사의 설명에 따르면 법성法性이 간탐을 여읜 것을 아는 것은 해解발심이고, 단나 등을 수행하는 것은 행行발심이다. 마치 『화엄경』 '십회향품十迴向品'에서 설명한

---

379 원문은, 此菩薩차보살 知法性지법성 離慳貪相이간탐상 是淸淨施度시청정시도 隨順修行檀那波羅蜜수순수행단나바라밀 知法性지법성 離五欲境이오욕경 無破戒相무파계상 是淸淨戒度시청정계도 隨順修行尸羅波羅蜜수순수행시라바라밀 知法性지법성 無有苦惱무유고뇌 離瞋害相이진해상 是淸淨忍度시청정인도 隨順修行羼提波羅蜜수순수행찬제바라밀 地法性지법성 離身心相이신심상 無有懈怠무유해태 是淸淨進度시청정진도 隨順修行毘梨耶波羅蜜수순수행비리야바라밀 知法性지법성 無動無亂무동무란 是淸淨禪度시청정선도 隨順修行禪那波羅蜜수순수행선나바라밀 知法性지법성 離諸癡闇이제치암 是淸淨慧度시청정혜도 隨順修行般若波羅蜜수순수행반야바라밀

것처럼 혹은 분진해행分眞解行이고 혹은 상사해행相似解行이니, 분진은 실實을 말하고, 상사는 권실權實을 가리킨다. 마땅히 원융圓融과 항포行布라는 두 가지 뜻을 알고서 육바라밀을 행하라는 뜻이다.

즉 마명존자는 육바라밀을 수행하는 근거를 제시하고 있는데, '법성法性은 본래 청정하여 염정染淨의 모습이 전혀 없기 때문에 청정한 육바라밀이 저절로 가능하다'고 설명하고 있다. 마치 우리가 무심도인無心道人이 되려고 수행하는 근거를 설명하면서, 우리의 진심眞心이 본래 무심無心이기 때문에 그런 줄 알고 수행하면 비로소 무심도인이 가능하다는 취지와 같다. 이런 논리는 연수대사가 종경록에서 '무심합도문無心合道門'을 설명하는 이론과 흡사하다.

참고로 『화엄경』의 '십행품十行品'에는 육바라밀에다 방편方便·원願·력力·지智 네 가지를 덧붙여서 열 가지로 하여 십행위十行位에 배대하여 설명하고 있다.

여기 해행발심에서 육바라밀을 설명하고 있는데, 『화엄경』에서는 모든 숫자가 십으로 끝난다. 부처님 제자도 10대제자다. 초기에는 십대제자라는 말이 없었다. 대승경전『유마경維摩經』에서 십대제자라는 말이 처음 출현했다고 한다. 십이라는 숫자는 대승경전大乘經典에서 사용하던 십진법十進法이다. 『화엄경』은 모든 것을 10에 맞춰서 제시한다. 『화엄경』의 십바라밀은, 육바라밀에다가, 방편方便/원願/력力/지智바라밀을 더해서 십바라밀이라 하고, 해행발심解行發心에서 말하는 십행十行에 할당한다. 『화엄경』의 십주十住, 십행十行, 십회향十迴向, 십지十地[380] 중에서, 십행에다 십바라밀을 할당한다. 십에 맞추기 위한 것으로 보인다. 육바라밀에 반야바라밀이 있는데, 추가된 네 가지 바라밀에도 다시 지智 바라밀이 있다. 어쨌거나 십주의 주住는 해解, 십행이 행行

---

380 『화엄경』에는 십신(十信)이 없다.

이어서, 해행발심解行發心이 되는 것이다.

또한 분진해행分眞解行과 상사해행相似解行을 말하고 있다. 분진해행이라는 것은, 부분적으로[分] 진리를[眞] 알고 행한다는 말이다. 진리를 완전하게 다 알면 부처님이니, 부처가 되기 위해 공부하는 단계인 해행발심에서는 진리에 대해 다 알지는 못하고 부분적으로 알고 행한다는 뜻이다. 상사해행은 완전하지 않고 부분적으로 행하니 비슷한 해행이라는 말이다. 그래서 분진은 실實을 말하고, 상사는 권실權實을 이야기한다. "마땅히 원융圓融과 항포行布라는 두 가지 뜻을 알고 육바라밀을 행하라"는 것이다. 십바라밀은 부처되기 위한 공부다. 공부를 말 하나로 칭하면 원융圓融이라 하고, 항포行布는 십바라밀을 순서대로 벌여놨다는 의미다. 이것을 통틀어 공부하면 원융이다. 그런 뜻으로 알고 육바라밀을 행하라는 말이다.

제3절 증발심證發心

1. 증발심의 내용

증발심證發心이란 정심지淨心地로부터 내지 보살구경지菩薩究竟地까지 해당한다. 어떤 경계를 증득하는가? 이른바 진여이다. 전식轉識에 의하여 경계를 설명하지만, 실제로 증득하면 경계상境界相이 없다. 이 보살은 무분별지無分別智로써 언설을 떠난 진여법신을 증득하기 때문이다.[381]

증발심證發心은 해행발심解行發心을 완성하고 이른바 지상地上보살이 되어서 진여법신을 증득하는 과정을 가리킨다. 지욱대사의 설명에 따르면 "정심지淨心地"는 권교權敎에서 보면 초지初地인 환희지歡喜地이지만, 실교實敎에서 보면 초주初住인 발심주發心住에 해당한다고 한다. 권교와 실교에 따라서 52위位의 분류 기준이 이렇게 상이하다고 설명한다. 또 "구경지究竟地"는 십지十地 이후의 마음이니 등각等覺을 포함한다. "어떤 경계를 증득하였는가? 이른바 진여이다"라는 구절은 증발심證發心에서 증득할 대상은 진여인 진심眞心과 법신法身뿐이라는 설명이다. 그 이유는 무엇인가? 마명존자의 구체적인 설명이 나온다. 즉 "이른바 전식轉識에 의하여 경계를 설명하는데, 실제로 증득하면 경계상境界相이 없기 때문이다"라고 한다. 전식轉識은 원래 무명업식無明業識에서 전변한 능견상能見相을 설명하는 것인데, 증발심한 보살은 이른바 삼세三細의 전식轉識과 현식現識이 끊어졌으니, 주체가 경계

---

381 원문은, 證發心者증발심자 從淨心地종정심지 乃至菩薩究竟地내지보살구경지 證何境界증하경계 所謂眞如소위진여 以依轉識이의전식 說爲境界설위경계 而實證無境界相이실증무경계상 此菩薩차보살 以無分別智이무분별지 證離言說眞如法身故증리언설진여법신고

를 견문각지見聞覺知하는 분별작용이 없기 때문이다. 그런데 지욱대사는 이 전식轉識을 독특하게 '전식득지轉識得智'로 해석하여, 지상보살은 제6의식을 묘관찰지妙觀察智로 전변轉變하고 제7식을 평등성지平等性智로 전변하므로 경계상境界相이 없다고 설명한다. 즉 중생들은 제6식과 제7식이 작용하므로 소연인 경계가 있지만, 증발심한 보살은 이미 제6식과 제7식을 전식득지하였으므로 제8식만 남는다고 보았다. 즉 "지상보살은 무분별지無分別智로써 언설言說을 떠난 진여법신을 증득하기 때문이다"라고 말한다.

원문을 보자.

'證發心者증발심자'; '증득해서 발심한다는 것은'. 요새 우리가 하는 말로 '견성見性했다는 것은'이다. 확실히 견성한 사람이 공부하는 단계라는 말이다.

'從淨心地종정심지 乃至菩薩究竟地내지보살구경지'; '정심지로부터 보살구경지까지'. 정심지淨心地는 초지初地다. 환희지歡喜地라고도 한다. 초지初地에 들어가면, 요새 말로 견성했다, 또는 대오했다고 하며, 여기부터 십지까지를 지상보살地上菩薩이라 한다. 보살구경지는 부처되기 직전이다. 정심지로부터 보살구경지까지가 증발심證發心이다.

'證何境界증하경계 所謂眞如소위진여'; 거기서 어떤 경계를 증득하는가? 이른바 진여眞如를 증득한다. 여기서 용어用語에 주의해야 한다. 공부하는 사람[學시]이 진여를 증득했다? '학인이 진여를 증득했다'고 하니 주객主客이 있다. 그래서 우리가 승의제勝義諦를 이야기할 때, 증득승의證得勝義라 했다. 그럼 이 증발심은 증득승의제를 알았다는 말인가? 증득승의제란 말에는 주객이 있다. 여기서도 그랬다. "무슨 경계를 증득했는가?"라고 묻는다.

"학인이 깨달았다"고 하는 것을, 학인이 자기의 본성을 보았다고 말하지만, 자기의 본성을 어떻게 스스로 볼 수가 있는가? '내가 본성을 ~'이라고 하면 벌써 주객主客이 벌어지니, 그것은 어디까지나 증득證得이지, 승의승의勝義勝義가 되지 않는다. 그러니 여기서는 '證何境界증하경계 所謂眞如소위진여'라 해서 주객이 있는 것으로 표현하고는, 허물이 있으니 다음에 이렇게 말했다.

'以依轉識이의전식 說爲境界설위경계 而實證無境界相이실증무경계상'; '전식轉識에 의해 경계를 설명하지만, 실제로 증득하면 경계상境界相이 없다.' 여기 전식轉識은 우리가 삼세를 배울 때, 삼세육추를 설명할 때 나왔지만, 맨 처음이 무명업식에서 전식하는 것은 주체主體가 생기는 것이다. 그 다음이 현식現識이다. 대상/객체가 생긴다. 여기서는 이 전식 단계를 이야기한다. 이 전식轉識으로 주체主體가 생기고 허망하게 대상對象이 생겼다는 것을 알기 때문에,

'而實證中無境界相이실증무경계상'; 경계상이 없는 줄 실답게 증득했다. 그러니 주객이 없는 것이다. 그러니까 이때는 각覺이라는 말을 쓰고, 주객이 없다고 이야기한다. 마명존자는 다음과 같이 설명한다. 진여眞如를 증득했는데, 그러나 무명업식, 전식, 현식을 알고 보니, 주객主客이란 것이 원래 허망虛妄한 착각이요 분별分別이라는 것을 알았다는 것이다. 그러니 이것은 승의승의勝義勝義를 설명하는 것이다. 중요하다. 진여를 증득했다고 하고는, 전식에 의해서 현식을 일으켰으니까, 주객이라고 하는 것이 사실은 무명업식이 일으킨 착각이고, 본래 없는 것임을 알았다는 말이다.

'此菩薩차보살 以無分別智이무분별지 證離言說眞如法身故증리언설진여법신고'; '이 보살은 무분별지無分別智로써 언설을 떠난 진여법신을 증득하기 때문이다.' 무분별지無分別智라는 것이 좀 설명하기 곤란하다. '분별이 없다'는 것은 주객이 없다는 뜻이다. 주체가 객체를 상대로 증득했다고 하지만, 알고 보면 주체, 객체라는 것이 없다. 이 보살은 무분별지를 가지고 증득했다. 무엇을 증득했는가? 언설을 떠난 진여법신眞如法身을 증득했다. 즉 무분별지로서 진여법신을 증득했다. 그러면 지혜를 가지고 법신을 증득했다는 말인데, 이렇게

되면 주객이 있는 것 아닌가? 그렇지 않다. 지혜가 그냥 지혜가 아니라 무분별지無分別智다. 분별하는 지혜分別智 같으면 주객主客이 있지만, 무분별無分別에는 주객이 없다.

무분별지無分別智에 대해 자세히 알아보자. 보통 우리가 쓰고 있는 의식意識을 마음이라고 한다. 그 의식이 무엇을 안다거나 할 때는, 반드시 주체가 있어서 어떤 대상을 안다는 말이다. 분별分別이라는 것은 주객主客이 있어야 일어난다. 그런데 지혜에 무분별無分別이 붙었으니, 이것은 우리가 알고 있는 의식수준意識水準과는 좀 다르다. 그래서 이 무분별지를 선가禪家에서는 보통, 특히 영가永嘉대사는 무연지無緣知라 한다. 무연지는 인연因緣이 없는 앎이라고 한다. 그러니 무연지無緣知와 무분별지無分別智는 같은 말이다. 무분별지에 쓰인 지혜 지智 자나, 무연지에 쓰인 알 지知 자는 같은 말이다. 불교경전에서는 혼용한다. 그러니 무연지無緣知를 가지고 진여법신眞如法身을 알았다는 말이다. 이 무분별지, 무연지를 『능엄경』에서는 각명覺明이라 한다. 다른 경에서는 영지靈知라고도 하고, 성자신해性自神解한 것이라고도 한다. 각명/영지가 무분별지에 해당한다.

반면에 우리가 주객으로 분리해서 쓰는 분별지分別智를 반연심攀緣心이라 한다, 반연심은 인연을 붙들어서 주객으로 상대하여 인식認識하는 마음이다. 이것은 주객이 있다. 주객이 있으니 분별지다. 반연심과 무연지, 분별지와 무분별지는 구별돼야 한다.

반연심으로 아는 것은 분별지다. 무명無明으로 인해서 주객이 있다고 허망하게 착각해서 생긴 것이니, 허망한 마음으로 안 것이라서 망심妄心이다. 그럼 우리가 실제로 쓰는 마음 중에서 지금 내가 이야기하고 여러분이 듣는 것은 전부 망심妄心이다. 주객主客이 있으니 그렇다고 할 수밖에 없다.

그런데 이 망심이 무분별지無分別智인 무연지無緣知와 아무 관계가 없는 것인가? 진심과 우리가 쓰고 있는 망심은 어떤 관계인가?

진심은 각명覺明하고 영지靈知한 무분별지無分別智라고도 한다. 거기서 무명無明이 일어나 주객, 능소가 벌어진다. 하지만 망심妄心 역시 각명覺明하고 영지靈知한 작용이 없으면, 주객이 벌어져서 이것을 증득한다는 등의 작용作用이 일어날 수가 없다. 원래 무분별지無分別智가 작동해서 주객主客을 나투었기 때문에 분별지가 된 것이다.

비유譬喩를 통해 설명해보자. 생수生水는 깨끗한 물인데, 여기 오염된 물이 섞이면 염수染水가 된다. 이 염수는 망심妄心을 비유한 것이다. 염수에서 오염물질을 가라앉히면 정수淨水가 드러난다. 그런데 정수淨水는 어디 가지 않고 염수 속에 그대로 있었으며, 정수淨水가 없이는 염수染水가 될 수 없다. 그러니까 우리가 말하는 분별지分別智도, 무분별지가 주객主客과 능소能所를 나투었기 때문에 분별지가 된 것이다. 오염된 물에서 오염물질을 가라앉히면, 깨끗한 물이 드러나듯, 우리 마음도 주객 능소를 구분하는 망심을 쓰지 않고 가만히만 있으면 진심眞心이 드러날 것이다.

그러나 우리는 망심妄心을 쓰지 않을 도리가 없다. 아침 눈 뜨자마자부터 잠들기 전까지 내내 망심을 쓴다. 그러다가 잠이 들면 또 꿈을 꾼다. 그러니까 오염된 물은 그냥 여러 날 방치할 수 있지만, 우리의 망심은 방치가 되지 않는다. 분별지를 떠날 수가 없다. 그래서 무분별지無分別智에서 분별지分別智가 나왔다고 하는데, 무분별지가 어떤 것인지 알려고 해도 알 수가 없다. 사회생활하는 사람은 각명이고 영지인 이 무분별지를 알 길이 없다. 수행자修行者들이 무념무상이 돼도 무분별지를 모른다는 경우가 허다하다.

왜 그런가? 공부가 부족해서 그렇다. 진심眞心, 망심妄心에 대해서는 『능엄경』에 자세히 설명돼 있고, 『기신론』에서도 자세히 설명하고 있다. 그러니 이 부분을 열심히 본 사람이라면, 무념무상이 되면 홀연히 무분별지를 알 수 있다. 유식을 잘 알고 나서 제8식, 제7식, 제6식 등의 식識이 작동하는 원리를 보면, 제7식이 주범主犯이다. '나'라고 하는 의식이 제7식인데, 영어로 말하자면 에고Ego다. '나'라고 하는 에고가 제7식이다. 이 제7식이 망심, 즉 제8식 중에 있는 견분見分을 나라고 착각한다. 왜 착각하는가? 진심이 원래 각명한 놈이라서 이런 착각을 일으킨다. 착각을 일으키는 주체가 에고다. 이러한 이치를 확연히 알면, 무념무상을 터득하여 앉아 있다가, 홀연히 시절인연이 도래하면 문득 알아차린다. 무엇을 알아차리는가? 에고로 견분見分을 나로 착각하고 '나, 나~'하고 있었다는 사실을 알아차린다. 그것이 주主다. 거기서 나라고 하는 주견主見이 생겼으며, 나라는 견분이 생겼다는 것을 알아차린다. 그것을 우리가 견성見性이라 한다. 그런데 그렇게 되려 하면 이러한 이론을 확실히 알아서, 진심이라는 것이 어떤 것인지를 이론적으로 설명할 수 있는 식심識心이 먼저 일어나야 한다. 식심識心이 제대로 일어나면 한소식 했다, 혹은 지견知見이 났다, 견처見處가 생겼다고도 한다.

그런데 그 식심에서 좀 더 수행을 하다 보면,[382] 식심의 단계에서 초견성初見性을 한다. 초견성이란 것은 일종의 견성이니까, 여기서 말하는 증발심證發心에 가깝다.

왜 초初 자를 붙이는가? 십우도十牛圖라고 소를 찾는 그림이 있다. 소를 찾다가 발자국을 본다[見跡]. 식심識心의 단계다. 그러다가 멀리서 소를 본다[見牛].

---

382 수행 방법은 여러 가지가 있는데, 우리는 아나파나사티(Anapanasati), 즉 수식관(數息觀)을 하라고 항상 강조한다. 왜 수식관을 하라고 하는가?, 화두(話頭)를 드는 것보다는 수식관을 하는 것이 부처의 가르침을 따르는 길이기 때문이다. 부처님은 항상 제자들에게 사념처(四念處)를 관하라, 즉 '사띠'를 하라고 하셨다. 그리고 경(經)에 보면 수식관을 통해서 대부분의 제자들이 아라한이 되었다고 한다.

멀리서 본 것이기 때문에 자세히 모른다. 보기는 봤다. 그것을 초견성初見性이라 한다. 초初 자를 붙인다. 십주十住의 처음을 초주初住라 한다. 그 초주가 초견성初見性이다. 초견성이 되면 소를 보긴 본 것이니 보지 못한 사람과는 차이가 크다. 그래서 상근기上根機는 한 번에 알아차린다는 돈교頓敎 법문에서는, 우리가 초견성이라고 한 이 초주初住를 증證으로 인정한다. '상근기는 초주에서 증득한다'는 말이다.

그러나 일반적인 이론에 따르면 다르다. 초주가 아니라, 십지보살十地菩薩의 처음인 초지初地에서 진심을 확실히 안다, 혹은 확실히 본다. 소 찾는 그림[383]에 보면 득우得牛가 있다. 득우 전에는 견우인데, 견우見牛는 멀리서 소를 본 단계다. 견우見牛에서는 안개 속에서 소의 몸 일부만을 본다, 소가 이쪽을 향하고 있으면 뿔만 보고, 반대쪽을 보고 있으면 꼬리나 엉덩이만 보는 식이다. 그런데 득우得牛 단계에선, 소를 손으로 잡는다. 뿔에서부터 꼬리까지 확실하게 소를 본 것이다. 그것이 초지보살初地菩薩이다. 환희지歡喜地다.

진심眞心이 깨끗한 물이면 망심妄心은 구정물이다. 구정물을 보고 있을 때는 맑은 물이 이해되지 않는다. 맑은 물을 봐야 맑은 물을 안다. 그래서 공부하는 사람이 조금씩 진보가 되면, 경經에 있는 비유품譬喩品이나, 청정각명淸淨覺明이라는 단어, 『능엄경』에 나오는 마음을 설명하는 글귀 등을 보고, 식심識心을

---

383 십우도(十牛圖): 본성을 찾아가는 수행 과정을 동자(童子)가 소를 찾는 것으로 비유하여 묘사한 그림. 10단계로 되어 있어 통칭 십우도(十牛圖)라 하거나 소를 찾는 그림이라는 뜻으로 심우도(尋牛圖)라고 한다. 법당 벽화로 많이 등장한다. 십우도에는 송나라 보명(普明)화상의 목우도(牧牛圖)와, 곽암(廓庵)화상의 심우도(尋牛圖)가 있는데 근래에는 곽암화상의 심우도가 더 많이 그려지는 듯하다.
곽암화상 심우도의 10단계는, 심우(尋牛), 견적(見跡), 견우(見牛), 득우(得牛), 기우귀가(騎牛歸家), 망우존인(忘牛存人), 인우구망(人牛俱忘), 반본환원(返本還源), 입전수수(入廛垂手)이고, 보명화상 목우도의 10단계는, 미수(未收), 초조(初調), 수제(受制), 회수(廻首), 순복(馴伏), 무애(無碍), 임운(任運), 상망(想忘), 독조(獨照), 쌍민(雙泯)이다.

지나서, 초견성, 즉 초주初住로 가서 여기 『기신론』에서 말하는 정심지淨心地까지 이른다.

2. 하화중생下化衆生

일념一念 동안에 능히 시방의 일체 세계에 두루 가서 제불을 공양하고 전법륜轉法輪을 청함은 오직 중생을 위하여 이익되게 하기 위함이지, 미묘한 음사音詞를 듣기를 구함이 아니다.[384]

지상地上보살은 자리이타自利利他하는 원력을 가지고 있으므로 법신法身을 증득하기 전에는 열심히 상구보리上求菩提하지만, 증득한 후에는 갖가지 방편으로 하화중생下化衆生에 전념한다. 지금 이 법문은 이미 법신을 증득한 자가 하화중생下化衆生하는 작용을 구체적으로 예시하고 있다.

"일념一念 동안에 능히 제불을 공양하고 전법륜을 청함은 오직 중생을 위하여 이익되게 함이라"는 구절은 하화중생하려는 원을 신통으로 실행하는 것을 총체적으로 표현한 것이다.

증발심을 해서 공부가 완성되면 어찌 되는가? 원문을 보자.

'能於一念능어일념 遍往十方一切世界변왕시방일체세계'; '일념 동안에 능히 시방의 일체세계에 두루 간다.' 법계法界에 못 갈 곳이 없다는 말이다. 신족통

---

384 원문은, 能於一念능어일념 遍往十方一切世界변왕시방일체세계 供養諸佛공양제불 請轉法輪청전법륜 唯爲衆生而作利益유위중생이작이익 不求聽受불구청수 美妙音詞미묘음사

神足通이다.

　　'供養諸佛공양제불'; '제불에게 공양을 올린다.' 경의를 표하고, 칭찬하고...

　　'請轉法輪청전법륜 唯爲衆生而作利益유위중생이작이익'; '법륜을 굴려 중생을 제도해주기를 청한다.' 그러는 것은 '오직 중생을 이익되게 하기 위해서다.'

　　'不求聽受불구청수 美妙音詞미묘음사'; "그 사람 공부하더니 착한 일을 하네"와 같은 좋은 말을 듣고자 함이 아니다.

　　혹은 겁약怯弱한 중생을 위하여 크게 정진하여서 무량겁을 뛰어넘어 속히 정각을 성취함을 보이기도 한다. 혹은 해태懈怠한 중생을 위하여 무량 아승지겁 동안 오래도록 고행을 닦아야만 비로소 성불함을 보이기도 한다. 이와 같이 무수한 방편을 시현함은 모두 일체 중생을 요익하게 하려는 뜻이다.[385]

　　중생의 부류가 여러 가지이니 중생을 제도할 때는, 부처님이 3승 12분교를 설하셨듯이 방편을 두루 써야 한다. 원문을 보자.

　　'或爲怯弱衆生故혹위겁약중생고'; 겁이 많은 중생들을 위해서는 어떻게 하는가?

　　'示大精進시대정진 超無量劫초무량겁 速成正覺속성정각'; '대정진을 보여서, 무량겁을 뛰어넘어 속히 정각을 이룬다.' 돈교법頓敎法에서는 언하言下에 대오大悟한다고 한다. 말을 듣자마자 바로 대오한다. 청정각명 이야기를 듣자마자 자기가 청정각명淸淨覺明인 줄 바로 알아차린다. '부처가 되려 하면 삼아

385　원문은, 或爲怯弱衆生故혹위겁약중생고 示大精進시대정진 超無量劫초무량겁 速成正覺속성
　　정각 或爲懈怠衆生故혹위해태중생고 經於無量阿僧祇劫경어무량아승지겁 久修苦行구수고행
　　方始成佛방시성불 如是示現無數方便여시시현무수방편 皆爲饒益一切衆生개위요익일체중생

승지겁을 닦아야 한다는데 내가 할 수 있을까?'라고 생각하고 움츠러드는 겁 많은 중생을 위해서, 언하대오言下大悟 이벤트를 보여준다는 말이다.

'或爲懈怠衆生故혹위해태중생고 經於無量阿僧祇劫경어무량아승지겁 久修苦行구수고행 方始成佛방시성불'; 게으른 중생을 위해서는, 무량아승지겁을 지내며 오래도록 고행을 닦으며 고생고생해서 겨우 성불하는 모습을 보이기도 한다.

'오래도록 고행을 닦는다'함은 윤회輪廻하는 것을 고행苦行으로 본 것이다. 지금 우리 입장에서 생각해도 윤회는 고행苦行이 맞다. 지금 우리나라 같은 상황에 우리가 태어나면 어떨까? 학교 다녀야 한다, 부모로부터 공부하라고 줄곧 감독과 억압을 받고, 또 학교에서 왕따 당하지 않으려 애를 쓰고, 졸업을 하고, 취직을 하고, 우여곡절 끝에 지금 이렇게 살아가고 있다. 고행苦行이다, 한마디로. 인생은 고행이다. 그래서 부처님이 일체개고一切皆苦라 하시지 않았겠는가? 태어난다는 일 자체가 괴로움이요, 윤회는 모두 괴로움이다.

그러니 이 고행을 닦아서 '비로소 성불한다.' 그렇게 오래오래 윤회하다가 부처 되는 것을 보여준다는 말이다. 이것은 무슨 뜻인가? 오래도록 윤회하면 그만큼 고생만 길어질 뿐이니 게으름 부리지 말고 공부해서 빨리 성취하라는 말이다.

'如是示現無數方便여시시현무수방편 皆爲饒益一切衆生개위요익일체중생'; 이와 같이 수많은 방편386을 보임은 모두가 일체 중생을 이익되게 하기 위해서다.

---

386 방편(方便): ⓢupāya 교묘한 수단과 방법. 중생을 구제하기 위해 그 소질에 맞춰 임시로 행하는 편의적인 수단과 방법. 상황에 따른 일시적인 수단과 방법.

자재自在한 방편으로 하화중생下化衆生하는 것을 예시하고 있다. 즉 "크게 정진하여서 무량겁을 뛰어 넘어 속히 정각을 성취한다"는 이른바 돈오돈수頓悟頓修 이야기는 겁怯이 많은 중생을 격려하기 위한 방편이고, 한편 "무량 아승지겁 동안 오래도록 고행苦行을 닦아야만 비로소 성불한다"는 법문은 게으른 중생을 분발시키는 방편이다. 법문을 듣는 청중들의 근기에 돈점頓漸과 이둔利鈍의 구별이 있으니, 일률적으로 불법佛法을 도매都賣로 가르치면 성과가 적기 때문이다.

눈높이에 맞추어서 교화할 수밖에 없으니, 하화중생엔 방편이 중요하다. 그래서 모든 '경'은 청중의 근기를 감안한 방편 설법이므로 '계경契經'이라고 부른다. 그런 줄 알면 경전 내용에 고하의 단계를 두거나, 소승경전과 대승경전을 구별하는 행동은 삼가야 한다. 다만 청중인 사람들에게 우열愚劣과 돈점頓漸의 차이가 있을 뿐이다.

불교는 도매금으로 넘기면 안 된다. 불법佛法은 소매상이라고 한다. 도매상을 해도 사람이 많이 나는 때가 있다고도 하는데 그건 허언虛言이다. 도매상을 하는데 사람이 날 수가 없다. 났다고 하는 사람들은 다 근거 없는 자신감이다. 바른 지견知見이 난 스님은 소매상이라 할 수 있다. 불교의 이치를 다 알고, 그 다음 인연因緣 따라서 화두를 보다가 의심이 생기면, 그 의심처를 기준으로 화두를 들고 가고, 그렇게 가다가 보면, 무념무상無念無想이 된다. 무념무상이 되면 전에 배웠던 청정각명淸淨覺明, 공적영지空寂靈知가 무엇인지를 알아차린다. 그래야 화두가 깨진다.

그러나 실제로는 보살의 종성種性과 근기根器와 발심發心과 작증作證이 모두가 동등하여 초과하는 법이 없다. 결정코 모두 삼무수겁三無數劫을 경과하여서 정각正覺을 이룬다. 다만 중생과 세계가 부동不同하고, 보이는 것과 들리는 것

과 근根과 욕欲과 성性이 다르기 때문에 갖가지 차별을 보인다.[387]

부처의 자리에 갈 때까지 중생들이 다 종성, 근기, 발심의 정도, 의욕의 크기 [欲] 등이 다르기 때문에 불지佛地를 증득하는 것도 상당히 차이가 있다고 우리 는 알고 있다. 그런데 여기서 마명보살은 뭐라 했는가? 원문을 보자.

'而實菩薩이실보살 種性종성 · 諸根제근 · 發心발심 · 作證작증 皆悉同等개 실동등'; '실제로 모든 보살이 마지막 열반을 증득하는 것[作證]까지 똑같다.' 지욱대사의 설명에 따르면 "종성이 동등하다"는 것은 본래부터 문聞하고 훈熏 하는 두 가지 종자를 구족한다는 뜻이고, "근기가 동등한 것"은 육처六處가 훌 륭하여 차별이 없다는 뜻이고, "발심이 동등하다"는 것은 삼심三心을 같이 일 으킨다는 뜻이고, "작증이 동등한 것"은 진여를 같이 증득한다는 뜻이다.

'無超過法무초과법'; 누구는 빠르고 누구는 느린 그런 법이 없다는 말이다.

'決定皆經三無數劫결정개경삼무수겁 成正覺故성정각고'; '틀림없이 누구나 다 삼무수겁을 지나서 정각을 성취하기 때문이다.' 우리가 공부하려는 마음을 처음에 낸 것이 신성취발심[信], 부처님 말씀을 이해하고[解], 가르침대로 수행 해서[行], 증득한다[證]. 신해행증信解行證이다. 지금 설명하는 것은 증證의 단계 다. 마지막 불지佛地 이야기다. 신성취발심에서 시작해서 부처님 지위[佛地]를 얻을 때까지 삼무수겁三無數劫이 걸린다는 얘기다. 무수겁이란 극히 오랜 세월 을 뜻하는데 이를 세 번 거친다는 의미다. 한자漢字로 하면 무수겁이고, 인도 말로 하면 아승지阿僧祇겁이다.

---

387 원문은, 而實菩薩이실보살 種性종성 · 諸根제근 · 發心발심 · 作證작증 皆悉同等개실동등 無超 過法무초과법 決定皆經三無數劫결정개경삼무수겁 成正覺故성정각고 但隨衆生단수중생 世 界不同세계부동 所見所聞소견소문 根欲性異근욕성이 示所修行시소수행 種種差別종종차별

삼무수겁三無數劫이 얼마나 긴 시간인지 아무도 모른다. 초기경전부터 이 용어가 나오긴 하는데, 이것을 정의定義한 글은 없다. 무수겁無數劫을 글자 뜻대로 풀면, 한량없는 겁劫이다. 우리가 부처가 되려 하면 앞으로 얼마나 더 오랜 시간 공부해야 하는지 알 수 없다는 말이다. 기가 찰 일이다. 그래서 일념一念에 삼무수겁의 공부를 다 할 수 있다는 그런 말이 있다. 우리가 많이 들은 말 중에 "초발심시변정각初發心時便正覺"이라는 말이 있다. 의상조사義湘祖師 법성계法性偈에 나오는, 모두가 좋아하는 구절이다. 초발심初發心은 초주初住다. 십주 중 처음이다. 공부하는 단계인 십신, 십주, 십행, 십회향, 사가행四加行, 십지 중에서. 초주初住 때에 문득 정각正覺을 이룬다는 말이다.[388]

초주初住는 쉽다. 이때 이미 정각을 이루었다고 하는데 삼아승지겁이 무슨 소리인가? '하룻밤의 꿈이 40여 년과 같고...'는 이런 이야기다. 삼국유사에 보면, 조신調信이라는 중이 꿈을 꾼 이야기가 나온다.[389] 이 젊은 중이 잠깐 조는 동안 40년이 지났다. 깨고 보니 잠깐이지만, 꿈속에선 40여 년이 흘렀다. 이와 같이 삼아승지겁을 지냈다 해도 깨고 보면 꿈속의 삼아승지겁이지, 실제로는 잠깐일 수 있다는 말이다.

'산중山中의 7일이 세상의 천년千年'이라는 말은, 나무꾼이 산속에서 신선들이 바둑두는 것을 보며 7일을 보냈는데, 산을 내려와 보니, 천년 세월이 흘러, 친구들은 오래전에 세상을 떠나고, 자식들도 다 죽고, 그 후손의 후손들이 살고 있더라는 고사다.[390] 『화엄경』에는 선재善財동자가 53선지식을 찾아다닐

388　『화엄경』에는 '초발심시 변성정각[初發心時 便成正覺]'이라고 여덟 자로 되어 있다.

389　삼국유사 권3. 탑상 제4, 낙산의 두 성인 관음과 정취, 그리고 조신. 세달사의 장원을 관리하러 경주에서 명주로 내려온 중 조신(調信)이 태수 김흔의 딸을 사모하게 되어 낙산사의 관음보살에게 남몰래 인연을 맺게 해달라고 빌었으나,.. 울다 지쳐 선잠이 들었다. 꿈에 그 여인과 맺어져 자식들도 낳고 하면서 40여 년 동안 온갖 고생을 하며 사는 꿈을 꾸었다....

390　《술이기(述異記)》에 실린 진(晉) 나라 왕질(王質)의 고사.

때의 이야기로, 선인仙人이 선재동자의 손을 잡으니 문득 미진수겁微塵數劫이 지나갔다는 구절이 있고, 『법화경』에는, 50소겁小劫 동안 부처님을 찬탄했는데, 나중에 알고 보니 반나절이 지났더라는 구절도 있다. 따라서 삼무수겁은 범부의 시간개념을 기준으로 하는 말이 아니라고 이야기들을 많이 한다.

하지만 여기서는 마명존자가 삼무수겁이라는 시간을 못을 박아놨다. '決定皆經三無數劫결정개경삼무수겁'이라해서 '결정코'라고 했다. 그러니까 예를 들어서 금생今生에 공부도 안 하던 사람이 어느 날 공부를 시작하더니, 3년 만에 견성을 하고, 죽을 때는 좌탈坐脫했다고 하는 수가 있다. 갑자기[頓] 공부가 되는 사람이다. 그런 경우는 예외가 아닌가 하는 것이다. 마명존자의 주장은 그것이 아니다. 갑자기 성취한 듯 보이는 사람은 이미 전생前生에 무수겁無數劫을 닦아왔다는 것이다. 그래서 이생에서 짧은 시간에 알아차리는 것이지, 아무 이유 없이 근기가 상근기上根機라서 그렇게 되는 일은 없다는 것이다.

3. 증발심證發心의 심상心相

이 증발심證發心 중에는 세 가지 마음이 있다. 하나는 진심眞心이니 분별이 없는 것이고, 둘은 방편심方便心이니 자유자재하게 이타利他하는 것이고, 셋은 업식심業識心이니 미세하게 기멸起滅하는 것이다.[391]

증발심할 때, 무엇을 증득證得하는가? 무엇을 증득해서 불지에 오르는가?

---

391   원문은, 此證發心차증발심 有三種心유삼종심 一眞心일진심 無有分別故무유분별고 二方便心
       이방편심 任運利他故임운이타고 三業識心삼업식심 微細起滅故미세기멸고

하나는 진심이다. 진심眞心은 넉 자로 표현하면, 청정각명淸淨覺明이다. 또한 선종에서는 공적영지라 한다. 진심이 청정각명하고 공적영지空寂靈知함을 깨닫는 것, 그것이 제일 첫 번째다. 불지佛地를 증득한다는 말은 진심眞心을 제대로 안다는 말과 같다. 원문을 보자.

'此證發心차증발심 有三種心유삼종심 一眞心일진심 無有分別故무유분별고'라 하여 분별이 없다고 했다. 진심은 각명하고 영지하다고 했지만 분별이 없다. 무분별, 분별없는 지혜[無分別智]라는 말이다. 분별이 있으면 진심이 아니다. 그러면 분별이 없다, 있다를 우리는 무엇으로 구분하는가? 분별分別은 주主가 있고, 객客이 있어서, 주가 객을 좋아한다, 싫어한다, 가지고 싶어 한다, 버리고 싶어 한다, 안다/모른다, 이렇게 주와 객이 갈라지는 것이 분별이다. 분별은 나누어서 구별하는 것이니 그렇다. 그럼 어떻게 우리가 주객 없이 각명/영지하게 아는가? 주객이 없는데 어떻게 아는가? 그것을 알아차려야 진심을 아는 것이다.

두 번째는 방편심方便心이다.

'二方便心이방편심 任運利他故임운이타고'; 방편심은 무엇인가? 부처가 되면 중생을 구제해야 한다. 중생을 구제하기 위해서는 중생 각각의 특징에 맞춰야 한다. 예컨대 노래 좋아하는 중생은 노래를 통해 접근하고, 도박을 좋아하는 중생에겐 도박으로 접근한다. 일단 중생에게 접근을 해야 뭐라도 할 수 있지 않겠는가? 그러려면 노래도 잘해야 하고, 도박도 할 줄 알아야 한다. 그렇게 방편을 잘 굴리는 마음이 방편심方便心이다. 이것을 설명할 때 후득지後得智라 한다. 진심을 깨달은 뒤에[後] 얻어야 하는[得] 지혜[智]라는 뜻이다. 중생을 제도하려 하면 온갖 중생의 취미, 특기 등의 상황을 알아야 한다. 보통 일이 아니다. 『화엄경』 십지품에 보면, 초지에서 견성을 한 보살들은 온갖 것을 다 공부한다. 중생을 제도하기 위해서는 온갖 것을 알아야 한다. 그것을 방편심이라 한다.

임운은 자유롭게 움직이는 것이다. 중생을 이롭게 하기 위해서, 즉 중생제도를 위해 후득지/방편지가 필요하다는 말이다. 진심이 청정각명, 공적영지임을 아는 것은 근본지根本智라 하고, 방편심은 후득지라 한다. 그래서 두 개를 구분해야 한다. 우리가 중생을 제도할 생각이 없다면, 진심만 알면 된다. 청정각명, 공적영지인 진심만 알면 된다. 그러나 대승에서는 중생제도를 위해 공부한다고 하니, 방편심이 아주 중요해지는 것이다.

세 번째 업식심이다.

'三業識心삼업식심 微細起滅故미세기멸고'; 업식심業識心이란 업을 지어서[業], 식이 있는[識] 마음[心]이다. 증발심證發心은 초지初地부터이니, 초지부터 부처가 될 때까지는 우리의 몸과 업식業識 있는 마음을 계속해서 쓴다고 해서 업식심을 언급하는 것이다. 초지에서 등각等覺, 묘각妙覺이 될 때까지는 업식심이 남아있다는 의미다. 해설을 보자.

증발심한 지상보살의 심상心相에 세 가지가 있다. 진심眞心·방편심方便心·업식심業識心이 그것이다. 이제 반연심攀緣心이 없으니 무연지無緣知인 진심이 기본이되고, 일체종지一切種智를 지녀서 자유자재하게 합당한 교화를 베푸니 방편심이필요하고, 아직 육신을 지니고 있으니 미세유주微細流注가 기멸하므로 업식심이남아 있다는 말이다.

지욱대사의 설명에 따르면 '진심'은 제6식과 제7식이 상응하는 근본지根本智이고, '분별이 없다'는 것은 염념念念에 증진證眞한다는 뜻이다. '방편심'은 제6식과 제7식이 상응하는 후득지後得智이고, '자유자재하게 이타利他하는 것'은 염념에 작용을 일으켜서 전5식으로 하여금 함께 교화를 하게 한다는 뜻이다. '업식심'은 제8식인 이숙식異熟識이고, '미세하게 기멸하는 것'은 무명종자無明種子가 남아 있어서 지혜로 내훈內熏하여 지종智種은 분기分起하고 혹종惑種은 분멸分滅하여 부사의하게 변역생사하는 것을 뜻한다.

처음에 발심해서 신성취를 하고 마지막에 증득하면, 그때 신성취발심할 때 나온 마음이, 정직심正直心, 심중심深重心, 대비심大悲心의 세 가지가 있다. 증득할 때는 그 세 가지가 어떻게 되느냐는 것이다. 지욱대사 설명에 따르면, 정직심은 진심眞心에, 심중심과 대비심은 방편심方便心에 들어간다. 그럼 업식심業識心은 무엇인가? 업식심은 남아있는 마음이니까, 없애야 하는 마음이다. 그러니까 초지보살初地菩薩이 십지를 거쳐서 등각等覺, 묘각妙覺 보살이 될 때, 없어지는 마음이다. 그때 완전하게 반연심攀緣心이 없어진다는 뜻이다.

또 이 보살은 복덕과 지혜의 두가지 장엄이 모두 원만하다.[392]

이 보살은 증발심證發心한 보살이다. 그러니까 청정각명을 깨달은 보살, 공적영지를 증득한 그 보살은 복덕과 지혜가 많다.

즉 지상보살이 진여법신을 증득하여 구경의 과덕果德을 성취하는 과정을 설명한다. 복덕과 지혜의 두 가지 장엄이 '모두 원만圓滿하다'고 한 구절은 구경의 과덕을 만증滿證함을 말한다. 지욱대사의 설명에 따르면 '복덕과 지혜'는 진여의 체體에 의지하는데, '두 가지 장엄이 모두 원만한 것'은 진여의 상相이다. 체와 상이 원현圓

---

392   원문은, 又此菩薩우차보살 福德智慧복덕지혜 二種莊嚴悉圓滿已이종장엄실원만이

顯하면 대용大用이 당연히 현전하므로 '정각正覺 이룸'을 보인다. 또 지혜로 진여의 체를 증득하면 체體가 법계에 두루하고, 지혜가 원만하면 상相이 법계에 두루하고, 복덕이 원만하면 용用이 법계에 두루하니, 법신法身과 보신報身과 화신化身이 모두 법계에 두루하다. 그래서 한 사람이 성불하면 법계가 모두 한 부처님의 의정依正이 지만, 장애도 없고 섞임도 없으니 진여의 성性이 항상 같기도 하고 항상 다르기도 하여 부사의하기 때문이다. 그래서 '복덕과 지혜의 두 가지 장엄이 모두 원만하다'고 한다.

색구경처色究竟處에서 일체 세간에서 가장 높고 수승한 몸을 얻는다.[393]

불지佛地를 얻는 것은 쭉 수행을 해 가다가, 색구경처에서 최존승신最尊勝身을 얻는다. 즉 최고로[最] 잘난[尊] 뛰어난 몸勝身을 얻는다. 부처님으로서의 보신을 색구경처에서 얻는다. 욕계, 색계, 무색계 중에서 색계色界의 끝에 가서 색구경처에서 부처가 된다는 뜻이다.

우리가 아는 세계가 욕계, 색계, 무색계의 삼계다. 욕계는 육신肉身이 있고, 색계色界는 육신은 없고 색신色身만 있다. 무색계無色界에는 상념想念만 있다. 몸이 없다[無身]. 이렇게 삼계三界를 가르는데, 우리에게 색계와 무색계는 이해가 안 된다. 상상만 할 따름이다.

욕계欲界 중생인 우리는 육신을 갖고 있다. 육肉이라는 것은 물질物質이니, 반드시 음식을 먹어야 한다. 음식을 먹어야 몸이 유지되니, 음식에 따른 여러 가지 탐욕貪慾이 있게 마련이다. 몸이 있으면 먹어야 하니 탐욕貪慾이 근본이

---

393 원문은, 於色究竟어색구경 得一切世間最尊勝身득일체세간최존승신

다. 그러나 색계色界에 가면 몸이 있어도 이런 육신의 몸이 아니다. 우리가 지금 갖고 있는 것과 같은 육체가 아니고, 정묘색신精妙色身이라 한다. 깨끗하고 [精] 묘한[妙] 몸이다. 묘하다는 것은 있는 것도 아니고 없는 것도 아닌 어정쩡한 것을 일컫는다. 도가道家에서 말하는 기氣로 된 몸 같은 것이다. 기로 된 몸이니 육체가 아니고, 에너지체로서의 몸이다. 몸이 있긴 있는데 꼭 무엇을 먹어야만 하는 것은 아니다. 우주에 있는 기운을 항상 흡수한다. 내 몸이 기氣인지라 허공虛空 중에 있는 기운을 마음대로 흡수할 수 있다. 따로 음식을 먹고 그럴 필요가 없다.

욕계欲界는 탐심貪心이 있게 마련이다. 욕계에서 삼매三昧에 든다고 해서, 욕계정欲界定이라고 한다. 욕계정이라는 것은 삼매 축에 들어가지도 못한다. 공부하는 사람이 주의해야 한다. 좌선한다고 앉아서, 예컨대 저녁마다 2시간씩 좌선을 한다고 해보자. 그럼 내가 어디까지 왔는가를 점검해보자. 초선初禪에 들어갔는가? 초선은 색계다. 색계에 들어가기 힘들다. 대부분의 사람은 욕계欲界 중에 있다. 그래서 공부를 할 때는 이 욕계를 벗어나야 한다. 우리가 공부 단계를 이야기할 때는, 좌선을 해서 정에 들 때도, 초선初禪, 이선二禪...이라고 한다. 색계色界 부터가 비로소 초선初禪이다. 색계초선이다. 초선에 들어간 사람은 어떻게 표시가 나는가? 얼마든지 버티고 앉아 있을 수 있다. 사흘을 앉아 있어야겠다 생각하면 사흘, 일주일을 버티고 앉아 있겠다고 생각하면 일주일, 내가 앉고 싶은 대로 앉아 있을 수 있다. 그것이 초선이다. 색계정色界定이다. 그것이 삼매. 우리가 아는 것, 사띠 sati 에서 시작하는 것은 욕계정欲界定이다.

색계에서 무색계까지는 전부 하늘이다. 색계의 맨 꼭대기를 색구경천이라 한다. 색구경천에는 몸이 있다. 기氣로 만들어진 몸, 정묘精妙한 색신이 있다. 그

색신을 가지고 공부하는 단계의 가장 마지막이 사선四禪[394]이다. 사선천四禪天이다. 초선, 이선, 삼선, 사선 있고, 이것이 사선四禪 혹은 사색계선四色界禪이다.

무색계無色界에 가면, 공무변처空無邊處, 식무변처識無邊處, 무소유처無所有處, 비상비비상처非想非非想處의 네 가지가 있다. 이 네 가지를 사정四定 혹은 사공정四空定, 혹은 사처정四處定이나 사무색정四無色定이라고 한다. 색계의 사선과 무색계의 사정을 합해서 사선팔정이라고 한다. 그런데 부처가 되어 열반涅槃에 들 때는 색계의 맨 꼭대기인 사선천四禪天에서 열반에 든다. 여기서는 색구경처라 했다.

부처님이 성불成佛하실 때 이렇게 하셨다고 한다. 초선에서 시작해서 이선, 삼선, 사선으로 쭉 올라가서, 공처정空處定, 식처정識處定, 무소유처정無所有處定, 비상비비상처정非想非非想處定[395]까지 갔다가. 다시 여기 비상비비상처정에서 무소유처, 식처, 공처까지 왔다가, 사선, 삼선, 이선, 초선까지 와서, 다시 사선까지 가서, 거기서 도道가 틔었다고 한다. 부처님이 돌아가실 때, 즉 열반에 드

---

394 사선(四禪): 색계(色界)의 네 선정(禪定). (1)초선(初禪). 모든 탐욕과 악을 여의고, 개괄적으로 사유하는 마음 작용[覺]과 세밀하게 고찰하는 마음 작용[觀]이 있고[尋,伺], 욕계를 떠난 기쁨과 즐거움이 있는 선정. 이생희락정(離生喜樂定)
　(2)제이선(第二禪). 각(覺)과 관(觀)이 소멸되고, 마음이 청정하여 기쁨과 즐거움을 느끼는 선정. 정생희락정(定生喜樂定)
　(3)제삼선(第三禪). 기쁨을 소멸하여 마음이 평온하고, 몸으로 즐거움을 느끼는 선정. 이희묘락정(離喜妙樂定)
　(4)제사선(第四禪). 즐거움과 괴로움이 소멸되어 괴롭지도 즐겁지도 않으며, 마음이 평온하여 생각이 청정한 선정. 사념청정정(捨念清淨定)

395 사무색정(四無色定): 무색계의 네 가지 선정(禪定). (1)공무변처정(空無邊處定). 허공은 무한하다고 주시하는 선정. (2)식무변처정(識無邊處定). 마음의 작용은 무한하다고 주시하는 선정. (3)무소유처정(無所有處定). 존재하는 것은 없다고 주시하는 선정. (4)비상비비상처정(非想非非想處定). 생각이 있는 것도 아니고 생각이 없는 것도 아닌 경지의 선정. 욕계·색계의 거친 생각은 없지만 미세한 생각이 없지는 않는 경지의 선정.

실 때도, 초선初禪에서 시작해서 비상비비상처非想非非想處까지 갔다가 다시 내려와서 사선四禪에서 열반에 들었다고 한다. 이 이야기는 제사선第四禪이 청정각명, 공적영지한 진심眞心 자리에 가장 가깝다는 뜻이다. 색구경천色究竟天이 우리가 아는 것처럼 그렇게 단순한 것이 아니다.

일념一念이 혜慧와 상응하여, 무명의 뿌리를 단번에 뽑고 일체종지一切種智를 갖추니, 자유자재한 부사의업不思議業이 있어서 시방의 무량한 세계에서 널리 중생을 교화한다.[396]

이것 역시 열반涅槃을 증득證得하는 자리를 설명하는 것이다. 이것은 지금 어디에 해당되는가? 증발심중의 진심眞心을 설명하는 것이다.

원문을 보자.

'以一念相應慧이일념상응혜頓拔無明根돈발무명근'; 일념상응혜, 그렇게 해서 가장 골치 아픈 무명의 뿌리를 뽑아버렸다고 한다. 무슨 말인가? 공부를 열심히 하다보니 마음[一念]이 지혜[慧]와 상응했다는 것이다. 우리 마음이 지혜와 상응했다. 우리 마음이 무엇일까? 우리가 여러 가지 마음을 쓰는데, 한 마음을 썼더니 그 마음이 혜와 상응했다는 것인가? 그렇게 보면 맞지 않다. 여기서 일념이란 것은 우리가 가지고 있는 본래 자리, 진심眞心을 말한다. 진심이 반야지혜般若智慧와 상응相應했다는 것이다. 반야지혜가 무엇인가? 인연 없이 아는 무연지無緣知다. 아까 말한 근본지根本智다. '진심眞心이 근본지根本智와 상

---

396 원문은, 以一念相應慧이일념상응혜 頓拔無明根돈발무명근 具一切種智구일체종지 任運而有 不思議業임운이유부사의업 於十方無量世界어시방무량세계 普化衆生보화중생

응相應 했다'는 것이 '一念相應慧일념상응혜'다. '지혜가 있는데 일념과 상응하는 지혜다'라고 해석하면 틀리고, "일념이 혜와 상응함으로써"라고 해석해야 맞다.

사실 일념一念이란 것이 마음이다. 내 마음 진심真心을 표현할 때 일념이라고 한다. 그럼 혜慧는 무엇인가? 각명覺明한 놈이다. 영지한 놈이다. 그것과 상응한다. 그러니 내 진심이 알고 보니 바로, 각명/영지 그놈이더라는 말이다. 내가 바로 청정각명이더라. '일념, 내가 바로 각명[慧]이더라'는 말이 '一念相應慧일념상응혜'인 것이다. '내가 진여真如를 증득證得했다'고 하면 승의제 중에 증득승의제證得勝義諦다. 그런데 내가 불성이다, 내가 바로 지혜와 상응한다고 할 때는 주객主客이 없다. 이럴 때는 승의승의제勝義勝義諦다. 지금 마명보살이 '一念相應慧일념상응혜'라 한 것은 바로 이 뜻이다. 승의승의제를 알아차렸다는 말이다.

'頓拔無明根돈발무명근'; 일념이 혜와 상응하면 어찌 되는가? '문득 무명無明의 뿌리가 뽑힌다.' 그러니까 무명이란 착각이 사라진다. 여기서 불지佛地에 올라서 열반涅槃을 증득했다고 하니, 그것이 무엇인가? 일념상응혜一念相應慧다. '나'라고 하는 것이 혜, 반야, 각명과 상응한다. 그놈이 그놈이란 말이다. 그렇게 알아차리면 무명근無明根이 빠지고,

'具一切種智구일체종지'; 일체의 종지種智를 갖춘다. 일체종지一切種智라고 하는 것은 방편심方便心이다. 중생을 제도하기 위해서는 온갖 것을 알아야 한다. 그러니까 일체종지다. 이 세상 모든 종류의 지혜를 다 갖추어서[後得智] 중생을 제도한다. 크게 깨닫고 나면 후득지後得智가 생긴다고 한다. 일념이 혜와 상응한 이후라야 주객主客이 없어지고, 모든 지식을 알아도 주객이 없이 아는 지식, 무연지無緣知를 바탕으로 한, 반야지般若智를 바탕으로 한 그런 지혜를 갖춘다. 일체종지를 갖춘다.

**'任運而有不思議業임운이유부사의업 於十方無量世界어시방무량세계 普化
眾生보화중생';** 일체종지를 갖추어서 부사의한 업을 자유롭게 써서 시방의 무
량한 세계에서 중생을 모두 다 교화한다. 이것이 증발심證發心이다.

문; 허공이 무변하므로 세계가 무변하고, 세계가 무변하므로 중생이 무변하
고, 중생이 무변하므로 심행心行의 차별이 무한하다. 이와 같이 경계는 제한이
없어서 알기 어렵고 이해하기 어렵다. 만일 무명이 끊어지면 심상心相이 영원히
없거늘, 어떻게 일체종一切種을 능히 알고 일체종지一切種智를 이루느냐?[397]

깨달아서 불지에 이르렀다면 무명이 끊어졌다는 말이다. 원문을 보자.

'若無明斷약무명단 永無心相영무심상'; '무명이 끊어지면 영원히 심상이 없
다.' 심상心相은 마음이 나투는 여러 모습이다. 그런 모습이 없다는 것은 분별
망상分別妄想이 없다는 말이다. 그런데 불지佛地에 오르니, 무명을 끊었다. 그
래서 무명無明이 없다. 착각에서 깨어났다는 말이다. 주객이 없어졌으니, 마음
의 작용도 분별망상도 없다.

'云何能了一切種운하능료일체종'; '그런데 어떻게 일체의 종자를 잘 아는
가?' 일체종이란 일체의 종자라는 말이다. 아라야식에 있는 일체의 종자를 어
떻게 알며,

'成一切種智성일체종지'; '일체종자에 대한 모든 상황을 아는 지혜를 이룰
수 있는가?' 불지佛地에 오른 사람은 주객主客도 없고, 분별分別도 없는데, 어떻

---

397 원문은, 問文 虛空無邊故허공무변고 世界無邊세계무변 世界無邊故세계무변고 眾生無邊중생
무변 眾生無邊故중생무변고 心行差別亦復無邊심행차별역부무변 如是境界無有齊限여시경
계무유제한 難知難解난지난해 若無明斷약무명단 永無心相영무심상 云何能了一切種운하능
료일체종 成一切種智성일체종지

게 모든 종자와 그 모든 종자에 대한 정보를 다 아느냐는 말이다.

답: 일체 망경妄境은 본래부터 이치가 진실로 오직 일심一心이 자성自性인데, 일체 중생들이 망경에 집착하여서 일체 제법의 제일의성第一義性을 알지 못하고 있다. 제불여래는 집착이 없으므로 곧 제법의 실성實性을 능히 현견現見하고, 대지大智가 있으므로 일체 염정의 차별을 현조顯照하여 무량무변한 선교방편으로 그 응하는 바에 따라 중생을 이롭고 즐겁게 한다. 이리하여 망념심이 소멸하고 일체종一切種을 알고 일체종지一切種智를 이룬다.[398]

무명無明이 끊어져서 주객이란 관념도 없는데, 어떻게 일체종一切種을 아는가?

원문을 보자.

'一切妄境일체망경 從本已來종본이래 理實唯一心爲性이실유일심위성'; '일체 망경계妄境界, 즉 이 우주법계宇宙法界에 있는 모든 은하세계는 본래부터, 이치적으로 보면 실로 오직 하나인 마음[唯一心]이 그 자성이다.' 그 성性에서 일체 만 가지의 모습이 일어났다는 말이다. 여기서 일심一心은 우리가 말하는 진심眞心이다. 진심이 본성이다.

'一切衆生일체중생 執著妄境집착망경'; '모든 중생이 우주에 나타난 허망한 모습에 집착하여,'

'不能得知一切諸法불능득지일체제법 第一義性제일의성'; '일체의 모든 현상

---

398 원문은, 答답 一切妄境일체망경 從本已來종본이래 理實唯一心爲性이실유일심위성 一切衆生
일체중생 執著妄境집착망경 不能得知一切諸法불능득지일체제법 第一義性제일의성 諸佛如
來제불여래 無有執著무유집착 則能現見諸法實性즉능현견제법실성 而有大智이유대지 顯照
一切染淨差別현조일체염정차별 以無量無邊善巧方便이무량무변선교방편 隨其所應수기소응
利樂衆生이락중생 是故妄念心滅시고망념심멸 了一切種료일체종 成一切種智성일체종지

이 제일의성이라는 것을 알지 못한다.' 제일의성第一義性이 무엇인가? 제일의성은 청정각명淸淨覺明이다. 공적영지空寂靈知다. 그것을 일체중생은 잘 모른다는 말이다.

'諸佛如來제불여래 無有執著무유집착 則能現見諸法實性즉능현견제법실성'; 불지佛地에 오른 여래들은 집착이 없어서, 제법諸法의 실다운 본성本性인 제일의성을 잘 본다. 잘 나타낸다. 부처가 다른 것이 없다. 견성見性해서 제법실성諸法實性이 각명覺明인 줄 명백하게 안다는 말이다. 무유집착無有執著이란 청정하다는 말이다.

'而有大智이유대지 顯照一切染淨差別현조일체염정차별'; '큰 지혜가 있기 때문에, 오염되고 깨끗한 일체의 차별差別 있는 것들을 잘 비춘다.' 세상에 있는 온갖 모습들을 다 잘 비춘다. 대지大智가 있어서다. 대지大智는 무엇인가? 각명覺明이다.

'以無量無邊善巧方便이무량무변선교방편 隨其所應수기소응 利樂衆生이락중생'; 무량무변한 방편을 가지고, 만나는 중생의 근기에 따라 응해서 중생을 이롭고 즐겁게 한다.

'是故妄念心滅시고망념심멸'; '이렇게 해서 망념심이 없어지면.' 망념심은 결국 주객主客으로 벌어진 사고방식이다.

'了一切種료일체종'; '일체종을 안다.' 일체종一切種이란 만법萬法을 가리킨다. 제법諸法을 통틀어서 일체종이라 한다.

'成一切種智성일체종지'; '일체종에 대한 지혜를 이룬다.' 청정각명해서, 공적영지해서 그렇게 안다는 말이다.

'제불여래는 집착이 없으므로 망념심妄念心이 소멸하고 일체종一切種을 알고 일체종지一切種智를 이룬다'는 대답이다. 지욱대사의 설명에 따르면 '제법의 실성實性

을 능히 보는 것'은 근본지가 진제眞諦를 증득함이다. '염정染淨의 차별을 분명하게 비추는 것'은 후득지後得智가 속제俗諦를 관조觀照함이니, 속제를 요달了達하려면 먼저 진제를 증득하여야만 가능하므로 후득後得이라고 말한다.

부처의 지혜[佛智]에는 첫째로 근본지根本智가 있고, 둘째로 후득지後得智가 있다. 근본지는 청정각명淸淨覺明이다. 이것은 우리 중생 누구나 가지고 있다. 우리 자체自體가 근본지根本智다. 후득지後得智는 무엇인가? 중생을 제도하기 위해 필요한 여러 가지 지혜다. 후득이라는 것은 불지佛地를 득한 이후, 즉 견성見性한 이후에 얻는다는 말이다

돈교오위문頓敎五位門[399]에 견성성불見性成佛이란 말이 있다. 다섯 단계 가운데 맨 끝이 견성성불見性成佛이다. 견성하면 바로 성불한다는 말이다. 그러니 이 견성의 대상인 성性은 청정각명한 진심이다. 그것을 깨달으면 부처를 이룬다는 말이다. 견성성불한 다음, 그 뒤에 중생衆生을 제도하기 위해 얻는 지혜를 후득지라 한다. 그러니까 부처님은 근본지와 후득지를 가지고 있다고 한다. 지욱대사는 설명할 때, 제법諸法의 실성實性을 안다고 한다. 원문 중에, '제

---

399 돈교오위문(頓敎五位門): 영명연수 대사의 〈주심부(註心賦)〉에서 주장한 돈교(頓敎)의 공부 차례. "제일(第一)은 식심(識心)이니, 어(語)가 마음이요, 견(見)이 마음이요, 문(聞)이 마음이요, 각(覺)이 마음이요, 지(知)도 마음이다. 이것이 첫 번째 깨달음이다. 일일(一一)이 능지(能知)하는 허다(許多)한 마음이 모두 일심(一心)이다. 일심(一心)이 능히 일체(一切) 처소(處所)에 두루하다.
제이(第二)는 지신(知身)이니 육신(肉身)이 무정물(無情物)과 같은 줄 앎이다. 몸은 아프고 가렵고 좋고 싫음을 모른다. 일체는 모두 이 마음이니 신사(身事)와는 관계가 없다. 마음이 사람을 짓고, 마음이 짐승을 짓고, 마음이 물고기를 짓고, 마음이 새를 짓는다.
제삼(第三)은 사대(四大)로 된 몸을 파(破)함이니, 몸은 이 공(空)이오, 공(空)은 곧 이 무생(無生)이다. 공(空)은 내외(內外)와 중간(中間)이 없어서 일체(一切)의 모습을 여의었다.
제사(第四)는 오음(五陰)을 파(破)함이니 색음(色陰)이 만약 있다면 나머지 사음(四陰)도 허망한 것이 아니겠지만, 색음(色陰)이 만약 없다면 사음(四陰)이 어떻게 있겠는가?
제오(第五)는 견성(見性)하여 성불(成佛)함이니 고요하여 상주(常住)하니라.
-불교와 마음, 황정원저

법諸法의 실다운 본성本性인 제일의성을 잘 본다'라는 구절이 있다. 제법실성諸法實性을 아는 것은 근본지根本智다. 그 다음에 나오는 '오염되고 깨끗한 일체의 차별差別 있는 것들을 잘 비춘다'는 후득지後得智라고 설명한다. 청정각명淸淨覺明을 아는 것이 끝이 아니고, 그 뒤에 후득지를 갖춰야 중생제도衆生濟度가 된다는 말이다. 대승불교에서는 중생을 제도하려고 하니, 불보살에게 후득지는 꼭 필요한 것으로 본다.

문: 만일 제불이 끝없는 방편이 있어서 능히 시방에서 자유자재로 모든 중생에게 이익을 준다고 한다면, 무슨 까닭으로 중생들은 부처님을 항상 뵙지 못하고, 혹은 신통변화를 항상 보지 못하며, 설법을 항상 듣지 못하는가?[400]

부처가 중생을 제도한다고 했는데, 부처가 수없이 많다는데, 어째서 나를 제도하는 부처는 하나도 보이지 않는가 하는 질문이다. 불보살佛菩薩이 나를 제도하기 위해 그렇게 애를 쓴다는데, 내 눈에는 보이지도 않고, 신통변화神通變化를 보이는 것도 찾아볼 수 없고, 하물며 그 불보살이 하는 설법說法도 듣지를 못하는가 말이다.

답: 여래에게는 실제로 그와 같은 방편이 있지만, 다만 중생의 마음이 청정하기를 기다려서 몸을 나타내신다. 마치 거울에 티끌이 있으면 색상이 나타나지 않지만, 티끌이 제거되면 즉시 나타남과 같다. 중생도 그러하여 마음이 티끌을 여의지 않으면 법신法身이 나타나지 않지만, 티끌을 여의면 즉시 나타난다.[401]

---

400 원문은, 問문 若諸佛有無邊方便약제불유무변방편 能於十方능어시방 任運利益諸衆生者임운
   이익제중생자 何故衆生하고중생 不常見佛불상견불 或覩神變혹도신변 或聞說法혹문설법

401 원문은, 答답 如來實有如是方便여래실유여시방편 但要衆生단요중생 其心淸淨 기심청정 乃

우리 마음에 티끌이 있어서 불보살을 보지 못한다는 말이다.

태양이 중천中天에서 환하게 천하를 비추지만 눈이 먼 중생은 햇빛을 보지 못하는 것과 같이, 심경心鏡에 티끌이 많은 중생은 제불보살이 항상 비치고 있는 줄을 모른다는 이야기다. 상황이 급박하여 관세음보살 기도를 지성으로 시행하면 잠시 티끌이 닦여서 가피加被를 입는 것도 제불보살의 상주常住가 사실이기 때문이다.

"여래에게는 실제로 이와 같은 방편이 있다"는 구절을, 진제의 구역에는 "제불여래諸佛如來의 법신法身은 평등하여 일체처一切處에 두루하되 작의作意가 없으므로 자연自然이라고 말한다"고 번역하고 있다.

불교 신도들은 관세음보살 기도, 지장보살 기도를 많이 한다. 보통 관세음보살 기도를 하면 관세음보살의 모습이 나타나거나 그와 비슷한 광경이 나타나기도 한다. 관세음보살 기도를 열심히 하면 그때는 다급하니까, 기도하는 중에는 마음이 일심一心이 되고, 자연히 사이클이 관세음보살의 사이클과 비슷해져서 관세음보살이 보이기도 한다. 그러면 보통 기도가 성취된다. 기도를 했는데 관세음보살 모습도 안 보이고, 꿈에도 관세음보살이 나타나지 않더라고 하면 그 기도는 별 효과가 없다. 관세음보살은 항상 나를 도우려고 신통변화神通變化를 부리고 있는데, 내가 업장業障이 두터워서 눈에 보이지 않는 것이다. 관세음보살을 볼 만큼 때가 지워지지 않았기 때문이다. 티끌이 없어져야 없어진 그만큼 복이 온다.

爲現身내위현신 如鏡有垢여경유구 色相不現색상불현 垢除則現구제즉현 衆生亦爾중생역이
心未離垢심미리구 法身不現법신불현 離垢則現이구즉현

제4분
수신분修身分

수修는 닦는다, 수행修行한다, 수습修習한다는 말이고, 신信은 신심信心이니 믿는 마음이다. 따라서 수신분은 믿는 마음을 수행하는 분이다.

어떤 것이 신심信心을 수습修習하는 분과分科인가? 이는 정정취正定聚에 들지 못한 중생을 위하여 설명하는 것이다. 어떤 것이 신심이고, 어떻게 수행하는가?[402]

신심을 수행한다[修信]는 말이 무슨 뜻인가? 신심이 없는 사람들이 불교공부

---

402 원문은, 云何修習信分운하수습신분 此依未入正定衆生設차의미입정정중생설 何者爲信心하자위신심 云何而修習운하이수습

를 해야겠다, 불과佛果를 얻어야겠다고 마음먹고 공부를 시작하려 하면 먼저 불과를 믿어야 한다. 그래서 믿는 마음을 수행한다는 말이다. 이것은 불교공부 하지 않는 사람이 불교공부를 하려 할 때, 즉 발보리심發菩提心할 때, 아뇩다라삼먁삼보리를 얻으려는 마음을 낼 때 필요한 것이다. 불과佛果를 얻겠다고 발보리심을 해야 불교공부에 들어간다.

제1장 신심信心

　신信에는 네 가지가 있다. 하나는 근본根本을 믿으니 진여법眞如法을 생각하기를 좋아하기 때문이다. 둘은 불구족무변공덕佛具足無邊功德을 믿으니 항상 정례하고 공경하고 공양하며, 정법을 듣고, 법답게 수행하여 일체지에 회향하기 때문이다. 셋은 법유대이익法有大利益을 믿으니 항상 즐겁게 모든 바라밀을 수행하기 때문이다. 넷은 정행승正行僧을 믿으니 항상 모든 보살들을 공양하는데, 그들이 자리이타행自利利他行을 바르게 수행하고 있기 때문이다.[403]

　신信에는 네 가지가 있다. 하나는 근본이다. 불교佛教의 근본은 무엇인가?
　일진법계一眞法界인 이 우주는 진심에서 나온 것이다. 그 진심眞心은 청정각명淸淨覺明하고 공적영지空寂靈知한 것이다. 그것을 마음으로 표현할 때는 진심이라고 하고, 진리로 표현할 때는 진여眞如, 또는 여래장如來藏, 불성佛性이라고 한다. 그것이 근본이다. 다시 말하자면, 불교에서는 항상 진여眞如가 근본根本인데, 우리 마음을 두고 말하면 진심眞心이고, 몸을 두고 말하자면 법신法身이다. 둘 다 가리키는 진리眞理는 곧 진여眞如다. 그래서 진여를 진심이라고 했다가, 법신이라고 했다가, 때로는 여래장如來藏이라고도 한다.

403　원문은, 信有四種신유사종 一일 信根本신근본 謂樂念眞如法故위요념진여법고 二이 信佛具足無邊功德신불구족무변공덕 謂常樂頂禮위상락정례 恭敬공경 供養공양 聽聞正法청문정법 如法修行여법수행 迴向一切智故회향일체지고 三삼 信法有大利益신법유대이익 謂常樂修行諸波羅蜜故위상락수행제바라밀고 四사 信正行僧신정행승 謂常供養諸菩薩衆위상공양제보살중 正修自利利他行故정수자리이타행고

따라서 하나는 이러한 근본을 믿는 것이니 진여법 생각하기를 좋아하는 것이다.

진여眞如가 무엇인가? 마음으로 하면 진심眞心이고, 청정각명淸淨覺明한 것이고, 공적영지空寂靈知한 것이고, 법신法身이라고도 하고, 본래 만법萬法이 나온 근본根本이다. 그리고 그것이 나의 본래 모습이고 중생의 본래 모습이다. 평소에 늘 이렇게 생각하기를 좋아해야 한다는 것이다.

둘은 무변無邊한 공덕功德을 갖추고 있는 부처님을 믿는다. 그래서 결국 부처님의 무변공덕을 믿기 때문에, 항상 즐긴다[常樂], 부처님께 예불 올리고, 공경하고, 부처님께 공양을 올리고, 부처님의 바른 법을 듣고, 법에 따라 수행하고, 그리고 공부하여 얻은 지혜는 중생衆生을 구제하는 데에 회향廻向한다. 그렇게 부처를 믿는 것이 다.

세 번째는 불법승 삼보 중에 법法을 믿는다. 법에 큰 이익이 있음을 믿어서 항상 모든 바라밀 수행하기를 즐긴다.

넷은 정행승正行僧을 믿으니 항상 모든 보살들을 공양한다. 보살은 자기도 이롭고 남도 이로운 수행을 바르게 닦기 때문이다. 불법승 삼보 중의 승보다. 여기서는 승보僧寶의 승僧을 다 넣은 것이 아니고, 정행승正行僧만 넣었다. 바르게 수행하는 스님을 믿는다는 말이다. 부처님 당시라면 아라한이다. 그리고 『대승기신론』은 대승법大乘法이니 당연히 보살을 넣었다고 볼 수 있다.

제2장 수습修習

수습修習에는 오문五門의 행이 있어서 능히 이 신심信心을 이룬다. 이른바 시문施門·계문戒門·인문忍門·정진문精進門·지관문止觀門이다.[404]

수습의 내용은 육바라밀인데, 다만 지止인 선정禪定과 관觀인 반야般若를 지관止觀이라고 한데 묶어서 오문五門으로 만든 것이 다르다. 지관을 2개의 문으로 분리하면 진여성眞如性과 합치하지 않기 때문이다. 오문五門에서 지관은 정행正行이고 앞의 사문四門은 조행助行이다. 정조正助가 결합하여 복덕과 지혜라는 이종의 장엄을 이루어 진여를 드날린다.

진여眞如는 결국 진심眞心과 법신法身이다. 증득證得하려면 수행修行해야 한다. 수습은 수행해서[修] 익힌다[習]는 말이다. 이치理致만 알아서는 잘 안되니까, 반드시 이치를 알고 나서 수행修行에 들어가야 한다.

우리가 지금까지 이 『기신론』에서 진여문眞如門과 생멸문生滅門을 만들어서 설명했다. 무엇을 설명했는가? 우리의 진심, 우리의 법신은 청정각명淸淨覺明이다. 그것을 우리가 듣고, 생각해서 이해했다. 그럼 이제 수행修行해야 한다. 어떻게 수행해야 하는가?

---

404 원문은, 修五門行수오문행 能成此信능성차신 所謂施門소위시문 戒門계문 忍門인문 精進門정진문 止觀門지관문

수행에 다섯 가지가 있다. 시문施門은 보시布施, 계문戒門은 지계持戒, 인문忍門은 인욕忍辱, 정진문精進門은 정진精進이다. 그리고 지관문止觀門의 지止는 선정禪定, 관觀은 반야般若다. 결국 6바라밀인데, 지止인 선정과 관觀인 반야를 지관止觀으로 묶어서 다섯 가지로 정리했다. 마명보살이 여기서 6바라밀을 5바라밀로 만들어 놓은 이유가 무엇인가? "지관을 2개의 문으로 분리하면, 진여성眞如性과 합치하지 않기 때문"이란 설명이 있다. 이것이 상당히 의미심장意味深長한 말이다. 지止는 모든 것을 멈춘다는 말이다. 모든 것을 끊어버린다[斷], 전부 다 멈추고 끊어버리면, 깨끗하다[淸淨], 일체가 공적하다[空寂]. 관觀은 이것저것 다 살린다[活], 긍정한다. 긍정하고 살리려면 어째야 하는가? 알아보는 놈이 있어야 한다[靈知]. 분명하게 알아보는 놈[覺明]이 있어야 일체법을 살릴 수 있다. 나도 여러분도 모두 청정각명한데, 청정을 알려고 하면, 지止를 닦아야 하고, 각명을 알려고 하면 관觀을 닦아야 한다. 그런데 사실은 청정과 각명이 둘이 아니다. 그런데 지止 공부만 열심히 하면 청정淸淨밖에 모르고, 관觀 공부에만 몰두하면 각명覺明밖에 모른다. 다시 말해 지止는 공적空寂만 알고, 관觀은 영지靈知만 알게되니 지관을 같이 묶은 것이다.

청정과 각명이 표현은 둘로 할 수 있지만, 사실은 하나다. 청정이 곧 각명이고, 각명이 곧 청정이다. 그러니까 청정한 놈이 어째서 각명한가? 이것이 어렵다. "청정하고 공적하다"고 하면 아무것도 없는 것으로 받아들이기 쉽고, "영지하면서 각명하다"고 하면, 뭔가 있다고 생각한다. 청정/공적은 무無에 가깝고, 영지/각명은 유有에 가깝다. 유/무는 반대말이라서, 따로 공부하면 우리의 진심/법신을 알 수가 없다. 그런데 청정각명淸淨覺明이나 공적영지空寂靈知는 한 물건이다. 다른 성질이 공존하는 이중성二重性을 가진 물건이다. 그래서 마명존자는 지와 관을 합해야, 우리의 진심眞心과 법신法身을 제대로 설명하는 것이라는 의미에서, 지止와 관觀을 합해서 하나의 문門을 제시하는 것으로 보인다.

제1절 시문施門

어떻게 시문施門을 수습하는가? 만일 중생이 찾아와서 구걸함을 보면 자기의 자재資材를 힘에 따라 베풀어 주고, 스스로의 간탐과 집착을 버리고 그들을 기쁘게 한다. 만약 중생이 위난危難하고 핍박함을 보면 방편으로 구제하여 두려움이 없게 하고, 만일 어떤 중생이 와서 법을 구하면 자기가 아는 대로 마땅하게 설명한다. 이와 같은 삼종시三種施를 수행할 때 명문名聞을 위하지 않고 이양利養을 구하지 않으며, 또한 세간의 과보에도 탐착하지 아니한다. 다만 자타自他의 이익과 안락과 '아뇩다라삼먁삼보리'로 회향하는 것만 생각한다.[405]

시문施門은 보시바라밀이다. 삼종시三種施는 재시財施·무외시無畏施·법시法施를 가리킨다. 자기의 욕심을 버려서 파악破惡하고, 남을 기쁘게 하여 생선生善하는 것이 재시財施이고, 방편을 써서 남을 구제하는 것은 무외시無畏施다. 자기가 이해한 것을 기틀에 맞추어서 적의適宜하게 설명하는 것이 법시法施인데, 그러나 정정취正定聚가 아닌 사람은 완전한 보시를 행하기가 어렵다고 한다. 시문은 세 가지 회향을 갖추는데, 즉 '명문名聞을 위하지 않고 이양利養을 구하지 않으며, 또한 세간의 과보에도 탐착하지 아니 한다'는 것은 회사향리迴事向理이고, '다만 자타自他의 이익과 안락만 생각하는 것'은 회자향타迴自向他이고, '아뇩다라삼먁삼보리로 회향

---

405 원문은, 云何修施門운하수시문 謂若見衆生위약견중생 來從乞求래종걸구 以己資財이기자재 隨力施與수력시여 捨自慳著사자간착 令其歡喜영기환희 若見衆生약견중생 危難逼迫위난핍박 方便救濟방편구제 令無怖畏영무포외 若有衆生약유중생 而來求法이래구법 以己所解이기소해 隨宜爲設수의위설 修行如是三種施時수행여시삼종시시 不爲名聞불위명문 求利養불구이양 亦不貪着世間果報역불탐착세간과보 但念自他利益安樂단념자타이익안락 迴向阿耨多羅三藐三菩提회향아뇩다라삼막삼보리

하는 것만 생각하는 것'은 회인향과迴因向果이다.

　종류가 세 가지인데 재보시, 무외시, 법보시다. 재보시財布施는 재물을 써서 남을 돕는 것이다. 무외시無畏施라는 것은 사람이 가지고 있는 정신적 고통의 종류을 해결해주는 것이다. 두려움을 없애주는 것이다. 사람을 위로한다든지 하여, 말로 베푼다. 말 한마디로 천 냥 빚을 갚는다는 말도 있다. 그와 같이 말로써 하는 보시를 무외시無畏施라 한다. 법보시法布施는 불법佛法을 전하는 것이다. 이 세 가지가 보시布施의 종류다.

제2절 계문戒門

어떻게 계문戒門을 수습하는가? 이른바 재가보살은 마땅히 살생殺生·투도偸盜·사음邪淫·망어妄語·양설兩舌·악구惡口·기어綺語·간탐慳貪·진질瞋嫉·첨광諂狂·사견邪見을 여의어야 한다. 출가자는 모든 번뇌를 절복하기 위하여 응당 시끄러움을 떠나 항상 적정寂靜을 의지하되 지족두타행知足頭陀行을 수습하고, 나아가 작은 죄에도 큰 두려움과 참괴慙愧와 회책悔責하는 마음을 내며, 여래께서 제정하신 금계禁戒를 호지護持하고, 보는 사람들이 기협譏嫌하는 바가 없게 하여 능히 중생들로 하여금 악을 버리고 선을 닦게 한다.[406]

계율戒律 지키는 이야기다. 재가보살在家菩薩이 마땅히 지켜야 할 것들이 있다. 요새는 살생殺生, 투도偸盜, 사음邪淫, 망어妄語, 음주飮酒를 하지 말라는 보살오계菩薩五戒를 준다. 망어妄語는 거짓말하는 것이다. 사기詐欺치는 것이다. 사기치는 것은 종류가 많다. 물질적物質的으로 정신적精神的으로 갖가지다. 그러면 불교佛敎에서 제일 심한 망어가 무엇일까? 대망언大妄言이라 하는 그것은, 한소식을 하지 않았음에도 "나는 견성도인見性道人이다."라고 하는 것이다.

양설兩舌은 한 입으로 두말하기다. 이랬다저랬다 말 바꾸기다. 악구惡口는 남을 헐뜯고 욕하는 것, 기어綺語는 상대방 듣기 좋으라고 알랑거리는 것. 간

---

[406] 원문은, 云何修戒門운하수계문 所謂在家菩薩소위재가보살 當離殺生당리살생 偸盜투도 邪淫사음 妄語망어 兩舌양설 惡口악구 綺語기어 慳貪간탐 瞋嫉진질 諂狂첨광 邪見사견 若出家者약출가자 爲欲折伏諸煩惱故위욕절복제번뇌고 應離憒鬧응리괴료 常依寂靜상의적정 修習知足頭陀等行수습지족두타등행 乃至小罪내지소죄 心生大怖심생대포 慙愧悔責참괴회책 護持如來所制禁戒호지여래소제금계 不令見者불령견자 有所譏嫌유기소혐 能使衆生捨惡修善능사중생사악수선

탐견慳貪은 욕심이고, 진질瞋嫉은 질투하는 것이다. 남 잘되는 것 못보는 것이다. 첨광諂誑은 거짓말로 아첨하는 것. 예컨대 상대가 상당한 자선사업가라 하면, 그에게 '세계 제일의 자선사업가다' 식으로 띄우는 것이 첨광이다. 사견邪見은 불법에 대해서 바른 견해가 없으면서도 자신의 견해가 바른 견해인 양 사람들을 모아놓고 강의하는 것이다. 이런 것들은 계율을 어기는 것이다. 출가자는 비구 250계, 비구니 348계 등 지켜야 할 계율이 아주 많다.

계문戒門은 지계바라밀이다. 계율에는 재가보살의 오계五戒와 십선十善이 있고, 출가자는 비구이백오십계比丘二百五十戒와 대승보살계섭大乘菩薩戒攝이 있다. "지족두타행知足頭陀行"이란 마하가섭 존자가 평생 동안 엄수하던 의식주衣食住에 대한 열두 가지 지족승행知足勝行을 말한다. 이 열두 가지의 승행을 수행한 가섭 존자를 부처님께서 대중들 앞에서 칭찬하시고 "정법正法이 오랫동안 세상에 머무는 것은 전적으로 이 사람에게 달렸다"고 하시면서 전심傳心하고 법안法眼을 부촉했다고 한다.

십이지족승행十二知足勝行은 "일자 住阿蘭若處주아란야처, 이자 常行乞食상행걸식, 삼자 次第乞食차제걸식, 사자 受一食法수일식법, 오자 節量食절량식, 육자 中後不飮果漿蜜漿等중후불음과장밀장등, 칠자 著糞掃衣착분소의, 팔자 但三衣단삼의, 구자 塚間住총간주, 십자 樹下止수하지, 십일자 露地坐노지좌, 십이자 但座不臥단좌불와"이다. 열두 가지 두타행이다. 가섭존자의 별명은 두타제일頭陀第一이다. 두타행은 출가자가 지켜야 할 계행 중의 하나로 나온다. 열두 가지 두타행頭陀行이라서, 십이지족승행十二知足勝行이라고도 하는 것이다. 여기 보면 '七者 著糞掃衣착분소의'라고 나온다. 떨어진 천을 기워 만든 옷을 입는다는 말이다. 옛날에는 옷감이 귀했으니까 이런 계행戒行도 있을 만했지만, 요즘엔 옷이 넘쳐나니 착분소의할 의미가 없다. 지혜를 얻는 것이 정행이고, 보시, 지계, 인욕, 정진은 조행助行이다. 우리는 부처의 지혜智慧를 얻어서 불과佛果를 증득하는 것이 목적이다. 그것이 정행正行이다. 보시, 지계, 인욕, 정진은 모두가 조행助行이다. 그런데 여기서는 선정과 지혜가 합쳐져서 지관이 됐다. 그래서 여기서는 지관止觀을 정행正行으로 보고, 나머지는 조행助行이라고 본다. 그러니까 지계, 계행을 닦는다고, 십이두타행을 닦는다고 공부를 게을리하면 그것은 불법佛法이 아니다. 그러니 항상 기본基本을 잊지 말아야 한다.

제3절 인문忍門

　어떻게 인문忍門을 수습하는가? 이른바 악惡을 보아도 혐오하지 않고, 고苦를 만나도 동요하지 않으며, 항상 즐겁게 심히 깊은 경구經句의 뜻을 관찰한다.[407]

　인문은 인욕바라밀이다. 지욱대사의 설명에 따르면 "악을 보아도 혐오하지 않는 것"은 생인生忍으로 내원해인耐怨害忍이고, "고苦를 만나도 동요하지 않는 것"은 법인法忍으로 안수고인安受苦忍이며, "항상 즐겁게 심히 깊은 경구의 뜻을 관찰하는 것"은 제일의인第一義忍으로 제찰법인諦察法忍이라고 한다.

　욕됨을 참는 인욕문忍辱門이다. 악惡을 보고도 혐오하지 않고, 고苦를 만나도 동요하지 않는다. 그럼 어떻게 해야 하는가? 항상 즐거이 깊은 경구의 뜻을 관찰한다. 깊은 경구, 즉 사구게 등을 관찰하여 거기에 몰두하다 보면 악을 봐도 싫다는 생각이 나지 않고, 고통을 만나도 마음이 흔들리지 않게 된다는 말이다.

407　원문은, 云何修忍門운하수인문 所謂見惡不嫌소위견악불혐 遭苦不動조고부동 常樂觀察其深句義상락관찰심심구의

제4절 정진문精進門

어떻게 정진문精進門을 수습修習하는가? 이른바 모든 선행을 닦음에 마음이 해태懈怠하지 아니함이다. 마땅히 과거 무수겁 이래로 세간의 탐욕 경계를 구하여 헛되이 일체 신심身心의 대고大苦를 받았고, 끝내 조금도 자미滋味가 없었음을 기억하고, 미래에는 이 고를 멀리 여의기 위해서 마땅히 부지런히 정진하고 해태하지 않아서, 대비로써 일체 중생을 이익되게 하는 것이다.[408]

상당히 어려워 보인다. 해설을 보자.

정진문精進門은 정진바라밀이니, 항상 상구보리上求菩提하고 하화중생下化衆生하는 자리이타自利利他 정신으로 부지런히 수습하는 것이다. 재가의 학인들은 사회생활을 계속하기 때문에 정진하기 어려운 여건이 많다.

정진精進이란 것은 우리가 불교 공부를 하다가 어떤 사정이 생겨서 공부를 계속하기 어려워졌을 때, 이를 이겨내는 일을 가리킨다. 공부를 하다가 중간에 그만두는 수가 많다. 우리 재가자는 사회생활을 하고 가족을 봉양해야 하니까 그렇다. 공부에 시간 내기가 쉽지 않다. 불교공부를 하려 하면 시간이 있어야 하고 정신적 여유도 있어야 한다. 몸과 마음이 여유없이 각박한 상태에

---

408 원문은, 云何修精進門운하수정진문 所謂修諸善行소위수제선행 心不懈怠심불해태 當念過去無數劫來당념과거무수겁래 爲求世間貪欲境界위구세간탐욕경계 虛受一切身心大苦허수일체신심대고 畢竟無有少分滋味필경무유소분자미 爲令未來遠離此苦위령미래원리차고 應勤精進응근정진 不生懈怠불생해태 大悲利益一切衆生대비이익일체중생

선 공부가 되지 않는다. 그래서 세상에 태어나서 불교공부하기 어렵다고 부처님께서 말씀하셨다.

초학보살은 비록 신심을 수행하나, 선세先世에 많은 중죄重罪 악업의 장애가 있기 때문에 혹은 마사魔邪의 뇌란惱亂을 받거나, 혹은 세상사에 얽히거나, 혹은 온갖 병연病緣의 핍박을 받는다. 이와 같은 일들로 인한 어려움이 한둘이 아니어서 수행인들이 선품善品을 수습하는 것을 폐지하게 된다. 그러므로 마땅히 용맹정진하여 주야로 제불에 예배하고, 공양하고, 찬탄하고, 참회하고, 권청하고, 수희하고, 무상보리에 회향하고, 큰 서원을 내기를 쉬지 않고 계속하여야 악장惡障이 소멸하고 선근이 증장한다.[409]

초학보살의 용맹정진을 설명한다. 지욱대사의 설명에 따르면 정진의 내용은 『화엄경』의 보현보살의 십대원과 『점찰경占察經』의 지장보살의 참법이 대표적이라고 한다. 그 외에 『법화경』 방등경 등의 삼매三昧에 나오는 여러 가지 십과행도법十科行道法이 있다. 경전에 따라서 개합開合이 달라서 약간의 차이가 있지만, 공양供養·찬탄讚嘆·예배禮拜는 필수이고, 다시 오회五悔가 있다. 즉 참회懺悔는 업장을 소멸하고, 권청勸請은 마장魔障을 없애고, 수희隨喜는 질투를 없애고, 회향廻向은 이변二邊에 집착하는 장애를 없애고, 발원發願은 퇴망退忘하는 장애를 없애준다.

『열망소』에 이런 문답이 있다.

---

409 원문은, 其初學菩薩기초학보살 雖修行信心수수행신심 以先世來이선세래 多有重罪惡業障고다유중죄악업장고 或爲魔事所惱혹위마사소뇌 或爲世務所纏혹위세무소전 或爲種種病緣之所逼迫혹위종종병연지소핍박 如是等事여시등사 爲難非一위난비일 令其行人영기행인 廢修善品폐수선품 是故宜應勇猛精進시고의응용맹정진 晝夜六時주야육시 禮拜諸佛예배제불 供養공양 讚嘆찬탄 懺悔참회 勸請권청 隨喜수희 廻向無上菩提회향무상보리 發大誓願발대서원 無有休息무유휴식 令惡障消滅영악장소멸 善根增長선근증장

516

문: 혹은 마사魔邪의 뇌란惱亂을 받거나, 혹은 세상사에 얽히거나, 혹은 온갖 병연病緣의 핍박逼迫을 받는 이와 같은 일들로 인한 어려움이 있을 경우에 어떻게 수행하는가?

답: "혹은 마사의 뇌란을 받아도" 법도法度에 맞춰서 정진하면 마사도 저절로 제거된다. "혹은 세상사에 얽히어도" 세무世務를 내버리고 정진하면 된다. "혹은 온갖 병연病緣의 핍박을 받으면" 신명을 아끼지 않고 정진하면 병도 낫고 득력得力하게 된다. " 만일 몸을 움직일 수 없으면" 운상수행運想修行을 하거나 염불수행을 하여 악장惡障이 소멸하고 선근이 증장하도록 한다.

여기서는 공부하는 방법을 말했다. '몸을 움직일 수 없으면, 운상수행運想修行을 하거나 염불수행을 하라'고 한다. 운상수행이란 무엇인가? 생각[想]이 움직이는 것[運]을 각찰覺察하는 것이다. 생각이 일어날 때마다 그 생각을 놓치지 않고 알아차려서 살핀다. 염불수행念佛修行은 우리도 잘 알고 누구나 할 수 있다.

지관문

止觀門

제5절 지관문止觀門

어떻게 지관문止觀門을 수습하는가? 일체의 희론 경계를 식멸息滅하는 것이 지止의 뜻이고, 인과가 생멸하는 모습을 명견明見하는 것이 관觀의 뜻이라고 한다. 처음에는 각각 따로 수습하지만, 점차 증장하여 성취하기에 이르면 저절로 둘을 같이 닦게 된다.[410]

지止는 사마타, 관觀은 비파사나를 뜻한다.

'일체희론경계一切戲論境界를 식멸息滅하는 것이 지止의 뜻이다.' 식멸息滅에서 식息은 그친다, 멸滅은 없앤다는 뜻이다. '일체희론경계'에서 경계境界란 우리가 6근으로 상대하는 6진塵이다. 그러니까 희론戲論을 포함한 일체 경계를 그치고 없애는 것이 지止의 뜻이다. 지는 그친다는 뜻이고, 사마타다.

'인과가 생기고 사라지는 모습을 분명하게 보는 것. 이것을 관觀이라 한다.' 관觀은 비파사나다.

'처음에는 각각 따로따로 수행하는데,' 사마타와 비파사나는 서로 다르다는 말이다.

'점점 증가하고[增], 성장하여[長], 성취에 이르면, 저절로 둘을 같이 닦게 된다.' 즉 그것이 성취되면, 두 가지를 함께 수행하는 것이 된다. 보통은 6바라밀로 이야기하고, 그때 지止는 선정禪定이고, 관觀은 반야 즉 지혜이다. 여기서는 지관을 함께 묶었다. 해설을 보자.

---

410 원문은, 云何修止觀門운하수지관문 謂息滅一切戲論境界위식멸일체희론경계 是止義시지의 明見因果生滅之相명견인과생멸지상 是觀義시관의 初各別修초각별수 漸次增長점차증장 至於成就지어성취 任運雙行임운쌍행

이 『대승기신론』의 지관문은 육바라밀 중에서 선정바라밀과 반야바라밀을 묶어서 설명하고 있다. 지止는 '사마타'samatha를 의역한 것인데 지식止息 · 적정寂靜 · 능멸能滅이라고 번역하기도 한다. 관觀은 '비파사나vipassana'를 의역한 것인데, 관찰觀察 · 능견能見 · 정견正見이라 번역하기도 한다. 지와 관은 선후가 없다고 함께 묶어서 설명하는 것은, 일심이문一心二門이 본래 둘이 아닌 것과 같은 이치다.

지욱대사의 설명에 따르면 지止에서 말하는 "일체의 희론戲論경계"는 견사희론見思戲論과 진사희론塵沙戲論과 무명희론無明戲論을 말하는데, 견사희론이 식멸息滅하면 일체 유경계有境界가 식멸하고, 진사희론이 식멸하면 일체 공경계空境界가 식멸하고, 무명희론이 식멸하면 일체 역유역공亦有亦空 비유비공非有非空 경계가 식멸하여 일심진여문一心眞如門에 수순隨順하게 된다고 설명한다.

관觀에서 말하는 "인과가 생멸하는 모습"은 무명인 인因이 생하면 시방세계인 과果가 생하고, 무명인 인이 멸하면 시방세계인 과가 멸한다. 또 진사塵沙인 인因이 생하면 이승二乘인 과가 생하고, 진사인 인이 멸하면 이승인 과가 멸한다. 견사見思인 인이 생하면 육범六凡인 과가 생하고, 견사인 인이 멸하면 육범인 과가 멸한다. 이렇게 인과가 생멸하는 모습을 명견明見하면 일심생멸문一心生滅門을 수순隨順하는 것이라고 한다.

일심一心의 이문二門은 본래 불이不二이니, 일심의 지관止觀도 당연히 선후가 없다. 그러나 근기가 약한 초학자는 오랫동안 생사에 끄달려 살았기 때문에 먼저 '사마타'로 생사와 열반에 대한 집착을 대치對治하여야 진여를 이해할 수가 있다. 들뜬 마음이 가라앉아야만 불법을 이해하고 나아가 생멸이 바로 진여인 줄 알게 된다. 그런 연후에 '비파사나'로 진여가 인연 따라 생멸을 나투는 것을 관찰하여 선근을 증장하는 것이 효과적인 수행법이다. 차차 지관에 모두 순숙純熟하게 되면 저절로 지관쌍수止觀雙修 내지 정혜쌍수定慧雙修가 되어서, 즉관지지即觀之止인 '사마타'와 즉지지관即止之觀인 '비파사나'가 둘이 아닌 진실한 지관이 성취된다.

지욱대사는, 지문止門과 관문觀門이 갈라지는 것을 세 가지로 설명했다. 해설 둘째 단락에서, '지욱대사의 설명에 따르면 지止에서 말하는 "일체의 희론戲論경계"는 견사희론見思戲論과 진사희론塵沙戲論과 무명희론無明戲論을 말한다'라고 하였다. 또한 '견사희론이 식멸하면 일체의 유경계有境界가 식멸하고, 진사희론이 식멸하면 일체의 공경계空境界가 식멸하고, 무명희론이 식멸하면 일체의 역유역공亦有亦空 비유비공非有非空 경계가 식멸한다'고 하였다. 지욱대사는 천태지자天台智者대사[411]를 아주 존경했다. 천태대사는 중국 수隋나라 때

---

411 천태대사(天台大師) 지의(智顗, 538-597): 중국의 남북조 말기인 538년, 호남성(湖南省)의 동정호 북쪽에 있는 화용현華容縣)에서 출생했다, 7세 때 절에서《관세음보살보문품》을 읽는 것을 듣고는 바로 외웠다. 15세가 되었을 때 효원제가 전쟁에서 패함에 따라 집과 나라를 잃고 유랑하다가 18세 때 양친이 잇달아 사망하자 상주 과원사의 법서 스님 문하로 출가하였다. 20세에 구족계를 받고 혜광율사에게 대승경전도 익혔다.

  23세 되던 해에 광주(光州) 대소산(大蘇山)으로 남악대사(南岳大師) 혜사(慧思, 515-577)를 찾아갔다. 혜사는 "지난날 영취산에서 함께 법화경을 들은 인연을 따라 다시 이곳에 오게 되었구나"라면서 즉시《법화경》의 사안락행(四安樂行)을 설하여 주었다. 지의(智顗)는 가르침에 따라 철야로 정진하였다. 2·7일이 경과하여《약왕보살본사품》의 "모든 부처님께서 '이것이 진정한 정진이며 법으로써 공양하는 것'이라고 칭찬하셨다"는 구절을 독송하는데 이르렀을 때 돌연 심신이 트이면서 삼매에 들어가 총지가 발현하니,《법화경》이 환히 이해되고 법상(法相)에 거침없이 통달하게 되었다. 첫 번째 깨달음이었다.

31세 되던 해에 스승 혜사의 명에 따라 금릉(金陵)으로 가서 8년간《법화경》등의 강론에 힘썼다. 575년 천태산에 들어가 그곳 불롱봉(佛隴峰)에 훗날 수선사(修禪寺)가 되는 초암을 짓고 제자들과 함께 수행하였다.

절의 북쪽 천태산 가운데 가장 높고 험준한 화정봉(華頂峰)이 있었다. 지의는 대중들을 내버려두고 홀로 그곳에 가서 두타행을 하였다. 어느 깊은 밤 홀연히 큰바람이 불어 나무가 뽑히고 천둥이 울리면서 온갖 형상의 귀신이 나타나 그를 핍박하였다. 지의는 마음을 편히 하여 담담히 있으니 핍박하던 경계가 자연히 흩어졌다. 다음에는 부모님과 스승의 형체로 나타나 껴안기도 하며 눈물을 흘리는 것이었다. 그는 이번에도 다만 본래 공한 제법의 실상(實相)만을 생각하며 있으니 슬프고 괴로운 상이 잠시 뒤에 사라졌다. 이렇듯 강하고 부드러운 두 가지 경계가 모두 그를 동요시키지 못하였다. 샛별이 뜰 때 신승(神僧)이 나타나서 말하였다. "적을 제압하고 원수를 이겼으니 진정 용맹하다고 할 수 있다. 그대같이 이런 어려움을 이겨내는 사람은 없었다." 찬탄한 뒤 다시 대사를 위해 법을 설하는데, 그 말은 마음으로 얻을 수 있는 것이지 글로 기록할 수 있는 것이 아니었고 말이 떨어지면 바로 분명하게 이해되었다. 지의가 물었다. "대성(大聖)께서는 누구십니까? 그 법문은 어떻게 배워야 하며 어떻게 해야 널리 펼 수 있습니까?" 신승이 대답하였다. "이것은 하나의 참다운 진리[一實諦]라고 부르니, 반야로써 배우고 대자비로써 펴는 법이다." 이것이 지의가 두 번째 깨달음을 얻은 사건으로서 흔히 화정봉의 대

생존했던 고승高僧이다. 중국에 불교가 들어온 후, 중국인 중에서 최초로, 불교를 전체적으로 다 공부하고 체계를 세워 설명한 인물이다. 중국 사람들은 이 천태天台대사를 아주 높이 평가한다. 우리나라에서 원효대사를 높이는 것과 마찬가지다. 여기 지욱대사의 설명은 천태대사의 견해를 기본으로 한 것이다.

설명을 보면 견사見思, 진사塵沙, 무명無明이 있다. 뒤에 혹惑자를 붙여서 견사혹, 진사혹, 무명혹이라고도 한다. 미혹迷惑이란 말이다. 미혹 때문에 우리는 고통받는다. 그래서 미혹과 번뇌는 같은 뜻이다. 견사見思는 무엇인가? 견사혹見思惑은 견혹見惑과 사혹思惑의 두 가지로 돼 있다. 견혹見惑은 무엇인가? 악견惡見이라 해서 다섯 가지가 있다. 맨 처음이 유신견有身見이다. 나와 내 몸,

---

오(大悟)라고 부른다.

그 후 금릉에서 다시 《대지도론(大智度論)》·《인왕반야경(仁王般若經)》·《법화경(法華經)》 등을 강론하였다. 수 양제의 청에 의하여 그에게 보살계(菩薩戒)를 주고 지자대사(智者大師)의 호를 받게 되었다. 이때를 전후하여 지의는 《법화문구》, 《법화현의》, 《마하지관》 등 이른바 천태삼부를 강의하였다.

58세가 되던 해에 지의는 10년 간의 도시 교화생활을 마감하고 다시 천태산으로 돌아갔다. 60세의 겨울에 황제는 다시 지의를 모셔오도록 하였다. 지의는 집기들을 정리하여 가난한 이들에게 보시한 뒤 금릉으로 향하였다. 산 아래 어느 지점에 이르자 지의는 말뚝을 박아 건물과 법당 자리를 표시하면서 이대로 절을 지으라고 당부하였다. 훗날 지의가 입적한 뒤 이곳에 수의 황제가 물자를 대어 천태종의 본산이 된 국청사가 세워졌다.

일행이 석성(石城)에 이르자 병세를 보인 지의는 제자에게 "황제가 부르시니 말씀을 저버리지 못하고 오긴 왔지만 내 명이 여기에 있어 더 이상 갈 수 없다. 의발과 법구들을 둘로 나누어 하나는 미륵불께 바치고 하나는 의식에 충당하라"고 말하고 서쪽을 향하여 오른편으로 누워 오로지 아미타불, 반야바라밀, 관세음보살을 불렀다. 제자가 약을 올리겠다고 하자 "약으로 병은 제거할 수 있겠으나 수명을 늘릴 수야 있겠느냐?"하며 거절하였다. 제자가 "이곳에서 떠나가시면 어디에 태어나시며, 누구를 다음의 종사로 모셔야 합니까?"하고 물으니 지의는 "나의 스승과 도반들이 관세음보살을 호위하고 나를 맞이하러 와 있다. 계율이 그대의 스승이며 사종삼매(四種三昧)가 그대의 밝은 인도자이다"라고 말하고는 "세간에서처럼 곡하며 울거나 상복을 입는 것은 옳지 않다"고 부연하였다. 말씀을 마치자 결가부좌를 하고 삼보를 부르면서 삼매에 들어간 듯 입적하였으니, 춘추는 60세 법랍은 40년이다.

내 것이 있다는 생각, 악견惡見 중의 첫째다. 둘째는 변견邊見이다. 변견은 유有나 무無의 어느 한쪽으로 치우친 그릇된 견해다. 셋째는 사견邪見이다. 인과의 이치를 부정하는 그릇된 견해다. 넷째는 견취견見取見, 졸렬한 지견知見을 훌륭한 견해라고 믿고 고집하는 것. 다섯째는 계금취견戒禁取見이다. 잘못된 계율이나 금기를 열반으로 인도하는 바른 길이라 여겨 지키고 받드는 것이다. 나와 나 밖의 법法, 공부에 대한 견해 중에서 잘못된 것을 악견惡見이라 하고, 그런 악견에 의해 생기는 미혹을 견혹見惑이라 한다. 사혹思惑은 무엇인가? 탐진치貪瞋痴 삼독에 만慢, 의疑를 더해서 근본번뇌根本煩惱라 하고, 탐·진·치·만·의로 인해 생긴 번뇌를 사혹思惑이라 한다. 견혹은 견해가 잘못된 것이고, 사혹은 탐貪·진瞋·치痴·만慢·의疑에서 생긴 번뇌다. 중생이 가지고 있는 번뇌는 다 이 견사혹에 포함된다. 크게 말하면 근본번뇌根本煩惱라 해서, 탐貪·진瞋·치痴·만慢·의疑에 다섯 가지 악견惡見을 더해서 도합 열 개를 꼽는다. 더 세밀하게 구분하면 번뇌의 종류는 무수하다.

다음으로 진사혹塵沙惑은 무엇인가? 공부가 되어 견사혹見思惑을 모두 끊고 나서, 중생을 제도하려 하면, 중생의 근기에 맞춰 법문하고 제도하기 위해, 중생들이 가지고 있는 갖가지 사고방식思考方式, 근기根器를 알아야 한다. 중생들의 사고방식과 근기는 가지가지라서 항하수 모래 수만큼 많다고 진사塵沙에 비유했다. 이런 중생들을 제도하려 하면 다시 이 진사혹을 다 해결해야 한다.

무명혹無明惑은 무엇인가? 우리가 본래 가지고 있는 상주진심常住眞心 청정각명淸淨覺明이 무명無明 때문에 윤회하게 됐다. 무명은 주와 객을 두는 잘못된 착각이다. 이것이 가장 근본의 미혹이다. 이처럼 천태대사는 견혹과 사혹을 합쳐서 견사혹, 중생들의 온갖 견해인 진사혹. 그다음 무명의 착각인 무명혹.

이렇게 혹惑을 세 가지로 나눈다. 혹이 곧 번뇌인데, 이렇게 세 가지로 나눈 것이 경經에 나오는가 하면 그렇지 않다. 천태대사의 의견意見일 뿐이다.

불교 이론에 보면, 이것 말고 많이 쓰는 분류分類가 있다. 유식唯識에서는 근본번뇌根本煩惱와 수번뇌隨煩惱의 두 가지로 분류한다. 근본번뇌는 탐貪 · 진瞋 · 치痴 · 만慢 · 의疑에 다섯 가지 악견惡見을 더한 열 가지다. 수번뇌는 근본번뇌를 따라서 일어나는 작은 번뇌들이다. 대중소로 분류하고 각각에 몇 가지씩 포함시킨다. 대수번뇌 8가지, 중수번뇌 2가지, 소수번뇌 10가지와 같은 방식으로 분류한다[412]. 유식학에서는 이런 분류 방법을 쓰는데, 어쨌거나 지止라는 것은 이런 번뇌煩惱를 해결하는 것이다.

관觀은 무엇인가? 세상 만법에 대해서 그 만법萬法의 생멸生滅을 잘 관찰해서 이해하는 것이다. 『기신론』에서 생멸문生滅門을 둔 것은, 관觀에 속한다. 생멸문의 설명을 잘 알아들으면, 관을 잘 닦은 것이다. 진여문眞如門은 어떤가? 사마타만 닦아서는 진여문에 들어가지 못한다. 왜 그런가 하면, 사마타인 지止는 보통 사선팔정四禪八定으로 나눈다. 부처님이 사선팔정을 닦아서 이루었지만, 당신이 원하는 해탈을 구경하지 못했다. 그래서 보리수 아래서 다시 공부한다. 그러다가 새벽에 별을 보고 깨달았다고 한다. 그럼 부처님이 별을 보고 깨달은 내용은 무엇인가? 만법萬法이 생멸生滅하는 현상의 진수를 깨달은 것이다. 이처럼 지止만으로 진여문眞如門 증득證得은 안 된다. 그래서 관觀을 통해서 생멸문生滅門에 다 통달하면, 그다음에 지止를 통해서 진여문을 증득한다. 관觀을 완성하면 생멸문의 이치理致는 다 안다는 말이다. 그렇게 이치를

---

412 유식(법상종)의 오위백법(五位百法)

다 알고 나면 그때부터 삼매三昧를 닦아서, 사선팔정의 정도에 따라 그 경지를 취득하게 된다고 한다. 그러니까 지止만 가지고는 진여문 증득이 안 되고, 관觀만 가지고는 생멸문의 이치는 알게 되는, 그런 차이가 있다. 이것이 지관문의 서론이자 총론이다.

1. 수지문修止門

[1] 여건과 환경

지止를 수습하는 자는 적정한 처소에 안주하고, 가부좌를 틀고 앉아 몸을 단정히 하고 뜻을 바르게 한다.[413]

'사마타'를 닦으려면 먼저 공부할 여건이 갖춰져야 한다. 적정한 처소는 이른바 사찰을 말하고, 가부좌를 틀고 앉아 몸을 단정히 하고 뜻을 바르게 한다는 것은 좌선하는 방식이다. 재가수행자가 지止를 수습하려면 출가자와 달리 애로사항이 많다. 무엇보다도 시간적·경제적으로 여유가 있어야 가능하니, 환경에 따라서 최선을 다할 뿐이다.

지止를 닦으려면 우선 환경이 돼야 한다. 여건을 갖추려 하면, 우선 조용한 곳이 필요하다. 일상생활을 하며 밤에 수행한다면, 다음날 낮에 생활하는 데 지장이 있다. 돈벌이에 전념할 시절에는 더욱 시간 여유가 없다. 그래서 재가

---

413 원문은, 其修止者기수지자 住寂靜處주적정처 結跏趺坐결가부좌 端身正意단신정의

자들은 이렇게 모여서 경론經論을 공부하는 비파사나가 좀 쉽다. 출가한 스님도 대중생활을 하면, 낮에는 맡은 바 소임所任이 있으니 시간 내기 어렵다. 그래서 이 지문止門을 수행하는 데는 장애가 많다. 가부좌로 앉아서 어떻게 하는가?

[2] 정수正修

호흡에도 의지하지 않고, 형색에도 의지하지 않으며, 허공에도 의지하지 않고, 지수화풍에도 의지하지 않으며, 나아가 견문각지見聞覺知에도 의지하지 않는다.[414]

지止를 바르게 수습하는 정수正修에 대한 마명존자의 설명이다. 그는 여기서 특이하게 전통적인 수행방법인 수식관數息觀을 비롯한 사념처四念處나 구상九相 십상十相을 모두 바른 수지修止 공부가 아니라고 주장한다. 『능엄경』에 나오는 25원통圓通 공부[415]도 정수正修가 아니라고 주장한다. 무슨 이유인가?

지욱대사의 설명에 따르면 기식氣息은 당체當體를 불가득하고, 형색은 분석하면 무소유無所有이고, 허공은 비유非有이고, 지수화풍地水火風도 당체를 불가득하고, 또 견문각지見聞覺知도 대상인 육진六塵이 실유實有가 아니므로, 이것들은 모두 정

---

414 원문은, 不依氣息불의기식 不依形色불의형색 不依虛空불의허공 不依地水火風불의지수화풍 乃至내지 不依見聞覺知불의견문각지

415 25원통(圓通) 공부: '삼매'를 얻는 모든 방편(方便)을 육진(六塵) 육입(六入) 육식(六識) 칠대(七大)의 25가지 기준으로 분류한 것이다. 부정관(不淨觀)은 육진(六塵)중에서 색진(色塵)을 이용한 공부방법으로 분류하고, 수식관(數息觀)은 육근(六根) 중에서 비근(鼻根)을 통한 삼매공부로 분류하고, 염불공부(念佛工夫)는 육근을 모두 이용하는 공부법이다. 선종(禪宗)에서 애용하는 간화선(看話禪)은 의근(意根)과 법진(法塵)을 겸용한 공부방법에 해당한다. '능엄경 제2장 제5절 원통공부와 삼매' 이하에 상세히 나온다.

수正修가 아니라고 한다. 즉 실유가 아닌 것을 소관所觀으로 삼는 삼매 공부는『대승기신론』의 입장에서 보면 제대로 된 수지修止가 아니므로 사용하지 않는다는 설명이다.

마명존자의 이러한 견해는 매우 독특한 주장으로,『능엄경』에서 설명하는 수능엄삼매나, 금강金剛삼매,『문수반야경』의 일행一行삼매와 같은 제일의제第一義諦 삼매를 정수正修로 본다. 그러나 우리들이 아는 불교는 모든 근기의 중생들을 포섭하므로, 근기의 등차에 따라 여러 가지 수지 방편이 모두 필요하다는 점도 인정하고 넘어가자.

'不依氣息불의기식'에서 기식氣息은 호흡呼吸이다. 기氣는 기운이다. 보통 도가道家에서는, 사람의 생기生氣를 가지고 공부를 많이 한다. 가부좌跏趺坐로 단정히 앉아 단전丹田에 기운을 모아서 시작하는 것이 도가의 수련이다. 단전丹田에 기운을 모으려면 정신을 통일하여 단전에 집중한다. 단전에 정신을 집중하다 보면, 우리 몸에 있는 생기生氣가 자연히 단전에 제일 많이 모이게 된다. 생기를 자꾸 모으다 보면, 생기이니 움직이게 된다. 아랫배로 내려가서 항문을 거쳐서 등으로 올라간다. 올라가서 정수리를 통해서 내려오는데, 기맥氣脈이 윗입술에서 끊어진다. 아랫입술에서 쭉 내려오다가, 항문에서 또 끊어진다. 항문 앞쪽은 임맥任脈이라 하고, 항문 뒤쪽에서 시작해서 윗입술에서 끝나는 맥을 독맥督脈이라 한다. 이렇게 기운을 돌린다. 그래서 이것을 보통 행기行氣라고도 하고, 행공行功이라고도 하는데, 우리나라에서 수련하는 단전호흡이 대부분 이 종류다.

불교佛敎에서는 이런 법을 쓰지 않고, 숨이 들락날락하는 것을 보라고 한다. 숨은 코로 들락날락하니까 코에 중심中心을 둬야 한다. 배에 중심을 두면 안 된다. 그런데 단전호흡법을 따르는 사람들이 많아서, 아랫배에 정신을 집중하고 수식관을 하는 일이 많다.[416] 그러면 문제가 생긴다. 어떤 폐단이 생기는가? 생기生氣가 발동發動해서 자기도 모르게 행공行功하게 된다.[417] 그러면 이 것은 불교수련佛敎修練이 아니다. 이렇게 되면 생기生氣에 관심이 집중돼서 사마타를 얻기가 어려워진다. 조심해야 한다. 여기 기식氣息이라는 말에서, 기氣는 도교道敎를 겨냥해서 쓴 말이고, 식息은 불교에서 하는 수식관數息觀을 가리킨다. 기氣에 의지해도 안 되고, 행공하면 안 된다. 부처님이 수식관을 강조하셨고, 수식관을 통하여 부처님 제자 대부분이 아라한과를 얻었다.

　모습을 두고, 모습에 의지해서 수련하는 방법도 있다. 형색形色에 의지하는 것이다. 또 부처님을 상상想像하며 좌선하기도 한다. 일종의 염불念佛이다. 그런 것도 당연히 사마타에 속하지 않는다. 부처님이나 보살님 모습을 생각해도 안 되고[不依形色], 허공을 생각해도 안 된다[不依虛空]. '청정각명의 청정淸淨은 허공虛空과 같다. 그러니까 나라고 하는 것은 본래 허공이다.' 이렇게 생각하며 좌선하는 것도 안 된다는 말이다. 지수화풍에 의지해도 안 된다[不依地水火風]. 소승의 삼매 닦는 방법 중에, 지대 수대 화대 풍대를 관하는 공부법이 있다. 그런 것도 안 된다. 그리고 견문각지에 의지해도 안 된다[不依見聞覺知]. 그 말은 '이뭣고' 화두를 들 때, "보는 놈, 이놈이 무엇이냐? 듣는 놈, 이놈이 무엇이냐?"처럼 해도 안 된다는 것이다.

416　옛날 내가 대학에 다니면서 처음 참선할 때, 탄허스님이 이렇게 시켰다. 탄허스님은 이렇게 하는 것을 아주 좋아하셨다. 단전에 집중하면 공부도 되고 건강에도 좋다고 하시는데, 그렇게 공부하다 보면 나중에 저절로 단전이 열린다.

417　백봉선생님께 내가 한 번 여쭤본 적이 있다. 그때가 겨울이었는데, 앉으면 춥지 않다고 하셨다. 어째서 춥지 않으냐고 물었더니, "좌선하고 앉아 있으면 몸이 뜨듯해지지 않는가?" 하셨다. 이런 이야기를 하셨다. 그러니까 백봉선생님도 생기(生氣)가 움직여서 자신도 모르게 행공이 되었던 것이다.

여기서 마명존자가 설하는 이 사마타는, 불교이론을 공부해서, 심생멸문心生滅門의 이치를 다 통달한 사람이 하는 사마타다. 그러니까 먼저 이론에 통달하고 나서야 사마타 공부가 가능하다고 하는 말과 똑같다. 그 밑의 해설을 보면, "지욱대사의 설명에 따르면, 기식氣息은 당체當體를 불가득하고"란 구절이 있다. 실체가 없는 것이란 말이다. 실체가 없는 것을 가지고 공부하려니 집중이 잘 안 된다는 말이다.

"형색은 분석하면 무소유無所有이고"란 모습 있는 것은 본래 무상無相이다. 본래 헛것이다. 헛것이니까 그것을 공부하는 테마로 잡아서는 안 된다는 것이다.

"허공은 비유非有이고"는 허공은 이름뿐 실체가 있는 것이 아니니 이것도 대상으로 잡으면 안 되고,

"지수화풍도 당체가 불가득"은 지수화풍도 그 본체의 원인을 분석해 들어가면, 나중에는 불가득이다. 지地는 분석해 들어가면 쿼크와 렙톤이 나온다고 하는데, 그것을 또 계속 자꾸 분석하여 허공에 가까운 인허진鄰虛塵 정도가 되면 그때는 크기가 없고 질량質量을 파악할 수가 없다. 그러면 그것이 법진法塵, 즉 관념이 되어버린다. 그래서 우리는 지수화풍地水火風을 물질物質이라고 하지만, 끝에 가면 관념觀念이 되고 만다. 현대물리학에 따르면 물질은 우리가 인식하면/인식하려고 하면 존재하고, 인식하지 않으면 존재한다고 볼 수 없다고 한다. 마치 빛을 관찰할 때, 우리가 빛에 관심을 두지 않으면, 빛은 파동波動으로 나타나는데, 그 빛을 주시해서, 집중해서 관찰하면, 빛은 입자粒子로 나타난다. 집중하면 입자, 방치하면 파동으로 나타난다. 우리가 관심을 두느냐 두지 않느냐에 따라서, 물질의 존재 양식이 바뀐다. 이는 물질物質도 유식唯識이라는 말이다. 견문각지見聞覺知도 육진六塵을 대상으로 하는 것인 만큼, 육진이 실다운 존재[實有]가 아니므로 정수正修가 아니라고 본다. 그러면 어떻게

앉아 있어야 한다는 말인가?

일체의 분별 상념을 모두 제거하고, 또 제거하는 생각도 역시 제거한다. 일체법은 불생불멸이어서 모두가 무상無相이기 때문이다.[418]

앞에서는 수지修止 공부의 소관所觀인 기식氣息 · 형색形色 · 허공虛空 · 견문각지見聞覺知가 모두 불가득不可得인 줄 알고 버렸는데, 이 구절에서는 능관能觀인 내심內心의 분별하는 상념想念을 각찰覺察하여 제거하라는 설명이다. 지욱대사의 설명에 따르면 "분별하는 상념을 제거하고, 나아가 제거하는 생각도 역시 제거한다"는 것은 무상정無想定이나 멸진정滅盡定에도 떨어지지 말라는 뜻이다. 왜냐하면 제법은 불생불멸이어서 실유實有가 아니고, 무상無相이므로 걷어잡을 것이 없기 때문이다. 그러하니 알고 보면 의지할 것도 없고 제거할 것도 없다. 대승의 사마타 공부는 이렇게 먼저 능소能所의 정체正體를 알고 있어야 가능하다는 이야기이다.

그러면 좌선할 때 무슨 생각을 하는가? 아무런 생각도 못한다. 어디에도 의지하지 말라고 하니 그렇다. "무슨 생각을 하느냐?" 라는 그런 생각도 하지 말라는 것이다. 일체 분별 상념을 모두 제거한다. 생각하지 말라는 것이다.

그리고, 그런 생각을 제거한다는 생각도 보내버린다. 일체법은 불생불멸이어서 모두가 무상無相이기 때문이다. 왜 불생불멸인가? 인연으로 생겼기緣生 때문이다. "만법萬法은 연생緣生"이라고 한다. 인연으로 생긴다는 말이다. 이 연생을 유식唯識에서는 의타기성依他起性[419]이라 한다. 인因과 연緣에 의지해서

---

418 원문은, 一切分別想念皆除일체분별상념개제 亦遣除想역견제상 以一切法이일체법 不生不滅불생불멸 皆無相故개무상고

419 현상계의 제법(諸法)의 세 가지 성질, 변계소집성, 의타기성, 원성실성이다.

일어난 것은, 모두가 연생緣生이고 의타기依他起이기 때문에 자체성自體性이 없다. 독자성獨自性이 없다는 말이다. 독자성이 있어야 그것이 "있다/없다, 생겼다/없어졌다"고 할 텐데, 독자성이 없으니, 있다거나 없다고 할 것이 없다. 그래서 불생불멸不生不滅이라 한다.

수소와 산소가 결합하면 물이 나온다. 수소도 산소도 물도 물론 있다. 이런 현상을 부인하는 것이 아니다. 이런 현상은 있는데 이런 현상들 전부 다 독자성이 없다는 말이다. 무엇이 생겼다고 하려면, 어떤 독자성獨自性 있는 것이 생겼다는 말이다. 독자성이 생겼다면 이것은 생긴 이상 결코 없어질 수가 없고 그때부터 영원히 존재해야 한다. 그런데 생겼다가 없어졌다 하며 인연 따라 생기고, 또 인연 따라 없어지는 것은 독자성이 없는 것이다. 현상現象만 나타났다가 사라질 뿐이지, 실체實體가 없다. 실체가 없으니 공空이다. 그래서 무

---

① 변계소집성(遍計所執性, imaginary or mentally constructed nature): 정신적으로 구성되고 투사된 것, 개인에 따라 다르게 나타난다(7식과 8식이 개입하기 때문이다). 마음에 떠오르는 모든 현상은 온갖 분별로 마음속으로 지어낸 상상이고 허상이다. 이 상상·허상을 바깥에 실제로 존재한다고 착각하여, 거기에 집착하고, 왜곡된 지각도 참모습이라고 착각하여 집착하는 것이 변계소집성이다. 따라서 범부의 망정(妄情)이 노끈을 뱀으로 착각하듯 가상을 억측으로 두루 계교해서 실상인 양 집착한다.
"이리저리 계획하고 조직하고 도식화하는 사고의 작용이 온갖 신념, 관념, 개념을 만들어낸다. 그렇게 만들어진 것은 모두 자기의 감정과 욕망과 집착에서 생겨난 것이다. 욕망과 집착이 요모조모 계산하고 따져서 만들어낸 관념이나 개념은 실재하는 것이 아니다"《유식삼십송 제20송》
② 의타기성(依他起性, interdependent nature of things): 고유의 자성이 없이 다른 대상에 의존해서 존재하는 현상의 속성. 개인이 생사윤회하는 원인을 제공하는 성질이다. 유식론(唯識論)에서는 이 의타기성이 실체가 없다는 것을 8가지 비유로 설명했다. 꼭두각시(幻事), 아지랑이(陽炎), 꿈(夢事), 거울에 비친 모습(鏡像), 빛의 그림자(光影), 메아리(谷響), 물에 비친 달(水月), 변화(變化).
③ 원성실성(圓成實性): 있는 그대로의 진실된 모습, 진여(眞如)를 의미한다. 의타기성에서 분별하고 집착하는 변계소집성이 떨어져 나간 청정한 성품이 원성실성이다. 변계(遍計)의 번뇌는 허구이고, 의타(依他)의 인연이 집합해 성립된 삼라만상도 일시적 존재(假有)에 불과하며, 오직 진여성(眞如性)만이 영원하고 진실한 만물의 체성(體性)이다. "의타기성(依他起性)의 분별은 조건에 의해서 생긴다. 원성실성(圓成實性)은 그것(의타기성)에서 앞의 것(변계소집성)을 떠난 성품이다."《유식30송 제21송》

상無相이며 모습이 없다. 다시 말하자면 모든 모습은 인연 따라서 생겼다가 인연 따라 사라지니까, 독자성이 있는 모습이 없다. 자기의 고유한 모습인 자상自相이 없으니, 제상諸相이 비상非相이며, 비상非相이니 결국 무상無相이다. 무상이기 때문에 허망虛妄한 법法을 대상對象으로 삼아서 공부해선 안 된다는 말이다. 『금강경』에 "若見諸相非相약견제상비상 即見如來즉견여래"라는 구절이 있다. 결국은 이치理致를 다 알고 나서 좌선坐禪하라는 말과 같다.

전심前心이 경계에 의지하면 다음에 그 경계를 내버린다. 후념後念이 마음에 의지하면 다시 그 마음을 내버린다. 마음이 외경外境에 쏠리면 내심內心에 거두어들인다. 뒤에 다시 마음이 일어나면 심상心相을 취하지 않는다. 진여를 떠나면 얻을 수 없기 때문이다.[420]

앞에서 설명한 것을 부연하는 내용이다. 먼저 바깥 소관所觀을 털어버리고, 다음에 마음이라는 능관能觀을 털어버린다. 이렇게 능소能所를 털어버리라는 내용이다.

지止를 닦을 적에 소관인 경계와 능관인 마음을 모두 배제하는 그 이유를 설명하고 있다. 지욱대사의 설명에 따르면 앞에서 설명한 호흡 내지 견문각지와 분별하는 상념想念이 모두 무명을 의지하여 나타난 허상들이다. 허상이니 걷어잡을 것이 없다는 이야기다. 요약하면, 정수正修 공부는 처음에는 섭경귀심攝境歸心이고, 다음에는 관심무상觀心無相이다. 즉 일반적인 수지修止 공부에서 집중하는 호흡 내지 견문각지는 오직 무명에서 전변轉變한 분별 상념에서 생긴 것이니 실유實有가

---

420 원문은, 前心依境전심의경 次捨於境차사어경 後念依心후념의심 復捨於心부사어심 以心馳外境이심치외경 攝住內心섭주내심 後復起心후부기심 不取心相불취심상 以離眞如이리진여 不可得故불가득고

아니다. 또 그것을 분별하는 상념도 역시 실유가 아니므로, 모두 다 제거하라는 이야기이다. 이렇게 소관所觀과 능관能觀이 둘 다 무성無性이라는 것을 요달하는 것이 『대승기신론』의 수지 공부의 핵심이다. 이렇게 사마타 수행에서는 일체가 불가득인데, 그렇다면 진여는 가득可得인가?

앞에 일어나는 생각과 뒤에 일어나는 생각을 나눠서, 전심前心과 후념後念이라 했다. 념念이나 심心이나 마찬가지다. 앞에서 산이 생각났다. 그러면 이 산을 버린다. 허망한 생각이니까. 좌선하고 있는데 자주 등산하던 지리산이 생각났다. 그러면 지리산 생각을 버린다. 그러면 '버린다'는 생각이 일어났다. 그러면 뒷생각은, '버려야 한다' 하는 생각 때문에 일어났으니, 마음에 의지해서 일어나는 것이다. 전심은 산이라는 경계境界를 의지해서 일어났고, 후념은 '버려야지'라는 생각=마음을 의지해서 일어났다. 산이라는 생각도 버리고, 버려야지 하는 마음도 버린다.

그러다가, '마음이 바깥 경계로 치달으면,' 예를 들어 자꾸 지리산 생각이 나면, '아, 내가 자리산 생각을 자꾸 하는구나.' 하고 알아차린다. 이렇게 살펴서 알아차리는 것을 각찰覺察[421]이라 하는데, 여기서는 '攝住內心섭주내심'이라고 했다. 진심에 끌어서 넣는다는 말이다.

예컨대 산오르기를 좋아하는 사람이 산 생각이 날 때마다. '아, 내가 산 생각을 하는구나' 하고 알아차린다. 그것이 각찰覺察이다. 그렇게 알아차린 그 순간에는 산이 없다. 마치 우리가 어떤 일이 잘되지 않아 짜증이 날 때, "에잇~" 하고 짜증이 나는 순간, 짜증을 내는 줄을 알아차려 살피면[覺察], 살피는 그 순간

---

421 보조스님이 〈진심직설(眞心直說)〉에서 가장 먼저 내세운 공부법이 각찰(覺察)과 휴헐(休歇)이다.

에는 짜증이 없다. 대상인 짜증이 없어지고 각찰하는 마음 작용만 남는다. 그래서 바깥의 산 생각이 자꾸 나면, 안에 마음으로 포섭한다.

'後復起心후부기심 不取心相불취심상'이라, 알아차리는 이것도 하나의 생각, 마음이 일어난 것이다. 그러면 여기에 끄달리지 않는다. 알아차리면 그만이다. 알아차리고 나면, 알아차리는 동시에 산도 없어지고, 산 생각이 사라진다. 그러면 다시 알아차리는 것, 이것도 사라진다. 그렇게 하는 것이 이 지止 공부다.

'진여를 떠나면 얻을 수 없다.' 이것이 무슨 말인가? 지止 공부를 하는데, 이 지 공부를 누가 하는가? 내가 한다. 이 '나'라는 것은 오온五蘊으로서의 내가 아니라, 상주진심常住眞心인 나다. 그놈이 이렇게 지止 공부를 계속한다. 그러니까 진여인 진심을 떠나버리면 이런 것은 일체 없다는 말이다. 이것이 진심에서 나오는 줄 알고 앉는다는 말이다.

그러니까 '以離眞如이리진여 不可得故불가득고'라고 하는 이 말은, 삼매三昧를 닦을 때는 '진심眞心이 어떤 것인 줄 알고 닦아야 한다'는 그런 의미다. 아주 중요한 구절이다.

자, 해설 마지막에 뭐라고 했는가? "사마타 수행에서는 일체가 불가득인데, 그렇다면 진여는 가득可得인가?" 상주진심은 얻을 수가 있는가? '나' 자체인 상주진심인 청정각명, 공적영지는 얻을 수가 있는가? 무상無常한 바깥 경계도 얻을 수 없고, 각찰覺察도 얻을 수 없는데, 이것을 일으키는 놈, 즉 우리의 진심眞心은 보고 잡을 수 있는가? 다시 말해서 진심眞心은 가득인가? 불가득不可得인가? 청정각명하다. 그러니 걷어잡으려 해도 잡을 수가 없다. 그것을 누군가는 이렇게 비유했다. 꼬리 짧은 개가 제 꼬리를 물려고 뱅뱅 도는데, 천년만년을 돌아도 제 꼬리를 물 수는 없다고. 그와 같이 내가 나를 알아차리는 일, 나를 보는 일[見得]은 천 년, 만 년, 백 겁, 천 겁을 해도 불가득이다. 왜인가? 내가 나이니까 그렇다. 어떻게 내가 나를 객체화해서 증득할 수 있는가? "일진법계一眞法界는 불가지不可知"라는 승의승의제勝義勝義諦 이야기다. 그러니, 승의승의제를 알고 삼매를 닦으라는 말이다.

우리는 『능엄경』에서부터 이치를 배워서 『대승기신론』까지 공부했으니, 알아야 할 것은 다 알았다. 그러니 이제 삼매三昧를 닦을 만하다. 그런 우리는 어떻게 삼매를 닦는가? '사띠'를 하지 않아도 바로 깊은 삼매에 들어갈 수 있다.

행주좌와와 일체시에 이와 같이 수행하여 항상 끊어지지 않으면 점차로 진여삼매眞如三昧에 들어가고, 마침내는 일체 번뇌를 절복折伏하고 신심이 증장하여 조속히 불퇴전을 이룬다.[422]

마명존자는 깊은 삼매를 진여삼매眞如三昧라고 하고, 이 진여삼매만이 일체 번뇌를 절복折伏한다고 강조한다.

만약 마음에 의혹을 품거나, 비방하거나, 불신하거나, 업장에 얽히거나, 아만이 있거나, 게으르면, 이러한 사람들은 들어가지 못한다.[423]

수지修止 공부를 방해하는 것들을 나열하고 있다. 학인이 의혹·비방·불신·업장·아만·해태가 남아 있다면 삼매 공부가 제대로 안 된다. 불교의 교리를 요

---

422 원문은, 行住坐臥행주좌와 於一切時어일체시 如是修行여시수행 恒不斷絶항부단절 漸次得入眞如三昧점차득입진여삼매 究竟折伏一切煩惱구경절복일체번뇌 信心增長신심증장 績成不退속성불퇴

423 원문은, 若心懷疑惑약심회의혹 誹謗不信비방불신 業障所纏업장소전 我慢懈怠아만해태 如是等人여시등인 所不能入소불능입

달하지 못하면 의혹이 남아 있거나 아만이 생기므로, 온갖 사견에 끄달리지 않도록 자신을 살펴볼 필요가 있다.

여기 의혹疑惑이 있고, 아만我慢이 있다. 근본번뇌根本煩惱인 탐·진·치·만·의의 만慢과 의疑다. 만慢과 의疑가 있으면 삼매가 닦이지 않는다는 얘기다.

[3] 성과成果

다시 이 삼매에 의하여 법계의 실상을 증득하며, 일체 여래의 법신과 더불어 일체 중생의 몸이 평등무이平等無二하여 모두 일상一相임을 알게 되므로, 이것을 일상삼매一相三昧라고 부른다. 만일 이 삼매를 수습하면 능히 무량한 삼매를 내는데, 그것은 진여가 일체 삼매의 근본처이기 때문이다.[424]

일상一相삼매, 일행一行삼매란 말을 많이 들었을 것이다. 그 설명이다.

지욱대사의 설명에 따르면 법계상法界相은 진여체眞如體이니 무상無相인 실상實相이다. 또 심心·불佛·중생衆生 이 셋이 차별이 없어서 일상삼매一相三昧라고 하는데, 진제眞諦의 구역舊譯은 일상삼매를 일행삼매一行三昧라고 번역한다.

진제眞諦 스님은 일행삼매一行三昧라 번역하고, 실차난타 스님은 일상삼매一相三昧로 번역했다. 결국 같은 말이다. 공부하는 사람 입장에서는 일행一行이

---

424 원문은, 復次復次 依此三昧의차삼매 證法界相증법계상 知一切如來法身여일체중생신 平等無二평등무이 皆是一相개시일상 是故設名一相三昧시고설명일상삼매 若修習此三昧약수습차삼매 能生無量三昧능생무량삼매 以眞如이진여 是一切三昧根本處故시일체삼매근본처고

고, 증득한 삼매의 성질로 보면 하나, 모든 사람의 본성本性, 진심眞心은 하나
이니까 일상一相이다. 일행이나 일상이나 마찬가지다. 육조六祖스님이 일행삼
매一行三昧를 강조한다. 그 일행삼매가 여기 나오는 진여삼매眞如三昧다. 진여
삼매가 바로 일상삼매一相三昧이고, 그것이 『능엄경』에서는 수능엄삼매首楞嚴三
昧, 즉 대불정수능엄왕삼매大佛頂首楞嚴王三昧다. 『법화경』에서는 법화실상삼매
法華實相三昧다. 그런데 사조四祖 도신道信선사가 문수반야경文殊般若經에서 일행
삼매一行三昧라고 불렀다. 오조五祖와 육조六祖가 사조四祖를 본떠서 일행삼매
라 했다. 그래서 육조단경에는 일행삼매一行三昧라고 나온다.

[4] 변석마사辨析魔事

혹 어떤 중생은 선근善根이 미소微少하므로 온갖 마魔와 외도外道와 귀신鬼神
이 미혹케 하여 어지럽힌다.[425]

변석마사辨析魔事는 수지하는 '사마타' 수행 중에 일어나는 마사魔事와 장애들을
분석하여 설명하는 것이다. 간략한 문체로 된 『대승기신론』의 다른 부분에 비하여
차지하는 분량이 상대적으로 많아서 전체의 문체에는 어울리지 않지만, 너무 중요
한 부분이어서 특별히 강조하는 의도인 것 같다. 다른 경전에도 변석마사辨析魔事
법문이 간혹 있기는 하지만, 『능엄경』에는 이 마사를 설명하는 오십종변마사五十種
辨魔事 법문이 자세하게 나온다. '차돌 능엄'이라서 『능엄경』을 보지 않는 경향이 있
지만, 삼매공부를 하려는 학인이라면 누구나 이 부분만은 한번 읽어두는 것이 절
집의 오래된 전통이다. "선근이 미소微少하기 때문에 마귀가 어지럽게 하는 것"이

---

425 원문은, 或有衆生혹유중생 善根微少선근미소 爲諸魔外道鬼神惑亂위제마외도귀신혹란

라고 하지만, 도고마성道高魔盛이라는 말이 있으니 이런 상황이 누구에게나 생길 수 있다. 따라서 공부를 제대로 하려면 미리 마사를 이해하고 대비해야 한다.

변석辯析은 분석하고 판단한다. 변석마사辯析魔事는 마사魔事를 분석하고 판단한다는 뜻이다. 삼매三昧를 닦다 보면, 아무 생각 없이 앉아 있으니까 온갖 헛것이 다 나타난다. 그것이 마사魔事다.

마사는 『능엄경』 제9권, 10권에서 50종 변마사라는 제목으로 다뤄진다. '나'라는 존재를 구성하는 오온五蘊인, 색色·수受·상想·행行·식識 각각에 10종씩, 총 50종이다. 오온 각각에 10가지씩 마사魔事가 일어난다. 불교공부하는 사람은 혹 『능엄경』 전체를 읽진 않더라도, 9,10권은 꼭 읽으라는 말이 있는데 실제로 『능엄경』을 9권, 10권만 읽은 사람이 많다. 반면, 여기 기신론의 변마사는 아주 간략하지만, 기신론이라는 글 자체가 원래 간략한 것임을 고려하면 상당히 자세히 다루고 있다고 볼 수도 있다. 삼매를 닦을 때 일어나는 마사가 많으니 조심해야 한다는 의미다. 어떤 마사들이 있는가?

혹은 악형惡形을 나타내어 무섭게 하거나, 혹은 미색美色을 보여 그 의지를 어지럽히거나, 혹은 천상이나 보살의 형상 내지 부처님의 형상을 나타내어 상호를 장엄하게 한다.[426]

마, 외도, 귀신을 합해서 마구니라 부르는 것이 보통이다. 한자는 마魔라고 써놓고. 마구니라고 하면 다 포함된다.

---

426 원문은, 或現惡形혹현악형 以怖其心이포기심 或示美色혹시미색 以迷其意이미기의 或現天形혹현천형 或菩薩形혹보살형 乃至佛形내지불형 相好莊嚴상호장엄

혹은 무서운 형상[惡形]을 나타내어 마음을 공포에 질리게 한다. 공부하는 사람이 견성見性할 때가 가까우면 마구니가 나타나서 그 공부를 포기하게 만든다. 천마天魔 마구니들이 하는 짓이다. 반야심경般若心經에 "無有恐怖무유공포 遠離顚倒夢想원리전도몽상"이란 구절이 있다. 공포감이 없게 한다는 말이니. 그 말은 공부하다가 공포감을 느끼는 경우가 많다는 얘기다.

또 혹은 남자에겐 이쁜 여자, 여자에겐 잘난 남자로 나타나 유혹해서 공부를 못하게 한다. 공부하는 정신을 산란하게 한다. 혹은 천형天形은 천상 사람의 모습. 천상은 인간보다 환경이 좋으니, 의식주衣食住도 좋고, 사람들도 미남美男, 미녀美女이다.[427] 그렇게 천상 사람들이 나타나기도 하는데, 전부 다 마구니가 일으키는 일들이다. 혹은 보살이나 부처님의 모습으로 삼십이상 팔십종호, 멋진 모습으로 나타나기도 한다. 예컨대 아미타불 염불을 하거나, 관세음보살 정진을 하면, 아미타불이나 관세음보살이 나타난다. 이것이 큰일이다. 내가 공부를 열심히 해서 감응해서 나타난 것인지, 마구니가 장난을 치는 것인지 알 수가 없다.

학인들의 약점을 알아보고서 마구니들이 덤벼든다고 한다. 공포심이 많으면 악형惡形으로 협박하고, 남녀에 약하면 미색으로 유혹하고, 성현에게만 의존하면 상호相好로 유혹한다. 지욱대사의 『열망소』에는 따로 이런 문답이 들어있다.

문: 삼매를 닦다가 불보살의 형상을 보면, 그 형상이 선근이 감응感應한 것인지, 아니면 마구니의 장난인지 어떻게 구별하는가?

---

427 내가 아는 어떤 스님이 외딴섬에 가서 토굴생활을 했었다. 어느 날부터 천상(天上)이 보이기 시작했다고 한다. 하늘나라 사람들이 생활하는 것도 보이는데 사람들이 너무나 잘났더란다. 스님 자신도 상당한 미남이었지만, 천상의 남자들이 너무 잘나서 열등감(劣等感)을 느꼈다고 한다. 공부할 마음은 사라지고, 그 미남, 미녀들 보는 일에 세월을 다 보냈단다. 섬에 들어가 3년을 살았는데, 무자 화두를 들고 들어갔지만, 화두는 깨지도 못하고 결국 공부를 망쳤다고 한다.

답: 『원각경』에서 "부처님의 설법에서 들은 바 일체 경계가 아니면 마침내 취하지 말아야 한다"고 하셨다. 수행인이 삼매 중에 본 경계가 삼매와 상응하면 그것은 선상善相이다. 경계가 삼매와 상응하지 않으면 그것은 마사魔事이다.

부처님이나 보살의 모습이 나타나면, 예컨대 관세음보살 기도 중일 때 관세음보살이 나타나면, '내가 정진을 잘해서 보살님이 나타났구나.' 그렇게 생각을 할 것인가? 아니면 마구니가 기도를 방해하려 나타난 것이라고 알 것인가? 마구니인지, 기도빨인지 어떻게 아는가? 『기신론』은 앞에서, '삼매를 닦을 때는 아무것에도 의지하지 말라'고 했다. 아무것도 의지하지 않고 삼매를 닦으면 진여삼매眞如三昧가 된다고 했다. 혹 관세음보살이 나타나도 내가 염두에 두고 있지 않은데 나타났으니, 그것은 마구니의 장난인 거다. 내가 아미타불을 부르고 있는데 아미타불의 화현이 보이면, 내가 아미타불에 감응했다고 보겠지만, 전혀 생각도 하지 않았는데 나타난다면 그것은 마구니의 장난이 틀림없다. 『기신론』에서 말하는 아무것도 생각하지 않는 것, 그것이 마구니를 대치할 수 있는 가장 좋은 방법인 듯하다.

혹은 총지總持를 말거나, 혹은 바라밀을 말거나, 혹은 여러 해탈문인 무원無怨 무친無親과 무인無因 무과無果와 일체 제법이 필경 공적하고 본성이 열반임을 연설한다.[428]

마와 외도와 귀신이 학인을 홀리는 방법은 여러 가지다. 이번에는 학인들이 탐

---

428 원문은, 或說總持혹설총지 或說諸度혹설제도 或復演說혹부연설 諸解脫門제해탈문 無怨無親무원무친 無因無果무인무과 一切諸法일체제법 畢竟空寂필경공적 本性涅槃본성열반

착하는 것을 미끼로 사용하는 경우들이다. 만약 학인이 총지摠持에 탐착하면 총지를 가지고 유혹하고, 학인이 본성이 열반涅槃임을 편애偏愛하면 본성이 열반임을 가지고 연설하여 학인을 감동시킨다. 마구니가 학인에게 직접 빙의하기도 하고, 혹은 제삼자에 빙의하여 그 제삼자를 통하여 학인을 퇴망退亡시키는 경우도 있다.

토굴에 앉아 있는데, 생각만 하면 부처님이 나타나 법문하시고, 아미타불이 눈앞에 나타나 아미타경을 설한다는 사람도 있다. 좌선하는 중에게 잘 나타난다. 일상생활 중에는 잘 안 나타난다. 좌선하고 삼매에 들었을 때 나타난다. 마구니가 직접 나타나 법문하기도 하고 다른 사람에게 빙의해서 작용하기도 한다. 예컨대 내 토굴에서 100미터 떨어진 거리에 다른 토굴이 있는데, 거기서 공부하는 사람이 좀 시원찮다고 하면, 그 사람에게 빙의한다. 신들린 듯 돼서는 그 사람이 내게 와서 법문을 설한다. 그러면 대부분 당한다.

혹은 다시 과거나 미래의 일과 다른 사람의 일을 알게 하거나, 변재辯才로 연설하는 것이 막힘이 없게 하여서 명예와 이익에 탐착하도록 한다.[429]

'혹은 다시 삼매를 닦고 있는 사람으로 하여금 과거와 미래의 일을 알게 한다.' 그러니 내일 무슨 일이 일어날지, 사람이 찾아오면 그 사람이 전생에 무엇이었는지 등을 안다. 숙명통宿命通이 열리는 것이다.

'타심통이 열린다.' 다른 사람 마음을 안다. 공부해서 삼매에 든 사람으로 하여금 이 같은 신통이 나게 만든다. 신통이 나는데, 공부를 해서 신통이 난 것

---

429   원문은, 或復令知혹부령지 過去未來과거미래 及他心事급타심사 辯才演說변재연설 無滯無斷무체무단 使其貪著사기탐착 名譽利養명예이양

이 아니고, 사실은 마구니의 장난 때문이다. 당사자는 자기가 공부를 한 결과인 줄 착각한다.

혹은 난데없이 연설을 잘하게 되기도 한다. 걸리고 끊기는 일 없이 폭포수같이 법문이 쏟아지고, 대답이 절로 나온다. 그러면 마구니가 빙의했을 수도 있다는 말이다. 본인은 전혀 모른다. 보통일이 아니다.

그렇게 하여 그 명예와 이익에 탐착하게 만든다. 우리나라에 가짜 도사들이 판을 치는데, 그 방법은 대개 이양利養이다. 사업 시작하는 사람이 와서 이것을 해서 성공하겠느냐고 물으면 그 성공 여부를 말해준다. 코치를 해서 그것이 맞으면 그 다음부터는 자꾸 돈을 들고 오는 것이다. 공부하는 사람에게 명예욕이나 이익을 바라는 맘이 있는 것을 이용해서, 신통이 나게 만들어 그것에 탐착하게 만든다. 본인은 모른다. 본인은 그저 자신이 타심통이 열려서 알고, 숙명통이 열려서 안다고만 생각한다.

혹은 자주 성내고 자주 기뻐하거나, 혹은 슬픔이 많고 사랑이 많거나, 혹은 항상 즐거워서 혼매昏昧하거나, 혹은 오랫동안 잠자지 않거나, 혹은 몸에 병이 심하거나, 혹은 성질이 게으르거나, 혹은 조급하게 정진하다가 곧 그만두거나, 혹은 의혹이 많아서 믿고 받아들이지 않거나, 혹은 본래의 수승한 행동을 버리고 잡업雜業을 닦거나, 세상사에 애착하여 욕정에 빠져 호사에 종사하게 된다.[430]

---

430 원문은, 或數瞋數喜혹삭진삭희 或多悲多愛혹다비다애 或恒樂昏寐혹항락혼매 或久不睡眠혹구불수면 或身嬰疹疾혹신영진질 或性不勤策혹성불근책 或卒起精進혹졸기정진 卽便休廢즉변휴폐 或情多疑惑혹정다의혹 不生信受불생신수 或捨本勝行혹사본승행 更修雜業경수잡업 愛著世事애착세사 溺情從好익정종호

앞에 아는 것은 신통이 나서 본인이 좋아하는 명예나 이익을 얻게 해주는 것이고, 이것은 세상사에 탐착해서 제가 하고 싶은 것을 멋대로 하게 만든다. 그 증세가 이상하다.

공부하는 사람이 갑자기 자주 성내고 기뻐하고 하면 이 사람은 벌써 마구니에게 걸린 것이다. 평소에는 성격이 괜찮았는데 어느 날부터 이런 증상이 나타나는 경우이다,

'혹은 자비심이 많고 사랑이 많다.' 개미같은 미물의 곤경에도 지나치게 슬퍼하거나 지나친 애정을 준다. 마구니가 붙어서 그렇다.

'혹은 항상 즐거워서 혼미하다.' 이것은 마약중독麻藥中毒이다.

'혹은 오랫동안 잠을 자지 않는다.' 그런데 어떤 수좌가 잠자지 않겠다고 선언하더니 잠이 없어졌다면, 공부가 많이 됐다고 찬탄 받을 수도 있다. 그게 아니다.

'혹은 몸에 병이 걸린다.' 병 걸리는 것을 좋아하는 사람도 있을 수 있다. 위로받기를 좋아하면 그럴 수도 있다.

'혹은 성질이 게으르거나, 갑자기 정진을 시작하고. 금방 그만둔다.' 혹은 의혹이 많다. 그래서 잘 안 믿는다. 스승이 불경을 강의해줘도 믿고 받아들이지 않는다.

'혹은 수승한 수행을 버리고' 그러니까 불교의 수행은 버리고, 잡된 업을 닦는다. 불교 공부를 하다가 중간에 도교道敎로 빠지기도 하고, 타종교로 전향하기도 한다.

'혹은 세상일에 애착하여 감정에 빠지고' 저 하고 싶은 대로 쫓아간다. 이렇게 마구니가 장난을 친다. 해설을 보자.

마구니들이 학인을 미혹하는 방법은 다양해서 정형이 없다. 학인의 버릇과 다른

것을 보여서 호기심을 유발하기도 하고, 반대로 버릇이 된 습관 때문에 거절하지 못하는 약점을 이용하기도 한다. 이런 부류는 『능엄경』 제9권에 나오는 수음受陰과 상음想陰의 마장魔障에서 자세하게 열거하고 있다.

혹은 외도의 정定을 증득하게 하고, 하루 이틀 내지 이레 동안 정定에 머물러서 좋은 음식을 얻고 몸과 마음이 쾌적하고 즐거우며, 배고프지도 않고 목마르지도 않게 한다. 혹은 다시 여자 몸 받기를 권하고, 혹은 음식을 때로는 적게 때로는 많이 먹게 하며, 혹은 그 형용을 때로는 예쁘게 때로는 추하게 한다. 만약 온갖 사견과 번뇌로 어지러움을 당하면 즉시 과거의 선근이 퇴실退失하게 된다. [431]

앞의 단락에 이어진 것이다.

'혹은 외도들이 하는 삼매三昧를 증득하게 한다.' 이것이 무엇인가? 우리의 경우라면, 수식관數息觀을 하고 있는 중에 갑자기 단전丹田에 기운이 모이고 움직인다. 독맥督脈을 타고 올라가서 머리까지 갔다가 임맥任脈을 타고 아랫배로 내려와서 다시 항문을 건너서 등을 타고 오른다. 주천周天이라고 한다. 도가道家에서 하는 것인데, 수식관을 하다가 단전에 집중하면 그렇게 되는 경우가 있다. 불교 수식관에서는 절대로 단전丹田에 정신을 모으라고 하지 않는다. 수식관은 숨이 들락날락하는 것을 보는 것이다. 처음에 집중하기 어려우면 들고

---

431   원문은, 或令證得外道諸定혹령증득외도제정 一日二日일일이일 乃至七日내지칠일 住於定中주어정중 得好飮食득호음식 身心適悅신심적열 不饑不渴불기불갈 或復勸令受女等色혹부권령수녀등색 或令其飮食乍少乍多혹령기음식사소사다 或使其形容或好或醜혹사기형용혹호혹추 若爲諸見煩惱所亂약위제견번뇌소란 卽便退失往昔善根즉변퇴실왕석선근

나는 숨의 횟수를 세기도 한다. 결코 단전에 마음을 두지 않는다.[432] 어쨌거나 외도의 모든 삼매를 증득하게 해서, '하루 이틀 내지 칠일을 삼매에 머물게 한다.' 한 번 앉으면 오줌 누러도 안 가고 일주일 동안 삼매에 든다. 식사도 하지 않는다. 도가의 수련을 통해 임독맥任督脈이 통하면 그렇게 된다.

'좋은 음식을 얻고 몸과 마음이 쾌적하고 즐거우며, 배고프지도 않고 목마르지도 않게 한다.' 천녀天女가 하늘 음식을 들고 내려온다거나, 몸과 마음이 아주 즐겁다.

또 배고프지도 않고 목마르지도 않다. 몇날 며칠을 즐겁게 앉아 삼매를 즐긴다. 이것도 마구니에게 당한 것이다. 조심해야 한다.

'혹은 다시 여자 몸 받기를 권한다' 성불하기 위해서는 남자 몸이어야 한다는 좀 이상한 생각이 불교계에 있다. 그래서 여자가 수행하다가 부처가 될 시기에 이르면, 몸이 남자의 몸으로 바뀐다는 이야기가 있다. 그런데 반대로, 여자의 몸 받으라고 권한다.

혹은 음식을 많이 먹게 했다가 적게 먹게 했다가 한다.

'혹은 그 형용을 때로는 예쁘게 때로는 추하게 한다.' 앉아서 법문하는 중간에 얼굴 모습이 바뀐다. 천사天使가 됐다가 악마惡魔가 됐다가, 남자가 됐다가 여자가 됐다가, 부처님처럼 방광放光하다가 단정한 중의 모습이 됐다가 등등, 변화무쌍하게 모습을 바꾼다. 이런 것들은 전부 마구니들이 빙의憑依해서 일으키는 일이다.

---

432 도교 수행에서는 단전에 정신을 집중하고 기운을 모은다. 축기(蓄氣)라 해서 단전에 기운이 모이면 단전에 불이 나는 듯 느껴지기도 한다. 그러다가 그 기운이 뒤로 넘어가서 등을 타고 올라간다. 머리까지 올라갔다가 내려올 때 입에서 머뭇거린다. 좌선할 때 혀를 윗잇몸에 대라고 하는데, 기운이 타고 내려오라는 것이다. 어쨌거나 그렇게 기운이 돌기 시작하면 굉장한 쾌감이 따라온다. 그 쾌감이 사람들이 느낄 수 있는 가장 강한 쾌감이라고도 한다.

'만약 모든 사견과 번뇌 때문에 어지러워지면, 정신이 어지러워져서, 과거에 지어서 익힌 모든 선근善根이 문득 흩어져버린다[退失].' 나쁜 버릇이 들면 전에 공부했던 것이 모조리 헛것이 된다.

왜 이런 일이 생기는가? 삼매三昧를 얻으려고 앉아 있을 때 우리는 제6식識의 작용作用을 쉰다. 제6식은 사량분별思量分別을 하는 식이므로 마사魔事가 일어날 때, 제6식이 초롱초롱하면 잘 분별해낸다. 그러나 삼매를 닦을 때는 제6의식意識을 차단遮斷하니까, 세밀한 제7식, 제8식이 나타나기 시작한다. 공부가 잘되면 제7식, 제8식이 나타나는데, 공부가 안 되면, 제6식은 차단돼 있고, 제7식, 제8식은 나타나지 않은 상태가 되니까, 이때 마魔가 등장한다. 이런 것을 어떻게 처리해야 하는가?

그러므로 마땅히 잘 살피고 관찰하되, 마땅히 '이것은 모두 나의 선근善根이 미박微薄하고 업장이 두터운 탓으로 마구니에게 미혹당한다'라고 생각해야 한다. 이렇게 안 뒤에는 '저것들은 일체가 모두 오직 이 마음이다'라고 생각해야 한다. 이와 같이 생각하면 찰나에 즉시 소멸한다.[433]

'그러므로 마땅히 응당 잘 관찰하라.' 무엇으로 관찰하는가? 제6의식意識으로 관찰한다. 변화가 일어나면 알아차려야 한다. 심체審諦는 잘 살핀다는 뜻이다. 자세하게 관찰하여야 한다. 어떻게 관찰해야 하는가?

마땅히 이런 생각을 지어야 한다. '이것은 모두 나의 선근善根이 미박微薄하고 업장이 두터운 탓으로 마구니에게 미혹당한다'라고 생각해야 한다. 이런

---

433 원문은, 是故시고 宜應審諦觀察의응심체관찰 當作是念당작시념 此皆以我善根微薄차개이아선근미박 業障厚重업장후중 爲魔鬼等之所迷惑위마귀등지소미혹 如是知已여시지이 念彼一切염피일체 皆唯是心개유시심 如是思惟여시사유 刹那卽滅찰나즉멸

모든 현상은 내 선근善根이 미약하고 박약한데다, 업장은 또 대단히 두터워서 이제까지 배운 불법佛法으로는 그 업장業障을 이기질 못한다. 그래서 마구니와 귀신에게 미혹당하는 것이라고.

이렇게 안 뒤에는, 저것들은 모두가 오직 이 마음일 뿐이라 생각한다. 일체유심조一切唯心造 이야기다. 남의 마음도 아니고 내 마음이 만든 것이다. 일체가 다 내 마음이 만든 것이라고 생각한다. 내 마음이 본래 진심眞心인데, 내가 중생衆生이라서 망심妄心을 쓰니 8종식이 생겨서 이런저런 온갖 모습을 내가 만드는 것이다라고 생각하라는 것이다. 유식唯識에서는 일체가 마음이 만든 식識일 뿐 경계境界는 없다고 한다[唯識無境]. 경계가 따로 있는 것이 아니고 내 식識이 만든 것이다. 마치 꿈을 꾸는 중에 꿈속의 현상을 보는 것과 같다. 현실現實의 경계도 식識이 만든 것이다. 그렇게 알아차리라는 말이다. 그래서 불교 공부를 할 때는 유식을 공부해야 한다. 유식唯識을 완벽하게 공부하면, 이러한 마사魔事가 없다.

이렇게 생각하면, 찰나에 이 같은 마구니들의 소행이 소멸한다.

명明나라 말기의 대표적인 선승禪僧인 감산憨山대사가 유식학唯識學을 권장했다. 감산대사는 독학으로 스승 없이 혼자 공부했다. 그렇게 해서 크게 깨쳤다. 감산대사의 글에 이런 구절이 있다. "선수행禪修行을 하다 보면 반드시 식識을 알아야 한다. 식을 알아야 선禪 공부가 제대로 된다." 그렇게 강조한다. 감산대사의 「유식30송 직해直解」가 유명하다. 또 이런 말도 했다. "유식唯識을 알면 아공我空, 법공法空은 잠꼬대에 불과하다." 우리가 불교 공부를 할 때 아공我空, 법공法空을 증득해야 한다고 한다. 공리空理는 승의제 중의 증득승의제證得勝義諦다. '나'라고 하는 것도, 나 밖에 있는 삼라만상 일체법一切法도 다 식識이 만든 것이다. 다시 말하자면 꿈속에 나타난 현상이다. 그러니 꿈속에서 내 몸도 버리고. 이 세상도 버리고, 다 빈 것이니 집착하지 마라. 어찌하든 꿈 깨고 나면 몽땅 헛일이며 잠꼬대한 것이다. 그러니 유식을 알면 아공我空, 법공法空은 잠꼬대라는 것이다. 유식 공부를 해야 선禪을 아무 장애 없이 제대로 뚫을 수 있다고 한다.

제상諸相을 원리遠離하여 진짜 삼매에 들면, 심상을 이미 여의었으니 진상도 또한 소멸한다.[434]

'모든 모습을 멀리 여의었다.' 왜 여의었는가? 모든 모습은 다 식識이니까. 식이 일으킨 전도顚倒된 몽상이니까. 그러니 거기에는 아공我空, 법공法空조차도 없다, 알고 보면 그렇다는 말이다.

그래서, 진짜 삼매에 들어가면 여기 모든 모습을 멀리 여읜다는 것은, 어떻게 멀리 여의는가? 경계라는 것은 아我와 법法이니, 아집我執과 법집法執을 여읜다. 삼매三昧를 닦아서 여의어지는 것도 아니다. 왜 그런가? 삼매에 들면, 들어가 있을 때는 고요하니 좋지만, 삼매에서 나오면 삼매 들기 전과 달라진 것이 없다. 그러니까 제상을 멀리 여의는 일에 삼매는 아무 도움도 안 된다. 온갖 상은 전부 내가 지어낸, 꿈 같은 현상이라고 알 때 비로소 여의어진다. 그래야 진짜 삼매에 들어간다.

'심상을 이미 여의었으니 진상 역시 소멸한다.' 여기서 심상心相이라고 하는 것은 8종식이다, 여덟 가지의 식이 일어나는 현상을 심상心相이라고 했다. 심상을 이미 여의었으니, 진짜 모습이니, 가짜 모습이니 하는 모습은 다 없어졌다는 말이다.

---

434 원문은, 遠離諸相원리제상 入眞三昧입진삼매 心相旣離심상기리 眞相亦盡진상역진

지욱대사의 해설을 보면 "제상諸相을 원리遠離한다"는 것은 세 가지 방법으로 마사魔事를 잘 대치한다는 것이고, "진삼매眞三昧에 든다"는 것은 실다운 지혜가 난다는 말이고, "심상心相을 이미 여의었다"는 것은 무분별지無分別智를 얻은 것이고, "진상眞相도 또한 소멸한다"는 것은 무소득無所得에 이른다는 것이다.

이렇게 해야 진짜로 삼매 공부를 한 것이다. 중요한 것은, 이 모습이 헛것이고, 일체一切가 식識에서 나온 것이며, 일체가 마음이 만든 식識일 뿐 경계境界는 없다[唯識無境]는 사실을 이론적으로 확실히 아는 것이다. 그래야 삼매도 제대로 된다.

부처님은 성城을 넘어 출가하신 후, 사선팔정四禪八定을 익히셨다. 그런데 사선팔정을 익혀 삼매에 들어 있을 때는 편한데, 삼매三昧에서 나오면 마냥 똑같았다. 무엇이 똑같은가? 번뇌煩惱가 그대로 남아 있었다. 그래서 다시 수행을 하셨고, 인연법을 터득하면서 소위 열반涅槃을 알았던 것이다. 그러니 여기서도 삼매를 이야기하지만, 결국은 '유식무경唯識無境'을 알아야 제대로 삼매를 닦을 수 있다는 말이다. 그러면 유식무경을 통달하고 삼매를 닦으면, 어떤 효과가 있는가?

정定에서 일어나더라도 모든 번뇌가 모두 현행하지 아니함을 보게 되니, 삼매의 힘으로 종자를 파괴시키기 때문이다. 수승한 선품善品이 수순하여 상속되면 일체의 장애와 난제가 모두 멀리 떠났기 때문에 큰 정진을 일으켜 항상 끊어짐이 없다.[435]

---

435 원문은, 從於定起종어정기 見諸煩惱皆不現行견제번뇌개불현행 以三昧力壞其種故이삼매력괴기종고 殊勝善品수승선품 隨順相續수순상속 一切障難일체장난 悉皆遠離실개원리 起大精進기대정진 恒無斷絕항무단절

그냥 보통의 삼매와 여기서 말하는 일상삼매一相三昧, 진여삼매眞如三昧는 다르다. 일상삼매, 진여삼매에 들어가면 "업業이 녹는다"고 한다. 또는 "제6의식에서 벗어난다" 혹은 "제7식, 8식을 그대로 파악한다"고 한다. 그러니까 수식관을 하다가 보통 삼매에 들면, 이틀, 사흘을 삼매에 들어 있다가 나오더라도, 여전히 번뇌가 그대로다. 즉 종자種子가 현행現行한다는 말이다. 일상삼매/진여삼매에 들어가야 종자가 파기破棄되고 업에서 벗어난다고 한다. 이 글은 아주 중요하다. 해설을 보자.

지욱대사의 해설을 보면 이 구절은 진삼매眞三昧로 능히 발심주發心住에 올라가서 정심지淨心地에 들어가면, 사마타와 함께 비파사나도 원만하게 갖추어져서 번뇌가 일어나지 않는 경지에 도달한다는 말이다.

결국 진여삼매/일상삼매를 닦아야 한다는 말이다.

만약 이 삼매수행을 수습하지 않으면 여래종성에 들어갈 수 없다. 여타의 삼매는 모두 유상有相이므로 외도와 더불어 같아서 불보살을 뵈올 수가 없다. 그러므로 보살은 이 삼매를 마땅히 부지런히 수습하여 구경을 성취토록 하여야 한다.[436]

'여타의 삼매'란 『대승기신론』에서 권하지 않는 모든 종류의 삼매를 총괄하여 가리킨다. 수식관數息觀을 위시하여 사선팔정四禪八定과 멸진정滅盡定이라는 불가佛

---

436 원문은, 若不修此三昧行者약불수차삼매행자 無有得入如來種性무유득입여래종성 以餘三昧이여삼매 皆是有相개시유상 與外道共여외도공 不得値遇佛菩薩故불득치우불보살고 是故菩薩於此三昧시고보살어차삼매 當勤修習당근수습 令成就究竟영성취구경

家의 각종 삼매들은 모두 무루혜無漏慧를 내어서 삼승三乘의 과지果地를 증득하므로 외도의 유상삼매有相三昧와는 판연히 다르다. 그러나 진여삼매眞如三昧인 일상삼매一相三昧는 아니라고 한다.

불교에서 하는 다른 삼매三昧를 폄하貶下하는 내용은 없다. 다만 일상삼매/진여삼매를 닦아야 한다고 강조했다. 다른 삼매가 가장 문제가 되는 것은 중간에 마장魔障이 일어나기 때문이다. 마장이 일어나지 않는 삼매를 닦으려면 어찌해야 하는가? 앞에서 공부한 수지문修止門의 정수正修 부분, 이것이 진여삼매를 닦는 방법이다.

원래 『기신론』을 공부할 때, 삼매三昧 공부를 하고 마사魔事 이야기를 하고 나면, 어찌 되는가? 그럼 수식관이고 뭐고 다 때려치우고 기신론에서 설하는 진여삼매眞如三昧/일상삼매一相三昧를 닦아야 하겠다는 생각이 들 것이다. 앞서 다룬 진여/일상삼매 닦는 법을 다시 한번 훑어보자. 우리와 가장 관련이 깊은 것이 이 법문이다. 우리는 이제 이론理論은 대강 알았으니, 삼매三昧를 닦아야 한다.

\<복습\> 정수正修닦는 법, 신역과 구역 비교

이제 삼매三昧를 닦아야 한다. 앞에서 다룬 내용 중에 중요한 것들을 다시 한번 훑어보자.

정수正修[437]를 보자. 정수는 바른正 수행修이란 말이다.

"지를 수습하는 자는 고요한 곳에 자리잡고 단정하게 앉아서[端坐], 바른 생각을 갖는다[正意]." 여기 정의正意는 정념正念과 같은 말이다. 청정각명한 무연지無緣知 상태로 있는 것이 정의다.

'수식관을 공부해도 안 되고, 행색에 의지해도 안 된다[不依氣息 不依形色].' 형색의 대표적인 것이 부정관不淨觀이다. 몸이 시체屍體가 되어 썩어 문드러지는 것을 보는 것이다.

마음은 허공과 같다고 믿고 허공을 생각하며 앉아있어도 안 된다[不依虛空].

지수화풍地水火風은 옛사람이 생각한 세상의 근본물질이니, 요새 식으로 하면 원자原子나 쿼크, 렙톤을 생각하며 앉아 있어도 안 된다는 거다[不依地水火風].

견문각지는 우리의 눈·귀·코·혀·몸·뜻의 6근根의 작용이니 결국 6근根, 6진塵, 6식識에 의지하는 공부는 정수正修가 아니다[乃至不依見聞覺知].

그러면 왜 하지 말라는 것인가? 그에 대한 해설을 꼼꼼히 살펴보자.

'지욱대사의 설명에 따르면 호흡을 관찰하는 기식氣息은 당체當體를 불가득

437　원문은, 不依氣息불의기식 不依形色불의형색 不依虛空불의허공 不依地水火風불의지수화풍 乃至내지 不依見聞覺知불의견문각지

하고'; 숨쉬는 현상現象은 있지만, 들락날락하는 호흡이라는 것이 당체當體가 없다는 말이다. 지나가면 그뿐, 걷어잡을 만한 것이 없다.

'형색은 분석하면 무소유이고'; 형색形色은 백골관白骨觀을 한다든가, 부정관不淨觀을 할 때, 시체가 썩어가는 것을 보는 것인데, 그것을 분석하면 무소유無所有다. 본래 형체가 있는 것이 아니라서 그렇다. 무상無常하고 무아無我인 것이다.

'허공은 비유非有이고'; 허공이란 것은 그야말로 이름만 있지 아무것도 없다. 그것을 정신통일 대상으로 삼기에는 곤란하다는 말이다.

'지수화풍地水火風도 당체를 불가득하고'; 지수화풍地水火風에 의지하는 관觀도 당체가 없다. 이런 것들은 모두 소승불교小乘佛敎에서 쓰는 방법이다. 소승불교에서는 기식과 형색과 허공과 지수화풍과 견문각지를 관하는 대상[所觀]으로 삼아 삼매를 닦는다. 견문각지는 우리의 분별, 즉 의식작용이다.

'또 견문각지도 대상인 육진六塵이 실유實有가 아니므로 이런 것들은 모두 정수正修가 아니라고 한다.'; 바른 삼매가 아니다. 그래서 이런 것들을 걷어버리고 무엇을 하는가?

일체의 분별 상념을 모두 제거하고, 또 제거하는 생각도 역시 제거한다. 일체법은 불생불멸이어서 모두가 무상無相이기 때문이다.[438]

'일체의 분별分別에서 일어난 상념想念을 모두 제거하고,' 이 상념이 무엇인가? 기식氣息, 형색形色, 허공虛空, 지수화풍地水火風, 견문각지見聞覺知가 일체一

---

438 원문은, 一切分別想念皆除일체분별상념개제 亦遣除想역견제상 以一切法이일체법 不生不滅불생불멸 皆無相故개무상고

切의 상념想念이다. 이런 것들을 모두 제거한다[皆除]. 쓰지 않는다는 말이다.

'그것을 제거한다는 생각도 보낸다.' 즉 없애 버린다. 이유가 무엇인가? 일체법이 불생불멸이다. 물질로 된 법이건, 정신으로 된 법이건 관계없이 다 이 법에 다 포함된다. 세상만사, 삼라만상 전부 불생불멸이다.

그래서, '다 무상無相이다.' 불생불멸이다. 나지도 않고 죽지도 않는다. 이것은 인연因緣으로 생긴 것이니, 나도 난 것이 아니고, 없어져도 없어진 것이 아니다. 인연 따라서 그 현상이 일어났다 꺼졌다 하는 것이지, 일체법一切法이 본래 있는 것이 아니다. 무상無相이다. 불생불멸이다. 걷어잡을 것이 없다.

이것은, 기식, 형색, 허공, 지수화풍, 견문각지에 의지해서 좌선을 해선 안 된다는 것을 말한 것이다. 그 근거根據는 무엇인가? 일체법은 불생불멸不生不滅이고 무상無相이기 때문이다. 앞에서 설명했지만 한 번 더 한다.

전심은 경계에 따라서 생각이 일어난다[前心依境]. 좀 전에 한 것이 일체 분별이다. 분별상념이라고 했다. 경계에 의지해서 분별상념이 일어나면,

'경계 따라서 같이 없애버리고[次捨於境],'

'마음에 의지해서 분별상념이 생겨버리면[後念依心]',

'마음도 없애버린다[復捨於心].'

그렇게 해 놓고 이것이 무슨 말인가를 다시 설명한다.

'마음이 바깥 경계를 따라가면[以心馳外境],' 예를 들자면, 내가 저녁에 앉아 좌선하는데, 낮에 있었던 일이 자꾸만 생각난다. 새벽에 눈 뜨자마자 앉아서 좌선하자니, 밤에 꿈꾸던 것이 자꾸 생각난다. 그것이 전부 경계境界에 따라가는 것이다. 이렇게 마음이 바깥 경계로 치달으면,

'진심에 끌어서 넣고[攝住內心]' 여기서 내심은 정념正念, 혹은 진심이다.

'뒤에 생각이 다시 경계에 따라서가 아니라, 마음 분별에서 일어나면[後復起

心]'

'이것은 아예 취하지 말라[不取心相].' 무슨 말인가?

왜냐하면 이런 것들 일체는 알고 보면 다, '정념, 진심, 진여'에서 나온 것이기 때문이다[以離眞如 不可得故]. 경계든 마음이든 진여眞如가 근본根本인 줄 알면, 이것을 다 처리할 수 있다는 말이다.

그럼 경계에 따라서 마음에 분별상념이 일어나면 어찌해야 하는가? 내버려야 하는가? 따라가지 않는다는 것이 무슨 말인가? 옛날 사람들은 각찰覺察이라 했다. 내 진심, 청정각명한 진심眞心이, 경계에 따라서 분별상념이 일어나거나, 또 경계가 아닌 내 마음에서 분별상념이 일어나거나 하면, 그것을 알아차려서[覺] 살핀다[察]는 말이다.

예를 들어 내가 낮에 누군가와 의견 다툼이 있어 싸웠는데, 문득 그 생각이 일어난다. '아, 내가 싸웠지. 그 사람에게 너무 심한 말을 했네.' 이런 생각이 난다는 말이다. 그런 생각이 날 때는 후회하고 그러지 말고, '아아, 내가 생각을 일으키고 있구나.' 하고 알아차린다[覺察]. 또한 예를 들어, 아침에 세수하는데 물이 차다. 그럼 물이 차가운 줄 안다. 각찰이다. 그런데 이 각覺은 그냥 저절로 아는 것이다. 저절로 알아지는 것을 각覺이라 한다. 그러면 어떤가? 사띠와 똑같다. 남방불교에서 하는 사띠와 똑같다. 이렇게 알아차리면, 그 즉시 경계境界에 닿질려서 일어나는 분별상념이 정지停止한다. 그냥 뚝 그친다. 왜인가? 이렇게 알아차리는 각찰 때문에 다시 말해 사띠 때문에, 그보다 먼저 일어난 분별상념이 사라진다. 분별상념은 망념妄念인데, 알아차리는 동시에 사라진다. 그러면 그것으로 끝이다. 사라지고 나면 아무것도 없다. 그렇지 않은가? 예컨대 내가 세수하면서 '물이 차다, 너무 차다. 따뜻한 물로 세수하고 싶다.

그런데~ 등등'의 생각이 일어난다고 해보자. 알아차리는 순간, '물이 차구나'에서 생각이 그친다. 그것이 각찰이고 사띠다. 그리고 나서 물에 손을 넣으니 또 차다. 차니까 차다는 생각이 난다. 그러면 또 각찰을 하여 알아차린다. 그러니까 '차다'는 분별망상이 일어났을 때 그것을 알아차리면, 알아차리는 그 순간에는 아무것도 없다. 그 순간에는 청정각명淸淨覺明이다! 그렇게 알아차릴 당시, 그 순간에는 청정각명이다. 청정한 놈이 가차 없이 분명하게 알아차린다. 분명하게 알아차린 그 상태를 유지한다는 말이다.

그러면 어찌 되는가? 멍~해서 아무 생각이 없다. 그런데 우리는 항상 반연심攀緣心을 쓰던 버릇이 있어서, 멍~해서 아무 생각 없는 청정각명의 맛을 보면, 바로 심심하다고 느낀다. 심심해서 분별分別을 일으킨다. 그러니까 분별을 일으키면 그것도 또 알아차리면 된다. '아아, 내가 잡생각을 일으키고 있구나.' 알아차리면 알아차리는 그 순간 바로 청정각명이다. 그 상태를 그대로 유지하면 된다.

행주좌와와 일체시에 이와 같이 수행하여 항상 끊어지지 않으면 점차로 진여삼매眞如三昧에 들어가고, 마침내는 일체 번뇌를 절복하고 신심이 증장하여 조속히 불퇴전을 이룬다.[439]

사마타 수행은 앉아서만 하는 것이 아니다. 처음에는 앉아서 시작하더라도 나중에는 행주좌와 어묵동정, 살아있는 모든 순간에 한다[行住坐臥행주좌와 於一切時어일체시 如是修行여시수행].

---

439 원문은, 行住坐臥행주좌와 於一切時어일체시 如是修行여시수행 恒不斷絶항불단절 漸次得入眞如三昧점차득입진여삼매 究竟折伏一切煩惱구경절복일체번뇌 信心增長신심증장 速成不退속성불퇴

'늘 끊어지지 않는다[恒不斷絶항불단절].' 무엇이 끊어지지 않는가? 분별망상은 없어지고 청정각명淸淨覺明이 끊어지지 않는다. 청정각명만 그대로다. 항상하다. 그러면, 점차로 진여삼매에 들어간다[漸次得入眞如三昧점차득입진여삼매]. 이것이 진짜 삼매다.

'마침내는 일체의 번뇌를 절복한다[究竟折伏一切煩惱구경절복일체번뇌].' 이것이 중요한 것이다. 이 삼매를 닦지 않고, 그냥 정신통일을 한다. 예컨대 책 읽을 때 정신이 통일되면 독서삼매讀書三昧라고 한다. 염불삼매念佛三昧라는 말도 있고. 그런 삼매를 가지고는 번뇌를 없앨 수 없다. 삼매에 들어있을 때는 조용해서 좋지만, 그 삼매를 벗어나면 다시 번뇌가 일어난다. 그런데 여기서 말하는 진여삼매眞如三昧는 청정각명淸淨覺明을 유지하는 삼매다. 늘 우리는 반연심攀緣心에 끌린다. 반연심은 분별심分別心이다. 분별이란 주主가 있고, 객客이 있다는 말이다. 견분見分이 있고 상분相分이 있다. 항상 쓰는 버릇이 이렇다. 이것을 쓰지 않으면 무연지無緣知에 들어간다. 무연지는 무분별심無分別心이다. 무연지가 드러나면 분별이 없다. 주객이 없다.

그런데 무연지는 잠[睡眠]에 빠지기 쉽다. 좌선할 때 아주 조심할 것이 진여삼매를 닦는다고 하다가 잠에 떨어지는 것이다. 수면 상태에선 각명하나 견문각지가 작동하지 않는다. 쉰다. 보통의 경우에는 각명覺明은 견문각지하는 반연심攀緣心만 쓸 줄 알고, 무연지無緣知가 떠오르면 그냥 잠과 함께 흘러간다. 그래서 대부분의 사람이 존다. 처음에는 많이 졸기 때문에 '참선'이 아니라 '잠선'이라고 농담한다. 좌선하며 졸지 않기가 어렵다는 말이다. 청정각명淸淨覺明에서 견문각지가 사라지면 잠이 오는데, 우리가 항상 경계할 일이 그것이다. 처음에는 잘 안 된다. 하다가 보면, 자꾸 애를 쓰다 보면, 경안輕安을 느끼게 된다. 잠이 오지 않는 상태에선 반연심을 쓰던 버릇 때문에, 심심하고 갑갑

557

하고 지루하다. 한마디로 지겹다고 느끼는데, 경안이 오면 그런 부정적인 느낌이 없어진다. 그냥 편안하다. 좌선하다 보면 누구나 경안輕安이 온다. 본인이 느낀다. 경안이 심하게 온 사람을 본 적이 있다. 이 사람은 하루종일 앉아 있었다. 앉아서 한두 시간 지나면 소변을 보기 위해서라도 일어나는 것이 보통인데, 이 사람은 그러지도 않았다. 경안이 아주 강하게 온 경우다. 그렇게 경안이 오는데, 그렇게 아무 생각 없이 잠들지도 않고 깨어있는 상태, 그것이 여기서 말하는 사마타다.

* 신 · 구역비교

지금 이 부분은 아주 중요하니, 구역舊譯에선 어찌 번역했는지도 알아보자.

'若修止者약수지자'; '지를 수습하는 자'는 문장이 신역과 같다.

'住於靜處端坐正意주어정처단좌정의'; '고요한 곳에 자리잡고 단정하게 앉아서, 바른 생각을 갖는다.' 여기 정의는 정념正念과 같은 말이다. 청정각명한 무연지無緣知 상태로 있는 것이 정의다.

'不依氣息不依形色불의기식불의형색 不依虛空不依地水火風불의허공불의지수화풍 乃至不依見聞覺知내지불의견문각지'; 여기 문장도 신역新譯과 똑같다. 그 다음

'一切諸想隨念皆除일체제상수념개제 亦遺除想역견제상'; 이 문장도 신역과 같다. 다만 신역에서 분별상념이라 했던 것을 그냥 상想이라 하고, 그 일체의 상, 즉 망상을 전부 생각에 따라[隨念] 없앤다고 했다. 생각이 일어날 때마다 각찰하면 그것이 바로 없어진 것이다. 사띠하면 없어진 것이다.

'亦遺除想역견제상'; '망상이 일어나니 없애야지' 하는 생각 또한 없앤다. 그러니까 각찰覺察하면 되지, 일어난 이 생각을 없애야겠다는 식의 생각은 일

으키지 말라는 것이다. '이런 생각이 일어났구나' 하고 알아차리면, 즉 각찰하면 그 생각은 금방 없어진다. 그런데 사람이 화가 많이 났을 때는, 각찰해도 화가 남는다. 감정이 폭발한 상태에서는 각찰해도 잘 진정되지 않는다. 그럴 때는 어찌하는가? "어라, 각찰해도 이 녀석이 안 없어지네." 이렇게 한번 더 환기喚起하면 없어져 버린다. 성을 내면서, '내가 성내고 있네.' 해도 성이 남아 있다면, 그때는 한 번 더 각찰한다. '이 녀석 보게. 내가 각찰했는데도 아직 성을 내고 있네.'라고. 그러면 없어져 버린다. 공부가 많이 되면 각찰할 것도 없다. 척하면 없어진다. 분별망상은 척하면 본래 없다. 왜 그런가? 망상이란 것이 본래 있는 것이 아니라, 우리의 착각에서 일어난 것이라서 그렇다.

'以一切法本來無相이일체법본래무상. 念念不生念念不滅념념불생념념불멸'; 신역新譯에서는 '以一切法이일체법 不生不滅불생불멸 皆無相故개무상고'라 해서 불생불멸不生不滅이 먼저 나오고 무상이 나중에 나오는데, 구역에는 무상無相이 먼저 나오고 불생불멸不生不滅이 나중에 나온다. 같은 말이다. '일체법이 생긴 것 같아도 사실은 생긴 것이 아니다.'

각찰覺察하면 없다는 것이 무슨 뜻인가? 착각錯覺으로 있다고 생각하는데, 알아차리면 없다. 본래 없는 것이라서 알아차리면 없는 것이다. 각찰이 잘 되면 꿈꿀 때에도 각찰이 된다. '어, 이거 꿈이네.' 그러면 꿈이 깬다. 꼭 그와 같다. 본래 없는 것이다. 우리가 착각으로 있다고 여길 뿐이다. 구역舊譯의 그 다음을 보자.

"亦不得隨心역부득수심 外念境界後외념경계후 以心除心이심제심"; 부득不得은 얻을 수 없다거나 얻지 못한다는 말이 아니고, '~해서는 안 된다'는 뜻이다. 여기서는 수심隨心 이하의 생각을 해서는 안 된다는 말이다. 마음을 따라서 바깥으로 경계를 생각하다가, 뒤에 마음을 가지고 마음을 제거해서는 안 된다. 그러니까, 각찰覺察을 하라는 말이지, '내가 망상분별을 하고 있구나. 나는 왜 이 모습이지? 이러다가 언제 공부가~' 하는 식으로 생각들을 일으켜서 그 생각으로 이전 생각을 대치해서는 안 된다는 말이다. 다만 각찰만 한다. 알아차리기만 한다. '아!' 하고 알아차리는 것만으로 그친다는 말이다. 마음 따라서 바깥 경계를 생각하고는, 후에 생각을 가지고 망상분별을 제거해서는 안 된다. 그런 짓 하지 말고 각찰만 하라는 말이다. 중요하다.

신역新譯에선 뭐라고 했는가? 이 부분이 없다. 그리고 뭐라고 했는가 하면, **'前心依境전심의경 次捨於境차사어경'**; 경계에 의해서 전심前心이 생기면, 그 경계에다 마음을 버리고, 그러니까 경계境界 따라 일어나면 그런 줄 알아차리라는 것이다. 각찰覺察하면 바로 없어진다는 말이다.

'後念依心후념의심 復捨於心부사어심'; 또 뒤에 생각이 일어나는데, 그것은 경계에 의해서가 아니라 망상분별에 의해 일어났다고 할 것 같으면, 그 망상분별妄想分別을 없애면 된다. 구역舊譯은 이렇게 하면 안 된다는 잘못된 사마타를 설명한 것이고, 신역新譯에서는 잘못된 사마타를 이야기하지 않고, 경계境界에 따라 생각이 일면 그것도 각찰覺察하고, 마음에서 분별망상分別妄想으로 망념妄念이 생기면, 그것도 각찰하라고 써놓은 것이다. 말은 좀 다른 듯 보여도 같은 얘기다. 그 다음 구역舊譯에는,

"心若馳散심약치산"; 만약 마음이 자꾸 일어나면. 치馳는 달아나고, 산散은 흩어지는 것이다.

'卽當攝來住於正念즉당섭래주어정념'; 정념이 바로 알아차리는 것이다. '아아!'하고 알아차리는 거다. 그리고는 이 정념이 무엇인지를 또 설명해 놨다.

"是正念者시정념자. 當知唯心無外境界당지유심무외경계."; 이 정념正念이라

는 것은 단지 마음뿐 바깥 경계가 없다. 일체가 식識에서 나타난 것이란 말이다. 삼계는 유심이요 만법은 유식[三界唯心 萬法唯識]이라고 한다. 삼계유심은 『화엄경』에서 하는 말로 일체유심조一切唯心造와 같은 말이다. 만법유식萬法唯識은 유식론에서 하는 말이다. 같은 말이다. 심心과 식識이라고는 하지만, 삼계유심의 심도 망심妄心에서 일어나는 것이니 식識과 다를 것이 없다. 진심眞心은 어떤가? 진심에는 삼계三界라는 것이 없다. 원래 진심에는 청정각명淸淨覺明뿐인데, 사실 청정각명은 말을 붙여서 청정각명이지, 청정각명이라는 당체當體가 없다.

"旣復此心기부차심亦無自相역무자상."; '다시 이 마음 역시 스스로의 모습이 없다.'

"念念不可得념념불가득"; 우리가 아무리 온갖 분별망상을 일으켜도 걷어잡을 수가 없다. 어디서 일어났는지 알 수가 없다는 말이다. 망상이 일어나고, 일어난 망상에 끄달려 울고 웃고 고민도 하는데, 사실 가만히 생각해 보면 불가득이다. 념념불가득念念不可得이니까 생각이 일어났다 꺼졌다 하는 것에 끄달릴 것이 없다. 그러나 우리가 식識을 따라서 만법萬法이 밖에 존재한다고 여기는 버릇이 있어서, 바깥 경계, 6진경계六塵境界가 일어나면, 거기서 벗어나지를 못한다. 그래서 이 사마타를 하는 것이다.

여기까지가 무엇에 대한 설명인가 하면 "亦不得隨心外念境界역부득수심외념경계"에서 이렇게도 하지 말라고 한 부득不得을 설명한 것이다. 잡념雜念이 바깥 경계境界로 인해서 일어나든, 내 망심妄心에 의해서 일어나든 관계없이, 전부 다 정념正念으로 돌리라는 말이다. 마음이 달아나 흩어지면 정념으로 돌리라는 것이다[心若馳散. 卽當攝來住於正念]. 정념正念으로 돌리는 방법은? 각찰覺察하는 것이다.

구역과 신역의 차이는, 구역舊譯에서는 이렇게 공부를 잘못하면 안 된다고 설명했다는 점이다. 각찰하지 않고 망상을 피울 때마다 '아 내가 또 망상妄想을 피웠구나. 이래서는 언제나 공부가 될까…'와 같은 생각을 하지 말라는 것이다. "이런 생각이 일어났구나" 라고 그냥 알아차리기만 하라는 것이다. 각찰覺察만 하라. 사띠만 하라. 그래서 이렇게 각찰하는 것이 버릇이 돼야 한다. 버릇이 되어서 하루종일 행주좌와行住坐臥 일체시一切時에 각찰覺察이 되면, 그러면 삼매三昧는 곧 될 것이다.

또 경안輕安이 되면 그야말로 시간이 나도 모르게 간다. 몇 시간씩 앉아있는 사람도 있다. 며칠씩 앉아있는 심한 경우도 있다. 그러나 오래 앉아있는 것이 중요한 것이 아니라, 청정각명淸淨覺明, 공적영지空寂靈知인 상태로 앉아 있는 것이 중요하다.

신역新譯에선 일상삼매一相三昧라고 했는데, 구역舊譯에선, "等無二등무이 即名一行三昧즉명일행삼매"라고 했다. 수행修行하는 입장에선 일행삼매一行三昧이고, 이 세상에 있는 모든 모습을 기준으로 보면, 그 모든 모습이 하나라서 일상삼매一相三昧다. 청정각명이 네 청정각명, 내 청정각명 따로 있지 않다. 청정각명淸淨覺明에는 아무 모습이 없다. 그래서 일상一相이다. 하나의 모습이다. 평등平等하다는 말이다. 똑같아서 평등하다는 생각을 유지하는 것이 삼매다. 복습이 끝났다.

자 그럼 다음 진도를 내자.

[5] 수지修止의 이익

이 삼매를 수습하면 현재의 몸으로 곧 열 가지의 이익을 얻는다. 하나는 항상 시방의 제불보살께서 호념하신다. 둘은 일체 제마악귀諸魔惡鬼 때문에 뇌란하지 않는다. 셋은 일체 사도邪道에 현혹되지 않는다. 넷은 깊은 법을 비방하는 중죄업장이 모두 적어지고 엷어진다. 다섯은 일체의 의심과 모든 잘못된 각관覺觀440이 소멸한다. 여섯은 여래의 경계에 대한 믿음이 더욱 자란다. 일곱은 근심과 후회를 멀리 여의고 생사 중에서 용맹하여 겁내지 않는다. 여덟은 교만을 멀리 여의고 유화柔和하고 인욕하여 항상 일체 세간의 존경을 받는다. 아홉은 설사 정定에 머물지 않아도 일체시 일체처에 번뇌의 종자가 엷어져서 마침내 현행現行하지 않는다. 열은 만약 정에 머물면 일체 음성 등의 연緣에 끄달리지 않는다.441

사마타를 성취하면 이런 이익이 있다는 것이다.

모두 현재의 몸으로 받는 이익들이다. "다섯째 일체의 의심과 모든 잘못된 각관

---

440 각관(覺觀): ⓢvitarka-vicāra 각(覺)은 개괄적으로 사유하는 마음 작용, 관(觀)은 세밀하게 고찰하는 마음 작용.

441 원문은, 修此三昧수차삼매 現身卽得현신즉득 十種利益십종이익 一者일자 常爲十方諸佛菩薩之所護念상위시방제불보살지소호념 二者이자 不爲一切諸魔惡鬼之所惱亂불위일체제마악귀지소뇌란 三者삼자 不爲一切邪道所惑불위일체사도소혹 四者사자 令誹謗深法영비방심법重罪業障중죄업장 皆悉微薄개실미박 五者오자 滅一切疑諸惡覺觀멸일체의제악각관 六者육자 於如來境界어여래경계 信得增長신득증장 七者칠자 遠離憂悔원리우회 於生死中어생사중 勇猛不怯용맹불겁 八者팔자 遠離憍慢원리교만 柔和忍辱유화인욕 常爲一切世間所敬상위일체세간소경 九者구자 設不住定설불주정 於一切時一切境中어일체시일체경중 煩惱種薄번뇌종박 終不現起종불현기 十者십자 若住於定약주어정 不爲一切音聲等緣之所動亂불위일체음성등연지소동란

563

覺觀이 소멸한다"는 것이 가장 중요한 이익이니, 장차 무상정등정각無上正等正覺을 성취하게 된다.

　일체의 의심이 소멸하니, 모든 것을 다 알게 된다는 말이다. 불법의 이치를 알면 모두 다 알지만, 사마타를 성취해야 그 의심이 진짜로 없어진다는 뜻이다.

　불교공부는 중간에 시절인연을 만나야 한다. 그렇게 해서 한소식을 해야 안목眼目이 열린다. 경에 있는 이론을 그냥 이론으로 알다가 시절인연이 도래하면 그것이 실감난다. "아, 진짜네!" 하는 생각이 든다. 그러면 보통 그것을 두고 경을 보는 눈, 경안經眼이 열렸다고들 한다. 한소식을 하고 나서 경을 보면 막히는 것이 없다. 한소식, 두소식, 세소식 하고 나면 자연히 그리된다. 소식이 뭐 그리 많으냐고 할 수 있는데, 대혜종고大慧宗杲 선사는 큰 소식을 네 번 하고, 즉 크게 깨치기는 네 번을 하고, 작게 깨치기는 수십 번을 했다. 참선하라고 주장하는 대혜종고 선사의 말이다. 공부를 열심히 하다가 보면, 어느 순간에 시절인연이 와서 느낌이 확 든다. 그런 후에 경經을 보면 대부분의 경이 다 풀린다.

　그런데 불교 중에 유식학唯識學이라고 하는 것은 한소식하지 않아도 할 수 있는 학문이다. 유식학을 열심히 공부하면, 그야말로 한소식하지 않고도, 불교이론에 대해서 확고하게 설명할 수 있게 된다. 그것이 유식학의 강점强點이다. 여러분에게 유식학을 강조하는 이유는, 상식 있는 일반인이면 누구나 할 수 있는 것이 유식학이기 때문이다. 한소식 오지 않은 사람은 더구나 열심히 해야 한다. 이 유식학을 공부해서 자신이 붙으면, 한소식 할 것도 없이 저절로 경지에 올라온다.

2. 수관문修觀門

성성적적惺惺寂寂에서, 성성하게 깨어있으면 무엇과 연결되는가? 망상妄想과 연결된다. 우리는 온갖 생각을 하면서 깨어있거나, 무념무상無念無想에 들어가서 잠을 자거나다. 이 두 가지 중 하나에 떨어진다. 성성惺惺과 적적寂寂을 한쪽에 치우치지 않고 평등하게 겸하는 것, 그것을 성적등지惺寂等持라 한다. 성적등지하는 것이 사마타다. 그런데 사실은 그것이 잘 안 된다.

다시 만약 오로지 지止만 수습하면 마음이 침몰하거나, 혹은 나태해지거나, 중선衆善을 즐기지 않거나, 대비大悲를 멀리 떠나기도 한다. 따라서 마땅히 관觀을 겸하여 수습해야 한다.[442]

오로지 지만 수습하면 마음이 침몰한다. 좌선만 하려고 하면 잠이 오는 것이다. 또 일부는 잠은 자지 않지만, 온갖 망상妄想을 피우며 앉아 있다. 한 시간을 앉는다 하면, 한 시간 내내 온갖 생각이 끊이지 않고 이어진다. 그러니 이런 경험이 있는 사람은 좌선한다고 해봐야 잠자는 것 아니면 망상 피우는 것이라고 생각해서 좌선坐禪을 하지 않으려 하게 된다. 그것이 해태懈怠다. 게으름을 피운다는 말이다.

삼매三昧만 닦고 있으면, 다시 말해 산에 가서 토굴 짓고 사마타만 집중적으로 닦으면 어찌 되는가? 사람을 만나지 않으니 아무 하는 일이 없어서,

'여러 가지 착한 일 하는 것을 좋아하지 않게 된다[不樂衆善불락중선].' 선행善行

---

442 원문은, 復次부차 若唯修止약유수지 心則沈沒심즉침몰 或生懈怠혹생해태 不樂衆善불락중선 遠離大悲원리대비 是故宜應兼修於觀시고의응겸수어관

을 닦지 않는다는 말이다.

또 '대비를 멀리 떠난다[遠離大悲].' 대비大悲는 큰 자비심이다. 자비심은 중생을 제도하는 것이다. 모르는 것이야 어쩔 수 없다고 해도 아는 것만큼 다른 사람에게 전해 주는 것, 그것도 하지 않는다는 말이다.

'그래서 마땅히 관법, 즉 비파사나를 함께 수행하는 것이 좋다.' 사마타만 너무 오래 하면 매너리즘에 빠져서 공부가 잘 안 된다. 불교공부는 원래 혜慧가 먼저 열려야 한다. 지혜가 먼저 열리고 그 다음에 사마타를 닦는 것이 좋다. 그래서 우리들이 하는 것처럼, 경經도 공부하고, 『대승기신론』도 배우고, 유식학唯識學도 배운 다음에 사마타를 닦는 것이 좋다. 여기 기신론에서는 사마타가 먼저 나온다.

바른 순서는, 관觀을 먼저 배우고, 문사수聞思修 공부를 통해서 나아간다, 불교공부는 문사수 공부다. 법문을 듣고[聞], 이치를 생각해 보고[思], 그 다음에 수행에 들어간다[修]. 수행이 사마타, 즉 지止다. 그러하니 관觀을 배워서 불법의 이치理致를 알고 사마타에 들어가는 것이 바른 순서다.

어떻게 수습하느냐? 세간의 일체 제법이 생멸하고 머물지 않으니, 무상하니까 괴롭고, 괴로우니까 무아라고 마땅히 관하라고 말한다. 과거의 법은 꿈같고, 현재의 법은 번갯불 같고, 미래의 법은 구름 같아서 홀연히 생긴다고 응당 관하여야 한다. 또 몸은 모두 부정不淨하고, 온갖 벌레와 세균에 오염되었고, 번뇌가 혼잡되어 있다고 응당 관하여야 한다.[443]

---

443 원문은, 云何修耶운하수야 謂當觀世間一切諸法위당관세간일체제법 生滅不停생멸부정 以無常故苦이무상고고 苦故無我고고무아 應觀過去法如夢응관과거법여몽 現在法如電현재법여전 未來法如雲미래법여운 忽爾而起홀이이기 應觀有身悉皆不淨응관유신실개부정 諸蟲穢污제충예오 煩惱和雜번뇌화잡

이것은 우리가 다 아는 바다.

'어떻게 닦는가?' 비파사나를 어떻게 닦느냐는 말이다.

'말하기를 세간의 일체제법을 마땅히 다음과 같이 관하여야 한다.'

'생겼다가 멸했다가 하여 정지하지 않는다[生滅不停].' 즉 무상無常하다.

'무상하니까 괴롭고, 괴로우니까 아가 없다[以無常故苦 苦故無我].' 아我라는 것은 무엇인가? 상주常住다. 항상 있는 나, 항상 있는 주인공, 독자성獨自性을 이야기한다. '독자성이 없다'와 '상주하지 않는다'는 같은 말이다.

그다음, '과거의 법은 꿈과 같고[過去法如夢], 현재의 일은 번갯불 같고[現在法如電], 미래법은 구름같다[未來法如雲]. 홀연히 일어난다[忽爾而起].' 지난 밤에 꾼 꿈은 아침에 일어나면 흔적이 없다. 과거사도 마찬가지니 지나간 일에 너무 집착하지 말라는 말이다. 지난 일을 두고 후회하거나 미련을 두지 말라는 것이다.

번갯불은 번쩍하고 나면 없다. 현재법은 찰나 간이다. 찰나가 지나면 다른 찰나가 오니, 어느 찰나의 모습이 진짜 모습인가?

미래법은 구름과 같으니, 머무는 일 없이 찰나찰나 변한다.

'마땅히 이렇게 보아야 한다[應觀].'

'내 몸이 있는데, 모두 더럽고, 온갖 벌레와 더러운 것에 오염되었고, 번뇌가 혼잡되어 있다고[有身悉皆不淨 諸蟲穢汚 煩惱和雜].' 부정관不淨觀의 내용은 많은데, 여기 보면 모든 벌레가 오염해 있다는 말이다. 부처님이 처음에 이렇게 부정관을 시켰다가, 제자들이 자기 몸이 너무 더러운 걸 알고 견디지 못하고 자살하는 경우가 생기자, 수식관으로 바꾼다.

부처님이 초기에 가르치신 것 대부분이 여기 나왔다.

모든 범부나 우인이 보는 제법은 한 물건도 없는 중에서 망계妄計하여 있다고 생각하는 줄을 관한다.[444]

이것은 집제관集諦觀이다. "망계妄計하여 있다고 하는 것"은 혹惑이니 집제集諦에 해당한다. 이 관으로써 범부와 외도와 이승이 공통적으로 보유하는 '삼계三界가 있다'는 탐착을 대치한다.

관觀, 즉 비파사나에 대해서 마명존자는 고집멸도苦集滅道를 가지고 설명하는 것 같다. 고집멸도苦集滅道의 사성제四聖諦다. 우리가 보는 일체의 현상은 고다[苦]. 고에는 일어난 원인이 있다[集]. 원인이 무엇인가? 전생에 지은 업이다. 내가 왜 전생에 업을 지었을까? 미혹해서다. 미혹은 치痴를 말한다. 그러니 이 혹惑이 문제다. 탐진치貪瞋痴 중 치痴가 문제라는 말과 같다. 혹惑 또는 치痴라고 하는 것은 우리가 세상을 보는 견해가 뭔가 잘못되었음을 가리킨다. 그것을 설명하는 것이 집集이다.

일체 인연 따라 생긴 법은 모두 환幻 등과 같아서 끝내 무실無實하다고 관찰한다. 제일의제는 심소행心所行이 아니므로 비유할 수 없고 말할 수 없음을 관한다.[445]

이것은 멸제관滅諦觀이다. "인연 따라 생긴 법은 모두 환幻 등과 같아서"는 사事에 즉卽한 진眞이니, 진이 사의 밖에 있는 것이 아니다. 따라서 "심소행心所行이 아

---

444 원문은, 觀諸凡愚관제범우 所見諸法소견제법 於無物中어무물중 妄計爲有망계위유

445 원문은, 觀察一切從緣生法관찰일체종연생법 皆如幻等개여환등 畢竟無實필경무실 觀第一義諦관제일의제 非心所行비심소행 不可譬喩불가비유 不可言說불가언설

니니 비유할 수 없고 말할 수 없다"고 한다. 이것은 범부 외도의 비멸계멸非滅計滅과 이승二乘의 사유멱공捨有覓空과 권교보살의 기변취중棄邊取中을 대치한다.

멸멸滅은 적멸寂滅, 곧 열반涅槃을 가리킨다. 적멸 자리에서 보면 일체법은 연생緣生이라, 인연에서 생긴다. 인연에서 생겼으므로 독자성獨自性이 없다. 독자성을 불교에선 흔히 자성自性이라고 한다. 세상의 모든 것은 인因과 연緣이라는 조건에 의해서 나타나는 것이니까 독자성이 없으니 아무것도 없다. 그래서 환과 같다[如幻]고 한다. 실다운 것이 없다는 말도 같은 말이다.

그럼 열반涅槃이란 무엇인가? 여기서 열반은 제일의제第一義諦라고 했다. 승의제 중에서도 승의제勝義諦인 것이 제일의제다. 제일의제인 열반은 마음에서 일어난 것, 혹은 마음이 만들어낸 것[心所行]이 아니다. 그러니 당연히 물질은 아니고[非物], 정신도 아니다[非神]. 불교에서는 비물非物을 비색非色이라 하고, 비신非神을 비심非心이라 한다. 그래서 열반涅槃자리는 비색비심非色非心이다. 우리가 말하는 독자성獨自性이 있는 것은 진심眞心이다. 진심眞心은 청정각명淸淨覺明이다. 혹은 공적영지空寂靈知다. 진심은 각명한 작용, 영지한 작용으로 목석木石과는 다르다. 청정이라 하는 것은 아무런 모습이 없다. 걷어잡을 것이 없다. 공적이라, 텅비어서 아무것도 없이 고요하다. 그러므로 이것은 말만 진심眞心이라고 했지, 사실은 심도 아니고, 색도 아니다. 그러니, '진심은 마음에 속한다'고 하면 진심을 제대로 파악하지 못한 것이다. 진심이 색이 아닌 것은 다시 말할 것도 없다.

여기서는 심이 아님을 말하느라 마음이 만든 것이 아님[非心所行]이라 한다. 그 다음, 범부 외도는 이 세상의 근본 자리는 유有 아니면 무無라고 주장한다. 비멸계멸非滅計滅의 비멸은 유有, 계멸은 무無이다. 이승二乘은 이 세상의 진리

[第一義諦를 유가 아니라 공에서 찾는다. 즉 유가 아니라 공이라고 주장한다. "약견제상비상若見諸相非相하면 즉견여래卽見如來"다. 상相이 진짜 상이 아니다. 빈 모습이다. 이승二乘은 그 빈 모습을 찾는다. 공이라고 하는 모습空相을 찾는다.

그 다음 '권교보살의 기변취중棄邊取中을 대치한다.'고 했다. 원교圓教, 돈교頓教 이외의 가르침이 권교權教다. 방편을 따라 점차 공부해 나아가는 그런 보살들이 권교보살이다. 그들은 기변취중棄邊取中한다. 변을 버리고 중中을 취한다. 여기서 변邊은 유와 무라고 하는 양변을 가리킨다. 유有와 무無 양변을 떠나서 중도를 취한다는 말이다.

'대치한다'고 했다. 그러면 이 『대승기신론』에서 말하는 제일의제第一義諦는 무엇을 말하는가? 앞 부분에서 진여문眞如門과 생멸문生滅門으로 나눴는데, 여기서는 진여문을 제일의제第一義諦라 하고 있다. 그럼 진여문眞如門은 어떤 것인가? 우리의 진심眞心이다. 청정각명淸淨覺明이 진여문이다. 공적영지空寂靈知가 진여문이다.

일체 중생은 무시로부터 모두 무명의 훈습력으로 인하여 무량한 신심의 대고大苦를 받았으며, 현재와 미래도 역시 그와 같아서 무변무한하여 벗어나기도 어렵고 제도하기가 어려우며, 항상 그 가운데에 있어서 각찰覺察하지 못하니 심히 불쌍하다고 관한다.[446]

이것은 고집멸도苦集滅道에서 도道, 즉 공부하는 법이다. 37도품을 이야기하

---

446 원문은, 觀一切衆生관일체중생 從無始來종무시래 皆因無明熏習力故개인무명훈습력고 受於無量身心大苦수어무량신심대고 現在未來현재미래 亦復如是역부여시 無邊無限무변무한 難出難度난출난도 常在其中상재기중 不能覺察불능각찰 甚爲可愍심위가민

는 것이다. 여기서는 도품道品을 이야기하지 않고, 공부하기 어렵다는 이야기만 하고 있다. 모든 중생이 시작없는 옛적부터 무명의 훈습하는 힘 때문에 무량한 몸과 마음에 큰 고통을 받고 있다. 그 원인이 무엇인가? 여기서는 무명훈습력無明熏習力이라고 했다. 무명이 원인이란 말이다. 무명이 있어서 생사의 고통이 벌어졌다. 잘 있는 진심에 무명의 바람[無明風]이 불어 망심妄心이 된다. 그러면 진심과 망심의 차이는 무엇인가? 무명풍으로 인해 주主를 일으키고 객客을 일으키는 것, 그것이 망妄이다. 망妄으로 견분과 상분이 생겼다. 이것을 자세히 설명한 것이 삼세육추다. 삼세三細는 무명업상無明業相, 전상轉相, 현상現相이다. 무명업상은 무명, 전상은 주主, 현상은 객客이다. 그 다음으로 지상智相, 상속상相續相 이하 육추六麤가 벌어진다.

그런데 무명無明은 왜 생겼는가? 원래 청정각명한 진심인데, 왜 무명이 생겼는가?『대승기신론』엔 무명이 왜 생겼느냐에 대한 설명이 없다.『능엄경』에서는 뭐라 하는가? 진심은 각명하니까, 각명覺明하기 때문에 망妄을 일으킨다고 했다. 각명하기 때문에 각명하게 알려고 하는 놈[主體]이 나타났고, 나머지 대상은 객체客體가 되었다. 주객이 생겼다. 망을 일으켰다.『능엄경』은 그렇게 무명이 생겨났다고 설명한다. 그것을 무명無明의 훈습력熏習力이라 했다. 삼세 가운데 무명업상은 원 무명無明 자리이고, 전상, 현상이 주와 객이다. 이 삼세를 다른 말로 하면 제8 아라야식이다. 아라야식에 업상業相 자증분自證分이 있고, 아라야식 견분見分과 아라야식 상분相分이 있다.

무명無明에서 주객主客이 벌어진다고 하는데, 실제로 무명이란 것이 있는가? 무명無明은 실재實在가 아니다. 각명이 각명覺明하기 때문에 생기는 착각錯覺이다. 그러니 아라야식도 착각錯覺이다. 아라야식도 실제로 있는 것이 아니다. 그러니 이러한 무명無明 전체를 법치法痴라고 한다. 법에 대해 모른다는 말이다. 이러한 법치로 인해서 삼세육추가 벌어져서 괴로움이 생긴다.

원문 마지막 부분에서, '不能覺察불능각찰 甚爲可愍심위가민'이라 했다. 각찰할 줄 몰라서 심히 불쌍하다는 뜻이다. 각찰을 할 줄 모른다고 했다. 공부는 각찰하면 되는데 말이다. 각찰覺察이란 무엇인가? 우리가 삼세三細를 알려고 하면 어찌해야 하는가? 무명을 제대로 파헤쳐야 한다. 무명無明을 파헤치기 위해서는 어찌해야 하는가? 주객主客 이전以前을 파헤쳐야 한다. 주객 이전을 파헤치는 것은 무엇인가? 6진경계六塵境界를 보고 이런저런 망상妄想을 짓지 말아야 한다. 분별 망상을 짓지 않는 방법은 무엇인가? 각찰覺察해야 한다. 사마타에서 이미 배운 바 있다. 생각이 일어나면 생각이 일어났음을 곧바로 알아차린다. 알아차리면 생각이 없다. 여러분도 사마타를 익히면, 저절로 각찰覺察이 능숙해지면서, 분별分別이 일어나지 않게 된다. 분별이 일어나지 않으면, 잠에 떨어지지도 않고 성성惺惺하고, 분별이 일어나지 않으니 적적寂寂하다. 성성과 적적이 뚜렷해진다. 그전에는 적적하면 금방 잠에 빠지고, 성성하면 바로 분별 망상에 떨어졌었는데, 각찰覺察로 잠과 망상을 제압해서 오래 하다 보면 성성적적惺惺寂寂의 성적등지惺寂等持가 확립된다. 성성적적이 제대로 되면 적적寂寂은 청정에 가깝고, 성성惺惺은 각명覺明에 가깝다. 우리 진심眞心이 어떤 것인지 가늠할 수 있게 된다. 각찰覺察을 통해 이렇게 될 수 있는데 우리는 각찰할 줄 모른다. 각찰覺察만 하면 삼세三細를 털어버릴 수가 있는데, 못하니 안타깝다는 말이다.

이렇게 관한 뒤에 결정지決定智를 내고, 광대한 자비심을 일으키고, 큰 용맹심을 발하여 큰 서원을 세운다. "원컨대 마음이 모든 전도顚倒를 여의고 모든 분별을 끊되 일체 모든 불보살을 친근하여, 정례·공양·공경·찬탄하고, 정법을 듣고 말씀대로 수행하기를 미래세가 다하도록 쉼이 없으며, 무량한 방편

572

으로 일체 고해 중생을 제도하여 영원히 제일의락第一義樂에 머물게 하여지이다."[447]

이제 사성제에 의지하여 정진함을 말한다. 결국 우리 공부하는 것이 사홍서원四弘誓願으로 요약된다는 말이다. 그래서 우리가 예불할 때는 삼귀의三歸依를 하고, 법회를 마칠 때는 사홍서원四弘誓願을 한다. 보살들의 네 가지 큰 서원이다. 이렇게 기신론 끝 부분에서 사홍서원을 설명하고 있다.

이러한 서원을 세우고는 일체시에 능력에 따라 자리행과 이타행을 수행하면서, 행주좌와에서 항상 '마땅히 할 것'과 '마땅히 하지 말 것'을 부지런히 관찰하는 것이 수관修觀이다.[448]

수관修觀, 즉 비파사나는 어떤 것인가? '常勤觀察상근관찰 應作不應作응작불응작'이다. 즉 마땅히 할 것과 마땅히 하지 말 것을 부지런히 관찰觀察하는 것이다. 우리의 행동만을 대상으로 이야기한 것처럼 보이지만, 관찰 대상에는 넓은 의미에서 수행修行 방법과 중생제도의 방편方便들이 모두 포함된다.

초기 논서인 「청정도론淸淨道論」에 보면, 사선팔정四禪八定을 통달하더라도 삼법인三法印을 모르면 아라한이 될 수 없다는 말이 있다. 그러면 아라한이 되

---

447   원문은, 如是觀已여시관이 生決定智생결정지 起廣大悲기광대비 發大勇猛발대용맹 立大誓願입대서원 願令我心離諸顚倒원령아심이제전도 斷諸分別단제분별 親近一切諸佛菩薩친근일체제불보살 頂禮供養정례공양 恭敬讚嘆공경찬탄 聽聞正法청문정법 如設修行여설수행 盡未來際진미래제 無有休息무유휴식 以無量方便이무량방편 拔濟一切苦海衆生발제일체고해중생 令住涅槃第一義樂영주열반제일의락

448   원문은, 作是願已작시원이 於一切時어일체시 隨己堪能수기감능 修行自利利他之行수행자리이타지행 行住坐臥행주좌와 常勤觀察상근관찰 應作不應作응작불응작 是名修觀시명수관

기 위해 꼭 사선팔정을 할 필요는 없는데, 어디까지 해야 되는가? 초선初禪만 하더라도 삼법인三法印을 알면 아라한이 될 수 있다는 구절이 나온다. 사마타보다 비파사나를 더 중요하게 본다는 의미다.

사마타가 불교만의 고유한 수행법은 아니다. 불교 외에도 인도의 힌두교와 중국의 도교, 유교도 사마타를 닦는다. 유교에서는 경공부敬工夫라 하는 정좌수행正坐修行이 사마타 공부다. 경공부란 공경恭敬하는 태도로 조용히 앉아 있는 것이다. 그것을 정좌正坐라 한다. 공부하는 법으로서의 사마타는 모든 종교에 다 있다. 그러나 우리가 불교에서 배우는 이론, 삼법인三法印이나 사성제四聖諦, 제일의제第一義諦, 삼세육추三細六麤 같은 것은 다른 종교에는 없다.

3. 지관쌍수止觀雙修

또 만일 관만 수습하면 곧 마음이 지식止息되지 않고, 의혹이 많이 생기고, 제일의제에 수순하지 못하고, 무분별지를 내지 못하므로 지와 관을 마땅히 병행하여 수행해야 한다.[449]

비록 사홍서원을 냈으나 사성제가 일심一心인 줄 모르면 사성제의 경계에 마음이 흩어지고 의혹이 많이 생긴다. 그래서 지관쌍수止觀雙修를 설명하고 있다. 즉 심心이 경境을 관조觀照하므로 분별이 없지 않는데, 관觀만 계속 수습하면 마음이 지

---

449 원문은, 復次부차 若唯修觀약유수관 則心不止息즉심부지식 多生疑惑다생의혹 不隨順第一義諦불수순제일의제 不出生無分別智불츨생무분별지 是故止觀應竝修行시고지관응병수행

식止息되지 않아 망상을 벗어나기 힘들다. 물론 관을 제대로 수습하는 학인이라면 능소能所가 허환虛幻인 줄 아니까, 관이 바로 지이므로 지와 관이 일심인 줄 안다. 그래서 염념念念에 보리심과 상응하므로, 관이 제일의제第一義諦에 계합하고 관이 바로 무분별지無分別智이다.

지止는 아무 생각도 하지 않고 있는 것이고, 관觀은 바른 생각을 하는 것이다. 지는 아무 생각도 하지 않으니 청정한 것이고 관은 바른 생각을 하는 것이니 각명한 것이다. 결국 지止와 청정淸淨은 같은 말이고, 관觀은 각명覺明과 같은 말이다. 청정을 알려고 하면 지止를 익혀야 하고 각명覺明을 알려고 하면 관觀을 살려야 한다. 그런데 청정하고 각명한 것이 진심이니, 지관止觀과 진심眞心이 다른 것이 아니다. 지관이란 것이 각각 따로 있는 것이 아니다. 청정각명이 한 물건이듯이 청정과 각명이 뜻은 완전히 다르지만, 두 개가 하나인 진심眞心을 가리킨다. 지관止觀도 마찬가지다. 지止도 하고 관觀도 해야 제대로 밝은 마음이 된다. 수행하더라도 같이 해야지 따로 떼어놓으면 안 된다는 말이다.

비록 일체법이 모두 자성이 없어 불생불멸하고 본래 적멸하여 자성이 열반이라고 생각하지만, 그러나 또한 인연이 화합하면 선악 업보가 없어지지도 않고 파괴되지도 않음을 본다.[450]

일체법이 다 독자성이 없다는 말이다[皆無自性]. 인연 따라서 일어났다 꺼졌

---

450   원문은, 謂雖念一切法위수념일체법 皆無自性개무자성 不生不滅불생불멸 本來寂滅본래적멸
       自性涅槃자성열반 而亦卽見이역즉견 因緣和合인연화합 善惡業報선악업보 不失不壞부실불
       괴

다 할 따름이지, 나는 것도 아니고 사라지는 것도 아니다[不生不滅]. 그러니 본래 적멸이다. 본래 고요하니 자성이 본래 열반이다. 고요적적하다는 말이다. 이것은 우리가 말하는 청정을 가리킨다.

'그러나 또한 본다.'

고요한 삼매를 알지만, 인연이 화합하고 현상이 일어났다 꺼졌다 하는 것도 보고, 선악의 업보業報가 상실되지도 않고 깨지지도 않음을 본다는 것이다. 청정하지만 또한 각명覺明한 작용作用이 일어나는 것을 본다는 말이다. 그러니 이것은 지止를 바탕으로 해서 관觀을 본다는 말이다.

이것은 지止에 즉卽한 관觀을 설명한다. "일체법의 자성이 열반이라고 생각하면" 진여문眞如門인 지止에 해당하고, "인연이 화합하면 선악업보가 없어지지도 않고 파괴되지도 않음을 보면" 생멸문生滅門인 관에 해당한다. 불생불멸하는 성性 중에서 인연으로 생멸하는 상相이 있음을 놓치지 않으니, 지에 즉한 관이다. 세간 인과는 고집苦集이니 생멸문이고 출세간 인과는 멸도滅道이니 진여문인데, 진여문이 생멸문에 의하여 이치를 나타내는 것을 지적하는 설명이다. 마치 명경明鏡은 허명虛明한데, 만물이 그것에 비치므로 허명한 줄 안다.

비록 인연과 선악 업보를 생각하지만, 그러나 또한 일체 제법은 생도 없고 자성도 없어서 내지 열반임을 본다.[451]

이것은 관觀에 즉卽한 지止이다. 진여에 의지하여서 비로소 생멸이 있으니, 생멸

---

451 원문은, 雖念善惡因緣業報수념선악인연업보 而亦卽見이역즉견 一切諸法일체제법 無生無性무생무성 乃至涅槃내지열반

하는 제법은 모두 진여이다. 명경明鏡의 영상은 허명虛明한 거울의 비추는 공능功能 때문에 나타난다.

관과 지가 서로 떼려야 뗄 수 없는 관계에 있다는 말이다. 같은 것이다. 우리 마음은 본래 적적寂寂하면서 성성惺惺하다. 원래 성적등지惺寂等持다. 우리 진심이 청정각명이라는 것과 똑같다. 단어만 다르지, 내용은 같다. 이제 결론이다.

지止를 수행하면 범부가 생사를 즐겨 집착함을 대치하고, 또한 이승이 생사에 집착하여 공포와 두려움을 내는 것을 대치한다. 관觀을 수행하면 범부가 선근을 닦지 않음을 대치하고, 또한 이승이 대비를 일으키지 않고 협소한 마음을 가지는 허물을 대치한다. 이러므로 지와 관이 서로 도와서 성취하니 서로 떨어지지 않는다. 만약 지관이 갖춰지지 않으면 반드시 무상보리를 얻을 수 없다.[452]

생멸이 몽환夢幻인 줄 알아보는 것이 지止이다. 생사가 본래 환幻이라면 좋아할 것이 무엇이며, 사생死生이 원래 꿈이라면 겁낼 것이 없다는 것을 가르쳐야 할 것이다. 또 몽환이 생멸하는 줄 알아보는 것이 관이다. 인과응보가 완연한데 어찌 수선修善을 게을리 하겠으며, 동체同體인 중생들이 괴로워하니 어찌 제도하지 않겠는가. 알고 보면 일심一心의 이문二門이 서로 별개가 아니고 지관이 일심의 양면이니, 지관 수행에서 하나만 수습해서는 결정코 무상보리를 성취할 수 없다는 설명이다.

---

452 원문은, 修行止者수행지자 對治凡夫대치범부 樂著生死낙착생사 亦治二乘역치이승 執著生死而生怖畏집착생사이생포외 修行觀者수행관자 對治凡夫대치범부 不修善根불수선근 亦治二乘역치이승 不起大悲狹小心過불기대비협소심과 是故止觀互相助成시고지관호상조성 不相捨離불상사리 若止觀不具약지관불구 必不能得無上菩提필불능득무상보리

앞에서 『기신론』을 시작할 때 진여문眞如門과 생멸문生滅門을 나눴다. 진여문은 말로 설명할 수 없고 생각으로 알 수 없다. 본체本體는 말로 할 수 없고, 생각으로 미칠 수 없는 놈이 있다고만 하고, 생멸문生滅門에서 그것에 대해 설명한다. 그러니까 우리는 생멸문을 통해서 '진심眞心이 청정각명하다'는 진여문의 내용을 이해한다. 여기서 사마타와 비파사나를 통해 우리의 마음이 원래 적적寂寂하면서 성성惺惺하고, 성성惺惺하면서 적적寂寂하다는 것을 알 수 있다. 이것이 결론結論이다. 사실은 이것이 『대승기신론』의 전체 결론이다.

4. 염불왕생念佛往生

또 초학보살初學菩薩이 이 사바세계에 머물면서, 혹은 춥고 덥고 바람 불고 비오고, 또 때 아닌 기근 등의 고통을 만난다. 혹은 불선不善하고 불쌍한 중생들이 삼독三毒에 얽히고 사견邪見으로 전도되어 선도善道를 버리고 등지면서 악법을 익히고 행하는 것을 본다. 보살이 여기에 있으면 마음에 겁이 나고, 제불보살을 만나지 못할까 두렵고, 청정한 신심을 이루지 못할까 두려워서 의구심을 내고 물러나려고 하면서 응당 이런 생각을 할 것이다. '시방에 계시는 제불보살은 큰 신통을 얻어 장애가 없으시니, 온갖 선교방편으로 일체 험액險阨한 중생을 구원하실 것이다.' 이런 생각을 한 뒤에 '일심으로 불보살만을 오로지 생각하면서, 이렇게 결정심決定心을 내었으므로 목숨이 끝나면 반드시 다른 불찰佛剎 중에 왕생往生하여 불보살을 뵙고 신심을 이루어 영원히 악취惡趣를 여의겠다는 큰 서원을 내게 된다.[453]

453 원문은, 復次부차 初學菩薩초학보살 住此娑婆世界주차사바세계 或值寒熱風雨혹치한열풍우

우리가 늙으면 다 아미타불阿彌陀佛을 부른다. 젊을 때는 소원성취所願成就를 위해서 관세음보살觀世音菩薩을 찾다가 늙으면 다 같이 아미타불을 부른다고 한다. 기신론은 신라新羅 때부터 애독하는 책이기 때문에 여기 나오는 이 구절을 보고, 늙어서는 아미타불을 찾아서 극락세계에 왕생해야겠다는 생각을 하게 된 것이다.

사바세계에 있는 초학보살初學菩薩이 대상이다. 보살이란 이름이 붙은 만큼 십신十信쯤은 공부를 한 사람이다.

이런 사람들이, '혹은 춥고 덥고, 바람 불고 비오는 고통을 겪거나, 때아닌 굶주림 등의 고통을 만난다.' 내가 다음 생에는 과연 공부할 형편이 될까 걱정된다. 다음 생엔 어디에 날지 모른다. 혹 가난한 집에 태어나면 먹고살기 바빠서 공부할 여가도 없을 테고, 그런 것들이 걱정이다. '飢饉等苦기근등고'가 가리키는 것이 그런 것이다. 춥고 배고프면 공부는 고사하고 살아남기도 힘든데, 과연 내가 다음 생에 공부를 제대로 할 수 있을까? 그 말이다.

혹은 또 착하지 않은 중생들이 사는 집에 태어난다거나, 내가 태어나서 사는 동네가 그렇게 좋지 못한 동네라든가, 그러면 어쩌겠는가? 이런 걱정으로 불안하다.

그러니 이 초학보살이 겁이 난다. 우리가 초학보살이다.

'제불보살을 만나지 못할까 두렵다. 청정한 신심을 성취하지 못할까 두렵다.'

不時飢饉等苦불시기근등고 或見不善可畏衆生혹견불선가외중생 三毒所纏삼독소전 邪見顚倒사견전도 棄背善道기배선도 習行惡法습행악법 菩薩在中보살재중 心生怯弱심생겁약 恐不可值遇諸佛菩薩공불가치우제불보살 恐不能成就淸淨信心공불능성취청정신심 生疑欲退者생의욕퇴자 應作是念응작시념 十方所有諸佛菩薩시방소유제불보살 皆得大神通無有障礙개득대신통무유장애 能以種種善巧方便이능종종선교방편 救拔一切險厄衆生구발일체험액중생 作是念已작시념이 發大誓願발대서원 一心專念佛及菩薩일심전념불급보살 以生如是決定心故이생여시결정심고 於此命終어차명종 必得往生餘佛刹中필득왕생여불찰중 見佛菩薩견불보살 信心成就신심성취 永離惡趣영리악취

'그래서 의심을 내며 물러나려고 한다.' 의疑는 근본번뇌 탐貪·진瞋·치癡·만慢·의疑 중의 의疑다. 의심은 여러 가지다. 다음 생에 공부를 할 수 있을 만큼 형편이 괜찮을까 의심할 수 있고, 극락이 진짜 있는지 의심할 수도 있다. 다음 생에 대한 의구심 가운데서 응당 이런 생각을 할 것이다.

경에서 보니, '시방에 계신 제불보살은 모두 큰 신통을 얻어 장애가 없으니, 온갖 교묘한 방편으로 일체 험액한 중생을 제도하시려 노력한다는데', 이렇게 생각하고는 큰 원願을 발한다.

'일심전념불급보살'; 일심으로 부처님과 보살들을 항상 생각하여[一心專念佛及菩薩], 이렇게 전념해서 잊지 않으면[以生如是決定心故], 이 명이 끝나고 나서[於此命終], 반드시 저 부처님 세상에 왕생할 것이다[必得往生餘佛刹中].

왜인가? 부처님은 항상 중생을 제도하려고 여러 가지 방편을 쓰고 있으니까. 그곳에 가서 "부처님과 보살을 만나서 공부하자는 생각을 얻게 되면 결국 악도를 영원히 멀리 떠날 것이다." 그렇게 되지 않겠느냐고 초학보살들은 생각할 것이라는 말이다.

그런데 마침 경 가운데 그렇게 설명해 놓은 것이 있다. 정토삼부경이다.

경에서 말씀하신 바와 같다. "만약 선남자 선여인이 서방극락세계 아미타부처님을 전일專一하게 생각하고, 모든 선근을 회향하고 왕생往生하기를 원하면 반드시 거기에 왕생하여 항상 저 부처님을 뵙고, 신심信心이 증장하여 영원히 불퇴전不退轉하고, 부처님으로부터 법을 듣고 불법신佛法身을 보고 점차로 수행하여 정위正位에 든다."[454]

---

454 원문은, 如經中設여경중설 若善男子약선남자 善女人선여인 專念西方世界阿彌陀佛전념서방세계아미타불 以諸善根이제선근 廻向願生회향원생 決定得生결정득생 常見彼佛상견피불 信心增長신심증장 永不退轉영불퇴전 於彼聞法어피문법 觀佛法身관불법신 漸次修行점차수행

일념一念으로 염불하는 공부 방법은 정토삼부경인 아미타경阿彌陀經 · 무량수경無量壽經 · 관무량수경觀無量壽經에 잘 설명되어 있다. 즉 일심으로 다른 불찰佛刹의 다른 불보살만을 오로지 생각하면서 그 정토에 왕생하려는 서원을 세우고 염불하는 것이다. "경에서 말씀하신 바와 같다. 서방극락세계 아미타부처님을 전일專一하게 생각하고 모든 선근을 회향하고 왕생往生하기를 원하면 반드시 거기에 왕생하여서"라고 하는데, 여기서 "모든 선근을 회향하고 왕생하기를 원하면"이 무슨 말인가?

정토삼부경에서 『무량수경』이 중국에 제일 먼저 번역됐다. 번역본이 5종 있다. 그다음으로 『아미타경』이 한역됐다. 『관무량수경』은 제일 나중에 한문으로 번역됐다. 『무량수경』은 내용이 상당히 풍부하고, 자세하다. 『아미타경』은 간단하다. 『무량수경』에 보면, 선남자 선여인이 서방극락세계에 계신 아미타불을 전적으로 염하면, 즉 염불念佛하면 그 공덕으로, 명命이 떨어질 때 아미타불과 그 권속들이 데리러 온다고 되어 있다. 그런데 극락세계極樂世界는 법장비구法藏比丘가 만든 것이다.

법장비구는 원래 왕이었는데 세자재왕여래世自在王如來 부처님을 뵙고 법문을 듣고는, 너무 감동해서 비구가 됐다. 우리 석가모니 부처님은 태자 자리를 버렸지만, 법장비구는 왕 자리를 버리고 출가한 것이다. 그렇게 비구가 된 법장法藏이 세자재왕여래께, 자신이 중생衆生을 제도濟度하기 위해 깨끗한 동네[淨土]를 하나 만들겠다고 48가지 원願을 세운다. 그렇게 해서 만든 깨끗한 국토가 극락정토다. 극락정토極樂淨土는 이곳 사바에서 십만억 불토佛土를 지나

得入正位득입정위

서 있다고 한다. 무엇이 일불토인가? 한 부처님이 태어나서 교화하는 세계를 일불토一佛土라 한다. 그러니 우리가 말하는 삼천대천세계三千大千世界가 일불토라는 말이다. 그런 삼천대천세계 십만억 개를 지나서 서쪽에 법장비구가 만든 아미타불의 정토 극락세계極樂世界가 있다.

그런데 부처님은 『무량수경』에서도 『아미타경』에서도 말씀하시기를, '극락極樂은 공부하는 여건與件이 아주 좋다' 하셨다. 왜냐하면 춥고 배고픈 것이 없다. 생각만 하면 의식주衣食住가 다 저절로 나타나니, 의식주 걱정이 없다는 말씀이다. 콕 찍어 말하면 식사 후에 설거지도 할 필요가 없다. 그릇이 저절로 사라진다. 공부는 항상 아미타부처님이 직접 가르치신다. 그러니 극락極樂에 가기만 하면 성불成佛은 떼놓은 당상이다. 그러니 극락에 가서 공부하는 것이 좋다고 석가모니 부처님이 설하셨다. 아난과 사리불과 아일다보살[455]을 상대로 법문하셨다.

정토삼부경淨土三部經 말고도 『화엄경』에도 극락에 가는 것이 좋다는 이야기가 있다. 『능엄경』에도 염불 공부를 해서 극락 가는 이야기가 있다. 극락 가서 공부하자고 하는데, 극락 가는 공부는 사람이 늙으면 다 하게 돼 있다고들 한다. 아닌 게 아니라 원효스님도 막판에 가서는 나무아미타불만 부르고 다녔다. 신라新羅 전국을 다 돌아다니며 나무아미타불 노래를 했다. 신라 사람들은 원효스님 덕분에 '나무아미타불' 여섯 자를 모르는 사람이 없었다고 한다.

그런데 『대승기신론』에서는 앞에서 진여문眞如門, 생멸문生滅門을 이야기하면서, '내 마음이 본래 청정각명淸淨覺明, 공적영지空寂靈知해서 그 자체가 진여眞如인데, 어쩌다 무명으로 착각을 해서 생멸生滅하는 윤회輪廻에 떨어졌다'고

---

455 아일다(阿逸多)는 미륵보살의 다른 이름, 아일다는 '가장 뛰어나다'는 뜻.

한다. 그러니 다시 원래의 고향인 진여문眞如門으로 돌아가자는 것이 『대승기신론』이 주장하는 내용이다. 그러니 공부를 해서 본래의 상태 혹은 고향로 돌아가자는 것이 아니고, 다른 동네에 있는 아미타부처님께 "나를 극락으로 데려가 주세요" 라고 염불해서 극락으로 가자, 극락에 가서 거기서 공부를 하자는 것이니, 『대승기신론』의 원취지와 잘 맞지 않는 것 같다. 앞에서 사마타를 닦고, 비파사나를 공부하고 할 때는, 내가 내 공부를 해서 부처가 된다는 이야기였다. 염불을 하게 되면 아미타불에게 의지한다. 어떻게든 아미타부처님께 전념을 해서 날 좀 데려가 주십사고 부탁하는 것이다. 그래서 옛날부터 이 부분은 해설이 순일하지 않다.

사바세계는 괴로움이 많아서 참고 견디는 길밖에 없다고 감인堪忍세계로 번역한다. 우리들이 사바세계의 말법末法시대에 사람으로 태어나서 다행히 일심一心과 이문二門을 알고 나름대로 수행하고는 있지만, 지관止觀의 힘이 미약하거나 여건이 열악하여 아직 정정취正定聚에 들어가지 못한 범부가 많다. 이들이 장차 선지식을 만나서 성불하기가 어렵다는 생각이 들거나, 지관으로 득력得力하기가 어렵다는 생각을 하게 되면 불안하여 다른 특별한 방편을 찾게 된다. 그래서 지금 마명존자가 이『대승기신론』법문 중에서 특이하게 염불왕생 수행을 이야기하려 한다. 이 왕생법문은『화엄경』과 정토삼부경무량수경 · 관무량수경 · 아미타경을 비롯하여 제경諸經에 자세하게 실려 있다.

지욱대사는 염불공부는 자심自心 중의 타불他佛에 의지하여 불심佛心 중의 자신을 제도하는 방법이라고 설명한다. 즉 지관문止觀門이 자불自佛을 염념念하는 공부라면, 염불문念佛門은 타불他佛을 염하는 공부이다. 불보살을 염하여 망상분별이 생기지 않으면 지止가 되고 불보살이 신통방편으로 능히 중생들을 구제하는 줄 아는 것은 관행觀行이 된다. 따라서 지관문止觀門에서 지관을 수습할 적에 불보살의 형상을 보면 이것은 마사魔事이니 취착하지 말아야 한다. 그러나 염불문에서 불보살을 염하다가 불보살의 형상을 보면 반드시 제 마음이 만든 유심소현唯心所現인 줄을 알되, 기뻐하거나 취하거나 자랑하지 말아야 한다. 그러나 임종臨終에서 불보살을 보면 그것은 감응感應한 것이므로 마사魔事가 아니라고 한다. 원래 불보살은 대신통大神通이 있어서 인연 있는 염불중생을 호념護念하여 절대로 임종시를 어기지 않는다. 그러면 어떤 것이 인연 있는 염불중생인가? 중생을 제도하기 위하여 정토淨土에 왕생하기를 구하는 대심중생大心衆生은 인연이 있고, 만약 자신만의 성불을 구하는 경우에는 인연이 없다. 이런 대서원大誓願을 가져야 왕생하는 정인이 되니, 만약 그런 대원이 없으면 염불을 하더라도 불보살의 기분과 계합하지 않으니 정토에 왕생할 수가 없다고 설명한다.

아미타부처님이 계신 세계에 가려 하면 그 세계와 주파수가 같아야 갈 수 있다. 9번 채널에 맞춰야 KBS 방송이 나오는 것과 마찬가지다. 그러니 극락極樂을 가고 싶으면 극락세계의 주인이신 아미타부처님의 사이클과 우리의 사이클이 같아야 한다. 그래야 연결이 돼서 간다는 말이다. 그럼 어떻게 해야 사이클이 같아지는가? 아미타불이 원래 법장비구 시절에 원을 세운 것은 중생 제도였다. 모든 중생이 다 윤회를 버리고 부처가 돼서 평화롭게 사바세계를 잘 이끌어 갔으면 하는 염원念願에서 만든 것이다. 그러니 우리도 극락에 가려 하면, 아미타불처럼 최종 목적으로, 중생을 모두 제도해서 다 함께 부처가 되자는 원願이 있어야 한다는 말이다. '상구보리上求菩提 하화중생下化衆生한다'고 한다. 위로는 아뇩다라삼먁삼보리를 구하고 아래로는 중생을 제도한다는 것이 대승보살大乘菩薩의 서원誓願이자 정체성이다. 상구보리만 하는 것은 소승이다. 그러니 중생을 제도濟度하겠다는 원願이 빠지면 아미타불이 데리러 올리가 없다. 아무리 염불해도 소용없을 것이다. 염불공부할 때는 이것이 아주 중요하다. 대심중생大心衆生이라고 한다.

그래서 이렇게 원을 세우고 염불한다고 하면 주의해야 할 것이 있다. 앞에서 지止를 닦을 때, 무념무상無念無想, 아무것도 생각하지 말라고 했었다. 그런데 염불을 하게 되면 아미타불을 염하니, 유념유상有念有相이다. 염불삼매念佛三昧라는 말도 있기는 하고, 염불공부를 지관止觀을 함께 닦는 공부라고 할 수는 있겠지만, 엄밀히 말해서 염불은 사마타가 아니다.

염불하다 보면 아미타불이 자주 나타난다. 꿈에도 나타나고 염불 중에도 나타난다. 그럼 그 아미타불은 어떤 아미타불인가? 『대승기신론』을 공부한 사람은 안다. 아미타불을 염하기 때문에 나타난 것이니, 나의 염念 때문에 나타난 것이고. 내가, 내 마음이 만들어낸 것이다. 이렇게 알고 해야 한다. 이것이 아주 중요하다. 부처가 나타나더라도 내가 생각했으니 나타나는 것이 당연하다고 생각해야 한다. '부처가 나타났으니 그 부처가 진짜다, 그 부처님한테 잘 보여야지'라든가, '저번에는 부처님이 나타나서 날 보고 웃으시더니만, 오늘은 부처님이 나타나서 웃지도 않으니, 내 공부가 제대로 되는 것이 맞는가?'와 같이 나타나는 모습에 끄달리면 안 된다. 주의해야 한다. 이 부분을 이야기한 구절이 해설 중에 있다.

"따라서 지관문止觀門에서 지관을 수습할 적에 불보살의 형상을 보면 이것은 마사魔事이니 취착하지 말아야 한다."고 했다. 이것은 염불문에서도 마찬가지다."

"그러나 염불문에서 불보살을 염하다가 불보살의 형상을 보면 반드시 제 마음이 만든 유심소현唯心所現인 줄을 알되 기뻐하거나 취착하거나 자랑하지 말아야 한다."

큰스님들 글을 보면, 염불할 때의 주의사항으로 이 글이 꼭 들어가 있다. 염불해서 극락 갔다는 어떤 스님은, 돌아가기 전에 제자들에게 당부했다. "내가 평생 염불을 했으니, 내가 갈 때가 되거든, 자네들이 아미타불을 열심히 불러줬으면 좋겠다." 그래서 제자와 신도들이 아미타불을 부르는 중에 돌아가셨다. 묘하게 좋은 향기가 방안에 가득하고, 멀리서 보면 절이 방광放光을 했다. 절 지붕에서 빛이 하늘로 치솟았다고 한다. 그래서 그 스님이 극락에 가시는 줄을 알았다고들 한다.

그러니까 불보살을 염하다가 불보살을 보는 경우가 허다한데, 그런 이야기를 자랑하지 않는다는 말이다. 왜냐하면 그렇게 나타나는 것이 당연하기 때문이다. 본인이 아미타불을 염하니까, 당연히 그 염하는 결과로 아미타불이 자주 나타난다는 말이다. 그러면 나타나지 않은 것은 어찌 되는 것인가? 나타나지 않는 것이 잘하는 것인가? 그 부분에 대해서는 옛날 분들은, 염불을 그렇게 열심히 하는데도 나타나지 않는다면, 공부를 제대로 하지 않는 것이라고 나무란다. 그러니 나타나는 것이 당연하지만, 다만 제 마음이 만든 유심소현唯心所現이라, 마음에서 나타나는 것인 줄 알아서 그것에 대해 좋다, 나쁘다 애착하는 마음을 내지 말라는 것이다.

결국은 아미타부처님과 사이클을 맞추자고 하는 것이니 어떻게 사이클을 맞출 것인가? 이름만 부른다고 맞춰지겠는가 말이다. 아미타불이 법장비구法藏比丘일 때 가졌던 48가지 원願이 있다고 한다.[456] 내가 만들 극락세계는 이런

---

456 무량수경에서 법장비구는 48원이 이뤄지지 않으면 결코 부처가 되지 않겠다고 맹세한다. 법장은 마흔 여덟 가지 서원을 모두 성취하여 아미타불이 되었는데, 그가 세운 나라가 서방극락정토이다.
(1)무삼악취원(無三惡趣願). 그 정토에 지옥(地獄)·아귀(餓鬼)·축생(畜生)의 삼악도(三惡道)가 없을 것.

세계가 되었으면 좋겠다는 내용이다. 제일 첫 번째가 삼악도三惡道가 없다. 지

---

(2)불갱악취원(不更惡趣願). 그 정토에 태어나는 중생들은 다시 삼악도에 떨어질 염려가 없을 것.

(3)실개금색원(悉皆金色願). 그 정토의 중생들은 모두 몸에서 찬란한 금색 광명이 빛날 것.

(4)무유호추원(無有好醜願). 그 정토의 중생들은 훌륭한 몸을 가져 잘난 이 못난 이가 따로 없을 것.

(5)숙명지통원(宿命智通願). 그 정토의 중생들이 숙명통을 얻어 백천억 겁의 과거사를 다 알게 될 것.

(6)천안지통원(天眼智通願). 정토의 중생들이 천안통을 얻어 백천억 나유타 모든 세계를 볼 수 있을 것.

(7)천이지통원(天耳智通願). 중생들이 천이통을 얻어 백천억 부처님들의 설법을 듣고 간직할 수 있을 것.

(8)타심지통원(他心智通願). 중생들이 타심통을 얻어 백천억 세계에 있는 중생들의 마음을 알게 될 것.

(9)신경지통원(神境智通願). 중생들이 신족통(神足通)을 얻어 백천억 세계를 순식간에 통과할 수 있을 것

(10)속득루진원(速得漏盡願). 그 정토의 중생들이 모든 번뇌를 여의는 누진통을 얻을 것.

(11)주정정취원(住正定聚願). 그 정토의 중생들은 반드시 성불하는 정정취(正定聚)에 머물 것.

(12)광명무량원(光明無量願). 나(아미타불)의 광명이 한이 없어 백천억 나유타 모든 불국토를 비출 것.

(13)수명무량원(壽命無量願). 나의 수명이 백천억 나유타 겁 이상으로 무한할 것.

(14)성문무수원(聲聞無數願). 나의 정토에 무수한 성문(聲聞)들이 있을 것.

(15)권속장수원(眷屬長壽願). 나의 정토에 나는 중생들의 수명이 한량없을 것.

(16)무제불선원(無諸不善願). 나의 정토 모든 중생들에게 좋지 않은 일이 없을 것.

(17)제불칭양원(諸佛稱揚願). 모든 부처님들이 나(아미타불)의 이름과 공적을 찬탄하게 하겠다.

(18)염불왕생원(念佛往生願). 시방세계 중생들이 정토에 태어나고자 신심과 환희심을 내어 나의 이름(아미타불)을 다만 열 번만 불러도 나의 정토에 태어나게 할 것.

(19)내영인접원(來迎引接願). 내 불국토에 태어나려는 원을 세우고 공덕을 쌓은 중생들은 그들이 임종할 때에 내가 그들을 맞이하여 인도할 것.

(20)계념정생원(係念定生願). 나(아미타불)의 이름을 듣고 내 불국토(극락세계)를 흠모하여 선근공덕을 쌓은 중생들은 반드시 극락에 왕생하게 될 것.

(21)삼십이상원(三十二相願). 내 불국토에 태어나는 중생들은 32상을 갖추게 될 것.

(22)필지보처원(必至補處願). 다른 불국토의 보살로서 내 불국토에 태어나는 이는 한 생만 지나면 반드시 부처가 되는 일생보처(一生補處)의 자리에 이르게 될 것.

(23)공양제불원(供養諸佛願). 내 불국토의 보살들이 모든 부처님께 공양하기 위해 모든 불국토에 두루 이를 수 있을 것.

(24)공구여의원(供具如意願). 내 정토의 보살들이 부처에 공양드리려 할 때, 바라는 모든 공양물을 마음대로 얻을 수 있을 것.

(25)설일체지원(說一切智願). 내 정토의 보살들은 부처님의 일체지혜를 설할 수 있을 것.

옥, 아귀, 축생이 없다는 말이다. 그런 세상이다. 축생은 네 발 달린 놈부터 시

---

(26)나라연신원(那羅延身願). 보살들은 천상의 금강역사 나라연과 같이 뛰어난 몸을 갖추게 될 것.

(27)소수엄정원(所須嚴淨願). 내 불국토의 중생들과 일체만물은 정결하고 찬란하게 빛나며 그 모양이 빼어나고 지극히 미묘함을 능히 칭량할 수 없을 것.

(28)견도량수원(見道場樹願). 내 불국토의 보살과 중생들은 보리수(菩提樹)가 한없이 빛나고 그 높이가 사백만리나 되는 것을 알아보게 될 것.

(29)득변재지원(得辯才智願). 내 불국토 보살들이 스스로 경을 읽고 외우며 또한 남에게 설법하는 변재와 지혜를 얻게 할 것.

(30)지변무궁원(智辯無窮願). 내 불국토 보살들의 지혜와 변재가 한량없을 것.

(31)국토청정원(國土淸淨願). 내 불국토는 한없이 맑고 깨끗하여 시방 일체의 불국토가 낱낱이 비칠 것.

(32)국토엄식원(國土嚴飾願). 내 불국토에 있는 일체 만물은 온갖 보배와 향기로 이루어져 그 장엄함과 기묘함이 비할 바가 없고, 그 미묘한 향기를 맡은 보살들은 부처님의 행을 닦게 될 것.

(33)촉광유연원(觸光柔軟願). 내 광명에 접촉한 모든 불국토의 중생들의 몸과 마음이 부드러워질 것.

(34)문명득인원(聞名得忍願). 무량 불국토의 중생들이 내 이름(아미타불)을 듣기만 하여도 무생법인(無生法忍)과 깊은 지혜 공덕인 다라니 법문을 얻게 될 것.

(35)여인왕생원(女人往生願). 시방세계 무량 불국토의 여인들이 내 이름을 듣기만 하여도 다시는 여인의 몸을 받지 않을 것.

(36)상수범행원(常修梵行願). 시방세계 모든 불국토의 보살들이 내 이름을 듣고 수명이 다한 뒤에도 항상 청정한 행을 닦아 필경에 성불하게 될 것.

(37)천인치경원(天人致敬願). 시방세계 모든 불국토의 보살들이 내 이름을 듣고 보살행을 닦을 때, 모든 천신과 인간의 공경을 받게 될 것.

(38)의복수념원(衣服隨念願). 내 정토의 중생들은 원하는 대로 아름답고 훌륭한 옷이 저절로 입혀질 것.

(39)수락무염원(受樂無染願). 내 정토의 중생들이 누리는 즐거움에 더러움이 없을 것.

(40)견제불토원(見諸佛土願). 내 정토의 보살들은 시방세계의 무량한 청정 불국토를 보게 될 것.

(41)제근구족원(諸根具足願). 내 이름을 들은 보살은 성불할 때까지 육근이 원만하여 불구자가 되는 일이 없을 것

(42)주정공불원(住定供佛願). 내 이름을 들은 다른 세계의 보살들이 모두 청정한 해탈삼매를 얻고, 한 생각 동안에 모든 부처님을 공양하면서 이 삼매를 잃지 않을 것.

(43)생존귀가원(生尊貴家願). 내 이름을 들은 다른 세계의 보살들이 수명을 다한 후 존귀한 집에 태어날 것.

(44)구족덕본원(具足德本願). 내 이름을 들은 다른 세계의 보살들이 보살행을 닦아 모든 공덕을 갖추게 될 것.

(45)주정견불원(住定見佛願). 다른 세계 보살들이 내 이름을 들으면, 모든 부처님을 뵈올 수 있는 삼매를 얻고, 성불하기까지 매양 이 삼매에 머물러 언제나 모든 부처님을 뵈올 수 있을

작해서 날아다니는 놈, 코로나 같은 바이러스까지를 다 포함된다. 그것이 첫 번째 원이다. 48대원이라고 하는데, 이 원이 사실은 설계도設計圖 같은 것이다. 48대원을 알면 법장비구法藏比丘가 어떤 마음으로 극락을 만들었는지를 알게 된다는 말이다. 그래서 염불念佛을 할 때는 반드시 법장비구의 48대원을 알아야 한다. 48대원을 알아야 아미타불의 사이클을 안다는 말이다. 48대원을 넣어서 만든 제일 작은 경이 『아미타경』이다. 『아미타경』을 외우는 사람도 있다. 『아미타경』을 외우면 거기 48대원이 다 들어 있으니, 그렇게 아미타부처님의 심사를 알 수 있다는 말이다.

또 중국에서는 『아미타경』을 외우기도 하지만 아예 48대원 외우는 것을 중시한다. 그러니 여러분도 염불할 때 48원의 내용을 숙지熟知해야 한다. 꼭 외우지는 않더라도 경을 자주 읽어서 그 내용이 무엇인지 알아야 한다. 그래야 극락세계와 사이클과 비슷해져서 그 사이클에 따라 왕생往生할 수 있다. 첫 번째는 중생을 제도하기 위해 극락에 간다는 대심大心을 가져야 하고, 두 번째는 아미타불 48대원의 내용을 분명하게 알아야 사이클 맞추기가 쉽다. 이 두 가지가 염불하는 공부의 핵심이다.

그렇다면 염불하여 극락極樂에 왕생하는 것과 주신主神을 열심히 불러서 천당天

것.
(46)수의문법원(隨意聞法願). 내 정토의 보살들은 듣고자 하는 법문을 소원대로 자연히 들을 수 있을 것.
(47)득불퇴전원(得不退轉願). 내 이름을 들은 다른 세계의 보살들이 일체 공덕이 물러나지 않는 불퇴전의 자리에 이를 것.
(48)득삼법인원(得三法忍願). 다른 세계의 보살들이 내 이름만 듣고도 바로 설법을 듣고 깨닫는 음향인과, 진리에 수순하는 유순인과, 나지도 죽지도 않는 무생법인을 성취하고, 불퇴전의 경지에 이를 것.

堂에 가는 유신교有神教와는 무엇이 다른가? 일신교는 천당을 가더라도 여전히 그 주인은 주신主神이고 신도는 종이라는 신세를 면하지 못한다. 그러나 극락은 신분이 다르다. 거기에서 아미타부처님의 지도를 받아 공부하면 학인도 결국에는 부처가 되고, 나아가 유연有緣 중생들을 구제하게 된다. 저쪽은 끝끝내 주종관계가 계속되지만, 불교는 중생이 모두 부처이고 각자가 삼계의 주인이니 차원이 다르다. 학인이라면 한번쯤 살펴보아야 할 부분이다.

우리는 극락으로 가 공부해서 우리를 가르치는 아미타불과 동등하게 부처가 돼서 중생을 제도하려는 것이니 일신교의 경우와는 벌써 신분이 달라진다는 말이다.

『무량수경』이나 『아미타경』에 보면, 극락에는 8지보살이 수천억이라고 한다. "극락에는 어떤 사람들이 갑니까? 8지보살들도 극락에 갑니까?" 하는 아난의 질문에 부처님이 답하신 내용이다. 8지보살도 극락에 간다는 말씀이다. 그렇다면 마명존자도 8지보살이라 하니 극락에 가 계실 수도 있겠다. 또 신라 때 원효스님도 8지보살이니 극락에 가 계실 터이다. 8지보살은 불퇴전不退轉의 경지이고, 십지 중의 초지보살初地菩薩은 대오大悟한 경지이며, 초주보살初住菩薩은 초견성初見性을 한 경지이다. 어쨌거나 8지地보살도 극락에 가니, 다른 사람들은 더 말할 것도 없다. 모두가 극락에 가자는 부처님의 말씀이다. 마명존자가 이 글을 실은 뜻도 그런 것이 아닐까?

"선근을 누구에게 회향하는가? 아미타 부처님에게인가? 중생에게인가? 중생을 다 건지려면 먼저 성불해야 하는데, 성불하려 하면 공부하기 제일 좋은 곳이 극락세계라서 왕생하려고 하는 것이니, 선근을 중생과 부처님께 함께 회향하는 것이다."

'극락세계가 공부하기 제일 좋은 곳'이라는 이 말이 아미타경에 나온다. 동서 남북 상하에 있는 모든 부처님 세계에서 모든 부처님들이 가장 공부하기 좋은 곳은 극락세계極樂世界라고 설법하신다고 한다. 우리 석가모니 부처님만 그렇게 설법하시는 것이 아니라 모든 부처님들이 그렇게 극락을 추천하신다. 결국 공부하기 좋은 곳에 가서 공부하려고, 중생과 부처님께 함께 회향하는 것이다.

지욱대사가 해설한다. "경전에서 특별히 극락세계를 추천하는 이유는 네 가지가 있다. 하나는 아미타불이 우리 세상과 인연이 깊어서 누구든지 그 이름을 들어서 알고 있고, 둘은 아미타불의 전신前身인 법장法藏 비구의 48원 내용이 가장 수승하다." 48원願인데 보통 다른 부처님들은 열 가지나 스무 가지 정도의 원을 설계도로 하여 정토를 건설하는데, 법장비구法藏比丘는 무려 마흔여덟 가지 원願을 세워 정토淨土를 만들었으니, 그 정토가 훨씬 더 멋있고 원만하리라고 기대할 수 있다. 지욱대사는 "셋은 계속 극락만 추천하여 염불하는 학인들의 목표가 정립되도록 하려는 뜻이 있고, 넷은 아미타불이 법계장신法界藏身이고 극락세계가 연화장해蓮華藏海이기 때문이다."라고 설명한다. 아미타불阿彌陀佛이 특별한 부처님의 몸이 있기도 하지만, 그 아미타불의 법신은 무엇인가? 법계장신法界藏身이다. 법계가 그 몸에 들어가 있는 법신法身이라는 말이다. 또 극락세계極樂世界는 연화장해蓮華藏海다. 연화는 보배 연꽃이라는 보련화寶蓮華에서 보배 보寶자를 생략한 것이다. 아주 좋은 세계라는 뜻이다. 그런데 모든 부처님의 정토가 다 보련화장寶蓮華藏이다. 모두 연화장이지만, 특별히 아미타불阿彌陀佛의 법신은 법계장신法界藏身이다. 아미타불만 법계장신이 아니다. 따지고 보면 석가모니불도 법계장신이고 여러분의 법신도 법계

장신이고 모든 중생衆生의 법신法身이 법계장신이다.[457]

457 역사상 유명한 고승대덕(高僧大德)들은 후생(後生)에 어디에 태어나는가? 인간 세상에 태어나
지 않고, 극락이나 도솔천(兜率天)에 많이 간다. 도솔천 내원궁(內院宮)에 가면 다음에 부처로
오실 미륵보살이 법문하고 계시다. 그 미륵보살 문중(門中)에 들어가서 공부하다가, 다음에 미
륵보살이 부처가 되어 사바세계에 오실 때 같이 와서, 마치 석가모니 부처님의 1250명 제자들
이 다 같이 아라한이 됐던 것처럼, 그때 성불하겠다고 생각하는 분들은 도솔천으로 간다. 안 그
러면 극락을 많이 간다.
     예부터 사후에 도솔천 내원궁에 가는 팀과 극락정토로 가는 팀이 나눠져 있다. 예를 들어 인도
에서 유식학을 완전히 확립시킨 무착(無着)과 세친(世親)은 도솔천 내원궁에 계시는 미륵보살
(彌勒菩薩)의 제자다. 그런데 이 두 사람은 극락정토에 가자고 했다. 미륵보살의 제자인데 도
솔천에 가지 않고 극락(極樂)에 가겠다니, 좀 이상하지 않은가? 그다음 중국의 고승(高僧) 중
의 고승인 천태지자(天台智者)대사는 극락에 가자고 하고, 현장(玄奘)법사는 도솔천(兜率天)
에 가자고 했다. 중국 당대(唐代)의 승려 중 가장 유명한 이가 천태지자 대사와, 현수법장(賢首
法藏) 대사, 현장(玄奘), 법사일 것인데, 고승들의 의견이 다르다. 우리나라에서도 원효스님은
극락에 가자고 했고, 경허(鏡虛) 스님은 도솔천(兜率天) 내원궁(內院宮)으로 가자고 했다. 도솔
천에 가자고 쓴 발원문이 있다. 도솔천 내원궁에 같이 가자고 아주 절실하게 쓴 글이었다. 우리
도반들도 도솔천 내원궁파와 극락파로 나뉘어 있다. 그런데 대체로 극락파가 좀 더 많다. 왜냐
하면 도솔천에 계시는 미륵보살(彌勒菩薩)이 석가모니 부처님 다음으로 여기 내려와서 교화하
려 하면 아직 세월이 한참 남았다. 그래서 미륵하생을 기다리는 그 사이에 극락(極樂)에 가서
공부를 해치우자고 하는 이야기가 더 솔깃하기 때문인 것 같다.
     한편 저 중국 선종의 선사(禪師)들은 죽으면 극락에 태어나겠다는 이가 많이 있지는 않다. 다
시 이 세상에 태어난다느니, 축생(畜生)으로 태어난다느니 하면서 마치 극락세계보다 사바세
계(娑婆世界)를 더 선호하는 듯 보인다. 대표적인 것이 티베트의 승려들이다. 죽으면 다 티베
트에 다시 태어난다고 한다. 달라이라마도 벌써 열세 번째 태어났다. 그 동네에서 마냥 탄생을
되풀이한다. 달라이라마는 관세음보살의 화신(化身)이라는데, 극락세계가 좋으면 극락으로 갈
텐데, 왜 극락에 가지 않고 마냥 티베트에서만 태어나는가 말이다. 그 사람들은 생각이 다르다.
극락 가서 공부해서 중생 제도하는 것도 좋지만, 지금 이 티베트에 있는 중생(衆生)이라도 제대
로 구제하는 것이 더 급하다는 것이다.

제5분
이익분利益分

이익분에서는 『대승기신론』을 공부하면 어떤 이익利益이 있는지 설명한다.

어떤 것이 이익분利益分인가? 이와 같은 대승의 비밀한 글의 뜻을 지금 이미 간략하게 설명하였다. 만약 어떤 중생이 있어서 여래의 심히 깊은 경계와 광대한 불법 중에서, 정신淨信과 각해심覺解心을 내어 대승의 도에 들어가는 데 장애가 없고자 한다면 이 약론略論을 마땅히 부지런히 청수聽受하고 사유하며 수습하여야 할 것이다. 마땅히 알아라. 이 사람은 반드시 일체종지一切種智를 속성한다.[458]

---

[458] 원문은, 云何利益分운하이익분 如是大乘祕密句義여시대승비밀구의 今已略設금이약설 若有衆生약유중생 欲於如來욕어여래 甚深境界심심경계 廣大法中광대법중 生淨信覺解心생정신각해심 入大乘道입대승도 無有障礙무유장애 於此略論어차약론 當勤聽受당근청수 思惟修習사유수습

불교에는 비밀이 없다. 그런데 여기서는 비밀祕密한 구의句義라고 했다. 그저 이해하기 어려운 구절이라는 뜻이다. 팔만대장경의 핵심을 이 적은 양의 론論에 다 집어넣었으니, 이해하기 어려운 것이 당연하다. 그 난해한 구절의 뜻을 이제 간략히 설명했는데, 만약 어떤 중생이 여래의 깊은 경계와 광대한 불법 가운데서 깨끗한 믿음을 내고[生淨信], 깨달아 이해하려는 마음을 내서[生覺解心], 대승의 길에 들어가려고 하면서, 대승의 길에 들어가는 데 장애가 없길 바란다면, 이 간단한 론論에 대해 마땅히 읽고 듣고 사유하여 수습修習해야한다. 그렇게만 하면 부처님의 지혜인 일체종지一切種智를 속히 성취하여, 부처가 되리라는 말이다.

이 글에서 중요한 것은 '장애 없이' 성취한다는 것이다. 해설을 보자.

끝으로 "대승의 도에 들어가는 데 장애가 없고자 한다면" 반드시 이『대승기신론』의 내용을 분명히 알아야 한다고 강조하고 있다. 매우 깊고 광대한 불법을 바르게 통달하려면 정확한 조감도가 필요하다는 말씀이다.

마명보살馬鳴菩薩이 한 말씀이다. 마명보살은 이『대승기신론』에 대해 자신이 만만하시다. 이『대승기신론』을 공부의 길잡이 삼으면 아무런 장애 없이, 신속하게, 부처님의 지혜를 얻으리라고 하신다.

만일 이 법을 듣고도 두려움이 생기지 않으면, 마땅히 알아라. 이 사람은 반드시 불종佛種을 잇고 수기授記를 조속히 받게 된다.[459]

사유수습 當知是人당지시인 決定速成一切種智결정속성일체종지

459　원문은, 若聞此法약문차법 不生驚怖불생경포 當知是人당지시인 定紹佛種정소불종 速得授記속득수기

문사수聞思修 공덕을 설명하는데, 먼저 문혜聞慧의 공덕을 설명한 구절이다. 상근上根의 대심범부大心凡夫는 이『대승기신론』을 읽어보고 신심信心을 내겠지만, 한편으로 중근中根 이하는 어려워서 이해하지 못하거나, 아니면 믿지 않을 것이라는 말이기도 하다.

'『대승기신론』에서 설명한 법문을 듣고 놀라거나 두려운 생각을 내지 아니한다'는 것은, 이 글을 제대로 잘 이해한다는 말이다. 기신론을 공부해보면 그 내용이 만만치 않다. 어렵기가『능엄경』에 버금간다고들 하는 것이 이『대승기신론』이다. 스님들이 신도들 모아놓고 불법을 가르칠 때 주로『금강경』만 가르친다.『능엄경』을 가르치는 경우는 드물고,『대승기신론』가르치는 경우는 더욱 드물다. 이유는 내용이 어려워서다. 그런데 보통사람이『대승기신론』을 듣고서도 별로 놀라지 않고, 어렵다는 생각도 내지 않는다면, 이 사람은 상근기上根機가 분명하다는 말이다.

가령 어떤 사람이 삼천대천세계의 중생을 교화하여 십선도十善道에 머물게 하더라도 잠깐 동안 이 법을 바르게 생각함만 같지 못하니, 앞의 공덕을 초과하여 무량무변하기 때문이다.[460]

"이 법을 바르게 생각한다[正思此法]"는 것은 문사수聞思修 중에 사思를 가리킨다.『대승기신론』을 보면 생소한 단어들이 여럿 나온다. 그게 어려움 가운데 하나다. 그러나 두 번, 세 번 들어보면 금방 익숙해진다.

---

460 원문은, 假使有人가사유인 化三千大天世界衆生화삼천대천세계중생 令住十善道영주십선도
不如於須臾頃불여어수유경 正思此法정사차법 過前功德과전공덕 無量無邊무량무변

만약 일일일야─日─夜 동안이라도 설명대로 수행한다면 그 생기는 공덕이 무량무변하여 말로 설명할 수가 없으니, 가령 시방의 일체제불이 각각 무량 아승지겁 동안 설명하여도 다 말할 수 없다. 진여의 공덕은 끝이 없으므로 수행의 공덕도 역시 끝이 없는 것이다.[461]

수행의 공덕을 이야기하고 있다. 『금강경』에서도, "칠보를 보시하는 공덕보다 사구게四句偈를 위타인설爲他人說하는 공덕功德이 비교도 안 될 만큼 더 크다"고 했다. 여기서도 『기신론』을 공부하는 공덕이 헤아릴 수 없을 만큼 너무 크고 광대해서, 한없이 긴 시간 동안 설명하고 찬탄해도 다 할 수 없다는 것이다. 자신이 쓴 논論에 대해 마명보살이 이런 자화자찬 같은 말을 붙인 것은, 『대승기신론』은 자기 견해를 쓴 것이 아니고 부처님의 설법을 핵심만 추려서 설명한 것이니 그 가치가 크다는 말씀이다.

만약 이 법을 비방하는 자는 무량한 죄를 지어 아승지겁 동안 큰 고뇌를 받는다. 그러므로 여기에서 응당 결정적인 믿음을 낼 것이요, 비방하지 말아야 한다. 그렇지 않으면 자신도 해치고 남도 해롭게 하여 삼보의 종자를 끊게 되기 때문이다.[462]

---

461 원문은, 若─日─夜약일일일야 如說修行여설수행 所生功德소생공덕 無量無邊무량무변 不可稱設불가칭설 假令十方一切諸佛가령시방일체제불 各於無量阿僧祇劫각어무량아승지겁 說不能盡설부능진 以眞如功德無邊際故여진여공덕무변제고 修行功德수행공덕 亦復無邊역부무변

462 원문은, 若於此法약어차법 生誹謗者생비방자 獲無量罪획무량죄 依阿僧祇劫의아승지겁 受大苦惱수대고뇌 是故於此시고어차 應決定信응결정신 勿生誹謗물생비방 自害害他자해해타 斷三寶種단삼보종

『대승기신론』을 비방誹謗하지 말라는 말이다. 그런 말을 하면 '자해해타自害害他'니, 자기도 해치고 남도 해롭게 한다. 남의 공부를 방해하는 죄가 크다. 『대승기신론』에 대해 말이 많다. 요즘도 『대승기신론』을 마명존자가 쓴 것이 아니고, 중국에서 만들었다고 믿는 사람들이 있다. 조심해서 그런 소리 하는 무리에는 가담하지 말라. 진제삼장眞諦三藏이 처음 『대승기신론』을 한문으로 번역했다. 그 번역 이후로 동아시아 불교계에서는 『대승기신론』이 논장論藏으로 경經과 똑같은 위치에 있었다. 어찌 보면 경장經藏보다 더 존중尊重받는 그런 논장論藏이었다. 그런데 이것을 난데없이 가짜라고 이야기하는 것은 매우 삼가야 할 행동이다.

일체 모든 부처님은 이렇게 수행하여 무상지無上智를 이루었고, 일체 보살은 이렇게 하여서 여래법신如來法身을 증득하셨다. 과거의 보살은 이렇게 하여 대승의 정신淨信을 성취했고, 현재의 보살은 지금 성취하고, 미래의 보살은 장차 성취할 것이다. 그러므로 자리自利와 이타利他의 수승한 수행을 성취하고자 하는 자는 마땅히 이 논論에 따라서 더욱 부지런히 수행하고 학습하여야 한다.[463]

모든 부처님도 여기에 따라 수행해서 무상지無上智를 얻었다. 위 없는 지혜, 곧 최고의 지혜는 무엇인가? 불교 공부를 해서 얻은 구경의 지혜智慧를 진여眞如, 무상각無上覺, 무상지無上智라 한다. 보통은 진여법을 알았다거나, 무상각을 얻었다, 무상지를 이루었다고 표현한다. 한편, 모든 보살은 이에 따라 수행해

---

463 원문은, 一切諸佛일체제불 依此修行의차수행 成無上智성무상지 一切菩薩일체보살 由此證得 如來法身유차증득여래법신 過去菩薩과거보살 依此得成大乘淨信의차득성대승정신 現在今成현재금성 未來當成미래당성 是故欲成시고욕성 自利利他殊勝行者자리이타수승행자 當於此論당어차론 勤加修學근가수학

서 여래의 법신法身을 증득했다.

　진여와 법신이 『대승기신론』에서 드러내려는 것이다. 논리적으로 따져보면 진여와 법신은 우리가 알아야 할 법이고 진리다. 그러면 무엇을 통해서, 어떻게 터득해야 하는가? 마음을 가지고 터득한다. 망심으로 아는 것이 아니라 우리의 진심을 가지고 알아차린다. 여기서 진여는 성취한다고 하고, 법신은 증득한다고 했다[證得如來法身]. 성취하고 증득하는 과정에, 그 주체主體가 있을 것인데, 진여와 법신을 알아차리는 인식의 주체가 바로 '나'라고 하는 마음이다. 마음이라면 망심妄心인가, 진심眞心인가? 망심은 반연심攀緣心을 가리키고, 진심은 무연지無緣知를 가리킨다. 반연심에서 보면 마음은 주위 환경에 따라서 변동한다. 그런 변하는 마음은 진리를 터득해도 제대로 증득한 것이 아니다. 즉 무연지인 진심을 가지고 무상지를 이루고, 법신을 증득해야 맞다. 그런데 무연지는 반연攀緣이 없으니 대상對象인 진여나 법신을 증득하는 인식 과정이 없다. 그렇다면 불보살佛菩薩들은 진여문에 나온 진여眞如를 어떻게 증득證得한 것일까? 여기 『기신론』에 있는 지관止觀의 수행이 이 문제에 대한 답이자, 설명이라 볼 수 있다.

大乘起信論

제3편

결시회향

結施廻向

공덕을 맺고 베풀며 돌려서 향하게 함

我今已解釋아금이해석　甚深廣大義심심광대의
功德施群生공덕시군생　令見眞如法영견진여법

내가 지금 매우 깊고 광대한 뜻을 해석하여 마쳤다.
이 공덕을 모든 중생에게 베풀어 진여법眞如法을 보도록 하고 싶구나.

여기서 진여법이 등장한다. 대승불교에서는 진여법眞如法이 핵심核心이다.
여기서 설명하는 법문의 핵심은 "모든 중생이 진여법을 알았으면 좋겠다"는
것이다. 마명존자는 결국은 진여법眞如法을 설명하고 싶었다는 말이다.

大乘起信論

전체복습

대승기신론 강의를 마무리하면서 마지막 정리하는 의미로 앞에서 나온 진여법眞如法 부분을 복습復習해보자.

『대승기신론』에서 일심一心을 이문二門으로 나누고는, 생멸문生滅門을 보다 자세히 설명하였지만, 목적은 모든 중생에게 진여법眞如法을 알리는 데 있었다고 본다. 생멸법에 대한 자세한 설명은 마지막 불교이론인 유식론唯識論에 나온다. 따라서 분별망상分別妄想에 대한 공부는 유식唯識을 알아야만 제대로 아는 것이다.

'제2분 입의분立義分'부터 살펴보자. '마하연'인 대승大乘의 뜻을 세운다는 말이다.
'제1절 마하연摩詞衍의 뜻' 이하 내용을 보면,

어떤 것이 입의분立義分인가? 마하연摩詞衍은 대략 두 가지가 있으니, 유법有法

과 법法이다.[464]

유법有法이란 강령綱領이다. 불교 용어로 하자면 종지宗旨다. 이 글의 종지가 무엇인가를 유법이라고 한다. 종지인 유법을 설명하는 것을 법法이라고 하며, 법은 설명, 해설을 가리킨다. '제2절 유법有法'의 내용을 보자.

유법有法이란 것은 일체의 중생심衆生心을 말하는데, 이 마음이 일체의 세간 법世間法과 출세간법出世間法을 포섭한다. 이에 의하여 '마하연'의 뜻을 드러내 보인다.[465]

마하연은 대승이니, 대승大乘의 뜻을 드러내 보인다는 말이다. 그래서 『대승 기신론』이란 이름을 붙인 것이다. 강령을 말하자면 일체 중생심이다. 몸도 있 고, 마음도 있는데, 왜 마음을 이야기하는가? 이 마음이 세간과 출세간에 있는 모든 법, 모습 있는 것과 모습 없는 것, 모두를 포함한다. 그래서 삼계유심三界 唯心이라 한다. 인천人天 세상을 가르면 욕계欲界, 색계色界, 무색계無色界의 셋 으로 나뉜다. 그런데 이 세 가지 세계가 오직 중생의 마음으로 이뤄져 있다. 삼계유심三界唯心인 그 마음을 이야기한다.

이 마음의 진여상眞如相이 대승大乘의 체體를 보이고, 이 마음의 생멸인연상生 滅因緣相이 대승의 체體·상相·용用을 나타낸다.[466]

---

464 원문은, 云何立義分운하입의분 爲摩訶衍위마하연 略有二種약유이종 有法及法유법급법

465 원문은, 言有法者언유법자 謂一切衆生心위일체중생심 是心시심 則攝一切世間出世間法즉섭 일체세간출세간법 依此顯示의차현시 摩訶衍義마하연의

466 원문은, 以此心眞如相이차심진여상 卽示大乘體故즉시대승체고 此心生滅因緣相차심생멸인

603

『기신론』은 진여법眞如法을 설명한 것이다. 맨 뒤 결시회향 편에서 그렇게 말했다. 진여법의 핵심은 마음이라고 한다. 그래서 삼계유심三界唯心이다. 그러면 이 마음을 어떻게 표현하는가? 마음이 무엇인지를 알아야 한다. 마음에는 진심眞心에 대한 설명인 진여상眞如相이 있고, 망심妄心에 대한 설명인 생멸인연상生滅因緣相이 있다고 했다. 반연심攀緣心인 망심은 생生할 때도 인연因緣으로 생하고 멸滅할 때도 인연 따라 멸하니, 심생멸인연상에서 인연을 빼고 그냥 심생멸상心生滅相이라고도 한다. 생멸상生滅相은 대승의 체體·상相·용用을 나타낸다. 한편 진여상眞如相은 대승大乘의 체體를 나타낸다고 했다. 그러면 진여상과 생멸상은 어떻게 다른가? 그 내용은 '제3분 해석분'에 자세하게 나왔다.

'제1장 현시실의顯示實義' 이하에서 실제의 뜻[實義]을 해석한다. 그 내용을 보면, 하나의 마음에서, 두 종류의 문門이 생긴다. 그래서 심진여문心眞如門과 심생멸문心生滅門이라는 두 가지의 문이 있다. 동일한 하나의 마음[一心]을 진여眞如로 설명하는 것이 있고, 생멸生滅로 설명하는 것이 있다. 진여문/생멸문이라 하여 문門이라고 지칭했는데, 상相이나 문門이나 똑같은 말이다. 진여眞如와 생멸生滅은 결국 무슨 말인가?

이 두 가지 문은 각각 일체법을 총섭總攝하는데, 이렇게 전전展轉하여 서로가 서로를 여의지 않는다.[467]

연상 能顯示大乘體相用故능현시대승체상용고

467 원문은, 此二種門차이종문 各攝一切法각섭일체법 以此展轉이차전전 不相離故불상리고

삼계유심三界唯心이니 일체는 마음에서 나온 것이다. 그래서 진여문도 마음을 설명하고, 생멸문도 마음을 설명한다. 진여문眞如門과 생멸문生滅門이 각각 일체만법一切萬法을 포함한다.

진여眞如에서, 진眞은 진짜니까 변하지 않는다. 여如는 과거에도 변하지 않는 진짜 그대로이고, 현재도 진짜 그대로이고, 미래에도 진짜 그대로라는 시간적 불변을 나타낸다. 즉 진여眞如는 진리眞理라는 뜻이니, 성리性理이고, 본성本性이고 이치理致라는 말이다. 생멸生滅은 어떤가? 마음에서 일어난 욕계, 색계, 무색계의 현상現象은 시간 따라 계속 변한다. 만법萬法은 성품[性]으로 보면 여여如如한데, 모습[相]으로 보면 마냥 변한다. 그래서 불교에서는 만법을 이사理事로 구분해서 설명하거나 성상性相으로 구분해서 설명한다. 이理와 사事가 반대말이고 성性과 상相이 반대다. 사상事相이란 우리가 보는 현상現象을 가리킨다. 눈·귀·코·혀·몸을 써서 보고 듣고 하는 현상이니 생멸生滅하는 것이다. 현상 뒤에 숨은 성리性理는 무상無相이므로 불생불멸不生不滅한다. 그 성리性理를 설명하는 것이 진여문眞如門이다.

다음은 '제1절 심진여문心眞如門 1. 심진여의 정의'를 보자. 우리가 『대승기신론』에서 배운 것은 생멸상生滅相에 대한 설명이 대부분이었다. 생멸상에는 온갖 것을 분류하여 설명하니 온갖 상대적相對的인 모습이 다 나타난다. 나타난 모습을 구체적으로 따져보면, 위로는 부처님이고 아래로는 중생衆生들이다. 부처는 각覺이니 깨달은 사람이고, 중생은 불각不覺이니 깨닫지 못한 사람이다. 각覺을 설명하고 불각不覺을 설명하는 것이 생멸상이다.

그러면 진여문眞如門은 어찌 되는가? 각覺인 부처와 불각不覺인 중생이, 그 본질本質은 무상無相이니 똑같다. 본질은 다 같이 평등한 진여眞如다. 그러나 생멸로 따지면, 각覺한 부처와 미迷한 중생은 완전히 구분된다. 그래서 생멸문 설명이 복잡하다. 그러나 생멸문生滅門은 이해하기 쉽다. 『대승기신론』에는 생멸문 설명이 비교적 자세하다. 그럼 진여문眞如門은 어떤가? 무성無性 무의無依인 성리性理를 이해하는 것이니 설명하기도 어렵고, 이해하기도 어렵다. 그리고 『기신론』에 나오는 진여문 분량은 극히 적다.

* 심진여문心眞如門

심진여心眞如란 곧 하나인 법계法界의 대총상법문大總相法門의 바탕이다.[468]

진여眞如란 무엇인가? 변하지 않는 본질本質이다. 생멸하는 현상의 본질이다. 또한 현상은 이 본질이 나툰 현상이다. 법계法界는 일심一心이 만든 욕계, 색계, 무색계의 삼계三界 전체를 가리킨다. 그런 세 가지의 세계가 이 허공 안에 공존共存한다.

하나의 법계法界라는 것은 이 우주 허공虛空을 의미한다. 허공을 일법계一法界라 한다. 이 허공은 시간적時間的으로 무한대無限大, 공간적空間的으로 무한정無限定이다. 그것의 여러 가지 모습을 통틀어 하나[大總相]로 본다. 하나로 보면 얼마나 크겠는가? 끝이 없는 허공이니 거대할 것이다. 그래서 대총상이라고 했다. 법문法門의 체體라고 했다. 무슨 뜻인가? 법문은 만법萬法이니, 만법의 바탕이란 뜻이다. 앞에서 진여문은 체體를 보이고, 생멸인연문은 체體 · 상相 · 용用을 나타낸다고 했다. 그러니 진여문은 체體뿐이다, 대총상법문의 체體를 진여라고 한다. 무상無相인 진여眞如를 말로 표현할 수가 없으니까, 마명존자가 한껏 솜씨를 부려서 말로 표현한 것이, 일법계대총상법문체一法界大總相法門體라는 표현이다. 그럼 그것이 무엇인가?

---

468 원문은, 心眞如者심진여자 卽是一法界大總相法門體즉시일법계대총상법문체

마음의 본성本性은 불생불멸不生不滅하는 모습이다.[469]

마음의 본성은 진여문眞如門이다. 마음의 본성은 어떤 성질이 있는가? 불생불멸하는 상相을 가지고 있다. 생기지도 않고[不生], 없어지지도 않는[不滅] 모습이다. 생기지도 않고 없어지지도 않는 모습이라면 비상非相인데 결국 어떻다는 말인가? 진여眞如라고 하는 것은 결국 아무 모습이 없는 무상無相이다. 이처럼 진여眞如는 무상無相이니 어떻게 이해하고 찾아내야 하느냐가 문제다.

이어지는 다음과 같은 문장이 있다. 아주 유명한 구절句節이다.

一切諸法일체제법 皆由妄念而有差別개유망념이유차별 若離妄念약리망념
則無境界差別之相즉무경계차별지상

일체 제법諸法은 모두 망념妄念으로 말미암아 차별差別이 있으니, 만일 망념妄念을 떠나면 곧 경계境界에 차별差別의 모습이 없다.

이것은 진여문을 설명하는 부분에 나오지만, 실은 생멸문生滅門의 핵심에 대한 설명이기도 하다. 무엇을 설명하려는 것인가? 실은 불멸不滅하는 상相을 생멸生滅하는 상相을 통해서 구체적으로 보충하여 설명하는 구절인데, 그 내용은 유식학唯識學의 골수骨髓에 해당하면서도, 생멸상生滅相의 핵심인 분별망념分別妄念을 자세히 설명하고 있다.

그러므로 제법諸法은 본래부터 성性이 언어를 여의었고, 일체의 문자로써 설명하여 나타낼 수 없다. 마음의 반연攀緣을 여의고, 아무런 모습도 없다. 끝내

---

469 원문은, 以心本性이심본성. 不生不滅相불생불멸상.

평등하여, 영원히 변이變異가 없고 파괴할 수도 없다. 오직 이 일심一心이니 진여眞如라고 부른다.[470]

진여眞如를 설명하기는 해야겠기에 이렇게 했다. 한문 원문을 보자.

'諸法從本已來제법종본이래 性離語言성리어언 一切文字不能顯說일체문자불능현설'; 여기서 법은 진여眞如다. 그런데 진여만이 아니라, 생멸상生滅相도 본래, 그 성질이 언어를 떠났고[性離語言], 일체의 문자로 나타낼 수가 없다[不能顯說]. 모든 현상과 존재를 언어문자로서는 표현할 수 없다는 말이다. 예를 들어보자. 감귤과 오렌지를 교배한 레드향이란 품종이 생겼는데, 그 맛이 어떠한지 설명해보자. 전문가가 하루 종일 설명해도 제대로 설명이 안 된다. 먹어봐야 맛을 안다. 말로는 안 된다. 진여眞如뿐만 아니라 일체 만법萬法의 성질을 설명하는 일이 다 그러하다. 레드향의 맛조차도 언어로는 전달할 수가 없다. 언어문자로는 불가능하다. 하물며 무상無相인 무상지無相智나 진여는 말이나 글로 설명이 더더욱 안 된다.

'離心攀緣이심반연 無有諸相무유제상 究竟平等구경평등 永無變異영무변이 不可破壞불가파괴'; 다시 또 진여眞如를 설명한다. 마음의 반연을 떠났다[離心攀緣]. 마음의 반연攀緣을 떠났다고 할 때의 이 심心은, 우리가 눈으로 보고, 귀로 듣고, 코로 냄새 맡고, 혀로 맛보고, 피부로 촉감을 느끼고, 또 제6의식을 가지고, 이렇게 저렇게 생각도 해보는 반연심攀緣心이다. 진여眞如가 반연이 안 된다는 것은 환언換言하면 진여가 대상이 아니라는 말이다. 대상이 될 수 없

---

470 원문은, 是故시고 諸法從本已來제법종본이래 性離語言성리어언 一切文字不能顯說일체문자불능현설 離心攀緣이심반연 無有諸相무유제상 究竟平等구경평등 永無變異영무변이 不可破壞불가파괴 唯是一心유시일심 說名眞如故설명진여고

다. 왜인가? 앞서 말한 것처럼 진여는 무상無相이고 무생무멸無生無滅이다. 뭔가 꼬투리가 있어야 설명을 할 텐데, 이것은 무성無性 무의無依하여 불생不生이니 생긴 적이 없다. 생긴 적이 없으니 멸상滅相도 없는 것이 당연하다. 그러니 "이것이다" 라고 꼬집을 것이 아무것도 없다. 어떤 모습이 있어야 눈으로 보고 귀로 듣고 냄새 맡고 맛을 보고 만져보고 따져보고, 무엇이라고 설명을 할 터인데, 모습이 없으니 인식認識과 사유思惟를 벗어났다. 그것을 '반연을 떠났다'고 한다, 즉 모습이 없어서 반연할 경계가 없다, 그래서 무유제상無有諸相이다. 진여眞如는 모습이 없으니 서로를 구분하고 차별할 수가 없다. 진여는 모습이 없으니 끝내 평등하다[究竟平等]. 또 영원히 변할 것이 없으니[永無變異] 없앨 수도 없다[不可破壞].

그래서 뭐라고 하는가? 진여문眞如門에는 법신法身·진여眞如·여래장如來藏이라는 이름, 즉 명자名字만 있지, 아무것도 걷어잡을 것이 없다. 설명할 거리가 없다. 그래서 진여는 증득證得하기 어렵다.

본래 말할 수도 없고 분별分別할 수도 없다. 일체 언설言說은 가짜로서 실답지 않으니, 단지 망념妄念에 따른 것이지, 있는 것[所有]이 아니다. 진여라고 말하는 것도 이것 또한 무상無相인데, 다만 일체 언설 중에서 극極이니, 말로서 말을 털어버리는 것이다. 그러나 그 체성體性은 털어버릴 수도 없고, 세울 수도 없다.[471]

'從本已來종본이래 不可言說불가언설 不可分別불가분별'; 원래 말할 수 없

---

471 원문은, 從本已來종본이래 不可言說불가언설 不可分別불가분별 一切言說일체언설 唯假非實유가비실 但隨妄念단수망념 無所有故무소유고 言眞如者언진여자. 此亦無相차역무상 但是一切言說中極단시일체언설중극 以言遣言이언견언 非其體性비기체성 有少可遣유소가견 有少可立유소가립

고, 사유 분별도 할 수 없다. 아무 모습이 없으니 말도 분별도 아무것도 할 여지가 없다.

'一切言說일체언설 唯假非實유가비실'; 진여에 대한 온갖 설명이, 언어문자를 잠시 빌렸을 뿐 실다운 것이 없다. 진여를 제대로 드러내지 못한다.

'但隨妄念단수망념'; 그런 언설은 다만 우리들의 망념에 따라 일어난 것뿐이다. 그럼 망념이란 무엇인가? 진심眞心의 반대다. 망념 덩어리가 망심妄心이다. 진심과 망심을 구분하는 기준基準은 무엇인가? 주객主客이다. 주객이 있으면 분별分別하니까 그놈이 망심妄心이다. 즉 주객主客이라는 상대相對를 두는 그때부터 망심/망념이다.

'言眞如者언진여자 此亦無相차역무상'; 진여라 말하는 것도 역시 모습이 없다. 굳이 말로 하자면 모습 없는 것이 진여이다.

'但是一切言說中極단시일체언설중극 以言遣言이언견언'; 그럼 진여라고 이름은 왜 붙이는가? 진여니 생멸이니를 설명하려 하면, 말을 사용할 수밖에 없다. 그래서 진여라는 말을 억지로 붙인 것뿐이다. 그러니 진여라는 말에 끄달리면 안 된다.

'非其體性비기체성 有少可遣유소가견 有少可立유소가립'; 여기서 비非는 뒤의 문장 전부를 부정한다. 진여라 하는 것의 체성, 바탕이 보내버릴 것이 조금이라도 있거나, 세울 것이 조금이라도 있는 것이 아니다. 보낸다고 해도 무엇인가 있어야 보낼 것이 아닌가? 쓸어버리려 해도 쓸 것도 없고, 무엇이 있어야 세우든가 깨뜨리든가 할 것인데, 아무것도 없으니 세울 것도 없다. 그것이 진여眞如다.

진여라는 것이 뭐라고 할 아무것도 없다면, 그런 진여眞如를 어떻게 깨달을 수 있는가? 진여는 불변하는 진리를 이야기하는 것이고, 다시 불변하는 진심이 이 진여를 알아야 한다고 한다. 진여는 무상無相이다. 진심은 주객主客이 없다. 진심은 주객이 없으니 반연심攀緣心이 아니다. 그러니 진심眞心이 진여眞如를 인식한다는 것은 논리적으로 성립이 안 된다. 주객主客도 없는데 깨닫고 증득한다는 것이 말이 되는가? 그래서 이런 문답問答이 있다.

문: 만일 그러하다면 중생이 어떻게 수순隨順하여야 심진여心眞如에 깨달아 들어갈 수가 있겠습니까?

답: 비록 일체법一切法을 설명하지만, 설명하는 주체도 없고 설명할 대상도 없다. 비록 일체법을 생각하지만, 생각하는 주체도 없고 생각할 대상도 없다. 만약 이런 줄 알면 이때가 바로 수순隨順이다. 망념이 모조리 없어지면 그것을 깨달아서 들어간다[悟入]고 부른다.[472]

중요한 내용이다. 그 답答의 원문을 살펴보자.

'若知약지'; 만약 알면. 무엇을 아는가? 진여라는 것은 언어문자나 분별이나 사유로 어찌할 수 없는 것임을 안다면, 만약에 그런 사실을 안다면,

'雖說一切法수설일체법 而無能說所說이무능설소설'; 비록 일체법을 말로 설명說明하더라도 거기엔 주객主客이 없다. 주객이란 상相이 있으면 이미 진여가 아니니까.

'雖念一切法수념일체법 而無能念所念이무능념소념'; 비록 일체법을 생각하더라도, 일체법을 분별하고 사유해도 주객이 없다. 앞 구절에서는 말할 때의

---

472 원문은, 答曰답왈 若知약지 雖說一切法수설일체법 而無能說所說이무능설소설 雖念一切法수념일체법 而無能念所念이무능념소념 而時隨順이시수순 妄念都盡망념도진 名爲悟入명위오입

주객이 없다는 것이고 여기서는 생각하고 분별하는 주체와 대상이 없다는 것이다. 즉 말로 설명할 때도 생각할 때도 거기에는 주객이 없음을 알면,

'而時隨順이시수순'; 이때에 수순한다. 수순隨順은 따라 들어간다는 표현이니, 계합契合한다는 말이다. 그러면,

'妄念都盡망념도진'; 망념이 모조리 없어진다. 주객主客이 없으니 망념이 없다. 주객이 있어야 망념/망심이 생길 것인데, 주객이 없으니 망념이 없다. 주체主體도 없고 객체客體도 없으니 분별이 없으므로 자연히 망념妄念이 모조리 없어진다. 이야기하는 놈도 없고, 듣는 놈도 없고, 그것을 생각하는 놈도 없고 생각할 대상도 없다. 그러니까 망념이 모조리 다 없어진다.

'名爲悟入명위오입'; 그것이 바로 깨달아 들어가는 것이다. 그러니까 망념이 없으면 그것이 바로 각覺이라는 말이다. '진심眞心이 진여眞如를 각覺한 것'이다. 핵심은 주객이 없어야 된다는 점이다. 주객이 없어야 된다는 중요성을 강조한 것이다.

여기서 문제問題는 진여문에는 주객主客이 없어서, 반연攀緣도 없고, 분별分別도 없고, 인식認識도 없는데, 어떻게 수순隨順하고 오입悟入하게 되는가이다.

* 심진여心眞如의 내용

다시 진여眞如를 언설로 그 내용을 설명하자면, 두 가지 구별이 있다. 하나는 진실공眞實空이니, 부실不實한 모습을 멀리 여의어서 구경究竟에 실체實體를 드러내기 때문이다. 둘은 진실불공眞實不空이니, 본성本性에 끝없는 공덕이 구족하여서 그 바탕이 있기 때문이다.[473]

---

473 원문은, 復次부차 眞如者진여자 依言說建立의언설건립 有二種別유이종별 一眞實空일진실공

마명존자는 친절하게 진여문을 설명한다. 두 가지 방법으로 한다. 하나는 공空이고 또 하나는 불공不空이다. 원문을 보자.

'一眞實空일진실공'; 첫째로 진실공眞實空이란 무엇인가?

'究竟遠離不實之相구경원리부실지상'; 변화하고 생멸하는 실답지 않은 모습을 멀리 여의는 것이다. 모습은 가짜니까, 공空이다. 실로 있는 것이 아니다. 그리하는 그것이

'顯實體故현실체고'; '실체를 나타내는 것이다.' 이 표현이 재미있다. 부실不實하니까 진짜가 아니라는 비상非相, 그것이 바로 실체를 나타내는 것이라고 한다.[474] 『반야심경』에서는 이 진실공眞實空을 전적으로 불不자와 무無자로 표현하고 있다. 따라서 공즉시색空卽是色이란 구절은 색즉시공色卽是空을 강조하는 뜻으로 해석해야만 한다. 한편 『능엄경』은 진실공眞實空을 공여래장空如來藏이라고 부르고 있다.

불공不空은 무엇인가?

'二이 眞實不空이진실불공 本性具足본성구족 無邊功德무변공덕'; 진여의 본성本性이 한없고 끝없는 공덕功德을 갖추고 있다. 무슨 말인가? 공空이라고 하든 뭐라고 하든 진여에 대해 뭐라도 말하는 것은 합당하지 않다. 그런데 그 진

究竟遠離不實之相구경원리부실지상 顯實體故현실체고 二眞實不空이진실불공 本性具足본성구족 無邊功德무변공덕 有自體故유자체고

474 『금강경』에서는 "약견제상비상(若見諸相非相) 즉견여래(卽見如來)"라고 했다. 모든 모습은 인연으로 생긴 것이라 독자성이 없다. 모습이 아니다. '제상(諸相)이 비상(非相)인 줄 알면.' 이 것이 바로 눈에 보이는 현상(現象)의 실체를 나타낸 것이다. '모습이 헛것이라면, 진짜가 따로 있겠네. 제상비상(諸相非相)이니 공(空)을 나타내는 것이고 그러면 공상(空相)이란 것이 따로 있겠구나.' 그런 식으로 생각하면 안 된다. 제상비상(諸相非相)이라고 한 것이 바로 실체(實體)를 나타낸 것이다. 우리는 공(空)을 설명하는 데에서 '비어 있는 무엇이 있다'고 생각하기 쉬운데, '빈 무엇'이 있다고 하면 공상(空相)이란 상을 두는 것이니 틀린다.

여라고 하는 본체에서 삼계가 나왔다. 눈앞에 삼계三界가 있다. 현상적으로 삼계가 생겼다 없어졌다 하는 출처出處는 어디인가? 진여에서 나왔다고 한다.

'有自體故유자체고' 자체가 있다. 대승불교에서는 진여眞如라고 하는 그 본체本體에서 삼라만상이 나왔다고 한다. 진여연기론眞如緣起論이라 한다. 그러니까 진여眞如에는 거기서 삼계가 나올 만한 건더기가 있다는 말이다. 진실공眞實空과 진실불공眞實不空에서 공空은 비어서 아무것도 없다고 하고, 불공不空에선 그러면서도 뭔가 건더기가 있다고 하는 것이다. 뒤에 나오는 생멸문에서는 제8아라야식이 만법의 기원이라는 아뢰야식연기론阿賴耶識緣起論이 나온다. 유식唯識에선 자체自體를 종자種子라고 한다. 종자가 성性의 상태로 제8식에 들어있다고 설명한다.

진여眞如의 내용으로 공空과 불공不空을 병설竝設한 이것이 대승불교의 특징이다. 소승小乘불교에는 불공不空이라는 용어가 없고, 대승시교大乘始教에서도 불공不空을 이해하기 어렵다. 이 불공不空은 대승종교大乘終教에서 등장하는 개념이다.

예컨대 대승종교인 『능엄경』은 진실불공眞實不空을 불공不空여래장如來藏이라고 부른다. 간혹 대승시교인 『반야심경』에 나오는 공즉시색空卽是色이라는 구절을 기신론의 진실불공眞實不空에 해당한다고 해설하는 경우도 있으나, 이것은 대승시교와 대승종교를 제대로 구분하지 못한 것으로 보인다.

* 진실공眞實空

다시 진실공眞實空이란 본래부터 일체의 염법染法과 상응하지 않고, 일체 만법의 차별상을 여의었고, 허망한 분별심分別心이 없다. 따라서 진여眞如는 유상有相도 아니고, 무상無相도 아니며, 유무상有無相도 아니고, 비유무상非有無相도

아니며, 일상一相도 아니고 이상異相도 아니며, 일이상一異相도 아니고, 비일이상
非一異相도 아닌 줄을 알아야 한다. 요약하면 일체 중생衆生의 허망한 분별심分
別心으로는 촉증觸證할 수가 없으므로, 공空이라고 한다.[475]

공空한 진여眞如는 뭐라고도 설명할 수가 없다. 다만 '일체 만법의 차별상을
여의었다離一切法差別相故'는 이 구절이 공空을 대변하는 설명이라 하겠다.
공空인 진여眞如는 주객主客이나 능소能所라는 개념을 떠난 것이므로, 중생衆生
의 허망한 분별심分別心으로는 촉증觸證할 수가 없으므로, 공空이라고 한다. 진
여는 성리性理를 말하므로 모든 종류의 성리性理가 실은 무성無性이고 무의無依
하다고 보아서 공空인 진여를 이야기한다.

* 진실불공眞實不空

진실불공眞實不空이란 것은 망념이 공하고 없으므로, 진심眞心은 항상恒常하
고 불변하지만, 정법淨法이 원만圓滿하므로 불공不空이라고 말하되 또한 불공不
空의 모습도 없다. 이것은 망념심妄念心으로 알 바가 아니고, 오직 이념지離念智
로써 깨달을 바이다.[476]

불공不空인 진여眞如가 이해하기 어렵다. 왜냐하면 진여眞如는 성상법문性相

---

475 원문은, 復次부차 眞實空者진실공자 從本已來종본이래 一切染法不相應故일체염법불상응고
離一切法差別相故이일체법차별상고 無有虛妄分別心故무유허망분별심고 應知眞如응지진여
非有相非無相비유상비무상 非有無相非非有無相비유무상비비유무상 非一相非異相비일상비
이상 非一異相非非一異相비일이상비비일이상 略說약설 以一切衆生이일체중생 妄分別心所
不能觸망분별심소불능촉 故立爲空고입위공

476 원문은, 言眞實不空者언진실불공자 由妄念空無故유망념공무고 卽顯眞心즉현진심 常恒不變
상항불변 淨法圓滿정법원만 故名不空고명불공 亦無不空相역무불공상 以非妄念心所行故이
비망념심소행고 唯離念智之所證故유이념지지소증고

法門에서 성性에 해당하는, 성리性理이므로 거기에는 아무 모습이 없는 공空이 원칙이다.

그런데 대승종교大乘終教는 일체만법一切萬法이 불공不空인 진여眞如에서 나온다고 설명한다.

비유하면, 본래 허공은 아무것도 없다. 허공虛空이라는 것 자체가 이름만 있지, 실체가 없으니 공空이다. 그런데 그 허공에서 정법淨法이 원만圓滿하므로 불공不空이라는 개념을 만든 것이 불공不空인 진여眞如라는 용어다. 아무 모습이 없다는 특징을 고수하여 정법淨法은 진여성眞如性이라고 설명한다. 그것을 『능엄경』에서 여래장如來藏 묘진여성妙眞如性이라고 부른다. 공空과 불공不空이 병존竝存하는 진여眞如이론이 여래장如來藏이라는 단어로 둔갑하고 있다.

여기서 현대천문학의 말을 빌려보자. 처음에 '빅뱅'이란 것이 생겨서, 이 우주宇宙 은하계가 벌어졌다는 것이 오늘날 통설이다. 그렇게 우주 은하계銀河系를 만든 빅뱅은 어디서 생겼는가? 정답은 허공虛空밖에 없다. 허공에서 '빅뱅'과 은하계가 생겼다고 말한다. 그런데 지금 천문학자들은 '빅뱅'이 생긴 출처를 설명하지 못하고 있다. 텅 빈 허공에서 어떻게 아주 강력한 에너지를 필요로 하는 '빅뱅'이 생길 수가 있는가? 대승불교 특히 종교終教에서는 공空이 바로 불공不空이라고 본다. 불공不空을 『능엄경』에서 여래장如來藏인 묘진여성妙眞如性이라고 하며, 묘진여성妙眞如性인 여래장에서 삼천대천세계三千大千世界가 벌어졌다고 설명한다. 그것은 공空여래장이 바로 불공不空여래장이기 때문이라고 설명한다. 즉 빅뱅이라는 생멸현상이 어디서 벌어졌는가? 공空인 진여眞如, 즉 허공에서 벌어졌는데, 알고 보면 공空이 바로 불공不空과 다르지 않다는 불이不二이론으로 설명한다. 그러니 생멸인연상生滅因緣相인 은하계銀河系가 진여眞如인 허공에서 벌어진 것이다. 즉 텅 빈 허공虛空에는 본래 아무것도 없는 것이 아니었다. 오늘날은 양자물리학과 천문학 덕분에 불공不空을 설명할 빅뱅이론이 있어서 불공不空인 진여眞如를 설명하기가 쉽게 되었다. 지금 허공이 진여라는 이야기를 하고 있는데, 알고 보면 진여眞如와 불공不空의 관계는 허공과 빅뱅의 관계와 유사하다.

불공不空인 진여는 이해하기가 어렵지만, 이것을 빅뱅이 일어난 허공虛空에다 비유하면 해결이 된다. 빅뱅이 생겼는데, 빅뱅이 어디서 생겼는가? 허공에서 생겼다. 허공 아닌 곳, 즉 허공 밖에서 생긴 것이 아니다. 그러니 온갖 것이 다 허공에서 나왔다. 사실 허공虛空이 아무것도 없는 허공이라면 별 하나도 나올 수 없다. 그런데 삼천대천세계三千大千世界라는 은하계銀河系가 하늘에 벌어져 있으니, 결국 모든 것이 이 허공에서 나온 것일 수밖에 없다. 따라서 허공은 텅 빈 것이 아니다.

이처럼 텅 빈 허공虛空이지만, 무한히 벌어진 은하계銀河系가 텅 빈 허공에서 나왔다.

진여眞如를 다시 살펴보자. 종교終教에 따르면 진여眞如는 공空인 면이 있지만, 불공不空인 면도 있다는 말이다. 공空인 면과 불공不空인 면은 서로 대치對峙되는 설명인데, 그것이 진여眞如의 내용이라는 이야기는 이해하기 어렵다. 마치 빛이란 것이 입자粒子이면서 파동波動이라는 이중성二重性을 가진 사실事實과 비슷하게 혼란스럽다. 그런데 알고 보면, 우리 마음도 이중성二重性을 가진 사실을 알 수 있다. 진심眞心은 청정淸淨하면서 각명覺明한 놈이다. 각명覺明하다는 것은 분명하게 알아서 견문각지見聞覺知한다는 뜻이니 능히 인식작용認識作用을 한다는 말이다. 따라서 무언가 모르지만 '있다'는 유有에 가깝다는 생각이 든다. 한편 진심眞心은 청정淸淨하여 무성無性 무의無依하므로 '없다'라는 무無에 가깝다. 그래서 성성惺惺하면서 적적寂寂한 존재로서 명백한 설명이

617

어려운 것이 우리의 마음이다.

『능엄경』의 "진심眞心은 청정각명淸淨覺明하다"는 법문에서, 청정淸淨은 아무 것도 없는 것 같고, 각명覺明은 뭔가 있는 것 같다. 그런데, 이 다른 두 성질이 결국은 같은 놈이라고 말하니, 이치에 닿지 않는다. 설명이 안 된다. 그래서 이 설명을 부사의不思議하다고 한다. 불법佛法은 부사의不思議 법문法門이라고 한다. 생각으로 안 된다는 표현이다. 이론理論으로 안 된다는 말이다. 그래서 여기서 망념심妄念心으로 알 바가 아니고, 념念을 떠난 지혜智慧로 증득證得할 내용이라고 했다. 그러니까 이념지離念智는 망념인 반연심攀緣心을 여읜 것이다. 곧 무연지無緣知인 무분별지無分別智가 증명할 내용이라는 말이다. 그래서 진여眞如가 공空이면서 불공不空인 이 이치理致는 오직 불지佛地에 가야만 그 내용을 환하게 안다고 한다. 그전에는 미루어 짐작만 할 뿐이다. 청정淸淨과 각명覺明은 서로 다르고, 공空과 불공不空은 서로 반대 개념이다. 그런데 그것이 하나를 나타내는 말이라고 한다. 하나를 어떻게 나타낼 수 있는가? 서로 반대되는 말인데. 그러니까 우리의 지능知能으로는 불가사의不可思議하다. 부사의不思議하다는 말이다. 그런 불법佛法의 진여眞如와 무상지無上智를 증득하고 완성하려면 분별하는 반연심으로는 불가不可하므로 불가사의不可思議다. 그러면 어떻게 공부해야 그 진리眞理를 알 수가 있을까? 무엇보다 먼저 용수龍樹보살은 중론中論에서 진리眞理를 속제俗諦와 진제眞諦로 구별하셨고, 『성유식론成唯識論』에서는 나아가서 속제俗諦와 진제眞諦를 각각 사종四種으로 자세하게 구별하여 사용한 사실을 숙지熟知해야 할 것이다.

이것으로 『대승기신론』 강의를 마친다.

◇ 당신은 언제나 옳습니다. 그대의 삶을 응원합니다. _라의눈 출판그룹

대승기신론 공부

초판 1쇄 | 2025년 5월 2일

저자 | 황정원
편집위원 | 성장현, 남학현, 조금호

펴낸이 | 설응도   펴낸곳 | 고려원북스
편집주간 | 안은주   편집장 | 심재진
디자인 | 임윤지   전자출판 | 설효섭

출판등록 | 2004년 5월 6일(제2020-000184호)
주소 | 서울시 강남구 테헤란로78길 14-12, 동영빌딩 4층
전화 | 02-466-1283
팩스 | 02-466-1301
e-mail | 편집 editor@eyeofra.co.kr
          마케팅 marketing@eyeofra.co.kr
          경영지원 management@eyeofra.co.kr

ISBN 979-11-92915-04-3 03220